Religiöse Dynamiken in Geschichte und Gegenwart

Religious Dynamics – Historical and Contemporary Perspectives

herausgegeben von

Orit Bashkin, Yossef Schwartz und Christian Wiese

Hauptherausgeber

Christian Wiese

1

Barmherzigkeit

Das Mitgefühl im Brennpunkt
von Religion und Ethik

herausgegeben von

Roderich Barth, Ute E. Eisen
und Martin Fritz

in Zusammenarbeit mit
Thomas Neumann

Mohr Siebeck

Roderich Barth, geboren 1966; 2002 Promotion; 2008 Habilitation; Professor für Systematische Theologie unter besonderer Berücksichtigung der Dogmatik an der Theologischen Fakultät der Universität Leipzig.
orcid.org/0000-0002-6467-5782

Ute E. Eisen, geboren 1961; 1994 Promotion; 2003 Habilitation; Professorin für Altes und Neues Testament am Institut für Evangelische Theologie der Justus-Liebig-Universität Gießen.
orcid.org/0000-0002-7866-6529

Martin Fritz, geboren 1973; 2009 Promotion; 2017 Habilitation; Privatdozentur im Fach Systematische Theologie an der Augustana-Hochschule Neuendettelsau und Wissenschaftlicher Referent bei der Evangelischen Zentralstelle für Weltanschauungsfragen, Berlin. orcid.org/0000-0002-6289-0059

Thomas Neumann, geboren 1961; 1982–1987 Studium der Theologie; Leiter des Referates Wissenschaftspolitik und Hochschulen und stellvertretender Leiter der Abteilung Hochschulen, Wissenschaft und Forschung des Wissenschaftsministeriums von Sachsen-Anhalt in Magdeburg.

ISBN 978-3-16-160086-9 / eISBN 978-3-16-162253-3
DOI 10.1628/978-3-16-162253-3

ISSN 2941-6175 / eISSN 2941-6191 (Religiöse Dynamiken in Geschichte und Gegenwart)

Die Deutsche Nationalbibliothek verzeichnet diese Publikation in der Deutschen Nationalbibliographie; detaillierte bibliographische Daten sind über *https://dnb.de* abrufbar.

Das Buch wurde von Gulde Druck in Tübingen auf alterungsbeständiges Werkdruckpapier gedruckt und gebunden.

Printed in Germany.

Vorwort

Auf Einladung der Herausgeberin und der Herausgeber versammelten sich im Frühjahr 2018 Angehörige verschiedener wissenschaftlicher Disziplinen auf Schloss Rauischholzhausen im Hessischen, um Facetten eines ethisch-religiösen Schlüsselkonzepts zu beleuchten. Die internationale Arbeitstagung mit dem Titel *Barmherzigkeit – Zwischen Mitgefühl und Herablassung* war der Auftakt einer breit angelegten interdisziplinären und interreligiösen Suchbewegung, an der sich daraufhin eine ganze Reihe weiterer Kolleginnen und Kollegen beteiligten. Das Ergebnis legen wir mit diesem Band vor, verbunden mit dem Dank an alle Beiträgerinnen und Beiträger.

Dank gebührt darüber hinaus der interdisziplinären Forschergruppe des LOEWE-Schwerpunkts *Religiöse Positionierung: Modalitäten und Konstellationen in jüdischen, christlichen und islamischen Kontexten*, die in den Jahren 2017 bis 2021 an der Goethe-Universität Frankfurt am Main und der Justus-Liebig-Universität Gießen zusammenarbeitete. Dies gilt insbesondere für deren Sprecher und *spiritus rector* Prof. Dr. Christian Wiese und die Koordinatorin des Netzwerkes, Dr. Nina Fischer, ohne deren persönliches Engagement dieses ehrgeizige Forschungsprojekt nicht zu denken gewesen wäre. Die im Rahmen des Teilprojekts *Emotionale Positionierung: Modalitäten und Konstellationen der Demut* entstandene Idee zur Erforschung von Gestalten und Konstitutionsbedingungen der Barmherzigkeit bezog vielfältige Impulse aus der interdisziplinären Kooperation im Gesamtprojekt.

Wir danken ferner Prof. Dr. Orit Bashkin, Prof. Dr. Yossef Schwartz und Prof. Dr. Christian Wiese, den Herausgebern der Reihe *Religiöse Dynamiken in Geschichte und Gegenwart*, für die Aufnahme unseres Bandes. Im Hause Mohr Siebeck wurde das Buchprojekt von Dr. Katharina Gutekunst und Tobias Stäbler in jeder Hinsicht freundlich unterstützt. In der Herstellung stand uns Matthias Spitzner hilfreich mit Rat und Tat zur Seite. Auch ihnen gebührt unser Dank.

Bei der Einrichtung des Textsatzes, der Herstellung der Druckvorlage und in vielem mehr hat sich Thomas Neumann mit größtem Sachverstand und bewundernswerter Akribie um diesen Band verdient gemacht. Dafür sind wir ihm zu tiefem Dank verpflichtet. Für ihr unermüdliches Engagement danken wir außerdem den studentischen Hilfskräften Margitta Dümmler, Elisabeth Eilers, Karsten Kopp, Michelle Schwarz, in ganz besonderer Weise aber Alisia Groicher, die große Teile der Konvertierung, Mikrotypographie und Registererstellung geschultert hat.

Die Arbeitstagung im Jahre 2018, von der dieses Buchprojekt seinen Ausgang nahm, wurde durch Mittel der Evangelischen Kirche in Deutschland, der Evangelischen Kirche in Hessen und Nassau sowie durch die Justus-Liebig-Universität Gießen und die Universität Leipzig großzügig unterstützt; die Theologische Fakultät der Universität Leipzig steuerte zudem einen stattlichen Druckkostenzuschuss bei. Auch hierfür sei den Verantwortlichen herzlich gedankt.

Berlin/Frankfurt a. Main/Leipzig, Mai 2023

Roderich Barth, Ute E. Eisen, Martin Fritz

Inhaltsverzeichnis

III. Normative Perspektiven für die Gegenwart

Einleitung

Roderich Barth, Ute E. Eisen, Martin Fritz

Etwa seit der Jahrtausendwende ist in den Kultur- und Sozialwissenschaften ein neues Interesse an den Religionen erwacht. Gesellschaftspolitische Entwicklungen und Konflikte unterschiedlichster Art haben dazu geführt, dass man angesichts der ehedem unerwarteten Beharrungskräfte der Religionen wieder über deren ambivalente Rolle in den modernen Gesellschaften und deren voranschreitende globale Vernetzung nachzudenken begann. Ein prominentes Beispiel für diesen Wandel ist der Sozialphilosoph Jürgen Habermas. Vormals der Künder des „nachmetaphysischen Zeitalters" und der „säkularen Vernunft" hat er in seiner berühmten Paulskirchen-Rede zum Thema *Glauben und Wissen* im Jahre 2001 die „postsäkulare Gesellschaft" ausgerufen. Seitdem sucht er zu erfassen, wie die symbolischen Ressourcen aus den Religionen für das Projekt der moralischen Aufklärung fruchtbar gemacht werden können – ein Projekt, das angesichts der Bedrohung durch die ökonomische Logik des globalen Kapitalismus auf jede Hilfe angewiesen sei.[1]

Die ‚Wiederkehr der Religion' samt ihrer politischen Dynamik fordert die diagnostischen Potenziale aller Kultur- und Gesellschaftswissenschaften heraus. Dieser Herausforderung galt auch die Arbeit einer interdisziplinären Gruppe von Forscherinnen und Forschern der Justus-Liebig-Universität Gießen und der Goethe-Universität Frankfurt am Main. Gegenüber bereits bestehenden Modellen des interreligiösen Dialogs und der Pluralismusforschung bestand die Ausgangsannahme des LOEWE-Schwerpunktes[2] *Religiöse Positionierung: Modalitäten und Konstellationen in jüdischen, christlichen und islamischen Kontexten* darin, dass Religionen grundsätzlich positionell und daher potenziell auch konflikthaft sind. Aber aus diesem Grundmerkmal religiöser Positionierung folgt keineswegs zwangs-

---

[1] Habermas, „Glauben und Wissen"; vgl. auch ders., *Naturalismus und Religion*. Auch das große Alterswerk arbeitet sich an dem Spannungsverhältnis zwischen Vernunft und Religion ab: Ders., *Geschichte der Philosophie*.

[2] LOEWE ist das Kürzel der Landesoffensive zur Entwicklung Wissenschaftlich-ökonomischer Exzellenz des Landes Hessen. Der Schwerpunkt (2. LOEWE-Förderlinie) Religiöse Positionierung (https://relpos.de/) an der Goethe-Universität Frankfurt am Main und der Justus-Liebig-Universität Gießen war Teil der 9. LOEWE-Staffel des Hessischen Ministeriums für Wissenschaft und Kunst. Dieser Band erscheint im Rahmen des Förderprogramms.

läufig, dass der Umgang mit religiöser Pluralität und Differenz antagonistische Formen annehmen muss. Erfahrungen von Andersheit und Fremdheit können im Gegenteil zu einem vertieften Verständnis der eigenen Stellung im religiös-weltanschaulichen Feld sowie zu integrativen und dialogischen Beziehungen führen, ohne dass die vorhandenen Differenzen eingeebnet werden. Aus diesem Grund haben sich die Forscherinnen und Forscher unter ausdrücklicher Zurückhaltung gegenüber übergreifenden Pluralismuskonzepten oder komparativen Ansätzen die Erforschung von Modalitäten und Konstellationen religiöser Positionierung zur Aufgabe gemacht. Dabei wurde ein interdisziplinäres Methodenspektrum in Anschlag gebracht, das von historischen und systematischen Zugängen bis zu empirisch-sozialwissenschaftlichen Untersuchungen reicht.

Im Rahmen dieses Unternehmens zielte das Teilprojekt *Emotionale Positionierung*, das von der Herausgeberin und den Herausgebern des vorliegenden Bandes verantwortet wurde, auf eine Erweiterung und Vertiefung des hermeneutischen Zugangs. Während der Fokus ansonsten primär auf den diskursiven Inhalten oder den entsprechenden Verhaltensformen und Institutionen lag, wurde hier vornehmlich die emotionale Dimension religiöser Positionierung in den Blick genommen. Voraussetzung dieses Zugangs war der sogenannte *emotional turn*, der seit einiger Zeit von den Kognitionswissenschaften über die Philosophie bis hin zu den Kultur- und Sozialwissenschaften vollzogen wurde. Seitdem werden Gefühle und ihre Geschichte auch methodisch als mächtige Faktoren menschlichen Zusammenlebens berücksichtigt.

Indessen steckt die Erforschung des Zusammenhangs von Religion und Gefühl noch in den Kinderschuhen. Dieser Zusammenhang hat aber herausgehobene gesellschaftspolitische Relevanz, und gerade an ihm zeigt sich die tiefe Ambivalenz emotionaler Faktoren. Gefühle können zu sozialer Zuwendung und lebensförderlicher Weltgestaltung, aber auch zu menschenverachtender Herabsetzung und friedenszersetzender Aggression motivieren. Wie die Geschichte und die jüngste Gegenwart zeigen, wirkt Religion dabei oftmals als verstärkender Katalysator. Die ängstlich-narzisstische Kränkung überkommener Gewissheiten lässt sich als eines der Hauptmotive für das intolerante Verhalten gegenüber religiösen Minderheiten ausmachen und mit dem Verweis auf verletzte religiöse Gefühle wiederum wird nicht selten Gewalt legitimiert. Die Beispiele zeigen: Das Emotionale als der anthropologische Wurzelboden menschlicher Kultur darf nicht unreflektiert bleiben, und das Religiöse darf hierbei nicht übergangen werden. Sonst wirken die religiösen Gefühle wie unkalkulierbare Schicksalsmächte – wenn sie nicht gar von Feinden der offenen Gesellschaft kalkuliert als Instrumente im politischen Kampf missbraucht werden. Es ist also nicht nur generell nach der gesellschaftlich-politischen Rolle der Emotionen zu fragen, sondern, spezifischer, nach Möglichkeiten der Kultivierung solcher Emotionen, die gegenüber sozial destruktiven Gefühlen wie Neid, Scham,

Angst und Zorn als prosoziale Gegenkräfte fungieren können.[3] Und es ist in diesem Zusammenhang die Bedeutung entsprechender *religiöser* Gefühle und ihrer Kultivierung zu untersuchen.

Martha Nussbaum, eine der prominenten Vertreterinnen des *emotional turn* in der Philosophie, hat jener Frage nach „politischen Emotionen" große Aufmerksamkeit gewidmet, wenn auch ohne dezidiertes Interesse an der Religion.[4] In ihren Überlegungen kommt dem Mitgefühl eine schlechterdings zentrale Funktion zu. Der vorliegende Band knüpft an diese Konzeption politischer Philosophie an. Er stellt ebenfalls das Mitgefühl ins Zentrum, fokussiert nun aber seine genuin religiöse Spielart, die traditionell mit dem Ausdruck ‚Barmherzigkeit' bezeichnet wird. Der Band nimmt damit einen Anstoß aus der islamischen Theologie auf. So hat Mouhanad Khorchide unter dem Leitbegriff der Barmherzigkeit für eine zeitgenössische Islamische Theologie plädiert und damit das allgemeine Interesse auf dieses religiöse Konzept gelenkt.[5] Sein Augenmerk galt zwar ausschließlich dem koranischen Gottesprädikat der Barmherzigkeit; die Idee zu einer interkulturellen und historischen Ausweitung sowie einer emotionstheoretisch-anthropologischen Vertiefung der Perspektive lag von dort aber nicht fern.

Indem der Sammelband einen konkreten, exemplarischen Phänomenbereich religiöser Gefühle in Augenschein nimmt, verspricht er auch einen Beitrag zur prinzipiellen Einsicht in den Zusammenhang von Religion und Gefühl zu liefern. Denn auf der begrifflich allgemeinen Ebene ist vor dem Hintergrund der einschlägigen Theoriemodelle, vorwiegend aus dem Bereich der analytischen Philosophie des Geistes, eine methodische Grenze erreicht, die eine phänomenologische Konkretion und historische Dynamisierung erforderlich macht.[6] Im Übrigen trifft sich der hier vertretene Ansatz mit einem Methodenpostulat aus dem Bereich der vergleichenden Religionsforschung. Im Rahmen des Programms der Komparativen Theologie

---

[3] Dass auch negative Selbstverhältnisse einen Zugang zu religiösen Deutungsmustern eröffnen, zeigt vor allem Notger Slenczka in seinen einschlägigen Studien, vgl. z.B. Slenczka, „Neid"; ders., „Sich schämen'".

[4] Nussbaum, *Politische Emotionen*.

[5] Khorchide, *Islam ist Barmherzigkeit*.

[6] Dass das Bemühen um eine allgemeine Kriteriologie religiöser Gefühle in eine Sackgasse geraten ist, lässt sich mit einem Aufsatz belegen, den Sabine Döring, eine der Hauptrepräsentantinnen einer Philosophie der Gefühle in Deutschland, zusammen mit Anja Berninger 2013 veröffentlicht hat. Dort heißt es: „Es ist nicht der Fall, dass man der Rede von religiösen Gefühlen überhaupt keinen Sinn abgewinnen kann. Vielmehr scheint es sich nach unserer bisherigen Analyse um eine Sammelbezeichnung für die unterschiedlichen Beziehungen zu handeln, in denen Religion bzw. Religiosität zu Emotionen steht. [...] Diese verschiedenen Beziehungen bedürfen in jedem Fall weiterer Analyse, um sie besser verstehen und damit auch einem Verständnis religiöser Gefühle insgesamt näher zu kommen" (Döring/Berninger, „Was sind religiöse Gefühle?", 63). Vgl. dazu auch Barth/Zarnow, „Das Projekt einer Theologie der Gefühle". Zur Bedeutung des von Ute Frevert u.a. vertretenen Forschungsansatzes einer Emotionsgeschichte für die Religionsforschung vgl. Fritz, „Frömmigkeitsgeschichte".

hat sich Klaus von Stosch, dessen maßgeblicher Vertreter in Deutschland, für eine Tiefenhermeneutik religiöser Praxis ausgesprochen, die über die propositionalen und diskursiven Artikulationen von Religion hinausfragt. Zugleich plädiert er, zwecks Vermeidung unfruchtbarer dogmatischer Schematisierungen beim Religionsvergleich, für eine methodische ‚Mikrologie‘, d.h. für die Beschränkung auf isolierte Themen und für eine zumindest vorläufige Einklammerung umfassender Wahrheitsansprüche.[7] Eine interreligiöse Untersuchung zum Phänomenbereich Barmherzigkeit und Mitgefühl erfüllt beide Forderungen.

Vor diesem Hintergrund fand vom 16.–18. März 2018 auf Schloss Rauischholzhausen in Mittelhessen die internationale, interdisziplinäre und interreligiöse Auftakttagung des Teilprojektes *Emotionale Positionierung* zum Thema *Barmherzigkeit: Zwischen Mitgefühl und Herablassung* statt. Die Tagungsbeiträge werden in diesem Band dokumentiert. Allerdings wurde das methodische und historisch-kulturelle Spektrum gegenüber der Tagung noch einmal deutlich erweitert, wodurch sich die Anzahl der Studien fast verdoppelt hat. Bereits bei der feierlichen Eröffnung des Forschungsschwerpunktes *Religiöse Positionierung* im Juni 2017 wurde von den Festrednern Navid Kermani und Jan Assmann die Mahnung ausgesprochen, neben jüdischen, christlichen und islamischen auch nicht-abrahamitische und säkulare Positionierungen in den Blick zu nehmen. Diesem Aufruf versucht dieser Band nachzukommen. Gleichwohl ist die in ihm getroffene Auswahl von Perspektiven immer noch exemplarisch, ein Anspruch auf enzyklopädische Vollständigkeit wird nicht erhoben. Die große Tradition der östlichen Philosophie und Religion etwa, einschlägig nicht zuletzt für die Renaissance des Mitleidsbegriffs in der deutschen Philosophie des 19. Jahrhunderts, wird lediglich in einem Beitrag behandelt. Auch renommierte Stationen der christlichen Theologiegeschichte wie die altkirchlichen Debatten[8] oder etwa die erste protestantische Dogmatik, in der die Barmherzigkeit Gottes eine Zentralstellung einnimmt,[9] bleiben außen vor.

Der Band bietet nichtsdestoweniger einen weit gefächerten Zugang zum titelgebenden Konzept. Leitend ist dabei ein doppeltes Strukturprinzip. Zum einen wird das Thema in seiner historischen Tiefendimension und seiner Entwicklung bis heute verfolgt, in drei Kapiteln zu Antike, Mittelalter/Neuzeit und Gegenwart. Zum anderen werden in selbigen Kapiteln jeweils repräsentative Querschnitte geboten, in denen verschiedene kulturelle und religiöse Positionierungen und ihre wechselseitigen Interdependenzen profiliert werden.

In Kapitel I kommen die *Kulturgeschichtlichen Wurzeln in Antike und Spätantike* zur Sprache. Die Beiträge von *Shimon Gesundheit, Melanie Peetz, Ute E. Eisen* und *Dina El Omari* gehen von den Heiligen Schriften und religiösen Texten der drei abrahamitischen Religionen aus. Flankiert werden diese interdependenten

---

[7] Vgl. von Stosch, „Komparative Theologie".
[8] Vgl. dazu z.B. Markschies, „Compassion".
[9] Vgl. Melanchthon, *Loci Communes* (1521).

Traditionslinien einerseits durch Einblicke in das pagane Umfeld der griechischen Antike, andererseits durch einen Ausblick über den europäischen Horizont hinaus: *Douglas Cairns* geht Äquivalenten des biblischen Motivs in der klassischen griechischen Literatur und Philosophie nach, während *Carola Roloff* Entsprechungen im klassischen Buddhismus aufsucht.

Kapitel II widmet sich zentralen *Transformationen in Mittelalter und Neuzeit*. *Diana Fritz Cates* entfaltet mit der *misericordia*-Konzeption des Thomas von Aquin die umfassende Synthesegestalt des Mittelalters, die nicht nur die teils gegenläufigen biblischen Traditionen, sondern auch die reichen Bestände des griechischen Denkens zu integrieren vermag. In den Beiträgen von *Felix Krämer, Gregor Bloch* und *Martin Fritz* werden daraufhin mit Spinoza, der britischen Moral-Sense-Philosophie und der deutschen Aufklärungsethik Konstellationen der neuzeitlichen Debatte beschrieben. *Roderich Barth* und *Matthias Hofmann* untersuchen mit Kant und Schleiermacher zwei kritische Verabschiedungen des religiösen Konzepts, bevor *Iris Roebling-Grau* in ihrer Studie zu Victor Hugo exemplarisch die literarische Verarbeitung dieser Traditionen im romanischen Sprachraum vor Augen führt.

Kapitel III zeigt die vielschichtigen Konsequenzen dieser ambivalenten Geschichte, wobei die ‚Barmherzigkeit‘ gegenüber anderen Konzepten zurücktritt. *Normative Perspektiven für die Gegenwart* im Sinne einer Philosophie des Mitgefühls eröffnen die Beiträge von *Christoph Demmerling* und *Matthias Schloßberger*. Die politik- und rechtswissenschaftlichen Reflexe dieser Traditionen in der Gegenwart beleuchten *Felix Heidenreich* und *Thorsten Keiser*. Nach bildungspolitischen Überlegungen von *Micha Brumlik* bilanziert schließlich *Mouhanad Khorchide* die Bedeutung des Barmherzigkeitskonzepts für den Dialog der Religionen.

Die interdisziplinäre und zugleich auf historisch-kulturelle Diversität ausgerichtete Anlage des Sammelbandes macht die Lektüre zu einer Herausforderung. Man wird als Leser oder Leserin mit einer methodischen und inhaltlichen Vielfalt konfrontiert, die über die heimischen Grenzen des eigenen Faches großenteils hinausführt. Man weiß sich als Leser folglich überwiegend als Laie angesprochen, der auf das Urteil der Expertinnen angewiesen ist. Das kann irritieren. Aber es bietet auch die Chance, dass das Unvertraute innovative Kraft freisetzt und zur Weitung des eigenen Horizonts anregt.

Mit Vielfalt konfrontiert der Band auch insofern, als er das Thema über Sprachgrenzen hinweg verhandelt. Der Bedeutungsraum unseres Vorverständnisses von Barmherzigkeit verdankt sich nicht unwesentlich der sprachgeschichtlichen Wirkung von Martin Luthers Bibelübersetzung. Dahinter steht aber eine Vielzahl von hebräischen, griechischen und lateinischen Lexemen, zu denen in unserer Perspektivenerweiterung auch solche aus dem indischen Sanskrit und Pāli sowie tibetische, arabische, französische und englische Ausdrücke hinzutreten, die ihrerseits unterschiedliche Äquivalente in den Bildungs- und Wissenschaftssprachen besitzen.

Die Bedeutungen all dieser Bezeichnungen überschneiden sich, sind aber niemals deckungsgleich. Gerade bei Phänomenen aus der Sphäre des Emotionalen, die wir in ihrer elementaren Vertrautheit eigentlich gut zu kennen meinen, kann jener sprachliche Verfremdungseffekt eine produktive Nachdenklichkeit schaffen.[10] Zwischen *chäsäd, chen, rachamim, eleos, oiktos, splagchnizomai, synachthesthai, commiseratio, misericordia, (mahā)karuṇā, ar-raḥīm/ar-raḥmān, pitié, compassion, empathy, mercy, pity, sympathy,* Erbarmen/Barmherzigkeit, Mitgefühl, Mitleid oder Wohlwollen etwa und den sie jeweils umgebenden Wortfeldern bestehen viele semantische Interdependenzen, aber auch Differenzen. Gleiches wiederholt sich noch einmal auf kategorialer Ebene. Denn wer einmal begonnen hat, sich mit Gefühlen oder Emotionen zu beschäftigen – mit dieser Differenz fangen die Probleme schon an –, merkt schnell, dass auch die psychologische Terminologie in Bewegung ist: Affekt, Passion, Emotion, Sensation, Sentiment, Gefallen, Lust, Leidenschaft, Empfindung, Gefühl, Stimmung, Einstellung, Haltung, Disposition, Fertigkeit, Habitus, Tugend – alle diese Kategorien stehen in einem Netz von differenzierten Bezügen zueinander, unterschieden und doch je eigentümlich miteinander verbunden. Im Bewusstsein dieser kategorialen Komplexität ist mit besonderer hermeneutischer Sensibilität auf die Quellen zu hören, um die Phänomene hinter den Begriffen zu verstehen.

Last but not least steht das Thema unter der Differenz von Gott und Mensch. Barmherzigkeit wird sowohl am religiösen Gegenstand reflektiert, d.h. vor allem als Gottesprädikat ausgesagt, als auch zur normativen und deskriptiven Beschreibung humanen Lebens gebraucht, d.h. als Einstellung und vor allem als vorzügliches Handeln des Menschen ausgewiesen. Beide Hinsichten begegnen in den religiösen Quellen und sind dort nicht selten unmittelbar aufeinander bezogen. Mit dem historischen Wandel wird das Thema allerdings in beiden Hinsichten zunehmend strittig. Erst recht gilt dies für die Verbindung der religiösen mit der ethischen Dimension. Im Konzept der Barmherzigkeit verschränken sich so die Diskurse um Emotion, Religion und Ethik in paradigmatischer Weise. Diese Verschränkung durch eine Vielzahl von Blickpunkten zu erhellen, hat sich der vorliegende Band vorgenommen. Indem er mit der Barmherzigkeit die religiöse Gestalt des Mitgefühls in ihren Wurzeln und Wandlungen beleuchtet, konturiert er ein Schlüsselkonzept, an dem nicht nur die anthropologische, kulturelle und soziale Relevanz der Emotionen im Schnittpunkt von Ethos und Religion sichtbar wird, sondern auch die Bedeutung von Religion und religiöser Kultur für das von Gefühlen bewegte Zusammenleben der Menschen.

---

[10] Zur Relevanz der Mehrsprachigkeit für die Emotions- und Religionsforschung vgl. Barth, „Languages of Emotion".

Literatur

Barth, Roderich, „Languages of Emotion. Some Remarks on the Philosophy and History of Emotion", in: Jonker, Louis C./Berlejung, Angelika/Cornelius, Izak (Hgg.), *Multilingualism in Ancient Contexts. Perspectives from Ancient Near Eastern and Early Christian Contexts*, Stellenbosch (SA) 2021, 280–288.

Barth, Roderich/Zarnow, Christopher, „Das Projekt einer Theologie der Gefühle", in: Dies. (Hgg.), *Theologie der Gefühle*, Berlin/Boston 2015, 1–19.

Döring, Sabine/Berninger, Anja, „Was sind religiöse Gefühle? Versuch einer Begriffsklärung", in: Charbonnier, Lars/Mader, Matthias/Weyel, Birgit (Hgg.), *Religion und Gefühl. Praktisch-theologische Perspektiven einer Theorie der Emotionen. Festschrift für Wilhelm Gräb zum 65. Geburtstag*, Göttingen 2013, 49–64.

Eisen, Ute E., „Mitleid (splagchnizomai) in den synoptischen Evangelien", in: Dies./Mader, Heidrun E. (Hgg.), *God in Society: Multidisciplinary (Re)constructions of Ancient (Con)texts*, Vol. 1: *Theories and Applications*, Festschrift für Peter Lampe zum 65. Geburtstag, (Novum Testamentum et Orbis Antiquus 120/1), Göttingen 2020, 425–450.

Fritz, Martin, „Frömmigkeitsgeschichte als Innerlichkeitsgeschichte? Der Beitrag der ‚History of Emotions' für das Projekt einer ‚Theologie der Gefühle'", in: Haußmann, Annette/Schleicher, Niklas/Schüz, Peter (Hgg.): *Die Entdeckung der inneren Welt. Enzyklopädische Verständigungen über Frömmigkeit zwischen Theologie und Religionspsychologie*, Tübingen 2021, 205–232.

Habermas, Jürgen, *Auch eine Geschichte der Philosophie*, 2 Bände, Berlin 2019.

–, „Glauben und Wissen", in: Ders., *Zeitdiagnosen. Zwölf Essays. 1980–2001*, Frankfurt am Main 2003, 249–262.

–, *Zwischen Naturalismus und Religion. Philosophische Aufsätze*, Frankfurt am Main 2005.

Khorchide, Mouhanad, *Islam ist Barmherzigkeit. Grundzüge einer modernen Religion*, Freiburg i. Br. 2012.

Markschies, Christoph, „Compassion. Some Remarks on Concepts of Divine and Human Compassion in Antiquity", The Israel Academy of Sciences and Humanities. Proceedings VIII/5 (2011), 91–104.

Melanchton, Philipp, *Loci Communes* (1521), lat.-dt., übersetzt und mit kommentierenden Anmerkungen versehen von Horst Georg Pöhlmann, hg. v. Lutherischen Kirchenamt der VELKD, Gütersloh [2]1997.

Nussbaum, Martha C., *Politische Emotionen. Warum Liebe für Gerechtigkeit wichtig ist*, Berlin 2014.

Slenczka, Notger, „Neid. Vom theologischen Ertrag einer Phänomenologie negativer Selbstverhältnisse", in: Barth, Roderich/Zarnow, Christopher (Hgg.), *Theologie der Gefühle*, Berlin/Boston 2015, 157–189.

–, „‚Sich schämen'. Zum Sinn und theologischen Ertrag einer Phänomenologie negativer emotionaler Selbstverhältnisse", in: Richter, Cornelia/Dressler, Bernhard/Lauster, Jörg (Hgg.), *Dogmatik im Diskurs. Mit Dietrich Korsch im Gespräch*, Leipzig 2014, 241–261.

Stosch, Klaus von, „Komparative Theologie als Herausforderung für die Theologie des 21. Jahrhunderts", Zeitschrift für katholische Theologie 130 (2008), 401–422.

Teil I

Kulturgeschichtliche Wurzeln
in Antike und Spätantike

Homer, Aristotle, and the Nature of Compassion[1]

Douglas Cairns

If *Barmherzigkeit* originates as a calque on Latin *misericordia*, then its closest equivalent in ancient Greek will be the term which Romans translate as *misericordia*, namely *eleos*, typically rendered in English as "pity" and in German as *Mitleid*. Although *Barmherzigkeit* and pity may seem to be two rather different concepts, I concentrate here on the latter, partly on the grounds that the various phenomena covered by terms such as "compassion", "sympathy", "empathy", and "pity" (and their analogues, where they exist, in other languages) constitute a family in which resemblances are often really rather close in practice (even if, as we see in English, particular members of this group pass in and out of fashion and take on a range of different connotations at different periods and in different contexts),[2] but also because, of the cluster of terms that refer to compassionate responses to others' suffering, it is *eleos* that looms largest not only in Greek literature but also in Greek literary and rhetorical theory. Indeed, *eleos* is perhaps the most salient among all the emotions to which Greek literature appeals, just as it is in ancient literary theory.[3] Literature (broadly conceived) provides our best evidence for the dynamics of

[1] I am grateful to Pia Campeggiani for inspiring comments on this paper, to my fellow participants in the original *Barmherzigkeit* conference at Schloß Rauischholzhausen, to audiences of videoconferences held by the Institute of Classical Studies (London), Bryn Mawr College (especially Deborah Roberts), the University of St Andrews, the University of Verona (especially Riccardo Palmisciano), the Universities of Buenos Aires and La Plata, and the University of Coimbra, as well as to the Leverhulme Trust, the Arts and Humanities Research Council, the Alexander von Humboldt Foundation, and the European Research Council (AdvG 741084) for supporting the long-term programmes of research which have led to it. In its St Andrews incarnation the paper featured in a conference in honour of Professor Stephen Halliwell on the occasion of his retiral from Scotland's oldest Chair of Greek; I offer it here as a tribute to his outstanding achievements in Hellenic Studies.

[2] Anyone who misses debate and controversy over the supposed differences between sympathy and empathy and the history, nature, and possibility of the latter may consult three other essays of mine, two published and one forthcoming. These are Cairns, "Horror"; "Emotions through Time"; "Emotional Contagion".

[3] See Halliwell, *Aristotle's Poetics*, 170; Munteanu, *Tragic Pathos*, passim; Konstan, "Drama", 63–82 at 64; Scodel/Caston, "Literature", 111–114. For Roman literature, cf. Webb, "Imagination", 112–127.

ancient Greek *eleos*, at it does for most emotions – it regularly gives us their eliciting conditions, the appraisals and evaluations that they entail, their phenomenology, their symptoms and expressions, and the characteristic patterns of behaviour with which they are associated. Literary and rhetorical theory both generalizes from and informs literary and rhetorical practice, and in the particular case of *eleos* raises some of the questions that we shall need to answer if we are to understand the concept. But this is not a lexicographic study: I look also at other terms from the same general *Wortfeld* as *eleos*, and I shall be interested in the phenomena of compassion as well as the ways in which they are labelled and conceptualized.

In concentrating on the theory and practice of literature, I am not offering a synthetic account of ancient Greek pity;[4] instead I focus, in the main, on just two authors, Homer and Aristotle, and proceed primarily by means of a confrontation between the representation of pity in the final book of the *Iliad* and the theorization of that emotion in Aristotle's *Rhetoric* and *Poetics*. I begin with Homer, but immediately bring the Homeric narrative into relation with Aristotle's account of pity in the *Rhetoric*. This will lead to some thoughts on the nature of pity and compassion in Homer in general, before we return to the contrast between Homer and Aristotle (with emphasis on the *Poetics*), a contrast that is in some ways underscored by certain differences between Aristotle and Plato on the emotional effects of epic and tragic poetry.

The encounter between Priam and Achilles in *Iliad* 24 has a special place in this story: George Steiner was not exaggerating when he observed that "The more one experiences ancient Greek literature and civilization, the more insistent the suggestion that Hellas is rooted in the twenty-fourth Book of the *Iliad*."[5] Part of this resides in the fact that *Iliad* 24 provides the *locus classicus* for a notion that is a key theme both of traditional Greek ethics and of the plot construction of Greek narrative and drama, namely the principle that all human lives are susceptible to changes of fortune. The scene in question is the one in which Priam, in what is presented as an act of immense bravery,[6] enters Achilles' quarters to beg for the return of Hector's body for burial. Appearing suddenly before Achilles and his companions, Priam takes hold of Achilles' knees in supplication, kisses the hands that slew Hector,[7] and makes his appeal (*Iliad* 24.473–506). Though he also asks

---

[4] For that, one should turn first of all to Konstan, *Pity Transformed*.

[5] Steiner, *Antigones*, 242.

[6] Among other passages, see especially Achilles' admiration at 24.519–521, echoing Priam's own assessment of his task at 505–506. Priam uses the implicit reference to his own bravery at 505–506 – a form of bravery that highlights the magnitude of his sufferings, as Achilles confirms – to underline the point that, though he is like Achilles' own father, he is also different and in some way special. In the sequel (as we see more fully below) Achilles puts that special status in context: in his bravery, Priam (it emerges) is like Achilles himself; but Achilles goes on to emphasize that as a suffering father and as a human being Priam is not as special as he thinks he is.

[7] "With his hands he took hold of Achilles' knees and kissed his hands, the terrible manslaying

Achilles to "respect the gods" (αἰδεῖο θεούς, 503) – both because supplication is a ritual institution in which the honour of the gods is invested, and because Achilles has received a direct command from Zeus, via Thetis, that he should accept Priam's appeal – the core of Priam's speech is its appeal to *eleos* (αὐτόν τ᾿ ἐλέησον, 503). This pity is solicited with reference to Priam's own suffering, but refracted via a relationship of both similarity and difference between Priam and Achilles' own father, Peleus: "Remember your father", says Priam at both the beginning and the end of his appeal (486, 504), emphasizing their closeness in age and the trials that old age brings (487–489). But Priam is more to be pitied (more *eleeinos*, 504): Peleus rejoices in the news that his only son lives on, while Priam has lost many of his sons (490–498), including the one he relied on most, his "only son", Hector (499–501); and now he has put the hand that killed him to his own lips (505–506). Priam thus wishes to make Achilles see him not as an enemy or even just as a stranger, but as a father like his own father; what has happened to Priam might (Priam implies) happen to Peleus. Priam is thus appealing to a point that Aristotle will later make much of in the *Rhetoric*, that pity requires that we ourselves or those we care for should be vulnerable to misfortune (2.8, 1385b14–33, 1386a27–29).

The appeal to Achilles' memory of his father hits home, and Achilles and Priam weep intensely (507–512). But Achilles does not accept that Priam is more pitiable than Peleus: he knows that he is destined to die at Troy (9.410–416, 18.95–126) and so he knows that Peleus will soon experience a grief like Priam's (24.534–542). In Priam's appeal to the similarity between himself and Peleus (a precondition for pity as a response based on a sense of vulnerability) there was also an assumption of difference – since his only son lives on, Peleus, as Priam represents things, enjoys a kind of good fortune and prosperity that Priam had now forfeited. This is another of Aristotle's conditions for pity: the sense of one's own vulnerability that is essential for pity relies not only on a perception of similarity (that what has happened, is happening, or will soon happen to this person might happen to me or someone I care for) but on a discrepancy between pitier and pitied, in the sense that the pitier is in a more fortunate position, at least for now:[8] the vulnerability criteria (*Rhet.* 2.8, 1385b14–33 again) rest fundamentally on the idea of *potential* suffering at some stage in the future. Neither those whose good fortune gives them a sense of invulnerability nor those who feel that their misfortune has brought them as low as they can go are likely to feel pity (1385b19–21, 30–31), and the same is true of

---

hands that had killed many of his sons" (24.478–479); the immense potency of this gesture is underlined not only by Priam's explicit reference ("I have endured something that no other mortal on earth yet has, to reach to my mouth the hand of the man who killed my son", 505–506), but also by the fact that "manslaying" (*androphonos*), used of Achilles' hands in 478 (cf. 18.317, 23.18), is a frequent epithet of Hector (ten of fifteen Iliadic occurrences, including 24.509, immediately after the conclusion of Priam's appeal).

[8] See Konstan, *Pity Transformed*, 50; on pity and distance more generally, see 49–74.

those who are fixated on the prospect of their own imminent suffering (1385b32–33). Achilles, of course, contradicts Priam on this point – Peleus is much more like Priam than Priam knows, for what Priam is suffering *now* will soon happen to Peleus. This raises interesting questions that we shall consider more fully below about the closeness in suffering of Achilles and Priam. Suffice it for now to note that, while the narrowing of the distance between Priam and Peleus *might* have led Achilles to focus solely on his own misfortunes (as do those whose fears cause them to be consumed by terror, according to Aristotle, 1385b32–33), driving out pity (as Aristotle says happens when what we fear most is imminent, 1386a22–25), it does not: instead it underpins Achilles' ability to find grounds for sympathy in the closeness of the parallel between Priam's situation and his own.

To support his appeal, Priam uses the language of likeness. His words, "remember your father, Achilles, who is similar in age to me" (*Il.* 12.486–487), bear comparison with Aristotle's when he observes that people pity those who are similar to them in age (1386a25). But Priam's argument (that he is like Peleus in age) is not Aristotle's (that people pity those similar to them in age), for Peleus is not the recipient of Priam's appeal and Achilles is much younger than Priam. Yet there is a sense in which Priam and Aristotle are making the same case, given that the point of Aristotle's observation is that similarity promotes the sense of vulnerability – it is easier to imagine something happening to oneself when it happens to someone like oneself. In a way, Priam's appeal makes that point, but at one remove – Achilles' sense of his own vulnerability is evoked by the similarity between Priam and Peleus. And as Aristotle further observes, those who have living parents (or children, or wives) feel pity, because parents are part of us, and susceptible to the ills that excite pity (1385b27–9). In an important sense, our parents' (or our children's) vulnerability is our vulnerability (a topic that we shall pursue further below), and so the likeness between Priam and Peleus is a sign that Achilles is as vulnerable to misfortune as Priam has proved to be.

That Achilles has taken this fundamental point as the lesson of Priam's predicament is evident from the fact that he presents it to Priam himself as consolation for his sufferings. Priam's appeal stirs Achilles to tears, and both men weep (507–512). But then he takes Priam by the hand and raises him to his feet, before delivering a speech that draws the moral from their shared lamentation (525–533):

> For this is the way that the gods have spun the thread for wretched mortals, that they should live in grief; but they themselves are without care. For there are two jars placed on the floor of Zeus of gifts that he gives, the one of ills, the other of blessings. If Zeus who delights in the thunderbolt gives a man a mixed lot, that man meets now with evil, now with good; but if he gives only from the evils, he ruins a man, and evil hunger drives him over the divine earth, and he wanders honoured by neither gods nor mortals.

No human life can be without pain; an alternation of good and bad fortune is the best one can hope for. As examples, Achilles offers his own father (534–542), and

Priam himself (543–548), underlining the similarity that was the basis of Priam's appeal. Both men surpassed others in prosperity, but divine favour deserted them in their later years. Peleus, Priam, and Achilles himself are exemplary figures, but they are exemplary, as Achilles makes clear, of conditions that apply to all human beings. This is a fundamental formulation of a characteristic archaic Greek attitude towards the nature and possibility of happiness. The vulnerability that is a fundamental condition for pity is inherent in the human condition, defined by antithesis with the divine.[9] The "principle of vulnerability", as Konstan calls it,[10] is predicated upon the principle of alternation. In presenting the mutability of fortune as a shared human predicament, Achilles is in effect pointing out not only that all human suffering is potentially pitiable, but also that all human beings – at least if they are capable of recognizing that their lives too are subject to vicissitude – are potentially susceptible to pity.

Achilles' speech comes immediately after he and Priam have wept together and begins as an explicit expression of the pity that is attributed to Achilles by the narrator in lines 515–516: helping Priam to his feet, Achilles feels pity for his grey hair and beard (οἰκτίρων πολιόν τε κάρη πολιόν τε γένειον,), and begins his speech "ah poor man, truly you endured many evils in your heart" (ἆ δείλ', ἦ δὴ πολλὰ κάκ' ἄνσχεο σὸν κατὰ θυμόν, 518). It is undeniable, then, that Priam's appeal to pity has been successful. Achilles affirms that he has come to understand how Priam has suffered. But that understanding is also rooted in the fact that Achilles too has suffered, as we see from the way in which Priam's appeal moves both men to tears: it arouses in Achilles a longing to lament his father (507), and they weep together. Priam weeps, remembering Hector (509–510), but Achilles does so remembering not only Peleus (as encouraged by Priam), but also Patroclus (511–512). This creates an apparent dissonance with several of Aristotle's observations about pity in the *Rhetoric*. Priam is in mourning; but so is Achilles. Like Priam's, Achilles' are tears of grief. His mourning for Patroclus has continued intensely from Book 18 to the present episode. But we also assume, I suggest, that his tears for Peleus are similarly expressive of a form of grief that proleptically takes Peleus' suffering as actual rather than potential. Priam's grief for Hector and Achilles' for Peleus and Patroclus illustrate Aristotle's point that we regard the sufferings of those closest to us as our own (1386a19–20), and thus not normally appropriate objects of pity (1386a18–19).[11]

---

[9] For similar notions in the *Odyssey*, cf. e.g. 6.188–189, 16.211–212. See below, n. 56, on their wider ramifications in the Greek tradition.

[10] Konstan, *Pity Transformed*, 49.

[11] Though in fact characters in Homer and other authors do experience *eleos* for very close relatives and friends. One important example is that of Hector's pity for his wife, Andromache, at *Iliad* 6.484, which responds directly to her tears: see Konstan, *Pity Transformed*, 61–62, with Cairns, "Pity", 68–70. In distinguishing compassion for strangers from compassion for close kin, it is instructive to compare the shared weeping of Priam and Achilles with that of Achilles and his

But Aristotle also thinks that focusing on our own sufferings drives out pity for others: this is why, he thinks, those who are utterly ruined are incapable of that emotion (1385b19–20); they are focused not on their vulnerability to potential suffering in the future, but on the enormity of the sufferings that they have actually incurred. Similarly, those who are utterly terrified by the prospect of their own suffering do not think of the vulnerability that links them to others (1385b32–33), and those who regard terrible events as imminent for themselves or those closest to them are said to be no longer capable of pity (1386a22–25). In all these cases, the agent's own misfortune is either present or imminent. The basic discrepancy that Aristotelian pity requires between the suffering other and the only potentially suffering self is absent. But it is absent also in the way that Achilles' pity coexists with intense grief at the loss of his closest friend and with vivid imagination of imminent suffering on the part of his father.

We can, no doubt, think of ways of saving Aristotle's generalizations from their confrontation with the detailed and powerful mimesis of real human emotions that we find in Homer. Achilles, we might observe, is not one of the "utterly ruined" (παντελῶς ἀπολωλότες) who think that no further misfortune can befall them (1385b19–20); on the contrary, he knows now that the loss of Patroclus was not the last of his sufferings – that his own failure to provide for Peleus in his old age and Peleus' grief after his own death illustrate the continuing vulnerability that he shares with all human beings. Equally, though Peleus' sufferings are imminent, still they remain in the future, and we might note that Achilles' situation is not quite that of those who, Aristotle says, can be deflected from pity by being made to focus on their own imminent troubles (1386a22–25), precisely because in his case it is the presence of another suffering individual *qua* object of pity that "reminds" him (24.504, 509–512) of his own sufferings – there is not the wedge between self-absorption and other concern that Aristotle's example presupposes. Beyond that, when Aristotle makes use of an anecdotal example to illustrate the difference

---

mother in *Iliad* 18.70–77: Thetis comes to Achilles, weeping, because he is weeping; her lamentation (*olophyresthai*, 72) focuses on his grief (*penthos*, 73); in one sense, Achilles' sufferings are indeed Thetis' sufferings, in way that is not true of the grief that Priam's grief stirs in Achilles in *Iliad* 24; and yet in 18 Achilles' tears are for Patroclus, whereas Thetis' tears are for Achilles – their emotions have different objects, as do Achilles' and Priam's in 24. In addition, though Thetis weeps *for* Achilles in 18 in a way that Achilles does not weep for Priam in 24, still Thetis' tears underpin her desire to console and comfort Achilles in a way that bears comparison to Achilles' consolation of Priam (see below). Grief and lamentation may not only give rise to, but may also express compassion: in Thetis' case, *olophyresthai* refers to a compassionate response (another point to which we return below). And finally, we note that Thetis' grief and Thetis' tears respond directly to Achilles' tears, just as Hector's pity responds to Andromache's tears in the passage cited at the beginning of this note; we shall also need to revisit (below) the importance of the fact that, in Homer, compassionate responses regularly focus not just on others' troubles, but also on the emotions that those others express with regard to their troubles.

between "the terrible" (τὸ δεινόν), as that which one fears happening to oneself, and "the pitiable" (τὸ ἐλεεινόν), which is a characteristic of the sufferings of others, it does not in fact bear out his contention that the terrible drives out the pitiable (1386a23). This is the story of the Pharaoh of Egypt[12] who did not weep when he saw his son being led out to his death (or, in Herodotus' fuller account, when he saw his daughter being publicly degraded), but did weep when he encountered a companion reduced to beggary, on the basis that the former was terrible, but the latter pitiable (1386a20–22). Amasis/Psammenitus, like Achilles, is faced with imminent suffering on the part of a relative that he regards as an evil for himself, yet is still able to pity another who is less close to him. The terrible, even on Aristotle's account, does not always drive out the pitiable, and the Amasis/Psammenitus story contradicts the statement that people no longer feel pity when what they fear for themselves is imminent (1386a24–25).

But such manoeuvres are rather unsatisfactory. Were we to put them to Aristotle himself, he would probably point out that the *Rhetoric*'s discussion of emotion belongs to a field of enquiry in which generalizations are true only for the most part.[13] The *Rhetoric* gives us typical, often prototypical examples, and is not intended to provide the last word on the subjects it discusses. Yet, leaving these minor issues aside, there remains a significant difference of emphasis between Aristotle's account of pity in the *Rhetoric* and the dynamics of that emotion in the encounter between Achilles and Priam. Fundamentally, this is a matter of Aristotle's emphasis on potentiality as an aspect of the vulnerability condition, on evils which lie in the future, and thus on fear as the attitude towards one's own sufferings that complements pity as a response to the sufferings of others. In Homer, by contrast, despite the importance of shared vulnerability as a condition for pity, there is also a much greater emphasis than in Aristotle on grief. This is not an absolute distinction. Aristotle does recognize that one has to have suffered oneself in order to be able to respond with pity to the sufferings of others: he says explicitly that those who have already suffered are among those who are disposed to feel pity, as are older people, on the grounds of their wisdom and experience (1385b24–26); but this is a list of people who are so disposed as to think themselves liable to suffer (1385b24), and so it also includes the weak, those with a tendency towards cowardice, and the educated, who are circumspect (1385b26–27). By contrast, as we have seen, those who have been exceptionally lucky in life and those who have been utterly ruined by it do not have this sense of vulnerability (1385b18–23). Life experience does matter, including one's experience of suffering, but still Aristotle's focus from the outset is consistently on futurity and potentiality: the ills on which pity focuses are such as one might expect to happen to oneself or one of one's own (ὃ κἂν αὐτὸς

---

[12] Amasis, according to Aristotle, but this is probably just a mis-remembering of tale told by Herodotus (3.14) about Amasis' son, Psammenitus.

[13] See e.g. *Nic. Eth.* 1.3, 1094b11–27.

προσδοκήσειεν ἂν παθεῖν ἢ τῶν αὑτοῦ τινα, 1385b14-15); in general it is the things we are afraid of in our own case that we pity when they happen to others (ὅλως γὰρ καὶ ἐνταῦθα δεῖ λαβεῖν ὅτι ὅσα ἐφ’ αὑτῶν φοβοῦνται, ταῦτα ἐπ’ ἄλλων γιγνόμενα ἐλεοῦσιν, 1386a27-29).[14] Perhaps implicit in this is that these evils are also such as to cause grief and lamentation when they happen to us or our loved ones, but this is not a point that Aristotle cares to bring out.

Somewhat similarly, Aristotle does recognize that pity can be seen as a way of responding not just to another's misfortunes, but to the emotional pain that these misfortunes engender in them. Immediately after discussing *eleos*, a way of being pained at others' undeserved misfortune, he moves on to "indignation" (τὸ νεμεσᾶν), which he treats as a way of being pained at undeserved good fortune (*Rhet.* 2.9, 1386b9-11). He describes both as marks of good character, "for one should feel shared grief (*synachthesthai*) and pity (*eleein*) in the case of those whose misfortunes are undeserved, but indignation when it is their good fortune that is undeserved" (δεῖ γὰρ ἐπὶ μὲν τοῖς ἀναξίως πράττουσι κακῶς συνάχθεσθαι καὶ ἐλεεῖν, τοῖς δὲ εὖ νεμεσᾶν, 1386b12-13). But though pity is consistently presented as a painful response to sufferings that are painful for their patient, only here in his account does Aristotle speak of feeling pain *with* the other, using a term (*synachthesthai*) that allows one to draw a direct link between the emotion of the pitier and that experienced by the suffering individual who is pity's recipient.[15]

It is very different in *Iliad* 24. Here Priam asks Achilles to remember his own father, but to pity him, whose condition is yet more pitiable (24.503-504). This

---

[14] Cf. in 2.5, 1382b24-26 for the converse point about fear.

[15] Verbs for "feeling pain together with" another person, by contrast, are common in Aristotle's accounts of *philia*: *synalgein* alone at *Nic. Eth.* 9.4, 1166a7 (cf. a27 and 1166b18, where it is extended to self-love, *philautia*), 9.10, 1171a30, 32, 1171b11; *Eud. Eth.* 7.6, 1240b9, 7.11, 1244a25; *Rhet.* 2.2, 1379b22, 2.4, 1381a4; *synalgein* with *synôdinein* and *syllypeisthai* at *Eud. Eth.* 7.6 1240a33-37; *synalgein* with *synachthesthai* at *Nic. Eth.* 9.10, 1171a7-8. *Philia* is normally translated "friendship", but it also encompasses very close relationships (such as parent-child) in which, as we have seen, Aristotle thinks pity is not appropriate. Since it involves sharing the other's pleasure and pain, close *philia* is, on Aristotle's view, not the kind of thing that one can easily share with many people (χαλεπὸν δὲ γίνεται καὶ τὸ συγχαίρειν καὶ τὸ συναλγεῖν οἰκείως πολλοῖς· εἰκὸς γὰρ συμπίπτειν ἅμα τῷ μὲν συνήδεσθαι τῷ δὲ συνάχθεσθαι, *Nic. Eth.* 9.10, 1171a6-8). Sharing pleasure and pain is a feature especially of that form of *philia* that is based on pleasure (*Eud. Eth.* 7.11, 1244a24-25), but no doubt applies also to virtue friendship. These varieties of *philia* presumably involve forms of benevolence, mutuality, and sharing that preclude the degree of detachment that Aristotle thinks is necessary for *eleos*: on that view, one will suffer together with one's friends when they suffer because their suffering is in some sense one's own (cf. *Rhet.* 2.8, 1386a18-19, with Konstan, *Pity Transformed*, 211-212; Kamtekar, "Platonic Pity", 308-329 at 314-316). Perhaps, then, at *Rhet.* 2.9, 1386b12-13, *synachthesthai* is what one experiences when those to whom one is close suffer undeserved misfortune, while *eleein* is what one experiences in the case of those to whom one is less close. A passage in the pseudo-Aristotelian (but still Peripatetic) *Problemata* (7.7, 887a15-18) perhaps tells against this, at least in so far as it considers the possibility that, as far as physical pain is concerned, we "share the other's pain in thought" (συναλγοῦμεν τῇ διανοίᾳ), because all human beings share a common nature; and the

moves Achilles to lamentation (*goos*) for his father, and *goos* is a typical marker of grief. As Priam then weeps for Hector, Achilles weeps for Peleus and Patroclus. He does not, or at least not explicitly, weep for Priam, and he does not share Priam's grief for Hector. Achilles and Priam experience, together and at the same time, the same emotion, but with different objects and for different reasons. Achilles does not adopt Priam's emotional perspective; but Priam's presentation of that perspective is instrumental in making Achilles see the common ground between Priam's suffering and his own.[16] Priam highlights a similarity between his predicament, Peleus', and Achilles' own. Priam and Achilles already know, and Peleus soon will, what it is like to lose someone very close. Priam's grief makes him pitiable, but Achilles' grief enables his pity. Where Aristotle locates the self-referential aspect of pity in fear, Homer locates it in grief. For Homer, it is the things we grieve over in our own case that we pity when they happen to others.

An element of this closeness between pity and grief is apparent even in the Greek vocabulary that is employed in the scene. Priam asks directly for *eleos* (503–504):

Respect the gods, Achilles, and show me *eleos*, remembering your father; yet I am more worthy of *eleos* [ἐγὼ δ' ἐλεεινότερός περ] [...]

But what Achilles is said to show him is not *eleos*, but *oiktos* (513–518):

But when noble Achilles had taken full pleasure in lamentation, and the longing left his mind and his limbs, at once he leapt from his chair, raised the old man by his hand out of *oiktos* for his grey head and grey beard [οἰκτίρων πολιόν τε κάρη πολιόν τε γένειον], and addressed him, speaking winged words: "Ah poor man, truly you suffered many evils in your heart [...]"

There is controversy among Classicists over possible differences of nuance and connotation between *eleos* and *oiktos* when both refer to the emotion that we call pity.[17] Often enough, they seem to be used interchangeably. But *oiktos* is also commonly used in a sense that is not shared by *eleos*, namely that of lamentation.[18] This, indeed, is very likely to be the term's primary sense, given the probability that

---

natural reading of the passage at 1386b12–13 is to take *synachthesthai* as an aspect of *eleos qua* subject of the previous chapter. However all of that may be, it remains striking that this is the only passage in which "feeling pain with" occurs in any kind of association with *eleos*.

[16] Already prefigured, perhaps, in the way that Achilles' mourning for Patroclus is compared to that of a grieving father at *Il.* 23.222–225. Here, Achilles grieves only for his own loss; but the potential for seeing the common ground between his grief and that of others is hinted at in the simile. Cf. *Od.* 8.523–530, where Odysseus, weeping at the story of the Trojan Horse, is compared to a grieving widow, mourning her dead husband as she is led into slavery (discussed in text, below). In each case, the simile enlarges the depiction of an individual mourning his own sorrows by reminding us not only of the sorrows of others, but also of those caused by the individual himself.

[17] See e.g. Burkert, *Mitleidsbegriff*, 42–48; Scott, "Pity and Pathos".

[18] See Konstan, *Pity Transformed*, 52–54.

it derives from the lamentatory interjection *oi*.[19] The development of the term's semantic range no doubt reflects a perception of commonality between grieving and pitying. This is not to say that *eleos* could not also rest on that similarity: the typical expression of both *eleos* and grief in weeping (see below) suggests that it could. It is just that *oiktos* is especially apt here, where the line between Priam's grief, Achilles' grief, and Achilles' pity is so clearly drawn. The semantics of *oiktos* in general draw attention to a feature that is relevant also to *eleos*, that the common ground between grief and pity is tears and lamentation.

Priam's appeal to pity thus causes Achilles to grieve for his own losses, but the lamentation which expresses that grief forms part of the bridge between Priam's sorrows and Achilles' that Priam sought to create. That grief for one's own losses can inform pity for another acknowledges the self-referential aspect of pity. But it is also typical in Homer to identify explicitly the self-referential aspect of shared grief. We see this twice in *Iliad* 19, first when Briseis' lament over the body of Patroclus (detailing her own considerable sufferings in becoming a captive and highlighting the end of her own hopes that Patroclus would one day oversee her marriage to Achilles, 19.290–300) is answered by the lamentation of the other captive women, each grieving for her own misfortunes under pretext of grieving for Patroclus (19.301–2).[20] Briseis' lament and the refrain that accompanies it are soon followed by a speech of heartfelt pain and anguish on the part of Achilles that contains some of the same motifs,[21] but when he imagines his aged father, waiting at home for news of his son's death, his companions who join him in lamentation each remember their own loved ones at home (19.338–339). As in the Achilles and Priam scene of *Iliad* 24, one person's grief "reminds" others of their own sorrows,[22] and they weep and lament together.[23] That others' grief is grounds for an onlooker's pity is confirmed by Zeus's *eleos* as he looks upon their mourning (19.340).

---

[19] See e.g. Beekes, *Etymological Dictionary, s.v.*

[20] For the emblematic nature of Briseis' lament, see Dué, *Homeric Variations.*

[21] Notably the loss of hope, in this case that Patroclus would take Achilles' son, Neoptolemus, back to Phthia and restore him to his inheritance, since Peleus must now be dead or close to death (328–337). Achilles also says that the pain of losing Patroclus exceeds that of losing his father or his son (321–327). Thoughts of Peleus lead automatically to thoughts of his grief, old as he is, at Achilles' death (as in our passage in Book 24), while Achilles also imagines his own grief at the death of Neoptolemus, so that, in these two ways, Achilles' grief for Patroclus is brought, as in the simile at 23.222–225, into relation with a father's grief at the death of a son.

[22] The word "remembering" (forms of the participle μνησάμενος) links Achilles' speech of lamentation (19.314) to the response of those who lament with him, but think of their own ills, at 19.339, just as Priam's appeal to Achilles' pity, remembering his father (24.503) is followed by the weeping of both, as Priam remembers Hector and Achilles remembers Peleus and Patroclus (24.509–512).

[23] I am not convinced that this (i.e. inwardly and imperceptibly mourning one's own losses while explicitly participating in mourning for another/joining another in lamentation) is precisely the scenario that is prohibited in Solon's legislation against lamenting person B at person A's funeral (τὸ κωκύειν ἄλλον ἐν ταφαῖς ἑτέρων, Plutarch, *Solon* 21.6), *pace* Palmisciano, *Dialoghi.*

We see the same thing in a passage of *Odyssey* 4. Odysseus' son, Telemachus, and Nestor's son, Pisistratus, have arrived at Menelaus' palace in Sparta. Almost immediately, Menelaus' reminiscences of Troy lead to expressions of his grief for those who died there, but also, and in particular, for Odysseus, who has yet to return (78–112). The way that this then moves Telemachus to tears is described in a line that is identical to *Iliad* 24.507:[24] "So he spoke, and in him he aroused the longing to lament for his father" (113). Telemachus' tears then lead to the disclosure of his identity and, once he is recognized for who he is, to further reminiscences on Menelaus' part (116–182). These, in turn, stir a longing for lamentation in the entire company (183–202):

So he spoke, and in them all he aroused a longing for lamentation. Argive Helen, daughter of Zeus, began to weep, as did Telemachus and Atreus' son Menelaus, nor did Nestor's son keep his eyes free of tears. For he remembered in his heart excellent Antilochus, the one slain by splendid son of shining Dawn. Reminded of him he spoke the winged words: "Son of Atreus, the elderly Nestor used to say that you were wise beyond mortals, whenever we made mention of you and questioned each other in our palace. So now, if it is at all possible, would you do as I ask? I for my part take no pleasure in grieving during dinner: there will be another new day's dawn. Yet I have nothing against weeping for those who die and meet their destiny. Indeed this is the only privilege wretched mortals have [sc. after death], that mourners should tear their hair and let a tear fall from their cheeks. For my brother died too, by no means the worst of the Argives. You will have known him; I never met nor saw him. They say that he surpassed the rest, Antilochus, surpassingly swift at running, and a great fighter."

Menelaus has been maladroit in making people weep in the context of festive hospitality,[25] and Pisistratus, tactfully but firmly, reminds him of the protocols. Menelaus' grief has proved contagious, yet it spreads not as a simple reflex, but because each of the company has personal reasons to grieve, even Pisistratus, who never knew his brother. It is precisely this shared experience of misfortune that enables shared grief.

While these scenes of shared lamentation illustrate its self-referential side, they do not detract in any way from its prosocial aspects. One's own troubles may enable one to join another in lamentation, but this can also be a supportive form of behaviour that entails an acceptance that others suffer in similar ways to oneself. In *Iliad* 19, for example, the comrades who join Achilles in lamentation, each remembering their own sorrows (19.328–329), are there precisely in order to comfort him in his grief (19.310–312). Even in the case of the captive women who use Patroclus' death as a pretext to lament their own sorrows, though there is no explicit reference

---

[24] In its precise form, the line occurs in only these two places, but it is a variant of a type that has two other forms (one of which is found in line 183 in this same context: see immediately below), occurring in total three times in the *Iliad* and four in the *Odyssey*.

[25] For further discussion, see Cairns, "Weeping and Veiling", 38–42.

to comfort or support, still their lamentation in response to Briseis' lament is a performance of solidarity.[26] Similarly, in *Odyssey* 4, it is noteworthy that Menelaus' references to his own sorrows also encompass an imaginative projection of the grief that Laertes, Penelope, and Telemachus must be experiencing at Odysseus' absence (4.110–412), and when these reflections cause Telemachus to weep, Menelaus' indecision (whether to hold back and allow Telemachus to disclose his identity in his own time or to ask him outright) is clearly motivated by concern for another's feelings. Indeed, as Pisistratus points out in the passage quoted above, while the bereaved have a right to mourn and mourning is the honour that the living owe the dead, shared lamentation must be contextually sensitive in a way that respects the feelings of those involved.

In our main passage in *Iliad* 24, of course, it is clear that Achilles' joining Priam in the shared performance of grief is pro-social in nature, even if it is fundamentally rooted in his own experience of misfortune and gives vent to his own sorrows. This is true not only because we have the narrator's word that Achilles is subject to *oiktos* (516), but also because Achilles' thoughts of his father are deliberately provoked by Priam as a way of eliciting that sympathy; even if Priam happens to underestimate Peleus' sorrows, it is as a suffering individual that Peleus is evoked (486–489). There is an acceptance in this that reflection on one's own sorrows is a basis for understanding of the sorrows of another. Achilles confirms that acceptance in the parable of the jars of Zeus. But, as we noted above, the purpose of that speech is explicitly consolatory:[27] other people suffer as we do, and to realize that this is so is to put one's own sorrows in perspective – we are not being singled out; this happens, again and again, to all of us. As Achilles puts it at the beginning and end of his words of consolation, there is nothing to be achieved by lamentation (524, 550). This is a lesson that Achilles appears himself to be learning almost in the moment that he imparts it to Priam: the man who at the beginning of Book 24 was still dragging Hector's body around Patroclus' grave, before leaving it to lie face down in the dust (24.14–18), now advises Priam to behave as he does – "let us now let our

---

[26] Cf. the mourning of Priam's daughters and daughters-in-law at 24.166–168, each remembering her own losses yet at the same time consoling Priam in his grief. At 18.339–342, as he leads his fellow Achaeans in mourning for Patroclus, Achilles declares that the female Trojan captives "will weep night and day" for him in the lead-up to his funeral, a reference to their performance, whether they like it or not, of the prescribed role of female mourners (Alexiou, *Ritual Lament*, 10); similarly, in Book 19, though Briseis' own grief is spontaneous and genuine, when the women use the death of Patroclus as a pretext for expressing their own sorrows as captives, their cries exhibit the characteristic antiphonal character of ritual performance (Alexiou 131–137); yet they are still observing norms whose social function must be to provide emotional support to the "chief mourner", as does the similarly antiphonal lamentation of Achilles' comrades at 19.338–339. For the participation of male mourners in similar antiphonal responses see 22.429, 24.776, and cf. 4.153–154.

[27] See Kassel, *Konsolationsliteratur*, 49–103; Macleod, *Iliad Book XXIV*, 131–133; Richardson, *The Iliad VI*, 329.

pains lie stored in our hearts, grieving though we are" (24.522–523). But the fact that Achilles follows this advice with an elaborate set-piece of authoritative speech, using the exemplary figures of Peleus and Priam to illustrate a fundamental tenet of ancient Greek popular morality, suggests that the lesson that he takes from his encounter with Priam, the lesson he imparts as a way of consoling Priam, is also a lesson for us. The way in which Achilles has come to deal with his emotions is now offered to Priam as a way of dealing with his, by means of a parable which suggests that recognizing the universality of human vulnerability to suffering gives us all a way of managing our emotions and our troubles. It is not just that understanding others' sufferings and others' emotional responses to suffering proves beneficial to both Achilles and Priam; such understanding is fundamental to the ways in which all human beings confront the inevitabilities of life. In such a marked, exemplary passage as this one, this must be a reflection of the poem's sense of its own ethos, its own aesthetic, and its own utility. The *Iliad*, the first and greatest work of European literature, is a poem that holds out the prospect that the encounter with others' emotions in literature can help us manage our own.

That the correlation of grief and pity is a fundamental aspect of the *Iliad*'s ethos might be confirmed from a variety of sources, but it is especially apparent in the characteristic "obituary" notices (sometimes called "necrologues" or "necrologies") that are often used to mark the deaths of minor warriors.[28] First, these share a number of motifs with laments, the most prominent of which in our main context in *Iliad* 24 is the parent's and especially the father's grief for the son killed in battle. We already seen how Achilles' separation from his father, and his father's suffering, are the focus both of Priam's appeal (24.486–492) and of Achilles' tears (511). In presenting Peleus as a paradigm of the mutability of fortune, Achilles laments that he will be unable to care for him in his old age,[29] destined as he is to die young, far from home (538–542):[30]

But on him too the god placed evil, that no generation of lordly sons was born to him in his palace, but he had one son, all-untimely. Nor do I give him any care as he grows old, since far indeed from my fatherland I sit in Troy, bringing cares to you and your children.[31]

---

[28] See Griffin, "Homeric Pathos". This article is lightly abridged, with the addition of English translations for its Greek quotations, as Chapter 4 of Griffin's book, *Homer on Life and Death*, 102–143. See also Cullhed, "Dearness".

[29] For this and other variants of the "bereaved parents/father" motif, see Griffin, "Homeric Pathos", 165, 174–177, 180–181; *Homer*, 107–108, 123–127.

[30] For the "short life" motif, see Griffin, "Homeric Pathos", 165, 177–181; *Homer*, 108, 127–130, 132–134. For "death far from home" (and its variants), see "Homeric Pathos", 164–167; *Homer*, 106–112.

[31] Achilles' pun on the "cares" that he inflicts on Priam and his children, using the active voice (κήδων) of a verb which in the middle means "care for" (κήδομαι), highlights the care that he is unable to offer his own father. See further Lynn-George, "Structures of Care", 16.

Achilles has already highlighted some of these themes in his lament in Book 19, where he imagines Peleus weeping at home in Phthia, bereaved, while he himself wages war far away in Troy (19.322-325; cf. 334–337); and, as we saw, his own tears for Patroclus stir his companions also to mourning, as each remembers those left at home (19.338–339). Andromache's formal lament for Hector, later in Book 24, is similar:[32] Hector has died young (24.725), leaving Andromache a widow and Astyanax an orphan, both of them now unprotected and doomed to further suffering in the sack of Troy (725–739), now that Hector has died, leaving lamentation and grief for his parents, and pains especially for Andromache herself, who could not be with him as he died (740–745).

The fact that these motifs and others like them occur also in necrologies confirms that the intended effect of the latter is pathos.[33] This is something that is central to Alice Oswald's poem, *Memorial*, a version of the *Iliad* that dispenses with its narrative and concentrates instead on similes and necrologies. The latter, Oswald perceptively observes, derive from the poetic tradition of the lament. "I like to think", she writes, "that the stories of individual soldiers recorded in the *Iliad* might be recollections of these laments, woven into the narrative by poets who regularly performed both high epic and choral lyric poetry."[34]

The congruence of lament and necrology also confirms the closeness of grief and pity in Iliadic aesthetics. In necrologies, these pathetic motifs are often left to speak for themselves. *Iliad* 17.300–303, on the death of Hippothous, a Trojan ally killed by Ajax in the course of the struggle over Patroclus' body, is a case in point:[35]

He fell close to him, face down on top of the corpse, far from deep-soiled Larissa, nor did he repay his parents for his nurture, but his life was a short one, brought low as he was under the spear of great-hearted Ajax.

Hippothous appears in only two passages of the *Iliad*, in the Trojan Catalogue of Book 2, as the leader of his contingent (2.840–843), and in this episode of Book 17, but, like Achilles, he is short-lived and destined to die far from home, leaving his parents to mourn and to fend for themselves in old age. But the fact that Achilles uses these motifs in the course of imagining his father's grief and expressing his own indicates that they are "grievable" in other cases too. This is a point that has recently been emphasized by Eric Cullhed, who takes the notion of "grievability" from Judith Butler: "One way to perceive the value of a life is to apprehend it as

---

[32] On the grieving widow in taunts, necrologies, and laments, see Griffin, "Homeric Pathos", 172–175, 179–181; *Homer*, 120–122, 132–134.

[33] See Griffin, "Homeric Pathos", 164, 174; *Homer*, 108, 122; Cullhed, "Dearness", 4. As Griffin also points out, themes common to Homeric laments and necrologies also occur in historical grave epigrams ("Homeric Pathos", 184–186 = *Homer*, 141–143).

[34] Oswald, *Memorial*, 1–2.

[35] Griffin, "Homeric Pathos", 164–165; *Homer*, 108–109; Cullhed, "Dearness", 4.

'grievable', as part of a social fabric in which the loss will matter."[36] Butler's account of grievability resonates significantly with the *Iliad*: grievability is predicated on vulnerability, on the precariousness of human existence, and on the fundamental fact of mortality, in ways that have profound social and political implications – not only are we fundamentally like everyone else, but that likeness implies forms of openness towards others that subsume in the "we" those that we tend to regard as "them".[37] Grievability depends on the inevitability of death and on the grief that attends it, but is also a feature of life as it is lived:

Precisely because a living being may die, it is necessary to care for that being so that it may live. Only under conditions in which the loss would matter does the value of the life appear. Thus, grievability is a presupposition for the life that matters. For the most part, we imagine that an infant comes into the world, is sustained in and by that world through to adulthood and old age, and finally dies. We imagine that when the child is wanted, there is celebration at the beginning of life. But there can be no celebration without an implicit understanding that the life is grievable, that it would be grieved if it were lost, and that this future anterior is installed as the condition of its life. In ordinary language, grief attends the life that has already been lived, and presupposes that life as having ended. But, according to the future anterior (which is also part of ordinary language), grievability is a condition of a life's emergence and sustenance.[38]

Butler writes in general terms of our knowing, interpreting, recognizing, responding to, and being responsible for the grievability of others' lives, but also emphasizes the

---

[36] Cullhed, "Dearness", 7, citing Butler, *Frames of War*, 14–16 (*sic*: pp. 13–15 in my copy of the 2009 original). Cf. his p. 9: "We have seen, however, that grief is not merely a symptom of an antecedent sentiment, but that the very apprehension of a life as 'grievable' [...] can increase the degree to which we care about the dying warrior." That Homeric pathos relies on evoking the typical conditions for grief also emerges in Griffin's account, e.g. "Homeric Pathos", 179 = *Homer*, 132, on *Iliad* 13.428-430, "a passage whose pathos is implicit only", but which "brings out the grief that will be felt at [the warrior's] death". For more general conclusions of a similar kind, albeit reached by a different route, see Lynn-George, "Vulnerability".

[37] Butler, *Frames of War*, 13–15. NB especially: "there ought to be recognition of precariousness as a shared condition of human life" (13); "To say that a life is injurable, for instance, or that it can be lost, destroyed, or systematically neglected to the point of death, is to underscore not only the finitude of a life (that death is certain) but also its precariousness (that life requires various social and economic conditions to be met in order to be sustained as a life)" (13–14); "In the interest of speaking in common parlance, we could say that 'we' have such obligations to 'others' and presume that we know who 'we' are in such an instance. The social implication of this view, however, is precisely that the 'we' does not, and cannot, recognize itself, that it is riven from the start, interrupted by alterity [...], and the obligations 'we' have are precisely those that disrupt any established notion of the 'we'" (14). These themes permeate the work, especially its earlier chapters, but cf. in particular 41–43, 45–46, 50–51, 54, 61, 178–184; see also the new introduction to the 2010 paperback edition, pp. 20–25, 28–31, 33. As Butler notes on the first page of the original 2009 edition, *Frames of War* builds on her earlier book, *Precarious Life: The Power of Mourning and Violence*.

[38] Butler, *Frames of War*, 14–15; cf. 29–30, 33–35, and *passim*.

role of affectivity.[39] Among the affects that focus on injury, violence, and loss she includes horror, moral revulsion, shock, and outrage;[40] but there is also room for respect (*qua* honouring others' rights) and guilt (over our role in others' suffering or at surviving while they suffer).[41] One can be haunted by representations of the pathos of others' suffering,[42] and while the relations of mutual dependence that precariousness implies "are not necessarily relations of love or even of care",[43] love and care may be facilitated by these conditions.[44] But there is no explicit role for compassion or sympathy, and when concern for others, in the sense of being "touched" "by their lives and deaths", surfaces explicitly as a topic, it is in the context of the danger of partiality when our affective responses to violence stop short of understanding and interpretation:

> The affective responses seem to be primary, in need of no explanation, prior to the work of understanding and interpretation. We are, as it were, against interpretation in those moments in which we react with moral horror in the face of violence. But as long as we remain against interpretation in such moments, we will not be able to give an account of why the affect of horror is differentially experienced. We will then not only proceed on the basis of this unreason, but will take it as the sign of our commendable native moral sentiment, perhaps even of our "fundamental humanity" […] In this way […] we fail to note that the humanity in question is, in fact, implicitly divided between those for whom we feel urgent and unreasoned concern and those whose lives and deaths simply do not touch us, or do not appear as lives at all.[45]

This does presuppose that reasoned concern, of a sort that allows us to be touched by all lives and deaths, is desirable, but at the same time it belongs with Butler's general and wholly justifiable insistence on the need for moral judgement to issue in effective political action.[46]

The *Iliad*, by contrast, seems to place greater emphasis on affective transformation as such, both for the characters in the narrative and (implicitly) for the

---

[39] On the role of "affect" in general, see *Frames of War*, 33–34, 50.

[40] *Frames of War*, 41–42, 49–52, 77, 100.

[41] Honouring rights: *Frames of War*, 41, 177; guilt: 44–46.

[42] *Frames of War*, 69, 97–98.

[43] *Frames of War*, 14.

[44] Love: see *Frames of War*, 45, 61, 177 (cf. 173–177 on Klein and Winnicott); care is mentioned twice on p. 14, but does not recur in this connection.

[45] *Frames of War*, 49–50.

[46] See e.g. *Frames of War*, 33: "It does not suffice to say that since life is precarious, therefore it must be preserved. At stake are the conditions that render life sustainable, and thus moral disagreements invariably center on how or whether these conditions of life can be improved and precarity ameliorated." Cf. her endorsement, pp. 98–99, of Susan Sontag's frustration that photographic representation of atrocity provokes moral outrage without showing "how to transform that affect into effective political action […] because it enrages without directing the rage, and so excites our moral sentiments at the same time as it confirms our political paralysis".

poem's audience. True, Achilles does insist on action (*prêxis* = Attic *praxis*, 24.524, 550) rather than persistence in grief, but that action consists largely in concluding the rituals of mourning and getting on with one's life, in all its vulnerability to continuing vicissitude.[47] Equally, it is a feature of the *Iliad* not to be minimized that Achilles' pity for Priam consists in dealing with one's own sorrows, overcoming hatred, affirming the shared humanity of the opposite side, protecting and caring for an elderly man crushed by his sufferings in war, and participating (at least to an extent) in the preparations for the funeral of one's worst enemy; yet, after that funeral has taken place, the Trojan war will go on (24.657–658, 667, 779–781), just as war continued to be a way of life for all ancient Greek communities in which the *Iliad* was performed and read, whatever its emotional effect on those communities' members.

The Iliadic approach also differs from Butler's in linking grievability so strongly with a single emotion, namely pity. Whereas, as we saw, many necrologies present lamentatory *topoi* without explicit comment by character or narrator, when such comments do occur, they confirm that the conditions which give rise to grief also give rise to pity. We see this in *Iliad* 11, in a passage in which the pathetic themes of death "far from home" and "lack of care (after death)"[48] are embedded in a speech in which Patroclus expresses his pity and sorrow at the plight of his comrades (11.814–818):

When he saw him [sc. Eurypylus] the brave son of Menoetius pitied [ᾤκτιρε, felt *oiktos* for] him, and, lamenting [ὀλοφυρόμενος], spoke winged words of address: "Oh wretched ones, leaders and counsellors of the Danaans, how truly it is your destiny, far from loved ones and your fatherland, here in Troy, to satiate the swift dogs with your gleaming fat."[49]

This is both pity (*oiktos*) and lamentation (*olophyresthai*).[50] Similarly, earlier in the same book, the death of Iphidamas, a young husband killed far from his wife,[51] attracts the pity of the narrator (*Il.* 11.241–243):

So he fell on the spot and into the sleep of bronze. Pitiable [*oiktros*], trying to help his townsfolk, far from the wedded wife he'd wooed; he'd had no joy of her at all, though he'd given a lot to win her.

In both these passages we are dealing with *oiktos*, the "pity" term that also connotes lamentation. The adjective, *oiktros*, used in the second passage is, to all intents and purposes, the Greek for "grievable".

---

[47] Cf. Palmisciano, *Dialoghi*, 30.

[48] On this theme, see Griffin, "Homeric Pathos", 169–172; *Homer*, 115–120.

[49] See, on this passage, Griffin, "Homeric Pathos", 164; *Homer*, 108; cf. Cullhed, "Dearness", 4.

[50] For *olophyresthai* (lament) as a compassionate response, see above, n. 11 on Thetis' tears for Achilles in *Iliad* 18.

[51] See Griffin, "Homeric Pathos", 180; *Homer*, 133–134; Cullhed, "Dearness", 8.

The crucial point here, for our purposes, is that passages such as these, which can (as we have seen) be verifiably shown to be designed to create pathos and elicit compassion and sympathy in an audience,[52] present as pitiable what is, for the individual warriors' relatives and dependants, a source of grief. In contrast to Aristotle's position in the *Rhetoric* (that we pity in others what we fear happening to ourselves), the central aesthetic and affective appeal of the *Iliad* is that we pity in others not only what we grieve over when it happens to us but also what we recognize as being grievable from the point of view of those who care for the individual in question. What we pity is (actually or potentially) *someone*'s grief, and we recognize it on account of our own capacity to suffer and to grieve.

That this is indeed characteristic of the *Iliad*'s aesthetic is confirmed by a memorable passage in Book 8 of the *Odyssey*. The Phaeacian bard, Demodocus, sings of the capture of Troy and of Odysseus' role in it, causing Odysseus himself, a guest who has not yet identified himself, to burst into tears (8.521–531):

> So the famous singer sang. But Odysseus melted, and a tear moistened his cheeks under his eyelids. As a woman weeps, when she collapses to embrace her dear husband, who has fallen before the city and its people, warding off the pitiless day from his town and his children; she sees him dying and gasping his last, throws her arms around him, and wails shrilly, but behind her they strike her back and shoulders with their spears and lead her into slavery, to have toil and misery, and her cheeks waste away with the most pitiable [*eleeinos*] grief; so Odysseus shed a tear of pity [*eleeinos*] under his brows.

Here, the *Odyssey* invokes an Iliadic paradigm of the pathos of war, the enslavement of the women when a city is sacked.[53] Demodocus has sung of Odysseus' achievement (that of the man known as Odysseus, sacker of cities),[54] but also of the hardships he endured at Troy (8.519). To this, the simile of the grieving widow adds the perspective of the defeated and the grieving,[55] precisely what is done throughout the *Iliad* in the necrologies devoted to Trojan victims, in the presentation of the death of Hector, and especially in the encounter between Achilles and Priam in Book 24. Odysseus does not weep *for* the woman in the simile. But his tears are like hers, not least in the relation that they express between grief and pity: the woman's grief (*achos*) is such as to attract pity (*eleeinos*, 530); and though Odysseus weeps at the mention of his own sorrows, nonetheless the presence of the simile inflects his

---

[52] Cf., for example, the verdict of the ancient commentators in the scholia to *Il.* 11.243 (the detail about the young wife of whom Iphidamas had had no joy is said "sympathetically" (συμπαθῶν, Σ T, 243c1) or "most pathetically" (περιπαθῶς, Σ b, 243c2).

[53] See e.g. Hector's words to Andromache at *Il.* 6.447–465 and the female mourning that marks his own death at *Il.* 22.405–515, 24.704–775, as well as the catalogue of the ills that befall a captured city in the Meleager paradigm at 9.591–594.

[54] *Ptoliporthos*, used twice in the *Iliad* of Odysseus, but also of Achilles and other gods and heroes; in the *Odyssey*, however, the adjective is used only of Odysseus (six times).

[55] See Cairns, "Weeping and Veiling", 43–44 with further references.

tears, so that their qualification as *eleeinos* (531), normally translated as "pitiable" (passive), suggests the possibility of active pity also for the victim. By means of the simile, Odysseus' sorrow over his experience in war is made to highlight the griev-ability of war itself, and the conquering male hero's susceptibility to tears brings the precariousness of his life into relation with that of the grieving widow and the defeated enemy. This is achieved by means of bardic performance, embedded in an epic narrative that thereby demonstrates an awareness of the emotional power of epic narrative, especially of the poem of Troy *par excellence*, the *Iliad*.

The fundamental point that human lives are inherently vulnerable to vicissitude, precarious, and grievable - the point that is so unforgettably conveyed by the con-cluding Book of Homer's *Iliad* – permeates ancient Greek literature and thought.[56] Prominent enough in popular morality to be accorded serious consideration in Aristotle's *Ethics*,[57] the principle of alternation takes on a further inflection in the *Poetics*, whose 13th chapter focuses on the kind of plot that elicits pity and fear for a character who is neither outstandingly virtuous nor wholly vicious, but who, having hitherto enjoyed great reputation and success, undergoes a change of fortune from good to bad on account of a great *hamartia* (*Poetics* 13, 1452b30–1453a17). Vulnerability to misfortune is as prominent here as it is in the *Iliad* and in Aristo-tle's *Rhetoric*; but, as in the *Rhetoric*, pity focuses on the kind of thing that we fear, because it is happening to someone like ourselves, and is elicited by the misfortune of those who are *anaxios*, unworthy, of such suffering. Again, the focus is on the terrible, rather than the grievable, even if the terrible is predicated on the shared vulnerability which is essential to grievability. Aristotle also explicitly moralizes in a way that the *Iliad* does not, in so far as he prefers plots that involve individuals whose actions have contributed to their change of fortune.[58] Both the reference to *hamartia* and the stipulation that the targets of pity should be those who have enjoyed great esteem *(doxa)* and good fortune (*eutychia*) help to define the sense in which such people are *anaxios* of their misfortune - their suffering is not *wholly*

---

[56] For a synthetic overview of the importance of the principle of alternation in Greek literature and thought from Homer to Plutarch, see Cairns, "Exemplarity", 103–136. For a rich collection of examples (including historiography as well as poetry), see Krause, *Motiv des Schicksalswechsels*, esp. 50–52 on Achilles' parable of the jars of Zeus as the "Vergleichsbasis für alle späteren Entwicklungen" (p. 50). On historiography in particular, see Hau, "Changeability of Fortune" (cf. her book, *Moral History, passim*, e.g. 48–56 on Polybius, 181–192 on Herodotus).

[57] See esp. *Nic. Eth.* 1.10, 1100a4–1101a21, with the telling example of Priam at 1100a7–8: *eudai-monia* is a quality of a whole life, and lives as wholes are vulnerable to the kinds of vicissitude that feature in the representations of the downfall of exemplary figures from the heroic past. Cf. Halliwell, *Aristotle's Poetics*, 206–208.

[58] We should note, however, that Aristotle does have a term for the sympathy that is aroused by misfortune as such, even when it comes to those who have brought it entirely on themselves or whose wickedness is such that they deserve to suffer: that term is *to philanthrôpon*, humane feeling, 1453a1–4. See Lucas, *Aristotle: Poetics*, 142 ad loc.; Halliwell, *Aristotle's Poetics*, 219; Konstan, *Pity Transformed*, 46–47.

unmerited, since, through their *hamartia*, they have to some extent brought it on themselves; and *hamartia* is a capacious term that includes various forms of error, moral as well as intellectual;[59] equally, the "desert" or "worth" (*axia*) that is in play here is not *wholly* moral in scope: social status and prosperity also play a role in defining the discrepancy between one's life to date and its turn for the worse.[60]

At the same time, where Achilles' parable of the jars of Zeus stresses the mere facts of vulnerability and suffering as aspects of the human condition, without reference to human beings' role in their own misfortunes, not only is this a specification that is very easily added to the idea of alternation (as it is, for example, in the programmatic speech of Zeus at the beginning of the *Odyssey*, 1.32–43), but the vulnerability of human beings also regularly subsumes their intellectual and ethical fallibility, both in Homer and in tragedy.[61] Achilles' own suffering over the death of Patroclus, for example, arises from a linked series of errors on his part, starting with the adoption of a strategy which calls for the destruction of his comrades in Book 1 (240–244, 408–412) and becoming decisive when he rejects the appeals of his comrades to return to the fighting in Book 9. This is an error against which Achilles is warned, in Phoenix's allegory of the Litai (Entreaties), who attempt to undo the damage caused by Atê (Disastrous Delusion), but cause Atê to be sent in turn to beset anyone who rejects them (9.496–514).[62] *Atê*, as Roger Dawe has shown, does in Homer much of the work that is done in tragedy by *hamartia*.[63] Just so, tragic *hamartia* and tragic *atê* are often subsumed in less specifically moralizing conclusions about human vulnerability and the mutability of fortune. Creon, in Sophocles' *Antigone*, brings his sufferings on himself – as the Chorus put it (1259–1260), he "erred [*hamartanein*] his own *atê*, no one else's".[64] Yet the Messenger who announces the deaths of Antigone and Haemon begins his speech by presenting Creon as a paradigm of the mutability of fortune (1155–1171). *Humanum est errare* was a Greek commonplace before it became widespread in its Latin form.[65]

---

[59] This is now widely accepted: see e.g. Halliwell, *Aristotle's Poetics*, 215–222; *Poetics of Aristotle*, 125–126, 128.

[60] See e.g. Herodotus 7.10ε, where divine resentment causes great armies to be defeated by small, "unworthily of themselves", in the sense that such a defeat appears out of harmony with their initial superiority, strength of numbers, and aspirations. See Adkins, "Best Kind of Tragedy", 90–94; on the use of *anaxios* at *Po.* 13, 1453a4, see also Heath, *Poetics*, 82.

[61] See Rutherford, "Tragic Form", 145–160.

[62] See Cairns, "*Atê* in the Homeric Poems", 7–8, 14–16, 22–23, 28–32. For Achilles' regret over his part in causing Patroclus' death, see *Il.* 18.73–111, 19.56–63.

[63] Dawe, "Reflections", 89–123.

[64] Cf. *Antigone* 1261–1262, 1265, 1269 (Creon); 1304–1305, 1312–1313 (Eurydice, as reported by the Messenger).

[65] See Tiresias' remark to Creon at Sophocles, *Antigone* 1023–1024. For the thought, cf. Theognis, 327–328; Euripides, *Hippolytus* 615, 916, 1434; *Suppliants* 250–251; *Rhetorica ad Alexandrum* 36.35; and the further passages cited by Pearson, *Fragments of Sophocles*, ii. 288 on Sophocles fr. 665 Radt. As Pearson observes, the thought is commonplace, but by no means trivial.

Despite the insistence on worth or desert (*axia*) and on *hamartia* in *Poetics* 13, then, human vulnerability, of the kind that is thematized in *Iliad* 24, is still central to Aristotle's account of the role of pity as an audience response to tragedy. And whatever he may have meant by *katharsis* in *Poetics* 6 (1449b27–28), we can be sure that Aristotle regarded the audience's affective response to tragic suffering as in some way beneficial; in this too the *Iliad* is comparable. But again, it is a substantial difference between Aristotle and the *Iliad* that grief and grievability play no explicit role in his account. And this points to a further difference between Aristotle and Homer on the issue of the compassion that is aroused by the sufferings of others: it is not just that Aristotle specifies that what we pity in others is what we fear for ourselves, but also that in his references to both pity *and* fear Aristotle focuses almost entirely on *our* emotions as onlookers - the encounter with the emotions of others (actual or potential) that is so prominent in Homer plays no explicit role in the account of pity in the *Rhetoric* or in the theorization of pity's role as an audience response in the *Poetics*. In the latter, it is the plot (*mythos*) as a structured sequence of action that excites the pity and fear of the audience (14, 1453b3–7); when *pathos* is highlighted as an element of the play itself (11, 1452b10–13), the reference is not to the representation of subjective experiences of emotion in tragic characters, but simply to the presentation of painful or destructive actions, such as the depiction of death on stage, extreme physical pain, wounding, and the like. These may be elements of a plot that excites pity, but it is not these in themselves that arouse the pity that is characteristic of audience response to suffering. To be sure, just as Aristotle accepts, in the *Poetics*, that the visual aspect of tragedy can excite pity and fear (14, 1453b1–14), so in the *Rhetoric* he notes that "gesture, voice, dress, and in general delivery" can contribute to the excitation of pity, in so far as they make the misfortune (the *kakon*) more present and vivid, as signs that the other is "in the *pathos*" (2.8, 1386a32–b7), but *pathos* here refers primarily to the experience of suffering, rather than the expression of the subject's emotional reaction to that experience, and Aristotle's emphasis is on the *kakon*, the fact of suffering and misfortune, rather than on the impact made by the way that the target of our pity responds emotionally to misfortune. It is remarkable that, among the aspects of "delivery" in the *Rhetoric* passage, Aristotle does not mention tears. Of course, Aristotle knows very well that the display or performance of emotion can excite others' emotions: this is probably what he has in mind in *Rhetoric* 1.1, when he castigates speakers who arouse the judge's pity (and other emotions) in ways which do not bear on the fact of the case (1354a16–26); and a passage in the third Book of the *Rhetoric* (3.7, 1408a15–24) makes the point that emotional forms of diction, which give the impression that the speaker is (e.g.) indignant over a certain state of affairs, can induce the listener to "feel the same emotion [*synhomopathein*] as an emotional speaker". [66] But still he chooses not to emphasize this in his approach to *eleos* in either *Rhetoric* or *Poetics*.[67]

Part of Aristotle's restraint in these matters will derive, in the case of the *Rhetoric*, from the norms of decorum that obtain in the various branches of that art. Yet the *Rhetoric*'s account of emotions such as pity goes well beyond the immediate needs of the orator. Display rules that might inhibit the open expression of grief, moreover, clearly do not obtain in tragedy (or at least not in the same ways); and yet Aristotle remains just as reticent about characters' performance of emotion in the *Poetics*. In this, he differs substantially from Plato. Whereas Aristotle concentrates on the subjective disposition and circumstances of the pitier, the relation between pitier and pitied, and the conditions that give rise to pity (including the situation of the pitied), Plato places considerable emphasis on the display and performance of grief as the cause and object of pity in the audiences of epic and tragic poetry.

We see this especially in *Republic* 10's critique of the supposedly deleterious effects of epic and tragic poetry on the emotional well-being of their audiences. At 605c–d, Socrates begins his "most serious charge" against the corrupting power of poetry as follows:

For I suppose you know that even the best of us feels pleasure when we hear Homer or another tragedian imitating one of the heroes in the throes of grief, making a long speech of lamentation, or even singing and beating his breast, and, giving ourselves up, we follow them, sharing the character's *pathos* [*sympaschein*] and enthusiastically praising as a good poet whoever most strongly induces this state in us […].

He continues (606a–b):

Bear in mind that what is on these occasions, in our own misfortunes, restrained by force, though it has hungered for tears and the satisfaction of sufficient lamentation (since it is its nature to desire these things), is the very thing that is satisfied and delighted by the poets; whereas that which is by nature best in us, since it has never been sufficiently educated by reason or even by habit, relaxes its guard over this lamentatory [*thrênôdês*] element, on the basis that it is merely a spectator of others' *pathê* and it is no disgrace for oneself to praise and pity someone else who, claiming to be a good man, grieves without limit; rather, it thinks this thing, the pleasure, is advantageous, and it would not agree to be deprived of it by spurning the poem altogether. For few, in my view, have the capacity to calculate that we inevitably reap the benefits of others' experiences in our own case. For having nourished the pitiable [*to eleinon*] in their case, it is not easy to restrain it with regard to our own *pathê*.

---

[66] Here again, as in the case of delivery (*hypokrisis*) in 2.8, the emphasis is on diction (*lexis*) capacity to confirm or enhance the impression created by a structured narrative: the listener responds emotionally not just to the other's emotion but to the "facts" as the speaker represents them (and so this involves priming and convergence, not mere contagion). See Cairns, "Emotional Contagion".

[67] See, however, above (at n. 15) on *synachthesthai* and *eleein* at *Rhet.* 2.9, 1386b9–11.

Here Socrates picks up on a number of features that we have seen to be characteristic of Homeric poetry and especially the *Iliad*.[68] For our purposes, the important points are that audience emotions focus directly on the emotions of characters, that pity responds to the expression of grief, that there is a significant degree of overlap between the experience and expression of grief and pity,[69] and that there is a relation between the pity that we feel when others grieve and our own experience of grief. We note in particular that the emotional reaction that we ought to restrain in dealing with our own misfortunes can be referred to as *to eleinon*. To lament one's own misfortunes is to take the same attitude towards oneself as one does towards the sufferings of others. The lamentation that expresses grief is the pitiable *par excellence*. And whereas in Homer Achilles' own experience of grief grounds his pity for Priam, here in the *Republic* our pity for characters like Achilles and Priam springs from the same source as the grief we would feel over our own sufferings. Grief, on this account, involves categorizing oneself as pitiable. Socrates represents this as reprehensible,[70] but one need not accept that aspect of the argument to see how the fundamental point regarding the affinity of pity and grief recalls the self-referential aspect of grief in Homer and the Homeric presupposition that grief over one's own sufferings can enable one to share and show compassion for the suffering of others.

Plato, in this passage, agrees with Homer about the relation between pity and grief, but he disagrees completely with the implication of the Achilles-Priam scene in *Iliad* 24 that the encounter with others' emotions in literature can help us manage our own. Aristotle (in the *Poetics*) shares that view, but though he is well aware of the fact that the misfortunes of others are emotionally painful for those who

---

[68] Many have also detected a response to an earlier theorization of the emotional power of poetry in Gorgias' *Encomium of Helen*, B 11.9 DK: "All poetry I regard and describe as speech with metre. Into those who listen to it comes a fearful shuddering (*phrikê*) and a tearful pity and a longing that loves to lament, and at the fortunes of others' deeds and persons, for good and for ill, the soul undergoes, through words, a certain experience of its own." The "tearful pity and a longing that loves to lament" refer to Homeric features that inform the argument in both Gorgias and *Republic* 10; but the reference to being "merely a spectator of others' *pathê*" (ἅτε ἀλλότρια πάθη θεωροῦν) seems specifically to recall Gorgias' phrase "at the fortunes of others' deeds and persons, for good and for ill" (ἐπ' ἀλλοτρίων τε πραγμάτων καὶ σωμάτων εὐτυχίαις καὶ δυσπραγίαις): see e.g. Halliwell, *Mimesis*, 267 n. 9. For pity and fear as characteristic audience responses in Greek poetics before Aristotle, see Heath, *Poetics*, 11–16; Halliwell, *Mimesis*, passim, esp. 100, 208–213, 218–219; Munteanu, *Tragic Pathos*, passim. On the relation between these passages of *Republic* 10 and Plato's overall approach to pity, see Kamtekar, "Platonic Pity".

[69] For the nature of that overlap, and a discussion of issues raised by this and other passages regarding emotional contagion, empathy, and sympathy (issues that I deliberately exclude from the remit of this paper), see Cairns, "Emotional Contagion".

[70] In doing so, and in using *to eleinon* of the attitude he criticizes, Socrates highlights the aspect of grief that users of English refer to as self-pity. On self-pity in Greek, see Konstan, *Pity Transformed*, 64–71, with Cairns, "Pity", 70–71.

suffer them (the *kakon* on which *eleos* focuses is, after all, *phthartikon* or *lypêron*, *Rhetoric* 2.8. 1385b13–14), and though (as we saw above) he does not entirely exclude from his account of pity the pitier's experience of grief, the capacity of the pitier to grieve, or the display of grief by the pitied, still he does not make others' emotional reactions to their sufferings or the grievability of their predicaments central to that account. The *sharing* of suffering (sym-pathy, com-passion, *Mit-leid*) is (as we saw) more prominent in his accounts of *philia*.[71] We can perhaps speculate as to the reasons for these differences of emphasis. First, Aristotle wants *eleos* to be responsive to forms of moral and social reasoning based on its recipients' *axia* – their worth, merit, or desert. The apparently similar emotion that focuses only on the fact of suffering as such he calls *to philanthrôpon*, "the humane",[72] and, in a forensic context in particular (such as is regularly envisaged in the *Rhetoric*), simply responding to another's emotional distress might risk relegating emotion to the status of an ad hoc, non-essential and non-rational aspect of the rhetorician's art.[73] In the *Poetics*, too, it is the plot as a structured sequence of events – a sequence in which individuals suffer undeservedly but still in rationally intelligible ways – that is supposed to elicit the audience's pity and fear; the visible and physical representation of the fact of suffering and the expressions of emotion to which suffering gives rise play a role, but it is a less fundamental one.[74] Perhaps, in that regard, there is also a sense in which Aristotle's awareness of the Platonic critique, and in particular of the charge that sharing grief through pity risks losing the capacity for self-control,[75] provides another reason why his own accounts of pity in the *Rhetoric* and *Poetics* relate it to the fear that our vulnerability to misfortune fosters rather than to the grievability that links others' lives to our own.

Bibliography

Adkins, Arthur W. H., "Aristotle and the Best Kind of Tragedy", *Classical Quarterly* 16 (1966), 78–102.
Alexiou, Margaret, *The Ritual Lament in Greek Tradition*, Cambridge 1974.
Beekes, Robert, *Etymological Dictionary of Greek*, Leiden 2010.
Burkert, Walter, *Zum altgriechischen Mitleidsbegriff*, Diss. Erlangen, Munich 1955.

---

[71] See n. 15 above.

[72] See *Poetics* 13, 1452b36–1453a7 and n. 57 above.

[73] A risk with which Aristotle is evidently concerned and which his predecessors, in his view, failed to avoid (*Rhetoric* 1.1, 1354a11–31).

[74] See *Poetics* 11, 1452b9–13; 14, 1453b1–14.

[75] One might note how Socrates' view that indulging the capacity to pity others inhibits the ability to restrain one's own grief is contradicted by Herodotus' tale of Psammenitus (above), a passage that in turn supports distinctions that Aristotle draws between how one responds to others' sufferings and how one responds to one's own.

Butler, Judith, *Frames of War: When is Life Grievable?* London 2009 (paperback edition with new introduction, 2010).

–, *Precarious Life: The Power of Mourning and Violence*, London 2004.

Cairns, Douglas, "*Atê* in the Homeric Poems", *Papers of the Langford International Latin Seminar* 15 (2012), 1–52.

–, "Emotional Contagion, Empathy, and Sympathy as Responses to Verbal and Visual Narratives: Some Conceptual and Methodological Issues", in: L. Huitink, V. Gläveanu, and I. Sluiter (eds.), Social Psychology and the Ancient World: Methods and Applications, Leiden forthcoming.

–, "Exemplarity and Narrative in the Greek Tradition", in: Douglas Cairns and Ruth Scodel (eds), *Defining Greek Narrative*, Edinburgh 2014, 103–136.

–, "Horror, Pity, and the Visual in Ancient Greek Aesthetics", in: Douglas Cairns and Damien Nelis (eds), *Emotions in the Classical World: Methods, Approaches, and Directions*, Stuttgart 2017, 53–77.

–, "Introduction B: Emotions through Time?" in Douglas Cairns, Martin Hinterberger, Aglae Pizzone, and Matteo Zaccarini (eds), Emotions through Time: From Antiquity to Byzantium, Tübingen 2022, 3–33.

–, "Pity in the Classical World", *Hermathena* 176 (2004), 49–74.

–, "Weeping and Veiling: Grief, Display, and Concealment in Ancient Greek Culture", in: Thorsten Fögen (ed.), *Tears in the Graeco-Roman World*, Berlin 2009, 37–57.

Cullhed, Eric, "Dearness and Death in the *Iliad*", *Cogent Arts & Humanities* 6.1 (2019), https://doi/full/10.1080/23311983.2019.1686803 (23. 3. 2021).

Dawe, Roger, "Some Reflections on *Ate* and *Hamartia*", *Harvard Studies in Classical Philology* 72 (1968), 89–123.

Dué, Casey, *Homeric Variations on a Lament by Briseis*, Lanham MD 2002.

Griffin, Jasper, *Homer on Life and Death*, Oxford 1980.

–, "Homeric Pathos and Objectivity", *Classical Quarterly* 26 (1976), 161–187.

Halliwell, Stephen, *The Aesthetics of Mimesis: Ancient Texts and Modern Problems*, Princeton 2002.

–, *Aristotle's Poetics*, London 1986.

–, *Between Ecstasy and Truth: Interpretations of Greek Poetics from Homer to Longinus*, Oxford 2011.

–, *The Poetics of Aristotle*, London 1987.

Hau, Lisa Irene, "The Changeability of Fortune in Greek Historiography: Moralizing Themes and Techniques from Herodotos to Diodoros of Sicily", unpublished PhD Dissertation, Royal Holloway University of London 2007.

–, *Moral History from Herodotus to Diodorus Siculus*. Edinburgh 2016.

Heath, Malcolm, *The Poetics of Greek Tragedy*, London 1987.

Kamtekar, Rachana, "Platonic Pity, or Why Compassion Is Not a Platonic Virtue", in: Laura Candiotto and Olivier Renaut (eds), *Emotions in Plato*, Leiden 2020, 308–329.

Kassel, Rudolf, *Untersuchungen zur griechischen und römischen Konsolationsliteratur*, Munich 1958.

Konstan, David, "Drama", in: Douglas Cairns (ed.), *A Cultural History of the Emotions in Antiquity*, London 2019, 63–82.

–, *Pity Transformed*, London 2001.

Krause, Jutta, ἄλλοτε ἄλλος,: *Untersuchungen zum Motiv des Schicksalswechsels in der griechischen Dichtung bis zu Euripides*, Munich 1976.

Lucas, Donald W., *Aristotle: Poetics*, Oxford 1968.

Lynn-George, Michael, "Aspects of the Epic Vocabulary of Vulnerability", *Colby Quarterly* 29.3 (1993), 197–221.

–, "Structures of Care in the *Iliad*", *Classical Quarterly* 46 (2006), 1–26.

Macleod, Colin W., *Homer: Iliad Book XXIV*, Cambridge 1982.

Munteanu, Dana LaCourse, *Tragic Pathos: Pity and Fear in Greek Philosophy and Tragedy*, Cambridge 2012.

Oswald, Alice, *Memorial*, London 2011.

Palmisciano, Riccardo, *Dialoghi per voce sola: La cultura del lamento funebre nella Grecia antica*, Rome 2017.

Pearson, Alfred C., *The Fragments of Sophocles, edited with additional notes from the papers of Sir R. C. Jebb and W. G. Headlam*, 3 vols, Cambridge 1917.

Richardson, Nicholas, *The Iliad: A Commentary, VI Books 21–24*, Cambridge 1993.

Rutherford, Richard, "Tragic Form and Feeling in the *Iliad*", *Journal of Hellenic Studies* 102 (1982), 145–160.

Scodel, Ruth and Ruth Caston, "Literature", in: Douglas Cairns (ed.), *A Cultural History of the Emotions in Antiquity*, London 2019, 108–124.

Scott, Mary, "Pity and Pathos in the *Iliad*", *Acta Classica* 22 (1979), 1–14.

Steiner, George, *Antigones*, Oxford 1984.

Webb, Ruth, "Imagination and the Arousal of the Emotions", in: Susanna M. Braund and Christopher Gill (eds), *The Passions in Roman Thought and Literature*, Cambridge 1997, 112–127.

Barmherzigkeit in der Hebräischen Bibel und als Korrektivinstrument in der rabbinischen Auslegung

Shimon Gesundheit

Vor etwas mehr als 50 Jahren konnten Alttestamentler noch schreiben, dass die Barmherzigkeit eine Erfindung des Alten Israels gewesen ist, da die Empathie und die Unterstützung der sogenannten *personae miserae* – der Witwen, Waisen, Armen, Fremdlinge und Sklaven – außerhalb der Hebräischen Bibel nicht bezeugt sei. Im Jahr 1962 veröffentlichte der Alttestamentler und Semitologe Frank Charles Fensham jedoch eine vergleichende Studie, in welcher er die in der Hebräischen Bibel sehr oft bezeugte Fürsorge für die Witwen, Waisen und Armen mit ähnlichen Motiven in der Weisheitsliteratur und in den sogenannten Toteninschriften des Alten Ägyptens und sehr vereinzelt auch in Einleitungen zu Gesetzessammlungen im Alten Mesopotamien verglich.[1]

Als Beispiel für das Motiv der Armenfürsorge im Alten Ägypten diene hier ein Auszug aus der *Autobiographie des Menthuhotep*, in der sich ein hoher königlicher Beamter anfangs des 2. Jahrtausend v. Chr. seiner Taten rühmt:

Ich gab Brot dem Hungrigen und Kleider dem Nackten [...]. Ich ernährte die Kinder durch meine Taten, ich verschaffte der Witwe Salbe; es gab keinen notleidenden Bürger zu meiner Zeit. [...] Mir wurden die Anliegen des Geringen, ebenso der Witwen und der Waisen berichtet.[2]

Ist durch ein solches Zitat der Beweis erbracht, dass die Barmherzigkeit und Empathie mit den *personae miserae* ein Motiv aus dem Alten Ägypten und nicht die Erfindung des Alten Israels ist? In den nachfolgenden Ausführungen soll der Versuch unternommen werden, auf diese Frage eine etwas differenziertere Antwort zu geben, denn die biblischen und nachbiblischen jüdischen Texte zeigen, dass die in den Gesetzestexten geforderte Barmherzigkeit[3] und Empathie gegenüber Fremden, versklavten Menschen und Tieren im Alten Orient einzigartig sind.

---

[1] Fensham, „Widow", 129–139.

[2] Brunner, *Weisheitsbücher*, 371f.

[3] Für eine Analyse des hebräischen Wortfeldes „Barmherzigkeit" (u.a. חסד, חנן, רחם) siehe z.B. Stoebe, „Bedeutung", 244–248; Preuß, „Barmherzigkeit" sowie die Ausführungen von Melanie Peetz und Ute E. Eisen im vorliegenden Sammelband. Die folgende Analyse konzentriert sich auf die Ausdrucksformen von Barmherzigkeit und Empathie in den alttestamentlichen Gesetzestexten.

1 Barmherzigkeit mit Fremden

Barmherzigkeit gibt es wohl, seit Menschen Gefühle haben. Dementsprechend ist danach zu fragen, welchen Stellenwert Barmherzigkeit in den alten Kulturen der Menschheit hatte und ob es auch Gesetze gab, die Empathie mit den schwächsten Gliedern der Gesellschaft bezeugen, z.B. mit Sklaven oder – außerhalb der Gesellschaft – mit Fremden oder mit Tieren.[4] Es mag überraschen, dass die folgende Quelle, *Die Lehre des Amenemope*, das vielleicht einzig bekannte, altorientalische und außerbiblische Zeugnis für Empathie mit Fremden ist. Dabei ist jedoch Vorsicht walten zu lassen, weil die Übersetzung und Interpretation dieser Quelle umstritten ist. Darin heißt es: „Übergehe nicht den Fremden mit dem Bierkrug, gib ihm vielmehr doppel soviel wie deinen Leuten. Gott liebt den, der den Geringen achtet, mehr als den, der den Vornehmen ehrt."[5] Es ist zu frage/n, wer genau hier die „Fremden" sind, die im Gegensatz zu „deinen Leuten" bzw. „deinen Brüdern" – wie andere Ägyptologen übersetzen[6] – stehen. Sind die Fremden diejenigen, die nicht „deine Brüder" sind, also nicht der eigenen Familie oder dem eigenen Stamm oder gar der eigenen ethnischen Gemeinschaft angehören?

Der zweite Aspekt, den es hier zu beachten gilt, ist die literarische Gattung, zu welcher dieser Text gehört. Es ist die ägyptische Weisheitsliteratur, welche sich an die dünne gesellschaftliche Schicht der Herrschenden und Gebildeten wendet. Im Gegensatz zu den Beispielen der Hebräischen Bibel – die sogleich näher betrachtet werden – sind es weisheitliche Sprüche oder Empfehlungen, nicht verpflichtende Gesetze, die sich an jedermann richten.

Diesem Befund sollen nun verschiedene Texte aus der Hebräischen Bibel gegenübergestellt werden; als erstes Ex 22,20–23:[7]

(20) Einen Fremden sollst du nicht bedrängen und nicht quälen, seid ihr doch selbst Fremde gewesen im Land Ägypten. (21) Eine Witwe oder eine Waise sollt ihr nicht erniedrigen. (22) Wenn du sie erniedrigst und sie zu mir schreien, werde ich ihr Schreien hören, (23) und mein Zorn wird entbrennen, und ich werde euch töten mit dem Schwert, so dass eure Frauen Witwen und eure Söhne Waisen werden.

---

[4] Zum Umgang mit den Fremden in der Hebräischen Bibel und im Alten Orient vgl. die folgenden Arbeiten: Achenbach/Albertz/Wöhrle (Hgg.), *Foreigner*; Assmann, „Fremdheit", 77–99; Brett, *Ethnicity*, 25–169; Bultmann, *Fremde im antiken Juda*; Ebach, *Fremde und das Eigene*; Kaiser, „Ausländer", 65–83; ders., „Umgang", 268–282; Loprieno, *Topos und Mimesis*; Ramírez Kidd, *Alterity*, 1999; Rüterswörden, „Bild des Fremden", 326–342; Spieckermann, „Stimme", 52–67; Stamm, „Schutz", 31–66; Unterman, „Disadvantaged", 41–84, siehe auch 202–217; Zehnder, *Anthropologie*.

[5] Brunner, *Weisheitsbücher*, 255f.

[6] Lichtheim, *Literature*, 161, liest: „Do not refuse your oil jar to a stranger, double it before your brothers." Grumach, *Amenope*, 170, übersetzt: „Übergehe nicht den Fremden mit dem Bierkrug, verdopple ihn vor deinen Brüdern."

[7] Die Übersetzungen sind – sofern nicht anders gekennzeichnet – der Neuen Zürcher Bibel, Ausgabe von 2007, entnommen.

Bemerkenswert und einzigartig im Vergleich zum Wortlaut der altorientalischen Gesetze sind zunächst Gottes vehemente und mit großem Pathos vorgebrachten Aufforderungen zur Empathie, die den erniedrigten Witwen und Waisen zukommen soll: Menschen tragen die Verantwortung für die Einhaltung der Gesetze, doch Gott und sein Mitgefühl sind gegenwärtig. Er hört, wenn die Unterdrückten zu ihm schreien, und bleibt nicht gleichgültig. Infolge seiner Barmherzigkeit mit den Unterdrückten entbrennt sein Zorn gegen die Unterdrücker. Der zweite Punkt, der hier hervorzuheben ist, ist die Begründung in V. 20: Israel wird an seine Geschichte erinnert. Das kollektive Gedächtnis an Israels eigenes Fremdsein in Ägypten soll für immer – auch Jahrhunderte nach dem Auszug aus Ägypten – sein Mitgefühl gegenüber Fremden wachhalten. Dabei ist es für die Argumentation wesentlich, dass Israel in Ägypten nicht nur fremd, sondern auch versklavt war. Das historische Gedächtnis soll Israels Mitgefühl sensibilisieren und auch die Empathie für das bedrückende Gefühl des Fremdseins in Erinnerung behalten.

Noch deutlicher als in dem vorgenannten Beispiel appelliert der göttliche Gesetzesgeber in den folgenden beiden Geboten – Ex 23,9 und Lev 19,33f. – an Israels Empathie und Mitgefühl. In Ex 23,9 heißt es: „Einen Fremden sollst du nicht quälen. Denn ihr wisst, wie dem Fremden zumute ist, seid ihr doch selbst Fremde gewesen im Land Ägypten." Die Empathie mit dem Fremden gipfelt in der im Alten Orient einzigartigen rechtlichen Gleichstellung des Fremden mit dem Einheimischen in Lev 19,33–34:

(33) Und wenn ein Fremder bei dir lebt in eurem Land, sollt ihr ihn nicht bedrängen. (34) Wie ein Einheimischer soll euch der Fremde gelten, der bei euch lebt. Und du sollst ihn lieben wie dich selbst, denn ihr seid selbst Fremde gewesen im Land Ägypten. Ich bin der HERR, euer Gott.

Diese rechtliche Gleichstellung von Fremden und Einheimischen im Heiligkeitsgesetz hält Lev 24,22 explizit fest: „Ein und dasselbe Recht gilt für euch, für den Fremden wie für den Einheimischen. Denn ich bin der HERR, euer Gott."

2 Barmherzigkeit mit Armen

Im Unterschied zu der zuvor beschriebenen, einzigartigen Haltung der Hebräischen Bibel gegenüber den Fremden zeigen sich bei der Betrachtung der Empathie gegenüber den Armen Parallelen zu den altorientalischen Quellen. Wie anfangs erwähnt, gibt es besonders in der Weisheitsliteratur des Alten Ägyptens Sprüche und Empfehlungen, die Armen, Witwen und Waisen zu unterstützen und ihre wirtschaftlichen Schwächen nicht auszunutzen.[8] Vereinzelt finden sich ähnliche Aussagen in Prologen und Epilogen zu mesopotamischen Gesetzessammlungen. Ebenso gibt es mitunter königliche Schuldenerlasse oder Gesetze, welche die Erbschaftsrechte von Witwen und Waisen schützen.[9] Viele Forscher sehen in diesen Maßnahmen weniger einen Ausdruck von Empathie als das Interesse an der Erhaltung einer intakten Gesellschaft, in welcher der König für die Versorgung der verarmten Bürger, Witwen und Waisen verantwortlich ist.[10] Auch hier heben sich die Gesetze der Hebräischen Bibel von ihrer Umwelt ab und zielen deutlich auf die Empathie und das Mitgefühl des Einzelnen für die Schwachen der Gesellschaft.[11] Anders als in den mesopotamischen Gesetzen ist es Gott und nicht der König, der Empathie und Unterstützung gebietet.

Im Folgenden soll das biblische Gesetz am Beispiel von Lev 25,35 mit dem hethitischen Gesetz aus dem 2. Jahrtausend verglichen werden. Der biblische Text lautet:

(35) Und wenn dein Bruder verarmt und sich nicht mehr halten kann neben dir, sollst du ihn unterstützen wie einen Fremden oder einen Beisassen, so dass er leben kann neben dir.

Dieses Gebot der Unterstützung „deines Bruders" – also eines Mitbürgers, der in eine finanzielle Notlage geraten ist – ist kategorisch und bedingungslos formuliert. Bemerkenswerterweise wird die Situation des bedürftigen Mitbürgers mit der Situation eines Fremden, der als solcher immer der Unterstützung bedarf, verglichen. Die Pflicht der Unterstützung eines Fremden wird also bereits vorausgesetzt! Die Aussage dieses Gesetzes ist, dass „dein verarmter Bruder" ebenso wie der Fremde unterstützt werden muss. In Kontrast zum bedingungslosen biblischen Gebot der Unterstützung heißt es im hethitischen Gesetz:

Wenn jemand einen freien Mann in einem Hungerjahr am Leben hält, gibt (d)er Ersatz für sich. Und wenn (es) ein Sklave (ist), gibt er 10 Scheqel Silber.[12]

Es geht hier also nicht um selbstlose Barmherzigkeit, sondern um die Festsetzung einer bestimmten Entgelthöhe.

---

[8] Vgl. zur Behandlung der Witwen und Waisen im Alten Ägypten: Fensham, „Widow", 132–134; Galpaz-Feller, „Ancient Egypt", 231–253; Havice, *Concern*, 13–100; Kóthay, „Widow and Orphan", 151–164; Norrback, *Fatherless*, 23–47; Schellenberg, „Hilfe", 183–189.

[9] Vgl. zur Behandlung der Witwen und Waisen in den mesopotamischen Quellentexten: Fensham, „Widow", 130–132; Havice, *Concern*, 101–166; Norrback, *Fatherless*, 48–71; Roth, „Neo-Babylonian", 1–26; Schellenberg, „Hilfe", 183–189; Stol, *Women*, 275–295; Tavares, „L'almanah", 155–162.

[10] Siehe z.B. Havice, *Concern*, 275f.

[11] Havice, *Concern*, 231, betrachtet sämtliche dieser Begründungen als jüngere Zusätze. Auch wenn diese Vermutung in einigen Fällen zutreffend sein mag, ist die hermeneutische Aussage dieser Begründungen hier dennoch in Betracht zu ziehen.

[12] von Schuler, „Rechtsbücher", 119, § 172.

Die biblischen Gesetze richten sich an eine agrarische Gesellschaft, in welcher Landbesitz die Basis des Einkommens bildet. Diejenigen, die auf Geldleistungen angewiesen sind, sind aufgrund fehlenden Landbesitzes hilfsbedürftig. Das die Unterstützung der Armen fordernde Gebot konkretisiert sich dann in der Vergabe eines Darlehens, wie Dtn 15,7–11 verdeutlicht:[13]

(7) Wenn einer arm ist bei dir, einer deiner Brüder, in irgendeiner Ortschaft in deinem Land, das der HERR, dein Gott, dir gibt, dann sollst du dein Herz nicht verhärten und deine Hand nicht verschliessen vor deinem armen Bruder, (8) sondern deine Hand für ihn auftun und ihm leihen, so viel er braucht. (9) Achte darauf, dass in deinem Herzen nicht der nichtswürdige Gedanke aufsteigt: Das siebte Jahr, das Erlassjahr, ist nahe!, und du deinen armen Bruder unfreundlich ansiehst und ihm nichts gibst und er dann gegen dich den HERRN anruft und dich so Strafe trifft. (10) Du sollst ihm willig geben und nicht missmutig sein, wenn du ihm gibst, denn dafür wird der HERR, dein Gott, dich segnen in all deinem Tun und in allem, was deine Hand unternimmt. (11) Denn es wird immer Arme geben im Land, darum gebiete ich dir: Du sollst deine Hand willig auftun für deinen bedürftigen und armen Bruder in deinem Land.

In V. 9 wird vom deuteronomischen Schuldenerlassjahr gesprochen, welches nicht wie in Mesopotamien gelegentlich aufgrund innenpolitischer Interessen vom König ausgerufen werden kann, sondern aufgrund des göttlichen Gesetzes jedes siebte Jahr in Kraft tritt.[14] Wenn ein Bedürftiger also im sechsten Jahr, sogar kurz vor Beginn des siebten, des Schuldenerlassjahrs, ein Darlehen erhält, verfällt diese Schuld innerhalb kurzer Zeit, was die potentiellen Darlehensgeber davon abhalten könnte, Geld zu verleihen, da sie es höchstwahrscheinlich nie mehr zurückbezahlt bekämen.[15] Genau davor warnt das Gesetz in V. 9: „Achte darauf (Lutherübersetzung: ‚Hüte dich'), dass in deinem Herzen nicht der nichtswürdige Gedanke (Lutherübersetzung: ‚ein arglistiger Gedanke') aufsteigt, […] dem Armen kein Geld zu leihen", da die Schuld bald, vor Rückzahlung des Darlehens, verfallen wird. In Dtn 15,7–11 ist gleich mehrfach vom Mitgefühl die Rede: zunächst in V. 7 in Form des Gebots, das Herz

---

[13] Vgl. Rofé, „Release", 85–97 (Hebräisch).

[14] Zu den altorientalischen Parallelen des biblischen Erlassjahres siehe Hamilton, *Deuteronomy*, 45–72; Neufeld, „Background", 53–124; Otto, „Programme", 26–63; Simonetti, „Nachlaßedikte", 6–54; Weinfeld, *Social Justice*, 152–178. Kritik an der Vergleichbarkeit der biblischen Sozialgesetzgebung mit altorientalischen Gesetzestexten übt Lemche, „Andurārum", 11–22; ders., „Manumission", 38–59.

[15] Daher soll Hillel der Ältere nach mShevi 10,3 den sogenannten Prosbul angeordnet haben. Gemäß dieser Erklärung konnte der alle sieben Jahre erfolgende Schuldenerlass verhindert werden. Dies ist als eine Reaktion auf Dtn 15,1f. zu verstehen, wonach alle sieben Jahre „jeder Gläubiger das Darlehen erlassen soll, das er seinem Nächsten gegeben hat". Ziel war es demnach, zu unterbinden, dass insbesondere die auf Kredite angewiesenen Armen kurz vor Ablauf der sieben Jahre keine Darlehen mehr erhielten. Zur Diskussion bezüglich der Praxis des Prosbuls vgl. zunächst Sanders, *Judaism*, 426–428; Neusner, *Judaism*, 66f. Für die neuere Debatte vgl. besonders Ancselovits, „Prosbul", 3–16.

nicht / zu verhärten, sodann wie gesehen in V. 9, in dem bereits vor dem Aufkommen des Gedankens gewarnt wird, dem Armen nicht zu leihen, und schließlich in der Aufforderung von V. 11, Herz und Hand gegenüber dem hilfsbedürftigen Bruder – also dem Mitbürger – offenzuhalten.

Ex 22,24 fordert sogar – wie dann später auch Lev 25,36f. – ein Zinsverbot: „Leihst du Geld dem Armen aus meinem Volk, der bei dir ist, so sei nicht wie ein Wucherer zu ihm. Ihr sollt ihm keinen Zins auferlegen." Demgegenüber kennen die mesopotamischen Gesetze kein solches Verbot.[16] Vielmehr detaillieren und regulieren sie den Zinssatz. So heißt es z.B. im Gesetzeskodex von Eshnunna aus dem 2. Jahrtausend v. Chr.: „Pro Scheqel fügt er 1/6 (Scheqel) und sechs Gran als Zins hinzu, pro Kor fügt er einen Scheffel und vier Seah Getreide als Zins hinzu."[17]

Ebenfalls einzigartig, aber noch bemerkenswerter, ist das wahrlich utopisch anmutende landwirtschaftliche Erlassjahr.[18] Es wird auch das Sabbat-Brachjahr genannt, obwohl es in Ex 23,10–11 (im Gegensatz zu Lev 25,6–7) nicht wirklich ein Brachjahr ist.

(10) Sechs Jahre sollst du dein Land besäen und seinen Ertrag einsammeln. (11) Im siebten aber sollst du es brachliegen lassen und nicht bestellen, und die Armen deines Volks sollen davon essen. Und was sie übriglassen, sollen die Tiere des Feldes fressen. So sollst du auch mit deinem Weinberg und mit deinen Ölbäumen verfahren.

Dieses Gesetz aus dem Bundesbuch ist – wie in der eben angeführten Übersetzung der Zürcher Bibel – fast immer missverstanden und falsch übersetzt worden.[19] Im Gegensatz zur parallelen Version im Heiligkeitsgesetz der Priesterschrift (Lev 25,6f.) wird im hebräischen Originaltext nämlich mit keinem Wort erwähnt, dass das Feld im siebten Jahr nicht kultiviert werden darf. Im Gegenteil: Das Feld wird wie jedes Jahr bearbeitet, doch der Ertrag darf nicht eingesammelt werden, sondern soll für

---

[16] Trotz zahlreicher Studien zum altorientalischen wie zum biblischen Zinswesen hat es in der Forschung nur wenige vergleichende Studien gegeben, daher siehe hierzu immer noch Hejcl, *Jurisprudenz*. Als Arbeiten, die sich auf den biblischen Befund konzentrieren, sind zu nennen: Gamoran, „Biblical Law", 127–134; Kegler, „Zinsverbot", 17–39; Kessler, „Schuldenwesen", 181–195; Klingenberg, *Torah*; Neufeld, „Prohibitions", 355–412; Seeligmann, „Lending", 183–205 (Hebräisch), deutsche Übersetzung ders., *Gesammelte Studien*, 319–348. Für einen Einstieg in die altorientalischen Quellen zum Zinswesen vgl.: Maloney, „Usury", 1–20. Vgl. weiterführend auch die einzelnen Beiträge in den folgenden beiden Sammelbänden: Hudson / Van de Mieroop (Hgg.), *Debt*; Westbrook / Jasnow (Hgg.), *Security*.

[17] Borger, „Rechtsbücher", 34, § 18.

[18] Vgl. Houtman, *Bundesbuch*, 282.

[19] In der Forschung findet sich für Ex 23,10f. vor allem die scheinbar selbstverständliche Lesart, dass das Feld im siebten Jahr nicht bearbeitet werden soll. Ein entsprechendes Verständnis liegt den meisten der einschlägigen Arbeiten zugrunde, in denen Ex 23,10f. im Lichte von Lev 25,6f. gelesen und als sogenanntes „Sabbat-Brachjahr" verstanden wird; vgl. z.B. Borowski, *Agriculture*, 144f.; Groß, „Gesetze", 7; Hopkins, *Highlands*, 194f.; Neufeld, „Background", 68; Otto, „Ackerbau", 234–236.

alle – für arme Menschen und für die Tiere – liegengelassen werden. Demnach sollte die Übersetzung von V. 11 nicht heißen: „Im siebten aber sollst du es brachliegen lassen und nicht bestellen", sondern etwa: „(10) Sechs Jahre sollst du dein Land besäen und seinen Ertrag einsammeln, (11) im siebten aber sollst du den Ertrag nicht einsammeln, sondern liegen lassen".[20] Nach Ex 23,10–11 (im Gegensatz zu seinem priesterschriftlichen Pendant in Lev 25,6–7) bearbeiten Bauern also ihr Feld auch im siebten Jahr, doch nicht nur für sich selbst, sondern für alle, die hungrig sind – Tiere und Menschen!

In der Version von Lev 25,6–7 finden die *personae miserae* ebenso wie die Tiere, sowohl das eigene Vieh als auch das Wild, ausführlicher Erwähnung:

(6) Was aber das Land während des Sabbats hervorbringt, soll euch als Nahrung dienen, dir und deinem Knecht und deiner Magd, deinem Tagelöhner und deinem Beisassen, allen, die bei dir leben. (7) Auch deinem Vieh und dem Wild in deinem Land soll sein Ertrag als Nahrung dienen.

Von Barmherzigkeit – im Sinn von Empathie und Mitgefühl – ist auch oft in den Gesetzen über die Einschränkungen des Pfandrechts die Rede. Auch diese sind in den Gesetzeskorpora des Alten Orients, wo oft von Pfand und Schuld gesprochen wird, ohne Analogie.[21] Ex 22,25–26 etwa liefert eine zeitliche Bestimmung über die Rückgabe eines gepfändeten Mantels:

(25) Nimmst du den Mantel deines Nächsten zum Pfand, sollst du ihm diesen vor Sonnen-untergang zurückgeben. (26) Denn er ist seine einzige Decke, die Hülle für seine nackte Haut. Worin sonst soll er sich schlafen legen? Wenn er zu mir schreit, werde ich es hören; denn ich bin gnädig.

Noch ausführlicher thematisiert die deuteronomische Fassung in Dtn 24,10–15 die Pfändung. Über die Terminierung der Rückgabe des Pfands hinaus wird hier auch die Durchführung der Pfandnahme detailliert. Zudem wird mehrfach auf die Notsituation des Armen rekurriert, das barmherzige Handeln, d.h. die fristge-rechte Rückgabe des Mantels, wird nun explizit als gerechte Tat bezeichnet, ein Zuwiderhandeln hingegen unterliegt der göttlichen Strafe:

(10) Wenn du deinem Nächsten irgendetwas leihst, sollst du nicht in sein Haus hineingehen, um ein Pfand von ihm zu nehmen. (11) Draussen sollst du stehen bleiben, und der, dem du leihst, soll das Pfand zu dir herausbringen. (12) Und ist es ein armer Mann, dann sollst du dich mit seinem Pfand nicht schlafen legen, (13) sondern du sollst ihm sein Pfand

---

[20] Das Objekt der beiden Verben תְּשְׁמְטֶנָּה וּנְטַשְׁתָּהּ ist der Ertrag des Feldes (תְּבוּאָתָהּ, V. 10) und nicht das Land (אַרְצֶךָ, ibid.). Dies haben schon jüdische Exegeten des Mittelalters (siehe z.B. die Kommentare zu Exodus ad loc. von Gersonides und Abraham Maimonides), Literarkritiker (siehe z.B. Wellhausen, *Composition*, 96) und jüngst Stackert, *Rewriting*, 129ff. bemerkt.

[21] Vgl. zum Pfandrecht in den altorientalischen Gesetzen: Hudson/Van de Mieroop (Hgg.), *Debt*; Westbrook/Jasnow (Hgg.), *Security*.

zurückgeben, wenn die Sonne untergeht, dann kann er in seinem Mantel schlafen, und er wird dich segnen. So wirst du gerecht sein vor dem HERRN, deinem Gott. (14) Du sollst einen armen und bedürftigen Tagelöhner nicht bedrücken, weder einen deiner Brüder noch einen Fremden in deinem Land, an deinem Ort. (15) Am selben Tag sollst du ihm seinen Lohn geben, und die Sonne soll darüber nicht untergehen, denn er ist arm und sehnt sich danach. Sonst ruft er den HERRN gegen dich an, und es trifft dich Strafe.

3 Barmherzigkeit mit Sklaven

Wenn zuvor die biblischen Gesetze zugunsten der Armen als utopisch bezeichnet wurden, könnten die folgenden Beispiele von biblischen Gesetzen, in denen große Empathie mit Sklaven gefordert wird,[22] womöglich sogar beinahe als anarchistisch bezeichnet werden, da sie mitunter wirklich die rechtlichen und wirtschaftsrechtlichen Fundamente der damaligen Gesellschaft in Frage stellen, wie etwa Dtn 23,16–17 verdeutlicht:

(16) Du sollst einen Sklaven, der von seinem Herrn zu dir flieht, nicht seinem Herrn ausliefern. (17) Er soll bei dir, in deiner Mitte, bleiben dürfen an dem Ort, den er sich erwählt, in einer deiner Ortschaften, wo es ihm gefällt. Du sollst ihn nicht bedrängen.

Dieses Gesetz mit seinem Verbot, einen Sklaven, der von seinem Herrn flieht, diesem auszuliefern, mutet wahrlich anarchistisch an, da in der Bibel ansonsten das Eigentumsrecht von Sklaven nicht angezweifelt wird und bei allem Eigentum immer eine Rückgabepflicht besteht.[23] Doch ein Sklave ist eben ein Mensch und kein Gegenstand. Möglicherweise bringt das Gesetz hier zum Ausdruck, dass die Realität des Sklaventums dem biblischen Menschenbild widerspricht. Es ist auch möglich, dass dieses Gesetz von einem Sklaven spricht, welcher aus dem Ausland in das Land Israels geflohen ist. Dann wäre auch der Wortlaut verständlich: „Er soll bei dir, in deiner Mitte, bleiben dürfen an dem Ort, den er sich erwählt, in einer deiner Ortschaften, wo es ihm gefällt." Demgemäß würde es sich also um ein Verbot handeln, bilaterale Auslieferungsgesetze von entflohenen Sklaven mit Nachbarstaaten zu vereinbaren, wie sie im Alten Orient ansonsten durchaus verbreitet waren.[24] In krassem Gegensatz zum biblischen Gesetz verbietet das Gesetz des babylonischen

---

[22] Unter den zahlreichen Forschungsarbeiten zur Sklaverei sowohl in der Hebräischen Bibel als auch im Alten Orient sei auf die folgenden Darstellungen verwiesen: Cardellini, „‚Sklaven'-Gesetze"; Chirichigno, *Debt-Slavery*; Dandamaev, *Slavery*; Heinisch, „Sklavenrecht", 201–218.276–290; Lemche, „Manumission", 41–46; ders., „Slave", 129–144; Mendelsohn, *Slavery*; van der Ploeg, „Slavery", 72–87; Riesener, *Stamm*; Urbach, *Laws*, 1–94; Westbrook, „Slave", 1631–1676.

[23] Ex 23,4f.; Dtn 22,1–3.

[24] Westbrook, „Slave", 1670–1673. Für eine ausführliche Darstellung von Fluchtbewegungen und deren Motiven im Alten Orient siehe van Lerberghe, *Immigration*; Renger, „Flucht", 167–182; Snell, *Flight*.

Königs Hammurabi aus dem 2. Jahrtausend v. Chr., einen entflohenen Sklaven zu verstecken. Wer ihn nicht ausliefert, macht sich der Todesstrafe schuldig. So lautet nämlich das babylonische Gesetz:

> Wenn ein Bürger einen entlaufenen Sklaven oder eine entlaufene Sklavin des Palastes oder eines Palasthörigen in seinem Hause versteckt und nicht auf den Ruf des Herolds herausgibt, wird dieser Hausherr getötet.[25]

Das Gesetz des Königs Hammurabi steht zu der biblischen Verordnung in diametralem Gegensatz. Was das biblische Gesetz gebietet, wird in der babylonischen Regelung – unter Todesstrafe – ausdrücklich verboten. Das Erbarmen mit Sklaven und die Verletzung des Besitzrechts der Sklaveneigentümer, deren geflohene Sklaven versteckt und damit nicht ihren rechtlichen Besitzern ausgeliefert werden, war für die babylonische Gesellschaft, deren Wohlstand auf Sklavenarbeit aufgebaut war, eine Bedrohung. Dagegen ist das biblische Gesetz eines der eindrücklichsten Zeugnisse der Hebräischen Bibel für das Erbarmen mit einem rechtlich am niedrigsten gestellten Glied der Gesellschaft.

Auch in der Gegenüberstellung der beiden nachfolgenden Texte wird ein krasser Gegensatz sichtbar. Das Gesetz Hammurabis fordert:

> Wenn ein Sklave zu seinem Herrn sagt: ‚Du bist nicht mein Herr‘, so soll dieser ihn als seinen Sklaven nachweisen, und sein Eigentümer soll/kann ihm ein Ohr abschneiden.[26]

Im Unterschied zum Gesetz Hammurabis, das für diesen revoltierenden Sklaven eine grausame Bestrafung vorsieht, gibt es ein biblisches Gesetz für den umgekehrten Fall, dass der Sklave seinen Rechtsanspruch, im siebten Jahr in die Freiheit entlassen zu werden, ausschlagen und sein Sklaventum aus Liebe zu seinem Herren und zu seiner eigenen Familie auch mit Ablauf der sechs Jahre bis zu seinem Lebensende verlängern möchte. Das biblische Gesetz scheint diesen Verzicht auf die menschliche Freiheit nicht wohlzuwollen und schreibt eine symbolische Strafe vor: Sein Ohrläppchen wird durchbohrt. Doch das Ohr wird nicht wie im babylonischen Gesetz abgeschnitten. Im biblischen Recht wird hier also der freiwillige Verzicht auf Freiheit bestraft, im babylonischen Recht das Ringen des Sklaven nach Freiheit. Das biblische Gesetz in Ex 21,2.5–6 besagt:

> (2) Wenn du einen hebräischen Sklaven kaufst, soll er sechs Jahre dienen, im siebten aber soll er ohne Entgelt freigelassen werden. […] (5) Sagt aber der Sklave: Ich liebe meinen Herrn, meine Frau und meine Kinder, ich will nicht freigelassen werden, (6) so führe ihn sein Herr vor Gott und führe ihn an die Tür oder an den Türpfosten, und dort durchbohre ihm sein Herr das Ohr mit einem Pfriem, und er soll ihm für immer als Sklave dienen.

---

[25] Borger, „Rechtsbücher", 47, § 16.
[26] Borger, „Rechtsbücher", 75, § 282.

Am Rande sei bemerkt, dass die Übersetzung „hebräischer Sklave" nicht unumstritten ist. Das hebräische Wort עברי könnte auch die Zugehörigkeit zu einer ethnischen und sozioökonomischen Gruppe der Habiru-Sklaven bedeuten.[27] Im nächsten Textvergleich sind allerdings bei beiden Gesetzen sogenannte bürgerliche Sklaven gemeint, also Menschen des eigenen Volks, welche aufgrund ihrer finanziellen Schulden als Sklaven verkauft wurden oder sich selber wegen ihrer Notlage als Sklaven verkauft haben. Zuerst sei das biblische Gebot in Lev 25,39.43 genannt:

(39) Und wenn dein Bruder neben dir verarmt und sich dir verkaufen muss, sollst du ihn nicht als Sklaven arbeiten lassen. […] (43) Du sollst nicht mit Gewalt über ihn herrschen, sondern sollst dich fürchten vor deinem Gott.

Im Gegensatz dazu bestimmt das mittelassyrische Gesetz aus dem 12. Jahrhundert v. Chr.:

Wenn ein Assyrer oder eine Assyrerin, der als Pfand […] im Hause eines Bürgers wohnt oder zum vollen Preis [zur Begleichung der gesamten Schuld; S. G.] genommen ist, – er darf ihn prügeln, raufen, seine Ohren verletzen und durchbohren.[28]

In Gegenüberstellung zu dieser erlaubten Gewalt und Grausamkeit an bürgerlichen Sklaven im mittelassyrischen Gesetz seien zwei weitere Beispiele aus dem biblischen Recht erwähnt, welche auch für fremde Sklaven gelten. Begonnen wird mit Ex 21,20–21:

(20) Wenn jemand seinen Sklaven oder seine Sklavin mit dem Stock schlägt, so dass er unter seiner Hand stirbt, muss es gerächt werden. (21) Bleibt er noch einen oder zwei Tage am Leben, so verfällt er nicht der Rache, denn es geht um sein eigenes Geld.

Mit „Rache" ist hier die Todesstrafe gemeint, da das Leben eines Sklaven – ohne Analogie im Alten Orient – genauso wie das Leben jedes anderen Menschen geschützt ist. Die letzten Worte („denn es geht um sein eigenes Geld") sollten so verstanden werden, dass in diesem Fall kein eindeutiger Mord vorliegt, da ja der Eigentümer kein Interesse daran hatte, sein Eigentum zu verlieren. Dies wird durch die Bestimmungen des biblischen Gesetzes in Ex 21,26f. deutlich, das nun ausdrücklich auch Verletzungen von Sklaven bestraft. Der Sklave gewinnt nämlich dadurch seine Freiheit zurück:

(26) Wenn jemand seinem Sklaven oder seiner Sklavin ins Auge schlägt und es zerstört, soll er ihn für sein Auge freilassen. (27) Schlägt er seinem Sklaven – oder seiner Sklavin – einen Zahn aus, so soll er ihn für seinen Zahn freilassen.

---

[27] Eine knappe Einführung in die Forschungsdiskussion findet sich etwa bei Bergsma, *Jubilee*, 43–45, und Chirichigno, *Debt-Slavery*, 200–206. Unter den zahlreichen Studien zur Thematik vgl. insbesondere Bottéro, „Ḫabiru", 14–27; Freedman/Willoughby, „עברי", 1039–1056; Greenberg, *Ḫab/piru*; Mendenhall, „Bronze Age", 122–141; Na'aman, „Transfer", 271–286.

[28] Borger, „Rechtsbücher", 89, § 44.

Die jüdisch-rabbinische Exegese geht noch viel weiter und schreibt in bQid 22a überraschend das folgende Gesetz vor:

Es soll ihm gut gehen mit dir (Dtn 15,16): mit dir in Speis, mit dir in Trank. Wenn du Brot issest aus feinem Mehl, lass nicht (deinen Sklaven) Kleienbrot essen; trinkst du alten Wein, soll er nicht jungen trinken, schläfst du auf Werg, soll er nicht auf Stroh schlafen.[29]

So weit gingen die rabbinischen Schutzmaßnahmen der Sklavenrechte, dass es in bQid 22a ebenfalls heißt: „Wer sich einen hebräischen Sklaven kauft, kauft sich einen Herrn!" Einen Höhepunkt in Bezug auf Empathie und Mitgefühl mit den Armen, Fremden, Tieren und Sklaven bildet das Gesetz über die Ruhe am siebten Tag, und zwar besonders im alten Bundesbuch, wo der siebte Tag noch nicht *Sabbat* heißt und wo es noch nicht – wie später in der Priesterschrift – ein religiöses Gesetz ist, sondern ein rein soziales, wie Ex 23,12 belegt:

(12) Sechs Tage sollst du deine Arbeit tun, am siebten Tag aber sollst du ruhen, damit dein Rind und dein Esel ausruhen und der Sohn deiner Magd und der Fremde aufatmen können.

Was am Sabbat passiert, das gilt auch für die Festtage. Hier wird auch deutlich, dass es sich nicht um ein herablassendes Barmherzigkeitsgefühl mit den Bedürftigen handelt, sondern um ein Gemeinschaftsgefühl. Dies kommt z.B. in Dtn 16,10–14 zum Ausdruck:

(10) Dann sollst du für den Herrn, deinen Gott, das Wochenfest feiern mit einer freiwilligen Gabe von deiner Hand, die du gibst, so wie der Herr, dein Gott, dich segnen wird. (11) Und du sollst fröhlich sein vor dem Herrn, deinem Gott, du und dein Sohn und deine Tochter, dein Sklave und deine Sklavin und der Levit, der an deinem Ort wohnt, der Fremde, die Waise und die Witwe, die in deiner Mitte wohnen – an der Stätte, die der Herr, dein Gott, erwählen wird, um seinen Namen dort wohnen zu lassen. (12) Und du sollst dich daran erinnern, dass du Sklave gewesen bist in Ägypten, und du sollst diese Satzungen halten und danach handeln. (13) Das Laubhüttenfest sollst du sieben Tage lang feiern, wenn du den Ertrag einbringst von deiner Tenne und deiner Kelter. (14) Und du sollst an deinem Fest fröhlich sein, du und dein Sohn und deine Tochter, dein Sklave und deine Sklavin, der Levit, der Fremde, die Waise und die Witwe, die an deinem Ort wohnen.

Dieser Text über das sich gemeinsame Freuen vor Gott und das Gefühl der Dankbarkeit gegenüber Gott an den Erntefesten bewog Moses Maimonides, den großen jüdischen Gesetzeslehrer und Philosophen des 12. Jahrhunderts, in seinem monumentalen und bis heute wichtigsten Gesetzeskodex der rabbinischen Überlieferung Folgendes zu schreiben:

Wenn man (an den Festtagen) isst und trinkt, muss man auch dem Fremden, dem Waisen, der Witwe und den anderen unglücklichen Bedürftigen zu essen geben. [...] Doch wer das

---

[29] Die Übersetzung von bQid 22a stammt aus Ziegler, *Welt*, 325.

Tor seines Hofes verschließt und mit seiner Frau und seinen Kindern isst und trinkt und den Armen und Unglücklichen nicht zu essen und zu trinken gibt, der hat keine religiöse Freude, sondern nur eine Gaumenfreude [wörtlich: Bauchfreude].[30]

4 Barmherzigkeit mit Tieren

Merkwürdigerweise gibt es kaum Forschungen über die einzigartige Empathie mit Tieren, welche in einigen biblischen Gesetzen zum Ausdruck kommt.[31] Es gab zwar schon in sehr früher Zeit Tierverehrung oder Vergötterung, z.B. im Alten Ägypten, bei Naturvölkern und in asiatischen Religionen, doch über Empathie oder Tierrechte wurde erst bei einigen Philosophen des klassischen Griechenlands und später in der Aufklärung nachgedacht. Ein erstes Tierschutzgesetz gab es erstmals 1822 in England.

Ein Beispiel für ein biblisches Tierschutzgesetz, das von hoher Sensibilität und Empathie zeugt, findet sich in Dtn 25,4: „Du sollst dem Ochsen nicht das Maul verbinden, wenn er drischt." Bezüglich der Tierschutzgesetze geht die jüdische Auslegung dann noch um einiges weiter und schreibt z.B. in bBer 40a (wie auch in bGit 62a) vor: „Man darf nichts essen (kosten), bevor man seinem Tier zu essen gibt." In pDem 30b findet sich die Anweisung: „Man pflüge nicht mit der Kuh nachts, um sie am Tage zu verdingen." Nicht unerwähnt bleiben soll schließlich, dass auch die Texte über die Ruhe am siebten Tag und die Freigabe des landwirtschaftlichen Ertrags im siebten Jahr bedeutende Beispiele für die Empathie mit Tieren in der Hebräischen Bibel sind.

5 Barmherzigkeit als Korrektivinstrument der Rabbinen

Die einzigartigen und im Alten Orient beispiellosen Zeugnisse für Barmherzigkeit, Empathie und Mitgefühl gegenüber den rechtlich und wirtschaftlich schwachen Gliedern der Gesellschaft, d.h. gegenüber Fremden, Sklaven und Tieren, sollen nicht vertuschen, dass es in der Hebräischen Bibel auch Beispiele von grausamen Gesetzen gibt, in welchen Barmherzigkeit und Empathie sogar ausdrücklich verboten werden.[32] Wenn z.B. eine ganze Stadt im Alten Israel öffentlich fremde Götter

---

[30] Mischne Tora, *Semanim, Jom Tov*, 6,18 (eigene Übersetzung).

[31] Zur Wahrnehmung des Tieres in der Hebräischen Bibel siehe grundsätzlich: Janowski/Gleßmer/Neumann-Gorsolke (Hgg.), *Gefährten*; Keel, *Böcklein*; Reinke, *Tiere*; Riede, *Spiegel*; Schmitz-Kahmen, *Geschöpfe Gottes*; Schroer, „Gewalt", 122–133.

[32] Eine kaum mehr zu überblicken Zahl an Arbeiten ist in den letzten Jahren zu dem Themenfeld „Gewalt in der (Hebräischen) Bibel" erschienen. Hinzuweisen ist hier erstens auf solche Studien, die vor allem von einem geschichtswissenschaftlichen Interesse geleitet sind. Exemplarisch seien

verehrt, soll sie vollends ausgerottet werden (Dtn 13,13–19). Ebenso soll es Einzelnen in Israel ergehen, die andere – im Geheimen – dazu ansporen, fremde Gottheiten zu verehren. Dieser Mensch muss nach Dtn 13,11 vom ganzen Volk öffentlich gesteinigt werden. Dtn 13,9 betont für den Fall sogar noch: „Dann sollst du ihm nicht nachgeben und nicht auf ihn hören. Du sollst ihn nicht schonen und dich seiner nicht erbarmen und ihn nicht decken.“

Gemäß derselben grausamen Terminologie der sogenannten Banngesetze sollen in den deuteronomischen und deuteronomistischen literarischen Schichten bei der Eroberung des Landes Kanaan die einheimische Bevölkerung und ihr Götzendienst ausgerottet werden.[33] In krassem Gegensatz dazu gebieten andere literarische Schichten gerade das Gegenteil, nämlich, dass zuerst Frieden, wenngleich im Sinne einer Unterwerfung, angeboten werden muss.[34] Wieder andere, historisch ältere Quellen, beschreiben eine geschichtliche Realität, in welcher die einheimische Bevölkerung keinesfalls ausgerottet wurde, sondern zum Teil in enger Beziehung zu dem Volk Israel in Kanaan lebte.[35] Einige dieser Einheimischen waren die treuesten Gefährten des Königs David und standen noch an seiner Seite, als sein eigener Sohn und sein eigenes Volk gegen ihn rebellierten.[36] Die historisch-kritische Forschung spricht den grausamen Banngesetzen jede historische Plausibilität ab und sieht in diesen späten literarischen Schichten eine Art ‚Schreibtisch-Rache‘.[37] Ebenso gibt es im rabbinischen Schrifttum Meinungen, dass diese Gesetze nie umgesetzt wurden.[38] In jedem Fall muss betont werden, dass es sich nicht um rassistischen Hass, sondern um die Abscheu vor Götzendienst und seinem Kult handelt, denn die brutalen Gesetze der Ausrottung gelten – wie erwähnt – auch für Israeliten, die Götzendienst betreiben.

Andere grausame Gesetze (z.B. die Steinigung des ungehorsamen Sohnes in Dtn 21,18–21) werden in den rabbinischen Quellen zum Teil bewusst so ausgelegt, dass sie dadurch außer Kraft gesetzt werden.[39] Dies scheint der wesentliche Punkt

---

genannt: Kratz/Spieckermann (Hgg.), *Divine Wrath*; Lohfink, *Gewalt und Gewaltlosigkeit*; Michel, *Gott und Gewalt*; Otto, *Krieg und Frieden*; Schnocks, *Gewalt*; Schweitzer, *Religion*, 250–360; Stern, *Ḥērem*. Zweitens seien einige solcher Arbeiten angeführt, in denen eine gegenwartsbezogene theologische Reflexion im Vordergrund steht: Dietrich/Link, *Die dunklen Seiten*; Janowski, *Zwölf Fragen*; Niditch, *War*; Römer, *Dieu obscure*, englische Ausgabe: *Dark God*.

[33] Siehe z.B. Dtn 7,2.26; 13,16.18; 20,17; Jos 2,10; 6,17f.21; 7,1.11f.15; 8,26; 10,1.28.35.37.39f.; 11,11f.20.21.

[34] Siehe v.a. Dtn 20,10–15.

[35] Siehe z.B. Jdc 1,21.27.29.31f.; II Sam 3,2–5. Zur Frage der Historizität von Israels Eroberung des Landes Kanaan vgl. die Zusammenfassung der Forschungsdiskussion und die Literaturverweise bei Frevel, *Geschichte*, 72–77.

[36] Siehe v.a. II Sam 15,19–22; 20,24f.; 23,32.34.37.39. Zur Diskussion der Stellen vgl. Rofé, „Reliability“, 222–225.

[37] Vgl. etwa die Analyse von Schmitt, *Krieg*.

[38] Vgl. weiterführend die umfangreichen Literaturangaben bei Levin, „Joshua“, 45f.

[39] Vgl. die Besprechung bei Sandberg, *Development*, 67–88. Siehe außerdem: Ben-Menahem, *Deviation*; Goldin, *Criminal Law*, 11–37.

zu sein. Wenn die Barmherzigkeit mit dem Wortlaut des Gesetzes kollidierte, konnten die Rabbinen entsprechende Korrekturen vornehmen. Dieses fortwährende Korrigieren betrieben sie stets sehr intensiv und mutig. In bMen 99a–b sagen sie z.B. ausdrücklich: „Manchmal ist die Aufhebung eines Toragesetzes die wahre Befestigung der Tora."[40] Und in mBer 9,5 heißt es: „Wenn es Zeit ist, für Gott zu wirken, darf man das Gesetz der Tora verletzen."

Moses Nachmanides, der berühmte jüdische Talmudgelehrte, Toraausleger und Philosoph des 13. Jahrhunderts, schrieb in seinem einflussreichen Tora-Kommentar zu Lev 19,2, dass man sämtliche Gesetze der Tora erfüllen und dennoch ein niederträchtiger Mensch sein kann. Darauf ziele der offene Imperativ „seid heilig" in Lev 19,2: Um uns zu heiligen, müssen wir uns manchmal von Dingen und Taten enthalten, obwohl sie dem Gesetz der Tora zufolge erlaubt sind.

Neben diesem offenen und auf vielen Ebenen auszulegenden Imperativ zur Selbstheiligung gibt es auch konkretere Grundsätze, deren sich die Rabbinen bedienen und von denen sie sich gleichfalls inspirieren lassen, um die Tora auszulegen und – nach Bedarf – eben auch zu korrigieren. Der erste Grundsatz besteht in der *imitatio Dei*[41]: Da die Barmherzigkeit als fundamentale Eigenschaft wesenhaft zu Gott gehört, obliegt es dem Menschen, ihn in seinem empathischen Handeln nachzuahmen. So heißt es z.B. in Dtn 10,17–19:

(17) Denn der Herr, euer Gott, ist der Gott der Götter und der Herr der Herren, der grosse, starke und furchtbare Gott, der kein Ansehen der Person kennt und keine Bestechung annimmt, (18) der der Waise und der Witwe Recht verschafft und den Fremden liebt, so dass er ihm Brot und Kleidung gibt. (19) Auch ihr sollt den Fremden lieben; denn ihr seid selbst Fremde gewesen im Land Ägypten.

Die Pflicht, Gott nachzuahmen, die im Übergang von V. 18 zu V. 19 gerade in Bezug auf die Liebe des Fremden deutlich zum Ausdruck kommt, sehen die Rabbinen auch in vielen anderen biblischen Versen angedeutet und bringen diesen Gedanken in besonders konkreter Weise in MekhJ 15,2 zum Ausdruck:

Er ist mein Gott, und ich will ihn schön machen (Ex 15,2). Rabbi Jischma'el sagt: „Ist es denn möglich, seinen Schöpfer schön zu machen? – Allein: Ich will mich vor ihm schön machen mit Geboten – Ich will einen schönen Lulav machen, eine schöne Laubhütte, schöne Schaufäden, schöne Gebetsriemen." Abba Scha'ul sagt: „Ich will ihm ähnlich sein. – Wie er barmherzig und gnädig ist, so sei auch du barmherzig und gnädig!"

Der zweite Grundsatz besteht in der biblischen Idee, dass alle Menschen durch den einen Schöpfungsakt desselben Urvaters geschaffen wurden. Die Einheit aller Menschen gründet in der Einheit Gottes, wie Mal 2,10 argumentiert:

---

[40] Diese und die folgenden Übersetzungen der rabbinischen Quellen sind eigene Übersetzungen.

[41] Zum Konzept der Nachahmung Gottes im Alten Testament (s. dazu auch Lev 19,2) und als Bestandteil einer alttestamentlichen Ethik siehe Barton, „Imitation".

(10) Haben wir nicht alle denselben Vater? Hat nicht ein und derselbe Gott uns geschaffen? Warum handeln wir treulos, ein jeder an seinem Bruder, und entweihen den Bund unserer Vorfahren?

Diese Wahrheit wird nach rabbinischem Recht jedem Zeugen vor einer Zeugenaussage, die für ein Urteil über Leben und Tod ausschlaggebend sein könnte, warnend eingeschärft. So heißt es in mSan 4,5:

Warum wurde bloss ein einziger Mensch geschaffen? Um dich zu lehren, dass jeder, der einen einzigen Menschen tötet, gleichsam die ganze Welt vernichtet […]. Ferner: wegen des Friedens unter den Menschen. Damit keiner zum anderen sagen kann: Mein Vater ist grösser als der deine.[42]

Der dritte Grundsatz ist eine Zuspitzung des ersten und besagt, dass Empathie die Quintessenz der Religion ist. Dazu Jer 9,22–23:

(22) So spricht der HERR: Wer weise ist, rühme sich nicht seiner Weisheit, und der Starke rühme sich nicht seiner Stärke, wer reich ist, rühme sich nicht seines Reichtums. (23) Sondern dessen rühme sich, wer sich rühmt: einsichtig zu sein und mich zu erkennen, dass ich, der HERR, es bin, der Gnade, Recht und Gerechtigkeit übt auf Erden, denn daran habe ich Gefallen. Spruch des HERRN.

Die Empathie beruht auf der Nächstenliebe, so wie sie in der Hebräischen Bibel formuliert ist (Lev 19,18): „Liebe deinen Nächsten wie dich selbst." Dazu sagt Rabbi Akiwa, der große Mischna-Gelehrte aus dem 2. Jahrhundert n. Chr., in BerR 24: „‚Liebe deinen Nächsten wie dich selbst' – das ist die große Regel der Tora!" Etwa einhundert Jahre vorher definierte Hillel diese große Regel nach bShab 31a anders:

Ein Fremder kam […] und sagte: „Bekehre mich zum Judentum unter der Bedingung, dass du mir die ganze Tora beibringst, solange ich auf einem Fuß stehen kann." Da sagte Hillel zu ihm: „Was du nicht willst, dass man dir tu', das füg' auch keinem anderen zu.[43] – Das ist die gesamte Tora! Alles andere ist Auslegung. Geh, lerne!"

Hillel wollte pragmatisch sein und sprach nicht von einem Gebot, das Liebe befiehlt, sondern formulierte die Empathie negativ: Wer seinen Nächsten nicht lieben kann, soll diesem wenigstens nichts Schlechtes antun, nichts, das er selbst ebenfalls als unangenehm empfinden würde. Dies ist nach Hillel der Inhalt der ganzen Tora. Alles andere ist Auslegung dazu, die es aber zu lernen gilt, wenn man Jude sein möchte. So antwortet Hillel dem Mann, der sich zum Judentum bekehren möchte.

---

[42] Die Übersetzung stammt aus Gradwohl, *Grundgesetze*, 82.
[43] Die Übersetzung von Tob 4,15 stammt aus der Lutherbibel von 1545.

6 Fazit und Ausblick

Dieser Beitrag hat zu zeigen versucht, dass die Sorge für die Armen, Witwen und Waisen – sei es aus Barmherzigkeit oder aus dem Interesse, eine intakte Gesellschaft zu erhalten – keine Erfindung des Alten Israels ist. Dagegen ist die biblische und jüdische Empathie mit Fremden, Sklaven und Tieren im Alten Orient einzigartig.

Dieses Ergebnis könnte interessante Konsequenzen für die Beurteilung eines der bemerkenswertesten archäologischen Funde der letzten Jahre nach sich ziehen. Es geht um das Ostrakon, das in Khirbet Qeiyafa, 25 km südwestlich von Jerusalem, vor etwa zehn Jahren gefunden wurde. Die Entzifferung ist umstritten, während sich an der Datierung (um das Jahr 1000 oder 1100 v. Chr.) weniger rütteln lässt.[44] Die Geister der Archäologie scheiden sich an der Identifizierung der befestigten Stadt,[45] in welcher dieses Ostrakon – das bisher älteste schriftliche Zeugnis auf Hebräisch in proto-kanaanitischer Schrift[46] – gefunden wurde. Ist die befestigte Stadt israelitisch-judäisch, dann bezeugt sie ein hochentwickeltes Reich von König David oder Salomo in dieser Zeit. Dies ist die Position der sogenannten Maximalisten. War die Stadt hingegen nicht israelitisch-judäisch, dann mag Jerusalem zu dieser Zeit weiterhin ein unbedeutendes Dorf gewesen sein und König David ein kleiner Stammesherrscher ohne eigenes Reich – so wollen es die Minimalisten. Die Schreibkunst gab es im Alten Israel den Minimalisten zufolge erst um das Jahr 700 v. Chr., zur Zeit als, ihnen zufolge, die ersten biblischen Texte geschrieben wurden.[47] Nun ist die Frage, ob die umstrittene Inschrift,[48] die nach einigen Gelehrten die Worte

---

[44] Für einen kurzen Überblick zur Forschungsdiskussion vgl. Frevel, *Geschichte*, 112–114. Für eine ausführliche Darstellung vgl. Garfinkel, *Debating*.

[45] Vgl. Finkelstein/Fantalkin, „Qeiyafa"; Garfinkel/Ganor, „Sha'arayim", 1–10; Levin, „Identification", 73–86; Na'aman, „Search", 1–8.

[46] Meist wird in der Forschung davon ausgegangen, dass die Inschrift des Ostrakons auf Hebräisch ist; so Galil, „Inscription", 218–220; Misgav, „Ostracon", 255f. Etwas zurückhaltender formulieren Ahituv und Yardeni, die sich nicht explizit festlegen, aber zu dem Ergebnis kommen, dass die Inschrift auf Hebräisch verfasst sein könnte (siehe Ahituv, „Respond", 130–132 [Hebräisch]; Yardeni, „Observations", 259f.). Demgegenüber mahnt Rollston zur Vorsicht, indem er betont, dass der phonologische und orthographische Befund es nicht zulasse, eine hebräische Inschrift anzunehmen. Vielmehr sei es nur möglich, die Sprache des Ostrakons als ein „Iron Age Northwest Semitic" zu bestimmen. Eine nähere Eingrenzung schließt er aus (Rollston, „Methodological Musings", 77).

[47] Vgl. hierzu einführend und mit weiteren Literaturangaben Frevel, *Geschichte*, 20–22.93–97.

[48] Vgl. zu dieser Übersetzung und zur Transkription Galil, „Inscription", 196. Seine Transkription des Ostrakons lautet:
1' *'l t'š : w'bd '[t …]* :
2' *špṭ 'bd w'lmn špṭ yt[m]*
3' *wgr rb 'll rb dl w*
4' *'lmn nqm ybd mlk .*
5' *'byn w'bd šk gr tm[k]*
Ähnliche, mitunter leicht abweichende Lesarten finden sich u. a. bei Becking/Sanders, „Plead", 134–139; Puech, „L'ostracon", 171. Vgl. dazu Demskys Einspruch, demzufolge auf dem Ostrakon

„Trachte nach Recht für den Sklaven" und „beschütze den Sklaven / unterstü[tze] den Fremdling" beinhaltet, als Argument dafür gewertet werden könnte, dass es sich tatsächlich um eine israelitisch-judäische Stadt handelt.[49] Dies wird oft mit dem Hinweis abgetan, dass die soziale Fürsorge erwiesenermaßen kein Alleinstellungsmerkmal der biblischen Literatur ist.[50] Doch hier wird schnell und oberflächlich argumentiert. Denn wie in den vorigen Ausführungen dargelegt wurde, gibt es die soziale Fürsorge zwar auch außerhalb Israels, jedoch gilt sie Armen, Witwen und Waisen, nicht aber Fremden, Sklaven und Tieren.

Literaturverzeichnis

Achenbach, Reinhard, „The Protection of Personae miserae in Ancient Israelite Law and Wisdom and in the Ostracon from Khirbet Qeiyafa", *Sem* 54 (2012), 93–125.

–, / Albertz, Rainer / Wöhrle, Jakob (Hgg.), *The Foreigner and the Law. Perspectives from the Hebrew Bible and the Ancient Near East*, (BZAR 16), Wiesbaden 2011.

Ahituv, Shmuel, „The Khirbet Qeiyafa Inscription – Respond C.", in: David Amit u.a. (Hgg.), *New Studies in the Archaeology of Jerusalem and Its Region*, 3, Jerusalem 2009, 130–132 (Hebräisch).

Ancselovits, Elisha S., „The Prosbul – A Legal Fiction?", *JLA* 19 (2011), 3–16.

Assmann, Jan „Zum Konzept der Fremdheit im alten Ägypten", in: Meinhard Schuster (Hg.), *Die Begegnung mit dem Fremden. Wertungen und Wirkungen in Hochkulturen vom Altertum bis zur Gegenwart*, (Colloquium Rauricum 4), Stuttgart 1996, 77–99.

Barton, John, „Imitation of God in the Old Testament" in: Robert P. Gordon (Hg.), *The God of Israel* (University of Cambridge Oriental Publications 64), Cambridge 2007, 35–46.

Becking, Bob/Sanders, Paul, „Plead for the Poor and the Widow. The Ostracon from Khirbet Qeiyafa as Expression of Social Consciousness", *ZAR* 17 (2011), 133–148.

Ben-Menahem, Hanina, *Judicial Deviation in the Talmud. Governed by Men, Not by Rules*, Chur u.a. 1991.

Bergsma, John S., *The Jubilee from Leviticus to Qumran. A History of Interpretation*, (VT.S 115), Leiden/Boston 2007.

Borger, Rykle, „Akkadische Rechtsbücher", in: *TUAT* 1, 32–95.

Borowski, Oded, *Agriculture in Iron Age Israel. The Evidence from Archeology and the Bible*, Winona Lake 1987.

Bottéro, Jean, „Ḫabiru", in: *RLA* IV, Berlin/New York 1972–1975, 14–27.

Brett, Mark G. (Hg.), *Ethnicity and the Bible*, (BiInS 19), Boston/Leiden 2002.

Brunner, Hellmut, *Die Weisheitsbücher der Ägypter. Lehren für das Leben*, Zürich/München 1991.

Bultmann, Christoph, *Der Fremde im antiken Juda. Eine Untersuchung zum sozialen Typenbegriff des „ger" und sein Bedeutungswandel in der alttestamentlichen Gesetzgebung*, (FRLANT 153), Göttingen 1992.

Cardellini, Innocenzo, *Die biblischen „Sklaven"-Gesetze im Lichte des keilschriftlichen Sklavenrechts.*

---

kaum mehr als eine Reihe verschiedener Nomen zu erkennen sei (Demsky, „Iron Age", 194). Eine Übersicht über die in der Forschung vorgeschlagenen Rekonstruktionsversuche des Ostrakons findet sich bei Achenbach, „Protection", 101f.

[49] Vgl. zu den biblischen Parallelen Achenbach, „Protection", 104–121.

[50] Vgl. Becking/Sanders, „Plead", 148.

Ein Beitrag zur Tradition und Redaktion der alttestamentlichen Rechtstexte, (BBB 55), Königstein i. Ts./Bonn 1981.

Chirichigno, Gregory C., *Debt-Slavery in Israel and the Ancient Near East*, (JSOT.S 141), Sheffield 1993.

Dandamaev, Muchammad A., *Slavery in Babylonia. From Nabopolassar to Alexander the Great (626–331 BC)*, DeKalb 1984.

Demsky, Aharon, „An Iron Age IIA Alphabetic Writing Exercise from Khirbet Qeiyafa", *IEJ* 62 (2012), 186–199.

Dietrich, Walter/Link, Christian, *Die dunklen Seiten Gottes. Bd. 1: Willkür und Gewalt/Bd. 2: Allmacht und Ohnmacht*, Neukirchen-Vluyn ⁶2015/⁴2015.

Ebach, Ruth, *Das Fremde und das Eigene. Die Fremddarstellungen des Deuteronomiums im Kontext israelitischer Identitätskonstruktionen*, (BZAW 471), Berlin/Boston 2014.

Fensham, Frank C., „Widow, Orphan, and the Poor in Ancient Near Eastern Legal and Wisdom Literature", *JNES* 21 (1962), 129–139.

Finkelstein, Israel/Fantalkin, Alexander, „Khirbet Qeiyafa: An Unsensational Archaeological and Historical Interpretation", *TA* 39 (2012), 38–63.

Freedman, David N./Willoughby, Bruce E., „עברי", in: *ThWAT* V, Stuttgart u.a. 1986, 1039–1056.

Frevel, Christian, *Geschichte Israels* (Kohlhammer Studienbücher Theologie 2), Stuttgart 2016.

Galil, Gershon, „The Hebrew Inscription from Khirbet Qeiyafa/Neṭaʿim. Script, Literature and History", *UF* 41 (2009), 218–220.

Galpaz-Feller, Pnina, „The Widow in the Bible and in Ancient Egypt", *ZAW* 102 (2008), 231–253.

Gamoran, Hillel, „The Biblical Law against Loans on Interest", *JNES* 30 (1971), 127–134.

Garfinkel, Yosef/Ganor, Saar, „Khirbet Qeiyafa: Sha'arayim", *JHS* 8 (2008), Art. 22, 1–10.

Garfinkel, Yosef, u.a., *Debating Khirbet Qeiyafa. A Fortified City in Judah from the Time of King David*, Jerusalem 2016.

Goldin, Hyman E., *Hebrew Criminal Law and Procedure. Mishnah, Sanhedrin, Makkot*, New York 1952.

Gradwohl, Roland, *Hasse nicht in deinem Herzen. Grundgesetze des Judentums*, (TB 21), Stuttgart ⁴1991.

Greenberg, Moshe, *The Ḫab/piru*, (AOS 39), New Haven 1955.

Groß, Walter, „Die alttestamentlichen Gesetze zu Brache-, Sabbat-, Erlaß- und Jubeljahr und das Zinsverbot", *ThQ* 180 (2000), 1–15.

Grumach, Irene, *Untersuchungen zur Lebenslehre des Amenope*, (MÄSt 23), München 1970.

Hamilton, Jeffries M., *Social Justice and Deuteronomy. The Case of Deuteronomy 15*, (SBL.DS 136), Atlanta 1992.

Havice, Harriet K., *The Concern for the Widow and the Fatherless in the Ancient Near East. A Case Study in Old Testament Ethics, Diss.*, Yale University 1978.

Heinisch, Paul, „Das Sklavenrecht in Israel und im Alten Orient", *StC* 11 (1934/35), 201–218.276–290.

Hejcl, Johann, *Das alttestamentliche Zinsverbot im Lichte der ethnologischen Jurisprudenz sowie des altorientalischen Zinswesens*, (BSt[F] 12/4), Freiburg i. Br. 1907.

Holzinger, Heinrich, *Exodus*, (KHC), Tübingen u.a. 1900.

Hopkins, David C., *The Highlands of Canaan. Agricultural Life in the Early Iron Age*, (SWBA 3), Sheffield 1985.

Houten, Christiana van, *The Alien in Israelite Law. A Study of the Changing Legal Status of Strangers in Ancient Israel*, (JSOT.S 107), Sheffield 1991.

Houtman, Cornelis, *Das Bundesbuch. Ein Kommentar*, (DMOA 24), Leiden u.a. 1997.

Hudson, Michael/Van de Mieroop, Marc (Hgg.), *Debt and Economic Renewal in the Ancient Near East*, (International Scholars Conference on Ancient Near Eastern Economies, 3), Bethesda 2002.

Janowski, Bernd, *Ein Gott, der straft und tötet? – Zwölf Fragen zum Gottesbild des Alten Testamentes*, Neukirchen-Vluyn ²2014.

–, /Gleßmer, Uwe/Neumann-Gorsolke, Ute (Hgg.), *Gefährten und Feinde des Menschen. Das Tier in der Lebenswelt des alten Israel*, Neukirchen-Vluyn 1993.

Kaiser, Otto, „Die Ausländer und die Fremden im Alten Testament", in: Peter Biehl u.a. (Hgg.), *Heimat – Fremde*, (JRP 14), Neukirchen-Vluyn 1998, 65–83.

–, „Von Ortsfremden, Ausländern und Proselyten. Der Umgang mit den Fremden im Alten Testament", *ThPQ* 157 (2009), 268–282.

Keel, Othmar, *Das Böcklein in der Milch seiner Mutter und Verwandtes. Im Lichte eines altorientalischen Bildmotivs*, (OBO 33), Freiburg, Schweiz/Göttingen 1980.

Kegler, Jürgen, „Das Zinsverbot in der hebräischen Bibel", in: Marlene Crüsemann/Willy Schottroff (Hgg.), *Schuld und Schulden. Biblische Traditionen in gegenwärtigen Konflikten*, (KT 121), München 1992, 17–39.

Kessler, Rainer, „Das hebräische Schuldenwesen. Terminologie und Metaphorik", *WuD* 20 (1989), 181–195.

Klingenberg, Eberhard, *Das israelitische Zinsverbot in Torah, Mišnah und Talmud*, (AAWLM.G 7), Mainz 1977.

Kóthay, Katalin A., „The Widow and Orphan in Egypt Before the New Kingdom", *AAH* 46 (2006), 151–164.

Kratz, Reinhard G./Spieckermann, Hermann (Hgg.), *Divine Wrath and Divine Mercy in the World of Antiquity*, (FAT II 33), Tübingen 2008.

Lemche, Niels P., „Andurārum and Mīšarum: Comments on the Problem of Social Edicts and Their Application in the Ancient Near East", *JNES* 38 (1979), 11–22.

–, „The 'Hebrew Slave'. Comments on the Slave Law Ex. xxi 2–11", *VT* 25 (1975), 129–144.

–, „The Manumission of Slaves – the Fallow Year – the Sabbatical Year – the Jobel Year", *VT* 26 (1976), 38–59.

Lerberghe, Karel van (Hg.), *Immigration and Emigration within the Ancient Near East. Festschrift E. Lipiński*, (OLA 65), Leuven 1995.

Levin, Yigal, „The Identification of Khirbet Qeiyafa. A New Suggestion", *BASOR*, 367 (2012), 73–86.

–, „The Wars of Joshua. Weaning Away from the Divine", in: Ders./Amnon Shapira (Hgg.), *War and Peace in Jewish Tradition: From the Biblical World to the Present*, London 2012, 37–50.

Lichtheim, Miriam, *Ancient Egyptian Literature. Volume II: The New Kingdom*, London 1976.

Lohfink, Norbert (Hg.), *Gewalt und Gewaltlosigkeit im Alten Testament. Festschrift V. Hamp*, (QD 96), Freiburg i. Br. u.a. 1983.

Loprieno, Antonio, *Topos und Mimesis. Zum Ausländer in der ägyptischen Literatur*, (ÄA 48), Wiesbaden 1988.

Loretz, Oswald, *Habiru – Hebräer. Eine sozio-linguistische Studie über die Herkunft des Gentiliziums 'ibrî vom Appellativum ḫabiru*, (BZAW 160), Berlin/New York 1984.

Maloney, Robert P., „Usury and Restrictions on Interest-Taking in the Ancient Near East", *CBQ* 36 (1974), 1–20.

Mendelsohn, Isaac, *Slavery in the Ancient Near East. A Comparative Study of Slavery in Babylonia, Assyria, Syria and Palestine from the Middle of the Third Millennium to the End of the First Millennium*, New York 1949.

Mendenhall, George E., „The 'Apiru Movements in the Late Bronze Age", in: Ders., *The Tenth Generation. The Origins of the Biblical Tradition*, Baltimore/London 1973, 122–141.

Michel, Andreas, *Gott und Gewalt gegen Kinder im Alten Testament*, (FAT 37), Tübingen 2003.

Misgav, Haggai, u.a., „The Ostracon", in: Yosef Garfinkel/Saar Ganor (Hgg.), *Khirbet Qeiyafa. Bd. 1: Excavation Report 2007–2008*, Jerusalem 2009, 243–257.

Na'aman, Nadav, „Habiru and Hebrews. The Transfer of a Social Term to the Literary Sphere", *JNES* 45 (1986), 271–286.

–, „In Search of the Ancient Name of Khirbet Qeiyafa", *JHS* 8 (2008), Art. 21, 1–8.

Neufeld, Edward, „Socio-Economic Background of Yōbēl and Šĕmiṭṭā", *RSO* 33 (1958), 53–124.

–, „The Prohibitions against Loans and Interest in the Ancient Hebrew Laws", *HUCA* 26 (1955), 355–412.

Neusner, Jacob, *Judaism in the Beginning of Christianity*, Philadelphia 1984.

Niditch, Susan, *War in the Hebrew Bible. A Study in the Ethics of Violence*, New York/Oxford 1993.

Norrback, Anna, *The Fatherless and the Widow in the Deuteronomic Covenant*, Diss., Åbo Akademi University 2001.

Otto, Eckart, „Der Ackerbau in Juda im Spiegel der alttestamentlichen Rechtsüberlieferungen", in: Horst Klengel/Johannes Renger (Hgg.), *Landwirtschaft im Alten Orient. Vorträge der XLIe Rencontre Assyriologique Internationale. Berlin 4.–8. Juli 1994*, (BBVO 18), Berlin 1999, 229–236.

–, *Krieg und Frieden in der hebräischen Bibel und im Alten Orient. Aspekte für eine Friedensordnung in der Moderne*, (ThFr 18), Stuttgart u. a. 1999.

–, „Programme der sozialen Gerechtigkeit. Die neuassyrische (an-)durāru-Institution sozialen Ausgleichs und das deuteronomische Erlaßjahr in Dtn 15", *ZAR* 3 (1997), 26–63.

Ploeg, Johannes P. M. van der, „Slavery in the Old Testament", in: Pieter A. H. de Boer (Hg.), *Congress Volume. Uppsala 1971*, (VT.S 22), Leiden 1972, 72–87.

Preuß, Horst Dietrich, „Barmherzigkeit I. Altes Testament", in: *TRE* 5, 215–224.

Puech, Émile, „L'ostracon de Khirbet Qeiyafa et les débuts de la royauté en Israël", *RB* 117 (2010), 162–184.

Ramírez Kidd, José E., *Alterity and Identity in Israel. The* גר *in the Old Testament*, (BZAW 283), Berlin/New York 1999.

Reinke, Otfried, *Tiere. Begleiter des Menschen in Tradition und Gegenwart*, Neukirchen-Vluyn 1995.

Renger, Johannes, „Flucht als soziales Problem in der altbabylonischen Gesellschaft", in: Dietz O. Edzard (Hg.), *Gesellschaftsklassen im Alten Zweistromland und in den angrenzenden Gebieten. XVIII. Rencontre Assyriologique Internationale, München, 29. Juni bis 3. Juli 1970*, (ABAW.PH 75), München 1972, 167–182.

Riede, Peter, *Im Spiegel der Tiere. Studien zum Verhältnis von Mensch und Tier im alten Israel*, (OBO 187), Freiburg, Schweiz/Göttingen 2002.

Riesener, Ingrid, *Der Stamm* עבד *im Alten Testament. Eine Wortuntersuchung unter Berücksichtigung neuerer sprachwissenschaftlicher Methoden*, (BZAW 149), Berlin/New York 1979.

Rofé, Alexander, „The Release and the Injunction to Give Loans in the Frame of the Social Laws in Deuteronomy", *BetM* 59 (2014), 85–97 (Hebräisch).

–, „The Reliability of the Sources about David's Reign. An Outlook from Political Theory", in: Erhard Blum (Hg.): *Mincha. Festschrift R. Rendtorff*, Neukirchen-Vluyn 2000, 217–227.

Rollston, Christopher, „The Khirbet Qeiyafa Ostracon. Methodological Musings and Caveats", *TA* 38 (2011), 67–82.

Römer, Thomas, *Dieu obscure. Cruauté, sexe et violence dans l'Ancien Testament*, (EssBib 27), Genf 2009; englische Ausgabe: *Dark God. Cruelty, Sex, and Violence in the Old Testament*, New York 2013.

Roth, Martha T., „The Neo-Babylonian Widow", *JCS* 43–45 (1991–1993), 1–26.

Rüterswörden, Udo, „Das Bild des Fremden im Alten Orient und im Alten Israel", in: Friedrich Schweitzer (Hg.), *Religion, Politik und Gewalt. Kongressband des XII. Europäischen Kongresses für Theologie, 18.–22. September 2005 in Berlin*, (VWGTh 29), Gütersloh 2006, 326–342.

Sandberg, Ruth N., *Development and Discontinuity in Jewish Law*, Lanham u. a. 2001, 67–88.

Sanders, Ed P., *Judaism: Practice & Belief. 63 BCE–66 CE*, Philadelphia 1992.

Schellenberg, Annette, „Hilfe für Witwen und Waisen. Ein gemein-altorientalisches Motiv in wechselnden alttestamentlichen Diskussionszusammenhängen", *ZAW* 124 (2012), 180–200.

Schmitt, Rüdiger, *Der „Heilige Krieg" im Pentateuch und im deuteronomistischen Geschichtswerk. Studien zur Forschungs-, Rezeptions- und Religionsgeschichte von Krieg und Bann im Alten Testament*, (AOAT 381), Münster 2011.

Schmitz-Kahmen, Florian, *Geschöpfe Gottes unter der Obhut des Menschen. Die Wertung der Tiere im Alten Testament*, (NThDH 10), Neukirchen-Vluyn 1997.

Schnocks, Johannes, *Das Alte Testament und die Gewalt. Studien zu göttlicher und menschlicher Gewalt in alttestamentlichen Texten und ihren Rezeptionen*, (WMANT 136), Neukirchen-Vluyn 2014.

Schroer, Silvia, „„Du sollst dem Rind beim Dreschen das Maul nicht zubinden' (Dtn 25,4). Gewalt gegen Tiere und Rechte der Tiere in der biblischen Tradition", in: Walter Dietrich/Wolfgang Lienemann (Hgg.), *Gewalt wahrnehmen – von Gewalt heilen. Theologische und religionswissenschaftliche Perspektiven*, Stuttgart 2004, 122–133.

Schuler, Einar von, „Hethitische Rechtsbücher", in: *TUAT* I, 96–125.

Schweitzer, Friedrich (Hg.), *Religion, Politik und Gewalt. Kongressband des XII. Europäischen Kongresses für Theologie, 18.–22. September 2005 in Berlin*, (VWGTh 29), Gütersloh 2006.

Seeligmann, Isac L., „Lending, Pledge and Interest in Biblical Law and Biblical Thought", in: Yitshak Avishur/Joshua Blau (Hgg.), *Studies in Bible and the Ancient Near East. Festschrift Samuel E. Loewenstamm*, Jerusalem 1978, 183–205 (Hebräisch); deutsche Übersetzung in: Isac L. Seeligmann, *Gesammelte Studien zur Hebräischen Bibel*, (FAT 41), Tübingen 2004, 319–348.

Simonetti, Cristina, „Die Nachlaßedikte in Mesopotamien und im antiken Syrien", in: Georg Scheuermann (Hg.), *Das Jobeljahr im Wandel. Untersuchungen zu Erlaßjahr- und Jobeljahrtexten aus vier Jahrtausenden*, (FzB 94), Würzburg 2000, 6–54.

Snell, Daniel C., *Flight and Freedom in the Ancient Near East*, (Culture and History of the Ancient Near East 8), Leiden u. a. 2001.

Spieckermann, Hermann, „Die Stimme des Fremden im Alten Testament", *PTh* 83 (1994), 52–67.

Stackert, Jeffrey, *Rewriting the Torah. Literary Revision in Deuteronomy and the Holiness Legislation*, (FAT 52), Tübingen 2007.

Stamm, Johann J., „Fremde, Flüchtlinge und ihr Schutz im Alten Testament und seiner Umwelt", in: André Mercier (Hg.), *Der Flüchtling in der Weltgeschichte. Ein ungelöstes Problem der Menschheit*, Bern/Frankfurt a. M. 1974, 31–66.

Stern, Philip D., *The Biblical Ḥērem. A Window on Israel's Religious Experience*, (BJSt 211), Atlanta 1991.

Stoebe, Hans Joachim, „Die Bedeutung des Wortes ḥäsäd im Alten Testament", *VT* 2 (1952), 244–254.

Stol, Marten, *Women in the Ancient Near East*, Boston/Berlin 2016.

Tavares, António A., „L'almanah hébraïque et l'almattu des textes akkadiens", in: Jean-Marie Durand (Hg.), *La femme dans le Proche-Orient antique*, Paris, 1987, 155–162.

Unterman, Jeremiah, „Providing for the Disadvantaged. The Stranger, the Poor, the Widow, and the Orphan (with a Note on Slavery)", in: Ders., *Justice for All. How the Jewish Bible Revolutionized Ethics*, Philadelphia 2017, 41–84.

Urbach, Efraim E., *The Laws Regarding Slavery as a Source for Social History of the Period of the Second Temple, the Mishnah and the Talmud*, (Papers of the Institute of Jewish Studies London 1), Jerusalem 1964.

Weinfeld, Moshe, *Social Justice in Ancient Israel and in the Ancient Near East*, Jerusalem 1995, 152–178.

Wellhausen, Julius, *Die Composition des Hexateuchs und der historischen Bücher des Alten Testaments*, Berlin ⁴1963.

Westbrook, Raymond, „Slave and Master in Ancient Near Eastern Law", *Chicago-Kent Law Review* 70 (1995), 1631–1676.

–, /Jasnow, Richard (Hgg.), *Security for Debt in Ancient Near Eastern Law*, (Culture and History of the Ancient Near East 9), Leiden 2001.

Yardeni, Ada, „Further Observations on the Ostracon", in: Yosef Garfinkel/Saar Ganor (Hgg.), *Khirbet Qeiyafa. Bd. 1: Excavation Report 2007–2008*, Jerusalem 2009, 259–260.

Zehnder, Markus, *Umgang mit Fremden in Israel und Assyrien. Ein Beitrag zur Anthropologie des „Fremden" im Licht antiker Quellen*, (BWANT 168), Stuttgart 2005.

Ziegler, Ignatz, *Die sittliche Welt des Judentums. Zweiter Teil: Vom Abschluß des Kanons bis Saadja*, Leipzig 1928.

Gott stellt sich vor – „barmherzig und gnädig"
Die Offenbarung des Namens Gottes im Buch Exodus

Melanie Peetz

1 Einleitung

In der Hebräischen Bibel wird zum ersten Mal explizit von Gottes Barmherzigkeit (רחם) im Buch Exodus gesprochen (vgl. Ex 33,19; 34,6):[1] Gott erklärt Mose seinen Namen JHWH und bezeichnet sich in diesem Zusammenhang als „barmherzig und gnädig" (Ex 34,6–7). Durch diese Namensoffenbarung in direkter Gottesrede gibt Gott zu erkennen, *wie* er ist. Gott spricht zu Mose in der dritten Person über sich selbst:

> JHWH (ist) JHWH, (ein) Gott, barmherzig (רחום) und gnädig (חנון), lang an Zorn (ארך אפים) und reich an Liebe und Treue (רב חסד ואמת), bewahrend Liebe für Tausende, aufhebend Schuld, Verbrechen und Sünde, aber freisprechen, , ja freisprechen wird er nicht, nachgehend der Schuld von Eltern bei Kindern und bei Kindes-Kindern, bei der dritten und bei der vierten (Generation).[2]

Ex 34,6–7 ist theologisch von besonderer Bedeutung, weil hier nicht etwa zu oder über Gott gesprochen wird, sondern Gott selbst über sich spricht: Mit dieser Gestaltungsweise des Textes als Gottesrede „erhebt das Buch Exodus [an dieser Stelle[3]] den Anspruch, authentisch von Gott zu sprechen".[4] Teile der Formulierungen aus Ex 34,6–7 werden in der Bibel selbst mehrfach aufgenommen. Anders als in Ex 34,6–7 liegt an diesen Stellen jedoch keine Gottesrede vor.[5] Inhaltlich stellt Ex 34,6–7 einen Schlüssel[6] für die Rede von Gottes Barmherzigkeit in der Hebräischen Bibel

---

[1] Zumindest in der Lesereihenfolge der Hebräischen Bibel selbst. Im Folgenden ist mit Bibel immer die Hebräische Bibel gemeint.

[2] Übersetzung von Melanie Peetz (M. P.). Sofern nicht anders vermerkt, sind die deutschen Übersetzungen in diesem Beitrag von M. P.

[3] Sowie an vielen anderen Stellen: vgl. z.B. Ex 3,6; 6,2–8; 19,3–6; 20,2.5–6; 34,14.

[4] Hieke, „Bekannter", 221.

[5] Vgl. Joël 2,13; Jon 4,2; Ps 86,15; 103,8; 145,8; Neh 9,17; vgl. auch das Wortpaar „barmherzig (רחום) und gnädig (חנון)" bzw. „gnädig und barmherzig" in Ps 111,4; 112,4; Neh 9,31; II Chr 30,9.

[6] Michel, „Gnadenformel", 110–123, bezeichnet Ex 34,6–7 sogar als Schlüssel zu einer Theologie des Alten Testaments. Hieke, „Gottesvorstellungen", 35, bezeichnet Ex 34,6–7 als „Zentraltext

insgesamt dar.[7] Denn in keinem anderen Text der Bibel wird die Barmherzigkeit und Gnade Gottes so ausführlich wie in Ex 34,6–7 erörtert.

Die Gottesrede in Ex 34,6–7 steht aber nicht im luftleeren Raum, sondern ist in den Erzählzusammenhang des Buches Exodus eingebettet. Dieser literarische Kontext trägt maßgeblich zum Verständnis der Gottesrede bei und muss deshalb mitberücksichtigt werden. In diesem Beitrag werde ich die Gottesrede in Ex 34,6–7 im Erzählzusammenhang des Buches Exodus auslegen und auf folgende Fragestellungen hin analysieren: Was bedeutet die Rede von Gottes Barmherzigkeit und Gnade? Und: Worin zeigt sich, dass Gott barmherzig und gnädig ist?

Im Verlauf der Untersuchung wird deutlich werden, dass die hebräischen Begriffe, die im Deutschen oft mit Barmherzigkeit (רחמים [*rachamim*]), Gnade (חן [*chen*]), Liebe, Güte oder Wohlwollen (חסד [*chäsäd*]) übersetzt werden, emotional denotierte Begriffe sind – das heißt ihre Grundbedeutung ist emotional, weil sie explizit Emotionen benennen.[8] Im Zentrum der Semantik des hebräischen Begriffs für „Barmherzigkeit" (רחם [*rächäm*]) steht das „Mitgefühl" bzw. das „Gefühl des Mitleidens" (engl. *compassion*)[9] . Der größere Erzählkontext der Barmherzigkeits-aussagen in Ex 34,6–7 zeigt aber auch, dass die vorgestellte Barmherzigkeit Gottes auch kognitive Prozesse[10] impliziert: Mose setzt sich für das Volk bei Gott ein mit dem Ziel, dass sich Gott seinem Volk wieder zuwendet und sich dadurch als gnädig bzw. als barmherzig erweist (vgl. Ex 33,12–17.19; 34,9). Gleichzeitig wird die Analyse der Etymologie des hebräischen Wortes רחמים (*rachamim*), „Barmherzigkeit", zeigen, dass der hebräische Begriff somatische Aspekte inkludiert: Hinter dem Begriff רחמים (*rachamim*) steht die Vorstellung, dass „Barmherzigkeit" bzw. „Mitleid" im Bauchraum entsteht. Deutlich wird aber auch werden, dass der hebräische Begriff רחמים (*rachamim*) neben dem Gefühl des Mitleidens auch ein Tun mit einschließt: „Barmherzigkeit" äußert sich im mitfühlenden Handeln gegenüber anderen.

---

biblischer Theologie". Dazu passt: Elemente der göttlichen Selbstvorstellung aus Ex 34,6–7 werden in der Bibel mehrfach aufgenommen; vgl. Fußnote 5. Rezeptionsgeschichtlich ist bemerkenswert: In der jüdisch-rabbinischen Tradition spielen die Verse Ex 34,6–7 als die „dreizehn Eigenschaften (Middot) Gottes" in Theologie und Liturgie eine herausragende Rolle; vgl. dazu z.B. Krochmalnik, „Gott", 107–131.

[7] Von Gottes Barmherzigkeit (רחם), im Substantiv, Verb oder Eigenschaftswort ist in der Hebräischen Bibel noch weitere 90-mal die Rede; vgl. dazu Peetz, „Wütend und zornig", 280.

[8] Zu den sogenannten emotional denotierten bzw. konnotierten Termini vgl. Peetz, *Emotionen*, 333–337.

[9] Vgl. dazu auch Ebach, „Compassion", 108–111.

[10] Viele moderne Emotionstheorien gehen davon aus, dass auch die kognitive Bewertung eine konstitutive Komponente von Emotionen ist: Emotionen werden von kognitiven Prozessen, das heißt von Denkprozessen begleitet; vgl. dazu Peetz ausführlich, *Emotionen*, 40–55, vor allem 43–44.50–51 und Peetz, „Freunde", 150–151.

2 Analyse und Auslegung von Ex 34,6–7

Die göttliche Namensvorstellung in Ex 34,6–7 steht innerhalb des Buches Exodus in einen dramatischen Erzählzusammenhang (vgl. Ex 32–34).[11] Nachdem Gott Israel aus der Sklaverei in Ägypten befreit (vgl. Ex 1–15), seine Gebote dem Volk am Berg Sinai in der Wüste offenbart und mit Israel den Bund geschlossen hat (vgl. Ex 19–24), fällt Israel von Gott ab, indem es das „Goldene Kalb" verehrt (vgl. Ex 32).[12] Mit der Verehrung des „Goldenen Kalbes" übertritt Israel die ersten Gebote, die die Beziehung Israels zu Gott als exklusiv definieren (vgl. Ex 20,3–7). Der Bund ist damit von Seiten Israels gebrochen. Das Verhältnis zu Gott ist zerstört. Nach der bisher sehr intensiven Beziehung zwischen Israel und Gott droht nun ein (erster) totaler Abbruch. In einer Situation, in der eigentlich keine Wiederherstellung der Beziehung möglich erscheint, wendet sich Gott aber doch Israel wieder zu und erneuert mit ihm den Bund (vgl. Ex 33–34). Damit vollzieht sich nach dem Tiefpunkt mit der Verehrung des „Goldenen Kalbes" die entscheidende Wende im Exodusgeschehen. Genau an diesem Wendepunkt zwischen Bundesbruch und Bundeserneuerung ist die göttliche Selbstvorstellung in Ex 34,6–7 eingeschaltet. Aus dem Inhalt der Gottesrede heraus lässt sich verstehen, warum für das Volk trotz seines großen Versagens ein Neuanfang mit Gott möglich ist.

Die Gottesrede besteht aus einem kunstvoll gestalteten Satz. Dieser lässt sich anhand grammatikalischer Kriterien in insgesamt sieben Zeilen bzw. Aussagen einteilen. Dabei fällt auf, dass die ersten drei Zeilen jeweils als Doppelaussage gestaltet sind, die abgesehen von Zeile 1 jeweils Adjektive enthalten. Demgegenüber beruhen die Zeilen 5 bis 7 jeweils auf Verben. Sieht man von Zeile 6 ab, stehen diese immer im Partizip:

Ex 34,6 1   JHWH (ist) JHWH,

2   (ein) Gott, *barmherzig* (רחים [*rachum*]) und *gnädig* (חנון [*chanun*]),

3   *lang* (ארך [*arech*]) an Zorn (אפים [*appajim*]) und *reich* (רב [*rav*]) an Liebe (חסד [*chäsäd*]) und Treue (אמת [*ämät*])

Ex 34,7 4   <u>*bewahrend*</u> (נצר [*nozer*]) Liebe (חסד [*chäsäd*]) für Tausende,

5   <u>*aufhebend*</u> (נשא [*nasa*]) Schuld, Vergehen und Sünde (עון [*awon*], פשע [*päscha*], חטאה [*chattaah*]).

6   aber freisprechen (נקה [*naqah*]), ja freisprechen wird er nicht,

7(a)   <u>*nachgehend*</u> (פקד [*paqad*]) der Schuld von Eltern

7(b)   bei Kindern und bei Kindes-Kindern, bei der dritten und bei der vierten (Generation).

---

[11] Zu der formalen Stellung und Bedeutung der Kapitel Ex 32–34 innerhalb des Buches Exodus vgl. genauer bei Peetz, „Tänze im Buch Exodus", 14–17.26–27.

[12] Zum Kontext des Buches Exodus innerhalb der Tora bzw. innerhalb des größeren Erzählzusammenhangs der Bücher Genesis bis Josua, vgl. Peetz, *Israel*, 47–50.

Der Kursiv-Druck hebt Adjektive hervor, die Unterstreichungen Partizipien. Die Rahmung markiert das Nomen *Liebe* (חסד [*chäsäd*]), das die Verse 6 und 7 miteinander verknüpft.

Entlang dieser Struktur in sieben Zeilen werde ich die Gottesrede im Folgenden analysieren und auslegen.

2.1 JHWH (ist) JHWH …

In Ex 34,6–7 offenbart Gott, was sein Name „JHWH" bedeutet. Die erste Doppelaussage, „JHWH (ist) JHWH" (Zeile 1), kann als Überschrift der Gottesrede aufgefasst werden. Der Gottesname „JHWH" ist bereits seit Ex 3,14–15 bekannt. In Ex 3 beauftragt Gott Mose, sein Volk Israel aus Ägypten herauszuführen. Mose will deshalb den Namen Gottes wissen, da es sein könnte, dass die Kinder Israels[13] danach fragen. Gott stellt seinen Namen daraufhin Mose vor, indem er spricht: „Ich werde sein, der ich sein werde […], so sollst du zu den Kindern Israels sagen: *Ich werde sein* hat mich zu euch geschickt." Was die Wendung „ich werde sein, der ich sein werde" (אהיה אשר אהיה [*ähjäh aschär ähjäh*]) inhaltlich konkret bedeutet, geht aus Ex 3,14–15 nicht hervor. Erst nach der Befreiung aus Ägypten und dem Bundesbruch Israels am Sinai füllt Gott in Ex 34,6–7 seinen Namen in einer weiteren Offenbarung inhaltlich aus. Die erste Doppelaussage seiner Rede, „JHWH (ist) JHWH", erinnert an die tautologische Aussage der göttlichen Vorstellung in Ex 3,14: „Ich werde sein, der ich sein werde […]"[14] Zugleich erinnert sie an die tautologische Doppelaussage aus Ex 33,19, in der Gott seine Offenbarung als barmherziger Gott vorbereitet und zu Mose Folgendes spricht: „[…] und ich erweise mich gnädig, dem ich mich gnädig erweisen werde, und ich erweise mich barmherzig, dem ich mich barmherzig erweisen werde."

Die unmittelbare Wiederholung des Gottesnamens in Ex 34,6 ist einmalig in der Bibel. Sie verleiht der Rede etwas Feierliches und lässt erahnen, dass die nun folgenden Ausführungen besonders wichtig sind.[15]

2.2 …(ein) Gott, barmherzig und gnädig …

In den nun folgenden zwei Doppelaussagen (Zeilen 2+3) beschreibt sich Gott selbst. Insgesamt nennt er vier Attribute, die als Wortpaare angeordnet sind. Genauer: Im Text stehen zwei Adjektive (*barmherzig* [רחום] und *gnädig* [חנון]) und zwei durch Nomina erweiterte Adjektive (*lang an Zorn* und *reich an Liebe und Treue*).

Das erste Attribut ist רחום (*rachum*), „barmherzig" (Zeile 2). Es steht in Ex 34,6 erstmals in der Bibel. Das dazugehörige Verb רחם (*richam*), „barmherzig sein",

---

[13] Der Ausdruck „Kinder Israels" meint in der Bibel die Nachkommen Jakobs, der den Beinamen Israel trägt (vgl. Gen 32,28–29; Ex 1,1–7).

[14] Vgl. dazu auch Dohmen, *Exodus*, 354. Möglich ist auch, die erste Zeile so zu übersetzen: „JHWH, JHWH […]". In beiden Fällen sind die Anklänge zu Ex 3,14 deutlich.

[15] Vgl. dazu auch Fischer, „Plädoyer für Erbarmen", 303.

begegnet erstmals in Ex 33,19. Das Wort (*rachum*), „barmherzig", und das dazugehörige Verb רחם (*richam* = „sich erbarmen") hängen etymologisch mit dem
Nomen רחם (*rächäm*) zusammen, was den Mutterleib, die Gebärmutter, bezeichnet (vgl. z.B. Gen 20,18; 29,31; Ex 13,2; Hi 3,11). Zweifelsohne schwingt deshalb
im Hebräischen bei dem Wort רחם im Sinn von „sich erbarmen" eine weibliche
Konnotation mit – auch wenn das Wort in diesem Sinn in der Bibel sowohl für
Männer als auch für Frauen verwendet wird.[16] Im Plural hat das Nomen רחם
(*rächäm*), „Mutterleib", eine Doppelbedeutung. Der Plural רחמים (*rachamim*)
hat die Grundbedeutung „Eingeweide". Das Wort – im Plural wie im Singular
– meint also Organe im Bauchraum, die nicht von den Rippen geschützt werden[17] und deshalb besonders verletzlich sind. In einem übertragenen Sinn meint
רחמים (*rachamim*) „Barmherzigkeit"/„Erbarmen". Dieser doppelte Sinn des Wortes („Eingeweide"/„Barmherzigkeit") hängt mit der Vorstellung zusammen, dass
das Erbarmen, die Barmherzigkeit bzw. das Mitleid im Inneren, im Bauchraum
entsteht (vgl. Gen 43,30 und I Reg 3,26),[18] ein bisschen so, als müsste erst etwas
„auf den Magen geschlagen" sein, bis sich Mitleid regt. רחם meint aber mehr als
das Gefühl des Mitleids bzw. das Mitgefühl. „Barmherzigkeit" bezieht in der Bibel
ein konkretes Tun mit ein. Es ist ein „tat- und gemeinschaftsbezogener Begriff"[19],
was im Folgenden anhand von Ex 34,6–7 deutlich werden wird.

Das zweite Attribut חנון (*chanun*) (Zeile 2) steht dem oben erwähnten Wort רחים
(*rachum*), „barmherzig", semantisch sehr nahe. Das dazugehörige Verb חנן (*chanan*)
bedeutet soviel wie „gnädig sein", „geneigt sein" oder „Anmut besitzen". Das Nomen חן (*chen*) trägt entsprechend die Bedeutung „Gnade" oder „Anmut". Wer das
Wort mit Gnade übersetzt, betont den Aspekt der Ungleichheit, die zwischen dem
„Bittstellenden" und dem „Gönnenden" herrscht. Die Übersetzung mit „Anmut"
hebt dagegen den ästhetischen Aspekt hervor, der dem Wort ebenso innewohnt.[20]
Das Adjektiv חנון (*chanun*) wird meist mit „gnädig", „gönnend" oder auch mit
„barmherzig" übersetzt.

---

[16] Vgl. z.B. I Reg 3,26; Ps 103,13; Gen 43,30. Ein ursprünglicher Zusammenhang zwischen רחם
(„sich erbarmen") und רחם („Mutterleib") ist kaum zu bestreiten – in Texten aus Ugarit, einer
wichtigen antiken Handelsstadt im heutigen Syrien, aus der Zeit um 1200 v. Chr. wird die Wort-
wurzel רחם bezeichnenderweise nur von Frauen und Göttinnen verwendet. Zu dieser Diskussion,
vgl. Scoralick, *Gottes Güte*, 48–53.

[17] Vgl. Ebach, „Compassion", 115.

[18] Wörtlich steht in Gen 43,30: „Und Josef beeilte sich, denn es regten sich seine Eingeweide (seine
Erbarmungen) gegenüber seinen Brüdern. Und er suchte zu weinen und er kam in das Zimmer
hinein und weinte dort." Wörtlich steht in I Reg 3,26: „Und es sagte die Frau, deren Sohn am Leben
ist, zum König, denn ihre Eingeweide (ihre Erbarmungen) regten sich über ihren Sohn. Und sie
sagte: Bitte mein Herr, gib ihr (d.h. der anderen Frau) das lebendige Kind, aber töten, töten sollst
du es nicht […]".

[19] Vgl. Simian-Yofre, „רחם", 474.

[20] Vgl. Franz, *Gnadenrede*, 120.

Sowohl רחום, „barmherzig", als auch חנון, „gnädig", stehen in der Bibel jeweils dreizehn Mal – meistens, nämlich in elf Fällen, in Kombination zusammen.[21] Bemerkenswert ist, dass beide Adjektive nur für Gott verwendet werden. Zwar gibt es in der Bibel die Vorstellung, dass sich auch Menschen erbarmen können[22], doch nur über Gott wird in der Hebräischen Bibel gesagt, dass er barmherzig רחום [*rachum*]) ist.[23] Anders verhält es sich mit dem Neuen Testament, mit Talmud und Midrasch oder mit dem Koran, wo das Adjektiv „barmherzig" auch für Menschen verwendet wird.[24] Lediglich Ps 112,4 könnte eine Ausnahme sein: Aus dem Kontext von Ps 112,4 geht nämlich nicht klar hervor, ob sich die Adjektive חנון ורחום, „gnädig und barmherzig", auf Gott oder auf einen gerechten Menschen beziehen.

Im Buch Exodus kommt das Adjektiv חנון (*chanun*), „gnädig", nur in Ex 34,6 und Ex 22,26 vor. In Ex 22,26 steht das Adjektiv חנון (*chanun*) erstmals in der Bibel. Dieser Stelle lässt sich entnehmen, was es konkret bedeutet, dass Gott gnädig ist. Der Vers steht im sogenannten Bundesbuch (Ex 20,22–23,33), das Gebote und Ermahnungen enthält, die Gott den Kindern Israels am Sinai offenbart. Ex 22,26 steht im Kontext einer Ermahnung, Bedürftige, also Fremde, Witwen, Waise und Arme, nicht zu unterdrücken (vgl. Ex 22,20–26):[25] Dem armen Menschen darf etwa kein Zins auferlegt werden, und der von ihm gepfändete Mantel muss bis zum Sonnenuntergang zurückgegeben werden, weil er ihn nachts als Decke benötigt. Gott schließt die Ermahnung wie folgt ab: „Und es wird geschehen, wenn er (= der Arme) zu mir schreit, dann werde ich ihn erhören, denn ich bin gnädig." Gott stellt sich also auf die Seite der Benachteiligten, weil er gnädig ist (vgl. auch Spr 3,34). Der gnädige Gott wird die Schreie der Armen und Unterdrückten in Israel erhören und gegen ihr Leid einschreiten (vgl. auch Spr 3,34), so wie er einst die Schreie der Kinder Israels in Ägypten gehört (vgl. Ex 2,23–24) und diese aus der Unterdrückung geführt hat.

---

[21] In Kombination, außer in Ex 34,6: Joel 2,13; Jon 4,2; Ps 86,15; 103,8; 111,4; 112,4; 145,8; Neh 9,17; Neh 9,31; II Chr 30,9. Nur in Dtn 4,31 und Ps 78,38 steht רחום ohne חנון. Nur in Ex 22,26 und Ps 116,5 steht חנון ohne רחום.

[22] Vgl. z.B. Gen 43,13; Jes 49,15; Ps 103,13; Dan 1,9. Häufig geht aber aus den Texten hervor, dass das Erbarmen des Menschen letztlich von Gott erwirkt wird.

[23] Nicht nur deshalb liegt eine Asymmetrie zwischen der göttlichen und der menschlichen Barmherzigkeit vor, vgl. dazu Peetz, „Wütend und zornig", 291–292.

[24] Im Talmudtraktat Megilla werden Frauen im Kontext einer Interpretation, die der Frage nachgeht, warum in der Bibel zur Zeit des Königs Joschija die Prophetin Hulda und nicht der Prophet Jeremia bezüglich der Auffindung des Buches der Weisung im Tempel befragt wird (vgl. II Reg 22,3–30), als barmherzig (רחמנית) bezeichnet (vgl. bMeg 14b). Für das Neue Testament, vgl. z.B. Mt 5,7: Hier wird ἐλεήμονες („barmherzig") von Menschen ausgesagt. Im Koran wird das Adjektiv *rahim* („barmherzig") auch für Menschen gebraucht, wobei das Adjektiv *rahmān* („barmherzig") nur für Allah reserviert ist. Beide Adjektive leiten sich von dem Nomen *rahma*, „Barmherzigkeit", her. Vgl. Franz, *Gnadenrede*, 118, Fußnote 43.

[25] Siehe dazu ausführlich Gesundheit, „Barmherzigkeit", im vorliegenden Sammelband.

Wohl nicht zufällig erinnert Gott in dieser Ermahnung die Kinder Israels an ihren Aufenthalt als Fremde in Ägypten, indem er spricht (Ex 22,20):

Und einen Fremden sollst du nicht ausnutzen und du sollst ihn nicht unterdrücken, denn Fremde seid ihr gewesen im Land Ägypten. Keine Witwe und keinen Waisen sollt ihr ausbeuten […].

Zwischen den Benachteiligten in Israel und den Kindern Israels, die einst in Ägypten unterdrückt wurden, wird so eine Parallele gezogen. Damit wird indirekt das „Gnädig-Sein" Gottes mit dem Exodusereignis in Verbindung gebracht.[26]

Zugleich unterstreicht Ex 22,26 die königliche Konnotation, die dem Wort חנן (*chanun*) innewohnt. Denn zu den Aufgaben eines Königs gehören im Alten Orient und im Alten Ägypten die Sorge für die sozial Schwachen. Gott verhilft den Unterdrückten in Ex 22,26 wie ein guter König zu ihrem Recht.[27]

Für die göttliche Selbstvorstellung in Ex 34,6–7 ist bemerkenswert, dass in ihrem näheren Erzählzusammenhang das Nomen חן (*chen*). „Gnade", gleich mehrfach begegnet und zwar immer in derselben Formel und Konstellation: „Mose hat Gnade gefunden in den Augen Gottes." Diese Formel kommt insgesamt sechs Mal vor. Gleich fünf Mal steht sie in den Versen Ex 33,12–17[28] – unmittelbar vor der Ankündigung der göttlichen Namensoffenbarung in Ex 33,19.

חן (*chen*), „Gnade", stellt in diesen Versen einen Schlüsselbegriff dar, denn er ist Dreh- und Angelpunkt der Argumentation des Mose gegenüber Gott. Die Verse Ex 33,12–17 knüpfen an das Gespräch des Mose mit Gott in Ex 32,30–33,3 an (vgl. Ex 33,12 mit 32,34 und 33,1). In diesem Gespräch will Mose Sühne für die Sünde des Volkes erwirken und bittet Gott, die Sünde aufzuheben, das heißt sie zu vergeben. Gott lässt sich darauf nicht ein (vgl. Ex 32,30–33), fordert aber Mose auf, das Volk in das verheißene Land zu führen. Er selbst ist nicht mehr bereit, das Volk persönlich ins verheißene Land zu begleiten, da es sein könnte, dass er es unterwegs vertilgt (vgl. 33,1–3). Gottes Plan war es eigentlich gewesen, in einem Zeltheiligtum inmitten seines Volkes unsichtbar und in aller Unverfügbarkeit zu wohnen (vgl. Ex 25–31).[29] Doch zu der Herstellung des geplanten Zeltheiligtums und damit zur Einwohnung Gottes („Schechina") wird es nach dem großen Vertrauensbruch Israels gegenüber Gott nicht mehr kommen. Allerdings hält sich Gott noch eine Option offen: In Ex 33,4–6 fordert er das Volk auf, seinen Schmuck abzulegen. Dann will Gott sehen

---

[26] Dazu ausführlich Scoralick, *Gottes Güte*, 122–124.

[27] Zur königlichen Konnotation des Wortes vgl. Stoebe, „חנן", 594. Anders Vanoni, der in Ex 22,26 eine väterliche Konnotation für das Wort חנן entdecken will. Vgl. dazu Vanoni, *Gottesvorstellung*, 75–76. Möglicherweise schwingt in dem Wort חן sowohl eine königliche als auch eine väterliche Konnotation mit. Die väterliche Konnotation lässt sich allerdings nicht ohne Weiteres aus dem Text erschließen. Vgl. dazu auch Scoralick, *Gottes Güte*, 123–124, sowie Michel, „Gnadenformel", 115, Fußnote 32.

[28] Ex 33,12.13(2×).16.17.

[29] Zum Zeltheiligtum und seiner Bedeutung vgl. z.B. Peetz, „Heimat", 35–37.

bzw. erkennen (ידע in Ex 33,5), was er tun kann. Die Israeliten tragen von nun an keinen Schmuck mehr. Das Ablegen des Schmuckes ist hier ganz offensichtlich als Zeichen der Trauer und Umkehr zu verstehen.[30] Doch wie Gott mit dem Volk weiter verfährt, offenbart er an dieser Stelle nicht.

Darum argumentiert Mose in Ex 33,12–17 mit der Gnade, die Gott ihm gegeben hat. Damit verfolgt er zwei Anliegen, die miteinander zusammenhängen. Erstens: Er will Gottes Weg erfahren und Gott dadurch erkennen (vgl. Ex 33,13). Zweitens: Gott soll das Volk wieder als sein Volk anerkennen und es persönlich begleiten (vgl. Ex 33,13.15).[31] Im Laufe seiner Argumentation solidarisiert sich Mose, der sich selbst am Bundesbruch nicht beteiligt hat, mit dem sündigen Volk. So bezieht er es in die Gnade, die ihm von Gott geschenkt wird, mit ein. Nach der Auffassung des Mose wird diese Gnade aber nur dann sichtbar, wenn Gott Mose und das Volk begleitet. Der entscheidende Schlüsselsatz steht in Ex 33,16. Mose spricht zu Gott (Ex 33,16):

Und durch was soll man denn erkennen, dass ich Gnade gefunden habe in deinen Augen, *ich und dein Volk*? Nicht etwa daran, dass du *mit uns gehst*, so dass wir unterschieden sind, *ich und dein Volk*, von allem Volk, das auf dem Erdboden ist?

Gott will schließlich so verfahren, wie Mose vorschlägt (vgl. Ex 33,14.17). Daraufhin wünscht sich Mose, Gottes Herrlichkeit sehen[32] zu dürfen (vgl. 33,18), woraufhin dieser seine Namensoffenbarung ankündigt (vgl. 33,19–23). Am nächsten Morgen gibt Gott Mose auf dem Berg Sinai seinen Namen und seine Hauptcharakteristika bekannt (vgl. 34,6–7). Mit dieser Namensoffenbarung geht Gott auf das erste Anliegen ein, das Mose an Gott in Ex 33,13 gerichtet hat: „Und nun, wenn ich doch Gnade gefunden habe in deinen Augen, dann lass mich doch deinen Weg erkennen, so dass ich dich erkennen werde […]" (Ex 33,13).

Es wundert daher nicht, dass das Wort חן (*chen*), „Gnade", nach der Offenbarung Gottes in Ex 34,6–7 noch einmal und damit zum sechsten und letzten Mal im Text begegnet. In Reaktion auf Gottes Selbstoffenbarung wirft sich Mose zu Boden und spricht (Ex 34,9):

Wenn ich also Gnade gefunden habe in deinen Augen, Adonaj (= mein Herr), dann möge doch Adonaj (= mein Herr) wandeln in unserer Mitte. Fürwahr es ist ein halsstarriges Volk, doch mögest du unsere Schuld und unsere Sünden vergeben (סלח) und uns dein Eigentum sein lassen.[33]

---

[30] Mit Barbiero, „Gerechtigkeit Gottes", 279.

[31] Vgl. dazu auch Fischer/Markl, *Exodus*, 348.

[32] Mose darf aber nicht das Angesicht Gottes, sondern nur seinen Rücken bzw. Gott im Nachhinein sehen. Denn das Angesicht Gottes kann kein Mensch sehen und am Leben bleiben (vgl. Ex 33,17–23).

[33] Seit der Untersuchung von Spieckermann, „Barmherzig und gnädig", 1–18, wird die Gottesrede in Ex 34,6–7 in der Forschung oft als „Gnadenformel" bzw. als „Gnadenrede" (vgl. Franz, „Barmherzigkeit", 80), bezeichnet. Dies ist nicht nur deshalb gerechtfertigt, weil „gnädig" in Ex 34,6–7

Unmittelbar darauf erneuert Gott seinen Bund mit Israel (vgl. Ex 34,10–35). Damit ist die Voraussetzung gegeben, das geplante Zeltheiligtum doch noch zu errichten (vgl. Ex 35–40). Gott schlägt seine Wohnung inmitten seines Volkes auf und begleitet Israel persönlich auf seinem Weg ins verheißene Land (vgl. Ex 40,34–38). Gottes Gnade zeigt sich in Ex 32–34 also darin, dass er seinem Volk vergibt (vgl. auch Ex 34,7 und 32,30–32). Und diese Vergebung erfährt Israel konkret, indem sich Gott seinem Volk zuwendet und bei ihm bleibt. Folglich ist Gott auch auf das zweite Anliegen eingegangen, das Mose in Ex 33,13.15 vorgebracht hat, nämlich das Volk wieder als sein Volk anzuerkennen und es persönlich zu begleiten.

In diesen Erzählzusammenhang eingebunden ist auch die Ankündigung des göttlichen Namens in Ex 33,19. Schon dort stehen Wörter der Wurzel חנן (*chanan*) und רחם (*racham*) kombiniert in einer Doppelaussage, allerdings werden die Wörter nicht wie in Ex 34,6 in der grammatikalischen Form von Adjektiven wiedergegeben, sondern in der grammatikalischen Form von Verben („sich gnädig erweisen" bzw. „sich barmherzig erweisen"). Bemerkenswert ist, dass die Wörter der Wurzel חנן (*chanan*) und רחם (*racham*) in der göttlichen Namensvorstellung in Ex 34,6 in umgekehrter Reihenfolge, also chiastisch, wieder aufgenommen werden („barmherzig und gnädig"). In Ex 33,19 spricht Gott zu Mose:

> Ich werde vorbeiziehen lassen an deinem Angesicht meine ganze Güte und den Namen JHWH vor dir ausrufen und mich gnädig erweisen (וחנתי [*wechannoti*]), dem ich mich gnädig erweisen werde (אחן [*achon*]), und mich barmherzig erweisen (ורחמתי [*werichamti*]), dem ich mich barmherzig erweisen werde (ארחם [*arachem*]).

Damit reagiert Gott auf die Bitte des Mose, Gottes Herrlichkeit sehen zu dürfen (vgl. Ex 33,18).[34] Außerdem geht er auf sein Anliegen ein, JHWH besser kennen zu lernen (vgl. Ex 33,13).[35] Die tautologische Doppelaussage nimmt bereits Inhalte der göttlichen Namensoffenbarung vorweg und unterstreicht die Souveränität Gottes: Gott erweist sich gnädig und barmherzig, wem immer er will. Zugleich deutet sie aber auch an, dass es „eine über Mose hinausreichende Gnade"[36] geben kann (vgl. Ex 33,16).

2.3 …lang an Zorn und reich an Liebe und Treue…

Die dritte Doppelaussage (Zeile 3; siehe oben S. 61) enthält zwei weitere Attribute. Sie entfalten, was es heißt, dass Gott barmherzig und gnädig ist: Gott ist „lang an Zorn" und „reich an Liebe und Treue". Das hebräische Nomen, das in der ersten

---

als zweites Attribut Gottes genannt wird, sondern auch deshalb, weil das Nomen sechs Mal im näheren Kontext der Rede steht. Vgl. zu Ex 34,9 auch Barbiero, „Gerechtigkeit Gottes", 263–264.

[34] „Sehen" wird Mose Gott nicht direkt, aber Gott wird seine Güte vorbeiziehen lassen (vgl. Ex 33,20–23).

[35] Vgl. Fischer/Markl, *Exodus*, 352.

[36] Ebd.

Wortverbindung für Zorn steht, ist אפים (*appajim*). In seiner Grundbedeutung meint אפים „Nasenlöcher". Das Wort אפים ist ein Dual und leitet sich von אף (*af*), „Nase", her. In einem übertragenen Sinn bezeichnet אף, „Nase", den bildlich bebenden Zorn. Dahinter steht die Vorstellung, dass das Schnauben der Nase bzw. das Schnauben der Nasenlöcher ein Ausdruck für das Erzürnen bzw. Aufbrausen des Menschen ist.[37] Folglich ist auch dieses Bild wie die Vorstellung, die hinter dem hebräischen Wort für „Barmherzigkeit" steht (siehe oben S. 63), auf eine körperliche Erregung zurückzuführen.

Vom Zorn Gottes ist hier innerhalb des Erzählzusammenhanges Ex 32–34 nicht zum ersten Mal die Rede. Gottes Zorn wird gleich drei Mal in einer Szene (vgl. Ex 32,7–14) genannt, die sich unmittelbar an den Bundesbruch Israels anschließt: Gott kündigt an, seinen Zorn entbrennen zu lassen (vgl. Ex 32,10). Das Wort אף (*af*) ist hier grammatikalisch verbunden mit dem Verb חרה (*charah*), „entbrennen" (vgl. auch Ex 32,11). Dahinter steht die Vorstellung, dass der Zorn als etwas Hitziges empfunden wird, das sich wie Feuer zerstörend und vernichtend auswirken kann. In Ex 32,12 spricht Mose sogar von der Glut (חרון [*charun*]) des Zornes Gottes, das heißt von seinem „glühenden Zorn". In Ex 32,7–14 zielt Gottes Zorn darauf, das Volk zu vertilgen, weil es das „Goldene Kalb" verehrt und damit Gott schwer betrügt. Doch setzt sich Mose für das Volk ein und bittet Gott, von seinem glühenden Zorn umzukehren, woraufhin Gott das Böse reut (נחם in Ex 32,12), das er seinem Volk angedroht hat (vgl. Ex 32,11–14).

Von seinem Zorn spricht Gott auch in Ex 22,23. Er steht hier in derselben Textpassage, in der zum ersten Mal in der Bibel das Adjektiv חנון (*chanun*), „gnädig", vorkommt (siehe oben S. 64: Gott ermahnt Israel, keine Fremden, Witwen, Waisen und Arme auszubeuten). Gott nämlich wird die Schreie der Benachteiligten erhören und er wird seinen Zorn gegen Israel entbrennen lassen (חרה [*charah*]). Der Zorn Gottes droht also nicht nur beim Übertreten des ersten Gebots zu entflammen, sondern auch im Fall von Verstößen gegenüber den Mitmenschen.

Der Zorn (אף [*af*]) Gottes drückt zudem Gottes Engagement und Eifer für das Volk Israel aus (vgl. Ex 20,5; 34,15). Er wird im sogenannten Moselied (vgl. Ex 15,1–19) erwähnt, das die Errettung Israels am Schilfmeer besingt und reflektiert. Nach der Darstellung dieses Liedes hat das Schnauben (רוח [*ruach*]) von Gottes Zorn bewirkt, dass sich die Wasser stauten und die Fluten erstarrten (vgl. Ex 15,8), so dass Israel vor seinen Verfolgern fliehen konnte. Erstmals in der Bibel steht der Zorn (אף [*af*]) Gottes explizit in Ex 4,14: Gottes Zorn entbrennt, weil sich Mose mit dem Argument, nicht reden zu können, weigert, seine Berufung als Prophet für Israel anzunehmen.

Jedoch ist in Ex 34,6, anders als etwa in Ex 32,10, Ex 22,23 und Ex 4,14, nicht vom Entbrennen des göttlichen Zorns die Rede. Das Nomen אפים (*appajim*) „Nasenlö-

---

[37] Vgl. Wälchi, „Zorn (AT)", 76–78.

cher"/„Zorn", steht hier in Kombination mit dem Adjektiv אֶרֶךְ (*arech*), „lang".
Wörtlich lautet der Text: Gott ist „lang an Zorn". Das heißt nun nicht, dass Gottes
Zorn lange andauern würde, sondern vielmehr, dass Gottes Zorn langsam ist. Die
Wortverbindung „lang an Zorn" wird deshalb häufig mit „langmütig" oder auch
mit „geduldig" übersetzt. Nach Ex 34,6 zeichnet sich Gott also nicht dadurch aus,
zornig zu sein, sondern gerade dadurch, dass er langmütig und geduldig ist. Im
Zusammenhang von Ex 32–34 zeigt sich die Langmut Gottes darin, dass Gott sein
Volk nicht vernichtet. Er kehrt von seinem glühenden Zorn um und bereut das
Unheil, das er Israel angedroht hat (vgl. Ex 32,12–14). Eine ähnliche Vorstellung
greift auch Ps 78,38 auf, eine Stelle, die als Ausdeutung von Ex 34,6–7 verstanden
werden kann. Denn nach Ps 78,38 zeigt sich die Barmherzigkeit Gottes darin, dass
er vielmals von seinem Zorn umkehrt und nicht seine ganze (Zornes-)Glut weckt.
Der Zorn wird also durch die göttliche Barmherzigkeit gebremst.[38]

Der Zorn Gottes steht also nicht auf derselben Stufe wie seine Barmherzigkeit.
Vielmehr ist die Barmherzigkeit dem Zorn vorgeordnet und umfasst diesen sogar.
Zu dieser in Ex 34,6 und Ps 78,38 vorgestellten Asymmetrie passt, dass der Zorn
Gottes in der Bibel zwar mehrfach thematisiert, aber – anders als seine Barmher-
zigkeit und Gnade – nie durch ein Eigenschaftswort ausgesagt wird: Der Gott der
Bibel ist – soweit mit Adjektiven geredet wird – barmherzig und gnädig, nicht aber
wütend und zornig. Das heißt: Schon allein durch die Wahl der Wortart wird in der
Bibel das Verhältnis zwischen Zorn und Barmherzigkeit zugunsten der göttlichen
Barmherzigkeit bestimmt.[39]

Die Asymmetrie von Gottes Zorn und Gottes Barmherzigkeit wird in der Bibel
auch hinsichtlich der Dauer in Worte gefasst, wenn es z. B. in Jes 54,8 heißt: „Im
Auffluten der Wut habe ich mein Angesicht vor dir *einen Augenblick* verborgen,
mit meiner *immerwährenden* Liebe (חֶסֶד [chäsäd]) habe ich mich deiner erbarmt
(רִחַם [*richam*]) […]"; oder in Ps 30,6: „[…] *ein Augenblick* (dauert) sein Zorn (אַף
[*af*]), *ein Leben lang* sein Wohlwollen […]".[40]

Das Nomen חֶסֶד (*chäsäd*), das in der zweiten Wortverbindung der dritten Doppelaussage steht, ist den Wörtern רַחוּם, „barmherzig", und חַנּוּן, „gnädig", seman-

---

[38] Vgl. Peetz, „Wütend und zornig", 292, in Anlehnung an Gärtner, *Geschichtspsalmen*, 77.

[39] Hierin liegt ein entscheidender Unterschied zu den Texten der Umwelt Israels. So werden zum
Beispiel im mesopotamischen Sprachraum (heutiger Irak) für den Zorn der Götter Adjektive – wie
ezzum, „wütend", *aggum*, „grimmig" oder *zenûm*, „zornig" – verwendet. Marduk zum Beispiel, der
höchste Gott Babylons, wird in den mesopotamischen Texten sowohl als barmherziger (*rēmēnûm*)
als auch als zorniger (*zenûm*) Gott vorgestellt (die Umschrift der akkadischen Wörter nach Franz,
Gnadenrede). Bezeichnenderweise kommt das Attribut „lang an Zorn zu sein" als Attribut für die
Götter in den überlieferten mesopotamischen Texten nicht vor. Auch fehlt dort die Vorstellung,
dass die Barmherzigkeit der Götter groß sei (vgl. dagegen Ps 51,3; 69,17; II Sam 24,14); vgl. dazu Franz,
Gnadenrede, 24–25.65–68.

[40] Zur Asymmetrie von Gottes Zorn und seiner Barmherzigkeit, vgl. ausführlicher Peetz, „Wütend
und zornig", 179–281.297–298.

tisch nahe und ist wie diese ein tat- und gemeinschaftsbezogener Begriff (vgl. z.B. den Begriff חסד im Buch Rut).[41] חסד (*chäsäd*) wird häufig mit „Güte", „Gnade", „Huld" oder auch mit „(beständiger) Liebe"[42] übersetzt. Nach Jürgen Ebach bezeichnet חסד (*chäsäd*) eine Art Freundlichkeit, eine „Zuwendung zum und zur anderen, zu der ich *menschlich solidarisch* verpflichtet bin, ohne dazu *rechtlich* verpflichtet zu sein".[43] In Ex 15,13 steht das Wort חסד (*chäsäd*) im sogenannten Moselied, das die Errettung Israels durch Gott am Schilfmeer bejubelt. Nach Darstellung dieses Liedes hat sich die Liebe, die (*chäsäd*) Gottes konkret darin geäußert, dass Gott Israel geleitet, erlöst und geführt hat: Gott hat sein Versprechen gehalten, Israel aus der Sklaverei in Ägypten zu befreien (vgl. גלא [*gala*], „erlösen", in Ex 6,6).[44]

Die Wendung חסד ואמת wird meist als eine Wortverbindung aufgefasst, in welcher das nachgestellte Nomen אמת (*ämät*), „Treue", das erstgenannte Nomen חסד (*chäsäd*), „Liebe", genauer beschreibt.[45] Das Nomen אמת, „Treue", wird daher in der Übersetzung häufig als Attribut zu חסד, „Liebe", wiedergegeben – „andauernde oder zuverlässige Liebe". Die Wortverbindung חסד ואמת ist wiederum mit einem weiteren Wort verbunden, nämlich mit dem Adjektiv רב (*rav*). Es bedeutet „groß" im Sinne von „reich". Die Barmherzigkeit und Gnade Gottes werden also darin entfaltet, reich an zuverlässiger Liebe zu sein.

2.4 … bewahrend Liebe für Tausende …

In Vers 7 ändert sich der Duktus: Das Schema der Doppelaussagen wird nicht fortgesetzt. Hinzu kommt: Im Text stehen nun keine Adjektive mehr, sondern Verben: Nicht Gott selbst, sondern sein Tun wird beschrieben. Allerdings stehen die Verben – sieht man von zwei Ausnahmen in Zeile 6 ab – immer im Partizip „bewahrend", „aufhebend", „nachgehend" (siehe oben S. 61). Sie beschreiben folglich einen andauernden und für den Handlungsträger typischen Vorgang.[46]

Trotz des Wechsels im Duktus steht Vers 7 in Kontinuität zu Vers 6 – nicht nur, weil sich alle Aussagen in Vers 7 auf das Subjekt „Gott" in Vers 6 zurückbeziehen (vgl. Zeile 2; siehe oben S. 61) – sondern auch deshalb, weil das Wort חסד (*chäsäd*), „Liebe", zu Beginn von Vers 7 abermals aufgegriffen wird.

Folglich wird in Vers 7 entfaltet, was in Vers 6 grundgelegt wurde. Es wird veranschaulicht, was es bedeutet, dass Gott barmherzig und gnädig, lang an Zorn und reich an zuverlässiger Liebe ist.

---

[41] Vgl. Hans-Jürgen Zobel, „חסד", 56.

[42] Vor allem Spieckermann, *Gottes Liebe*, 203–207, macht die Übersetzung mit „Liebe" stark. Vgl. auch Feldmeier/Spieckermann, *Gott der Lebendigen*, 131–133.

[43] Vgl. Ebach, „Compassion", 120 (Kursivierung im Original).

[44] Vgl. Fischer/Markl, *Exodus*, 170.

[45] Vgl. Scoralick, *Gottes Güte*, 55, und Franz, *Gnadenrede*, 126–127.

[46] Vgl. Franz, *Gnadenrede*, 26. Zu der Funktion des Partizips vgl. auch GK § 116a.

Die Liebe Gottes wird in Vers 7, in den Zeilen 4 und 5, als eine Liebe vorgestellt, die für Tausende gilt: „[…] (der) bewahrend (ist) (נצר [*nozer*]) Liebe (חסד [*chäsäd*]) für Tausende […]“. Das Verb נצר ([*nazar*] bewahren) fällt auf. Für gewöhnlich steht das Wort חסד ([*chäsäd*] Liebe) in Verbindung mit den Verben עשׂה (machen/erweisen) oder שׁמר (hüten). Das stärkere Verb נצר ([*nazar*] bewahren) in Verbindung mit חסד kommt nur hier und in poetischen Texten vor.[47] „Tausende" bezieht sich wahrscheinlich auf „tausende Generationen" (vgl. 34,7b; vgl. Dtn 7,9).[48] Die Wendung „Liebe für Tausende" begegnet bereits im Kontext der ersten Dekaloggebote in Ex 20,5. Gott spricht dort Folgendes: „Und (ich bin) erweisend (עשׂה [*asah*]) Liebe (חסד [*chäsäd*]) für Tausende, für die, die mich lieben (אהב [*ahav*]) und für die, die bewahren meine Gebote." Mit denen, die Gott lieben, sind konkret die gemeint, die neben Gott keine anderen Götter verehren (vgl. Ex 20,3–5). In Ex 20,5 will Gott Israel also dazu motivieren, die Gebote einzuhalten. Zugleich ist Ex 20,5 eine Verheißung: Gott wird denjenigen seine Liebe (חסד [*chäsäd*]) erweisen, die ihn lieben (אהב [*ahav*]) und seine Gebote einhalten.

Allerdings hat sich die Situation in Ex 34,7 verändert. Durch die Verehrung des „Goldenen Kalbs" hat Israel die Gebote gerade nicht eingehalten und die Liebe Gottes verraten.[49] Nach der großen Sünde steht deshalb die Frage im Raum, wie ein Neuanfang möglich sein kann. Die Antwort gibt Gott in Ex 34,6: durch seine Barmherzigkeit und Gnade. Denn Gott ist „aufhebend Schuld, Verbrechen und Sünde". Zeile 5 nennt die drei wichtigsten Begriffe für Schuld in der Bibel:[50] עון (*awon* = „Schuld"), פשׁע (*päscha* = „Verbrechen") und חטאה (*chattaah* = „Sünde"). Das heißt: Gott hebt Sünden jedweder Art auf.[51] Das hebräische Verb נשׂא (*nasa*), „aufheben" oder „tragen", meint im Zusammenhang mit Schuld, Verbrechen und Sünde „vergeben"[52] (vgl. Ex 32,32; כפר, „sühnen", in Ex 32,32; סלח, „vergeben", in Ex 34,9).[53] Das heißt: Gottes große Liebe zeigt sich daran, dass er vergibt.[54]

Im Kontext von Ex 32–34 bezieht sich das Aufheben von Sünde auf das Vergehen Israels, das „Goldene Kalb" angebetet zu haben. Denn dieser Abfall von Gott wird

---

[47] Vgl. Jacob, *Exodus*, 969.

[48] Vgl. Franz, *Gnadenrede*, 132.

[49] Spieckermann, *Gottes Liebe*, 204, spricht in diesem Zusammenhang treffend von „Israels Liebesverrat".

[50] Vgl. Jeremias, *Zorn Gottes*, 133.

[51] Vgl. dazu Franz, *Gnadenrede*, 137.

[52] Vgl. Stolz, „נשׂא", 114.

[53] Gegen Schenker, *Versöhnung*, 85–89, der נשׂא im Kontext von Ex 34,6–7 als „aufbewahren" deutet. Nach Schenker vergebe Gott in Ex 34,6 die Sünde nicht, sondern bewahre sie auf, um dadurch Israel eine Bewährungszeit zu geben. Der größere Erzählzusammenhang von Ex 34,6–7 spricht jedoch für die Deutung von נשׂא als „vergeben". Denn in Ex 32,30–32 steigt Mose auf den Berg zu Gott hinauf, um Sühne für die Sünde des Volkes zu erwirken (כפר בעד חטאה) und fordert Gott auf, die Sünde aufzuheben (נשׂא חטאה). Nachdem sich JHWH als ein barmherziger und gnädiger Gott offenbart hat, der Schuld, Verbrechen und Sünde aufhebt, spricht Mose explizit davon, dass Gott Schuld und Sünde vergeben (סלח) kann (vgl. Ex 34,9), was Gott sodann auch tut.

[54] Vgl. Jeremias, *Zorn Gottes*, 133.

in Ex 32,30–35 von Mose mehrfach und sodann auch von Gott als Sünde (חטאה) bezeichnet. Mose spricht sogar zwei Mal von einer großen Sünde (vgl. Ex 32,30.31). In Ex 32,30 kündigt Mose dem Volk an, zu Gott hinaufzusteigen, um bei ihm Sühne (כפר) für die Sünde des Volkes zu erwirken. In Ex 32,32 fordert Mose Gott sogar explizit dazu auf, die Sünden des Volkes aufzuheben (נשא).

2.5 …aber freisprechen, ja freisprechen wird er nicht …

Die letzten beiden Zeilen (6+7; siehe oben S. 61) der Gottesrede nehmen die menschliche Verantwortung,[55] und damit zusammenhängend die Gerechtigkeit Gottes in den Blick. Denn da heißt es: „aber freisprechen, ja freisprechen wird er nicht". Zeile 6 fällt aus dem Duktus der anderen Zeilen heraus, denn sie wird mit der Konjunktion ו eingeleitet, die adversativ mit „aber" übersetzt werden muss. Zudem fällt auf, dass נקה (*naqah*), „freisprechen", das einzige Verb ist, das in Vers 7 nicht im Partizip steht. Das „Freisprechen" wird durch ein gebeugtes Verb ausgedrückt. Es steht im Hebräischen in einer Verbform, die eine unabgeschlossene Handlung bezeichnet. Außerdem enthält Zeile 6 eine Verneinung: JHWH spricht *nicht* frei. Hinzu kommt: Die Aussage ist emphatisch gestaltet: Das Verb נקה, „freisprechen" steht zwei Mal, was der verneinten Aussage „nicht freisprechen" Nachdruck verleiht. Oft wird daher auch so übersetzt: „Er spricht aber ganz gewiss nicht frei." In vielen Bibelübersetzungen[56] und Kommentaren wird נקה auch mit „ungestraft lassen" wiedergegeben, weil das Freisprechen – etwa vor Gericht – impliziert, dass der Mensch mit keiner Strafe rechnen muss.

Die göttliche Barmherzigkeit darf also nicht dahingehend missverstanden werden, dass Gott Schuld, Vergehen und Sünde einfach hinnimmt. Auch wenn er ein geduldiger und verzeihender Gott ist, so spricht er dennoch nicht frei. Gott nimmt sowohl die Sünde als auch den Menschen ernst. Er zieht den Menschen zur Rechenschaft und nimmt ihn in die Verantwortung. Die Barmherzigkeit Gottes ist also kein Freibrief für Sünde.

Nach Ex 34,7 sieht Gott sogar ganz genau hin.[57] Denn er ist „nachgehend der Schuld von Eltern[58] bei Kindern und bei Kindes-Kindern, bei der dritten und bei

---

[55] Vgl. auch Fischer, „Plädoyer für Erbarmen", 304.

[56] Vgl. z.B. die *Einheitsübersetzung* (1980) und die *Zürcher Bibel* (2007). Demgegenüber übersetzen Martin Buber und Franz Rosenzweig mit „straffrei nur freiläßt er nicht". Benno Jacob übersetzt in seinem zwischen 1935–1943 entstandenen Kommentar נקה mit „freimachen"; vgl. Jacob, *Exodus*.

[57] Gegen Schenker, *Versöhnung*, 78, Scoralick, „Kontext", 145–149, Franz, *Gnadenrede*, 146–140, und Barbiero, „Gerechtigkeit Gottes", 265–266, die Ex 34,7 als Strafaufschub interpretieren und als Ausdruck für die Langmut Gottes verstehen: Gott strafe nicht sofort, sondern erst später und zwar innerhalb von vier Generationen. Die schuldiggewordene (erste) Generation bliebe damit (gegebenenfalls) ungestraft. Der Wortlaut des hebräischen Textes gibt eine solche Deutung meiner Meinung nach nicht her.

[58] Wörtlich steht im Text אבות, „Väter". Da Frauen bzw. Mütter im Alten Israel aber bei der Erziehung der Kinder auch im religiösen Bereich entscheidend mitwirken, sind sie wahrscheinlich

der vierten (Generation)". Das hebräische Wort פקד (*paqad*), „nachgehen", das in vielen Bibelausgaben oder Kommentaren in Ex 34,7 mit „heimsuchen" übersetzt wird,[59] meint keine automatische Bestrafung. Denn das Wort פקד (*paqad*) schließt den Gedanken der Prüfung[60] und Fürsorge mit ein. Das heißt: Gott überprüft bzw. er sieht nach, ob die Nachkommen in der Schuld der Eltern verharren. Übernehmen sie das Fehlverhalten ihrer Vorfahren[61], dann schreitet Gott ein und zieht sie zur Rechenschaft. Das Wort פקד (*paqad*) ist daher im Kontext von Ex 34,7 wohl am besten mit „nachgehen"[62] zu übersetzen. Denn „nachgehen" inkludiert ein Prüfen und Überprüfen, ein zur Rechenschaft ziehen mit den entsprechenden Konsequenzen sowie den Gedanken der Fürsorge.

In Ex 34,7 liegt eine Verhältnisbestimmung vor: Da ist auf der einen Seite die Rede von der Liebe, die Gott tausenden Generationen bewahrt (Zeile 4; siehe oben S. 71). Auf der anderen Seite spricht der Text davon, dass Gott der Schuld der Eltern bei den darauffolgenden drei bis vier Generationen nachgeht (Zeile 7; siehe oben S. 73). Die Gegenüberstellung will zeigen: Die göttliche Barmherzigkeit ist unvorstellbar groß. Tausende Generationen kann kein Mensch zeitlich begreifen, denn sie umfassen mindestens 40 000 Jahre.[63] Die göttliche Strafgerechtigkeit beschränkt sich demgegenüber auf maximal vier Generationen, das heißt auf ca. 80 Jahre. Sie ist folglich für einen normal sterblichen Menschen zeitlich gut zu überblicken.[64] Die Barmherzigkeit also ist nahezu unbeschränkt und überbietet damit die limitierte Strafgerechtigkeit.

Es ist wohl kein Zufall, dass als Limit ausgerechnet von drei bis vier Generationen die Rede ist. Es ist diejenige Generationenzahl, die im Alten Israel für gewöhnlich unter dem Dach einer Familie[65] lebt. In Zeile 7 kommt also die damals übliche altisraelitische Großfamilie in den Blick – jener Lebenskontext, in dem die Kinder alltäglich mit dem Handeln ihrer Eltern und Großeltern konfrontiert werden und dieses durch Anschauung oft nachahmen.

---

in אבות miteingeschlossen, zumal das Althebräische kein eigenes geschlechtsübergreifendes Wort für „Eltern" kennt.

[59] Vgl. z.B. die *Einheitsübersetzung* (2016) und die *Zürcher Bibel* (2007).

[60] Vgl. dazu schon Scharbert, „Formgeschichte", 138–141, und Schenker, *Versöhnung*, 85–89. Dohmen, *Exodus*, 355, und Hieke, „Bekannter", 224, übersetzen mit „prüfen".

[61] Vgl. Hieke, „Bekannter", 224, und Hieke, „Gottesvorstellungen", 35.

[62] Mit „nachgehen" übersetzt zum Beispiel die *Bibel in gerechter Sprache* פקד in Ex 20,5.

[63] Im hebräischen Text steht „Tausend" im Plural. Daher sind mindestens zwei Tausend gemeint; vgl. Scoralick, „Kontext", 146. Geht man von einer 20jährigen Dauer einer Generation aus, dann ergibt sich eine Zahl von mindestens 40 000 (20×2×1000).

[64] Vgl. Dohmen, *Exodus*, 355.

[65] Vgl. Dohmen, *Exodus*, 355; Fischer/Markl, *Exodus*, 225; Hieke, „Bekannter", 224.

3 Zusammenfassung und Weiterführung

In Ex 34,6–7 erläutert in Form einer direkten Gottesrede Gott seinen Namen JHWH und stellt sich als barmherzig und gnädig vor. Die bedeutungsähnlichen Eigenschaftswörter רחום, „barmherzig", und חנון, „gnädig", werden durch die Attribute ארך אפים, „langmütig", und רב חסד ואמת, „reich an zuverlässiger Liebe" weiter entfaltet. Die Verwendung von Adjektiven in Ex 34,6 macht deutlich, dass es in dieser Beschreibung um Grundhaltungen Gottes geht. Gleichzeitig fällt auf: In Ex 34,6 werden ausschließlich tat- und gemeinschaftsbezogene Begrifflichkeiten gewählt, die emotional denotiert oder zumindest stark emotional konnotiert sind: Der Vers und seine Kontexte beschreiben also nicht etwa Gottes *Sein an sich*, sondern Gottes *Sein in Relation* zu einem Gegenüber.[66]

Aus der Gottesrede in Ex 34,6–7 selbst und aus ihrem näheren literarischen Kontext geht hervor, worin die Barmherzigkeit und Gnade Gottes besteht. Sie äußert sich darin, dass Gott Schuld, Verbrechen und Sünde vergibt. Konkret wird diese Vergebung dadurch erfahren, dass sich Gott Israel nach der großen Sünde wieder zuwendet, indem er den Bund erneuert und inmitten seines Volkes Wohnung bezieht (vgl. Ex 34,8–40,38). Im Kontext von Ex 32–34 reagiert die Barmherzigkeit und Gnade Gottes also auf eine Situation der Schuld, die eigentlich zum Beziehungsabbruch zwischen Gott und Israel hätte führen müssen. Es ist wohl kein Zufall, dass in Ex 33,19 und Ex 34,6 zum ersten Mal in der Bibel von Gottes Barmherzigkeit die Rede ist: Der Bundesbruch durch Israel schafft eine neue Situation, auf die Gott mit Barmherzigkeit reagiert.

Der größere Erzählkontext des Buches Exodus hat darüber hinaus gezeigt: Die Gnade Gottes äußert sich auch darin, dass er sich auf die Seite der Armen und Benachteiligten stellt. In Ex 22,20–26 kündigt der gnädige Gott an, die Schreie der Unterdrückten in Israel zu erhören. Indirekt geht aus dieser Textpassage außerdem hervor, dass Gott aus Gnade das unterdrückte Israel aus Ägypten befreit hat. Die Gnade Gottes reagiert also im Buch Exodus allgemeiner gesprochen auf eine Situation der Not und Schwäche.[67]

---

[66] Vgl. dazu auch Michel, „Gnadenformel", 116.

[67] In Ex 34 ist das Volk Israel allein Adressat der Barmherzigkeit und Gnade Gottes. In Ex 22,26 nimmt der gnädige Gott auch die Fremden in Israel in Schutz. Bemerkenswert ist, dass die Aussagen über Gott aus Ex 34,6 innerhalb der Bibel eine Universalisierung erfahren, das heißt eine Ausweitung auf andere Völker. In Jona 4,2 finden sich die Gottesattribute aus Ex 34,6 in einer Rede des Propheten Jona wieder. Dort beziehen sie sich darauf, dass Gott seine Androhung gegen Ninive doch nicht ausführt. Denn als die Niniviten umkehren von ihrem bösen Treiben, reut Gott das Böse, das er ihnen angedroht hat (vgl. Jon 3,9–10 mit Ex 32,10–14). Nach der Vorstellung des Buches Jona können also auch nicht-israelitische Menschen Adressaten der Gnade, der Barmherzigkeit, der Geduld und der Liebe Gottes sein (vgl. Jon 4,2). Die Universalität der göttlichen Barmherzigkeit wird in Ps 145,8–9 explizit in Worte gefasst: „Gnädig und barmherzig ist JHWH, lang an Zorn und groß an Huld. Gut ist JHWH für alle. Seine Barmherzigkeit (ist) über all seinen Werken."

Der nähere literarische Kontext der Gottesrede hat noch ein Weiteres gezeigt: Gott ist zwar ein barmherziger und gnädiger Gott, doch das heißt nicht, dass sich Gott automatisch und immer als barmherzig und gnädig erweisen müsste. Bereits die Ankündigung der göttlichen Namensoffenbarung in Ex 33,19 macht deutlich: Die göttliche Barmherzigkeit und Gnade können nicht erzwungen werden. Gott ist vielmehr darin frei, sich barmherzig und gnädig zu erweisen, gegenüber wem er will. Andererseits muss die Barmherzigkeit und Gnade Gottes auch nicht näher begründet werden: Gott ist barmherzig und gnädig, weil er barmherzig und gnädig ist.

Die Analyse der Gottesrede hat außerdem deutlich gemacht: Die göttliche Barmherzigkeit ist kein Freibrief für Vergehen. Zwar hebt der barmherzige und gnädige Gott Schuld, Verbrechen und Sünde auf, das heißt aber nicht, dass er den Menschen einfach freispricht. Vielmehr nimmt Gott sowohl den Menschen als auch die Sünde ernst. Er zieht den Sünder zur Rechenschaft – wenn auch im „Modus" der Barmherzigkeit – und geht sogar der Schuld der Eltern bei den Kindern prüfend nach (vgl. Ex 34,7).

Die Barmherzigkeit hebt die Gerechtigkeit nicht auf. Aber Gott hält an seinem Zorn nicht ewig fest – wie es in Mi 7,18–19 heißt. Die göttliche Barmherzigkeit überbietet daher die Gerechtigkeit: Denn der Mensch kann bei einem Versagen, das nach menschlicher Logik unverzeihlich ist, hoffen, dass Gott sich ihm wieder zuwendet und dass er seinen gerechten Zorn nicht bis zur Vernichtung ausgießt. In Ex 32–34 steht die große Frage im Raum: Wie kann Gott nach der großen Sünde, nach Israels Liebesverrat bei seinem Volk bleiben? Die Antwort lautet: durch Gottes Barmherzigkeit. Nur sie ermöglicht einen echten Neuanfang.

Literaturverzeichnis

Barbiero, Gianni, „„[…] aber gewiss lässt er den Schuldigen nicht ungestraft'. Die Gerechtigkeit Gottes und Moses in Ex 32–34", in: Ders. (Hg.), *Studien zu alttestamentlichen Texten*, (Stuttgarter Biblische Aufsatzbände, Altes Testament 34), Stuttgart 2002.

Dohmen, Christoph, *Exodus 19–40*, (Herders Theologischer Kommentar Altes Testament), Freiburg im Breisgau 2015.

Ebach, Jürgen, „„Compassion'?! Ein beziehungsreiches Wort im Kontext biblischer Erinnerungen und Impressionen", in: *Wege zum Menschen* 65 (2013) 108–126.

Feldmeier, Reinhard/Spieckermann, Hermann, *Der Gott der Lebendigen*, (Topoi Biblischer Theologie 1), Tübingen 2011.

Fischer, Georg, „Ein Plädoyer für Erbarmen. Das Alte Testament und sein Gott", in: *Zeitschrift für katholische Theologie* 138 (2016) 299–314.

–, /Markl, Dominik, *Exodus*, (Neuer Stuttgarter Kommentar 2), Stuttgart 2009.

Franz, Matthias, *Der barmherzige und gnädige Gott. Die Gnadenrede vom Sinai (Exodus 34,6–7) und ihre Parallelen im Alten Testament und seiner Umwelt*, (Beiträge zur Wissenschaft vom Alten und Neuen Testament 160), Stuttgart 2003.

–, „Barmherzigkeit im Namen Gottes. Die Selbstvorstellung Jhwhs in Ex 33–34", in: *Jahrbuch für biblische Theologie* 30 (2015) 75–87.

Gärtner, Judith, *Die Geschichtspsalmen. Eine Studie zu den Psalmen 78, 105, 106, 135 und 136 als hermeneutische Schlüsseltexte im Psalter*, (Forschungen zum Alten Testament 84), Tübingen 2012.

Hieke, Thomas, „Aspekte alttestamentlicher Gottesvorstellungen", in: Karlheinz Ruhstorfer (Hg.), *Gotteslehre. Theologie studieren – Modul 7*, (Uni-Taschenbücher 3896), Paderborn 2014.

–, „Ein Bekannter stellt sich vor […] Das Buch Exodus als vielfältige Quelle biblischer Rede von Gott", in: *Bibel und Kirche* 62 (2007) 221–226.

Jacob, Benno, *Das Buch Exodus*, Stuttgart 1997.

Jeremias, Jörg, *Der Zorn Gottes im Alten Testament. Das biblische Israel zwischen Verwerfung und Erwählung*, (Biblisch-theologische Studien 104), Neukirchen-Vluyn 2009.

Krochmalnik, Daniel, „Der Liebe Gott im AT. Die Gnadenformel (GF) in der jüdischen Tradition", in: Manfred Oeming (Hg.), *Ahavah – Die Liebe Gottes im Alten Testament. Ursprünge, Transformationen und Wirkungen*, (Arbeiten zur Bibel und ihrer Geschichte 55) Leipzig 2018, 107–131.

Michel, Andreas, „Ist mit der ‚Gnadenformel' von Ex 34,6(+7?) der Schlüssel zu einer Theologie des Alten Testaments gefunden?", in: *Biblische Notizen* 118 (2003) 110–123.

Peetz, Melanie, *Das biblische Israel. Geschichte – Archäologie – Geographie*, Freiburg im Breisgau ²2021.

–, „Die kontrastreichen Tänze im Buch Exodus. Das Goldene Kalb und wie Mirijam den Takt für biblische Tänze vorgibt", in: Melanie Peetz/Sandra Huebenthal (Hgg.), *Ästhetik, sinnlicher Genuss und gute Manieren. Ein biblisches Menu in 25 Gängen. Festschrift für Hans-Winfried Jüngling SJ*, (Österreichische Biblische Studien 50), Berlin 2018.

–, „Eine Heimat zum Mitnehmen", in: *Georg* 2 (2014) 35–37, online: https://www.sankt-georgen.de/fileadmin/user_upload/Button-Menue/Magazin_GEORG/magazin_2-2014.pdf (Zugriffsdatum: 20. 8. 2021).

–, *Emotionen im Hohelied. Eine literaturwissenschaftliche Analyse hebräischer Liebeslyrik unter der Berücksichtigung geistlich-allegorischer Auslegungsversuche*, (Herders Biblische Studien 81), Freiburg im Breisgau 2015.

–, „‚Esst, Freunde, trinkt, berauscht Euch an der Liebe'. Zur literarischen Gestaltung der Emotionen im Hohelied", in: van Hecke, Pierre (Hg.), *The Song of Songs in its Context*, (Bibliotheca Ephemeridum Theologicarum Lovaniensium 310), Leuven 2020, 147–192.

–, „Wütend und zornig, langmütig und barmherzig. Die Rede von Gott in Psalm 78", in: Manfred Oeming (Hg.), *Ahavah – Die Liebe Gottes im Alten Testament. Ursprünge, Transformationen und Wirkungen*, (Arbeiten zur Bibel und ihrer Geschichte 55), Leipzig 2018.

Scharbert, Josef, „Formgeschichte und Exegese von Ex 34,6f und seiner Parallelen", in: *Biblica* 38 (1957), 130–150.

Schenker, Adrian, *Versöhnung und Widerstand. Bibeltheologische Untersuchung*, (Stuttgarter Bibelstudien 139), Stuttgart 1995.

Schroer, Silvia/Staubli, Thomas, *Die Körpersymbolik der Bibel*, Darmstadt, ²2005.

Scoralick, Ruth, *Gottes Güte und Gottes Zorn. Die Gottesprädikationen in Ex 34,6f und ihre intertextuellen Beziehungen zum Zwölfprophetenbuch*, (Herders biblische Studien 33) Freiburg im Breisgau 2002.

–, „JHWH, JHWH, ein gnädiger und barmherziger Gott […]' (Ex 34,6). Die Gottesprädikationen aus Ex 34,6f. in ihrem Kontext in Kapitel 32–34", in: Matthias Köckert/Erhard Blum (Hgg.), *Gottes Volk am Sinai. Untersuchungen zu Ex 32–34 und Dtn 9–10*, (Veröffentlichungen der Wissenschaftlichen Gesellschaft für Theologie 18), Gütersloh 2001.

Simian-Yofre, Horacio, רחם, in: *Theologisches Wörterbuch zum Alten Testament* 7 (1993) 460–476.

Spieckermann, Hermann, „Barmherzig und gnädig ist der Herr", in: *Zeitschrift für die alttestamentliche Wissenschaft* 102 (1990) 1–18.

–, *Gottes Liebe zu Israel*, (Forschungen zum Alten Testament 33), Tübingen 2001.

Stoebe, Hans Joachim, חנן, in: *Theologisches Handwörterbuch zum Alten Testament* 1 (1971) 587–597.

Stolz, Fritz, נשא, in: *Theologisches Handwörterbuch zum Alten Testament* 2 (1976) 109–117.

Vanoni, Gottfried, *„Du bist doch unser Vater' (Jes 63,16). Zur Gottesvorstellung des Ersten Testaments,* (Stuttgarter Bibelstudien 159) Stuttgart 1995.

Wälchi, Stefan, „Zorn (AT)", in: *Das Wissenschaftliche Bibellexikon im Internet*, online: www.wibilex. de (Zugriffsdatum: 3. 5. 2021).

Zobel, Hans-Jürgen, חסד, in: *Theologisches Wörterbuch zum Alten Testament* 3 (1982) 48–71.

Mitleid(shandeln) in den synoptischen Evangelien

Ute E. Eisen

1 Problemanzeige

Was bedeutet „Barmherzigkeit" in der neutestamentlichen Evangelienüberliefe-rung? Das war der Ausgangspunkt der vorliegenden Untersuchung. Bei der Durch-sicht des griechischen Vokabulars, das traditionell mit „Barmherzigkeit/Erbarmen" und zuweilen auch mit „Mitleid" übersetzt wird, zeigte sich, dass es sich dabei um Emotionsvokabular handelt. Das wichtigste Substantiv dieses Vokabulars ist ἔλεος (*eleos*), das schon Aristoteles als eine Emotion (πάθος [*pathos*]) bestimmte, die sich am Leiden eines Gegenübers entzündet – das Mitleid.[1]

Damit ist die Stoßrichtung dieser Untersuchung vorgegeben, sie ordnet sich der exegetischen (historischen) Emotionsforschung zu. Diese hat zwar seit dem *emotional turn* auch in der Bibelwissenschaft an Bedeutung gewonnen, sie hat aber noch immer nicht den *mainstream* erreicht.[2] Die Problemfelder sind vielfältig. Schon die Unterscheidung von Grundbegriffen wie „Gefühl", „Emotion" und „Affekt", die ich im Folgenden synonym verwende,[3] ist umstritten und die Dis-kussion von methodologischen Fragen nicht minder.[4] Die kulturwissenschaftlich orientierte Emotionsforschung hat zudem gezeigt, wie unterschiedlich Emotionen konzeptionalisiert werden. Das führt Ellen van Wolde in ihrem Beitrag *Sentiments as Culturally Constructed Emotions: Anger and Love in the Hebrew Bible* eindrucks-voll vor Augen. Sie demonstriert am Verständnis der Emotionen „Wut" und „Liebe" in der Hebräischen Bibel im Vergleich zu dem im Englischen und Japanischen, wie verschieden diese konstruiert werden. Das ist nur die Spitze des Eisbergs, denn Emotionen unterscheiden sich nicht nur in den verschiedenen Sprachkontexten, sondern auch in deren diversen kulturellen und literarischen Kontexten. Den spe-zifischen Charakter des Mitleids in den synoptischen Evangelien zu untersuchen, ist in diesem Horizont das Ziel des vorliegenden Beitrags.

---

[1] Aristoteles, *Rhet* II 8 p 1385b13–14, s. dazu unten 2.2.
[2] S. dazu meine genaueren Ausführungen in Eisen, „Mitleid", 426–428.
[3] S. die Begründung dazu in Eisen, „Mitleid", 426–427.
[4] S. dazu den in Vorbereitung befindlichen Sammelband Eisen/Mader/Peetz (Hgg.), *Grasping Emotions*.

Die folgende Analyse der synoptischen Evangelien – das Johannesevangelium bleibt unberücksichtigt, da es kein Mitleidsvokabular aufweist – zeigt, dass das synoptische Mitleidsverständnis eine eigenartige Struktur aufweist, die sich nicht mit unserem landläufigen Verständnis der Emotion des Mitleids deckt. Wenig überraschend ist, dass der Emotion zunächst eine Kognition vorausgeht, die Wahrnehmung einer Not- bzw. Leidenssituation eines Gegenübers, welche die Emotion des Mit-leid(en)s auslöst. Das Überraschende ist sodann aber, dass es nicht bei der bloßen Gefühlsregung bleibt, sondern diese stets von einem Handeln begleitet wird, welches zur Behebung der Notlage führt. Die Emotion des Mitleids weist somit in den synoptischen Erzähltexten die Struktur eines Dreischritts auf: Kognition – Emotion/Affekt – Handlung. Da das ähnlich auch für den Gebrauch des Mitleidsvokabulars der Hebräischen Bibel gilt,[5] soll die vorsichtige Hypothese formuliert werden, dass es sich dabei um ein Charakteristikum des biblischen Mitleidskonzepts handelt.

Das Spezifikum des biblischen Mitleidskonzepts ist in diesem Dreischritt weniger die Kognition, die für die meisten Mitleidskonzepte konstitutiv zu sein scheint, da die Wahrnehmung des Leidens eines Gegenübers unerlässlich ist, um ein Mit-Leiden zu ermöglichen. Vielmehr scheint mir das Spezifikum des biblischen Konzepts des Mitleids die Kombination aus Emotion und Handlung als die zwei Seiten der Medaille des biblischen Mitleids. Die Metapher der Medaille scheint mir auch deshalb passend, weil Mitleid biblisch durchgehend positiv bewertet wird.[6] Mehr noch, dieser Affekt ist vornehmlich ein Merkmal G*ttes[7] in beiden Testamenten. Im Neuen Testament ist lediglich G*ttes Messias Jesus prominent dessen Repräsentant. Menschliches Mitleid leitet sich daraus ab.

---

[5] S. dazu genauer Peetz, „Gott", und Gesundheit, „Barmherzigkeit", im vorliegenden Sammelband.

[6] Eine Problematisierung von Mitleid(shandeln) findet sich in den synoptischen Evangelien lediglich in Form des Almosengebens in Mt 6,2–4 (s.u. 4.3). Es begegnet aber keine negative Bewertung dieser Emotion, wie etwa bei Seneca, *Clem* II,4–5. Auch fehlen psychologische Reflexionen über die Funktion und Wirkung von Mitleid, wie sie Aristoteles ausführt, s. dazu Cairns, „Homer", im vorliegenden Sammelband.

[7] Im vorliegenden Beitrag ist die Schreibweise G*tt statt Gott gewählt. Sie nimmt ihren Ausgang an jüdischen Schreibweisen, wie z.B. G+tt, G"tt oder G-tt, die darauf abzielen, den Gottesnamen JHWH vor Missbrauch zu schützen (Ex 20,7). Im vorliegenden Kontext soll der „Stolperstein" des Asteriskus innerhalb der Bezeichnung G*tt das Bewusstsein dafür wachhalten, dass weder der Gottesname JHWH noch andere Gottesbezeichnungen G*tt auf „Männlichkeit" reduzieren, auch wenn u.a. deren Pronomina dazu einladen. Der Asteriskus steht im Genderdiskurs bekanntlich für eine gendersensible Schreibweise im Deutschen, die so markierte Objekte nicht geschlechtlich festlegt. Eine solche Markierung wäre für die Rede von G*tt nicht notwendig, wäre die anthropomorphe Gottesvorstellung eines durch „Männlichkeit" geprägten Gottesverständnisses gegen besseres Wissen nicht bis in die Gegenwart hinein dominant. Sie prägt noch immer symbolische Ordnungen zuungunsten von „Weiblichkeit" und der Lebenswirklichkeit von Frauen. Diesem Problemfeld sollte sich eine kritische Theologie stellen. S. dazu genauer Eisen, „Gendered G*d".

Diese Beobachtung begründet die konsequente Übersetzung des entsprechenden Vokabulars mit „Mitleid(shandeln)" im vorliegenden Beitrag. Diese Übertragung scheint mir den altertümlich klingenden und schwer zu fassenden Begriffen „Barmherzigkeit" und „Erbarmen" überlegen, weil sie den Emotionscharakter und dessen Verbindung zu einem daraus abgeleiteten Handeln deutlich zum Ausdruck bringt. Aber warum klammere ich den zweiten Teil, das Handeln, ein? Damit will ich deutlich machen und auch durch die Irritation der Klammern den Gedanken wachhalten, dass sich das Handeln aus der Emotion speist. Würde ich auf die Klammern verzichten, wäre die Gefahr groß, den Handlungsaspekt überzubewerten. Diese Tendenz zeigt sich schon beim Verständnis des Begriffs „Barmherzigkeit", der vielfach auf *caritas* reduziert wurde. Das Besondere und die Stärke des biblischen Konzepts besteht aber aus meiner Sicht gerade im Ineinander von Affekt und Handeln. Emotion und Handlung bilden die zwei Seiten der einen Medaille des biblischen Mitleidsverständnisses.

Im Folgenden konzentriere ich mich nach dieser Problemanzeige zunächst begriffsgeschichtlich darauf, welche griechischen Lexeme der synoptischen Evangelien traditionell mit „Barmherzigkeit"/„Erbarmen"/„Mitleid" übersetzt werden (2.). Sodann analysiere ich die erzählerischen Kontextualisierungen des betreffenden Vokabulars im Markusevangelium (3.), im Matthäusevangelium (4.) und im Lukasevangelium (5.).[8] In einem abschließenden Fazit führe ich die wichtigsten Ergebnisse zusammen (6.).

2 Mitleidsvokabular in den synoptischen Evangelien

In den synoptischen Evangelien finden sich 44 Belegstellen, die sich drei griechischen Wortfeldern zuordnen lassen, die mit „Barmherzigkeit/Erbarmen (haben)/barmherzig sein", „Mitleid (haben)/mitleidig sein" übersetzt werden: 1. Die Substantive ἔλεος (im Folgenden: *eleos*) und ἐλεημοσύνη (im Folgenden: *eleemosyne*), das Verb ἐλεέω (im Folgenden: *eleeo*) und das Adjektiv ἐλεήμων (im Folgenden: *eleemon*), 2. das Adjektiv οἰκτίρμων (im Folgenden: *oiktirmon*) und 3. das Verb σπλαγχνίζομαι (im Folgenden: *splagchnizomai*).[9] Einen Überblick über das Voka-

---

[8] Vgl. dazu Eisen, *Poetik, passim*. Maßgeblich für meine Analyse ist die Unterscheidung der zwei Textebenen: Die Ebene der erzählten Welt, das „Was" der Erzählung, und die Ebene der Vermittlung, das „Wie" der Erzählung und darüber hinaus die Wirkung auf Rezipierende, seien sie Hörende oder Lesende. Bezüglich der Vermittlung der Erzählung sei an dieser Stelle hervorgehoben, dass die Wiedergabe direkter Figurenrede besondere Identifikationen der Hörer- und Leserschaft erzeugt. Vor diesem Hintergrund sei vorausgeschickt, dass sich ein Großteil der Thematisierung des Mitleids insbesondere im Matthäus- und Lukasevangelium in Jesusrede findet. Autorisiert durch direkte Jesusrede wird dem Gesagten besondere Bedeutung gegeben.

[9] Feldmeier, „Leiden", 112, bezieht auch das Adjektiv χρηστός (*chrestos*) in die Barmherzigkeitsthematik ein. Das legt sich nahe, weil das griechische *chrestos* auch hebräisches Vokabular übersetzt,

bular bietet vorab eine Tabelle, die auch als Orientierung für die weitere Lektüre
gedacht ist (2.1). In einem weiteren Schritt werde ich fragen, ob und inwiefern es
sich dabei um Emotionsvokabular handelt (2.2). Danach skizziere ich knapp den
Gebrauch der drei Wortfelder in den synoptischen Evangelien mit einem Ausblick
auf den Gebrauch im Neuen Testament (2.3–2.5).

2.1 Tabelle zum Überblick über die Lexeme

Die folgende Tabelle hat die Funktion eines orientierenden Überblicks über das
Mitleidsvokabular. In der ersten Spalte werden die synoptischen Lexeme *eleos*,
„Mitleid", „Erbarmen", „Barmherzigkeit", „Rührung", „Jammer", *eleeo*, „Mitleid
haben", „mitleidig helfen", „sich erbarmen", *eleemosyne*, „Mitleid", „Wohltat", „Almosen", *eleemon*, „barmherzig", „mitleidig", *oiktirmon*, „mitleidig", „barmherzig",
und *splagchnizomai*, „sich erbarmen", „Mitleid empfinden", „jammern", „innerlich bewegt sein", „die Gedärme zusammenziehen", angeführt mit Umschrift, in
den beiden weiteren Spalten ihre Häufigkeit im Neuen Testament und in den Evangelien sowie in Spalte 4 verbreitete und mögliche Übersetzungen ins Deutsche.[10]
Die Spalte 5 zeigt die Häufigkeit in der Septuaginta[11] und Spalte 6 eine Auswahl
der wichtigsten hebräischen Ausgangslexeme mit möglichen Übersetzungen.[12] Die
Tabelle soll insbesondere auch Fachfremden eine ausgangssprachliche Orientierung bei der Lektüre des vorliegenden Beitrags geben, in welchem aus Gründen
größtmöglicher Transparenz mit den originalsprachlichen Begrifflichkeiten der
synoptischen Evangelien gearbeitet wird.

---

wie z.B. *chäsäd* in Ps 24,8 (LXX), das mit Mitleid übersetzt werden kann. Im Neuen Testament
scheint es mir aber eine andere Gewichtung zu haben, was auch die folgenden Lexika bestätigen,
die es nicht mit „barmherzig" oder „mitleidig" übersetzen: Balz/Schneider (Hgg.), *Wörterbuch*,
1138, übersetzbar mit „brauchbar", „gut", „gütig" „mild", s.a. Bauer/Aland (Hgg.), *Wörterbuch*,
1767. Seine Einbeziehung würde die Konturen des oben genannten Vokabulars verwässern, dessen
klare Bestimmung das Ziel dieses Beitrags ist. Eine präzise Verhältnisbestimmung von Mitleid und
Gnade/Güte/Milde in der griechischen Bibel vorzunehmen, wäre eine reizvolle Aufgabe für weitere
Forschung. Für die Hebräische Bibel votiert Wagner, „Gnade/Barmherzigkeit", für die Synonymie.

[10] Die Übersetzungen der griechischen Worte ohne Quellenangabe sind in der angeführten
Reihenfolge den das Lexem betreffenden Lexikonartikeln aus Balz/Schneider (Hgg.), *Wörterbuch*,
entnommen, namentlich gezeichnet sind darin Staudinger, „ἐλεημοσύνη"; ders., „ἔλεος"; Walter,
„σπλαγχνίζομαι".

[11] Basierend auf der Ausgabe von Rahlfs (Hg.), *Septuaginta*.

[12] Vollständigkeit ist nicht angestrebt und würde den Rahmen dieser Untersuchung übersteigen.

Griechische Lexeme in den synoptischen Evangelien	Häufigkeit im NT[13]	Häufigkeit in neutestamentlichen Evangelien	Übersetzungsvorschläge ins Deutsche	Häufigkeit in der LXX[14]	Hebräische Ausgangsbegriffe (keine Vollständigkeit)
ἔλεος (im Folgenden: *eleos*)	27-mal in 26 Versen	9-mal: • 3-mal Mt • 6-mal Lk	• Mitleid • Erbarmen • Barmherzigkeit • Rührung[15] • Jammer[16]	334-mal in 322 Versen	• חסד (*chäsäd*), „Liebe", „Güte", „Wohlwollen"[17] • רחמים (*rachamim*), „Barmherzigkeit", „Erbarmen", „Eingeweide": Pl. von רחם (*rächäm*), „Mitgefühl", „Gefühl des Mitleidens", „Mutterleib", „Gebärmutter", *compassion*[18] • צדקה (*zedaqa*), „Gerechtigkeit"[19]
ἐλεέω (im Folgenden: *eleeo*)	28-mal in 25 Versen	15-mal: • 3-mal Mk • 8-mal Mt • 4-mal Lk	• Mitleid haben • mitleidig helfen • sich erbarmen	135-mal in 128 Versen	• חנן (*chanan*), „gnädig sein", „geneigt sein" oder „Anmut besitzen" • רחם (*richam*), „barmherzig sein", „sich erbarmen"
ἐλεημοσύνη (im Folgenden: *Eleemosyne*)	13-mal in 13 Versen	5-mal: • 3-mal Mt • 2-mal Lk	• Mitleid • Wohltat • Almosen	56-mal in 51 Versen	• צדקה (*zedaqa*), „Gerechtigkeit"
ἐλεήμων (im Folgenden: *eleemon*)	2-mal in 2 Versen	1-mal: • Mt 5,7	• barmherzig • mitleidig	31-mal in 31 Versen	• רחום (*rachum*), „barmherzig" • חנון (*chanun*), „gnädig", „gönnend", „barmherzig"

---

[13] Häufigkeit nach Logos Bible Software Version 9.15 orientiert an der 28. Auflage des griechischen Neuen Testaments, hrsg. v. Barbara und Kurt Aland.

[14] Häufigkeit nach Logos Bible Software Version 9.15, orientiert an der Ausgabe Rahlfs (Hg.), *Septuaginta*.

[15] Fuhrmann in seiner Übersetzung von Aristoteles, *Poetik*, 162.

[16] Ebd.

[17] Die Umschrift und die Übersetzungen aus dem Hebräischen sind aus Peetz, „Gott", im vorliegenden Sammelband entnommen, sofern nicht anders gekennzeichnet.

[18] Ebach, „Compassion".

[19] Joosten, „Benevolence", 110–111. Zu Joosten s. unten.

Griechische Lexeme in den synoptischen Evangelien	Häufigkeit im NT	Häufigkeit in neutestamentlichen Evangelien	Übersetzungsvorschläge ins Deutsche	Häufigkeit in der LXX	Hebräische Ausgangsbegriffe (keine Vollständigkeit)
οἰκτίρμων (im Folgenden: *oiktirmon*)	3-mal in 2 Versen	2-mal: • Lk 6,36	• mitleidig • barmherzig	18-mal in 18 Versen	• רחום (*rachum*), „barmherzig" • חנון (*chanun*), „gnädig", „gönnend", „barmherzig"
σπλαγχνίζομαι (im Folgenden: *splagchnizomai*)	12-mal in 12 Versen	12-mal: • 4-mal Mk • 5-mal Mt • 3-mal Lk	• sich erbarmen • Mitleid empfinden[20] • jammern (Lutherbibel) • innerlich bewegt sein (Elberfelder Bibel) • wenn das Innerste durch ein tiefes Mitgefühl bewegt wird (Schottroff in *Bibel in gerechter Sprache*)	1-mal: • Prv 17,5	–[21]

2.2 Handelt es sich um Emotionsvokabular?

Lexeme der griechischen Wortfamilie um *eleos* bilden in den synoptischen Evangelien den Löwenanteil des Wortgebrauchs, der traditionell mit Barmherzigkeit übersetzt und im Folgenden durchgehend mit Mitleid(shandeln) wiedergegeben wird. Diese Entscheidung ist in der Beobachtung begründet, dass es sich um Emotionsvokabular handelt, was auch der Blick auf Aristoteles zeigt.

Aristoteles rechnet *eleos* eindeutig unter die Emotionen/Affekte. Er definiert es im zweiten Buch seiner *Rhetorik*, in welchem er verschiedenste Emotionen bestimmt, wie folgt (*Rhet* II 8 p 1385b13–14):

Mitleid [*eleos*] sei definiert als eine Art Schmerz über eine anscheinend verderbliche und leidbringende Not, die jemanden, der es nicht verdient hat, trifft, ein Übel, das […] erwartungsgemäß auch uns selbst oder einen der Unsrigen […] treffen könnte.[22]

Nach Aristoteles ist *eleos* also eine Gefühlslage des Schmerzes, den die Wahrnehmung unverschuldeter Not eines anderen auslöst und „Mit-leiden" schafft. Die

---

[20] Bauer/Aland (Hgg.), *Wörterbuch*.
[21] Der Versteil zum Mitleid fehlt in der Hebräischen Bibel.
[22] Aristoteles, *Rhetorik*, 199, in der Übersetzung von Grapinger.

drei Kriterien, die diese Emotion auslösen, sind die Deutlichkeit des Leides eines anderen, seine Unverdientheit und die Furcht, jederzeit selbst ein solches Leid erfahren zu können.[23]

Rudolf Bultmann nennt diese Emotion bei Aristoteles „Affekt der Rührung"[24]. Manfred Fuhrmann spitzt noch weiter zu: „Das Wort Eleos läßt sich am besten durch ‚Jammer‘ oder ‚Rührung‘ wiedergeben: es bezeichnet stets einen heftigen, physisch sich äußernden Affekt und wurde oft mit den Ausdrücken für Klagen, Zetern und Wehgeschrei verbunden."[25] Diese Übersetzungsversuche sind sich bezüglich des ausgeprägten affektiven Charakters dieser Emotion einig. Vor diesem Hintergrund überrascht es, wie wenig Resonanz diese Einsicht in der exegetischen Forschung bisher im Hinblick auf die biblische Rede von der Barmherzigkeit gefunden hat.

Im Vergleich zu Aristoteles' Verständnis von Mitleid im zweiten Buch seiner *Rhetorik* werden sich im Folgenden zwei wesentliche Differenzen im biblischen Gebrauch von *eleos* zeigen: Zum einen bezieht sich die Emotion des Mitleids in der Bibel auch auf Menschen, die selbstverschuldet (biblisch gesprochen: durch Sünde) in Not geraten sind, und zum anderen ist sie stets handlungsbezogen.

Eleos wird in der Septuaginta prominent bezogen auf G*tt und in zweiter Linie auch auf Menschen. Im Zentrum der hebräischen Ausgangsbegriffe für Mitleid steht רחם (*rächäm*)[26], „Mitgefühl", „Gefühl des Mitleidens", *„compassion"*[27]. *Rächäm* bezeichnet im Hebräischen auch den „Mutterschoß", die „Gebärmutter", „als Sitz heftiger Gefühlsregungen"[28], was auch als Konnotation „mütterliches [...] Verbundenheitsgefühl"[29] bei der Emotion des Mitleids erlaubt. Der Plural רחמים (*rachamim*), „Barmherzigkeit", „Mitleid", wird in der Septuaginta mit *eleos* übersetzt. Meist überträgt *eleos* in der Septuaginta aber חסד (*chäsäd*), „Liebe, Güte oder Wohlwollen".[30] Neben diesen Übertragungen spielt auch חן (*chen*), „Gnade", eine wichtige Rolle. So überrascht es auch nicht, dass Thomas Wagner im Hebräischen Gnade und Barmherzigkeit als Synonyme verwendet.[31] Melanie Peetz zeigt für alle diese Lexeme auf, dass sie „emotional denotierte Begriffe sind – das heißt, ihre Grundbedeutung ist emotional, weil sie explizit Emotionen benennen"[32]. Griechisches Emotionsvokabular übersetzt somit bereits hebräisches Emotionsvokabular.

---

[23] Zur Vertiefung des Verständnisses von *eleos* bei Aristoteles vgl. Cairns, „Homer", im vorliegenden Sammelband; Konstan, *Pity*; ders., *Emotions*, 201-218.

[24] Bultmann, „ἔλεος", 474.

[25] So Fuhrmann in Aristoteles, *Poetik*, 162, im Nachwort seiner Übersetzung.

[26] Zu den folgenden Übersetzungen hebräischer Begriffe s. Peetz, „Gott", im vorliegenden Sammelband, sofern nicht anders gekennzeichnet.

[27] Vgl. dazu auch Ebach, „Compassion", 108–111.

[28] Schroer/Staubli, Körpersymbolik, 62.

[29] So auch Scoralick, „Barmherzigkeit".

[30] Bultmann, „ἔλεος", 475.

[31] Wagner, „Gnade/Barmherzigkeit".

[32] Zu den emotional denotierten bzw. konnotierten Termini vgl. Peetz, *Emotionen*, 333–337.

Das Verb *eleeo* gibt חנן (*chanan*), „gnädig sein", „geneigt sein", „Anmut besitzen", und רחם pi. (*richam*), „barmherzig sein", „sich erbarmen" wieder. In der Septuaginta findet sich der Imperativ dieses Verbes in Form des Bittrufs ἐλέησόν (*eleeson*), „habe Mitleid", prominent in den Psalmen, durchgehend als Anrede G*ttes in der Hoffnung auf Rettung oder Bewahrung (Ps 6,3; 9,14; 24,16 u.ö.; insgesamt 17-mal; auch in Jes 30,19; 33,2; Sir 36,1; III Makk 6,12 u.ö.). Die beiden Adjektive *eleemon* und *oiktirmon*, die sich semantisch sehr nahestehen, übersetzen רחום (*rachum*), „barmherzig", und חנון (*chanun*), „gnädig", „gönnend", „barmherzig". Zentral sind somit die Substantive, Adjektive und Verben, die auf die hebräischen Wurzeln רחם (*racham*) und חנן (*chanan*) zurückzuführen sind sowie die hebräischen Substantive חסד (*chäsäd*) und חן (*chen*).

Besonders ausgeprägt werden die Affekthaftigkeit des Mitleids und seine somatischen Aspekte durch das Substantiv *rachamim* ausgedrückt, aus dessen Wurzel *racham* sich auch das Verb *richam* und das Adjektiv *rachum* ableiten. Peetz führt dazu aus:

[Die] Etymologie des hebräischen Wortes רחמים (*rachamim*), „Barmherzigkeit", [zeigt], dass der hebräische Begriff somatische Aspekte inkludiert: Hinter dem Begriff רחמים (*rachamim*) steht die Vorstellung, dass „Barmherzigkeit" bzw. „Mitleid" im Bauchraum entsteht. Deutlich wird aber auch werden, dass der hebräische Begriff רחמים (*rachamim*) neben dem Gefühl des Mitleidens auch ein Tun mit einschließt: „Barmherzigkeit" äußert sich im mitfühlenden Handeln gegenüber anderen.

Peetz hebt zweierlei hervor. Zum einen zeigt sie anhand von *rachamim* die im Hebräischen vielfach begegnende Vorstellung, dass Gefühlen ein Sitz im Körper zukommt. Das Mitgefühl/Mitleid wird im Bauchraum, in den Eingeweiden, in der Gebärmutter verortet.[33] Im frühjüdischen Neologismus *splagchnizomai* findet sich eine Resterinnerung daran (s.u.). Der Zorn beispielsweise wird in enge Beziehung zur Nase gesetzt.[34] Zum anderen stellt Peetz als Merkmal des hebräischen Mitleidsvokabulars dessen Tat- und Gemeinschaftsbezogenheit heraus. Insbesondere die Tatbezogenheit gilt in gleicher Weise für das Mitleidsvokabular der synoptischen Evangelien, wie unten gezeigt ist, was auch meine Übersetzung „Mitleid(shandeln)" begründet.

Hervorgehoben sei darüber hinaus für das Erste Testament, wie ausgeprägt Israels G*tt durch Mitleid charakterisiert ist. Das hat vor allem Hermann Spieckermann gezeigt und dafür den prägnanten Begriff „Gnadenformel" geprägt (Ex 34,6; Ps 86,15; 103,8; 145,8; Jo 2,13; Jon 4,2; Neh 9,17), die er auch „Mitleids- oder Barmherzigkeitsformel" hätte nennen können. Als protestantischer Exeget hat er die in dieser Formel vorherrschenden emotionalen Phänomene mit dem die Reformationskirchen beherrschenden Wort „Gnade" auf den Begriff gebracht, der den

---

[33] S. auch Baumann, „Geschlecht", 235.
[34] Baumann, „Geschlecht", 226.

ausgeprägten Emotionscharakter dieser Formel allerdings eher verschleiert. Das hebräische חֵן (*chen*), was traditionell mit „Gnade" oder „Barmherzigkeit" wiedergegeben wird, kann gleichermaßen mit „Wohlwollen", „Güte", „Mitgefühl", „Mitleid" u.a. übersetzt werden. Das zeigen die hebräischen Lexeme, die dieser Formel zugrunde liegen. Peetz hat im vorliegenden Sammelband die hebräische Fassung der sog. Gnadenformel anhand der Ich-Rede G*ttes in Ex 34,6–7 einer eingehenden Untersuchung unterzogen. Die hebräische Ausgangsfassung und ihre Übertragung ins Griechische zeigt die folgende Synopse (Ex 34,6–7a):[35]

(6) JHWH (ist) JHWH, (ein) G*tt (אֵל [*el*]), barmherzig[36] (רחום [*rachum*])	(6) Herr (κύριος [*kyrios*]), der G*tt (ὁ θεὸς [*ho theos*]), *im Innersten mitleidig* (trad. *barmherzig*)/*mitleidshandelnd* (οἰκτίρμων [*oiktirmon*])
und *gnädig* (חנון [*chanun*]),	und *mitleidig/gnädig/mitleidshandelnd* (ἐλεήμων [*eleemon*]),
lang (אֶרֶךְ [*arech*]) an Zorn (אפים [*appajim*]) und *reich* (רב [*rav*]) *an Liebe* (חסד [*chäsäd*]) und Treue (אמת [*ämät*]) (7a) bewahrend (נצר [*nozer*]) Liebe (חסד [*chäsäd*])	geduldig (μακρόθυμος [*makrothymos*]) und *mitleidsvoll* (πολυέλεος [*polyeleos*]) und wahrhaftig (ἀληθινὸς [*alethinos*]) (7a) und bewahrend (διατηρῶν [*diateron*]) Gerechtigkeit (δικαιοσύνην [*dikaiosyne*]) und tuend Mitleid/*mitleidshandelnd* (ποιῶν ἔλεος [*poion eleos*])
für Tausende, aufhebend (נשא [*nasa*]) Schuld, Vergehen und Sünde (עון [*awon*], פשע [*päscha*], חטאה [*chattaah*]).	für Tausende wegnehmend (ἀφαιρῶν [*aphairon*]) Gesetzlosigkeit und Ungerechtigkeit und Sünde (ἀνομία [*anomia*], ἀδικία, [*adikia*], ἁμαρτία [*hamartia*]).

Bei diesen Versen handelt es sich um eine der sieben Versionen der sog. Gnadenformel. Die Gegenüberstellung der hebräischen und griechischen Fassungen dieser Version zeigt, wie gehäuft in beiden Sprachen Mitleidsvokabular zum Einsatz kommt. Das sind die drei Adjektive *oiktirmon* für *rachum*, *eleemon* für *chanun*, *polyeleos* für *rav chäsäd* und *poiein eleos* für *chäsäd*. Mit Ausnahme von *polyeleos* werden alle Lexeme in den synoptischen Evangelien aufgegriffen (s. u. 2.2–2.4).

Die Zusammenballung von Emotionsvokabular in dieser Selbstvorstellungsformel des G*ttes Israels macht die Dominanz von Mitleid(shandeln) deutlich.[37] Die Gottesrede richtet sich in der weiteren Entfaltung an diejenigen, die „Schuld, Vergehen und Sünde" bzw. „Gesetzlosigkeiten und Ungerechtigkeiten und Sünden" angesammelt haben (V. 7a). Im literarischen Kontext dieser Formel innerhalb des

---

[35] Die Übersetzung aus dem Hebräischen stammt aus Peetz, „Gott", im vorliegenden Sammelband. Übersetzungen aus der griechischen Bibel stammen von mir, sofern nicht anders gekennzeichnet.

[36] Die Kursivierungen markieren das Mitleidsvokabular, Umschriften finden sich nur zum Mitleidsvokabular.

[37] S. Janowski, „Empathie des Schöpfergottes", *passim*.

Exodusbuchs ist damit die Abwendung Israels von G*tt und die Verletzung der Bundestreue angesprochen. G*tt „hebt sie [die Verletzung] auf" bzw. „nimmt sie weg" als Folge seines Mitleids. Das Mitleid G*ttes richtet sich also auch – und das erweitert die Definition des Aristoteles – auf selbstverschuldete Not und beant- wortet sie mit der Tat bzw. Handlung der „Aufhebung" bzw. „Wegnahme", was traditionell theologisch gesprochen der Begriff „Sündenvergebung" bündelt. Im zweiten Teil von V. 7, den ich oben nicht zitiere, wird diese radikale Selbstaussage des Mitleids G*ttes schillernd, indem das Gerichtsmotiv aufgegriffen wird, denn dass G*tt den Menschen zur Rechenschaft zieht, steht in der Bibel nicht in Frage.[38]

Wie sehr nicht nur das biblische Gottesbild von der Annahme göttlicher Emo- tionen wie Zorn und Mitleid bestimmt ist, sondern sich darin gemeinantike Gottes- vorstellungen zeigen,[39] demonstrieren eindrücklich die Beiträge des von Reinhard G. Kratz und Hermann Spieckermann herausgegebenen Sammelbands *Divine Wrath and Divine Mercy in the World of Antiquity*. Spieckermann wird zudem nicht müde zu betonen, dass dem Mitleid (*mercy*) des biblischen G*ttes ein viel größerer Stellenwert zukommt als, wie oftmals angenommen, dem Zorn.[40] Die göttliche Emotion des Mitleids dominiert die des Zorns. Das gilt auch für den Koran.[41]

Das angeführte Beispiel für das tiefgreifende Mitleid(shandeln) G*ttes im Ersten Testament ließe sich durch viele weitere Textstellen ergänzen,[42] aber darauf muss ebenso verzichtet werden, wie auf eine Auslegung der oben zitierten griechischen Fassung der Gnadenformel in Ex 34,6. Die hebräischen und griechischen Lexeme, die mit Mitleid(shandeln) übersetzt werden können, wurden in der Geschichte der Bibelübersetzungen auf unterschiedlichste Weise ins Deutsche übertragen, was in deren breiter Semantik gründet. Wie auch immer übersetzt wird, die Anthro-

---

[38] S. dazu die ausgezeichnete Auslegung dieses Verses bei Peetz, „Gott", im vorliegenden Sammel- band.

[39] Das scheinen Ingolf U. Dalferth und Andreas Hunziker in dem von ihnen herausgegebenen Sammelband *Mitleid – Aspekte des Problemkomplexes Mitleid* zu übersehen. In ihrer Einleitung beziehen sie sich hinsichtlich der Bestimmung von Mitleid ausschließlich auf klassisch griechische Tradition, insbesondere Aristoteles, und übergehen das biblische Verständnis. Dieser fatale Traditi- onsbruch mit der Bibel setzt sich fort in ihrem impliziten Postulat der Apathie G*ttes: „Anders als die Götter leiden die Menschen, und menschlich leiden sie vor allem dort, wo sie vom Mitleid mit dem Leiden anderer Menschen bewegt werden", Dalferth/Hunziker, Einleitung, XI. S. dazu u.a. Janowski, „Empathie des Schöpfergottes".

[40] Spieckermann, „Wrath", 10 *passim*, s. auch ders., „,Barmherzig und gnädig'", sowie den Über- blick zur sogenannten Gnadenformel: Zernecke, „Gnadenformel".

[41] S. dazu den Beitrag von Khorchide, „Barmherzigkeit", im vorliegenden Sammelband. Er zeigt auf, wie zentral das koranische Gottesverständnis von der Kategorie der Barmherzigkeit geprägt ist.

[42] Ex 34,6; Ps 86,15; 103,8; 145,8; Jo 2,13; Jon 4,2; Neh 9,17; u.ö. Zum Mitleid(shandeln) G*ttes in den synoptischen Textuniversen vgl. die Analysen unten.

popathie des biblischen Gotteskonzepts sollte endlich konsequenter in den Blick genommen werden.[43]

Nur soviel sei zum Mitleid(shandeln) G*ttes in der Hebräischen Bibel an dieser Stelle noch festgehalten: Peetz zeigt, dass die Wurzel רחם (*racham*) – in der Bedeutung von „sich erbarmen/Mitleid haben", „barmherzig/mitleidig sein", „Barmherzigkeit/Mitleid"[44] – in der Hebräischen Bibel 91-mal bei insgesamt 101 Belegen G*tt charakterisiert. Für die beiden hebräischen Adjektive רחום (*rachum*), „barmherzig", und חנון (*chanun*), „gnädig", „gönnend", „barmherzig", die in der Septuaginta mit *eleemon* und *oiktirmon* übersetzt werden, gilt sogar, dass sie Eigenschaften G*ttes – und zwar allein G*ttes – bezeichnen:

Sowohl רחום, „barmherzig", als auch חנון, „gnädig", stehen in der Bibel jeweils dreizehn Mal – meistens, nämlich in elf Fällen, in Kombination zusammen. [...] Bemerkenswert ist, dass beide Adjektive nur für Gott verwendet werden. Zwar gibt es in der Bibel die Vorstellung, dass sich auch Menschen erbarmen können [...], doch nur über Gott wird in der Hebräischen Bibel gesagt, dass er barmherzig (רחום [*rachum*]) ist.[45]

Aus diesen Befunden folgert Peetz für die Hebräische Bibel eine „Asymmetrie zwischen der göttlichen und der menschlichen Barmherzigkeit".[46] Das menschliche Mitleid wird somit als „letztlich von Gott erwirkt" gedacht.[47]

Der ausschließliche Gebrauch dieser hebräischen Adjektive für G*tt ändert sich mit den Übersetzungen in der Septuaginta. Dort werden *eleemon* und *oiktirmon* zwar noch immer „meist von G*tt" ausgesagt (Ex 34,6; Dtn 4,31 u.ö.),[48] vereinzelt aber auch von Menschen (z.B. Jdc 5,30; Prov 11,17; 19,8). Diese Verschiebung gilt auch für den Gebrauch von *oiktirmon* im Neuen Testament, das dort dreimal vorkommt und davon zweimal auf G*tt bezogen (Lk 6,36; Jak 5,11). *Eleemon* hingegen wird in seinem zweimaligen Gebrauch im Neuen Testament nicht mehr von G*tt ausgesagt, sondern von mitleidshandelnden Menschen (Mt 5,7) und von Jesus (Hebr 2,17) – in beiden literarischen Kontexten aber in engem Bezug auf G*tt.

Für die Septuaginta hat Jan Joosten zudem beobachtet, dass die Emotion des Mitleids G*ttes dort im Vergleich zur Hebräischen Bibel noch gesteigert wird. Er führt das am Buch Jesaja vor, in dessen Septuagintafassung *eleos* nicht nur viermal frei in den Text eingeführt wird, sondern damit eine ganze Reihe zusätzlicher hebräischer Begriffe übersetzt werden, denen im Hebräischen andere Bedeutun-

---

[43] S. dazu u.a. Spieckermann, „Barmherzig und gnädig"; ders., „Wrath"; Janowski, „Empathie des Schöpfergottes".

[44] S. Peetz, „Gott", im vorliegenden Sammelband; dies., „Rede", 280.

[45] Peetz, „Gott", im vorliegenden Sammelband. Sie schreibt aber: „Lediglich Ps 112,4 könnte eine Ausnahme sein: Aus dem Kontext von Ps 112,4 geht nämlich nicht klar hervor, ob sich die Adjektive חנון ורחום, ‚gnädig und barmherzig', auf Gott oder auf einen gerechten Menschen beziehen."

[46] Vgl. dazu Peetz, „Rede", 291–292.

[47] Peetz, „Gott", im vorliegenden Sammelband.

[48] Bultmann, „ἔλεος", 482, mit Belegstellen.

gen zukommen, wie z. B. צדקה (*zedaqa*), „Gerechtigkeit".[49] Auch die Anzahl der Adjektive des Mitleidsvokabulars werden angereichert.[50]

Das Substantiv *eleemosyne*, „Mitleid", das im Griechischen erst spät begegnet, übersetzt in der Septuaginta meist *zedaqa*, „Gerechtigkeit", auf G*tt bezogen.[51] In den Spätschriften der Septuaginta ist eine Bedeutungsverengung dieses Substantivs auf „Almosen" zu beobachten. Es begegnet zunehmend als

> „Mitleid [...] gegen Arme", „Armengabe", „Almosen" [...] zuerst in der LXX: Spr 21,26; Dan 4,27; vgl. Sib II 79–82. Sie [die Septuaginta] übersetzt mit ἐ[λεημοσύνη] gewöhnlich sᵉdâqâ (Gerechtigkeit), bes. wo das AT vom gnädigen G*tt gegenüber seinem Volk bzw. den Frommen redet, Jes 1,27; 59,16; 28,17; Ps 32,5; 23,5; 102,6 u.a. Bei Jos und Philo fehlt das Wort.[52]

Das Verständnis eines Emotionshandelns wird auf einen bestimmten Handlungsaspekt verengt, es bleibt aber dennoch in der Motivation des „Mitgefühls" für andere Menschen in Not verankert.

Das Adjektiv *oiktirmon*, das nur zweimal in den synoptischen Evangelien vorkommt (Lk 6,36), stellt ebenfalls Emotionsvokabular dar. Während *eleos* stärker „den Affekt der Rührung und des Mitleids" bezeichnet, liegt der Akzent bei der griechischen Wortfamilie um *oiktirmon* stärker auf dem Aspekt der *„Klage"* und des *„Jammers"*:[53]

> Der Stamm οἰκτ- dient also, weit überwiegend, zur Wiedergabe von Bildungen vom Stamme רחם, daneben für Bildungen von חנן. Der Sinn der Wörter ist stets *Mitleid, Erbarmen*. Ein Unterschied zwischen οἰκτίρειν und ἐλεεῖν oder zwischen οἰκτιρμοί u[nd] ἔλεος ist nicht wahrzunehmen.[54]

Der semantische Unterschied zwischen den beiden Wortfamilien ist also kaum wahrzunehmen. Entscheidend ist ihre Gemeinsamkeit: die Mitleidssemantik.

Das Verb *splagchnizomai* ist in der Profangräzität nur in einer einzigen Inschrift belegt und begegnet vor allem in frühjüdischer Literatur.[55] Etymologisch leitet es sich von σπλάγχνον (*splagchnon*) her, das in der griechischen Literatur in der Regel und im Neuen Testament ausschließlich im Plural begegnet (σπλάγχνα [*splagchna*]). Es kann mit „Innereien"[56], „Eingeweide"[57], „innere Organe, ‚Herz', herzliches

---

[49] Joosten, *Benevolence*, 110–111.

[50] Die hebräischen Ausgangsvokabeln begegnen in der Hebräischen Bibel je nur 13-mal, in der Septuaginta vermehrt (s.o. die Tabelle in 2.1).

[51] Vgl. Bultmann, „ἔλεος", 482.

[52] Staudinger, „ἐλεημοσύνη", 1044.

[53] Bultmann, „οἰκτίρω", 161 (Kursivierung im Original).

[54] Bultmann, „οἰκτίρω", 162 (Kursivierung im Original).

[55] Genauer s. Eisen, „Mitleid", 428–429.

[56] Köster, „σπλάγχνον", 548.

[57] Bauer/Aland (Hgg.), *Wörterbuch*, 1523.

Verlangen, Barmherzigkeit"[58] übersetzt werden. Einigkeit besteht in der Lexikographie darüber, dass dieses Substantiv im übertragenen Sinne den „Sitz der Gefühle" anzeigt.[59] Das Verb drückt die „von Herzen" bzw. ersttestamentlich treffender aus den Gedärmen kommende intensive Emotion des Mitleids aus. Es liegt somit auf der Fluchtlinie der besonders affekthaften *rachamim*.

Es fällt auf, dass insbesondere in den *Testamenten der 12 Patriarchen* das Substantiv *splagchna* und das Verb *splagchnizomai* vor allem an die Stelle von οἰκτιρμοί (*oiktirmoi*) für *rachamim* und οἰκτίρω (*oiktiro*) für *richam* treten.[60] In den synoptischen Evangelien fehlen *oiktirmoi* und *oiktiro* in Gänze und das Adjektiv *oiktirmon* findet sich nur noch zweimal in einem Vers (Lk 6,36). *Splagchnizomai* hingegen begegnet prominent zwölfmal insbesondere zur Charakterisierung Jesu.

2.3 *Die Wortfamilie um* ἔλεος *[eleos] in den synoptischen Evangelien*

Die griechische Wortfamilie um ἔλεος [*eleos*], die in der Septuaginta gehäuft begegnet, ist mit ihren 30 Belegstellen das dominante Wortfeld zum Mitleid in den synoptischen Evangelien. Es umfasst neunmal das Substantiv *eleos*, fünfzehnmal das Verb *eleeo*, einmal das Adjektiv *eleemon* und fünfmal das Substantiv *eleemosyne*. Dieses Wortfeld ist über alle drei Evangelien verteilt, wobei auffällt, dass es nur dreimal im Markusevangelium, aber zwölfmal im Lukasevangelium und mit 15 Belegstellen am häufigsten im Matthäusevangelium vorkommt.

2.3.1 *Das Substantiv eleos, „Mitleid", „Erbarmen", „Barmherzigkeit", „Rührung", „Jammer"*

Das Substantiv *eleos* (s. auch oben) fehlt im Markusevangelium, kommt aber dreimal im Matthäus- und sechsmal im Lukasevangelium vor. In diesen beiden Evangelien findet es sich vorrangig in ersttestamentlichen Zitaten und Allusionen. So bezieht es sich im Matthäusevangelium dreimal auf die Willensäußerung G*ttes in Form der Zitation von Hos 6,6 (LXX): „Mitleid will ich und nicht Opfer" (Mt 9,13; 12,7) und in einer Allusion auf Mi 6,8 (LXX) (Mt 23,23). Im Lukasevangelium hingegen begegnet das Substantiv fünfmal zur Charakterisierung des Mitleid(shandeln)s des G*ttes Israels anhand konkreter Beispiele vorrangig in Form ersttestamentlicher Allusionen und Zitate in Magnifikat und Benediktus (Lk 1,50.54.58.72.78).

---

[58] Walter, „σπλάγχνον", 635.

[59] So Bauer/Aland (Hgg.), *Wörterbuch*, 1523; Walter, „σπλάγχνον", 635; Köster, „σπλάγχνον", 548, nennt sie das „Zentrum des persönlichen *Fühlens* u[nd] *Empfindens*" (Kursivierung im Original).

[60] Köster, „σπλάγχνον", 552, führt aus, dass sie „ganz und gar an die Stelle der Septuaginta-Wörter οἰκτιρμοί, οἰκτίρω und οἰκτίρμων [treten] und somit eine neuartige Übersetzung der hebräischen Wörter רַחַם‎, רַחֲמִים‎ und רַחוּם‎ [sind]. Der im hebräischen Alten Testament häufigen Verbindung von חֶסֶד‎ und רַחֲמִים‎ entspricht nicht mehr wie in der Septuaginta ἔλεος und οἰκτιρμοί (z. B. Hos 2,21), sondern ἔλεος und σπλάγχνα."

Während im Lukasevangelium also der konkrete Bezug auf das Mitleid(shandeln) G*ttes dominiert, steht im Matthäusevangelium die Willensäußerung G*ttes im Zentrum.

Für den Gebrauch von *eleos* im gesamten Neuen Testament ist festzustellen, dass es sich in seinen 27 Belegstellen weitestgehend auf G*tt bezieht. Nur zweimal wird es von Menschen ausgesagt (Lk 10,37; Jak 2,13), einmal von Jesus Christus (Jud 21) und einmal von der Weisheit (Jak 3,17).

2.3.2 Das Verb eleeo, „Mitleid haben", „mitleidig helfen", „sich erbarmen"

Das Verb *eleeo* (s. auch oben) wird mit 15 Belegen in den synoptischen Evangelien häufiger aufgegriffen als das Substantiv *eleos*. In seinem dreimaligen Gebrauch im Markusevangelium wird es einmal auf G*tt (Mk 5,19) und zweimal auf Jesus (Mk 10,47.48) bezogen und bleibt diesen beiden Erzählfiguren vorbehalten. Auch in den beiden weiteren Evangelien charakterisiert es mehrheitlich Jesus. Im Matthäusevangelium ist es in seinen acht Belegstellen fünfmal auf Jesus (Mt 9,27; 15,22; 17,15; 20,30.31), einmal auf G*tt (Mt 5,7b) und zweimal auf den König in einer Sondergutparabel bezogen (Mt 18,33a.b), im Lukasevangelium dreimal auf Jesus (Lk 17,13; 18,38.39) und einmal auf Abraham (Lk 16,24).

Gehäuft (elfmal) begegnet das Verb in den synoptischen Evangelien in Form des Aorist Imperativ: *eleeson*, „habe Mitleid", im Munde Hilfesuchender auf Jesus bezogen, so wie es insbesondere aus den Psalmen auf G*tt bezogen bekannt ist (Mk 10,47.48; Mt 9,27; 15,22; 17,15; 20,30.32; Lk 16,24; 17,13; 18,38.39). Hilfsbedürftige adressieren damit in der Regel Jesus in der Hoffnung auf Hilfe, die ihnen auch widerfährt. Nur einmal wird es auf Abraham bezogen (Lk 16,24). Es begegnet bis auf die genannte Ausnahme in Wundererzählungen und gehört zu deren expositionellen Motiven.[61] Es wird vielsagend auf Jesus übertragen und der Messias Jesus als Repräsentant des Mitleid(shandeln) G*ttes charakterisiert. Es wird aber an keiner Stelle als direkte Emotion Jesu ausgesagt, das erfolgt ausschließlich durch das Verb *splagchnizomai*.

Für den Gebrauch von *eleeo* im gesamten Neuen Testament ist bei seinen insgesamt 28 Belegstellen festzustellen, dass es mehrheitlich auf G*tt bezogen wird, einmal auf einen Menschen (Mt 18,33) und mehrfach als Erwartungshaltung (11-mal an Jesus, 1-mal an Abraham, 1-mal an einen Sklaven).

2.3.3 Das Substantiv eleemosyne, „Mitleid", „Wohltat", „Almosen"

Das aus der Septuaginta bekannte Substantiv *eleemosyne* (s. auch oben) ist in der synoptischen Überlieferung fünfmal durchgehend in der Bedeutung von „Wohltat" bzw. ggf. „Almosen" anzutreffen und bezieht sich ausschließlich auf Menschen

---

[61] Dazu Wolter, *Lukasevangelium*, 572.

(Mt 6,2.3.4; Lk 11,41; 12,33). Das gilt auch für die übrigen neutestamentlichen Belege (8-mal in der Apostelgeschichte).

2.3.4 Das Adjektiv eleemon, „barmherzig", „mitleidig"

Das Adjektiv *eleemon* (s. auch oben) begegnet in der synoptischen Überlieferung nur ein einziges Mal und dabei bezogen auf Menschen in der matthäischen Glücklichpreisung der Mitleidenden, denen das Mitleid G*ttes in Form eines *passivum divinum* des Verbs *eleeo* verheißen wird (Mt 5,7). Insgesamt wird es im Neuen Testament nur zweimal gebraucht. In Hebr 3,17 wird es auf Jesus übertragen.

2.4 Das Adjektiv oiktirmon in den synoptischen Evangelien

Es wurde bereits gesagt, dass das Adjektiv *oiktirmon* die Mitleidssemantik mit der Wortfamilie um *eleos* gemeinsam hat (s.o.). In den synoptischen Evangelien wird es lediglich zweimal in Lk 6,36 gebraucht. Der lukanische Jesus fordert im ersten Teil des Verses imperativisch mit dem substantivierten Adjektiv: „Werdet Mitleidshandelnde!" (V. 36a: Γίνεσθε οἰκτίρμονες). Im zweiten Teil wird dieser Imperativ am Mitleid(shandeln) G*ttes ausgerichtet (V. 36b) – im Sinne einer *imitatio Dei* (V. 26b). Damit knüpft das Lukasevangelium an das aus der Hebräischen Bibel bekannte Verständnis des Mitleids als einer Eigenschaft G*ttes an und verbindet es mit der Forderung an den Menschen, sich an G*tt auszurichten (Lev 19,2; Dtn 10,17–19).[62]

Das Adjektiv begegnet im Neuen Testament nur dreimal, neben dem zweimaligen Gebrauch in Lk 6,36 noch in Jak 5,11 – erneut zur Charakterisierung G*ttes. Das Mitleid(shandeln) G*ttes wird in Lk 6,36 zu einer Haltung des Menschen im Sinne des *imitatio Dei*-Motivs kultiviert.

2.5 Das Verb splagchnizomai in den synoptischen Evangelien

Das Verb *splagchnizomai* (s. auch oben), „sich erbarmen", „Mitleid empfinden", „jammern", „die Gedärme zusammenziehen" habe ich andernorts genauer untersucht.[63] Das Wichtigste sei im Folgenden zusammengefasst: Im Neuen Testament kommt das Verb zwölfmal und ausschließlich in den synoptischen Evangelien vor. Es begegnet viermal im Markusevangelium (Mk 1,41; 6,34; 8,2; 9,22), fünfmal im Matthäusevangelium (Mt 9,36; 14,14; 15,32; 18,27; 20,34) und dreimal im Lukasevangelium (Lk 7,13; 10,33; 15,20). In der Regel wird es in Wundererzählungen zur Charakterisierung Jesu verwendet, lediglich dreimal auch als Emotion von Figuren in Parabelerzählungen genannt. Die Emotion richtet sich in den Evange-

---

[62] Zum *imitatio Dei*-Motiv im Ersten Testament vgl. Barton, „Imitation of God", 35–46.

[63] Vgl. Eisen, „Mitleid". Ergänzend zu meinem Beitrag sei erwähnt, dass es in der Septuaginta einmal in Prov 17,5 vorkommt.

lien durchgehend auf Menschen in Notsituationen, seien diese durch Krankheit, körperliche Beeinträchtigung, Hunger, Gewalt, Verschuldung oder soziale Ausgrenzung verursacht. Beim Gebrauch des Verbs fällt die einheitliche Plotstruktur auf, gekennzeichnet durch den Dreischritt: Wahrnehmen (der Not) – Mitleid haben – Handeln (in Form der Behebung der Not). Das Verb wird vor allem eingesetzt, um Jesu Mitleid(shandeln) *in actu* konkret vor Augen zu führen (Mk 1,41; 6,34; 8,2; 9,22; Mt 9,36; 14,14; 15,32; 20,34; Lk 7,13). Dieses intensive Emotionsverb *splagchnizomai* ist das einzige, das für die direkte Charakterisierung von Jesu Mitleid(shandeln) gebraucht wird. Mit diesem Verb wird das besondere messianische Mitleid(shandeln) Jesu ausgedrückt. Höchst zaghaft – durchgehend innerhalb jesuanischer Rede – wird es im Matthäus- und Lukasevangelium dreimal auch auf andere Erzählfiguren übertragen: in einer matthäischen Sondergutparabel auf einen König (Mt 18,27), in zwei lukanischen Sondergutparabeln auf einen Samaritaner und einen Vater (Lk 10,33; 15,20).

3 Mitleid(shandeln) im Markusevangelium (Mk 1,41; 5,19; 6,34; 8,2; 9,22; 10,47.48)

Im Markusevangelium wird 7-mal Mitleidsvokabular aufgegriffen. Eingesetzt werden viermal der frühjüdische Neologismus *splagchnizomai* (Mk 1,41; 6,34; 8,2; 9,22)[64] und dreimal das traditionelle *eleeo* (Mk 5,19; 10,47.48). Die beiden Verben finden sich ausschließlich in sechs Wundererzählungen: in vier Heilungswundererzählungen (eines Aussätzigen in Mk 1,41; eines Epileptikers in Mk 9,22; eines besessenen Mannes in Mk 5,19; des blinden Bartimäus in Mk 10,47.48) und in den beiden Speisungswundererzählungen (Mk 6,34; 8,2). Die mit dem Affekt des Mitleids adressierten Menschen befinden sich durchgehend in Notlagen. Subjekt des Mitleids(handelns) ist mit einer Ausnahme (G*tt in Mk 5,19) durchgehend der Messias Jesus.

Im Folgenden werden die betreffenden Erzählkontexte sortiert nach den Bezugsgrößen des Mitleids(handelns) G*ttes (3.1) und Jesu (3.2) knapp vorgestellt und zusammenfassend ausgewertet (3.3).

3.1 Das Mitleid(shandeln) G*ttes (Mk 5,19)

Einmal ist im Markusevangelium vom Mitleid(shandeln) G*ttes die Rede, allerdings innerhalb der dramatischsten Heilungswundererzählung des Evangeliums: der Erzählung vom Exorzismus eines Mannes aus Gerasa (Mk 5,1–20). Es ist Jesus selbst, der innerhalb der Erzählung in direkter Redewiedergabe sein Rettungshandeln auf das Mitleidshandeln G*ttes zurückführt (Mk 5,19).

---

[64] S. dazu und zum Folgenden Eisen, „Mitleid", 430–434.

Im Gebiet nahe der Stadt Gerasa innerhalb der Dekapolis kommt Jesus ein besessener Mann entgegen. Von ihm heißt es im Erzählbericht, dass er in Grabhöhlen lebt, dort Tag und Nacht schreit, sich mit Steinen schlägt und dass ihn keine Fesseln bändigen können (V. 4–5). Er spricht Jesus namentlich an mit den Worten: „Jesus, Sohn des Höchsten" (V. 7).Im weiteren Erzählverlauf wird deutlich, dass der Mann von einer „Legion" von „unreinen Geistern" besessen ist, die auf den Befehl Jesu in eine Schweineherde fahren, welche sich schließlich in den See stürzt (V. 9–13). Der Geheilte bittet Jesus, bei ihm bleiben zu dürfen. Darauf antwortet Jesus (Mk 5,19):

Geh hin in dein Haus zu den Deinen und verkünde ihnen, was der Herr an dir getan und dass er Mitleid mit dir hatte (ὕπαγε εἰς τὸν οἶκόν σου πρὸς τοὺς σοὺς καὶ ἀπάγγειλον αὐτοῖς ὅσα ὁ κύριός σοι πεποίηκεν καὶ ἠλέησέν σε).

Im ersten Teil der Antwort sendet er den Geheilten in dessen Haus zu den Seinen. Er soll dort verkündigen, was der *kyrios*, „Herr", an ihm „getan hat". Mit dem Kyriostitel ist, liest man den Text aus jüdischer Perspektive, auf Israels G*tt angespielt. In Kombination mit „er hatte Mitleid mit dir (ἠλέησέν σε)" (V. 19b) führt der markinische Jesus sein Rettungshandeln somit auf das Mitleid G*ttes zurück. Die Pointe dieser Aussage ist damit, dass Jesus sich selbst als ausführendes Organ des Mitleids(handelns) G*ttes vorstellt.[65] Diese Aussage Jesu am Abschluss dieser überaus dramatisch erzählten Heilung hat Signalcharakter für die Lektüre des Markusevangeliums, impliziert sie doch in hermeneutischer Konsequenz, alle markinischen Heilungen analog zu deuten.

Angemerkt sei, dass die Kyriosbezeichnung in den Evangelien vielfach mehrdeutig ist.[66] Sie kann sich auf jede männliche Figur beziehen, aber auch auf G*tt. In der Aussage Jesu in Mk 5,19 wird sie von einer jüdischen bzw. jüdisch sympathisierenden Leser- und Hörerschaft sicher auf Israels G*tt bezogen, der in der Septuaginta durchgehend *Kyrios* – in Übertragung des Tetragramms – genannt wird. Innerhalb des markinischen Erzählkontextes wird der Titel auch auf Jesus übertragen, so etwa in weiterer markinischer Jesusrede, in welcher dieser in dritter Person über sich als „Menschensohn" und „Herr" spricht (Mk 2,28), oder als Bezeichnung durch andere (Mk 11,3 u.ö.). Auch in der vorliegenden Erzählung interpretiert der Geheilte kurz nach Jesu Anrede seine Heilungserfahrung als Tat Jesu („wie viel Jesus an ihm getan hat [ὅσα ἐποίησεν αὐτῷ ὁ Ἰησοῦς]") (Mk 5,20; Lk 8,39) und nicht als Tat G*ttes, was sich jedem jüdischen Menschen nahegelegt hätte (Mk 5,19 par Lk 8,39). Vermutlich wird der Geheilte dadurch als nichtjüdisch gekennzeichnet.[67]

Ein Blick auf die synoptischen Parallelstellen zeigt, dass die lukanische Parallele die mögliche Doppeldeutigkeit vereindeutigt, indem sie in der Antwort Jesu „Herr

---

[65] So auch Dschulnigg, *Markusevangelium*, 157 mit Fußnote 117, und Guttenberger, *Evangelium nach Markus*, 125.

[66] S. dazu ausführlich Petersen, „Ärger".

[67] Das zeigt nach Guttenberger, *Evangelium nach Markus*, 120, seine Anrede Jesu als „Sohn des höchsten Gottes".

(*kyrios*)" durch „G*tt (*theos*)" ersetzt (Lk 8,39). Der explizite Hinweis auf das Mitleid G*ttes wird in der lukanischen Fassung des Jesuswortes aber merkwürdigerweise gestrichen, obwohl das Mitleid G*ttes im Lukasevangelium eine bedeutende Rolle spielt (s. u. 5.1). Ist das Mitleid G*ttes stillschweigend vorausgesetzt? Gilt das auch für die matthäische Version dieser Heilungserzählung, in welcher der Dialog des Geheilten mit Jesus fehlt?

Es kann für diese markinische Heilungswundererzählung festgehalten werden, dass das Mitleid(shandeln) G*ttes und das Heilungshandeln Jesu verschmelzen. Anders gesagt: Jesu Handeln verkörpert bzw. repräsentiert das Mitleid(shandeln) G*ttes.

3.2 Das Mitleid(shandeln) Jesu (Mk 1,41; 6,34; 8,2; 9,22; 10,47.48)

Jesu Rettungshandeln wird in fünf markinischen Wundererzählungen explizit mit dem Affekt des Mitleids in Verbindung gebracht. Es fällt auf, dass dabei der frühjüdische Neologismus *splagchnizomai* in vier dieser Wundererzählungen dominant zum Einsatz kommt (Mk 1,41; 6,34; 8,2; 9,22). Das traditionelle Verb *eleeo* hingegen begegnet nur zweimal als Appell des blinden Bartimäus auf Jesus bezogen (Mk 10,47.48).

Die vier Wundererzählungen, in denen Jesus durch *splagchnizomai* charakterisiert wird, habe ich an anderer Stelle ausführlich betrachtet und werde daher im Folgenden nur die wichtigsten Ergebnisse dieser Analyse anführen:[68] Das Verb begegnet in den vier Wundererzählungen der Heilung eines Aussätzigen (Mk 1,41), der Speisung der 5000 und der 4000 (Mk 6,34; 8,2) sowie der Heilung eines epileptischen Jungen (Mk 9,22). Subjekt des Mitleids ist durchgehend Jesus. *Splagchnizomai* ist im Markusevangelium somit der Charakterisierung Jesu vorbehalten und kann als spezifisch messianisches Mitleid(shandeln) gedeutet werden. Durchgehend gilt es Menschen in einer Not- bzw. Mangelsituation: einem an Aussatz Erkrankten (Mk 1,41), zwei großen Menschenmengen, die zusammenkommen, weil sie Tröstung bei Jesus suchen und in der Einöde, in der sie sich um ihn versammeln, nichts mehr zu essen haben (Mk 6,34; 8,2) sowie einem an Epilepsie erkrankten Menschen, dessen Vater an Jesu Mitleid appelliert (Mk 9,22). Alle Betroffenen (oder als Stellvertreter ein Vater) kommen aktiv auf Jesus zu. Im Plot der Erzählungen zeigt sich der Charakter dieses Affekts. Er ist durchgehend handlungsbezogen und durch den bereits oben genannten Dreischritt gekennzeichnet: Wahrnehmen – Fühlen – Not beheben. In den betreffenden markinischen Erzählungen finden sich verschiedenste ersttestamentliche Referenzen Jesus erscheint im Markusevangelium als Verkörperung bzw. Repräsentant des Mitleids des G*ttes Israels.

Diese Beobachtungen werden auch durch die Einbeziehung des markinischen Gebrauchs des traditionellen Verbs *eleeo* bezogen auf Jesus bekräftigt. In der Hei-

---

[68] Dazu und zum Folgenden Eisen, „Mitleid", 430–434.

lungswundererzählung vom blinden Bartimäus (Mk 10,46–52) findet es sich zweimal im Munde des hilfesuchenden Bartimäus in Form des traditionellen Bittrufs
ἐλέησόν (*eleeson*), „habe Mitleid" (Mk 10,47.48), der in der Septuaginta vorrangig
G*tt gilt.

Als Jesus nach Jericho kommt, eilt ihm laut schreiend der blinde Bettler Bartimäus entgegen und ruft (Mk 10,47.48):

Jesus, Sohn Davids, habe Mitleid mit mir (υἱὲ Δαυὶδ Ἰησοῦ, ἐλέησόν με).

Der Blinde lässt sich nicht von Umstehenden aufhalten, die ihn zum Schweigen
bringen wollen, und ruft Jesus gleich zweimal in dieser Form an. Der Appell *eleeson* greift, wie bereits gezeigt, traditionelle Psalmensprache auf (s.o. 2.2 und 2.3).
Bartimäus münzt diesen ersttestamentlichen Hilferuf an G*tt vielsagend auf Jesus.
Zusätzlich gebraucht er die Bezeichnung „Sohn Davids", die als onomastische Allusion an die Davidsüberlieferung zu deuten ist und Jesus als Repräsentanten des
Mitleids G*ttes mit politisch-messianischer Würde interpretiert.[69] In allen synoptischen Fassungen dieser Blindenheilungserzählung stimmt diese Anrede überein,
was als Konsens in der Sache gedeutet werden kann (Lk 18,38.39; Mt 9,27; 20,30.31).
Im Matthäusevangelium wird diese Geschichte sogar zweimal unterschiedlich erzählt, was ihre Bedeutung nochmals hervorhebt. In der zweiten und wiederholten
matthäischen Blindenheilungserzählung wird zum Appell *eleeson* durch zwei Blinde zusätzlich im Erzählbericht die Heilungshandlung Jesu als Ausdruck von dessen
Mitleid in Form des Verbs *splagchnizomai* unterstrichen (Mt 20,34: σπλαγχνισθεὶς)
(s.u. 4.2).

3.3 Zusammenfassung zum Mitleid(shandeln) im Markusevangelium

Zusammenfassend kann festgehalten werden, dass sich die sieben markinischen Belege für Mitleidsvokabular ausschließlich in Wundererzählungen finden, sechsmal
eindeutig auf den Messias Jesus und einmal auf G*ttes Mitleid als Verursachung von
Jesu Rettungshandeln bezogen. Mitleid(shandeln) bleibt im Markusevangelium
somit allein G*tt und seinem Messias Jesus vorbehalten. Die Emotion des Mitleids
ist also christologisch und theologisch verankert, Implikationen für eine allgemeine
Mitleidsethik eröffnen sich erst im Matthäus- und Lukasevangelium.

Hermeneutisch bedeutsam ist, dass der markinische Jesus selbst, in direkter Figurenrede, sein Rettungshandeln auf das Mitleid G*ttes zurückführt (Mk 5,19).
Diese Jesusrede kann als hermeneutischer Schlüssel für das Verstehen des Rettungshandelns Jesu im Markusevangelium insgesamt gedeutet und auch auf das weitere
Rettungshandeln Jesu extrapoliert werden.

Die Adressatengruppen des explizit durch Mitleid motivierten Rettungshandelns des markinischen Jesus bilden durchgehend Menschen in Notsituationen, die

---

[69] Vgl. Guttenberger, *Evangelium nach Markus*, 252.

aktiv zu Jesus kommen, und die aus ihren Notsituationen befreit werden. Dreimal erfolgt die Konzentration auf Einzelpersonen mit Erkrankungen (Mk 1,41; 9,22) und körperlicher Beeinträchtigung (Mk 10,47.48). Und gleich zweimal ist von sehr großen Menschenmengen die Rede (5000 und 4000), die sich in der Notsituation des Hungerns befinden (Mk 6,34; 8,2).

In fünf der sechs betreffenden Wundererzählungen ist der narrative Dreischritt anzutreffen: das Wahrnehmen einer konkreten Notlage, die Emotion des Mitleids Jesu bzw. der Appell eines Betroffenen an das Mitleid Jesu sowie die umgehende Behebung der Notlage. Die Emotion des Mitleids verdankt sich im Markusevangelium somit kognitiven Prozessen und führt immer zum rettenden Handeln. Das haben im Übrigen alle synoptischen Evangelien gemeinsam.

Erzählerisch ist Jesu Mitleid(shandeln) auf allen Ebenen der Vermittlung präsent. Einmal findet sich in der Rede des markinischen Jesus die explizite Erwähnung seines Mitleids als Handlungsmotivation (Mk 8,2), zweimal wird es im Erzählbericht ausgesagt (Mk 1,41; 6,34) und dreimal appelliert eine Figur der erzählten Welt an eben dieses (Mk 9,22; 10,47.48).

Die Tendenzen der markinischen Jesuserzählung von dessen Mitleid(shandeln) werden im Matthäusevangelium aufgenommen und noch um Beispiele erweitert und vertieft. Zusätzlich begegnet wiederholt Mitleid als ersttestamentliche Willensäußerung G*ttes und die Glücklichpreisung der Mitleidshandelnden. Die lukanische Jesuserzählung hingegen reduziert die markinischen Beispiele und fügt stattdessen (drei) neue Beispiele in Form von Sondergutüberlieferung (eine Wundererzählung, zwei Parabeln) hinzu. Wie in keinem anderen der drei synoptischen Evangelien wird im Lukasevangelium an das Mitleid des G*ttes Israels erinnert. Der Imperativ des lukanischen Jesus, Mitleid(shandeln) zu praktizieren, wird daran ausgerichtet (*imitatio Dei*).

4 Mitleid(shandeln) im Matthäusevangelium (Mt 5,7a.b; 6,2.3.4; 9,13.27.36; 12,7; 14,14; 15,22.32; 17,15; 18,27.33a.b; 20,30.31.34; 23,23)

Von den synoptischen Evangelien findet sich der Affekt des Mitleids am häufigsten im Matthäusevangelium bezogen auf G*tt, Jesus und andere Erzählfiguren. Mitleid(shandeln) nimmt in der matthäischen Theologie eine herausragende Stellung ein.[70]

Im Matthäusevangelium kommen am häufigsten die Verben *eleeo* (achtmal) (Mt 5,7b; 9,27; 15,22; 17,15; 18,33a.b; 20,30.31) und *splagchnizomai* (fünfmal) (Mt 9,36; 14,14; 15,32; 18,27; 20,34) zur Anwendung. So wie auch im Markusevangelium werden die Verben mehrheitlich auf Jesus und einmal auf G*tt bezogen (Mt 5,7b).

---

[70] Vgl. dazu auch Seeanner, *Barmherzigkeit*, und Konradt, „‚Glückselig sind die Barmherzigen'".

Darüber hinaus – und das ist neu im Vergleich zum Markusevangelium – wird gleich dreimal der Protagonist einer Sondergutparabel, ein König mit ihnen charakterisiert (Mt 18,27.33). Das Substantiv *eleos* findet sich dreimal, um damit die Willensbekundung des G*ttes Israels zu explizieren: Zweimal in einem (nicht markierten) Zitat aus Hos 6,6 (LXX) (Mt 9,13; 12,7) und einmal in Allusion auf Mi 6,8 (LXX) (Mt 23,23). Das substantivierte Adjektiv *eleemon* wird in einem matthäischen Makarismus zur Kennzeichnung von Menschen, die Mitleid üben, herangezogen (Mt 5,7).

Im Folgenden werden die betreffenden Erzählkontexte sortiert nach den Bezugsgrößen G*tt (4.1), Jesus (4.2), anderen Erzählfiguren (4.3) und schließlich zusammenfassend ausgewertet (4.4).

4.1 Das Mitleid(shandeln) G*ttes (Mt 5,7b) und die Willensäußerung G*ttes (Mt 9,13; 12,7; 18,27; 23,23)

Die Erwähnung des Mitleids(handelns) G*ttes (Mt 5,7b) und der Willensäußerung G*ttes, Mitleid(shandeln) zu priorisieren, findet sich im Matthäusevangelium ausschließlich in Jesusrede unter Bezug auf ersttestamentliche Prophetenworte (Mt 9,13; 12,7; 23,23). Die Verankerung des Mitleids in der Willensäußerung G*ttes begründet die matthäische Mitleidsethik.

Die erste Erwähnung des Mitleids G*ttes durch den matthäischen Jesus findet sich gleich zu Anfang seiner großen Bergrede in seinem fünften Makarismus, der im Lukasevangelium keine Parallele hat und in der Forschung mehrheitlich als matthäische Bildung betrachtet wird. Er ist einzigartig in der synoptischen Tradition und wird Jesus wie folgt in den Mund gelegt (Mt 5,7):[71]

Glücklich die Mitleidshandelnden, denn sie werden Mitleid erfahren (μακάριοι οἱ ἐλεήμονες, ὅτι αὐτοὶ ἐλεηθήσονται).

Im ersten Teil des Makarismus findet sich das substantivierte Adjektiv *eleemon* zur Bezeichnung der Menschen, die durch Mitleidshandeln charakterisiert sind. Sie werden glücklich gepriesen. Das aus der Septuaginta bekannte Adjektiv, das in der Septuaginta noch mehrheitlich für G*tt reserviert ist, kommt nur an dieser Stelle in den synoptischen Evangelien zum Einsatz (s. o. 2.2 und 2.3). Im zweiten Teil des Makarismus wird diesen Menschen das Mitleid G*ttes versprochen. In Form eines *passivum divinum* des Verbs *eleeo* wird ihnen ein ihrem Handeln entsprechendes Ergehen durch G*ttes Mitleid(shandeln) eschatologisch verheißen (5,7b: ὅτι αὐτοὶ ἐλεηθήσονται). Das Motiv der Respondenz G*ttes auf die Mitleidshandelnden ist auch in frühjüdischer Tradition anzutreffen (Prov 17,5 [LXX]; TestSeb 5,3; 8,1–3; bShab 151b) und wird hier frühchristlich bestätigt.[72] Mitleid(shandeln) wird

---

[71] Vgl. etwa Konradt, *Evangelium nach Matthäus*, 69.
[72] So ebd. mit Belegstellen.

schon im Ersten Testament, in frühjüdischer Tradition und so auch in Mt 5,7 als besonders wertvoll evaluiert, nicht zuletzt, weil es in der Hebräischen Bibel ein besonderes Charakteristikum G*ttes darstellt (s.o. 2.2). Diese Feststellung des matthäischen Jesus geht allen weiteren Erwähnungen von Mitleid(shandeln) im Matthäusevangelium voraus und kann als programmatisch gelesen werden.

Vor dem Hintergrund dieses Makarismus ist es folgerichtig, dass der matthäische Jesus mehrfach Mitleid(shandeln) als Willensäußerung G*ttes einbringt, die sich ebenfalls, so wie auch dieser Makarismus, ausschließlich im Matthäusevangelium findet (Mt 9,13; 12,7; 23,23). Gleich dreimal schärft der matthäische Jesus seiner Hörerschaft Mitleid als Willen G*ttes ein, zweimal in Form eines nicht markierten Zitats aus Hos 6,6 (LXX) (Mt 9,13; 12,7) und einmal in Form einer Allusion auf Mi 6,8 (LXX) (Mt 23,23). Informierte Hörer- und Leserschaft kann aus eigener Schriftkenntnis Zitat und Anspielung identifizieren. Für sie ist die Jesusrede vom Mitleid damit mehrfach autorisiert: durch Jesus, die Propheten und durch G*tt selbst. Zugleich ist die Kontinuität des Willens G*ttes im Wirken Jesu markiert.

Die Willensäußerung G*ttes findet sich das erste Mal im Munde des matthäischen Jesus in einer Szene, in der er sich mit „Zöllnern und Sündigen" abgibt und von pharisäischen Gruppen dafür kritisiert wird (Mt 9,9–13). Die Erzählung setzt mit der Berufung des Zöllners Matthäus ein, an die sich ein gemeinsames Mahl mit „Zöllnern und Sündigen" anschließt. Als eine pharisäische Gruppe sieht, wie Jesus mit diesen zusammensitzt und isst, stellt sie zunächst Jesu Jüngerschaft die Frage, warum Jesus so handle. Aber der matthäische Jesus selbst antwortet mit den die Szene abschließenden Worten (Mt 9,13):

Geht aber hin und lernt, was es heißt: *Mitleid(shandeln) will ich und nicht Opfer* [Hos 6,6 (LXX)]. Denn ich bin nicht gekommen, Gerechte zu rufen, sondern Sündige (πορευθέντες δὲ μάθετε τί ἐστιν· ἔλεος θέλω καὶ οὐ θυσίαν· οὐ γὰρ ἦλθον καλέσαι δικαίους ἀλλ' ἁμαρτωλούς).[73]

Jesus begründet seine Hinwendung zu den als sündig/unrein Stigmatisierten mit dem Hinweis auf die Willensäußerung G*ttes unter Rekurs auf Hos 6,6 (LXX). Dabei handelt es sich um ein nicht markiertes Zitat einer G*ttesrede aus dem Hoseabuch, womit die Aussage noch an Gewicht gewinnt. Der Erzähler des Evangeliums lässt den matthäischen Jesus diese Willensäußerung G*ttes nicht als Zitat markieren. Das zeitigt folgende Wirkungen: Zum einen versteht vermutlich lediglich die informierte Hörer- und Leserschaft den Verweis auf Israels G*tt. Zum anderen verschmelzen in dieser Antwort die Ich-Rede G*ttes und die anschließende Ich-Rede Jesu: „Denn ich bin nicht gekommen, Gerechte zu rufen, sondern Sündige".

In der betreffenden Szene wird die Thematik der Sündenvergebung und Reintegration von stigmatisierten Gruppen am Beispiel der „Zöllner und Sündigen"

---

[73] Die Kursivierung markiert in dieser Fassung das nicht markierte Zitat, so auch in der folgenden Zitation von Mt 12,7.

aufgegriffen. Die Handlungsmotivation Jesu orientiert sich am Mitleid(shandeln) G*ttes und dessen Sündenvergebung. Der matthäische Jesus priorisiert sein Handeln nach dem erklärten Willen G*ttes, wie er in Hos 6,6 (LXX) artikuliert ist.

Ein zweites Mal dient die (erneute) Zitation von Hos 6,6 (LXX) durch Jesus in der Erzählung vom Ährenraufen am Sabbat wieder als Argument gegenüber pharisäischen Gruppen (Mt 12,1–8). Diesmal verteidigt Jesus damit seine hungrige Jüngerschaft, die am Sabbat Ähren rauft und damit aus pharisäischer Sicht das Ruhegebot missachtet. Jesus kontert ihre Kritik mit den Worten (Mt 12,7):

Wenn ihr aber wüsstet, was das heißt: *Mitleid will ich und nicht Opfer* [Hos 6,6 (LXX)], dann hättet ihr die Unschuldigen nicht verdammt (εἰ δὲ ἐγνώκειτε τί ἐστιν· ἔλεος θέλω καὶ οὐ θυσίαν, οὐκ ἂν κατεδικάσατε τοὺς).

Auch in dieser Äußerung wird das Zitat ebensowenig markiert wie zuvor in Mt 9,13, womit auch hier die Willensäußerung G*ttes mit dem Handeln Jesu zur Deckung kommt. G*ttes Wille, Mitleid zu üben, wird in beiden Erzählungen zum Kriterium der Priorisierung des Handelns. Die Iteration in Form zweimaliger Zitation von Hos 6,6 (LXX) unterstreicht nochmals, welchen Stellenwert diese Willensäußerung G*ttes in der matthäischen Theologie und Ethik einnimmt. Dass es sich dabei um spezifisch matthäische Theologie handelt, wird auch daran deutlich, dass die markinische und die lukanische Version dieser Erzählung keinen Verweis auf Hos 6,6 (LXX) bieten.

Ein drittes Mal vertieft der matthäische Jesus das Mitleid(shandeln) als Willensäußerung G*ttes in seiner großen Wehe-Rede gegen schriftgelehrte und pharisäische Gruppen (Mt 23,1–36). Er formuliert in seiner Kritik an deren Gewichtung der Gebote im Hinblick auf den Zehnten, was er für das wichtigste hält, nämlich die Trias „das Recht (τὴν κρίσιν), das Mitleid (τὸ ἔλεος) und die Treue (τὴν πίστιν), diese hättet ihr tun sollen (ἔδει ποιῆσαι)" (V. 23). Hier wird *eleos* mit dem Verb *poiein* verbunden. Bei dieser Trias handelt es sich um eine freie Adaption der Trias aus Mi 6,8 (LXX). Dort heißt es: „Recht zu tun und Mitleid zu lieben und bereit zu sein, mit dem Herrn, deinem G*tt zu wandeln (ποιεῖν κρίμα καὶ ἀγαπᾶν ἔλεον καὶ ἕτοιμον εἶναι τοῦ πορεύεσθαι μετὰ κυρίου θεοῦ σου)". Im Michawort ist das Verb *poiein* auf *krima*, „Recht", bezogen und *eleos* ist dort mit dem Lieben verbunden. In der Formulierung „das Mitleid zu lieben" ist nicht der Handlungsaspekt betont wie in der matthäischen Adaption, sondern der affektive Aspekt durch die Doppelung der zwei Emotionen. Sie werden aufeinander bezogen, verschränkt und intensiviert, ähnlich wie im hebräischen Ausgangstext, in welchem sich die Emotionslexeme אהב (*ahav*), „lieben", und *chäsad* ergänzen und wechselseitig verstärken. In der matthäischen Rezeption wird das „Lieben" gestrichen und durch das abschließende *poiein* der Tataspekt des Mitleids betont. Im lukanischen Paralleltext zu Mt 23,23 ist stattdessen von der „Liebe G*ttes" die Rede (Lk 20,42). Ob an dieser Stelle Lk 20,42 *eleos* durch *theos* oder Mt 23,23 *theos* durch *eleos* aus der vermutlich gemeinsamen Quelle substituieren, muss offenbleiben.

Im Kapitel zuvor hat in der matthäischen Evangelienerzählung ein Streitgespräch zwischen Jesus und pharisäischen und schriftgelehrten Gruppen zur Frage nach dem „höchsten Gebot" stattgefunden (Mt 22,36), in welchem Jesus auf die Liebe zu G*tt und das Doppelgebot der Liebe verwiesen hat (Mt 22,37–39). An dieser Stelle wird die Emotion der Liebe ins Zentrum gerückt (Mt 22,34–40; vgl. 5,43–48). In gewisser Weise konkretisiert die Trias in Mt 23,23, was der matthäische Jesus kurz zuvor bereits als oberstes Gebot bezeichnet hat, nämlich die Liebe. Die beiden Emotionen Liebe und Mitleid werden auch im Lukasevangelium eng aufeinander bezogen (s. u. 5.3).

Es kann festgehalten werden: Das Mitleid(shandeln) G*ttes gegenüber den Mitleidshandelnden im fünften Makarismus wird in der weiteren matthäischen Jesusrede von der Willensäußerung G*ttes, Mitleid zu priorisieren, vertieft und durch dreimalige Wiederholung eingeschärft. Die Emotion des Mitleids G*ttes und die Priorisierung der Emotion des Mitleids(handelns) bei den Menschen werden im Matthäusevangelium aufs Engste verknüpft. Die Jesusrede vom Mitleid(shandeln) und sein entsprechendes Handeln ist damit für die informierte Leserschaft durch Kontinuität zum G*tt Israels markiert. Deutlicher kann die matthäische Mitleidsethik kaum hervorgehoben und ins Zentrum gerückt werden. Wie sehr an diesen Stellen spezifisch matthäische Theologie zu greifen ist, ist auch daran erkennbar, dass in den beiden anderen synoptischen Evangelien, welche die matthäischen Perikopen ebenfalls bieten, der Rekurs auf *eleos* fehlt.

4.2 Das Mitleid(shandeln) Jesu (Mt 9,13.27.36; 12,7; 14,14; 15,22.32; 17,15; 20,30.31)

Jesus ist im Matthäusevangelium, so wie auch im Markusevangelium, der Hauptrepräsentant gelebten Mitleids(handelns). Mehrheitlich erfolgt dessen Darstellung in Wundererzählungen. Die Ausnahmen hinsichtlich der Textsorte bilden die bereits besprochene Mahlszene Jesu mit den „Zöllnern und Sündigen" (Mt 9,13) und die Erzählung vom Ährenraufen am Sabbat, in welcher Jesus aus Mitleid die Jüngerschaft gewähren lässt (Mt 12,1–8, V. 7). In beiden Szenen ist Jesu Handeln Ausdruck des Willens G*ttes und wurde daher im Kapitel zum Mitleid(shandeln) G*ttes behandelt. Darüber hinaus findet sich noch zusätzlich die Feststellung des besonderen Mitleids Jesu gegenüber jüdischen Menschenmengen zu Beginn der Aussendungsrede (Mt 9,36: ἐσπλαγχνίσθη περὶ αὐτῶν).[74]

Die sechs matthäischen Wundererzählungen, die Jesu Rettungshandeln als Mitleidshandeln zeigen, sind die zwei Speisungswundererzählungen (Mt 14,13–21, V. 14; 15,32–39, V. 32), die zwei Blindenheilungserzählungen (Mt 9,27–31, V. 27; 20,29–34, V. 30.31) und zwei Exorzismuswundererzählungen (Mt 15,21–28, V. 22; 17,14–18,

---

[74] S. dazu ausführlich Eisen, „Mitleid", 435.

V. 15). Fünfmal wird in ihnen gleichlautend das traditionelle Verb *eleeo* in Form seines Imperativs *eleeson* gebraucht (Mt 9,27; 15,22; 17,15; 20,30.32) und dreimal Formen von *splagchnizomai* (Mt 14,14; 15,32; 20,34). Die Erzählungen müssen nicht im Einzelnen vorgestellt werden, weil sie hinsichtlich des Mitleids ähnliche Strukturen aufweisen.

Zunächst zum Gebrauch des Imperativs *eleeson*, „habe Mitleid". Dieser traditionelle Bittruf wird fünfmal von Betroffenen an Jesus gerichtet. Dreimal erfolgt der Appell von den zwei Blinden in der matthäischen Doppelüberlieferung von deren Heilung (Mt 9,27; 20,30.31), einmal in der Fürsprache einer kanaanäischen Frau für ihre von einem Dämon geplagten Tochter (Mt 15,22) und einmal in der eines Vaters für seinen an Epilepsie erkrankten Sohn (Mt 17,15).[75] Die Betroffenen applizieren ihre Hoffnung auf das Mitleid G*ttes, wie es aus den Psalmen bekannt ist, auf Jesus und deuten ihn als Repräsentanten G*ttes auf der Ebene der erzählten Welt. Die markinischen Vorlagen für Appelle an das Mitleid Jesu (Mk 9,22; Mk 10,47.48) werden im Matthäusevangelium somit stark erweitert und vereinheitlicht. Es wird eine Kohärenz aller fünf Appelle matthäischer Hilfesuchender an Jesus hergestellt. In den drei synoptischen Evangelien haben diese Appelle an Jesus gemeinsam, dass sie immer zur Behebung der Notlage der Hilfesuchenden führen.

Vier dieser Appelle weisen eine weitere Kohärenz auf, indem sie Jesus zudem als „Sohn Davids" ansprechen, was im Markusevangelium ausschließlich durch Bartimäus erfolgt (Mk 10,47.48; s.o. 3.2). Die formelhaft anmutende Repetition dieser Anrede Jesu unterstreicht deren Bedeutung für die matthäische Christologie: Jesus wird durch sie als davidischer Messias und Repräsentant des Mitleids G*ttes akklamiert.[76]

Den matthäischen Gebrauch des Verbes *splagchnizomai* habe ich an anderer Stelle genauer betrachtet und fasse dazu die wichtigsten Ergebnisse zusammen:[77] Alle betreffenden Erzählungen, die beiden Speisungswundererzählungen und die Heilung zweier Blinder, charakterisieren Jesus als Mitleidshandelnden (Mt 14,14; 15,32; 20,34). Sie weisen die Plotstruktur des Dreischritts auf: Wahrnehmen – Fühlen – Handeln. In allen drei Erzählungen wird Jesu Mitleid durch die Wahrnehmung der Not der Betroffenen geweckt[78] und in allen Fällen führt diese zur Behebung der Notlage.

Insgesamt kann zu Jesu Mitleid(shandeln) im Matthäusevangelium festgehalten werden: Es zeigt sich konkret in Form von Heilungen (Blindenheilungen und Exorzismen) sowie Mahlgemeinschaft und Hungerstillungen (Mt 9; 14; 15; 17; 20). Stets

---

[75] In den Erzählungen von der kanaanäischen Frau wird es gegenüber der markinischen Vorlage ergänzt und beim Vater des an Epilepsie erkrankten Sohns ersetzt es das markinische *splagchnizomai*.

[76] So auch Konradt, *Evangelium nach Matthäus*, 155.

[77] S. dazu und zum Folgenden: Eisen, „Mitleid", 435–440.

[78] Einmal charakterisiert Jesus sich selbst mit dem Verb *splagchnizomai* (Mt 15,32) und zweimal wird er im Erzählbericht entsprechend charakterisiert (14,14; 20,34).

führt sein Mitleid zur Behebung der Notlagen. Im ersten Teil des Matthäusevangeliums fällt auf, dass sich der Affekt des Mitleids Jesu insbesondere auf jüdische Menschenmengen bezieht (Mt 9,36; 14,13.14.15.19.21; 15,32.33.35.36.39).[79] Sie werden als Geplagte charakterisiert, „wie Schafe, die keinen Hirten haben" (Mt 9,36). Das Bild vom Hirten ist ein verbreitetes ersttestamentliches Motiv (Num 27,17 u.ö.)[80] und Jesus wird in der matthäischen Evangelienerzählung als Besetzung dieser Vakanz inszeniert.

Im Matthäusevangelium zeigt sich eine gewisse Differenz des Verbgebrauchs *splagchnizomai* und *eleeo*. Während *eleeo* den Figurenreden der Betroffenen vorbehalten bleibt und ihre Erwartungshaltung an entsprechendes Emotionsverhalten Jesu ausdrückt, wird *splagchnizomai* vor allem gebraucht, um Jesu Mitleid *in actu* zu zeigen. Gemeinsam ist dem Gebrauch beider Verben bezogen auf Jesus, dass sie stets dessen Rettungshandeln zur Folge haben.

4.3 Das Mitleid(shandeln) anderer Erzählfiguren (Mt 5,7a; 6,2.3.4; 9,13; 12,7; 18,27.33; 23,23)

Im Matthäusevangelium findet sich eine Mitleidsethik. Sie findet ihre Orientierung in Form der dreimaligen indirekten Zitation der Willensäußerung G*ttes (Mt 9,13; 12,7; 23,23). Das wird programmatisch vorbereitet durch die Glücklichpreisung der Mitleidshandelnden (Mt 5,7a). Sie bestätigt nicht nur diejenigen, deren Handeln durch diese Emotion bereits bestimmt sind, sondern ermuntert auch solche, die dieser Emotion unter Umständen skeptisch gegenüberstehen. Der Makarismus ist heilvolle Zusage und gleichzeitig Werbeslogan für Mitleid(shandeln).

Konkretes Mitleid(shandeln) von Menschen hingegen wird im Matthäusevangelium bis auf eine Ausnahme ausschließlich von Jesus erzählt. Die Ausnahme bildet die matthäische Sondergutparabel, die das Mitleid(shandeln) eines Königs zeigt (Mt 18,25–34). Die Parabel kann als narrative Ethik interpretiert werden, sie ist Mahnung und Warnung. Ich habe sie bereits an anderer Stelle genauer betrachtet und werde im Folgenden die wichtigsten Ergebnisse bündeln:[81]

Die Parabel bietet drei Szenen mit zwei Protagonisten, einem König und seinem hoch verschuldeten Sklaven: In der ersten Szene werden beide Figuren eingeführt und es wird gezeigt, wie der König von Mitleid ergriffen – hier mit dem Verb *splagchnizomai* – seinem verschuldeten Sklaven dessen horrende Geldschuld erlässt (Mt 18,25–27; V. 27). Die zweite Szene zeigt, wie dieser Sklave von einen Mitsklaven unerbittlich die Rückzahlung von dessen Schuld ihm gegenüber einfordert (Mt 18,28–30). In der dritten Szene (Mt 18,31–34) wird erzählt, wie dieser Vorgang dem König zu Ohren kommt, er seinen Sklaven daraufhin zur Rede stellt und ihn

---

[79] Dazu genauer Eisen, „Mitleid", 435–436.
[80] S. weitere Stellen bei Konradt, *Evangelium nach Matthäus*, 159.
[81] Dazu auch Eisen, „Mitleid", 437–439.

fragt, warum er nicht ebenfalls Mitleid mit seinem Mitsklaven hatte, so wie er es durch ihn erfahren habe (Mt 18,33). Erzürnt nimmt der König und Sklavenherr wegen des Mangels an Mitleid(shandeln) des ersten Sklaven dessen Schuldenerlass zurück und übergibt ihn „den Folterern, bis er die Schuld bezahlt hat" (Mt 18,34). Die Parabel erzählt also von einem durch die Emotion des Mitleids motivierten Schuldenerlass, der zurückgenommen wird, weil der Empfänger nicht in gleicher Weise handelt.

Die Parabelerzählung changiert je nach Kontextualisierung im Matthäusevangelium und je nach Blickwinkel, der eingenommen wird. Das hat zu entgegengesetzten Deutungen geführt. Wird sie als „Gottesgleichnis"[82] interpretiert, ist der König auf G*tt zu deuten, der Mitleid übt, aber diejenigen bestraft, die es ihm nicht gleichtun. Damit zeigt die Parabel die Grenzen des Mitleids G*ttes. Wird die Parabel als „antithetisches Gottesgleichnis"[83] gelesen, dann zeigt sie einen Menschen, der zwar aus Mitleid handelt und Schulden erlässt, dieses Handeln aber rückgängig macht, als er feststellt, dass nicht analog gehandelt wurde. Es zeigt das Versagen konsequenten Mitleidshandelns von Menschen. Die Welt bleibt, wie sie war, der Ausgangszustand ist wieder hergestellt.

Zur Klärung soll die Kontextualisierung der Parabel im matthäischen Erzählkontext beitragen. Sie ist in einen Dialog zwischen Petrus und Jesus eingebettet. Petrus fragt Jesus, wie häufig Vergebung erwartet wird, worauf er antwortet: „Nicht siebenmal, sondern siebenundsiebzigmal", was die Grenzenlosigkeit von Vergebung anzeigt (Mt 18,21–22). Wird der König als G*tt gedeutet, unterläuft dieser die von den Menschen geforderte Vergebungsbereitschaft. Diese Deutung ist angesichts der drastischen matthäischen Bilder vom göttlichen eschatologischen Gericht möglich. Will man aber solcher „schwarzer Pädagogik" nicht das Wort reden, ist auch die Deutung dieser Parabel als antithetisches G*ttesgleichnis möglich. Dann zeigt sie, wie begrenzt menschliches Handeln von Vergebung geprägt ist und wozu das führt. Diese Deutung wird unterstützt durch die Kommentarworte des matthäischen Jesus, in welchen er zu radikalem Vergeltungsverzicht und Feindesliebe auffordert (Mt 5,38–48).

Festgehalten sei, dass die Parabel in beiden Deutungen zu Verunsicherung und zu neuem, der Königsherrschaft G*ttes angemessenem Handeln führt. Das ist im Matthäusevangelium kaum ohne Mitleid(shandeln) zu denken, wie auch die Mitleidsethik des Evangeliums deutlich macht.

Das Substantiv *eleemosyne* wird in der matthäischen Jesusrede in seiner traditionellen Deutung dreimal konkret auf Almosengeben bezogen (Mt 6,2.3.4). Wie bereits gezeigt, ist Mitleid(shandeln) in der Entwicklung der Semantik dieses Substantivs, das ursprünglich *eleos* entsprach, sukzessive auf den konkreten

---

[82] So z.B. Konradt, *Evangelium nach Matthäus*, z.St.
[83] So z.B. Schottroff, *Gleichnisse*, 265.

Handlungsaspekt der „(Wohl)tat", des „Almosengebens" verengt worden (s.o. 2.2 und 2.3). Diese Tendenz könnte im matthäischen Kontext auch die Verbindung des Substantivs durch das Verb *poiein* unterstreichen (V. 2.3). Auch werden die Verse 2–4 eingeleitet durch einen Satz über die „Gerechtigkeit *(dikaiosyne)*", d.h. konkret „gerechtes Handeln" (V. 1).[84] Die Verse 1–4 werden traditionell unter der Überschrift „Almosengeben" verhandelt. Aber vielleicht kann *eleemosyne* hier auch auf andere „Taten" des Mitleids bezogen werden, als nur das Almosengeben? Zu denken wäre etwa auch an das, was in Mt 25,34–40 entfaltet wird und unter der Überschrift „Die sieben Werke der Barmherzigkeit" in die Wirkungsgeschichte eingegangen und bis heute bekannt ist.

Kernbotschaft von 6,1–4 ist der Umgang mit dem Gerechtigkeits- bzw. Mitleidshandeln. Es soll verborgen bleiben und nicht vor anderen Menschen zur Schau gestellt werden. Dabei geht es um die Frage des „Lohnes *(misthos)*" (V. 1) bzw. der „Vergeltung *(apodidomi)*" (V. 4) dieses Handelns. Drängt es auf Anerkennung durch andere Mitmenschen (V. 2), ist der „Lohn" bereits empfangen (V. 2). Geschieht es aber im Verborgenen und wird allein von G*tt gesehen (V. 3f.), dann erfolgt die Vergeltung durch G*tt (V. 4). Diese Verse zeigen einen neuen Aspekt der matthäischen Mitleidsethik: Sie ist nicht auf Selbstlosigkeit hin angelegt, aber sie soll nicht den Lohn in Form menschlicher, sondern göttlicher Vergeltung suchen.

4.4 *Zusammenfassung zum Mitleid(shandeln) im Matthäusevangelium*

Wie gezeigt wurde, kommt dem Mitleid(shandeln) im Matthäusevangelium eine große Bedeutung zu. Es finden sich 20 Belegstellen. Zunächst schließt das Matthäusevangelium eng an das Markusevangelium an, indem es vor allem Jesu gelebtes Mitleid(shandeln) mit seinen rettenden Implikationen in den Wundererzählungen übernimmt, aber auch erweitert. Der Affekt des Mitleid(shandeln)s ist auch im Matthäusevangelium handlungsbezogen und durch den Dreischritt: Wahrnehmen – Fühlen – Handeln gekennzeichnet.

Die Mitleidsthematik geht im Matthäusevangelium aber über das Markusevangelium weit hinaus, indem sie in matthäischer Jesusrede mehrfach aufgegriffen und als Mitleidsethik entfaltet wird. Gleich zu Anfang seiner großen Bergrede preist Jesus Mitleidshandelnde glücklich und verheißt ihnen respondierendes Mitleid G*ttes (Mt 5,7). Der Lohn bzw. die Vergeltung von menschlichem Mitleid(shandeln) wird in der Bergrede von Jesus erneut aufgegriffen, diesmal verbunden mit der Warnung, dass Vergeltung dafür nur einmal erfolgt, entweder durch Menschen oder G*tt (Mt 6,2–4). Dreimal betont er den Willen G*ttes, der „Mitleid und nicht Opfer" fordert (Mt 9,13; 12,7; vgl. 23,23). Und einmal thematisiert er in einer Sondergutparabel das Mitleid eines Königs, das zu Schuldenerlass führt, aber auch dessen Rücknahme, als der Schuldner nicht seinerseits durch Mitleid motiviert Schulden

---

[84] Es erinnert an Ex 34,7, wo es bezogen auf G*tt ebenfalls beieinandersteht (s.o. 2.2).

erlässt (Mt 18,27.33). Subjekte des Mitleids(handelns) sind nicht mehr allein G*tt und Jesus, sondern zaghaft auch andere Erzählfiguren. Ihr Mitleid(shandeln) ist unter die Verheißung gestellt, aber auch von Mahnungen und Warnungen begleitet. Mitleid(shandeln) ist im Matthäusevangelium somit theologisch, christologisch, anthropologisch und ethisch verankert.

Die Tatsache, dass G*tt durch Mitleid gekennzeichnet ist, wird in einem Makarismus festgehalten. Der Hauptakzent wird aber auf die Willensäußerung G*ttes gelegt: G*tt „will Mitleid". Jesus macht konkret vor, was das heißt (Mt 9,13; 12,7). In der Erzählung von der Berufung des Zöllners Matthäus und der anschließenden Mahlgemeinschaft mit „Zöllnern und Sündigen" praktiziert er Sündenvergebung und Reintegration Marginalisierter. In diesen Erzählkontexten erweist sich Jesus als Repräsentant des Willens und Mitleids G*ttes.

Die Adressatengruppen des Mitleids(handelns) sind im ersten Teil des Evangeliums vor allem jüdische Menschenmengen und im weiteren Verlauf der Evangelienerzählung einzelne Menschen in konkreten Notsituationen, seien sie von Krankheit, Hunger, Schuld[85] oder Verschuldung sowie sozialer Ausgrenzung betroffen.

Im Unterschied zu den beiden anderen synoptischen Evangelien ist vor allem hervorzuheben, wie sehr im Matthäusevangelium *eleos* als „das Zentrum des Willens Gottes" betont wird (Mt 9,13; 12,7; 23,23).[86] Die Repetition markiert die Programmatik. Gleich zu Beginn des Evangeliums wird dies durch die Glücklichpreisung der Mitleidshandelnden vorbereitet und pointiert (Mt 5,7). Mit Matthias Konradt ist festzuhalten,

dass die Barmherzigkeit [das Mitleid] in der matthäischen Ethik nicht bloß eine Nebenrolle spielt, sondern im *Zentrum* des matthäischen Verständnisses des von den Jüngern zu praktizierenden Gotteswillens steht, das wird durch die grundlegende Bedeutung des Prophetenwortes aus Hos 6,6 als hermeneutischen Schlüssels für das matthäische Verständnis des Willens Gottes, wie er in „Tora und Propheten" (5,17; 7,12; 22,40) niedergelegt ist, nachdrücklich unterstrichen.[87]

Dabei sollte nicht außer Acht gelassen werden, dass sich das von G*tt geforderte Mitleid paradigmatisch am Mitleid(shandeln) Jesu zeigt, dass sich dieser also als dessen Repräsentant an G*ttes Mitleid(shandeln) ausrichtet. So wird Jesus in der erzählten Welt auch von Betroffenen wahrgenommen, was in der traditionellen Formel „habe Mitleid (*eleeson*)" mitschwingt. Sie wird wiederholt (fünfmal) als Appell an Jesus gerichtet – für die informierte Leserschaft als Hoffnung auf G*ttes Mitleid vor allem in den Psalmen besonders prominent.

---

[85] Für Seeanner, *Barmherzigkeit, passim*, ist die Vergebung von Schuld zentraler Inhalt von Barmherzigkeit im Matthäusevangelium.

[86] Konradt, *Evangelium nach Matthäus*, 69.

[87] Konradt, „‚Glückselig sind die Barmherzigen'", 436.

5 Mitleid(shandeln) im Lukasevangelium (Lk 1,50.54.58.72.78; 6,36a.b; 7,13; 10,33.37; 11,41; 12,33; 15,20; 16,24; 17,13; 18,38.39)

Im Lukasevangelium finden sich 15 Belege zum Affekt des Mitleids. Erstaunlich häufig im Vergleich zu den anderen synoptischen Evangelien wird das Substantiv *eleos* (sechsmal) verwendet (Lk 1,50.54.58.72.78; 10,37), das im Markusevangelium ganz fehlt. Damit wird mit einer Ausnahme (Lk 10,37) durchgehend explizit an das Mitleid(shandeln) G*ttes in Geschichte und Gegenwart erinnert, was eine Besonderheit des Lukasevangeliums gegenüber den anderen synoptischen Evangelien darstellt. Die Häufigkeit des Gebrauchs der Verben *eleeo* (viermal) (Lk 16,24; 17,13; 18,38.39) und *splagchnizomai* (dreimal) (Lk 7,13; 10,33; 15,20) ist mit den anderen Evangelien weitgehend kohärent. Beim Gebrauch des frühjüdischen Neologismus *splagchnizomai* fällt aber auf, dass er im Lukasevangelium aus allen markinischen Vorlagen getilgt und stattdessen dreimal in lukanischer Sondergutüberlieferung neu eingeführt wurde, in der Totenerweckungserzählung des Sohns einer Witwe (Lk 7,13) und in den Parabeln vom Samaritaner und Vater (Lk 10,33; 15,20).[88] Das Adjektiv *oiktirmon*, das in den synoptischen Evangelien nur im Lukasevangeliums vorkommt, wird einmal auf Menschen und einmal auf G*tt bezogen (Lk 6,36a.b).[89]

Insgesamt fällt auf, dass die Belege aus dem Lukasevangelium den markinischen Vorlagen weniger folgen als die des Matthäusevangeliums. Es schlägt sehr eigene Wege ein: Das ist vor allem die Tatsache, dass sich im Lukasevangelium gleich zu Beginn des Evangeliums gehäuft mehrheitlich in Figurenrede der fünfmalige Hinweis auf das Mitleid(shandeln) G*ttes findet (Lk 1). In der lukanischen Feldrede folgt ein sechster Beleg (Lk 6,36). Des Weiteren wird analog zu den beiden anderen synoptischen Evangelien das Mitleid Jesu in Wundererzählungen thematisiert. Von den markinischen Vorlagen wird aber nur eine mit Mitleidsvokabular übernommen (die Blindenheilung) und stattdessen zwei neue gesteigerte Wundererzählungen (Sondergut) eingeführt (eine Totenerweckung und die Heilung von zehn Aussätzigen). Ethische Implikationen des Mitleids(handelns) begegnen, so wie auch im Matthäusevangelium, im Redestoff Jesu: Mitleid(shandeln) findet sich einmal als expliziter Imperativ Jesu orientiert am Mitleid(shandeln) G*ttes (*imitatio Dei*), aber vor allem in Form narrativer Ethik in drei lukanischen Sondergutparabeln.

Im Folgenden werden die betreffenden Erzählkontexte wieder sortiert nach den Bezugsgrößen G*tt (5.1), Jesus (5.2), anderen Erzählfiguren (5.3) und zusammenfassend ausgewertet (5.4).

---

[88] S. dazu und zum Folgenden ausführlich Eisen, „Mitleid", 440–445.
[89] Von insgesamt zwei Belegen im Neuen Testament.

5.1 Das Mitleid(shandeln) G*ttes (Lk 1,50.54.58.72.78; 6,36b)

Fünf von insgesamt sechs Belegen zum Mitleid(shandeln) G*ttes anhand des Substantivs *eleos* finden sich gleich im ersten Kapitel des Lukasevangeliums (Lk 1,50.54. 58.72.78). Der intensive Rekurs auf das Mitleid(shandeln) G*ttes im Eröffnungskapitel markiert einen zentralen Aspekt des hermeneutischen Programms des Lukasevangeliums und bildet die Leseanleitung für die Deutung des Wirkens Jesu. Ein sechstes Mal wird das Mitleid(shandeln) G*ttes nach ersttestamentlichem Muster mit dem Adjektiv *oiktirmon* eingespielt (Lk 10,36b).

In Lk 1 wird je zweimal in den hymnischen Figurenreden der Maria und des Zacharias das Mitleid(shandeln) G*ttes in Form ersttestamentlicher Allusionen für die informierte Hörer- und Leserschaft in Erinnerung gerufen (Lk 1,50.54.72.78). Einmal wird in der Erzählrede auf gegenwärtiges Mitleid(shandeln) G*ttes gegenüber Elisabeth Bezug genommen (Lk 1,58).

Dieser Beitrag ist nicht der Ort, die komplexen Hymnen der Maria (Lk 1,46-55) und des Zacharias (Lk 1,68–79) auszulegen, nur soviel sei der folgenden auf das Motiv des Mitleids G*ttes konzentrierten Durchsicht vorangestellt: Beide Hymnen verdeutlichen in Collage-Technik durch ein Netz ersttestamentlicher Allusionen, dass die Empfängnis und Geburt von Jesus und Johannes in der Kontinuität des Mitleids(handelns) G*ttes gegenüber Israel stehen.

Die lukanische Maria setzt in ihrem Magnifikat ein mit dem Lob G*ttes als ihrem persönlichen Retter, der sich ihrer „Niedrigkeit" angenommen hat (Lk 1,48), womit ein intertextueller Bezug zum Hannalied hergestellt ist (I Sam 1,11). Weiter stellt sie ihr Lob G*ttes gleich zweimal in den größeren Kontext von G*ttes Mitleid(shandeln). In der ersten Nennung charakterisiert sie das Mitleid(shandeln) G*ttes als eines, das „von Generation zu Generation", also für alle Zeiten, denen gilt, die G*tt fürchten (Lk 1,50). Diese Formulierung alludiert Ps 103,11.17; Sir 2,7.9; PsSal 2,33; 13,12[90] und wird auf Marias Gegenwart bezogen. Wenig später lobt sie ein weiteres Mal, diesmal in der Sprache Deuterojesajas und der Erzelterntradition, die Hinwendung G*ttes zu ganz Israel, gespeist aus G*ttes Mitleid (Lk 1,54).[91]

Charakteristisch für den Hymnus als Ganzen ist, dass G*ttes Rettungshandeln Statuszuweisungen sowohl in Bezug auf Maria (V. 48–49a) als auch ganz allgemein umkehrt (V. 51–53).[92] Konkret heißt das, dass G*tt „die Mächtigen vom Thron stürzt und die Niedrigen erhöht" (V. 52), „die Hungernden beschenkt" und „die Reichen leer ausgehen lässt" (V. 53). G*ttes *eleos* wird in diesem Hymnus somit als Positionswechsel- bzw. Umkehrmotiv entworfen, das insgesamt die lukanische Theologie charakterisiert. Es findet auch Ausdruck in der Verkündigung des lukanischen Jesus im kompositorischen Nebeneinander der lukanischen Makarismen

---

[90] Belegstellen aus Wolter, *Lukasevangelium*, 103.
[91] S. die Belegstellen bei Wolter, *Lukasevangelium*, 104f.
[92] Wolter, *Lukasevangelium*, 100.

und der Weherufe (Lk 20,20–26) sowie in der Parabel vom reichen Mann und armen Lazarus (Lk 16,19–31, s.u. 5.3).

Auch zwischen den zwei Hymnen verweist der lukanische Erzähler auf das Mitleid(shandeln) G*ttes, diesmal konkret auf Elisabeths Schwangerschaft bezogen (Lk 1,58). Es gilt einer Frau, die in Vers 7 als unfruchtbar und in vorgerücktem Alter befindlich charakterisiert wurde und ebenfalls eine Umkehrung ihres Schicksals erfährt: Sie wird trotzdem schwanger und bringt Johannes den Täufer zur Welt.

Die Geburt des Johannes wird im Benedictus des Zacharias (Lk 1,68–79), dem zweiten großen Hymnus der lukanischen Kindheitsgeschichte, mit zwei weiteren Rekursen auf das Mitleid(shandeln) G*ttes besungen. Im ersten Teil spricht die Erzählfigur Zacharias allgemein über bereits erfahrenes Mitleid(shandeln) G*ttes gegenüber seinen Vorfahren (Lk 1,71–72):

[71] Rettung von unseren Feinden und von der Hand aller, die uns hassen, [72] um Mitleid zu üben an unseren Vätern und seines heiligen Bundes zu gedenken ([71] σωτηρίαν ἐξ ἐχθρῶν ἡμῶν καὶ ἐκ χειρὸς πάντων τῶν μισούντων ἡμᾶς, [72] ποιῆσαι ἔλεος μετὰ τῶν πατέρων ἡμῶν καὶ μνησθῆναι διαθήκης ἁγίας αὐτοῦ).

Zunächst erwähnt er die σωτηρία (*soteria*), „Rettung", vor Feinden und vor Gewalt durch Hass (V. 71). Im Folgevers wird diese „Rettung" durch G*ttes Mitleid(shandeln) begründet. Der Handlungsaspekt wird mit der Wendung *poiein eleos*, „um Mitleid zu tun", unterstrichen (V. 72). Diese Wortverbindung findet sich in der Septuaginta bezogen auf G*tt (II Reg 2,6; Ruth 1,8; PsSal 2,36) oder Menschen (II Reg 2,5; Ps 108,16). So wird diese auch im Lukasevangelium gebraucht, hier bezogen auf G*tt und in Lk 10,37 bezogen auf einen Samaritaner (s.u. 5.3). Auch in Mt 23,23 ist vom Tun des Mitleids durch Menschen die Rede. Die Verbindung des Substantivs *eleos* mit dem Verb *poiein* hebt in besonderer Weise hervor, was für das biblische Mitleidskonzept selbstverständlich ist: die Verbindung mit der Tat, dem Handeln zur Behebung der Leidenssituation des Gegenübers.

Während im Benedictus zunächst der „Tataspekt" des Mitleid(shandeln)s G*ttes hinsichtlich der Bedrohung Israels durch Fremdverschulden (Feinde und Hass) ausgesprochen wird (V. 72), gilt dies wenige Verse weiter für den „intensiven Emotionsaspekt" des Mitleids G*ttes hinsichtlich der Bedrohung durch Selbstverschulden (Sünde) (V. 78). Im Zusammenhang der Ansage des zukünftigen Wirkens des neugeborenen Kindes Johannes wird umrissen (Lk 1,77–78a):

[77] um seinem Volk Erkenntnis der Rettung zu geben durch die Vergebung ihrer Sünden [78] auf Grund des innersten Mitleid(shandeln)s unseres G*ttes ([77] τοῦ δοῦναι γνῶσιν σωτηρίας τῷ λαῷ αὐτοῦ ἐν ἀφέσει ἁμαρτιῶν αὐτῶν [78] διὰ σπλάγχνα ἐλέους θεοῦ ἡμῶν) [...].

Schon in Vers 71 war von Rettung (*soteria*) die Rede. Der Begriff wird nun erneut aufgegriffen, um Rettung als Sündenvergebung zu präzisieren, die auf das „Innerste des Mitleid(shandeln)s unseres G*ttes (διὰ σπλάγχνα ἐλέους θεοῦ ἡμῶν)"

(V. 78) zurückgeführt wird. Die Verbindung des Substantivs σπλάγχνα (*splagchna*), „Eingeweide", „Inneres", mit *eleos* findet sich nur hier in der griechischen Bibel, in frühjüdischer Literatur aber gleichwohl viel häufiger. Dort wird mit *splagchna eleous* oder auch *splagchna oiktirmou* die Emotion des Mitleidens der Frommen ausgesagt.[93] Die Wortverbindung kann zurückgeführt werden auf das ersttestamentliche Verständnis des körperlichen Sitzes der Emotion des Mitleids im Innersten, wie es vor allem durch das hebräische *rachamim* ausgedrückt wird, das auch mit *splagchna* ins Griechische übersetzt wird (s. o. 2.2). Die Wortverbindung unterstreicht die bis ins Mark gehende affektive Betroffenheit durch die Emotion des Mitleids. G*tt ist zutiefst durch Mitleid erschüttert wegen der Sünde seines Volkes und folgert daraus Rettungshandeln in Form von Vergebung.

Der explizite fünfmalige Rekurs auf das Mitleid(shandeln) G*ttes in Lk 1 wird in Lk 6,36b noch erweitert. In der Feldrede greift der lukanische Jesus das Adjektiv *oiktirmon* zweimal auf, um seine Mitleidsforderung am Mitleid(shandeln) G*ttes auszurichten (Lk 6,36):

Seid/werdet Mitleidshandelnde, wie [auch] euer Vater mitleidshandelnd ist (Γίνεσθε οἰκτίρμονες καθὼς [καὶ] ὁ πατὴρ ὑμῶν οἰκτίρμων ἐστίν).

Der Imperativ im ersten Teil des Verses wird im zweiten Teil am Mitleid(shandeln) G*ttes ausgerichtet, womit dieses, wie schon in Lk 1, nochmals als Eigenschaft G*ttes konstatiert wird. Die Konjunktion „wie [auch]" (καθὼς [καὶ]) unterstreicht, dass sich nach diesem Verständnis der Mensch am Mitleid G*ttes orientieren soll, das dem menschlichen Mitleid beispielhaft vorausgeht. Damit wird das *imitatio Dei*-Motiv zum Ausdruck gebracht, das bereits aus der Hebräischen Bibel bekannt ist (s. o. 2.4).

Das Adjektiv *oiktirmon*, das, wie oben ausgeführt, in der Septuaginta die hebräischen Adjektive *rachum* und *chanun* übersetzt, die in der Hebräischen Bibel noch G*tt vorbehalten bleiben, wird hier analog zu frühjüdischen Texten zur Charakterisierung sowohl G*ttes als auch von Menschen genutzt. Schon im Vers zuvor, wird das geforderte Verhalten der Feindesliebe und des Vergeltungsverzichts an G*tt orientiert, „denn auch er ist gütig gegen die Undankbaren und Bösen (ὅτι αὐτὸς χρηστός ἐστιν ἐπὶ τοὺς ἀχαρίστους καὶ πονηρούς)" (Lk 6,35). Das hier gebrauchte Adjektiv „gütig (χρηστός [*chrestos*])" steht in antiker Literatur häufig neben *oiktirmon*.[94]

Im Lukasevangelium bilden Rückbezüge auf das konkrete Mitleid(shandeln) G*ttes an Israel und ihre Applikationen auf die Ereignisse der Kindheitsgeschichte des Evangeliums (Lk 1) die Leseanleitung für die lukanische Jesus-Messias-Erzählung. Daraus ergibt sich schlüssig, dass das Mitleid(shandeln) G*ttes den Ausgangs-

---

[93] Belegstellen bei Wolter, *Lukasevangelium*, 116. Wolter nennt es „Tugend der Frommen".

[94] S. zu *chrestos* auch Fußnote 9.

punkt und die Orientierung bereitstellt für den jesuanischen Imperativ, Mitleid zu üben (Lk 6,36).

5.2 Das Mitleid(shandeln) Jesu (Lk 7,13; 17,13; 18,38.39)

Die synoptischen Erzählungen, die vorrangig das Mitleidshandeln Jesu thematisieren, sind auch im Lukasevangelium Wundererzählungen, aber reduziert auf drei an der Zahl (Lk 7,11–17; 17,11–19; 18,35–43). Es handelt sich um die Totenerweckungserzählung des einzigen Sohnes einer Witwe (Lk 7,11–17; V. 13), eine Heilungswundererzählung von zehn Aussätzigen (Lk 17,11–19; V. 13) und eine Blindenheilungserzählung (Lk 18,35–43; V. 38.39). Aus den markinischen Wundererzählungen mit Mitleidsvokabular, die im Lukasevangelium aufgegriffen werden, wird dieses überraschenderweise getilgt, mit Ausnahme der Blindenheilungserzählung in Lk 18. Das Lukasevangelium setzt also nicht nur in der Explikation des Mitleids G*ttes, sondern auch in der Charakterisierung Jesu durch Mitleid(shandeln) eigene Akzente im Vergleich zu seinen Seitenreferenten. Auch wird nur ein einziges Mal das Verb *splagchnizomai* zur Charakterisierung Jesu aufgegriffen, allerdings in der ersten und für das Lukasevangelium überaus gewichtigen Totenerweckungserzählung des einzigen Sohnes einer Witwe aus Nain gleich zu Anfang des Evangeliums in Lk 7. Diese Erzählung und die der Heilung der zehn Aussätzigen gehören dem lukanischen Sondergut an und haben somit keine synoptischen Parallelen.

Es mutet programmatisch an, dass die erste lukanische Wundererzählung, deren Wunderhandlung durch Jesu Mitleid (*splagchnizomai*) ausgelöst wird, nichts Geringeres als eine Totenerweckung erzählt (Lk 7,11–17).[95] Mit Michael Wolter ist festzuhalten, dass diese lukanische Sonderguterzählung den „kaum überbietbaren Höhepunkt des Wirkens Jesu" bildet.[96]

Begleitet von seiner Jüngerschaft und einer „großen Menschenmenge" im Stadttor zu Nain wird Jesus Zeuge einer Totenprozession. „Er sieht" (ἰδὼν), wird „von Mitleid ergriffen" (ἐσπλαγχνίσθη ἐπ' αὐτῇ; V. 13) und erweckt den toten Sohn zum Leben. Jesu Mitleid wird im Erzählbericht mit dem intensiven Emotionsverb *splagchnizomai* bezeichnet. Ob sich das Mitleid Jesu auf die Mutter oder den Sohn richtet, ist textkritisch nicht eindeutig, aber es spricht einiges für Ersteres. Argumente dafür sind, dass diese lukanische Sonderguterzählung die ersttestamentliche Erweckungserzählung des Sohnes der Witwe aus Sarepta durch den Propheten Elia alludiert (I Reg 17,17–24). Es handelt sich sogar um mehr als nur eine Anspielung, weil sich auch das nicht markierte Zitat aus dieser Erzählung in ihrer Septuagintafassung in der lukanischen Erzählung findet. So heißt es, dass Jesus „ihn seiner Mutter übergab (ἔδωκεν αὐτὸν τῇ μητρὶ αὐτοῦ)" (Lk 7,15 par. I Reg 17,23 [LXX]), was auch darauf schließen lässt, dass Jesus mit der Witwe Mitleid empfindet, die

---

[95] Vgl. auch zu dieser Erzählung Eisen, „Mitleid", 441.
[96] Wolter, *Lukasevangelium*, 277.

ihren einzigen Sohn verloren hat. Die umstehende Menschenmenge reagiert mit „Furcht" (φόβος), deutet Jesus als „großen Propheten" und das Ereignis als „Besuch des G*ttes seines Volkes" (ὅτι ἐπεσκέψατο ὁ θεὸς τὸν λαὸν αὐτοῦ) (V. 16). Auf der Figurenebene wird Jesus als Prophet gedeutet, dessen Handeln Ausdruck des Mitleidshandelns G*ttes an seinem Volk ist.[97] Dass insbesondere Witwen das Mitleid G*ttes gilt, zeigt auch der Beitrag von Shimon Gesundheit im vorliegenden Sammelband.

Das Mitleid(shandeln) Jesu wird somit an zentraler Stelle der lukanischen Jesus-Erzählung zudem mit dem intensiven Verb *splagchnizomai* platziert und als Besuch G*ttes bei seinem Volk interpretiert. Damit ist ein programmatisches Signal gesetzt, wie weitreichend das Handeln Jesu zu deuten ist. So wie es auch für Mk 5,19 gilt, kann diese Erwähnung als Leseanleitung für das Rettungshandeln Jesu im gesamten Evangelium gelesen werden.

Das Verschmelzen des Rettungshandeln G*ttes und Jesu wird unterstrichen dadurch, dass im Anschluss an die Totenerweckung in Nain der Täufer Johannes an Jesus die Frage richten lässt: „Bist Du der Kommende oder sollen wir auf einen anderen warten?" (Lk 7,19). Es folgt ein Summarium des Heilungshandelns Jesu (V. 21). Schließlich antwortet Jesus indirekt auf die Frage des Täufers mit den Worten (V. 22):

Blinde sehen wieder, Lahme gehen, Aussätzige werden gereinigt, Taube hören, Tote werden auferweckt, Armen wird gute Botschaft verkündigt (τυφλοὶ ἀναβλέπουσιν, χωλοὶ περιπατοῦσιν, λεπροὶ καθαρίζονται καὶ κωφοὶ ἀκούουσιν, νεκροὶ ἐγείρονται, πτωχοὶ εὐαγγελίζονται·)

Diese Formulierung alludiert ersttestamentliche Ankündigungen des eschatologischen Rettungshandelns G*ttes (Jes 29,18; 35,5.6; 42,18; 26,19; 61,1; Sir 48,5). Für die informierte Hörer- und Leserschaft ist eine klarere Antwort auf die Täuferfrage nicht nötig.

Explizit wird das Mitleid(shandeln) Jesu ein zweites Mal in der lukanischen Sonderguterzählung von der Heilung zehn Aussätziger (Lk 17,11–19; V. 13). Gezeigt wird, wie Jesus auf dem Weg nach Jerusalem durch das Grenzgebiet von Samarien und Galiläa wandert. Als er in ein Dorf geht, kommen ihm zehn Aussätzige entge-

---

[97] Wie ausgeprägt Jesus im Lukasevangelium als Prophet und Mensch bzw. Mann ausgewiesen wird, dessen Rettungshandeln durch G*tt selbst gewirkt ist, zeigen auch Lk 24,19; Act 17,31; 2,22. In der Figurenrede der Emausjünger wird Jesus als „Mensch [und] mächtiger Prophet in Werk und Wort" bezeichnet (Lk 24,19), was in der ersten Petrusrede im zweiten Teil des lukanischen Doppelwerkes wie folgt pointiert wird: „Jesus von Nazareth, einen Mann von G*tt unter euch ausgewiesen durch Machttaten und Schrecknisse und Zeichen, die Gott durch ihn in eurer Mitte getan hat, wie ihr selbst wisst (Ἰησοῦν τὸν Ναζωραῖον, ἄνδρα ἀποδεδειγμένον ἀπὸ τοῦ θεοῦ εἰς ὑμᾶς δυνάμεσιν καὶ τέρασιν καὶ σημείοις οἷς ἐποίησεν δι᾽ αὐτοῦ ὁ θεὸς ἐν μέσῳ ὑμῶν καθὼς αὐτοὶ οἴδατε)" (Act 2,22). In der aktuellen Revision der Lutherübersetzung von 2017 wird die im Griechischen eindeutige Bezeichnung Jesu als Mensch bzw. Mann in Lk 24,19 ausgelassen, womit die deutliche Unterscheidung von dem Menschen Jesus und G*tt im lukanischen Doppelwerk verwischt wird.

gen, bleiben aber in der Ferne stehen und appellieren an Jesus mit dem bekannten
Bittruf der Psalmen „habe Mitleid mit uns" (ἐλέησον ἡμᾶς) (V. 13), der auch in der
dritten Heilungswundererzählung vom Blinden aufgegriffen wird (Lk 18,38.39).
Jesus hört den Ruf der Zehn und schickt sie zum Priester. Die Rückkehr eines der
Geheilten zeigt, dass zwischenzeitlich die Heilung wundersam erfolgte. Von dem
Zurückgekehrten heißt es, dass er „G*tt preist (δοξάζων τὸν θεόν)" (V. 15) – diese
Wendung ist typisch lukanisch (s.a. Lk 5,25; 18,43) –, um dann Jesus zu Füßen zu
fallen und ihm zu danken (V. 16). Auch in dieser Figurenrede wird Jesu Heilungshandeln auf G*tt zurückgeführt. Die Erzählung geht damit weiter, wie sich Jesus
darüber echauffiert, dass nur einer der zehn Geheilten zu ihm zurückgekehrt ist,
„um G*tt die Ehre zu geben (δοῦναι δόξαν τῷ θεῷ)" (V 18). Damit ist im Lukasevangelium ein viertes Mal in direkter Figurenrede, rechnet man Lk 5,25; 7,16; 17,15 ein,
Jesu Mitleid(shandeln) auf G*tt zurückgeführt. Ein fünftes Mal folgt in Lk 18,43.

In seiner Antwort charakterisiert Jesus den Zurückgekehrten als „Fremden",
der zuvor im Erzählbericht als Samaritaner gekennzeichnet worden war (V. 16).
Eine solche Deutung eines Samaritaners findet sich nirgendwo sonst im Neuen
Testament.[98] Sie hat in diesem lukanischen Kontext offensichtlich die Funktion, den
Kontrast des Verstehens – eines Fremden – im Vergleich zum Nichtverstehen der
pharisäischen Gruppe zu pointieren, wie deren Folgefrage in der Rahmenhandlung
zeigt (V. 20): „Wann kommt das Reich G*ttes (πότε ἔρχεται ἡ βασιλεία τοῦ θεοῦ)?"
Jesus antwortet darauf mit den Worten: „Das Reich G*ttes ist mitten unter euch
(ἰδοὺ γὰρ ἡ βασιλεία τοῦ θεοῦ ἐντὸς ὑμῶν ἐστιν)" (V. 21). Vor diesem Hintergrund ist
es ein „Fremder", der erkennt, wie das Reich G*ttes im Handeln Jesu gegenwärtig
ist.

Ein drittes und letztes Mal wird in der lukanischen Adaption der markinischen
Wundererzählung der Heilung des blinden Bartimäus das Mitleid Jesu ins Spiel
gebracht (Lk 18,35–43). Mit wenigen Änderungen, so etwa der Tilgung des Eigen-
namens des Blinden, wird die markinische Vorlage vor allem mit der zweimaligen
Anrufung Jesu als „Sohn Davids, habe Mitleid mit mir ('Ιησοῦ υἱὲ Δαυὶδ, ἐλέησόν
με)" (V. 38.39) übernommen. Obwohl die lukanische Version leicht gekürzt ist,
findet sich aber am Ende der vielsagende Zusatz: „Und alles Volk, das es sah, lobte
G*tt (καὶ πᾶς ὁ λαὸς ἰδὼν ἔδωκεν αἶνον τῷ θεῷ)" (V. 43). Auch hier ist die jüdische
Menschenmenge als Augenzeugin nochmals hervorgehoben, so wie auch in der
Erzählung von der Totenerweckung des Sohnes der Witwe aus Nain (Lk 7,16),
und auch hier ist sie es, die versteht, dass es sich um das Wirken G*ttes handelt. In
den anderen drei Belegen sind es die Betroffenen (Lk 5,25; 17,15) und Jesus selbst
(Lk 17,18).

---

[98] Wolter, *Lukasevangelium*, 574.

5.3 Mitleid(shandeln) anderer Erzählfiguren (Lk 6,36a; 10,33.37; 11,41; 12,33; 15,20; 16,24)

Neben der sechsmaligen Thematisierung des Mitleids(handelns) G*ttes und der dreimaligen Jesu, begegnet Mitleid(shandeln) in lukanischer Jesusrede mit ethischer Implikation: Einmal als ethischer Imperativ (Lk 6,36a), zweimal als Aufforderung, Almosen zu geben (Lk 11,41; 12,33) und dreimal in Form narrativer Ethik anhand lukanischer Sondergutparabeln (Lk 10,30–35, V. 33.37; 15,11–32, V. 20; 16,19–31, V. 24).

Den Auftakt für das Mitleid(shandeln) anderer Erzählfiguren bildet der Imperativ des lukanischen Jesus an seine Anhängerschaft, Mitleid zu üben. Die primäre Orientierung bietet dabei G*tt selbst (Lk 6,36) (s.o. 5.1). Der lukanische Jesus fordert somit gleich zu Beginn seines Wirkens programmatisch die Kultivierung eines von Mitleid gespeisten Handelns. Konkrete Beispiele sind das des Almosengebens und das Handeln von Figuren dreier Parabeln.

Das Almosengeben (*eleemosyne*) wird erstmals in einem Dialog Jesu mit einem Pharisäer über Reinheit bei einem Mahl in dessen Haus thematisiert (Lk 11,37–44). Jesus kritisiert sein Reinheitsverständnis und plädiert für das „Geben von Almosen" (V. 41: δότε ἐλεημοσύνην) als Zeichen von Reinheit. Erneut thematisiert der lukanische Jesus das „Almosengeben" in seiner Rede an seine Jüngerschaft, wo er von ihnen fordert, ihre Habe zu verkaufen und den Erlös als Almosen zu geben (Lk 12,33: δότε ἐλεημοσύνην). Die Beispiele ordnen sich der Maxime des Besitzverzichts zu, die im Lukasevangelium wie in keinem anderen Evangelium entfaltet wird.

Die drei Parabeln, die von Mitleid(shandeln) erzählen, gehören dem lukanischen Sondergut an: Die Parabeln vom barmherzigen Samaritaner, vom Vater zweier Söhne sowie vom reichen Mann und armen Lazarus (Lk 10,30–35; 15,11–32; 16,19–31). Diese Parabeln sind „Schwestererzählungen", weil sie „alle fiktive Geschichten zur ethischen Motivation erzählen".[99] Im vorliegenden Zusammenhang interessiert ihre Thematisierung von Mitleid(shandeln) in konkreten Lebensvollzügen. Das Mitleid der Protagonisten der beiden ersten Parabeln, eines Samaritaners und eines Vaters, wird mit Formen des Verbes *splagchnizomai* ausgedrückt und führt zur Peripetie der Notlage eines Gewaltopfers und eines Sohnes, der selbstverschuldet in seine Notlage geraten ist. Die dritte Parabel erzählt von der Unterlassung von Mitleid(shandeln) durch einen Reichen gegenüber einem Armen und auch hier wird eine Peripetie erkennbar: Im Eschaton erfolgt die Umkehrung, denn der Arme erfährt Wohltat und der Reiche Qual, so wie zuvor der Arme, der in seiner Not vor der Tür des Hauses des Reichen gelegen und keine Hilfe erfahren hat. Alle drei Parabeln führen auf je eigene Weise Mitleid als ethisch relevante Emotion vor Augen, was ich im Folgenden in der gebotenen Kürze vorstellen werde. Die beiden

---

[99] Leonhardt-Balzer, „Reicher", 109, 112.

Parabeln vom barmherzigen Samaritaner und vom Vater und seinen beiden Söhnen habe ich an anderer Stelle genauer untersucht.[100]

Mit der Parabel vom barmherzigen Samaritaner erzählt der lukanische Jesus die dramatische Geschichte eines Menschen, der unter Räuber fällt (Lk 10,30–35). Er wird von ihnen überfallen, ausgeraubt, geschlagen und halbtot zurückgelassen. Nacheinander kommen erst ein Priester, dann ein Levit und schließlich ein Samaritaner an ihm vorbei. Der Priester und der Levit „sehen" den Halbtoten, „gehen aber vorüber". Der Samaritaner hingegen „sieht" ihn, „empfindet Mitleid (ἰδὼν ἐσπλαγχνίσθη)" (V. 33) und nimmt sich seiner an (V. 34–35). Er versorgt seine Wunden, lädt ihn auf sein Lasttier und bringt ihn in eine Herberge. Dort überlässt er den Verwundeten gegen Bezahlung dem Wirt und verspricht, weitere Kosten nach seiner Rückkehr zu übernehmen.

Die Parabelerzählung ist in eine Rahmenhandlung eingebettet, den Dialog zwischen einem Toragelehrten und Jesus (Lk 10,25–37). Dabei geht es um die Frage des Toragelehrten an Jesus, wie er ewiges Leben ererben könne (V. 25). Jesus antwortet sokratisch mit der Gegenfrage, was die Tora dazu sage (V. 26). Der Toragelehrte antwortet mit dem Hinweis auf die Forderung der G*ttes- und Nächstenliebe (Dtn 6,5; Lev 19,18c) (V. 27). Er fragt aber weiter, wer denn sein Nächster sei (V. 29), woraufhin Jesus die Parabel erzählt. In der Parabelanwendung knüpft Jesus an die letzte Frage des Toragelehrten an und richtet an ihn die Frage, wer von den drei Menschen der Parabel sich als Nächster gegenüber dem Verwundeten erwiesen habe (V. 36). Der Toragelehrte fokussiert seine Antwort vielsagend auf das Mitleid des Samaritaners (Lk 10,37):

Der, der das Mitleid an ihm getan/ihm Mitleid(shandeln) erwiesen hat (ὁ ποιήσας τὸ ἔλεος μετ᾽ αὐτοῦ).

In dieser Figurenrede zum Mitleid(shandeln) wird nicht das Verb *splagchnizomai* aus der Parabelerzählung aufgegriffen, sondern das substantivierte Partizip Aorist des Verbes *poiein* verbunden mit *eleos* (ὁ ποιήσας τὸ ἔλεος). Diese Wortkombination findet sich, wie oben gezeigt, auch in Lk 1,72 und unterstreicht den Handlungsaspekt des Mitleids. Ähnlich wie in Lk 1,72 und 78 werden auch in dieser Parabel die zwei Seiten der Medaille des Mitleids durch gezieltere Wortwahl hervorgehoben: In V. 33 der Affekt durch das intensive Emotionsverb *splagchnizomai* und in V. 37 die daraus folgende Handlung durch *poiein eleos*.

Der Handlungsaspekt der Emotion des Mitleids wird nicht nur durch Narration in der Parabel gezeigt, sondern am Ende nochmals durch das abschließende Wort Jesu unterstrichen: „Dann geh und handle genauso! (πορεύου καὶ σὺ ποίει ὁμοίως)" (Lk 10,37). In diesem die Szene abschließenden Jesuswort werden die beiden Emotionen – aus dem Dialog am Anfang die Liebe und aus der Parabelerzählung das

---

[100] Eisen, „Mitleid", 442–444.

Mitleid – durch das Verb *poiein* substituiert. Auch die Liebe zu G*tt und dem Nächsten hat Handlungsimplikationen, was schon in V. 28 von Jesus vorweggenommen wird, als er vom „Tun (*poiein*)" der G*ttes- und Nächstenliebe spricht. Beide Emotionen, Liebe und Mitleid, sind vom Tun nicht zu trennen. Und: In dieser Perikope wird der Affekt des Mitleids der Emotion der Liebe zugeordnet.

Die zweite der drei Schwesternparabeln handelt von einem Vater, der zwei Söhne hat (Lk 15,11–32). Der jüngere der beiden entschließt sich, sich sein Erbe auszahlen zu lassen und in ein fernes Land zu ziehen. In einer dramatischen Erzählung wird gezeigt, wie er dort sein Erbe verprasst und durch eine Hungersnot in wirtschaftliche Not gerät. Schließlich fasst er den Entschluss, in das Haus seines Vaters zurückzukehren, ihm seine Sünden zu bekennen und dort wenigstens als Tagelöhner anzuheuern, um sein tägliches Brot zu sichern. Aber schon als ihn sein Vater von weitem sieht, ohne das Geringste über die Motive für seine Rückkehr erfahren zu haben, erfasst ihn der Affekt des Mitleids – ausgedrückt durch das intensive Verb *splagchnizomai* (V. 20). Ohne Wenn und Aber reintegriert der Vater seinen Sohn in seine vormalige Stellung, symbolisiert durch die Ausstattung mit bestem Gewand, Ring und Schuhen (V. 22). Auch lässt er ein gemästetes Kalb schlachten und ein Fest ausrichten. Der ältere Sohn hört, als er vom Feld kommt, die Musik und fragt einen Sklaven, was geschehen sei. Als er hört, dass sein Bruder zurückgekehrt sei und dies gefeiert werde, erfasst ihn der Affekt des Zorns (ὠργίσθη; V. 28). Er weigert sich mitzufeiern und macht dem Vater Vorwürfe, dass er ihm in all den Jahren seiner Treue nicht einmal eine Ziege zur Feier mit seinen Freunden geschenkt habe (V. 29). Die Parabel endet mit einer den älteren Bruder beschwichtigenden Rede des Vaters. Eine Parabelanwendung fehlt.

Die lukanische Rahmenszene dieser Parabel bildet das Kommen von „Zöllnern und Sündigen" zu Jesus, um ihn zu hören, worüber sich „Pharisäer und Schriftgelehrte" empören, weil er sich mit solchen abgibt, die als sündig gelten, und mit ihnen Tischgemeinschaft hält (Lk 15,1–2).[101] Damit ist die Rahmenthematik Sündenvergebung und Reintegration von Marginalisierten in die Gemeinschaft. Diese Struktur lässt sich auch in der Parabel erkennen. Der Vater reagiert anders als erwartet: Er stellt nicht die Schuldfrage, sondern er erweist seinem jüngeren Sohn bedingungslos sein Mitleid und im Subtext auch seine Liebe. Er reintegriert ihn ohne Einschränkungen in die Familie, was beim älteren Bruder, der die gesellschaftliche Normvorstellung verkörpert, auf Kritik und sogar Empörung stößt. Am Ende der Parabel steht die Begründung des Vaters, der die Reintegration seines Sohnes als

---

[101] Als Reaktion auf dieses *setting* erzählt Jesus den Zuhörenden insgesamt drei Parabeln. Diese sind zum einen durch den Adressatenkreis verbunden und zum anderen durch charakteristisches Vokabular (verlieren, finden, sich freuen) und eine analoge Dramaturgie, vgl. dazu ausführlich Ostmeyer, „Dabeisein", 619. In den drei Parabeln wird von einem Verlust (eines Schafs, einer Drachme, eines Sohns) erzählt, dem Wiederfinden und der geteilten Freude darüber.

„Lebendigmachen" deutet (ἔζησεν; V. 32).[102] Das wirft ein Licht auf das lukanische Verständnis des Mitleids, das Menschen in Not zurück ins „Leben", d.h. in die Gemeinschaft führt.

Die dritte der Schwesternparabeln des lukanischen Sondergutes thematisiert Mitleid gewissermaßen *via negationis* unterlassenen Mitleids(handelns) und zeigt dessen Folgen im Eschaton (Lk 16,19–31; V. 24). Jesus erzählt die Geschichte eines Reichen, der namenlos bleibt, und eines Armen, Lazarus. Die beiden Männer werden gegensätzlich charakterisiert: der eine als wohlgekleidet, der „Tag für Tag herrlich und in Freuden lebt" (V. 19), und der andere als einer, der hungernd vor der Tür dieses Reichen liegt und dessen Leib voller Geschwüre ist, an denen „die Hunde lecken" (V. 21). Nachdem beide verstorben sind, wird Lazarus in den Schoß Abrahams entrückt[103] und der reiche Mann „begraben" (V. 22). Als sich der Reiche im Hades vorfindet und dort Qualen leidet, sieht er Abraham mit Lazarus in dessen Schoß. Darauf ruft der Reiche Abraham an mit dem traditionellen Bittruf *eleeson*, „habe Mitleid mit mir", der in den synoptischen Evangelien sonst durchgehend in Wundererzählungen an Jesus gerichtet wird. Abraham antwortet ihm, dass er bereits zu Lebzeiten Gutes empfangen habe, Lazarus aber Böses. Das sei der Grund, warum Lazarus nun „getröstet" und er „gepeinigt" werde (V. 25). Auch hier begegnet das für das Lukasevangelium charakteristische Positionswechselmotiv, d.h. die Umkehrung des jeweiligen Geschicks (hier arm – reich), wie es sich schon im Magnifikat Mariens zeigte.

Es würde zu weit führen, diese Beispielerzählung unter den Parabeln noch genauer zu betrachten, vor allem im Hinblick auf deren vielfältige literarische, traditions- und religionsgeschichtliche Allusionen. Nur soviel: Der reiche Mann bittet schließlich Abraham, Lazarus in seines Vaters Haus zu senden, damit er seine fünf Brüder warne, um ihnen diesen Ort der Qual zu ersparen. Abraham weist diese Bitte mit dem Hinweis auf „Mose und die Propheten" (V. 29.31) zurück. Er argumentiert, wenn sie nicht auf diese hören, dann auch nicht auf jemanden, der von den Toten auferstehe (V. 31).

Eingebettet ist die Parabel in eine Abfolge von Erzählungen, die sich Fragen des rechten Umgangs mit Geld und Besitz widmen (Lk 16,1–31). Zunächst erzählt Jesus

---

[102] Die Parabel reflektiert auch die verschiedenen Aspekte des Mitleids(handelns) und bietet mehrere Identifikationsmöglichkeiten. Auf der einen Seite steht der in Not geratene jüngere Sohn, der sich bewusst ist, dass er sich selbst in eine missliche Lage gebracht hat – also keineswegs ganz unverschuldet in Not geraten ist – und der die Wohltaten des ihm ohne jede Voraussetzung entgegengebrachten Mitleids seines Vaters erlebt. Die andere Seite beleuchtet die Enttäuschung des älteren Bruders, der sich nie etwas zu Schulden hat kommen lassen und sich dafür im Vergleich zum jüngeren Bruder nicht ausreichend gewürdigt fühlt. Die Parabel zeigt zwar bedingungsloses Mitleid, gibt aber auch denjenigen eine Stimme, in Form des älteren Sohns, die das als ungerecht gegenüber solchen empfinden, die sich stets treu und zuverlässig verhalten haben.

[103] Zum Entrückungsmotiv, das „ausschließlich besonders frommen und gerechten Einzelnen vorbehalten" ist und zum „Ruhen im ‚Schoß Abrahams'" vgl. Wolter, *Lukasevangelium*, 559f.

seiner Jüngerschaft eine Parabel und zieht daraus Schlüsse zum Umgang mit Geld (V. 1–13), was Pharisäer, die in der Erzählrede als „habgierig" charakterisiert werden, hören und darüber lachen lässt (V. 14). Das nimmt der lukanische Jesus zum Anlass, ihnen eine Rede zu halten, die mit dem Erzählen der Parabel des reichen Menschen und des armen Lazarus endet (V. 19–31). Die Parabel ist im lukanischen Kontext also auf die pharisäische Gruppe gemünzt und kritisiert deren Toraverständnis. Sie zeigt, dass es nach lukanischem Verständnis auch ein „Zu spät" für Mitleid(shandeln) gibt.

In dieser Parabel wird eindrucksvoll in Szene gesetzt, was der lukanische Jesus in der Feldrede ankündigt: die Glücklichpreisungen der Armen, Hungernden, Weinenden und Ausgestoßenen, denen er Weherufe gegen die Reichen, Satten, Lachenden und diejenigen, über die Gutes geredet wird, entgegensetzt (Lk 6,20b–21.24–25).

Es liegt auf der Hand, dass die drei Schwesterparabeln narrative Ethik bieten, die Entfaltungen, Veranschaulichungen und Konkretisierungen des zunächst abstrakten Imperativs des lukanischen Jesus darstellen (Lk 6,36). Die Emotion des Mitleids impliziert in den ersten zwei Parabeln die Wahrnehmung der Not eines anderen, den Affekt und die Behebung einer Notsituation, und in der dritten Parabel das Gegenteil und seine Folgen. Subjekte dieser Emotion werden hier paradigmatisch zwei „normale Menschen": zum einen ein Samaritaner, der selbst Marginalisierung innerhalb der jüdischen Gesellschaft erfährt, und ein wohlhabender Vater zweier Söhne. Kurz: „Die beiden lukanischen Sondergutparabeln entfalten die narrative Ethik vom mitleidvollen Handeln, das sich nicht nur in Jesus selbst verkörpern soll."[104]

5.4 Zusammenfassung zum Mitleid(shandeln) im Lukasevangelium

Bei den 17 Belegstellen mit Mitleidsvokabular im Lukasevangelium fällt auf, welche große Bedeutung der Dokumentation des Mitleid(shandeln)s G*ttes in Lk 1 (gleich fünfmal) zukommt – unterstrichen noch durch die Textsorte des Hymnus, in welchem dieses besungen und auf die unmittelbare Gegenwart übertragen wird. Es ist als hermeneutisches Programm der lukanischen Jesus-Messias-Erzählung zu deuten. Mitleid(shandeln) ist im Lukasevangelium somit zuvörderst theologisch verankert, denn G*tt erweist sein Mitleid in der Fürsorge für Israel in der Vergangenheit und Gegenwart der erzählten Welt.

Das Mitleid(shandeln) Jesu tritt mit drei Belegen im Vergleich zu den anderen synoptischen Evangelien zurück, wenngleich es in seiner Intensität gesteigert wird: qualitativ durch die Erzählung einer Totenerweckung, hier auch mit dem Verb *splagchnizomai*, quantitativ durch die Heilung nicht nur eines, sondern gleich zehn Aussätziger. Und Jesu Mitleid(shandeln) wird in keinem anderen der syn-

---

[104] Eisen, „Mitleid", 445.

optischen Evangelien so ausgeprägt im Horizont des Mitleids(handelns) G*ttes
gedeutet (Lk 5,25; 7,16; 17,15.18; 18,43).[105] Kahl beobachtet zu den lukanischen Wundererzählungen insgesamt: „In Luke the people recognize God's concern *for them
through* Jesus's miraculous deeds. Jesus' miraculous deeds effect a *renewal of the
people's faith in God* and in his involvement in their affairs."[106]

Weiter ist festzuhalten, dass sich in lukanischer Jesusrede, ebenso wie im Matthäusevangelium, Ansätze einer Mitleidsethik zeigen. Der Gottesbezug dieser Ethik
ist anders verankert als im Matthäusevangelium. Die lukanische Mitleidsethik findet
ihren Maßstab und ihre Orientierung im Mitleid(shandeln) G*ttes. Das zeigt der
jesuanische Imperativ, der an der *imitatio Dei* ausgerichtet ist. Innerhalb der narrativen Ethik wird unterlassenes Mitleid(shandeln) implizit unter eschatologische
Strafandrohung gestellt.

Das besondere und intensive Mitleid in Form des Verbes *splagchnizomai* wird im
Vergleich zu den anderen synoptischen Evangelien nur einmal für Jesus gebraucht,
aber zweimal zur Charakterisierung von Figuren lukanischer Parabeln (Samaritaner, Vater). Damit wird es einer narrativen Mitleidsethik dienstbar gemacht. Die
Intensität des Affekts des Mitleids und eines damit verbundenen rückhaltlosen
Handelns bleibt im Lukasevangelium somit nicht mehr Jesus vorbehalten wie noch
im Markusevangelium, sondern hat die Tendenz der Universalisierung.

Auch werden im Lukasevangelium die zwei Seiten des Mitleids, der Affektcha-
rakter und der Handlungsaspekt, sprachlich stärker durch Aufnahme von Septua-
gintasprache pointiert. Zweimal begegnet die Wortverbindung von *eleos* und *poiein*
(Lk 1,72; 10,37), womit der Handlungscharakter und einmal die Wortverbindung
von *eleos* und *plagchna* (Lk 1,78), womit der Gefühlscharakter hervorgehoben ist.
Beide Aspekte werden damit gerade nicht auseinandergerissen, sondern vertieft.

Subjekte des Mitleids(handelns) sind im Lukasevangelium in erster Linie G*tt,
aber auch Jesus und andere Erzählfiguren seiner Rede. Die Plotstruktur konkreten
Mitleids(handelns) ist auch im Lukasevangelium durchgehend gekennzeichnet
durch den Dreischritt: Wahrnehmung von Not – Fühlen – Behebung der Leidenssituation. Die Adressatengruppen konkreten Mitleid(shandeln)s sind vor allem
Menschen in Notsituationen: In Lk 1 die Niedrigen und Hungernden (zuungunsten der Mächtigen und Reichen) (Lk 1,52–53), die durch Unfruchtbarkeit sozial
ausgegrenzte Elisabeth (Lk 1,5–8), die Verfolgten und Gehassten (Lk 1,71) und, *last
but not least*, die Sündigen, also solche, die selbstverschuldet/nicht unverschuldet
in Not geraten sind (Lk 1,77). In den lukanischen Wundererzählungen sind es eine
Witwe (Lk 7,12), Aussätzige (Lk 17,12) und ein Blinder (Lk 18,35), die als Exempel

---

[105] Das betont auch Kahl, *New Testament*, 81, der in Bezug auf die lukanischen Wundererzählungen feststellt: „For Luke, Jesus' miraculous deeds always point towards God as the originator and
aim of Jesus' competence and mission." Diese lukanische Jesuskonzeption wird auch im Rahmen
der ersten Petrusrede in der Apostelgeschichte bestätigt (Act 2,22).

[106] Kahl, *New Testament*, 227 (Kursivierung im Original).

der Gruppen zu verstehen sind, denen die Verheißung G*ttes in besonderem Maß gilt. In den lukanischen Sondergutparabeln werden diese Beispiele noch ergänzt um ein Gewaltopfer (Lk 10,30), einen selbstverschuldet in Not geratenen Sohn (Lk 15,12–19) und einen Armen (Lk 16,20–21).[107]

6 Fazit zum Mitleid(shandeln) in den synoptischen Evangelien

Die 44 synoptischen Lexeme, die in der Regel mit „Barmherzigkeit (zeigen)/barmherzig sein" oder „Erbarmen haben" ins Deutsche übersetzt werden, übertrage ich konsequent mit „Mitleid(shandeln)/mitleidshandelnd". Damit wird die Spezifik des Barmherzigkeitskonzepts der synoptischen Evangelien zum Ausdruck gebracht. Es ist zum einen durch die Emotion des Mitleids und zum anderen durchgehend durch Handlungsbezogenheit geprägt. Es konnte gezeigt werden, dass es sich bei den betreffenden Lexemen um Emotionsvokabular aus drei griechischen Wortgruppen handelt (s.o. 2). Der Gebrauch des Vokabulars im Markusevangelium (7-mal), im Matthäusevangelium (20-mal) und im Lukasevangelium (17-mal) weist Gemeinsamkeiten und Unterschiede auf, die in den betreffenden Kapiteln des vorliegenden Beitrags aufgezeigt wurden (s.o. 3–5). Das Johannesevangelium ist ausgeklammert, weil darin das Vokabular in Gänze fehlt.[108] Im Folgenden findet sich eine knappe Bündelung der wichtigsten Ergebnisse meiner Untersuchung.

Erstens hat die Analyse der drei griechischen Wortgruppen, die üblicherweise mit „Barmherzigkeit (zeigen)/barmherzig sein", „Erbarmen (haben)" und zuweilen mit „Mitleid" übersetzt werden, gezeigt, dass es sich um Emotionsvokabular handelt. Das gilt auch für die hebräischen Lexeme, die in der Septuaginta mit diesem Vokabular übersetzt werden, ebenso wie für den frühjüdischen Neologismus *splagchnizomai*. Die Übersetzung mit „Mitleid" sollte daher bei der Übertragung ins Deutsche im Zentrum stehen. Weiter konnte am Gebrauch des Vokabulars in den Texten beobachtet werden, dass es mit einem Dreischritt verbunden ist: Der Emotion des Mitleids geht zunächst eine Kognition voraus: die Wahrnehmung der Leidenssituation eines Gegenübers. Diese Wahrnehmung löst den Affekt des Mit-leid(en)s aus, dem sich unmittelbar eine Handlung anschließt, welche die Notsituation behebt. Der Dreischritt lässt sich somit bündeln in Kognition – Emotion/Affekt – Handlung. Bei diesem Dreischritt ist aber die Kognition nicht das Außergewöhnliche des biblischen Mitleidskonzepts, denn die Wahrnehmung der Leidenssituation eines Gegenübers ist eine unverzichtbare Voraussetzung der Emo-

---

[107] Wie sehr die lukanische Sondergutüberlieferung von Mitleid geprägt ist, zeigt auch die Untersuchung von Klein, *Barmherzigkeit*.

[108] Im Johannesevangelium ist stattdessen ein gesteigerter Gebrauch der Emotion der Liebe anzutreffen. Eine Verhältnisbestimmung des Mitleids zur Liebe wäre gesondert zu untersuchen.

tion des Mit-leid(en)s. Das Besondere des biblischen Konzepts ist vielmehr, dass es nicht bei der Wahrnehmung und bloßen Gefühlsregung bleibt, sondern sich in den biblischen Erzählwelten daraus stets ein Handeln ableitet, das die wahrgenommene Notsituation behebt.[109] Um dieses besondere Konzept in der Übersetzung sprachlich abzubilden, plädiere ich für die konsequente Übersetzung mit „Mitleid(shandeln)/mitleidshandelnd". Der Handlungsaspekt unterscheidet sich zum Beispiel von der Definition des Mitleids durch Aristoteles in seiner Rhetorik, wo dieser fehlt. Die zwei Seiten der einen Medaille des biblischen Mitleidskonzepts – Emotion und Handlung – lassen sich mit Gewichtungen in die eine und andere Richtung am originalsprachlichen Vokabular ablesen. So wird die Intensität der Emotion in den Lexemen *rachamim, oiktirmon, splagchnizomai* oder im Syntagma *splagchna eleous* ausgeprägter hervorgehoben, während der Handlungsaspekt der Emotion zuweilen durch die Ergänzung des Verbes *poiein* zum Substantiv *eleos* exponiert wird. Das darf aber nicht darüber hinwegtäuschen, dass beide Aspekte – Affekt und Handlung – für das biblische Mitleidskonzept konstitutiv sind.

Zweitens ist zu den Subjekten des Mitleids(handelns) festzustellen, dass es in allen synoptischen Evangelien durchgehend G*tt und Jesus sind – im Markusevangelium nur diese. Von Jesus wird quantitativ am häufigsten Mitleid(shandeln) erzählt. Im Ersten Testament ist noch G*tt der Hauptrepräsentant von Mitleid(shandeln), was sich im Neuen Testament auf Jesus verschiebt. Dessen Mitleid(shandeln) wird allerdings eng an G*tt rückgebunden und mehrfach als Wirken G*ttes interpretiert. Das unterstreicht, wie ausgeprägt biblisches Mitleid und das damit verbundene Rettungshandeln göttlich autorisiert bleibt. Im Matthäus- und Lukasevangelium wird auch vom Mitleid(shandeln) anderer Erzählfiguren gesprochen. Dieses wiederum bleibt aber aufs Engste an die Jesusfigur geknüpft, weil es sich in beiden Evangelien ausschließlich in Jesusrede findet. Im Matthäusevangelium wird es recht zaghaft auf Menschen übertragen, indem Jesus diejenigen glücklich preist, die Mitleid(shandeln) auszeichnet. Auch erzählt der matthäische Jesus vom Mitleid(shandeln) eines Königs in einer Parabel, die mehrdeutig ist. Im Lukasevangelium zeichnet sich die Tendenz der Universalisierung des Mitleids(handelns) in Form eines Imperativs Jesu ab, allerdings in explizitem G*ttesbezug durch das *imitatio Dei*-Motiv. Der lukanische Jesus erzählt in drei Parabeln vom Mitleid(shandeln) eines Samaritaners und eines Vaters sowie von dessen Unterlassung durch einen Reichen.

Drittens adressiert das Mitleid(shandeln) durchgehend Menschen in Leidens- und Notsituationen. Diese sind konkret von Krankheit, körperlicher Beeinträchtigung, Hunger, sozialer Ausgrenzung, Verschuldung, Gewalt und Sünde betroffen. In der Regel gilt das Mitleid somit unverschuldet in Not Geratenen. Ein Charak-

---

[109] Wie sehr das auch auf die Hebräische Bibel zutrifft zeigen Peetz, „Gott", und Gesundheit, „Barmherzigkeit", im vorliegenden Sammelband.

teristikum des biblischen Mitleidskonzepts ist es aber, dass es ausdrücklich auch denjenigen gilt, die durch Regelverstöße qualifiziert sind, theologisch gesprochen durch „Sünde". Die biblische Emotion des Mitleids(handelns) G*ttes und der Menschen macht also vor den Grenzen gesetzter Ordnungen, wie auch der Tora, nicht Halt. Auch in dieser Hinsicht unterscheidet sich das biblische Mitleidskonzept etwa von dem des Aristoteles, da ein Kriterium seiner Bestimmung ist, dass Mitleid allein durch unverschuldete Not ausgelöst werde.

Viertens finden sich im Matthäus- und Lukasevangelium Ansätze einer Mitleidsethik. Im Matthäusevangelium werden sie in Jesusrede am Willen G*ttes orientiert und durch Jesu Ethos repräsentiert. Mitleid(shandeln) wird zu (s)einem Kriterium der Priorisierung des Handelns. Motivierende Funktion hat die Glücklichpreisung der Mitleidshandelnden durch den matthäischen Jesus. Narrative Mitleidsethik wird in einer matthäischen Sondergutparabel entfaltet, die von einem König erzählt, der seinem Sklaven Schulden erlässt, das aber rückgängig macht, nachdem der Sklave nicht ebenso empfindet und handelt. Die Parabel zeigt zum einen menschliche Unzulänglichkeiten hinsichtlich konsequenten Mitleids(handelns) und rückt zum anderen dieses in den Horizont des Gerichtsgedankens. Im Lukasevangelium bildet das Mitleid(shandeln) G*ttes Norm und Orientierung für den jesuanischen Imperativ, Mitleid zu üben (*imitatio Dei*). Eine narrative Ethik des Mitleids(handelns) bieten drei lukanische Sondergutparabeln. Zwei dieser Parabeln erzählen von konsequentem Mitleid(shandeln). Das Mitleid(shandeln) eines Samaritaners wird in den Horizont der Nächstenliebe gestellt. Gezeigt wird auch das unbedingte Mitleid(shandeln) eines Vaters gegenüber seinem jüngeren Sohn und ein damit einhergehender Familienkonflikt mit seinem älteren. Die dritte Parabel führt eschatologische Konsequenzen unterlassenen und nicht erfahrenen Mitleids(handelns) vor Augen, expliziert an einem Reichen und dem armen Lazarus. In Form des Positionswechselmotivs zeigen sich die Konsequenzen im Eschaton: Der arme Lazarus landet in Abrahams Schoß und der Reiche im Höllenfeuer.

Last but not least kann also festgehalten werden, dass Barmherzigkeit in der Bibel „Mitleid(shandeln)" bedeutet, dass der biblische G*tt sich durch Leidenssituationen berühren lässt und in Rettung aus diesen Notsituationen überführt. Daraus leitet sich menschliches Mitleid ab und im Neuen Testament das des Messias Jesus als Repräsentanten G*ttes. Der biblische G*tt ist ein G*tt, der sieht, mit-leidet und rettet. Damit ist der theologische Deutungshorizont des Mitleidskonzepts der synoptischen Evangelien markiert, dem Jesus als Repräsentant G*ttes entspricht und dem auch menschliches Mitleid entsprechen soll.

Dieser exegetischen Untersuchung des Mitleidskonzepts der synoptischen Evangelien schließen sich eine Reihe von Fragen für weitere Forschung an. Wie verhält sich die Emotion des Mitleids zur Liebe? Und wie zu anderen Emotionen in der

Bibel?[110] In welches Verhältnis können Mitleid und Gnade gesetzt werden? Wie repräsentativ ist die vorliegende Rekonstruktion des synoptischen Mitleidskonzepts für das Neue Testament und die Bibel insgesamt? Wie verhalten sich dazu pagane Konzepte, wie etwa das des Aristoteles oder Senecas, der das „Mitleid (*misericordia*)" als „Krankheit der Seele (*aegritudo*[111] *animi*)" versteht (*Clem* II 5,4–5)? An die Rekonstruktion antiker Konzepte schließt sich vor allem die Frage an, wie sich diese den aktuellen komplexen interdisziplinären emotionstheoretischen Diskursen zu den „Mitgefühlen", denen das „Mitleid" eingegliedert ist,[112] und der Empathie zuordnen lassen? Vor allem aber ist zu fragen, wie sich diese Skizze des Emotionskonzepts der synoptischen Evangelien für aktuelle Diskurse zur (theologischen) Ethik[113] fruchtbar machen ließe.[114]

Literaturverzeichnis

Aristoteles, *Poetik. Griechisch/Deutsch*, übers. u. hrsg. v. Manfred Fuhrmann, (RUB 7828), Stuttgart 1982.

–, *Rhetorik. Griechisch/Deutsch,* hrsg. u. übers. von Gernot Grapinger, (RUB 19397), Stuttgart 2018.

Balz, Horst/Schneider, Gerhard (Hgg.), *Exegetisches Wörterbuch zum Neuen Testament*, Teil I–III, 3. durchges. Aufl. Stuttgart 2011.

Barton, John, „Imitation of God in the Old Testament", in: Robert P. Gordon (Hg.), *The God of Israel*, (UCOP 64), Cambridge 2007, 35–46.

Bauer, Walter/Aland, Kurt/Aland, Barbara (Hgg.), *Griechisch-deutsches Wörterbuch zu den Schriften des Neuen Testaments und der frühchristlichen Literatur*, 6., völlig neu bearb. Aufl., Berlin/New York 1988.

Baumann, Gerlinde, „Das göttliche Geschlecht. JHWHs Körper und die Gender-Frage", in: Hedwig-Jahnow-Forschungsprojekt (Hg.), *Körperkonzepte im Ersten Testament. Aspekte einer feministischen Anthropologie*, Stuttgart 2003, 220–250.

Breithaupt, Fritz, *Kulturen der Empathie*, (stw 1906), Frankfurt am Main ⁶2020.

Bultmann, Rudolf, „ἔλεος, ἐλεέω, ἐλεήμων, ἐλεημοσύνη, ἀνέλεος, ἀνελέημων", in: *ThWNT* II, 474–482.

–, „οἰκτίρω, οἰκτιρμός, οἰκτίρμων", in: *ThWNT* V, 161–163.

---

[110] Peetz, *Emotionen*, 50–51, hat in ihrer Untersuchung des Hohelieds folgende Definition von Emotionen entwickelt: „Emotionen sind von kognitiven Prozessen begleitet, zeichnen sich durch ihre Objektbezogenheit aus und äußern sich in Veränderungen des körperlichen Zustands sowie des Ausdrucksverhaltens. Ausgelöst werden Emotionen durch externale oder internale Reize, die eingeschätzt und bewertet werden und dadurch eine Handlung oder Handlungsabsicht provozieren, die sich an bestimmten Konventionen orientiert." Daraus ergibt sich die Frage, wie kohärent das biblische Mitleidskonzept mit anderen Emotionen in der Bibel ist.

[111] Karl Büchner übersetzt in seiner Textausgabe *aegritudo* mit Kummer, Lewis/Short, *Dictionary*, 54, mit „illness, sickness (both of body and mind)".

[112] So die Differenzierung von Demmerling/Landweer, *Philosophie*, 167–193, auf die exemplarisch verwiesen sei, s. auch Demmerling „Mitgefühle", im vorliegenden Sammelband.

[113] Auch einer Tierethik, denn das Mitleid gilt in der Bibel auch Tieren, vgl. Gesundheit, „Barmherzigkeit", in diesem Sammelband.

[114] S. dazu im vorliegenden Sammelband den Beitrag von Demmerling, „Mitgefühle".

Dalferth, Ingolf U./Hunziker, Andreas, „Einleitung: Aspekte des Problemkomplexes Mitleid“, in: Dies. unter Mitarbeit von Andrea Anker (Hgg.), *Mitleid. Konkretionen eines strittigen Konzepts*, (Religion in Philosophy and Theology 28), Tübingen 2007, IX–XXV.

Demmerling, Christoph/Landweer, Hilge, *Philosophie der Gefühle. Von Achtung bis Zorn*, Stuttgart/Weimar 2007.

Dschulnigg, Peter, *Das Markusevangelium*, (ThKNT 2), Stuttgart 2007.

Ebach, Jürgen, „,Compassion‘?! Ein beziehungsreiches Wort im Kontext biblischer Erinnerungen und Impressionen“, in: *Wege zum Menschen* 65 (2013), 108–126.

Eisen, Ute E., *Die Poetik der Apostelgeschichte. Eine narratologische Studie*, (NTOA 58), Fribourg/Göttingen 2006.

– /Mader, Heidrun/Peetz, Melanie (Hgg.), *Grasping Emotions: Approaches to Emotions in Interreligious and Interdisciplinary Discourse*, (Religiöse Positionierungen in Judentum, Christentum und Islam), Berlin u.a. (in Vorbereitung).

–, „The Gendered G*d – Theologische Konzepte der Genderfluidität G*ttes in der Bibel“, in: Rita Perintfalvi/Johannes Schiller (Hgg.), Gender – Politik – Religion. Biblische Impulse und aktuelle Resonanzen, (exuz), Berlin u.a. (in Vorbereitung).

–, „Mitleid (splagchnizomai) in den synoptischen Evangelien“, in: Dies./Heidrun E. Mader (Hgg.), *God in Society: Multidisciplinary (Re)constructions of Ancient (Con)texts*, Vol. 1: *Theories and Applications, Festschrift für Peter Lampe zum 65. Geburtstag*, (NTOA 120/1), Göttingen 2020, 425–450.

Feldmeier, Reinhard, „Leiden und die Barmherzigkeit der Gotteskinder. Die lukanische Theologie des Erbarmens“, in: *Jahrbuch für Biblische Theologie* 30, 2015, 111–128.

Guttenberger, Gudrun, *Das Evangelium nach Markus*, (ZBKNT 2), Zürich 2017.

Hatch, Edwin/Redpath, Henry, *A Concordance to the Septuagint and Other Greek Versions of the Old Testament (Including the Apocryphal Books)*, Oxford 1897 (unveränd. Nachdruck Graz 1975).

Janowski, Bernd, „Die Empathie des Schöpfergottes. Gen *6,5–8,22 und das Apathie-Axiom“, in: *Jahrbuch für Biblische Theologie* 30, 2015, 49–74.

Joosten, Jan, „חסד, ‘Benevolence’, and ἔλεος, ‘Pity’. Reflections on Their Lexical Equivalence in the Septuagint“, in: Ders., *Collected Studies on the Septuagint. From Language to Interpretation and Beyond*, (FAT 83), Tübingen 2012, 97–112.

Kahl, Werner, *New Testament Miracle Stories in their Religious-Historical Setting: A Religionsgeschichtliche Comparison from a Structural Perspective*, (FRLANT 163), Göttingen 1994.

Klein, Hans, *Barmherzigkeit gegenüber den Elenden und Geächteten. Studien zur Botschaft des lukanischen Sonderguts*, Neukirchen 1987.

Köster, Helmut, „σπλάγχνον, σπλαγχνίζομαι, εὔσπλαγχνος, πολύσπλαγχνος, ἄσπλαγχνος“, in: *ThWNT* VII, 548–559.

Konradt, Matthias, *Das Evangelium nach Matthäus*, (NTD 1), Göttingen 2015.

–, „,Glückselig sind die Barmherzigen‘ (Mt 5,7). Mitleid und Barmherzigkeit als ethische Haltung im Matthäusevangelium“, in: Ders., *Studien zum Matthäusevangelium*, hg. v. Alida Euler, (WUNT 358), Tübingen 2016, 413–441.

Konstan, David, *Pity Transformed*, London 2001.

–, *The Emotions of the Ancient Greeks. Studies in Aristotle and Classical Literature*, Toronto 2006.

Kratz, Reinhard G./Spieckermann, Hermann (Hgg.), *Divine Wrath and Divine Mercy in the World of Antiquity*, (FAT 33), Tübingen 2008.

Leonhardt-Balzer, Jutta, „Wie kommt ein Reicher in Abrahams Schoß? (Vom reichen Mann und armen Lazarus) – Lk 16,19–31“, in: Ruben Zimmermann (Hg.), *Kompendium der Gleichnisse Jesu*, Gütersloh 2007, 647–660.

Lewis, Charlton T./Short, Charles, *A Latin Dictionary. Founded on Andrews Edition of Freund's Latin Dictionary, Rev., Enlarged, and in Great Part Rewritten*, Oxford 1991.

Ostmeyer, Karl-Heinrich, „Dabeisein ist alles (Der verlorene Sohn) – Lk 15,11–32", in: Ruben Zimmermann (Hg.), *Kompendium der Gleichnisse Jesu*, Gütersloh 2007, 618–633.

Peetz, Melanie, *Emotionen im Hohelied. Eine literaturwissenschaftliche Analyse hebräischer Liebeslyrik unter der Berücksichtigung geistlich-allegorischer Auslegungsversuche*, (HBS 81), Freiburg im Breisgau 2015.

–, „Wütend und zornig, langmütig und barmherzig. Die Rede von Gott in Psalm 78", in: Manfred Oeming (Hg.), *Ahavah – Die Liebe Gottes im Alten Testament. Ursprünge, Transformationen und Wirkungen*, (ABG 55), Leipzig 2018.

Petersen, Silke, „Immer Ärger mit dem ‚Kyrios'. Eine Problemanzeige", in: Christine Gerber/Benita Joswig/Dies. (Hgg.), *Gott heißt nicht nur Vater. Zur Rede über Gott in den Übersetzungen der „Bibel in gerechter Sprache"*, (BThS 32), Göttingen 2008, 104–125.

Rahlfs, Alfred (Hg.), *Septuaginta. Id est Vetus Testamentum Graece iuxta LXX interpretes, edidit Alfred Rahlfs. Editio altera quam recognovit et emendavit Robert Hanhart*, Stuttgart 2006.

Schottroff, Luise, *Die Gleichnisse Jesu*, Gütersloh 2005.

Schroer, Silvia/Staubli, Thomas, *Die Körpersymbolik der Bibel*, Darmstadt ²2005

Scoralick, Ruth, „Barmherzigkeit I. Altes Testament", in: *RGG³* I, 1116–1117.

Seeanner, Josef Anton, *Die Barmherzigkeit (eleos) im Matthäusevangelium. Rettende Vergebung*, Kleinhain 2009.

Seneca, *De Clementia/Über die Güte. Lateinisch/Deutsch*, übers. u. hrsg. v. Karl Blüchner, (RUB 8385), Stuttgart 1970.

Spieckermann, Hermann, „‚Barmherzig und gnädig ist der Herr …'", in: Ders., *Gottes Liebe zu Israel. Studien zur Theologie des Alten Testaments*, (FAT 33), Tübingen 2001, 3–19 (= *ZAW* 102 [1990], 1–18).

–, „Wrath and Mercy as Crucial Terms of Theological Hermeneutics", in: Reinhard G. Kratz/Ders. (Hgg.), *Divine Wrath and Divine Mercy in the World of Antiquity*, (FAT II/33), Tübingen 2008, 3–16.

Staudinger, Ferdinand, „ἐλεημοσύνη, ης, ἡ *eleēmosynē* Mitleid, Wohltat, Almosen", in: *EWNT³* I, 1043–1045.

– , „ἔλεος, ους, τό *eleos* Mitleid, Erbarmen, Barmherzigkeit, ἐλεάω *eleaō* Mitleid haben, sich erbarmen, ἐλεέω *eleeō* Mitleid haben, mitleidig helfen, sich erbarmen", in: *EWNT³* I, 1046–1052.

Wagner, Thomas, „Gnade/Barmherzigkeit", in: *WiBiLex* 2019 (https://www.bibelwissenschaft.de/stichwort/19676/) (Abruf 13. 5. 2019).

Walter, Nikolaus, „σπλαγχνίζομαι, *splagchnizomai*, sich erbarmen", in: *EWNT⁵* III, 633–634.

– , „σπλάγχνον, ου, τό, *splanchnon*, Plur.: innere Organe, ‚Herz', herzliches Verlangen, Barmherzigkeit", in: *EWNT⁵* III, 635–636.

Wolde, Ellen van, *Sentiments as Culturally Constructed Emotions: Anger and Love in the Hebrew Bible*, in: Biblical Interpretation 16,1 (2008), 1–24.

Wolter, Michael, *Das Lukasevangelium*, (HNT 5), Tübingen 2008.

Zernecke, Anna Elise, „Gnadenformel", in: *WiBiLex* 2015 (https://www.bibelwissenschaft.de/stichwort/19688/) (Abruf 14. 7. 2019).

Barmherzigkeit als Schlüsselkategorie in der feministischen Koranexegese

Dina El Omari

Wenn der Koran die Selbstoffenbarung der liebenden Barmherzigkeit Gottes ist, welche die Menschen zum liebenden barmherzigen Handeln bewegen will, ist die Kategorie der Barmherzigkeit die angemessene hermeneutische Kategorie, den Koran entsprechend seinem Selbstverständnis als Barmherzigkeit (vgl. exemplarisch Q 7:52) nicht lediglich als Zeugnis der Barmherzigkeit, sondern als Begegnung mit dieser zu verstehen. Die Auslegung des Korans ist an erster Stelle die Auslegung der Geschichte Gottes mit dem Menschen als Geschichte der Realisierung von Gottes liebender Barmherzigkeit. Aufgabe einer entsprechenden theologischen Koranhermeneutik ist demnach im ersten Schritt, das Zeugnis der liebenden Barmherzigkeit Gottes in dieser Geschichte aufzudecken, also danach zu fragen, wo sie konkret Wirklichkeit wird […]. In einem zweiten Schritt geht es darum, die heutigen Rezipienten des Korans für die Begegnung mit dem Koran als Begegnung mit der liebenden Barmherzigkeit Gottes zu sensibilisieren. Auf diese Weise soll ihnen die Möglichkeit eröffnet werden, die liebende Barmherzigkeit Gottes in dieser Begegnung für sich neu zu entdecken, um sie dann in das eigene Leben zu tragen und zu einer erfahrbaren Wirklichkeit zu machen.[1]

Der Münsteraner Theologe Mouhanad Khorchide macht sich seit seinem Erstwerk „Islam ist Barmherzigkeit" für die Kategorie der Barmherzigkeit als hermeneutischen Schlüssel in der Auslegung des Korans stark. Dabei entwickelt er im Laufe der letzten Jahre eine ganzheitliche Theologie, die zum einen systematisch, zum anderen exegetisch begründet, warum diese Kategorie den Geist des Korans sehr deutlich widerspiegelt und sich daher für dessen Auslegung eignet. Diese Überlegungen lassen sich in einen Zusammenhang mit Überlegungen weiterer Wissenschaftler setzen, wie Amina Wadud, Nasr Hamid Abu Zaid und Abdoldjavad Falaturi, die sich allesamt für ein neues und zeitgemäßes Verständnis des Korans einsetzen und entsprechende Gedanken entwickeln. Dabei setzten sie fast alle bei der Definition des Korans als Wort Gottes im Sinne eines in der Zeit und in menschlicher Sprache verkündetes Gotteswort an, denn dieses bildet die Voraussetzung für weitere systematische, aber auch exegetische Überlegungen. Das Netz, welches sich aus der

---

[1] Khorchide, *Gottes Offenbarung*, 149–150.

Gesamtheit dieser Überlegungen spannen lässt, kann nun ebenso entsprechende Auswirkungen innerhalb der feministischen Koranexegese haben. Daher verfolgt mein Beitrag zum einen das Ziel, die Frage nach der Barmherzigkeit als hermeneutischen Schlüssel für die Auslegung des Korans zu diskutieren, und zum anderen in einem anschließenden zweiten Teil anhand eines Beispiels aus der feministischen Koranexegese aufzuzeigen, wie sich dies in der Exegese konkret umsetzen lässt.

1 Die Kategorie der Barmherzigkeit als hermeneutischer Schlüssel?

Der hohe Stellenwert der Barmherzigkeit (arab. *raḥma*) im Koran als eine der wichtigsten göttlichen Eigenschaften wirft die Frage auf, ob sich diese Eigenschaft als hermeneutischer Schlüssel zur Auslegung des Korans fruchtbar machen lässt. Dafür gibt es durchaus eine ganze Reihe an Argumenten, so hält YaSiin Rahmaan fest:

Compassion is the core of the Divine and of the Qurʾan, and justice is the minimum degree of compassion, therefore, compassion must be the primary interpretive strategy of faith as indicated by the intentionality of basmallah that predicates all Muslim acts.[2]

Auch Abdoldjavad Falaturi verweist auf das große Potenzial der Barmherzigkeit in seinem Beitrag „Der Islam – Religion der raḥma, der Barmherzigkeit", indem er zunächst den göttlichen Namen „*ar-Raḥmān*" (deutsch: der Allbarmherzige) als eine die gesamte Schöpfung umfassende göttliche Eigenschaft definiert: „Ar-Raḥmān umfasst die gesamte Schöpfung – selbst die Menschen, die an ihn (Gott) nicht glauben – in seiner Güte und Gnade diesseits und jenseits."[3]

Den besonderen Stellenwert der Barmherzigkeit sieht Falaturi im Koran weiterhin auf mehreren Ebenen gegeben, so verweist er zunächst auf den quantitativen Aspekt, denn der Begriff käme über 700 Mal in unterschiedlichen Varianten des Wortstammes *r-ḥ-m* im Koran vor, sei also die häufigste genannte göttliche Eigenschaft, und zudem würden alle Koransuren bis auf die Sure 9 mit der *basmala*, d.h. der Eingangsformel der Suren, die mit „Im Namen Gottes des Allerbarmers, des Allbarmherzigen" übersetzt werden kann, beginnen und diese sei im Koran insgesamt 114 Mal zu finden, da sie zusätzlich in der Sure 27 Vers 30 erwähnt werde.[4] Nun umfasse Gott in seiner Eigenschaft als der Allbarmherzige (arabisch: *ar-Raḥmān*) nicht nur die gesamte Schöpfung, sondern es sei auch der Wirkungsbereich der göttlichen Barmherzigkeit allumfassend, d.h. auch die Strafe sei Teil dieser Barmherzigkeit. Als Beleg dafür erbringt Falaturi den Koranvers 7,156:

---

[2] Rahmaan, „Feminist Edges", 144.
[3] Falaturi, „Islam", 64.
[4] Falaturi, „Islam", 64–65.

‚Gott sagte: Mit meiner Strafe treffe ich, wen ich will. Aber meine Barmherzigkeit kennt keine Grenze […]' (genauer: umfasst alle Dinge / *wasiʿat kulla šaiʾ*). (Koran 7,156). Dass seine Barmherzigkeit auch die zu Strafenden umfasst, wird durch diese Gegenüberstellung besonders betont.[5]

In diesem Zusammenhang macht er deutlich, dass die Barmherzigkeit eine Sonderstellung innerhalb aller göttlichen Handlungen habe,

nämlich die, dass Gott sich zur Barmherzigkeit als einziger Handlung bzw. Handlungsweise verpflichtet (Koran 6,12 und 6,54): ‚Er hat sich zur Barmherzigkeit verpflichtet. Er wird euch sicher zu dem Tag der Auferstehung versammeln, an dem kein Zweifel ist.' ‚Heil sei über euch! Euer Herr hat sich zur Barmherzigkeit verpflichtet. Wenn einer von euch in Unwissenheit Böses tut und dann später umkehrt und sich bessert, so ist Gott barmherzig und bereit zu vergeben.' Bezeichnend dabei ist, dass sich die sich selbst auferlegte Verpflichtung Gottes nur auf den Vollzug seiner raḥma bezieht. Zu keiner anderen Handlung hat sich Gott sonst verpflichtet.[6]

Daher kommt Falaturi zu dem Fazit, „dass die Barmherzigkeit und nur diese in einmaliger Weise das oberste göttliche Handlungsprinzip darstellt."[7] An dieser Stelle kehren wir noch einmal zu Fazlur Rahmans Weltanschauung zurück und seiner Definition dieser Weltanschauung als göttliche Rechtleitung, denn hier kann man mit Falaturi die Brücke zur Barmherzigkeit schlagen, denn dieser legt die Barmherzigkeit als Grundlage für diese Rechtleitung fest, in diesem Zusammenhang auf die ökumenische Bedeutung von Barmherzigkeit verweisend:

Einen besonderen Sinngehalt und eine alle Religionen, vor allem die abrahamitischen Religionen, umfassende ökumenische Bedeutung weist Barmherzigkeit überall dort auf, wo sie als Begriffspaar mit Rechtleitung (hudā) verwendet wird: Auf den Koran und alle Offenbarungen davor bezugnehmend sagt der Koran: ‚Im Bericht über sie liegt fürwahr ein Grund zum Nachdenken für diejenigen, die Verstand haben. Und es ist keine Geschichte, die aus der Luft gegriffen wäre. (Es ist) vielmehr eine Bestätigung dessen, was (an Offenbarung) vor ihm (Koran) da war, und setzt alles (im einzelnen) auseinander – eine Rechtleitung und Barmherzigkeit für Leute, die glauben' (Koran 12,111; vgl. auch 11,63).

Auf den Inhalt der Schriften von Mose bezogen, heißt es dann: ‚Hierauf gaben wir dem Mose die Schrift, um (unsere Gnade) an dem zu vollenden, der (seine Sache) gut gemacht hatte, und um alles (im einzelnen) auseinanderzusetzen, und als Rechtleitung und Barmherzigkeit' (Koran 6,154) […] im gleichen Sinne wird die Funktion des Korans bewertet: ‚Und wir haben die Schrift auf dich hinabgesandt, um alles klarzulegen, und als Rechtleitung, Barmherzigkeit und Frohbotschaft für die, die sich (uns) ergeben haben' (Koran 16,89).[8]

---

[5] Falaturi, „Islam", 66.
[6] Falaturi, „Islam", 67.
[7] Falaturi, „Islam", 68.
[8] Falaturi, „Islam", 71.

Doch nicht nur die Religionen an sich, sondern auch ihre Propheten gelten als Übermittler der Barmherzigkeit, deshalb verweist Falaturi auch hier auf die ökumenische Bedeutung:

Die Rechtleitung weist sich somit nicht nur als wesentliches Moment der raḥma aus. Im Kontext der Rechtleitung werden sogar Gesandte und die an sie herabgesandten Offenbarungen mit raḥma identisch erklärt: Zur Thora als Vorbild für den Koran heißt es: ,Die Schrift Moses ist ihm (dem Koran) als Richtschnur und Barmherzigkeit vorausgegangen' (Koran 46,12). Oder: ,Ist denn einer, dem ein klarer Beweis von Seiten seines Herrn vorliegt, während ein Zeuge von ihm ihn (d. h. den Koran) verliest und die Schrift Mosesihm als Richtschnur und Barmherzigkeit vorausgegangen ist …' (Koran 11,17) […]. Zum Koran speziell lautet es dann: ,Dieser Koran berichtet den Kindern Israels das meiste von dem, worüber sie uneins sind. Er ist eine Rechtleitung und (ein Erweis unserer) Barmherzigkeit für die Gläubigen' (Koran 27,76–77) […]. In diesem Sinne ist [auch] die Person Jesu eine Barmherzigkeit […]. Diese und ähnliche Belege im Koran und in der Sunna bestätigen jene Dokumente, die raḥma als ,oberstes göttliches Handlungsprinzip' und als ,göttliche Verpflichtung' gegenüber der Schöpfung, die ohne Einschränkung alles umfasst, erweisen.[9]

Dieses oberste Handlungsprinzip hat selbstverständlich auch eine Auswirkung auf die Gott-Mensch-Beziehung, der Falaturi aufgrund der Verwandtschaft der Begriffe *raḥma* und *raḥim* (deutsch: Mutterleib) als Derivate der gleichen Wurzel *r-ḥ-m* mütterliche beziehungsweise weibliche Züge verleiht, die von Seiten Gottes unerschöpfbar sei. Dafür rekurriert er auf eine Aussage des Propheten, die wiederum von dem islamischen Gelehrten ar-Raġib al-Iṣfahānī bezüglich dieser Unerschöpfbarkeit kommentiert wird:

Als Gott raḥim, den Mutterleib, (als Urquelle der Verwandtschaft des Menschengeschlechts) schuf, sagte er zu ihm: ,Ich bin ar-Raḥmān (der Barmherzige), und du bist raḥim. Ich habe deinen Namen von meinem Namen abgeleitet, wer sich um dich kümmert, um den werde auch ich mich kümmern, und wer dich vernachlässigt, wird von mir vernachlässigt.' Davon leitet ar-Raġib die Tatsache ab, dass Gott dem Menschen von seiner Erschaffung, von seiner Geburt an raḥma, d.h. umsorgendes Mitgefühl, mit auf den Weg gegeben hat, was um so mehr eine ständige ununterbrochene raḥma von Gott selbst erwarten lässt […].[10]

Daraus schlussfolgert Falaturi:

Demnach gewinnt der Begriff raḥma auf Menschen bezogen eine existentielle Bedeutung und auf Gott bezogen die Bedeutung einer ununterbrochenen Aktion, die die Gott-Mensch-Beziehung bestimmt. Das Gott-Mensch-Verhältnis bekommt somit im Islam mütterliche, also weibliche Züge und nicht wie im Christentum väterliche, also männliche Züge. Sein Verhältnis zu den Menschen ist somit nicht in seiner Allmacht, also seiner

---

[9] Falaturi, „Islam", 71–72.
[10] Falaturi, „Islam", 75–76.

Stärke begründet, sondern mehr von der raḥma (Barmherzigkeit) bestimmt, die als oberstes Handlungsprinzip sogar dieser, seiner Allmacht eine bestimmte Richtung weist.[11]

Während nun Falaturi die Barmherzigkeit als höchstes Handlungsprinzip Gottes bezeichnet, geht Mouhanad Khorchide deutlich weiter, indem er die Barmherzigkeit als ein Wesensattribut Gottes definiert und davon ausgehend eine ganze Theologie der Barmherzigkeit etabliert.[12] Dabei setzt er in seinem Buch *Gottes Offenbarung in Menschenwort* zwei Schwerpunkte: Zum einen begründet er systematisch-theologisch, warum „die Kategorie der Barmherzigkeit die angemessenste ist, um sich dem Koran hermeneutisch zu nähern"[13] und zum anderen führt er die wichtigsten Argumente aus dem Koran an, „die zeigen sollen, dass die Kategorie der Barmherzigkeit als hermeneutischer Schlüssel keineswegs von außen projiziert ist, sondern dem Selbstanspruch des Korans entspricht und von seiner Selbstverständlichkeit heraus im Zentrum der Botschaft steht"[14]. Den Ausgangspunkt seiner Überlegungen bildet die bereits oben angeführte Erklärung des Korans als kommunikatives Geschehen der Selbstoffenbarung Gottes. Innerhalb dieser Überlegungen legt Khorchide ausführlich dar, warum der Koran als eben diese Selbstoffenbarung bzw. Selbstmitteilung Gottes verstanden werden kann. Die Konsequenz aus diesem Verständnis ist nicht nur das Verständnis der Offenbarung als ein kommunikativer Akt sondern ebenfalls, dass Gott durch den Koran erfahrbar und erlebbar werde. Nachdem er dies systematisch-theologisch begründet hat, legt er seinen Fokus auf die Rolle der göttlichen Barmherzigkeit, als erfahrbares Moment in der Begegnung mit dem Koran. In diesem Zusammenhang führt er, wie schon Falaturi vor ihm, eine Reihe an Argumenten aus dem Koran selbst an, die den besonderen Stellenwert der Barmherzigkeit deutlich machen, wie die quantitative Überlegenheit des Begriffs, seine zentrale Rolle in der Eingangsformel von 113 Suren und die allumfassende Größe der Barmherzigkeit, wobei er jeden einzelnen Aspekt vertieft behandelt und in diesem Zusammenhang ein Gesamtkonzept der Barmherzigkeit entwickelt, welches sich folgendermaßen zusammenfassen lässt:

Der Koran charakterisiert Gott als ein Wesen, das in personaler Weise dem Menschen unbedingt zugewandt ist. Diese koranischen Beschreibungen Gottes als der liebende Barmherzige stellen eine Mitteilung über Gott dar. Sie machen Aussagen über Gott, wie er ist und wie er in der Welt handelt. Der Koran als Selbstoffenbarung Gottes bedeutet allerdings, dass sich im Koran nicht nur eine Mitteilung Gottes bzw. der Wille Gottes offenbart wird, sondern es ist zugleich die Wirklichkeit Gottes selbst, die den eigentlichen Inhalt der Offenbarung darstellt. Der Koran ist daher mehr als nur ein Buch, in dem ich als Muslim lese,

---

[11] Falaturi, „Islam", 76.
[12] Khorchide, *Gottes Offenbarung*, 104–152, sowie Khorchide, *Islam*.
[13] Khorchide, *Gottes Offenbarung*, 151.
[14] Ebd.

wie Gott ist und was Gott mir sagen will, denn der Koran ist ein Ereignis, in ihm ereignet sich die Zuwendung Gottes. Gott selbst wird im Koran gegenwärtig.[15]

Daraus schlussfolgert Khorchide, dass die Barmherzigkeit kein bloßes Handlungsattribut Gottes ist, sondern Teil seines Wesens:

Dass sich Gott auf den Menschen einlässt und sich ihm selbst offenbart, ist Ausdruck des Wesens Gottes als liebende Barmherzigkeit. Daher können wir sagen, dass Gott wesenhaft auf den Menschen bezogen ist und sich ihm wesenhaft im Sinne seiner liebenden Barmherzigkeit erbarmt. Und gerade weil diese Zugewandtheit Gottes dem Menschen gegenüber seinem Wesen als Freiheit entspricht, können wir Menschen die Zuversicht haben, dass Gott es ernst mit uns Menschen meint und uns nicht aufgeben wird.[16]

Khorchide spricht sich in diesem Sinne für die Kategorie der Barmherzigkeit als hermeneutischen Schlüssel aus und verweist in diesem Zusammenhang darauf, dass dies auch dem Selbstanspruch der koranischen Botschaft an den Propheten entspräche:

Gerade der koranische Vers: „Wir [Gott] haben dich [Muḥammad] ausschließlich als Barmherzigkeit für alle Welten entsandt" (Q 21:107) erhebt die Barmherzigkeit zu der Maxime der Verkündigung Muḥammads und somit zu seiner eigenen Mitte.[17]

Auf der Grundlage des bis hier Erörterten ist es durchaus möglich, die Barmherzigkeit als hermeneutischen Schlüssel im Sinne einer liebenden und wohlwollenden Zugewandtheit Gottes zu seiner Schöpfung zu definieren und somit als den Ausgangspunkt für die Rechtleitung Gottes zu definieren. Sie formt somit die in der Textwelt immanente Weltanschauung. Jedoch ist die Frage zu stellen, wie sich diese Zugewandtheit im jeweiligen Fall im Koran ausdrückt. Hier verweist Khorchide auf die emotionale bzw. empathische Haltung Gottes, die sich in der hohen Emotionalität des Textes widerspiegelt:

Der Koran charakterisiert Gott als ein Wesen, das in personaler Weise dem Menschen unbedingt zugewandt ist. Gott gibt sich im Koran als der zu erkennen, der an der Seite des Menschen steht und sich für den Menschen interessiert, der sich für ihn und mit ihm freut und die Sorge des Menschen trägt. Von daher liegt auch in koranischer Perspektive der Gedanken nahe, dass Gott die Leiden der Menschen betroffen machen […].[18]

Für diese empathische Haltung Gottes erbringt Khorchide eine ganze Reihe an weiteren Beispielen, wobei er den Aspekt der Gerechtigkeit bzw. Gottes Erzürnen bezüglich ungerechter Handlungen nur marginal erwähnt. Es ist aber eben dieser Aspekt der in Bezug auf den zweiten Teil des vorliegenden Beitrages eine große Rolle

---

[15] Khorchide, *Gottes Offenbarung*, 123.
[16] Khorchide, *Gottes Offenbarung*, 127.
[17] Khorchide, *Gottes Offenbarung*, 151.
[18] Khorchide, *Gottes Offenbarung*, 137.

spielt, da es um das Geschlechterrollenverständnis im Koran geht. Die Verbindung zwischen Barmherzigkeit und Gerechtigkeit wird bereits von Falaturi aufgegriffen:

> Im Grunde verstehen sich Gerechtigkeit ('adl, qisṭ) und Barmherzigkeit (raḥma) nicht als Gegensatz: Gerechtigkeit ist vielmehr als Ausdruck einer kosmologischen und gesellschaftlichen Ordnung zu verstehen; eine Ordnung, die per se keine Zerstörung zulässt. Auf die menschliche Gemeinschaft bezogen, bedeuten die als Sünde bezeichneten Handlungen jene, die zur Zerstörung führen. Bei der Herstellung eines Ausgleiches kommt primär das Prinzip der Bewahrung der Ordnung ('adl/Gerechtigkeit) in Betracht, und zwar als ein Prinzip, das, auf die Notwendigkeit der gesamten kosmischen und weltlichen Ordnung hin gesehen, von raḥma, also von der Güte Gottes, seiner gesamten Schöpfung gegenüber und nicht nur gegenüber einem einzelnen, abhängt.[19]

Die Gerechtigkeit kann in diesem Sinne als Konsequenz der göttlichen Barmherzigkeit gesehen werden. Es ist dabei genau die von Falaturi erwähnte kosmische Ordnung, die uns in Bezug auf die Geschlechterrollen in der Schöpfung und Eschatologie immer wieder begegnen wird und zwar in dem Phänomen der Paarigkeit, welches mithilfe von Symmetrien die göttliche Schöpfungsordnung und somit die göttliche Gerechtigkeit immer wieder in den Fokus rückt. Dieses Phänomen wird von mir unten genauer durchleuchtet werden, da es ein zentrales stilistisches Mittel in Bezug auf die Geschlechterrollen im Koran bildet.

An dieser Stelle muss aber noch eine weitere Ebene für die Interpretation des Korans mitgedacht werden, denn der Koran ist in seiner Entstehungszeit kein Buch gewesen, sondern ein mündlich verkündeter dialogischer Text. Dabei geht die neuere islamische Koranforschung wieder von einem kommunikativen Offenbarungsverständnis aus, d.h. Gott teilt sich in der Zeit in menschlicher Sprache mittels des Propheten als sein Sprachrohr mit.[20] Nach diesem Verständnis handelt es sich also um einen in der Zeit agierenden und sprechenden Gott, der also nicht in einem luftleeren Raum handelt und sich zudem der kulturellen und linguistischen Sprache des Propheten und seiner Zeitgenossen als Medium seiner Offenbarung bedient. Das bedeutet, dass die Aussagen des Korans in seiner Offenbarungszeit an die damaligen historischen Umstände, die Psyche der Menschen, die Entwicklung der Gemeinde und die linguistische Sprache gebunden sind. Dies spiegelt sich im Koran auf unterschiedlichen Ebenen wider, wird aber besonders dort sichtbar, wo der Koran Veränderungen an bestehenden Strukturen oder Ansichten vornimmt, wie zum Beispiel innerhalb bestehender patriarchaler Strukturen Modifikationen bezüglich der Rolle der Frauen. Diese Veränderungen können immer nur so weit erfolgen, wie es die genannten beschränkenden äußeren Faktoren ermöglichen, das zeigt sich vor allem an dem bereits durch einige Vertreterinnen der feministischen Koranexegese erwähnten Gradualismus zur Einführung von Reformen und

---

[19] Falaturi, „Islam", 81.
[20] Vgl. Abu Zaid, „Koran", 122–159.

Regelungen, denn Veränderungen in den bestehenden Strukturen und Bräuchen werden nicht plötzlich im Koran, sondern schrittweise und behutsam eingeführt, so dass sie eine nachhaltige Wirkung haben und die Gemeinde sich an die Neuerungen gewöhnen konnte. Ein Beispiel dafür sind sicherlich die Verse, die als abrogierend und abrogiert (arab. *nāsiḫ wa-mansūḫ*) bezeichnet werden, denn ihre Existenz im Koran verdeutlicht auch für spätere Rezipienten, dass sich die koranische Botschaft als dynamischer und wandelbarer Prozess versteht, der allerdings nicht plötzlich, sondern sukzessive erfolgt. Dahinter steckt aber immer der Gedanke der Rechtleitung, die sich wiederum aus der Barmherzigkeit sowie daraus resultierend aus dem Gerechtigkeitsprinzip Gottes speist. Daher spricht Amina Wadud von einer Bewegungsbahn in Bezug auf die Modifikationen der Geschlechterrollen:

The Qurʾânic trajectories are of particular relevance to issues of social justice and women. The Qurʾân establishes a radical momentum towards continual reforms in gender relations. Even where it appears to fall short of explicit articulations these might be inferred by following the directions of the textual linguistic and moral momentum. It made quite rapid reform over a mere 23 year period. If the pace of that progression had continued unabated by existing and still developing patriarchies, our history would be characterized as one of the most progressive in terms of gender justice. Instead, the matter of Islam and gender is marked by its various stages of regression. Today, we must tap into textual sources, local knowledge fields as well as complex political, social, economic and global developments in order to position ourselves along the original Qurʾânic trajectory. Current articulations of Muslim women's reforms are not nearly so radical as the Qurʾânic trajectory.[21]

Die Gebundenheit des Korans an die äußerlichen Umstände bedeutet nun in der Folge, dass die göttliche Barmherzigkeit und mit ihr die göttliche Gerechtigkeit immer nur so weit Raum für Entfaltung hatte, wie es die damaligen Umstände zuließen. Auf den Text übertragen heißt dies weiterhin, dass zu erwarten ist, dass der Koran als göttliche Offenbarung eine klare Stoßrichtung in Hinblick auf die Etablierung göttlicher Barmherzigkeit und somit auch Gerechtigkeit aufweist, er aber gleichzeitig ein Spiegel der damaligen historischen, sozio-kulturellen Umstände und linguistischen Sprache ist, d.h. auch patriarchalischer Strukturen der damaligen Gesellschaft, welche eine volle Entfaltung dieser Barmherzigkeit bzw. Gerechtigkeit nicht immer haben zulassen können.[22] Das bedeutet ganz konkret

---

[21] Wadud, „Qurʾan", 334.

[22] In der feministischen Bibelexegese werden ähnliche Überlegungen unternommen, indem auf die geschichtlich bedingten Brechungen des Gotteswortes in Menschenwort verwiesen wird, welche weiterhin dazu führen, dass es zwar eine patriarchalische Prägung in der Bibel gibt, jedoch gleichzeitig ein Reflex des Gotteswortes als nicht-patriarchalischer Kern zu finden sein muss. In diesem Zusammenhang verweist Rosemary Radford Ruether, Interpretation, 140, auf die Einschränkungen für die Formulierung des Gotteswortes in Menschenwort durch das gesellschaftliche Bewusstsein und zwar in Hinblick auf die prophetische Mission, etwas zu reformieren: „Das heißt, daß sich die prophetische Kritik in einem konstanten Zustand der Revision befindet, indem sie sich

für den Wortlaut des Textes, dass dieser nicht als absolut gerecht oder barmherzig zu erachten ist, vielmehr muss auf die von Wadud erwähnte Bewegungsbahn geachtet werden. In der Exegese kann in diesem Sinne danach gefragt werden, an welchen Stellen die Barmherzigkeit und Gerechtigkeit Gottes durch die sozio-kulturellen und historischen Umstände zur vollen Entfaltung und an welchen sie eben noch nicht zur vollen Entfaltung gekommen ist und wie sie die vom Koran angestoßenen Prozesse in einer ständigen, an die Lebenswirklichkeit der Menschen gebundenen Exegese fortdenken kann, um so als ständige spirituelle und ethische Rechtleitung zu fungieren.

Wie nun die Barmherzigkeit und mit ihr die Gerechtigkeit als hermeneutischer Schlüssel in die Interpretation des Korans einfließen kann, soll nun anhand eines konkreten Beispiels aus der feministischen Koranexegese aufgezeigt werden.

2 Fallbeispiel: Die paradiesischen Gefährten – von den *ḥūr* zu den *azwāğ*

Die Frage nach der Entfaltung der göttlichen Barmherzigkeit und damit einhergehend der Gerechtigkeit lässt sich anhand unterschiedlicher Themen im Koran aus einer feministisch-exegetischen Perspektive analysieren. Eines dieser koranischen Themen, welches diese Entfaltung und Bewegungsbahn sukzessive in Richtung einer gleichgestellten Geschlechterordnung sehr schön verdeutlicht, ist das der Paradiesgefährtinnen, welches in insgesamt 22 koranischen Versen in unterschiedlichen Varianten eingebettet wird. Ordnet man diese Verse in ihrer Chronologie an, um so die historischen, aber auch intratextuellen Entwicklungen nachzeichnen zu können, so zeigt sich, dass das Motiv der Paradiesgefährtinnen seine Anfänge in der frühmekkanischen Periode findet und sich bis in die medinensische Periode erstreckt. Dabei durchläuft es einen klaren Wandel, denn es wird deutlich, dass in der frühmekkanischen Periode eine bildhafte und sinnliche Beschreibung der Pardiesgefährtinnen vorherrschend ist, während ab der mittelmekkanischen Phase diese sinnlichen und bildhaften Beschreibungen entfallen und von den *azwāğ*, also den Partnern, die Rede ist. Diese Bewegungsbahn lässt sich historisch dadurch erklären, dass der Koran von der frühmekkanischen bis zur Mitte der mittelmek-

mit zeitgenössischen Fragen und dem zeitgenössischen Bewußtsein von Gut und Böse auseinandersetzt und indem sie zu einem Anknüpfungspunkt für das kritische Bewußtsein von Gruppen wird, die in der Vergangenheit aus dem gesellschaftlichen Dialog ausgeschlossen waren. In diesem Prozeß der Erneuerung müssen wir auch die Grenzen früherer Erklärungen prophetischen Bewußtseins untersuchen, die durch das gesellschaftliche Bewußtsein der jeweiligen Wortführer gezogen wurden. Prophetische Kritik wird sowohl durch ein neues kritisches Bewußtsein gegenüber den heutigen Problemen erneuert als auch dadurch, daß sie die Grenzen und Deformierungen der eigenen Traditionen neu wahrnimmt."

kanischen Phase maßgeblich die Mekkaner und deren Erfahrungsschatz sowie Vorstellungsvermögen anspricht. Frauen stehen zu diesem Zeitpunkt noch nicht so sehr im Fokus, das mag vor allem zwei Gründe haben: Die patriarchalischen Strukturen verlangten es, dass zunächst vorrangig die Männer angesprochen wurden und zudem stand der Prophet noch am Anfang seiner Verkündigung und musste möglichst viele dieser Männer erreichen, die dann wiederum im Falle einer Konversion ihre Frauen mit in die neue Religion aufnahmen. Dieses vornehmlich männliche Publikum mit seinem Erfahrungsschatz spiegelt sich in der früh- und mittelmekkanischen Zeit deutlich in der bildlichen Darstellung des Paradieses wider, die sich von Luxusgütern über schöne dort anwesende Paradiesjungfrauen sowie Gärten und Flüsse erstreckt. Die Paradiesjungfrauen, die in manchen Versen wegen ihrer großen Augen als *ḥūr* bezeichnet werden, werden dabei mit allerlei Attributen und Bildern der altarabischen Dichtung beschrieben, die zum einen ihren tugendhaften Charakter, zum anderen ihre Schönheit betonen. Sie stehen als Sinnbild für die Glückseligkeit und Geselligkeit im Paradies, wobei der Koran an keiner Stelle die in der klassischen Exegese vorherrschende Vorstellung aufgreift, dass einem Mann mehrere oder unendlich viele Paradiesjungfrauen zur Verfügung stehen. Vielmehr ist ihre Funktion, das freudige Gegenüber zum leidvollen und isolierten Zustand der Hölle darzustellen. Mit diesem doppelten Ausgang, Paradies–Hölle, sowie den dort beschriebenen Szenarien, veranschaulicht der Koran seinen Hörenden auf eine nachvollziehbare und vor allem nachempfindbare Weise, dass das menschliche Handeln in einer eschatologischen Dimension Konsequenzen trägt. Der Koran will damit ein Bewusstsein bei den Hörenden für diese eschatologische Dimension und gleichzeitig für die Verantwortlichkeit für die eigenen Handlungen schaffen. Dafür benutzt er die entsprechenden Bilder und die entsprechende Sprache. Es zeigt sich allerdings mit dem Verlauf der Offenbarung, dass die Paradiesjungfrauen schrittweise vom passiven statischen Objekt zu einem Subjekt werden, was sich vor allem damit begründen lässt, dass Frauen zunehmend wichtiger in der Gemeinde des Propheten werden und der Koran nun das Prinzip der Barmherzigkeit und somit auch Gerechtigkeit immer ein Stück weiter entfalten kann. Diese Subjektwerdung beginnt bereits mit der Verpartnerung der Paradiesjungfrauen und der Paradiesbewohner.[23] Sie lässt sich zudem indirekt aus der Formulierung erschließen, dass die Paradiesjungfrauen zusammen mit den Bewohnern verweilen.[24] Der endgültige Schritt zur Subjektwerdung wird dann in der zweiten Hälfte der mittelmekkanischen Phase eingeleitet, denn nun treten die Paradiesbewohner mitsamt ihren Partnern (*azwāǧ*) ins Paradies ein. Diese Partner ersetzen nun die Paradies-

---

[23] Koran 52:20: „Sie liegen (behaglich) auf Sesseln, die in Reihen angeordnet sind. Und wir geben ihnen großäugige Huris als Partner." Die Übersetzungen des Korans im vorliegenden Beitrag folgen, falls nicht anders gekennzeichnet, der Übersetzung von Paret, *Koran*; hier mit eigener Modifikation.

[24] Koran 37:48 und 49: „Und sie haben großäugige (Huris) bei sich, die Augen (sittsam) niederschlagen, (unberührt) als ob sie wohlverwahrte Eier wären."

jungfrauen und zwar bis in die medinensische Phase hinein, wobei die Bezeichnung *azwāğ* nicht zwingend einer geschlechtlichen Zuordnung unterliegt, sondern als Betonung des Paares verstanden werden kann. Dabei nimmt die bildliche Beschreibung des Paradieses insgesamt, aber besonders in Bezug auf die Paradiesgefährten deutlich ab, sie werden in Medina nur noch als „rein" im Sinne von „geläutert" bezeichnet. Der Koran benutzt für die gesamte Entwicklung in Richtung einer gerechten Geschlechterordnung das Phänomen der Paarigkeit, das sich durch jede der besprochenen Passagen mehr oder weniger intensiv zieht und somit den Weg hin zur Gleichstellung der beiden Geschlechter in der Eschatologie unterstützt und ebnet. Dadurch kann die Entfaltung göttlicher Barmherzigkeit, die, wie bereits oben mehrfach angesprochen, in Abhängigkeit zu der Lebenswirklichkeit erfolgt, deutlich nachgezeichnet werden. Diese Partner spielen auch in Bezug auf die Schöpfung des Menschenpaares eine wesentliche Rolle, denn der Koran betont durchweg von der frühmekkanischen bis in die medinensische Phase, dass beide Geschlechter hinsichtlich ihrer Erschaffung essenziell gleich sind und somit auf einer Stufe stehen.[25] Mit der Ersetzung der Paradiesjungfrauen durch die *azwāğ* wird nun die Gleichstellung beider Geschlechter auch in der eschatologischen Dimension betont und umgesetzt. Dies wird noch deutlicher in der nachfolgenden Entwicklung, denn ab der letzten Erwähnung der Paradiespartner in Sure 4 verwendet der Koran nur noch kollektive Bezeichnungen für beide Geschlechter und hebt damit die Unterscheidung bezüglich der Geschlechtlichkeit auf.[26]

Diese graduelle Entwicklung des Motivs und somit der schrittweisen Entfaltung der göttlichen Barmherzigkeit im Sinne einer geschlechtergerechten Ordnung in der Eschatologie soll nun anhand von drei Beispielen aufgezeigt werden: zwei aus der frühmekkanischen (Koran 78:33 sowie Koran 55:56, 58, 70, 72 und 74) und eines aus der mittelmekkanischen Periode (Koran 36:55–56).

Wenden wir uns zunächst der 78. Sure zu, innerhalb derer die für uns relevante Passage lautet:

31. Die Gottesfürchtigen (arab. *muttaqīn*) (dagegen) haben (großes) Glück (arab. *mafāzan*) zu erwarten, 32. Gärten (arab. *ḥadāʾiq*) und Weinstöcke, 33. *Gleichaltrige* (arab. *atrāban*), *mit schwellenden Brüsten* (arab. *kawāʿib*) 34. und einen Becher (mit Wein, bis an den Rand) gefüllt 35. Sie hören darin weder (leeres) Gerede noch die Behauptung, es sei Lüge (was als Offenbarung verkündet wird). 36. (Dies alles wird ihnen) als Lohn von deinem Herrn (zuteil), als (ihren Werken) angemessenes Geschenk.

---

[25] Vgl. dazu El Omari, „Koran".

[26] Zum Beispiel Koran 47:15: „Das Paradies, das den Gottesfürchtigen versprochen ist, ist so beschaffen: In ihm sind Bäche mit Wasser, das nicht faul ist, andere mit Milch, deren Geschmack sich nicht verändert, andere mit Wein, den zu trinken ein Genuß ist, und (wieder) andere mit geläutertem Honig. Sie haben darin allerlei Früchte und Vergebung von ihrem Herrn (zu erwarten) […]."

Das Motiv der Paradiesgefährtinnen wird bereits bei dieser, seiner ersten Erwähnung in einen Gesamtkontext gestellt, der mittels der angeführten Paare, man kann
es auch als Phänomen der Paarigkeit bezeichnen,[27] eine Symmetrie ausdrückt und
somit das göttliche Gerechtigkeitsprinzip, welches als Wirkung der Barmherzigkeit
zu verstehen ist, stark betont. Dieser Kontext gibt vor dem Hintergrund der Entwicklung der gesamten Sequenz bezüglich der eschatologischen Dimension schon
sehr früh einen Hinweis darauf, dass auch die Paradiesgefährten zu Paaren erhoben
werden, wenn auch der endgültige Schritt dahin erst in der Mitte der mittelmekkanischen Phase erfolgt. Das Phänomen der Paarigkeit zeigt sich in der Sure 78 in der
Einbettung des Doppelbildes, welche den Höhepunkt der Sure darstellt und neben
der Gegenüberstellung der beiden Pole Hölle und Paradies auch deren Merkmale
symmetrisch gegenüberstellt, um so ebenfalls das Gerechtigkeitsprinzip metaphorisch darzustellen. Während nun der erste Teil des Doppelbildes die Vergeltung für
die Verdammten fordert und ein Szenario der Hölle zeichnet, wo die Aufsässigen
nur heiße und eitrige Getränke erhalten, nichts aber was sie erfrischt oder das Leid
der Hölle mindert,[28] befinden sich die Gottesfürchtigen im zweiten Teil des Bildes,
welcher den anderen möglichen Ausgang nach dem Jüngsten Gericht beschreibt, in
Gärten und zwischen Rebstöcken des Paradieses, in denen ihnen „gefüllte Becher"
und Freuden zur Verfügung stehen.

Dabei handelt es sich innerhalb dieser Verse um eine typische Szenerie des Paradieses aus der frühen Entstehungszeit des Korans, die in kurzen Versen dargestellt
wird: Der Ort der Vergeltung sind die Gärten, die das Pendant zur Hölle sind und
mit sinnlichen Freuden beschrieben werden, so lassen sich dort Rebstöcke, Frau-
en und randvolle Becher finden. Dabei wird deutlich, dass der Koran weltliche
Konzepte nutzt, um die Belohnung der Gottesfürchtigen im Jenseits von einer
abstrakten Ebene auf eine möglichst anschauliche und verständliche Ebene für
die Erstadressierten herunterzubrechen, um diesen die Freuden der unendlichen
Glückseligkeit auf eine ihnen verständliche und nachfühlbare Weise zu vermitteln.
Hier lässt sich vermuten, dass der Koran dabei aus dem kollektiven Bewusstsein des
Propheten und seiner Zeitgenossenschaft schöpft, hier im Speziellen aus dem der
Mekkaner. Josef Horovitz hat bereits in den 20er Jahren des vergangenen Jahrhunderts darauf verwiesen, dass der Koran innerhalb der Paradiesbeschreibungen sehr
wahrscheinlich auf Inhalte des reichen Bilderschatzes der altarabischen Dichtung

---

[27] Vgl. Neuwirth, „Symmetrie", 447–480.

[28] „21. Die Hölle liegt (schon) auf der Lauer, 22. eine (üble) Einkehr für diejenigen, die aufsässig
sind: 23. Sie werden (unabsehbare) Zeiträume in ihr verweilen, 24. ohne daß sie darin Kühle zu
spüren oder etwas zu trinken bekommen, 25. außer heißem Wasser und Eiter 26. zum Lohn, der
(dem, was sie getan haben) angemessen ist. 27. Sie haben sich (zeitlebens) nicht darauf gefaßt
gemacht, daß es eine Abrechnung geben würde, 28. und unsere Zeichen fortgesetzt für Lüge erklärt
29. Alles haben wir in einer Schrift aufgezählt. 30. (Zu ihnen wird gesagt:) ,Jetzt bekommt ihr (es)
zu fühlen. Wir werden euch um so mehr strafen'."

zurückgreift. In den angeführten Versen zeigt sich das gleich in zweierlei Hinsicht: Zum einen bezüglich der Gesamtdarstellung des Paradieses, denn die hier beschriebene Szenerie erinnert sehr stark an die altarabische Weindichtung. Diesbezüglich hält Horovitz fest: „Diese Übereinstimmungen gehen in der Tat […] sehr weit, so weit, daß die paradiesischen Gastmahlsbilder des Koran sich eher wie Nachahmungen der Beschreibungen der Dichter ausnehmen, denn wie auf eigener Anschauung beruhende Schilderungen erlebter Szenen.“[29] Diese Gastmahlbilder zeichnen also eine Szenerie der geselligen Feierlichkeit, welche sich ebenfalls, wenn auch in knapper Darstellung, in den angeführten Versen finden lässt. Dabei ist auffällig, dass der Koran den geistlich sittlichen Charakter des Paradieses an dieser Stelle nicht gänzlich ausspart, sondern anmerkt, dass die Feierlichkeiten ohne Gerede oder Verleumdungen stattfindet. Horovitz betont bezüglich dieses geistlich sittlichen Charakters:

> In all diesen Schilderungen erscheint das Paradies vor allem als ein Ort sinnlicher Genüsse. Diese werden mit so viel Liebe beschrieben, daß die geistlich-sittlichen Freuden, deren seine Bewohner teilhaftig werden, leicht übersehen werden. Und doch fehlen auch diese nicht in dem Bilde, das Muhammed vom Ort der Seligen entwirft, mag es ihm auch ungleich schwerer fallen, sie in Worte zu fassen. Daß die Seligen von sittlichen Mängeln frei sind, drückt schon 78.35 (erste mekkanische Periode) und später mehrfach so aus, daß sie im Paradies „nicht Geschwätz noch Lüge hören“.[30]

Nun scheint sich die angeführte Passage angesichts der dort enthaltenen Bilder bzw. Beschreibungen in dieser frühen Phase der Verkündigung eher an die mekkanischen Männer, die hier als *muttaqīn* (dt. die Gottesfürchtigen) angesprochen werden, zu richten. Dies sieht sich auch durch die in dem für uns relevanten Vers 33 erwähnten Paradiesjungfrauen bestätigt, womit wir zu dem zweiten Aspekt kommen und uns nun auf der Versebene des für uns zentralen Verses befinden: „33. Gleichaltrige (arab. *atrāban*), mit schwellenden Brüsten (arab. *kawāʿib*).“ Zwar ist dieser Vers noch recht knapp gestaltet – die Paradiesfrauen werden nur kurz und ohne die Bezeichnung *ḥūr* erwähnt, „ihre Funktion bleibt hier noch unbestimmt, sie gehören zur luxuriösen Ausstattung des Raumes der Gärten“[31] –, dennoch lässt sich bereits in dieser kurzen Erwähnung ein Reflex der altarabischen Dichtung finden,[32] im Konkreten bezüglich der dort anzutreffenden Schönheitsbeschreibungen der Frauen. Innerhalb dieser Schönheitsvorstellungen mitsamt ihrem Motivkorpus stellen nun die Brüste der Geliebten einen wesentlichen Bestandteil des Schönheitsideals dar. Sie werden ebenso wie in dem koranischen Vers als voll beschrieben, wobei der koranische Begriff *„kawāʿib“*, der hier eine Metonymie für die Frauen

---

[29] Horovitz, „Paradies“, 10.
[30] Horovitz, „Paradies“, 5–6.
[31] Neuwirth, *Frühmekkanische Suren*, 462.
[32] Vgl. Horovitz, „Paradies“, 12–13 .

darstellt, einen indirekten Hinweis auf die runde und feste Form der Brüste gibt, denn er leitet sich von der Wurzel *k-ʿ-b* ab, was so viel wie „rund und voll sein" bedeutet. Die Bezeichnung „*atrāb*", also gleichaltrig, lässt sich nun nicht direkt innerhalb des altarabischen Schönheitsideals antreffen, doch von diesem ableiten, denn es waren die jungen Frauen, die im Mittelpunkt der Aufmerksamkeit standen. Die Paradiesjungfrauen müssen nun diesem Ideal entsprechen, ohne dabei aber zu altern, sie bleiben also gleichaltrig im Sinne von jugendlichem und zeitlosem Alter. Im Lichte des historischen Kontextes erscheint es also schlüssig, dass der Koran auch in Bezug auf die Paradiesfrauen an das kollektive Bewusstsein des Propheten und seiner Zeitgenossenschaft anknüpft und zwar, um hier die Belohnung für die Gottesfürchtigen von einer abstrakten Ebene auf eine veranschaulichende und für die Erstadressierten verständliche Ebene zu bringen, indem er Bilder benutzt, die diesen Adressierten vertraut sind. Er nutzt dafür ohne Zweifel eine androzentrische Sprache und Männerperspektive, die den patriarchalen Strukturen von Muḥammads Umfeld entspricht und dazu dient, einem vorwiegend männlichen Publikum die eigentliche Botschaft von Bestrafung und Belohnung im Jenseits im Sinne einer Verantwortung für das eigene Handeln so zu versinnbildlichen, dass es diese Hörerschaft überzeugt. Frauen scheinen zu diesem Zeitpunkt noch nicht als direkte Adressierte der Botschaft im Blick gewesen zu sein, sondern waren den Männern zugeordnet, d.h. die Überzeugungsarbeit musste zu jenem Zeitpunkt maßgeblich bei den Männern geleistet werden, bekannten diese sich zum Islam, galt dies sehr wahrscheinlich auch für deren Familien. In späteren Phasen der Offenbarung zeigt sich, dass die Frauen zunehmend mehr in den Fokus auch bezüglich der Eschatologie rücken, entsprechend endet die androzentrische Jenseitsvorstellung der Paradiesjungfrauen ab der Mitte der mittelmekkanischen Phase und wird durch das Phänomen der Paarigkeit ersetzt, indem die Gläubigen mitsamt ihren Partnern (arab. *azwāǧ*) angesprochen werden. Diese Entwicklung lässt sich an dieser Stelle bereits vermuten, denn der Koran greift hier nicht bloß auf den Erfahrungsschatz bzw. das Vorwissen der mekkanischen Gemeinde zurück und gibt diese wie gewohnt wieder, um seine abstrakte Botschaft möglichst anschaulich zu vermitteln. Vielmehr verstärkt sich seine Wirkung auf diese Gemeinde, indem er das Bild der schönen Frauen nicht – wie in der altarabischen Dichtung gewohnt – in eine Thematik der Isolation, man denke an die im *Nasīb* dargestellte Szenerie der verlassenen Lagerstätte und des Dichters, der der hinfort gegangenen Geliebten hinterhertrauert, sondern das Bild der schönen Frauen in einen Kontext der Geselligkeit refunktionalisiert: Die Paradiesfrauen erwarten den Gottesfürchtigen, um ihm dort Gesellschaft zu leisten.[33]

---

[33] Die Vermutung von Horovitz, dass es sich bei den Paradiesfrauen um Frauen aus den Weinstuben handeln könnte, teilen wir nicht, da es dafür keine Belege aus der vorislamischen Dichtung gibt. Hingegen beweist der Koran immer wieder, dass es gerade die Refunktionalisierung bekannter Motive ist, die seine Wirkungsmacht auszeichnet.

Die Paradiesjungfrauen dienen also der Betonung der Geselligkeit im Paradies, wobei der Koran an keiner Stelle davon spricht, wer wem zugehörig ist und legt auch nicht die Anzahl der Jungfrauen für die männlichen Paradiesbewohner fest. Erst die spätere Auslegung des Korans legt diese fest. Der Koran ebnet vielmehr durch die Erwähnung der Paradiesjungfrauen bereits den Weg hin zu der Vorstellung einer Gemeinschaftlichkeit im Jenseits, welche sich später dann, wie bereits erwähnt, ab der Mitte der mittelmekkanischen Phase das Phänomen der Paarigkeit auch bezüglich des Menschenpaares in der eschatologischen Dimension umsetzt und so das göttliche Gerechtigkeitsprinzip auch in der Geschlechterordnung voll entfaltet. Dieser Prozess wird durch die stetige Betonung der gleichrangigen Erschaffung beider Geschlechter sowie der jenseitigen gleichen Belohnung und Bestrafung unabhängig vom Geschlecht im Gesamtverlauf des Korans begleitet,[34] wenn er auch in diesem Vers erst seinen Ausgang findet und zwar in der Etablierung der Vorstellung von Geselligkeit. Die Betrachtung des Verses entlang der intratextuellen Entwicklung sowie auch im Kontext der Sure in Bezug auf die dort dargestellten Paare mag zwar auf der einen Seite die Stoßrichtung der Jenseitsvorstellung in Richtung Paarigkeit und somit auch die schrittweise Entfaltung des Prinzips der Gerechtigkeit als Wirkung der göttlichen Barmherzigkeit in Richtung Geschlechtergerechtigkeit aufzeigen. Auf der anderen Seite bleibt jedoch bei isolierter Betrachtung des Verses immer noch sein stark androzentrischer Charakter. Damit der Vers für sich genommen weiterhin einen Bedeutungsgehalt trägt, muss an dieser Stelle noch einmal zu der historischen Verortung zurückgekehrt werden, denn diese hilft, den Kern des Verses freizulegen und ihn ganz im Sinne der Entwicklung der gesamten Sequenz zu lesen. Denn wie bereits erklärt, verwendet der Koran die angeführten bildlichen Beschreibungen, um seine Botschaft auf eine veranschaulichende Weise zu vermitteln. In diesem Fall soll ein Bewusstseins dafür etabliert werden, dass sich jeder Mensch im Eschaton für sein Handeln verantworten muss und entsprechend entlohnt bzw. bestraft wird. Diese bildlichen Beschreibungen sind an den historischen Kontext, d.h. an die kulturelle und linguistische Sprache gebunden, nicht aber die Botschaft, die der Koran an dieser Stelle an die Menschen zu vermitteln sucht. Daher stellt sich die hermeneutische Aufgabe, die Botschaft aus dem androzentrischen Rahmen heraus zu lösen.

Wenden wir uns der zweiten Erwähnung der Paradiesgefährtinnen im Koran zu, die sich an zwei Stellen in Sure 55 finden:[35]

46. Denen aber, die den Stand ihres Herrn fürchten, werden (dereinst) Gärten (arab. *ǧanna-tān*) zuteil. [...] 48. (Gärten) mit (verschiedenen) Arten (von Vegetation). [...] 50. (Gärten)

---

[34] Vgl. zu Letzterem z.B. Koran 4:124: „Diejenigen aber, die handeln, wie es recht ist, (gleichviel ob) männlich oder weiblich, und dabei gläubig sind, werden (dereinst) in das Paradies eingehen, und ihnen wird (bei der Abrechnung) nicht ein Dattelkerngrübchen Unrecht getan."

[35] Der Refrain: „Welche von den Wohltaten eures Herrn wollt ihr denn leugnen?" wird an dieser Stelle ausgespart, da er für die vorliegende Analyse keine Relevanz hat.

in denen Quellen (arab. *taǧriy-ān*) fließen. [...] 52. (Gärten) in denen es von jeglicher Fruchtart zwei Arten (arab. *fākiha zawǧ-ān*) gibt. [...] 54. Sie liegen (darin behaglich) auf Betten (arab. *muttakiʾīna ʿalā furuš*), die mit Brokat gefüttert sind. Und die Früchte der Gärten hängen tief (so daß man sie leicht pflücken kann). [...] 56. *Darin befinden sich (auch), die Augen (sittsam) niederschlagen* (arab. *qāṣirāt aṭ-ṭarf*), *weibliche Wesen, die vor ihnen weder Mensch noch Dschinn entjungfert hat* (arab. *lam yaṭmiṯhunna ins qabli-hum wa-lā ǧānn*). [...] 58. *Sie sind (so strahlend schön), wie wenn sie (aus) Hyazinth/Rubine und Korallen* (arab. *yāqūt wa-l-marǧān*) *wären*. [...] 60. Sollte die Vergeltung für gutes Handeln (im Diesseits) etwa anders sein, als daß (dafür im Jenseits) gut (an einem) gehandelt wird? [...] 62. Außer ihnen gibt es (noch andere) Gärten (arab. *ǧanna-tān*). [...] 64. Saftig grüne (Gärten). [...] 66. Darin sind stark sprudelnde Quellen (arab. *naḍḍāḥa-tān*). [...] 68. Darin sind (auch köstliche) Früchte (arab. *fākiha naḫl wa rummān*) und Palmen und Granatapfelbäume. [...] 70. Darin befinden sich (auch) gute und schöne weibliche Wesen (arab. *ḫayrāt ḥisān*). [...] 72. *Huris* (arab. *ḥūr*), *in den Zelten abgesperrt* (arab. *maqṣūrāt fi-l-ḫiyām*). [...] 74. *(Weibliche Wesen) die vor ihnen weder Mensch noch Dschinn entjungfert hat* (arab. *lam yaṭmiṯhunna ins qabli-hum wa-lā ǧānn*). [...] 76. Sie liegen (darin behaglich) auf grünen Decken (arab. *muttakiʾīna ʿalā rafraf ḫuḍr*) und schönen ʿAbqarī-Teppichen.

Diese beiden Paradiessequenzen stehen dem ersten Teil des Doppelbildes gegenüber, der kurz auf das Leid derer, die gefrevelt haben, in der Hölle eingeht.[36] Somit zeigt sich das Phänomen der Paarigkeit auf struktureller Ebene zum einen in dem Doppelbild Hölle-Paradies, zum anderen aber in der doppelten Paradiessequenz (46–61 und 62–77) selbst. Diese beiden Paradiessequenzen sind auch auf struktureller und inhaltlicher Ebene symmetrisch, denn jede von ihnen besteht aus 16 Versen, wobei sich die in der jeweiligen Sequenz enthaltenen Bilder größtenteils gegenüberstehen und zudem die Symmetrie in einigen Bildern durch die Verwendung des Duals betonen: So stehen sich in Vers 46 und 62 zwei Paradiese, die nun als *ǧanna* bezeichnet werden, in Vers 50 und 66 zwei Quellen, in Vers 52 und 68 Früchte in Paaren, die dann in Vers 68 weiter definiert werden (Früchte, Palmen, Granatäpfel), in Vers 54 und 76 die auf den Kissen bzw. Decken Ruhenden und in den Versen 56–58 und 70–76 die Paradiesjungfrauen gegenüber. Somit sind die für uns relevanten Verse, die sich auf die Paradiesjungfrauen beziehen, erneut in einen Gesamtkontext, aber auch in einen direkten Kontext eingebettet, durch den sich das Phänomen der Paarigkeit wie ein roter Faden zieht.

Dabei haben wir es mit der Darstellung, wie schon in der Sure zuvor, mit einer typischen Paradiessequenz zu tun, welche die jenseitige Belohnung und den jenseitigen Zustand der Glückseligkeit für die Hörerschaft auf eine ihr verständliche Weise vermitteln soll, um so sukzessive ein Bewusstsein für ein verantwortungsvolles

---

[36] „41. Die Sünder erkennt man (dann) an ihrem Zeichen und packt sie am Schopf und an den Füßen. 42. Welche von den Wohltaten eures Herrn wollt ihr denn leugnen? 43. Das ist die Hölle, die die Sünder (zeitlebens) für Lüge erklärt haben. 44. Sie gehen (nunmehr) zwischen ihr und kochendheißem Wasser hin und her."

Handeln im Diesseits sowie für die Existenz einer eschatologischen Dimension zu errichten. In diesem Zusammenhang hebt die Sure 55 den positiven Ausgang in den Mittelpunkt, entsprechend sind die Paradiesbeschreibungen deutlich ausführlicher bzw. bilderreicher als in Sure 78 und die Gesamtdarstellung erinnert weniger an die Szenerie einer Weinstube. Hier stehen vielmehr der Überfluss an leckeren Früchten, die außergewöhnlichen und teuren Stoffe sowie die schönen Jungfrauen im Mittelpunkt. Dies sind Bilder, die gerade für die patriarchale Oberschicht Mekkas reizvoll waren und ihre Überzeugungskraft entsprechend entfalten konnten.[37] Das zeigt sich besonders bezüglich der Beschreibungen der Paradiesjungfrauen, die nun mit weiteren Attributen und deutlich detaillierter dargestellt werden. Auch an dieser Stelle greift der Koran auf das kollektive Bewusstsein der Hörerschaft zurück, die angesichts der verwendeten Bildersprache ebenfalls männlich gewesen sein dürfte, und entsprechend zeigt sich ein eindeutiger Einfluss der altarabischen Dichtung. In beiden Paradiessequenzen werden parallel die Augen, die Schönheit an sich sowie die Unberührtheit der Paradiesjungfrauen betont, wobei sie unterschiedlich aufgebaut sind. Die Verse 56 und 58 betonen zuerst die Sittsamkeit der Frauen, denn ihre Blicke sind zurückhaltend (arab. *qāṣirāt aṭ-ṭarfī*) und weder Mensch noch Djinn haben sie berührt, sie sind demnach jungfräulich. Anschließend verweist der Koran auf ihre Schönheit, indem er sie mit zwei Schmuckstücken vergleicht: Rubinen und Korallen (arab. *yāqūt wa-l-marǧān*). Hier zeigt sich also eine Verbindung von zwei für die mekkanische Adressatenschaft wichtigen Elementen: schöne, sittsame Frauen und Luxusgüter. Das Phänomen der Paarigkeit bleibt auch hier konsequent aufrechterhalten, indem sich Sittsamkeit und Sinnlichkeit sowie jeweils zwei Attribute dieser Ausrichtungen gegenüberstehen. Ähnliches gilt für die Verse 70, 72 und 74, denn hier zeigt sich zunächst die metonymische Verwendung der beiden Begriffe „*ḫayrāt*" und „*ḥisān*" im Sinne von guten und schönen Frauen, die eben hier nicht direkt beim Namen genannt werden, sondern auf die durch ihre Qualifikation verwiesen wird[38] Wie bereits in Vers 58 wird die Schönheit der Paradiesjungfrauen mit zwei Eigenschaften beschrieben, allerdings, und das ist hier wesentlich, werden diese nun nicht mit Bildern dargestellt, sondern die Attribute werden direkt genannt. Sie könnten also als eine Art Auflösung bzw. Ergänzung der Metaphern aus Vers 58 gesehen werden. Diese Parallele zeigt sich nun auch bezüglich der Augen, denn diese werden nun ausführlicher bezüglich ihres Aussehens beschrieben, wobei erstmals die Bezeichnung *ḥūr* verwendet wird.

Die Arabistin Angelika Neuwirth verweist nicht nur direkt auf die altarabische Dichtung, innerhalb derer der schwarz-weiß Kontrast der Augen eines der wichtigsten Schönheitsmerkmale der Frau ist und der mit unterschiedlichen Bildern, wie den Augen der Wildkuh oder aber denen der Gazelle beschrieben werden,

---

[37] Vgl. Wadud, „Qur'an", 334.
[38] Vgl. Neuwirth, *Frühmekkanische Suren*, 605.

sondern sie erklärt entsprechend, wie nun die Paradiesjungfrauen mittels einer Abbreviation benannt werden.[39] Dieser Hinweis ist entscheidend, denn es ist nun nicht mehr nur die Metonymie, durch die die Frauen im Jenseits beschrieben werden, sie werden nun zu den *ḥūr*, wodurch sie eine eigene Identität erhalten und der Schritt in Richtung Subjektwerdung geebnet wird, der ab der Ersetzung der *ḥūr* durch die *azwāǧ* vollendet wird. Trotz dieses Anstoßes bleiben sie in dieser Paradiessequenz weiterhin passive, unberührte Wesen im Paradies, denn sie werden weiterhin statisch und ohne jede Bewegung dargestellt, wobei dies ebenfalls auf die sich ausruhenden Seligen zutrifft. Diese Szenerie, die in einen Gesamtkontext eingebettet ist, der auf struktureller sowie inhaltlicher Ebene das Phänomen der Paarigkeit durch und durch aufweist, betont erneut sehr stark den Aspekt der Geselligkeit. Denn die Anwesenheit der *ḥūrīs* im Paradies symbolisiert an dieser Stelle, wie schon in der Sure 78, eine Situation der Gesellschaft und ebnet damit ebenfalls den Weg in Richtung Paarigkeit bezüglich derer, die das Paradies bewohnen. Dies wird zusätzlich dadurch unterstützt, dass auch hier wieder entgegen der traditionellen Exegese nicht die Rede davon ist, dass mehrere Paradiesjungfrauen einem Mann zugeordnet werden, sondern lediglich ihre Anwesenheit erwähnt wird, um somit die Gemeinschaftlichkeit bzw. Geselligkeit auszudrücken. Interessant ist dabei, dass der Koran das Bild des *nasīb* erneut umdreht, denn entgegen dem Bild der „verlassenen Lagerstätten" steht nun das Bild der sich in den Zelten aufhaltenden Paradiesjungfrauen. Der Koran ebnet also sehr deutlich den Weg in Richtung Paarigkeit der Paradiesbewohnenden, wenn er auch an dieser Stelle das Prinzip der Gerechtigkeit im Sinne einer Geschlechtergerechtigkeit aufgrund der einschränkenden zeitlichen Verhältnisse nur andeuten, nicht aber vollendet durchsetzen kann und sich daher immer noch der androzentrischen Sprache bedient.

Wendet man sich nun der Sure 36 und der hier relevanten Passage zu, dann zeigt sich, dass dort nun erstmalig eine Ersetzung der Paradiesfrauen durch die Partner bzw. Partnerinnen erfolgt:

55. „Siehe, die Paradiesesbewohner sind an diesem Tag heiter bei der Sache; 56. Sie und ihre Partner (arab. *azwāǧ*) liegen im Schatten, angelehnt an Ruhepolster." 57. und haben (köstliche) Früchte (zu essen) und (alles) wonach sie verlangen. 58. „Friede!" (wird ihnen entboten) als Grußwort von seiten eines barmherzigen Herrn.

Diese Passage knüpft an die Darstellung des Jüngsten Gerichts an und bildet gleichzeitig den ersten Teil des Doppelbildes Paradies–Hölle, dessen beiden Teile allerdings in dieser Sure nicht so klar strukturell einander entgegengesetzt aufgebaut sind wie es bei den zuvor behandelten Suren der Fall war. So erfolgt in der angeführten Passage eine kurze Beschreibung des paradiesischen Zustandes, jedoch richtet sich dann der Koran erst einmal direkt anklagend an die Kinder Adams und wirft

---

[39] Vgl. ebd.

ihnen vor, dem Weg des Satans gefolgt zu sein. Die Strafe dafür sei nun die Hölle, die lediglich als brennend dargestellt wird.[40] Beide Passagen sind also im Vergleich zu den vorherigen Beispielen sehr knapp gezeichnet, wobei sich das Phänomen Paarigkeit dennoch auf struktureller und inhaltlicher Ebene finden lässt: Paradies–Hölle, Freude–Leid und natürlich die *azwāǧ*, die Partner bzw. Partnerinnen. Die Gesellschaft der Paradiesfrauen wird nun ersetzt durch die *azwāǧ*, wobei hier die gegenseitige Freude an den Gärten und Früchten sowie das Ruhen im Schatten im Mittelpunkt stehen, die sinnlich-sittlichen Beschreibungen der Paradiesfrauen fallen nun mit der Bezeichnung *azwāǧ* weg. Durch diesen Wandel in der Beschreibung liegt der Fokus nun noch deutlicher auf dem, was die Paradiesfrauen schon als Weg geebnet haben: Es geht um die gegenseitige Gesellschaft, deren Geschlechtlichkeit aber keine Rolle spielt, sondern nur das freudige Beisammensein, welches den Zustand der Glückseligkeit metaphorisch darstellen soll. Entsprechend lässt sich die Bezeichnung *azwāǧ* auf textueller Ebene und in Hinblick auf die Gesamtentwicklung der koranischen Botschaft in Richtung Etablierung des Prinzips der Paarigkeit als Zeichen der essentiellen Gleichheit sowie Gleichstellung der Geschlechter durchaus an dieser Stelle geschlechtsneutral im Sinne von Partner bzw. Partnerin lesen. Der Koran greift an dieser Stelle also erneut das Phänomen der Paarigkeit auf, um beide Geschlechter gleichrangig anzusprechen. Nun lässt sich auf der Grundlage einiger exegetischer traditioneller Ausführungen durchaus einwenden, dass mit *azwāǧ* die Frauen der Gefährten gemeint seien, der Begriff also nicht geschlechtsneutral im Sinne von Partner gelesen wird. Abgesehen davon, dass die Exegesen sich uneinig über den Gebrauch dieses Begriffes sind, ändert diese Interpretation an dieser Stelle nicht, dass der Koran ganz eindeutig beide Geschlechter gleichermaßen anspricht: Sie und ihre Frauen teilen sich gleichermaßen die Freude. Wir machen uns allerdings an dieser Stelle eher für ein geschlechtsneutrales Verständnis des Begriffs stark, denn zum einen sind sich die traditionellen Exegesen selbst uneinig darüber, ob es überhaupt möglich ist, dass der Begriff nur die Frauen bezeichnet, da er keine weibliche Endung aufweist und zum anderen deckt sich diese Entwicklung mit der parallelen Sequenz der gleichrangigen Erschaffung beider Geschlechter sowie des Paares, innerhalb derer der Begriff ebenfalls geschlechtsneutral also im Sinne von Partner verwendet wird. Somit schließt sich der Kreis auch bezüglich der eschatologischen Dimension. Hinzu kommt die gesamtkoranische Verwen-

---

[40] „60. Habe ich euch, ihr Kinder Adams, nicht verpflichtet, nicht dem Satan zu dienen, der euch ja ein ausgemachter Feind ist, 61. sondern mir zu dienen, was ein gerader Weg ist? 62. Aber er hat ja nun viele Kreaturen von euch in die Irre geführt. Habt ihr denn keinen Verstand gehabt (als ihr euch von ihm verführen ließet)? – 63. Das (was ihr vor euch seht) ist die Hölle, die euch (zeitlebens) angedroht worden ist. 64. Heute sollt ihr in ihr schmoren (zur Strafe) dafür, daß ihr (in eurem Erdenleben) Leugner waret. 65. Heute versiegeln wir ihnen den Mund. Dann sprechen (stattdessen) ihre Hände zu uns und legen ihre Füße Zeugnis darüber ab, was sie (in ihrem Erdenleben) begangen haben."

dung des Begriffs, denn *zawğ* bzw. *azwāğ* werden in Bezug auf das Paar sowohl zur Bezeichnung des Partners der Frau als auch zur Bezeichnung der Partnerin des Mannes gebraucht. Es erscheint besonders im Lichte des Verhältnisses von Schöpfung und Eschatologie nur logisch, dass es dem Koran an dieser Stelle nicht auf eine zwingend geschlechtliche Zuordnung ankommt, sondern vielmehr auf die Betonung der Paarigkeit im Sinne einer Geschlechtergerechtigkeit.

Diese Entwicklung der Vorstellung von den Paradiesfrauen zu den *azwāğ* weist zudem sehr deutlich darauf hin, dass nun auch die Frauen in der Gefolgschaft des Propheten eine deutlich größere Rolle gespielt haben und nun gleichermaßen bezüglich der eschatologischen Dimension einbezogen werden sollten. Die göttliche Barmherzigkeit sowie ihre Wirkung in Form der Gerechtigkeit kann sich nun in der eschatologischen Dimension soweit entfalten, dass beide Geschlechter gleichermaßen angesprochen und gleichgestellt betrachtet werden.

Literaturverzeichnis

Abu Zaid, Nasr Hamid, „Der Koran. Gott und Mensch in Kommunikation", in: Ders., *Gottes Menschenwort. Für ein humanistisches Verständnis des Koran*, Freiburg 2008, 122–159.

El Omari, Dina, „Den Koran diachron lesen – die Entwicklung des Geschlechterverhältnisses im Koran am Beispiel der frühmekkanischen Suren", in: Eisen, Ute E./El Omari, Dina/Petersen Silke (Hg.): *Schrift im Streit – Jüdische, christliche und muslimische Perspektiven. Erträge der ESWTR-Tagung vom 2.–4.November 2016*, (Exegese in unserer Zeit 25), Berlin 2020, 203–229.

Falaturi, Abdoldjavad, „Der Islam – Religion der raḥma, der Barmherzigkeit", http://spektrum. irankultur.com/wp-content/uploads/2013/04/Der-Islam-Religion-der-rahma-der-Barmherzigkeit.pdf (letzter Abruf 5. 4. 2019).

Horovitz, Josef, „Das koranische Paradies", in: *Scripta Universitatis atque Bibliothecae Hierosolymitanarum* (Orientalia et Judaica) (Jerusalem) 1 (1923), 1–16.

Khorchide, Mouhanad, *Gottes Offenbarung in Menschenwort. Der Koran im Lichte der Barmherzigkeit*, Freiburg i. Br. 2018.

–, *Islam ist Barmherzigkeit. Grundzüge einer modernen Religion*, Freiburg i. Br. 2012.

Neuwirth, Angelika, *Der Koran. Band 1: Frühmekkanische Suren*, Berlin 2011.

–, „Symmetrie und Paarbildung in der koranischen Eschatologie. Philologisch-Stilistisches zu Surat ar-Rahman", in: Louis Pouzet (Ed.), *Mélanges de l'Université Saint Joseph. Melanges in memoriam Michel Allard, S.J. (1924–76), Paul Nwyia, S.J. (1925–80)*, Beirut 1985, 447–480.

Paret, Rudi, *Der Koran: Übersetzung*, Stuttgart 2014.

Radford Ruether, Rosemary, „Feministische Interpretation: Eine Methode der Korrelation", in: Moltmann-Wedel, Elisabeth (Hg.), *Frauenbefreiung. Biblische und theologische Argumente*, München 1989, 131–147.

Rahmaan, YaSiin, „Feminist Edges of Muslim Feminist Readings of Qur'anic Verses", in: Asma Barlas (Hg.), *Roundtable: Feminism and Islam: Exploring the Boundaries of Critique*, in: *Journal of Feminist Studies in Religion* 32.2 (2016), 143–148.

Wadud, Amina, „Qur'an, Gender and Interpretive Possibilities", in: *HAWWA – Journal of Women of the Middle East and the Islamic World* 2 (2004), 317–336.

Barmherzigkeit im Buddhismus

Carola Roloff

Der folgende Beitrag ist eine buddhologische Suche nach einer ‚Entsprechung‘ des Begriffs Barmherzigkeit im Buddhismus. Ziel ist es, dadurch neue Möglichkeiten des interreligiösen und interideologischen Dialogs zu entdecken. Ausgangspunkt ist die Frage: Kennt der Buddhismus den Begriff oder die Idee der ‚Barmherzigkeit‘ überhaupt? Und wenn ja, wie unterscheiden sich diese im Buddhismus von zweien seiner zentralen Prinzipien oder ‚Kardinaltugenden‘, nämlich Liebe (Skt *maitrī*, P *mettā*) und Mitgefühl (Skt/P *karuṇā*)?

Methodisch lässt sich mein Ansatz als ‚Anfängergeist‘ gegenüber dem Verständnis von Barmherzigkeit in den drei monotheistischen Religionen beschreiben. So nehme ich im ersten Schritt der vorliegenden Untersuchung eine bewusst ‚unbefangene‘ Perspektive ein und überlege: Wie verstehe ‚ich‘ den Begriff ‚Barmherzigkeit‘ aus der Perspektive des Tibetischen Buddhismus, meiner eigenen Tradition, und ist dieser Begriff bzw. dieses Verständnis dort bekannt und gebräuchlich? Durch diese Herangehensweise kommt eine Methodik dialogischer Hermeneutik zur Anwendung, nämlich jene der „Vier Dialogphasen, die den interreligiösen Verstehensprozess fördern“.[1] Eine nähere Beschreibung dieser vier Phasen findet sich in der Studie *Perspektiven dialogischer Theologie: Offenheit in den Religionen und Hermeneutik interreligiösen Dialogs*. Diese vier Phasen bzw. vier Schritte sind: *Phase I* ‚Anfängergeist‘, *Phase II* ‚Hermeneutisches Gedankenexperiment‘, *Phase III* ‚Expertenwissen‘ und *Phase IV* ‚Spannungsreiches Spiel zwischen traditionellen und neuen Lesarten‘.[2] Für das vorliegende Projekt mussten sie aufgrund der anderen Ausgangslage jedoch etwas abgewandelt werden. Denn es gab weder gemeinsame Dialogsitzungen zum Thema, noch lagen ausgewählte Quellentexte aus den beteiligten Religionen vor. Auch ist die Autorin nicht Teil des LOEWE-Schwerpunkts *Religiöse Positionierungen – Modalitäten und Konstellationen in jüdischen, christlichen und islamischen Kontexten* und sie war auch nicht bei den Tagungen 2018

---

[1] Diese wurden in dem europäischen Forschungsprojekt „Religion und Dialog in modernen Gesellschaften: Möglichkeiten und Grenzen des interreligiösen Dialogs“ von 2013 bis 2018 an der Akademie der Weltreligionen der Universität Hamburg entwickelt. Zu den Ergebnissen des Forschungsprojekts siehe Weiße, „Research“, 1–19.

[2] Amirpur u.a., *Perspektiven*, 297–298.

und 2019 des Teilprojekts *Emotionale Positionierung* dabei, die in der Einleitung zu diesem Buch erwähnt werden.

In *Phase I* ‚Anfängergeist' (nachstehend, hier in der Einleitung), zeigt man/frau sich unbefangen gegenüber der Last von bereits bestehenden Deutungen. Konkret bedeutet das hier: Mein anfängliches spontanes Verständnis von Barmherzigkeit war, dass es sich dabei ‚buddhistisch gesprochen' um einen Geisteszustand großen Mitgefühls oder Erbarmens (Skt *mahākaruṇā*, Tib *snying rje chen poy*) handelt. Ich dachte an eine Art Steigerungsform von ‚einfachem' Mitgefühl (Skt *karuṇā*), das nicht nur in dem Wunsch besteht, sich selbst von Leid und Ursachen von Leid zu befreien, sondern auch alle anderen Lebewesen langfristig zu befreien und ihnen im Hier und Jetzt zu helfen, dem Gemeinwohl dienlich zu sein.

Der Begriff *mahākaruṇā*, der in der deutschen Übersetzung gewöhnlich mit ‚Großes Mitgefühl' oder ‚Erbarmen' wiedergegeben wird,[3] begegnete mir im Buddhismus erstmals 1983 während eines tibetischen Fastenrituals. Die Gottheit, an die man sich während der Fastenmeditation richtet, hat eine besondere, einzigartige Beziehung zum Erleuchtungsdenken (*bodhicitta*). Es ist der Bodhisattva Avalokiteśvara, der in seiner Erscheinungsform mit tausend Armen, tausend Augen und elf Gesichtern das große Erbarmen aller Buddhas verkörpert. Wörtlich bedeutet Avalokiteśvara: „der Herr, der herabblickt", gemeint ist, dass er die Leiden der Lebewesen mit großem Mitgefühl betrachtet.[4]

Da die Anfrage für den Beitrag in dem vorliegenden Band aus der christlichen Theologie kam, wurde in *Phase II* (nachstehend, hier in der Einleitung) im Sinne des ‚Hermeneutischen Gedankenexperiments' eine Definition von Barmherzigkeit in dem Online-Werk *Historisches Wörterbuch der Philosophie*[5] konsultiert. Aufgrund des Titels war zu erwarten, dass es sich um eine weltanschaulich neutrale Enzyklopädie handelt. Es fand sich jedoch nur ein Eintrag aus christlicher Perspektive. Ich habe versucht, diese komprimierte christliche Erklärung des Begriffs als Bestandteil meiner eigenen buddhistischen Tradition zu lesen, gewissermaßen mit den Augen und vor dem Hintergrund der Traditions- und Deutungsmuster des Buddhismus. Dabei kam die folgende Deutung meinem eigenen Verständnis sehr nahe:

> Barmherzigkeit wird nicht einfach als natürliches Mitgefühl verstanden, sondern ist, wohl durch Mitleid angeregte, überlegte, tätige Hilfsbereitschaft. Indem sie sich die Not des andern nahegehen läßt, sich ihrer annimmt, tut sie mehr als die strenge Gerechtigkeit fordert.

Gemeint ist also zwar schon eine besondere Form des Mitgefühls, die ein ‚natürliches' Mitgefühl überragt, aber nicht notwendigerweise in der Intensität, sondern in Form eines *tätigen* Mitgefühls.

---

[3] Dalai Lama VII, *Avalokiteśvara-Sādhana*, 66.

[4] Powers, *Encyclopedia of Buddhism*, 29.

[5] Hauser/Stöhr, „Barmherzigkeit".

Durch den so vollzogenen zweiten Schritt, die Erweiterung meines anfänglichen intuitiven Verständnisses von Barmherzigkeit durch das Lesen einer christlichen Quelle durch die hermeneutische Brille des Buddhismus, war ein fremdes, christliches Verständnis von Barmherzigkeit in den eigenen buddhistischen Sinnhorizont eingezogen und hat im Spiel zwischen fremden und eigenen Perspektiven auf den Begriff zu einem Deutungsüberhang zu Gunsten neuer Kontexte geführt. Der eigene Blick auf den Begriff bzw. das Phänomen Barmherzigkeit hat sich erweitert, hat die Fragestellung vertieft und somit auch das Suchfeld vergrößert.

In *Phase III* ‚Expertenwissen‘ (Kapitel 1 bis 3) wird der aktuelle Forschungsstand exploitiert und reflektiert. Wie werden die o.g. Begriffe in ihrem Ursprungskontext verstanden? Dabei wird eine ergebnisoffene Haltung eingenommen. Denn es könnte bei der oben beschriebenen ersten Deutung zu einer ‚hermeneutischen Fehlleistung‘ gekommen sein, der korrigierend entgegenzuwirken wäre. So tauchte z.B. während der Untersuchung die Frage auf, ob mit Barmherzigkeit in den monotheistischen Religionen nicht eher Mildtätigkeit im Sinne der persönlichen oder wirtschaftlichen Hilfsbereitschaft gemeint ist, was im Buddhismus eher der Freigebigkeit (Skt/P *dāna*) entsprechen würde. In dieser Untersuchung beschränke ich mich jedoch auf den Begriff bzw. das buddhistische Verständnis von Mitgefühl (auch: Mitleid).

Dazu sei angemerkt: Eine wichtige Frage ist, wie buddhistische Fachbegriffe ins Deutsche übersetzt werden, in welchem Kontext man also von Mitgefühl, Mitleid, Erbarmen oder Barmherzigkeit sprechen sollte. Gottfried Vanoni (1948–2006), seinerzeit Professor in St. Gabriel, macht in einem christlich-buddhistischen akademischen Dialog, der unten noch näher zur Sprache kommen wird, darauf aufmerksam, dass es offenbar nicht nur im Buddhismus, wie im Fall von *karuṇā*, sondern auch in der Bibel Wörter gibt, die manchmal mit Mitleid und gelegentlich mit Barmherzigkeit übersetzt werden, und dass Mitleid manchmal auch zum Machtinstrument werden und andere sogar demütigen kann. Er meint, barmherzig zu sein, könne aber auch bedeuten nachzugeben, über Dinge hinwegzusehen.[6] Der Buddhologe Tilmann Vetter weist in diesem Zusammenhang darauf hin, dass Lambert Schmithausen, ebenfalls Buddhologe, es eigentlich vorziehe, *karuṇā* mit Mitgefühl und nicht mit Mitleid zu übersetzen, der Titel seines Referats ihm aber von christlicher Seite vorgegeben war. Es wird an dieser Stelle aber nicht weiter vertieft, was den Unterschied zwischen beiden Begriffen ausmacht. Schmithausen verwendet auch Ausdrücke wie „sich kümmern um“ und „besorgt sein für“.[7] Das würde aus meiner Sicht heutzutage im Bereich der ‚Seelsorge‘ die Verwendung des Terminus ‚Buddhist Care‘ stärken, zu Deutsch vielleicht ‚Buddhistische Fürsorge/Zuwendung‘.[8]

---

[6] Schmithausen, „Mitleid“, 461–462.

[7] Schmithausen, „Mitleid“, 463–464.

[8] Vgl. dazu Roloff, „Stichwort“, 191, und Roloff, „Buddhist Chaplaincy“.

Darüber hinaus – insbesondere, wenn es um die Förderung von Mitgefühl im Bildungs- und Gesundheitsbereich geht – sollten wir in den Theologien religionspsychologisch auch den aktuellen Stand der Naturwissenschaften bedenken. In einem Dialog zwischen dem Hirnforscher Wolf Singer und dem buddhistischen Mönch Matthieu Ricard, Molekularbiologe und Französisch-Übersetzer des Dalai Lama, unterscheidet Ricard z.B. zwischen dem emotionalen und dem kognitiven Aspekt von Mitgefühl. Kognitives Mitgefühl ist die Fähigkeit, durch die Ergänzung des Mitgefühls durch Weisheit dieses zu einer stabilen und ausgeglichenen Emotion zu machen, die erlaubt, die tieferliegenden Ursachen des Leidens zu verstehen und bewusst den Entschluss zu fassen, es lindern zu wollen.[9] Das ist wichtig, um beispielsweise im Beruf den nötigen Abstand zum Leid anderer zu schaffen, denn ‚Mitleid‘ im Sinne von Mit-Leiden würde uns dauerhaft überfordern und letzten Endes daran hindern, konkret zu helfen. Wichtig ist die Entwicklung emotionaler Balance und Resilienz.

Ein weiteres, ebenfalls spannendes, aber eigenes Thema, ist die Frage nach der Überlappung von Barmherzigkeit und Freigebigkeit bzw. Mildtätigkeit, das insbesondere im Kontext von Seelsorge, Flüchtlings- und Katastrophenhilfe eine große Rolle spielt, die im Christentum vorwiegend in Organisationen wie Caritas und Diakonie ihren Ausdruck findet und im Buddhismus z.B. mit der taiwanesischen Tzu Chi Foundation vergleichbar ist, wörtlich übersetzt ‚Barmherzige Hilfe‘. Diese Stiftung wurde 1966 von der buddhistischen Nonne Cheng Yen in Taiwan gegründet.[10]

Für *tätiges* oder *aktives* Mitgefühl lassen sich im Kontext des Buddhismus sowohl im Frühbuddhismus als auch im Mahāyāna-Buddhismus Belege in Verbindung mit *karuṇā* sowie *mahākaruṇā* finden. Darüber hinaus kennt der tibetische Buddhismus, in dem ich von meiner Praxis und Ausbildung her schwerpunktmäßig verortet bin, einen weiteren Terminus, der diesem Verständnis nahekommt: die sog. ‚Außergewöhnliche Geisteshaltung‘ (Tib *lhag bsam*,[11] Skt *adhyāśaya*), die bei der Entwicklung von *bodhicitta* (Erleuchtungsdenken) eine wichtige Rolle spielt.[12] Aus Liebe und Mitgefühl fasst man den Entschluss, selbst ‚Verantwortung‘ zu übernehmen, das Wohl der anderen zu bewirken, sie von ihrem Leid zu befreien und mit Glück und Freude auszustatten. Unabhängig von dem langfristigen Ziel, *nirvāṇa* erreichen zu wollen, zielt der Begriff auf ein konkretes Engagement im Hier und Jetzt ab.

---

[9] Singer/Ricard, *Jenseits*, 94.

[10] Diese Hilfsorganisation hat auch in Deutschland einen Verein gegründet, tritt aber nicht als buddhistische, sondern als säkulare Organisation auf, weil sie allen Menschen hilft, unabhängig von Religion und Weltanschauung. Näheres hier: https://tzuchideutschland.com/tzu-chi/ (15.08.2021).

[11] Tib *lhag pa'i bsam pa*, Mvy 7116 *adhyāśaya*.

[12] Siehe dazu unten und Roloff, *Menschenrechte*, 214.

Entsprechend soll dem Begriff ‚Barmherzigkeit' im Buddhismus sowohl in seiner historischen Tiefendimension als auch in seiner Entwicklung bis zur Gegenwart nachgespürt werden. Das heißt, ich werde mich nicht auf kulturgeschichtliche Wurzeln des Begriffs in der Antike und Spätantike (500 v. Chr. bis 700 n. Chr.) beschränken, sondern vielmehr anhand zweier Beiträge von Lambert Schmithausen zeigen, dass das, was ich unter Barmherzigkeit im Buddhismus verstehe, zwar seine Wurzeln im Frühbuddhismus und im indischen Mahāyāna (ab ca. 1. Jahrhundert) hat, aber erst mit der zweiten Ausbreitung des Buddhismus von Indien nach Tibet ab dem 11. Jahrhundert im Sinne aktiver Bewusstseinskultur vollständig zur Blüte kam.

Hierbei stütze ich mich neben einigen Beiträgen aus der Religionswissenschaft für den indischen Buddhismus insbesondere auf Lambert Schmithausens im Literaturverzeichnis aufgeführte Studie(n), weil ein eigenes Quellenstudium in diesem Umfang und dieser Tiefe in der Kürze der Zeit nicht möglich gewesen wäre. Da mein Beitrag für den Buddhismus in diesem Band der einzige ist, habe ich traditionsübergreifend sowohl zeitlich als auch geographisch einen sehr großen Rahmen gewählt. Es gäbe guten Grund – ähnlich wie man im Christentum mehrere Konfessionen unterscheidet –, den Buddhismus in drei ‚Konfessionen' zu unterteilen: Theravāda-, Ostasiatischer und Tibetischer Buddhismus. Denn sie stützen sich (heute weltweit) auf drei unterschiedliche kanonische Versionen des *Tripiṭaka*, deren Quellentexte auf verschiedene Perioden des indischen Buddhismus zwischen dem 3. Jahrhundert vor unserer Zeitrechnung bis zum 11./12. Jahrhundert zurückgehen. Früher hat man geglaubt, dass der Pāli-Kanon eine Art Ur-Kanon darstellt, doch das entspricht nicht dem heutigen Forschungsstand. Die Quellentexte sind teils auf Pāli und Sanskrit überliefert, andere nur vollständig auf Chinesisch oder Tibetisch erhalten.[13] Schmithausen beherrscht all diese Sprachen und ist einer der großen Pioniere auf dem Gebiet der komparativen Buddhologie. Dennoch konnten natürlich auch von ihm unmöglich alle Quellen herangezogen werden, historisch und ideengeschichtlich aber hat er die wichtigsten Entwicklungen und Wendepunkte des Frühbuddhismus und Mahāyāna für einen Dialog mit der christlichen Theologie hervorragend herauskristallisiert.

Was mir aus Sicht des Mahāyāna und speziell aus Sicht des Tibetischen Buddhismus zusätzlich relevant erscheint, skizziere ich in Kapitel 5. Eine Vertiefung aus indo-tibetischer Sicht mit Blick auf die philosophischen Werke des indischen Buddhismus (etwa 2. bis 7. Jahrhundert), auf die sich der tibetische Buddhismus vornehmlich stützt, würde aufgrund der Fülle des Materials den Rahmen dieses Beitrags sprengen und bleibt ein Desiderat.

In *Phase IV* ‚Spannungsreiches Spiel zwischen traditionellen und neuen Lesarten' (Kapitel 5) soll der Begriff der Barmherzigkeit mit Hilfe der vollzogenen Perspek-

---

[13] Siehe dazu im Detail Freiberger/Kleine, Buddhismus, 171–195.

tivwechsel von Tradition und Gegenwart, Eigenem und Fremden, Expertentum und gelebter Praxis anhand einiger Beispiele sowohl im Buddhismus allgemein als auch im Tibetischen und Ostasiatischen Buddhismus im Besonderen vor dem Hintergrund des Expertenwissens neu reflektiert werden. Darüber hinaus soll mit Blick auf zukünftige Forschung ein Blick auf ein oder zwei zeitgenössische Publikationen geworfen werden, die sich u.a. inspiriert vom Buddhismus, mit Mitgefühl als Emotion im Kontext moderner nicht-theologischer Forschung beschäftigen. So gibt es beispielsweise seit den 1980er Jahren die sogenannten Mind & Life-Konferenzen, Dialoge zwischen Naturwissenschaftler*innen und Buddhist*innen wie Seiner Heiligkeit dem Dalai Lama, Matthieu Ricard und Roshi Joan Halifax, in denen die alten Lehren und Meditationsübungen aus heutiger Sicht beleuchtet werden.[14] Heute wird Barmherzigkeit als tätiges Mitgefühl weltweit in Form des Engagierten Buddhismus gelebt, vergleichbar mit den befreiungstheologischen Bewegungen in Judentum, Christentum, Islam und anderen Religionen. Dem widme ich mich abschließend in Kapitel 5.

1 Barmherzigkeit in der Sekundärliteratur zum Buddhismus

Widmen wir uns nun also *Phase III* ‚Expertenwissen‘ und dem aktuellen Forschungsstand zum Begriff ‚Barmherzigkeit‘, ehe ich mich in Kapitel 3 und 4 wie oben begründet, vorrangig mit den Beiträgen von Schmithausen beschäftige.

Der Begriff ‚Barmherzigkeit‘ findet sich, wenn auch selten, als alternative Übersetzung für Skt *karuṇā* (Mitgefühl, Mitleid), so z.B. im *Lexikon des Buddhismus* von Klaus-Josef Notz[15] in seinem Eintrag zu „Güte" (Skt *maitrī*, P *mettā*). Der Sanskrit-Begriff *karuṇā*, so Notz, bedeute eigentlich „Freundschaft" im Sinne

---

[14] Mind & Life Institute, Compassion & Empathy: https://www.mindandlife.org/insights/topics/compassion-and-empathy/ (04.06.2021). Zur Geschichte des Instituts heißt es: „Mind & Life emerged in 1987 from a meeting of three visionaries: Tenzin Gyatso, the 14th Dalai Lama – the spiritual leader of the Tibetan people and a global advocate for compassion; Francisco Varela, a scientist and philosopher; and Adam Engle, a lawyer and entrepreneur. The trio understood that science was the dominant framework for investigating the nature of reality, and the modern source for knowledge that could help improve life for people and the planet. And they wondered: what impact could be achieved through combining scientific inquiry with the transformative power of contemplative wisdom? While science relies on empiricism, technology, 'objective' observation, and analysis, the Dalai Lama, Varela, and Engle were convinced that well-refined contemplative practices and introspective methods could be used as equal instruments of investigation. They saw the potential not only to make science itself more humane, but also to ensure its conclusions were far-reaching. They formed the Mind & Life Institute to bridge this divide and advance human well-being," so https://www.mindandlife.org/about/ (04.06.2021).

[15] Notz, *Lexikon*, 184–185.

buddhistischer Ethik und sei an alle Wesen adressiert, weswegen man sie auch als ‚allumfassende Liebe' bezeichne. Dem Begriff ‚Liebe' hafte allerdings im buddhistischen Verständnis etwas von ‚Besitzen-Wollen' an, das dem Bedeutungsfeld von *mettā* bzw. *maitrī* völlig fehle. Im Mahāyāna werde *maitrī* neben *karuṇā* (Barmherzigkeit) als Ausdruck von Altruismus und Bodhisattvagesinnung stärker betont. Beide, *maitrī* und *karuṇā*, gehören zu den vier buddhistischen ‚Kardinaltugenden', den vier *brahmavihāras*.[16] In der gegenwärtigen Buddhismuskunde wird in den Übersetzungen aus dem Sanskrit und Pāli ein allzu christlicher Sprachgebrauch eher vermieden. Wenn das *Historische Wörterbuch* nur eine christliche Definition aufführt (obwohl an anderen Stellen auch buddhistische Fachtermini aufgenommen sind), können wir davon ausgehen, dass der Begriff bis vor kurzem in Europa als ein rein christlicher oder jüdisch-christlicher Fachbegriff galt. Christliche Theolog*innen und Religionswissenschaftler*innen, die sich näher mit dem Buddhismus befasst haben, tun sich mit der Verwendung solch ‚jüdisch-christlicher' Begriffe im Kontext der Interreligiösen oder Interkulturellen Theologie scheinbar etwas leichter, insbesondere wenn sie sich schwerpunktmäßig auf den ostasiatischen Buddhismus stützen (Japan, Korea, China, Vietnam). So verwenden z.B. Michael von Brück und Whalen Lai den Begriff ganz bewusst, wenn sie feststellen:

Das *Ideal der Barmherzigkeit* gegenüber allen Lebewesen zeichnet schon den frühen Buddhismus aus, wie das Verbot des Wanderns während der Regenzeit belegt, damit keine Insekten zertreten werden und was auch dadurch zum Ausdruck kommt, daß es seit Kaiser Aśoka in buddhistischen Ländern Tierhospitäler gibt. Man kann von einer umfassenden Ehrfurcht vor dem Leben sprechen. Pflanzen gelten zwar im indischen Buddhismus nicht als Lebewesen (was sich in China unter taoistischem Einfluß ändern sollte), aber als Basis der Nahrung und Lebensraum von Tieren und Geistern sind sie ebenfalls geschützt.

Damit ist zur Genüge belegt, daß, wie wir oben andeuteten, Max Webers Urteil über den Buddhismus falsch ist. Weber sah zwischen dem *Arhat*-Ideal (dem Ideal des Heiligen im Theravāda) und einer Sozialethik „keine Brücke", weil für ihn jede sozial bindende Ethik notwendigerweise mit dem unendlichen Wert der individuellen Seele verknüpft war, die der Buddhismus bekanntlich leugnet. Aber diese Verknüpfung ist falsch. Weil für ihn die universale Barmherzigkeit nur ein Stadium auf dem Weg der Selbsterlösung ist, schließt er, daß auf der Basis des Buddhismus keine Liebe möglich sei. Er übersah, daß *nirvāṇa* nur deshalb ein Zustand jenseits von Barmherzigkeit ist, weil hier das Bewußtsein von Individualität überwunden ist und die Einheit allen Lebens so tief erfahren wird, daß keineswegs ein Quietismus, der aus einer „klaren Distanz" zwischen Subjekt und Objekt resultierte, die Folge ist. Subjekt und Objekt verschmelzen vielmehr, und das ist *pudgalanairātmya* [Anm. Roloff: Nichtselbsthaftigkeit der Person], was Theravāda und Mahāyāna gemeinsam lehren. Diese Überwindung der Distanz zwischen den Lebewesen, die Realisierung ihrer Einheit jenseits individueller Identität, ist *karuṇā*.[17]

---

[16] Näheres zu den vier *brahmavihāras* in Roloff, „Offenheit", 59–62.

[17] Von Brück/Lai, *Buddhismus*, 113–114.

Michael von Brück und Whalen Lai, beide nicht nur Religionswissenschaftler, sondern auch Zen-Lehrer, sind vorrangig im ostasiatischen Buddhismus nach japanischer Prägung verortet. Im Ostasiatischen Buddhismus scheint der Begriff ‚Barmherzigkeit' bzw. Englisch ‚mercy' in der westlichen Sekundärliteratur häufiger vorzukommen, insbesondere im Zusammenhang mit Guanyin, einer weiblichen Darstellung von Avalokiteśvara, dem Bodhisattva des Großen Mitgefühls (*mahākaruṇā*).

Die Religionswissenschaftler Oliver Freiberger (Indologe) und Christoph Kleine (Japanologe) beschreiben Guanyin im Kontext des Ostasiatischen Buddhismus als ‚barmherzige Mutter Avalokiteśvara'.[18] Sie legen dar, dass sich in der Song-Zeit „vor allem elegante, anmutige und fein geschnitzte Holz-Skulpturen oder Bronze-Plastiken des sitzenden Bodhisattvas Avalokiteśvara (Chin *Guanyin*; Jap *Kannon*) in der entspannten Pose der ‚königlichen Behaglichkeit' großer Beliebtheit" erfreuten:

> Im 12. Jahrhundert tauchen auch erstmals Darstellungen dieses populären Bodhisattvas der Barmherzigkeit in weiblicher Form auf – es wird vermutet, dass die Figur des Bodhisattvas und Begleiters Amitābhas/Amitāyus mit der daoistischen „Königinmutter des Westens" (Xiwangmu) verschmolzen ist und so zur „barmherzigen Mutter Avalokiteśvara" (Chin. Cimu Guanyin; Jap. Jibō Kannon) wurde. Als weibliche Gottheit, insbesondere in der Form der „ein Kind umsorgenden Kannon" (Jap. Koyasu Kannon), die ein Kind auf dem Arm trägt, ähnelt Avalokiteśvara der Muttergottes der Katholiken,[19] weshalb die seit dem 17. – Jahrhundert im Untergrund praktizierenden japanischen Christen vorzugsweise Kannon-Statuen – oft aus weißem Porzellan – anstelle von Marien-Statuen anbeteten, um ihren verbotenen Kult zu tarnen.[20] Da es von Avalokiteśvara heißt, er könne jede erdenkliche Form annehmen, um die leidenden Wesen zu retten, gibt es die unterschiedlichsten Darstellungsweisen. Unter diesen sind besonders die tausendarmigen und die elfköpfigen verbreitet.[21]

Nicht nur die Tugend oder der Entschluss, zum Wohle aller Lebewesen wirken zu wollen, wird *mahākaruṇā* genannt, sondern auch der Bodhisattva Avalokiteśvara selbst trägt den Namen dieser Tugend oder Geisteshaltung ‚*Mahākaruṇā*' – ‚Großes Mitgefühl'. Das Mahāyāna schreibt anders als der Theravāda nur Buddhas

---

[18] Freiberger/Kleine, *Buddhismus*, 413.

[19] Keown, *Dictionary*, 18.

[20] Auch Volker Küster, „Arts", 65, weist darauf hin, dass Guanyin mit Mutter Maria verschmilzt: „Exchange between Buddhism and Christianity often starts with the notion of compassion. The fe/male bodhisattva Guanyin was blended with the iconography of Mary because of their shared attitude of compassion. This motive reoccurs throughout the history of Buddhist-Christian encounter. Ethical standards and mystic experiences alike have functioned as dialogue bridges. Translation, Conflict and Exchange – or in terms of Intercultural Theology Inculturation/Syncretism, Fundamentalism/Iconoclasm and Dialogue can also serve as the three basic types of interreligious encounter through the arts."

[21] Freiberger/Kleine, *Buddhismus*, 413.

und Bodhisattvas eben dieses große Mitgefühl zu, weil nur sie über das Ziel der eigenen Befreiung hinaus auch alle anderen Wesen zur Erlösung führen wollen.

Wenn Freiberger und Kleine, wie oben ausgeführt, anmerken, Avalokiteśvara könne jede erdenkliche Form annehmen, ist dies vor dem Hintergrund zu verstehen, dass es im Mahāyāna-Buddhismus die Vorstellung eines höchsten Buddha, des sogenannten Ādi-Buddha (Ur-Buddha) gibt, der mit Vairocana[22] identifiziert wird. Das Mahāyāna lehrt ‚drei Körper‘ (*trikāya*) eines Buddha. Der Ur-Buddha gilt als Personifizierung seines Wahrheitskörpers (*dharmakāya*). Die anderen beiden Körper sind der ‚Genußkörper‘ (*sambhogakāya*), der Körper, den ein früherer Bodhisattva ‚genießt‘, nachdem er die Buddhaschaft erreicht hat, und der ‚Erscheinungskörper‘ (*nirmāṇakāya*), auch als ‚Ausstrahlungskörper‘ oder ‚Transzendenzkörper‘ bekannt, ist eine Art Stellvertreter der Buddhas in der Erscheinungswelt. Ein Beispiel für einen solchen Nirmāṇakāya ist der historische Buddha Śākyamuni, auch bekannt als Gautama Buddha (ca. 500 v. Chr.). Ein weiteres Beispiel ist Maitreya, der Buddha des zukünftigen Weltalters:

> Besonders wichtig ist neben dem in ferner Zukunft ein Goldenes Zeitalter einleitenden „Messias", dem Bodhisattva Maitreya, der besonders populäre Bodhisattva Avalokiteśvara. Dies ist der Bodhisattva des Mitleids und des Erbarmens (*karuṇā*), eine anfangs meist als junger Prinz oder Asket dargestellte Heilsfigur, die in China (dort als „Guanyin" bezeichnet) und in Japan („Kannon") zeitweise auch in weiblicher Gestalt als „Göttin der Barmherzigkeit" dargestellt wurde.[23]

Im Tibetischen Buddhismus gelten Maitreya und Avalokiteśvara als bereits erleuchtete Buddhas, die als Bodhisattvas in Erscheinung treten. Der Tibetische Buddhismus kennt auch weibliche Buddhas, die als Bodhisattvas erscheinen, wie Tārā, die Befreierin, und Prajñāpāramitā, die Mutter der Weisheit, beide auch als Bhagavatī (Tib *bcom ldan 'das ma*), die Erhabene, tituliert.[24] Von den drei Juwelen (Buddha, Dharma, Saṃgha), bei denen Buddhist*innen Zuflucht suchen, ist jedoch mit dem Buddha in der Regel der historische Buddha Śākyamuni gemeint, der als Siddhārtha Gautama geboren wurde und deshalb auch als Gautama Buddha bekannt ist, oder auch als Bhagavat, der Erhabene bezeichnet wird. Übersetzt heißt Buddha der/die Erwachte, wird aber auch als die Wahrheit oder mit dem beson-

---

[22] Schmidt-Leukel, *Buddhismus*, 340, bezeichnet den *ādibuddha* korrekt als uranfänglichen Buddha und zugleich im späten Mahāyāna und tantrischen (vorrangig tibetischen) Buddhismus als Bezeichnung der letzten Wirklichkeit. Dieser wird in einigen Tantras als Vairocana, dem Hauptbuddha unter den fünf Buddhas (Tathāgatas) identifiziert. Näheres Schmidt-Leukel, *Buddhismus*, 256–257. Eine ausführliche Darstellung zu Vairocana siehe Wachs, *Meditieren*, 7–73.

[23] Schmidt-Glintzer, *Buddhismus*, 26.

[24] Zur Frage, ob es weibliche Buddhas gibt, siehe auch Roloff, „Geschlechterkonstruktionen", 140–143 und auch Roloff, „Erleuchtungspotenzial".

deren Namen Tathāgata, der/die zur Wahrheit Gegangene oder auch: der/die in Barmherzigkeit zur Welt Zurückgekommene bezeichnet.[25]

Der im Jahr 1983 verstorbene Buddhologe Étienne Lamotte sagte hierzu: „Für gelehrte Buddhisten sind diese Buddhas und Bodhisattvas nur Erscheinungsformen der Weisheit und des Mitleids der Buddhas. Die Buddhas sind miteinander identisch in ihrem ‚Körper der Lehre' (*dharmakāya*), der nichts anderes ist als die Lehre selbst [...].“[26] Nach Ansicht der Anhänger des Mahāyāna gab es eine ins Uferlose vergrößerte Anzahl von Buddhas und Bodhisattvas, und entsprechend vermehrte sich auch die Anzahl der Welten.[27]

Einem einflussreichen Mahāyāna-Text, der *Bodhisattvabhūmi*, zufolge schließt Sittlichkeit bzw. ethisches oder einwandfreies Verhalten (*śīla*) des Bodhisattva das für ihn typische Wirken zum Nutzen und Heil der anderen, also das altruistische Handeln, ein:

Hauptziel ist dabei, auch die anderen zur Befreiung oder gar zur Buddhaschaft zu führen. Das schließt aber nicht aus, daß man ihnen spontan auch in diesseitigen, weltlichen Angelegenheiten hilft, indem man etwa Kranke pflegt oder Lebewesen vor Gefahren in Schutz nimmt. Den Bodhisattva-Weg können übrigens nach Auffassung der meisten Texte ebensogut Laien wie Mönche einschlagen. In der schon genannten *Bodhisattvabhūmi* ist ausdrücklich von Königen, die zugleich Bodhisattvas sind, die Rede.[28]

Für den Theravāda könnte man sagen, dass *mettā* und *karuṇā* eher eine Hilfe oder vielleicht sogar eine Voraussetzung für ethisches Verhalten sind.[29] *Karuṇā*, nicht nur als ‚Mitgefühl', sondern auch als ‚Mitleid' übersetzt, ist wie oben erwähnt einer der vier Göttlichen Verweilungszustände (*brahmavihāra*).[30] Die Praxis und Entfaltung der vier *brahmavihāras*, auch die vier „Unermesslichen“ (P *appamaññā*) oder die vier „Unbegrenzten“ genannt, sind Güte (*mettā*), Mitleid (*karuṇā*), Mitfreude (*muditā*) und Gleichmut (*upekkhā*). Der sehr häufig zitierte Suttentext zu diesen vier Meditationsobjekten lautet:

Da, ihr Brüder, durchstrahlt der Mönch mit einem von Güte erfüllten Geiste erst eine Richtung, dann eine zweite, dann eine dritte, dann die vierte, ebenso nach oben, unten und ringsherum; und überall mit allem sich verbunden fühlend durchstrahlt er die ganze Welt mit einem von Allgüte erfüllten Geiste, mit weitem, erhabenem, unbeschränktem Geiste, frei von Gehässigkeit und Groll. Mit einem von Mitleid [...] von Mitfreude [...] von Gleichmut erfüllten Geiste durchstrahlt er erst eine Richtung [...] frei von Gehässigkeit und Groll.[31]

---

[25] Schmidt-Glintzer, *Buddhismus*, 29

[26] Schmidt-Glintzer, *Buddhismus*, 71.

[27] Ebd.

[28] Schmithausen, „Grundbegriffe“, 12.

[29] Persönliche Korrespondenz mit der Ehrw. Agganyani im Januar 2021.

[30] Von Brück/Lai, *Buddhismus*, 113–114.

[31] Nyānatiloka, *Wörterbuch*, 53. Siehe auch Buddhaghosa, *Reinheit*, 532.

Buddhistische Meditation bzw. Geistesentfaltung (*bhāvanā*) wird in zweierlei unterschieden, konzentrative und analytische Meditation: Erstere ist die Entfaltung der Gemütsruhe bzw. der Geistigen Ruhe (*samatha-bhāvanā*), diese gehört zur Entfaltung der Sammlung (*samādhi-bhāvanā*). Die zweite ist die Entfaltung des Hellblicks bzw. der Besonderen Einsicht (*vipassanā-bhāvanā*). Die Entfaltung der vier *brahmavihāras* gehört zu den 40 Meditationsobjekten der Samatha-Praxis (Skt *samatha*). Diese Übung führt zu *samādhi* und kann bis in die Vertiefungen (Skt *dhyāna*, P *jhāna*) führen. Das sind Versenkungszustände des Geistes, die durch intensive Konzentration auf ein einziges geistiges oder körperliches Objekt hervorgerufen werden. *Mettā* und *karuṇā* werden dem heilsamen Bewusstsein der ‚feinkörperlichen Sphäre‘ zugeordnet. Im Anfangsstadium werden sie dagegen als heilsames Bewusstsein der ‚Sinnessphäre‘ zugeordnet, also der Sphäre, in der sich gewöhnliche Menschen bewegen.[32] Während *mettā* dem Geistesfaktor Hasslosigkeit (P *adosa*, Skt *adveṣa*, Tib *zhes sdang med pa*) entspricht und mit jedem heilsamem Bewusstsein verbunden ist, gehört *karuṇā* zu den sekundären, nicht in allem heilsamen Bewusstsein vorhandenen „Geistesformationen“.[33] Innerhalb des achtfachen Pfades, der zum *nirvāṇa* führt, sind Liebe und Mitgefühl dem rechten Denken bzw. der rechten Gesinnung zuzuordnen.[34]

2 Mitgefühl, Mitleid oder Barmherzigkeit in ihrem Ursprungskontext

In den nächsten beiden Kapiteln geht es im Sinne von *Phase III* ‚Expertenwissen‘ um den Begriff ‚Barmherzigkeit‘ (bzw. Mitgefühl, Mitleid) im Buddhismus in seiner historischen Tiefendimension, also in den Quellentexten. Zum Ursprungskontext von *karuṇā* im Frühbuddhismus und Mahāyāna gibt es zwei sowohl sprachwissenschaftlich als auch ideengeschichtlich fundierte Referate von Lambert Schmithausen. Dieser hatte von 1973–2005 den Lehrstuhl für Buddhologie und Tibetologie an der Universität Hamburg inne. Die folgenden Ausführungen stützen sich vorrangig auf eben diese beiden Impulsreferate und die dazugehörigen Anfragen und Gesprächsbeiträge von christlichen Theolog*innen, Religionswissenschaftler*innen

---

[32] Buddhaghosa, *Reinheit*, 595: „In dem Begriffe ‚Rechte Gesinnung‘ (P *sammā-sankappa*, Skt *samyagsaṃkalpa*, Tib *yang dag pa'i rtog pa*, Mvy 996) sind 3 Gedanken eingeschlossen, nämlich: entsagender Gedanke (*nekkhammasankappa*), haßloser Gedanke (*avyāpāda*), friedfertiger Gedanke (*avihiṃsā*).“

[33] Nyānatiloka, *Wörterbuch*, tabellarischer Appendix, Formationen-Gruppe. Zu den Geistesformationen bzw. Geistesfaktoren (Skt *caitta*, P *cetasika*) und Bewusstseinskonzepten im Mahāyāna siehe Roloff, „Bewusstseinskonzepte“.

[34] Buddhaghosa, *Reinheit*, 538.

und Buddholog*innen, die ebenfalls Teil der umfangreichen Dokumentation *Der Buddhismus als Anfrage an christliche Theologie und Philosophie* sind.[35]

Wie der Herausgeber Andreas Bsteh im Vorwort zu Band 5 der Reihe *Studien zur Religionstheologie* ausführt, handelt es sich bei dieser Dokumentation um den ersten Teil einer Doppelveranstaltung, die in den Jahren 1997 und 1998 im römisch-katholischen Ausbildungshaus St. Gabriel südlich von Wien stattfand. Das Konzept für die Tagung wurde in Kooperation mit Ernst Steinkellner erarbeitet, der 1973 das Institut für Tibetologie und Buddhismuskunde an der Universität Wien gründete und dort bis zu seiner Emeritierung im Jahr 2006 tätig war.

Dieses Werk ist deshalb so bedeutend, weil uns bisher nur wenige verschriftlichte interreligiöse *Dialoge* auf Expert*innen-Ebene vorliegen, insbesondere solche, die neben den drei monotheistischen Religionen auch den Buddhismus einbeziehen. Mir selbst ist kein vergleichbares Werk in deutscher Sprache bekannt, das neben Vortragsmanuskripten auch die Transkripte der Anfragen und Gesprächsbeiträge im Plenum enthält.[36] Die Reihe umfasst nicht nur Bände zum Buddhismus, sondern auch zum Hinduismus und Islam. Damit hat die Reihe historisch betrachtet einen hohen Stellenwert, der dem eines Zeitzeugnisses eines theologisch, buddhologisch und religionsphilosophisch fundierten interreligiösen Dialogs im deutschsprachigen Raum Europas gleichkommt.[37] Die beiden Teile in Band 5 der Reihe, um die es hier gehen soll, sind die Referate, Anfragen und Gesprächsbeiträge „Gleichmut und Mitgefühl: Zu Spiritualität und Heilsziel des älteren Buddhismus"[38] und „Mitleid und Leerheit: Zu Spiritualität und Heilsziel des Mahāyāna".[39] Auffällig ist, dass Schmithausen den Pāli- und Sanskrit-Begriff *karuṇā* im Kontext des Frühbuddhismus im Titel mit ‚Mitgefühl' und im Kontext des Mahāyāna mit ‚Mitleid' übersetzt. Den Begriff ‚Barmherzigkeit' vermeidet er, auch wenn andere Teilnehmende ihn in ihren Anfragen benutzen. Doch auch Schmithausen verwendet den Begriff *mahākaruṇā*. Er übersetzt diesen als ‚großes Mitgefühl'. Das verstehe ich als Stärkung der eingangs von mir dargelegten Hypothese, dass es sich bei dem Begriff Barmherzigkeit um eine Steigerungsform von ‚einfachem' Mitgefühl (Skt *karuṇā*) handeln könnte.

---

[35] Bsteh, *Buddhismus*.

[36] Ingesamt umfasst das Material in zwei Bänden rund 1.200 Seiten, die beiden Teile zum Mitgefühl davon rund 140 Seiten.

[37] Für den buddhistischen Teil sei angemerkt, dass sich die meisten Buddholog*innen in Europa nicht als Theolog*innen verstehen und somit in der Regel zwar über Kontakte zu Praktizierenden des Buddhismus verfügen und somit Einblick in die Binnenperspektive haben, aber in der Regel nicht über eigene Praxiserfahrung verfügen. Vielmehr nehmen sie bewusst eine Außenperspektive ein. Umso beachtenswerter scheint es mir daher, dass sich die betreffenden Expert*innen auf diesen „interreligiösen" Dialog mit Theolog*innen eingelassen haben. Durch den teils ähnlichen universitären Werdegang der Expert*innen handelt es sich dadurch aus akademischer Sicht um einen Dialog auf Augenhöhe.

[38] Schmithausen, „Gleichmut".

[39] Schmithausen, „Mitleid".

2.1 Mitgefühl im älteren Buddhismus

Kommen wir zuerst zum Thema ‚Mitgefühl' im älteren Buddhismus: Hier stützt sich Schmithausen sowohl auf Pāli-Quellen des Theravāda als auch auf andere frühe Sanskrit-Quellen der Sarvāstivādins. Anhand dieser untersucht er das Mitgefühl als einen von zwei Polen von Spiritualität. Die beiden Pole sind: Mitgefühl und Gleichmut.[40] Es geht also einerseits um die ‚innere Loslösung von der Welt' durch Gleichmut und andererseits um das ‚Sichkümmern um andere' durch Mitgefühl. Seine These, die er überzeugend belegt, lautet: „[W]enngleich ich den Eindruck habe, daß der Gleichmut im Zentrum der frühbuddhistischen Spiritualität steht, ist doch auch das Mitgefühl ein wesentlich, zur Eigendynamik neigender Faktor."[41]

Mitgefühl oder Mitleid mit den Lebewesen (*karuṇa* und *mahākaruṇā*) werden ‚als zusätzliches Motiv' für den Entschluss des Buddha genannt, „den von ihm gefundenen Heilsweg auch anderen zu verkünden".[42] Gemäß den älteren Quellen und Textschichten, die Schmithausen untersucht, ist Mitgefühl für die Erwachenserfahrung des Buddha weder obligatorisch noch zwangsläufiger Effekt. Die aktive Begründung einer Lehrtradition und Ordensgründung in der zur Diskussion stehenden Überlieferungsschicht beim historischen Buddha sieht er als ‚eine *freiwillige* Zugabe' und insofern als einen rein altruistischen Akt.[43] Doch nicht nur mit explizitem Bezug auf die Person des Buddha wird das ‚Wirken zum Heile anderer' im buddhistischen Kanon ausdrücklich positiv gewertet. Mitgefühl wird nicht „im Gegensatz zu dem Bemühen um das eigene Heil gesehen".[44] Dennoch wird diejenige Person am höchsten eingeschätzt, „die sich um das eigene Heil *und* das anderer bemüht".[45] Diese Feststellung ist wichtig, weil – wie wir später sehen werden – im Mahāyāna die beiden Arten des Wohls viel stärker betont werden als im frühen Buddhismus, also sowohl das eigene als auch das Wohl der anderen.

Woher kommt aber Mitgefühl überhaupt? Welches sind seine spirituellen Wurzeln? Als Motiv für den Entschluss des Buddha, sich nach seinem Erwachen nicht von der Welt ins *nirvāṇa* ‚zurückzuziehen', sondern als Erwachter einen Mönchs- und einen Nonnenorden zu gründen und „als Verkünder der von ihm entdeckten Heilswahrheit öffentlich aufzutreten", werden „Mitgefühl (P *kāruññā*[46]), Anteilnahme (P *anuddayā*) und Fürsorge (P *anukampā*)" genannt.[47] Die buddhistische Übung von Weisheit und die damit verbundene ‚Einsicht in die Nichtselbsthaftigkeit der Persönlichkeitskonstituenten' entzieht „egoistischen Emotionen

---

[40] Siehe dazu auch die Dissertation von Mudagamuwe Maithrimurthi, *Wohlwollen*.
[41] Schmithausen, „Gleichmut", 119.
[42] Schmithausen, „Gleichmut", 120–121.
[43] Schmithausen, „Gleichmut", 123.
[44] Schmithausen, „Gleichmut", 124.
[45] Schmithausen, „Gleichmut", 125.
[46] Von P *karuṇā*.
[47] Schmithausen, „Gleichmut", 126.

und Bestrebungen den Boden, konstituiert aber damit nicht automatisch positiv-altruistische Gefühle oder Impulse. Dies leistet in den Texten vielmehr eine andere, der Goldenen Regel ähnliche Überlegung [...], daß die anderen wie man selbst leben und glücklich sein wollen, vor Tod und Unglück hingegen zurückschrecken."[48] Diese Überlegung findet sich auch in außerbuddhistischen, altindischen Quellen wie dem *Mahābhārata*.[49]

Im Buddhismus soll diese ‚Goldene Regel' vor allem das Unterlassen feindseliger Handlungen, insbesondere des Tötens und Verletzens von Lebewesen, sowie eine freundliche Gesinnung motivieren: Das verknüpft diese Überlegung/Goldene Regel „vorzugsweise mit zwei spirituellen Kontexten (sei es als deren Motivation und theoretische Fundierung, sei es als nachträgliche Explikation der ihnen zugrunde liegenden emotionalen Haltung): einerseits mit dem ‚einwandfreien Verhalten' (*sīla*), andererseits mit der meditativen Übung der vierfachen, ‚unbegrenzten Befreiung des Gemütes' (*appamāṇā cetovimutti*).[50]

Entsprechend erörtert Schmithausen zunächst das Mitgefühl im Rahmen des „einwandfreien Verhaltens" (P *sīla*) und danach die vierfache unbegrenzte Befreiung des Gemütes. Gemeint sind damit die oben erwähnten vier *brahmavihāras*, auch bekannt als die vier ‚Unermesslichen' (P *appamaññā*) oder die vier ‚Unbegrenzten': Güte (*mettā*), Mitleid (*karuṇā*), Mitfreude (*muditā*) und Gleichmut (*upekkhā*).[51] Sie gehören – ebenso wie die Lehre von den vier Wahrheiten und der achtgliedrige Pfad zur Befreiung – zur Kernlehre des Buddhismus, die alle drei ‚Konfessionen' bzw. Mainstream-Traditionen des Buddhismus in all ihrer Vielfalt eint.[52] Der buddhistische Weg zur Befreiung, der achtgliedrige Pfad, lässt sich in drei Schulungen zusammenfassen: 1. ethisches/ein-wandfreies Verhalten (Skt *sīla*, P *sīla*), 2. meditative Konzentration/Versenkung (Skt/P *samādhi*) und 3. Erkenntnis und Weisheit (Skt *prajñā*, P *paññā*). Dabei ist das einwandfreie Verhalten grundlegend. Es ist das allen späteren Traditionen des Buddhismus gemeinsame Fundament buddhistischer Praxis. Das Abstandnehmen vom Töten, das erste der fünf buddhistischen *sīlas* für Lai*innen, ist beispielsweise ganz deutlich mit einer Haltung der Anteilnahme und Fürsorge für das Wohl aller Lebewesen verbunden

---

[48] Schmithausen, „Gleichmut", 127.

[49] Zu den genauen Quellenangaben siehe Schmithausen, „Gleichmut", 128, Anm. 42.

[50] Schmithausen, „Gleichmut", 128.

[51] Dies habe ich ausführlich in Roloff, „Offenheit", dargelegt.

[52] Eimer, *Begriffsreihen*, 17–42; Frauwallner, *Philosophie*, 7–12; Bodhi, *Buddha*, 209–215. Siehe auch das Buddhistische Bekenntnis, auf das sich Buddhist*innen aller Traditionen 1985 geeinigt haben: https://buddhismus-deutschland.de/ausklappen/buddhistisches-bekenntnis/(16.08. 2020). Auch in Österreich, wo die Österreichische Buddhistische Religionsgesellschaft bereits seit 1983 als Körperschaft des öffentlichen Rechts anerkannt ist, gehören sie zu den zentralen Glaubensgrundsätzen und zum Lehrplan für buddhistischen Religionsunterricht. Fassung vom 22.07.2021 als Gesetz: https:/ www.ris.bka.gv.at/GeltendeFassung.wxe?Abfrage=Bundesnor men&Gesetzesnummer=20005883 (16.08.2021).

und dadurch auch mit Mitgefühl. Mitgefühl ist von Anfang an dabei und bleibt auch in den folgenden Phasen wie der Vorbereitung auf die Versenkung erhalten.[53] Buddhist*innen glauben, dass ethisches/einwandfreies Verhalten wie das Abstandnehmen vom Töten und somit auch die Übung von Mitgefühl zu einer günstigen Wiedergeburt als Mensch führt. Schmithausen leitet daraus ab, dass Mitgefühl „primär der Verbesserung der eigenen Situation" dient.[54] Gleichwohl betont er, dass damit keineswegs ausgeschlossen wird, dass Mitgefühl eine Eigendynamik entwickeln kann, nicht nur beim Buddha und bei den Mönchen und Nonnen, sondern auch bei den Lai*innen, bei denen es verstärkend an die familiären und sozialen Bindungen anknüpfen konnte.[55]

Dann kommt Schmithausen im Rahmen der Schulung in meditativer Versenkung auf den zweiten spirituellen Kontext der Goldenen Regel zu sprechen, im Folgenden die ,vier Unbegrenzten'. Das sind: 1. Wohlwollen/Liebe/Güte (Skt *maitrī*, P *mettā*), 2. Mitleid/Mitgefühl/ Fürsorge (Skt/P *karuṇā*), 3. Freudigkeit/Mitfreude (Skt/P *muditā*) und 4. Gleichmut oder Untangiertheit (Skt *upekṣā*, P *upekkhā*).[56] Diese vier Unbegrenzten werden als Stufen der Versenkung betrachtet, wobei Gleichmut bzw. „Untangiertheit den Höhepunkt darstellt".[57] Die vier Unbegrenzten können im Kontext spiritueller Selbstvervollkommnung als ,Gegenmittel' oder Mittel zu Heilung (Antidot) gegen negative Emotionen wie Feindseligkeit/Hass und Grausamkeit sowie gegen Unlust und Begierde eingesetzt werden.[58] Doch auch, wenn es sich bei dieser Übung mit Blick auf das Heilsziel vornehmlich um eine Praxis zur Läuterung des eigenen Geistes handelt, prägt sie nebenbei auch das alltägliche Verhalten des Übenden, „etwa in Gestalt von freundlichem Verhalten gegenüber Mitmönchen".[59] Schmithausen sieht jedoch im älteren Buddhismus den Akzent mehr auf dem Unterlassen schädlicher Handlungen als auf dem aktiven Eingreifen zum Wohle anderer:

> Trotzdem wird man, wie schon angedeutet, eine gewisse Eigendynamik dieser Übungen in Rechnung stellen müssen, die in konkreten Situationen auch zu positiven Hilfeleistungen führen kann und soll; so etwa, wenn die Mönche kranke Mönche pflegen oder wenn ein Mönch aus Mitgefühl (*kāruññā*) ein in einer Falle gefangenes Tier freiläßt (Vin III: 62).[60]

---

[53] Schmithausen, „Gleichmut", 128.

[54] Schmithausen, „Gleichmut", 129.

[55] Schmithausen, „Gleichmut", 130.

[56] Vgl. dazu Roloff, „Offenheit", 58–62.

[57] Schmithausen, „Gleichmut", 130.

[58] Dies ist vor dem Hintergrund zu verstehen, dass Buddhist*innen sich aus dem *saṃsāra*, dem anfangs- und endlosen Kreislauf von Reinkarnation befreien wollen. Dieser wird von den drei Geistesgiften Gier, Hass und Verblendung und dem davon motivierten Handeln (*karma*) in Bewegung gehalten. Siehe dazu Schmidt-Leukel, *Buddhismus*, 90–111.

[59] Schmithausen, „Gleichmut", 132.

[60] Schmithausen, „Gleichmut", 132–133.

Doch schon zu Buddhas Zeiten werden ebenso wie heute nicht alle Mönche, Nonnen und Lai*innen die Unbegrenzten im gleichen Maße geübt haben und ihre
Bereitschaft zu aktivem Engagement wird unterschiedlich stark ausgeprägt gewesen
sein, abhängig von der „mehr oder minder intensiven Kultivierung von Freundschaftlichkeit und Mitleid auf dem Erlösungsweg".[61]

Manche Praktizierende bevorzugen die Übung des Gleichmuts bzw. der Untangiertheit, die keine Unterschiede zwischen Lebewesen macht, Gier und Hass
beseitigt und innere Ruhe mit sich bringt. Diese Geisteshaltung steht in einem Spannungsverhältnis zum Mitleid bzw. Mitgefühl. Schmithausen macht eine Spannung
zwischen „Untangiertheit (als Erfahrung des eigenen Erlöstseins) und Mitleid (als
Tangiertsein vom Leiden der unerlösten anderen)"[62] deutlich. Seine Ausführungen
dazu erinnern mich mit Blick auf das Leben von christlichen Ordensgemeinschaften an die Spannung zwischen kontemplativen und karitativen Orden. Vergleichbare Tendenzen lassen sich auch bis heute in der unterschiedlichen Lebensweise
buddhistischer Mönche und Nonnen finden: zurückgezogen und weitgehend von
der Welt abgewandt, teils auch Weltflucht vs. weltoffen und sozial engagiert.

Schmithausen meint, dass es nur dann zu „einer Art Balance" zwischen diesen
beiden Spannungspolen, zwischen Untangiertheit und Mitleid bzw. Mitgefühl oder
(radikal ernstgenommen) zwischen „Nichtberührtwerden von jeglichem Leid" und
unabgeschwächtem „emotionalen Mit-Leiden" kommen kann, wenn *„upekkhā* zur
Unparteilichkeit ‚verharmlost' wird" oder „die Untangiertheit als Gleichmut gegenüber Erfolg und Mißerfolg der durch Mitleid oder Mitgefühl motivierten Wünsche
oder Aktivitäten aufgefaßt wird".[63] Ein dogmatisches Werk einer anderen, vom
Pāli-Kanon abweichenden Schule, das Schmithausen auf das 2. oder 3. Jahrhundert
datiert, das *Abhidharma-Mahā-Vibhāṣā-Śāstra* der Sarvāstivāda-Schule,[64] überlässt es den eigenen Bedürfnissen, in welcher Reihenfolge man die Unbegrenzten
übt. Es wird den Praktizierenden freigestellt, je nach Vorliebe oder Bedarf in der jeweiligen Gemütsverfassung auch nur eine der vier Unbegrenzten zu üben.[65] Das ist
wichtig hier festzuhalten, denn wie wir später sehen werden, gibt es im Mahāyāna,
speziell im Tibetischen Buddhismus, eine siebenfältige Übung zur Kultivierung
von *bodhicitta* (Erleuchtungsdenken), bei der die Kultivierung von *mahākaruṇā*
eine zentrale Rolle einnimmt und die mit der Entwicklung von Gleichmut beginnt.
Gleichmut hat dann aber eine andere Konnotation als die der ‚Untangiertheit',
wobei ich hier weder eine ‚Verharmlosung' noch eine Gleichgültigkeit ‚gegenüber
Erfolg und Mißerfolg der durch Mitleid oder Mitgefühl motivierten Wünsche oder
Aktivitäten' erkennen kann. Doch dazu später.

---

[61] Schmithausen, „Gleichmut", 133.
[62] Schmithausen, „Gleichmut", 134–135.
[63] Ebd.
[64] Vom Sanskrit ins Chinesische übersetzt von Hsüan-tsang, T. XXVII: 1545.
[65] Schmithausen, „Gleichmut", 133.

2.2 *Mahākaruṇā – das Große Mitgefühl im älteren Buddhismus*

Ehe wir zu Mitgefühl oder Mitleid und Barmherzigkeit im Mahāyāna kommen, schauen wir erst noch einmal, ob und inwieweit *Mahākaruṇā* sich auch schon im älteren Buddhismus finden lässt. Schmithausen weist nach, dass in der Dogmatik der Sarvāstivādins das Wesen von *Mahākaruṇā* als ‚Nicht-Fehlorientierung‘ (Skt *amoha*) bestimmt wird, während das normale oder einfache Mitleid unter ‚Nicht-Abneigung‘ (Skt *adveṣa*) subsumiert ist.

Diese Einordnung ist vor dem Hintergrund zu verstehen, dass der Buddhismus sechs Wurzeln (Skt/P *mūla*) kennt, durch deren Anwesenheit der moralische Wert einer Willenshandlung und der damit verbundenen geistigen Dinge bestimmt wird. Diese sechs Wurzeln sind drei heilsame: Gierlosigkeit (Skt *arāga*, P *alobha*), Hasslosigkeit (Skt *adveṣa*, P *adosa*) und Unverblendung (Skt/P *amoha*), und drei unheilsame: Gier (Skt *rāga*, P *lobha*), Hass (Skt *dveṣa*, P *dosa*) und Verblendung (Skt/P *moha*).

Schmithausen lässt an dieser Stelle offen, ob die Bestimmung des Wesens des Großen Mitleids als Fehlorientierung bzw. Unverblendung (*amoha*) ‚eine De-emotionalisierung intendiert‘. Gleichwohl belegt er, dass manche Mahāyāna-Texte beim Bodhisattva ‚ausdrücklich die Tiefe des Mitleids‘ betonen, wenn es heißt, dass der Bodhisattva das Große Mitleid besitzt und „‚bis ins Mark‘ Liebe [...] zu allen Lebewesen, wie zu einem einzigen Söhnchen" empfindet.[66] Als Beleg für die radikale Kompromisslosigkeit, der Spannung zwischen Untangiertheit und Mitleid, führt er folgende Stelle aus der *Vibhāṣā* der Sarvāstivādins an:

Wenn beim Buddha die Große Untangiertheit aktualisiert ist, so könnten vor seinen Augen die Lebewesen aller Welten wie trockenes Reisig verbrannt werden: er würde es nicht wahrnehmen. Wenn er das Große Mitleid aktualisiert, so genügt der Anblick eines einzigen leidenden Wesens, um seinen unglaublich starken und unerschütterlichen Körper erzittern zu lassen wie ein Bananenblatt im Sturm.[67]

Dieses Paradox lässt sich so erklären, dass, obwohl der Buddha beide Haltungen, also Untangiertheit und Mitleid, ‚in höchster Vollkommenheit besitzt‘, die Spannung zwischen ihnen so groß ist, dass er nicht beide Geisteshaltungen gleichzeitig, sondern nur nacheinander aktualisieren kann. Der Buddha aktualisiere häufig das große Mitleid, aber nur selten die große Untangiertheit.[68] Diese Darlegung erinnert mich daran, dass Geshe Thubten Ngawang (1932–2003) für den Tibeti-schen Buddhismus mit Bezug auf die zehnte Stufe eines Bodhisattva erklärt, dass die Handlungen des Bodhisattva zum Wohl der Wesen zu diesem Zeitpunkt zwar

---

[66] Schmithausen, „Gleichmut", 136., Anm. 75.

[67] Zitiert nach Schmithausen, „Gleichmut", 136. Vgl. dazu auch Maithrimurthi, *Wohlwollen*, 149, Anm. 29.

[68] Schmithausen, „Gleichmut", 136.

weitgehend den Heilsaktivitäten eines Buddha entsprechen, aber noch nicht in gleichem Umfang und gleicher Stärke vorhanden sind. Ein gravierender Unterschied besteht darin, dass die Phasen der tiefen Meditation und der nachfolgenden Verwirklichung (die Zeiten außerhalb der Meditation, in denen der Bodhisattva zum Wohle der Wesen wirkt) noch immer getrennt sind, denn sie treten nur nacheinander und nicht gleichzeitig auf. Sie sind noch nicht zu einer Entität geworden. Dementsprechend haben die Handlungen eines Bodhisattva zum Wohl der Wesen noch nicht das gleiche Ausmaß und die gleiche Wirkung wie die eines Buddha.[69]

Zusammenfassend lässt sich feststellen, dass Schmithausen zwar mehrere Stellen im älteren Buddhismus identifiziert hat, in denen der Begriff *mahākaruṇā* auftaucht,[70] aber keine im Pāli-Kanon. Dennoch findet sich dieser Begriff als Eintrag im *Concise Pali-English Dictionary*.[71] Denn in der Kommentarliteratur der Theravādins heißt es durchaus auch, der Buddha habe die Lehre aus Großem Mitgefühl (*mahākaruṇā*) verkündet. Man könnte also meinen, dass der Theravāda und andere Formen des Frühbuddhismus *mahākaruṇā* gar nicht kennen und dieser Begriff und somit auch Barmherzigkeit allein dem Mahāyāna zuzuschreiben ist. Doch das wäre nicht richtig, denn es heißt im Pāli-Kanon:

For, inspired by his great compassion, the Lord of the World decided to teach the Dhamma to the beings to be trained. In reference to this, it is said: "Out of compassion for beings, he surveyed the world with the eye of a Buddha" (MN 26).[72]

An anderer Stelle, in einem Kommentar zu den zehn Vollkommenheiten (P *pāramitā, pāramī*), heißt es:

Like the aspiration, great compassion (mahākaruṇā) and skillful means (upāyakosalla) are also conditions for the pāramīs. Therein, "skillful means" is the wisdom which transforms giving (and the other nine virtues) into requisites of enlightenment. Through their great compassion and skillful means, the Great Men devote themselves to working uninterruptedly for the welfare of others without any concern for their own happiness and without any fear of the extremely difficult course of conduct that great bodhisattvas must follow. And their nature is such that they are able to promote the welfare and happiness of beings even on occasions when they are merely seen, heard of, or recollected, (since even the sight, report, or thought of them) inspires confidence. Through his wisdom, the bodhisattva

---

[69] Ngawang/Spitz, *Studium*, Teil 5: Prāsaṅgika-Mādhyamika-Lehrmeinung (Bd. X, Abschrift), 255. Ob hier ein ideengeschichtlicher Zusammenhang besteht, muss ich hier offenlassen. Schmithausen weist später bei der Diskussion zu seinem Referat darauf hin, dass während der Buddha nach der *Vibhāṣā* nur in zeitlicher Verschiebung Mitleid und Loslösung aktualisieren kann, sich später im Mahāyāna auch die Auffassung findet, dass „beim Buddha beide Aspekte gleichzeitig verwirklicht sind, also koinzidieren" („Gleichmut", 162). Näheres dazu auch in Schmithausen, „Mitleid", 451–455.

[70] Schmithausen, „Gleichmut", 120, 5.

[71] Buddhadatta Mahāthera, *Concise*.

[72] Bodhi, *Brahmajāla Sutta*, 215.

perfects within himself the character of a Buddha, and through his compassion, the ability to perform the work of a Buddha. Through wisdom he brings himself across (the stream of becoming), through compassion he leads others across. Through wisdom he understands the suffering of others, through compassion he strives to alleviate their suffering. Through wisdom he becomes disenchanted with suffering, through compassion he accepts suffering. Through wisdom he aspires for nibbāna, through compassion he remains in the round of existence. Through compassion he enters saṃsāra, through wisdom he does not delight in it. Through wisdom he destroys all attachments, but because his wisdom is accompanied by compassion he never desists from activity that benefits others. Through compassion he shakes with sympathy for all, but because his compassion is accompanied by wisdom his mind is unattached. Through wisdom he is free from "I-making" and "mymaking," through compassion he is free from lethargy and depression.

So too, through wisdom and compassion respectively, he becomes his own protector and the protector of others, a sage and a hero, one who does not torment himself and one who does not torment others, one who promotes his own welfare and the welfare of others, fearless and a giver of fearlessness, dominated by consideration for the Dhamma and by consideration for the world, grateful for favors done and forward in doing favors for others, devoid of delusion and devoid of craving, accomplished in knowledge and accomplished in conduct, possessed of the powers and possessed of the grounds of selfconfidence. Thus wisdom and compassion, as the means for attaining each of the specific fruits of the pāramitās, is the condition for the pāramīs. And the same pair is a condition for the resolution as well.[73]

Dieser Kommentar bzw. Subkommentar (*ṭīkā*) zum *Brahmajāla Sutta* scheint von der *Bodhisattvabhūmi* beeinflusst, einem Text, der wohl etwa ein halbes Jahrtausend nach den spätesten Ergänzungen zum Pāli-Kanon entstanden ist.

Im Pāli-Kanon findet sich der Begriff *mahākaruṇā* nur selten. Er wurde anfangs als Beiname des Buddha verwendet, so z.B. im *Mahākaruṇāñāṇaniddesa* des *Paṭisambhidāmagga* (ca. 2. Jahrhundert).[74] Die Verwendung dieses Begriffs im *Paṭisambhidāmagga* soll im Großen und Ganzen ähnlich der Verwendung im Mahāyāna sein, d.h. man spricht von der *mahākaruṇā* der Buddhas, wobei die Übersetzung mit ‚großes Mitgefühl' kein bloßes Verstärkungswort ist. Vielmehr handelt es sich hier um einen Fachbegriff für dasjenige Mitgefühl, das ein Bodhisattva hervorbringt.[75] Auf die Frage, was dieses von dem grundlegenden Mitgefühl unterscheidet, kommt unten in den Kapiteln 3 bis 5 zur Sprache.

---

[73] Bodhi, Brahmajāla Sutta, 259–260.

[74] Siehe Sutta Piṭaka, Khuddaka Nikāya XII, Paṭisambhidāmagga 1.1.71 Mahākaruṇāñāṇaniddesa „Erkenntnis vom großen Mitgefühl", Online-Version der deutschen Übersetzung: http://www.pali kanon.com/khuddaka/ pm/pm-03.html#_Toc523304733 (14.09.2021). Dieser Text ist nicht Teil des Abhidhamma-Piṭaka, aber im Abhidhamma-Stil verfasst, und gilt als einer der neuesten Texte im Pāli-Kanon.

[75] Persönliche Korrespondenz mit Bhikkhu Sujato vom 13.–14. Juni 2021.

Etwas häufiger als der Gebrauch von *mahākaruṇā* ist im Pāli der des Adjektivs *mahākāruṇiko* „ganz erbarmensweit/gnädig". Dieser Gebrauch findet sich im *Apadāna*, einer Sammlung von Hagiographien buddhistischer Mönche und Nonnen, die zur Zeit des Gautama Buddha gelebt haben sollen.[76] Der Begriff *mahākāruṇiko* ist den Theravādins auch deshalb vertraut, weil er in einem berühmten Segensgesang vorkommt, in dem der Buddha gleich im ersten Vers als ‚Herr des Großen Mitgefühls' gepriesen wird:

The lord of great compassion, for the benefit of all living creatures,
having fulfilled all the perfections has attained supreme and complete awakening.
By this declaration of the truth may you have the blessing of success![77]

Das macht deutlich, dass Begriffe und Ideen oder Konzepte, die das Mahāyāna besonders prägen, ihre Wurzeln im Frühbuddhismus haben und im Laufe der Jahrhunderte zunehmend in den Vordergrund rückten und weiterentwickelt wurden.

2.3 Fragen zur Karuṇā aus christlicher Perspektive

Ehe wir zum Mitgefühl und zu dem Begriff der Barmherzigkeit im Mahāyāna übergehen, sollen im Folgenden noch einige Punkte aus der Diskussion christlicher Theolog*innen, Buddholog*innen und Religionswissenschaftler*innen zur Sprache kommen, die im Anschluss an Schmithausens Referat über das Mitgefühl bzw. Mitleid im älteren Buddhismus aufgeworfen wurden, soweit sie mir im Kontext von Barmherzigkeit und emotionaler Positionierung besonders relevant erscheinen.

Hier stellt sich z.B. im Kontext von ‚Mitgefühl als Emotion' die Frage, ob es im buddhistischen System auch Platz für ein ‚zorniges' Eintreten für die Anderen gibt. Tilmann Vetter meint dazu, es sei ihm „keine alte Stelle bekannt, wo von einem ‚leidenschaftlichen' Buddha die Rede wäre oder von einem, der sich gerechterweise ‚zornig' zeigt."[78] Ein anderer bekannter Buddhologe, Johannes Bronkhorst, ergänzt, es sei vom Gedankengut des alten Buddhismus her nicht angebracht, „an menschliche, interpersonale Gefühle, wie etwa die erwähnte Gemütsbewegung des Zornes zu denken, die von seiten der Götter in dieses ganze Weltgeschehen hineinwirken."[79]

---

[76] „Der All-Erkenner, Alles-Seher, der Sieger ist ein Lehrer mir, – der Groß-Erbarmer ist mein Meister, der aller Welt ein Heiler ist. (der ganz erbarmensweite Meister)", https://suttacent ral.net/thag16.1/de/sass (16.06.2021), in englischer Übersetzung siehe https://suttacentral.net/ thag16.1/en/sujato (16.06.2021): Pāli mahākaruṇiko sattha „he is a Teacher of great compassion".

[77] Eine Audiodatei dieses Segensgesangs „Mahājayamaṅgalagāthā, The Verses on the Great Blessings of Success" findet sich zusammen mit dem Pālitext und einer Übersetzung ins Englische unter https://www.ancient-buddhist-texts.net/Texts-and-Translations/Safeguard/05-Upagantho-02.htm (16.06.2021).

[78] Schmithausen, „Gleichmut", 139.

[79] Schmithausen, „Gleichmut", 142.

Dazu sei angemerkt, dass es von jeher ein zentrales Anliegen des Buddhismus gewesen ist darzulegen, welche Emotionen heilsam sind und somit langfristig zu Glück führen und die Praktizierenden dem Heilsziel näherbringen, und welche Emotionen unheilsam sind und somit zu Leid führen und den Weg zur Befreiung eher behindern. Wichtig ist in diesem Kontext auch die Frage, ob man sich von allen unheilsamen oder destruktiven Emotionen freimachen kann. Eine weitere Frage schimmert durch die obigen Antworten durch, nämlich, ob ein Buddha überhaupt Leidenschaften oder Emotionen hat. Heute verstehen wir unter ‚Emotion' gewöhnlich einen psychophysischen bzw. seelisch-körperlichen Zustand. Emotionen beruhen auf Körperlichkeit. Deshalb könnte es bei einem Buddha aus heutiger wissenschaftlicher Sicht wohl nur zu Emotionen kommen, wenn er/sie[80] einen Körper hat. In diesem Sinne könnte man davon ausgehen, dass der historische Buddha, der als Mensch geboren wurde und somit der Gesetzmäßigkeit des Menschseins unterlag, durchaus auch Emotionen hatte. Zorn (*krodha*) gilt in der buddhistischen Psychologie von altersher als Leidenschaft bzw. mentale Verunreinigung (*kleśa*), also als destruktive Emotion, die es auf dem Weg zur Befreiung zu überwinden gilt. Ein Buddha hat nach buddhistischer Überzeugung alle *kleśas* vollständig überwunden und alle heilsamen Geistesfaktoren, alle Tugenden, vervollkommnet. In diesem Sinne weist Schmithausen darauf hin, dass ein Buddha es nicht mehr nötig habe, „Emotionen wie Freundschaftlichkeit und Mitleid zu kultivieren, um sein eigenes Gemüt zu läutern", denn er habe das Ziel bereits erreicht.[81]

Aus Sicht des späteren tantrischen Mahāyāna-Buddhismus kann ein Buddha aus Mitgefühl zornvoll erscheinen. Diese Art des Zorns gilt aber nicht als Zorn im herkömmlichen Sinne.[82] Auf die Frage, wie der Buddhismus, insbesondere der Tantrismus, mit negativen Emotionen und Haltungen, wie Angst, Furcht und Aggression umgehe, weist der Buddhologe Max Nihom darauf hin, dass man im Tantrismus in der Regel unangenehme Dinge nicht entferne, indem man sie durch angenehme ersetzt, sondern vielmehr finde eine Umkehrung von Polaritäten statt, indem sich z.B. Hass nicht gegen jemanden richte, sondern gegen das Nicht-Heilsame, Unheilvolle.[83] Mit anderen Worten: Leidenschaften werden nicht verdrängt, sondern bewusst in den Pfad integriert und ihre Kraft für den Heilsweg nutzbar gemacht.

---

[80] Wenn auch bisher wenig erforscht, stütze ich mich hier vorerst auf die Bemerkung von Vimuktisena (6. Jahrhundert) in seinem Kommentar zum *Abhisamayālaṃkāra*, wo er sagt, dass für die Bodhisattvas „the faculties of people are well delineated (*puruṣendriyāṇi suvibhaktāni*), [i.e., they have perfect knowledge of the capacities of different individuals]. 'Well delineated' means they know them well through the differentiation of lineages. The word *puruṣa* ('man') [rendered 'person'] does not exclude women, because the Grammarians (*śabda*) say, 'the feminine is with the masculine'" (Sparham, *Vṛtti and Ālokā*, 49–50).

[81] Schmithausen, „Gleichmut", 173.

[82] Ngawang, „Aktivitäten", 17–22.

[83] Schmithausen, „Gleichmut", 168.

Der evangelische Theologe Hermann Brandt (1940–2009) fragt, wie sich Mitleid, Nächstenliebe und Feindesliebe zueinander verhalten. Vetter erwidert ihm, dieses Verdienst würde dem Christentum niemand abstreiten. Im Bereich buddhistischer Lebensweise sei man davon beeindruckt und nehme diesen Impuls in die Mitleidsidee auf und weiter: „Was meint schließlich ‚Liebe' im Zusammenhang mit Mitleid, Nächstenliebe und Feindesliebe? Auf welchem Emotionsniveau liegt das Wort?" Mitleid drücke „ein Beeindrucktsein vom Leiden anderer aus, verbunden mit der Empfehlung eines nicht nur vorläufigen, sondern radikalen Erlösungsweges".[84] Die Welt, so Vetter, sei im Prinzip unheilbar, weswegen nur bliebe, dass man der Welt entfliehen müsse.

Im Weiteren entspannt sich ein Gespräch zum Thema Erlösung, hier ist auch von Herzenserlösung im Gegensatz zur Erlösung vom *saṃsāra* die Rede, worauf Bronkhorst ausführt, dass der buddhistische Erlösungsweg im Wesentlichen ein psychologischer, ein psychischer Weg sei, und auf diesem Wege seien „bestimmte Stimmungen und Gefühle wichtig – so auch das Mitleid".[85]

Mudagamuwe Maithrimurthi, der vor seiner wissenschaftlichen Karriere in Deutschland in Sri Lanka zum buddhistischen Mönch ausgebildet wurde, war bei der Tagung ebenfalls dabei. Er spricht in seiner Untersuchung zu den vier Unbegrenzten davon, dass der von diesen vier begleitete Geist/Gedanke in die einzelnen Himmelsrichtungen ausgesandt wird, bis er schließlich die ganze Welt völlig erfüllt und durchdringt. Man könne dabei von einer Art Fluidum oder vielleicht sogar von einer feinstofflichen Substanz ausgehen. Es sei allerdings nicht klar, in welchem Umfang man sich im Rahmen der spirituellen Praxis des frühen Buddhismus dieser anklingenden „Substanzartigkeit der ausgesandten Emotionen" bewusst gewesen sei.[86] Schmithausen betont mit Bezug auf diese Übung der Unbegrenzten, dass anfangs menschliche Lebewesen nur implizit als Adressat*innen deutlich werden, doch die spätere Exegese ausdrücklich feststellt, dass es um die Lebewesen in allen Himmelsrichtungen geht. Die Unbegrenzten haben kein Maß, keine Grenzen, weil kein einziges Lebewesen ausgeschlossen werden soll: einzubeziehen sind auch die Feinde und nicht nur Menschen, sondern grundsätzlich alle Lebewesen.[87] Zur oben erwähnten Spannung von ‚Untangiertheit' und ‚Engagement' erinnert Schmithausen daran, dass

Freundlichkeit und Mitleid als ‚Befreiungen des Gemüts' von unheilsamen Regungen ursprünglich […] eher Vorstufen für das eigentliche Ziel der Untangiertheit sind, und ein aktives Engagement für andere eher eine Nebenwirkung. […] Das schließt nicht aus, daß Mönche in konkreten Situationen helfend eingreifen.[88]

---

[84] Schmithausen, „Gleichmut", 150.
[85] Schmithausen, „Gleichmut", 153.
[86] Maithrimurthi, *Wohlwollen*, 43–44.
[87] Schmithausen, „Gleichmut", 155.
[88] Schmithausen, „Gleichmut", 158.

Politische Ambitionen aber habe der frühe Buddhismus nicht gehabt. „Die Einstellung der Nichteinmischung in weltliche und zumal politische Belange hat sich freilich im Lauf der Geschichte oft nachhaltig verändert, indem es sehr wohl zu Bewegungen kam, die sich politisch engagierten."[89] Dies bestätigt auch Maithrimurthi mit Blick auf die Verhältnisse in den Theravāda-Ländern:

In Sri Lanka hat sich bereits sehr früh eine Änderung dieser ursprünglichen Einstellung abgezeichnet, indem die Mönche schon bald damit begonnen hatten, mit dem König zusammenzuarbeiten, insbesondere als König Devānaṃpiya Tissa (250–210 v.Chr.) um die Mitte des 3. Jh. von Mahinda (einem Sohn oder jedenfalls Verwandten Aśokas, dem die Missionierung Ceylons zugeschrieben wird) bekehrt wurde.[90]

Schmithausen ergänzt, dass sich das Problem einer gewissen Spannung zwischen Loslösung und altruistischem Engagement nur für Mönche und Nonnen stellen würde. Bei den Lai*innen sei das Problem anders gelagert: „Hier geht es um Spannungen zwischen der buddhistischen Ethik [...] und den Erfordernissen des Lebensunterhaltes oder der gesellschaftlichen Stellung."[91] Zum Ende hin kommt auch noch die Frage auf, ob Untangiertheit mit selbstloser Liebe vergleichbar ist, worauf er meint:

Die Untangiertheit ist auch (und vielleicht primär) ein Versenkungszustand – ein Zustand völliger Ruhe, in dem alle Gefahren, Sorgen und Störungen verschwunden sind. Mitgefühl ist aber Sorge, aktives Engagement ist Unruhe. So verstanden sind beide nur in zeitlichem Nacheinander vorstellbar. Was gleichzeitig mit Sorge und Engagement auftritt, ist eine Haltung des Gleichmutes, nicht aber jener tiefe Versenkungszustand.[92]

Das Ausstrahlen von Zuwendung und Mitleid lässt sich nicht auf eine Unterlassung negativer Ausstrahlung reduzieren. Vielmehr geht es aus buddhistischer Perspektive darum, negative Gefühle durch bewusstes Kultivieren des gegenteiligen Gefühls zu eliminieren. Zuwendung bzw. Liebe wird von der Tradition als der Wunsch verstanden, dass die Lebewesen glücklich sein mögen, Mitleid dagegen als der Wunsch, dass sie frei sein mögen von Schmerz und Leid.[93] Der Gefahr des Helfersyndroms wirkt aus Sicht von Schmithausen entgegen, dass es bei der Übung der Unermesslichen vor allem darum geht, den *eigenen* Geist von negativen Gefühlen zu reinigen.[94] In Sri Lanka wird Wohlwollen (Skt *maitrī*, P *mettā*) – auch mit Liebe, Güte oder Freundschaftlichkeit übersetzt – in den Schulen eingeübt und praktiziert. Das Kultivieren des Wohlwollens, *mettābhāvanā*, gehört sowohl im Kloster als auch in der Schule oder im Tempel zum Standardrepertoire.[95]

---

[89] Schmithausen, „Gleichmut", 159.
[90] Schmithausen, „Gleichmut", 160.
[91] Schmithausen, „Gleichmut", 162.
[92] Schmithausen, „Gleichmut", 169.
[93] Buddhaghosa, *Visuddhimagga* (VisM), IX. 93–94.
[94] Schmithausen, „Gleichmut", 170.
[95] Maithrimurthi, *Wohlwollen*, 177

3. Mitleid und Leerheit im Mahāyāna

Im älteren Buddhismus werden vorwiegend Mitgefühl, Fürsorge und Anteilnahme als Motiv für den Entschluss des Buddha Śākyamuni, das Rad der Lehre in Bewegung zu setzen, genannt. Das ‚große Mitgefühl‘ (Skt/P *mahākaruṇā*), mitunter auch mit ‚Barmherzigkeit‘ übersetzt, wird in den frühbuddhistischen Quellen wie oben dargelegt, eher selten erwähnt. Wenn *mahākaruṇā* erwähnt wird, dann vorrangig in jüngeren Texten (im *Paṭisambhidāmagga* und den *Apadānas* der Theravādins und in der *Vibhāṣā* der Sarvāstivādins) sowie in der *Pāli*-Kommentarliteratur (siehe oben). Anders im Mahāyāna. Hier wird das Mitgefühl eines Buddha oft als ‚großes Mitgefühl‘ bezeichnet und sowohl vom alltäglichen Mitgefühl unterschieden als auch vom Mitleid, wie es die ‚Hörer‘ (Skt *śrāvaka*), d.h. die Anhänger*innen des älteren Buddhismus, im Rahmen der Unbegrenzten üben.[96]

Der indische Mönchsgelehrte Kamalaśīla (ca. 740–795) erklärt in seinem für die Überlieferung des Buddhismus nach Tibet (ab 7./8. Jahrhundert) sehr wichtigen und berühmten Lehrtext *Bhāvanākrama* (*Die Stufen der Meditation*), dass Mitgefühl die Basis von allem ist und der Weg zur Buddhaschaft mit Mitgefühl beginnt. Man solle über die Universalität von Leiden nachdenken, dem alle Lebewesen ohne Ausnahme unterliegen. Die Erkenntnis, dass Leiden in allem, was existiert, implizit ist, solle in uns ein Gefühl des Mitleids für unsere Mitmenschen, Freunde wie Feinde, erzeugen und den Wunsch entstehen lassen, sie davon befreien zu wollen. Mit diesem Gefühl des Mitleids gegenüber allen Lebewesen und durch die Entschlossenheit, ihnen helfen zu wollen, betrachte der Bodhisattva alle Wesen als ihm/ihr gleich (*sattvasamatā*). Wenn Mitgefühl so realisiert werde, bezeichne man es als ‚großes Mitgefühl‘ (*mahākaruṇā*). Dieses sei die Ursache für das erste Erblühen des *bodhicitta*, des Geistes/Denkens, zum Wohle aller fühlenden Wesen vollkommene Erleuchtung erlangen zu wollen.

Spätere tibetische Kommentare betonen, dass dieses große Mitgefühl für alle fühlenden Wesen erreicht sei, wenn das Mitgefühl spontan, natürlich und mühelos von selbst entsteht, was mich persönlich an die Qualität des Mitgefühls des Barmherzigen Samariters im Christentum erinnert, von dem ich eine Zeit lang dachte, dass es im Buddhismus vielleicht gar nicht vorkommt.[97] Großes Mitgefühl bedeutet, so wie eine Mutter für ihr geliebtes Kind, Mitgefühl und Sorge für alle fühlenden Wesen zu empfinden. Wenn das Mitgefühl gegen-über allen Wesen gleichermaßen stark entwickelt ist und dadurch der Wunsch entsteht, sie vom Leiden erlösen zu wollen, ist das Mitgefühl vollendet und erhält die Bezeichnung ‚Großes Mitgefühl‘.[98]

---

[96] Schmitthausen, „Mitleid", 437.

[97] Tucci, *Minor*, 467; vgl. 499–500 (Sanskrit) u. 543–544 (Tibetisch).

[98] Tucci, *Minor*, 467 (Kamalaśīla's *Bhāvanākrama*), vgl. 499–500 (Sanskrit) u. 543–544 (Tibetisch). Siehe dazu auch den Kommentar im *opus magnum „Lam rim chen mo"* (Die Stufen auf dem

Schmithausen meint, dass Mitgefühl bzw. Mitleid auf dieser Entwicklungsstufe nicht mehr der eigenen spirituellen Selbstvervollkommnung, sondern nur noch dem Heil der anderen dient.[99] Man bedauert die Lebewesen nicht nur, sondern fühlt sich in der Lage, sie tatsächlich zu retten.[100] Die späteren Texte würden lehren, dass der zukünftige Buddha schon als Bodhisattva über viele Existenzen hinweg das Wohl der anderen zum Ziel hatte und Tugenden wie Freigebigkeit bis hin zum Extrem der Selbstaufopferung übte.[101] Diese Feststellung stützt meine in der Einleitung erwähnte Überlegung, ob Barmherzigkeit im Sinne von Mildtätigkeit im Buddhismus nicht vielleicht auch eine Entsprechung in der Freigebigkeit (Skt/P *dāna*) findet und nicht nur im Großen Mitleid (Skt/P *mahākaruṇā*).[102] Es lässt sich hier festhalten, dass *mahākaruṇā* nicht nur kontinuierliche Fortsetzung, Steigerung und Ausweitung desjenigen Mitgefühls (*karuṇā*) ist, wie wir es oben im Kontext der vier Unbegrenzten kennengelernt haben, sondern auch die notwendige Voraussetzung und Ursache für die Entstehung des Erleuchtungsgeistes (*bodhicitta*). Diese innere Haltung von *bodhicitta* ist der zentrale Gedanke im Mahāyāna. *Bodhicitta* gilt als das Eingangstor zum spirituellen Weg eines Bodhisattva. Aus Sicht der buddhistischen Metaphysik und Psychologie ist *bodhicitta* nicht länger nur ein Geistesfaktor (*caitta*), also ein bestimmter Aspekt des Bewusstseins, sondern wird zum Hauptbewusstsein (*vijñāna*) und erfüllt somit das ganze Denken.[103] Aus dieser grundlegenden Haltung heraus, rückt die Praxis der sechs Vollkommenheiten (siehe unten) in den Mittelpunkt, wobei Freigebigkeit an erster Stelle steht. Es besteht hier also ein direkter Bezug zur Freigebigkeit. Ob und wie sich Freigebigkeit im Frühbuddhismus, hier insbesondere im Theravāda, und im Mahāyāna von der Vorstellung von Mildtätigkeit in anderen Weltreligionen unterscheidet, wäre ein weiteres spannendes Themenfeld des interreligiösen Dialogs, das ich aber hier nicht weiter vertiefen kann.

Auf jeden Fall können wir festhalten: Im Mahāyāna ist das Ziel der Buddhaschaft – motiviert vom Mitleid bzw. Mitgefühl – umfassend auf das Wohl anderer ausgerichtet. Damit wird jedoch allgemein nicht die Legitimität der Beschränkung auf das eigene Wohl in Frage gestellt. Doch sind Tendenzen erkennbar, eine solche Haltung zu deklassieren. Das Streben allein nach dem eigenen Wohl und das Erreichen des Ziels der Arhatschaft[104] wird teils sogar als eine Art Umweg oder Zwi-

---

buddhistischen Pfad) des tibetischen Reformtheologen Tsongkhapa (1357–1419): Cutler/Newland, *Treatise* II, 45.

[99] Schmithausen, „Mitleid", 437.

[100] Ebd.

[101] Schmithausen, „Mitleid", 438.

[102] Diese Frage muss ich hier jedoch offenlassen. Dafür wären eingehendere Untersuchungen nötig, die hier nicht vorgenommen werden können.

[103] Siehe Roloff, „Bewusstseinskonzepte", 33–34.

[104] Skt *arhatva* – der Status eines Heiligen (Arhat), d.h. jemand der den Zustand der Erleuchtung erlangt und sich aus dem saṃsāra befreit hat. In der Regel versteht man unter *arhat* – (P *arahat*)

schenstation betrachtet und der Weg des Bodhisattva zum einzig wahren Heilsweg (*ekayāna*) erklärt.[105] Praktizierende des Mahāyāna nehmen sich den Bodhisattva zum Vorbild. Sie folgen dem Bodhisattva-Ideal. Damit verschiebt sich das Heilsziel. Wer dem Mahāyāna anhängt, möchte ein Buddha werden. Von einem gewissen Reifegrad anwärts, wird das Mitleid des Bodhisattva als großes Mitleid bezeichnet.[106] Am besten angesehen ist, wer sich sowohl um das eigene als auch um das Heil der anderen bemüht. Umfassendes Wirken zum Wohl der anderen äußert sich nicht nur in Gestalt der Lehrtätigkeit, sondern auch „in Gestalt aller erdenklichen Hilfe und Wohltat".[107]

Die vier Unbegrenzten erfahren im Mahāyāna eine Reinterpretation. Das Mitleid wird im Sinne des Großen Mitleids zum Motiv für das Wirken zum Heil der anderen. Es wird als das Vornehmste und Wichtigste der Unbegrenzten bezeichnet:[108] „Manchmal wird [aber] auch dem Wohlwollen (*maitrī*) eine gewisse Vorzugsstellung zuerkannt, zumal wenn es als Großes Wohlwollen (*mahāmaitrī*) dem Großen Mitleid der Buddhas bzw. Bodhisattvas zur Seite tritt."[109]

Auch *upekṣā* wird uminterpretiert. Es bedeutet nicht mehr Untangiertheit, Indifferenz oder gar Gleichgültigkeit, sondern Gleichmut zum Schutz seiner selbst und anderer.[110]

Damit verändert sich auch das Spannungsverhältnis. Im Mahāyāna sind die beiden komplementären Pole der Spiritualität nicht länger „Untangiertheit" und „Mitgefühl", sondern „Mitleid" und „Leerheit" (Skt *śūnyatā*). Beiden gemeinsam ist: Die Buddhaschaft ist ebenso wie die Arhatschaft eines Śrāvaka ein Erlösungszustand, der nur durch die Überwindung der Weltverhaftung erreicht werden kann. Mit dem Bodhisattva-Weg ist – motiviert von *bodhicittta*, dem Wunsch, zum Wohle aller Lebewesen die Erleuchtung erlangen zu wollen –, die Praxis der sechs Vollkommenheiten verbunden. Neben der Vollkommenheit der Einsicht (*prajñāpāramitā*),

---

jemand, der Erleuchtung erlangt und das höchste religiöse Ziel des Hörer-Pfades z.B. durch die Praxis des Theravāda-Buddhismus erreicht hat. Genau genommen wird der Begriff auch in Bezug auf den Buddha bzw. die Buddhas verwendet, so z.B. in der Formel *tathāgata-arhat-samyaksaṃbuddha*. Der Buddhismus kennt drei Arten der Erleuchtung bzw. des Erwachens (*bodhi*): das Erwachen der Hörer (Skt *śrāvakabodhi*, P *sāvakabodhi*), das Erwachen der Alleinverwirklicher (Skt *pratyekabodhi*, P *paccekabodhi*) und das vollkommene Erwachen (Skt *samyaksaṃbodhi*, P *sammāsaṃbodhi*). Wird einfach vom Arhat gesprochen, ist in der Regel der *śrāvaka-arhat* gemeint, also jemand, der sich zu Beginn seiner Praxis für das Hörer-Fahrzeug entschieden und diesen Pfad zur Vollendung gebracht hat. Dem gegenüber steht der Pfad des Bodhisattva, der im vollkommenen Erwachen zum Buddha mündet, so z.B. nach Überzeugung aller Traditionen der historische Buddha Śākyamuni, seine Vorgänger und der nächste Buddha Maitreya.

[105] Schmithausen, „Mitleid", 439.
[106] Schmithausen, „Mitleid", 438.
[107] Schmithausen, „Mitleid", 440.
[108] Schmithausen, „Mitleid", 441.
[109] Ebd.
[110] Ebd.

oft auch mit Vollkommenheit der Weisheit übersetzt, werden fünf weitere Vollkommenheiten genannt: aufopferndes Geben (*dāna*), einwandfreies Verhalten (*śīla*), geduldiges Ertragen (*kṣānti*), Ausdauer (*vīrya*) und Versenkung (*dhyāna*)".[111]

Um dieses Ziel schnell zu erreichen, verweilt der Bodhisattva in *samādhi*, also in einem Zustand der meditativen Konzentration. Dabei schließt das Weilen in der Vollkommenheit der Einsicht ein Weilen in der Leerheit ein. Der Bodhisattva betrachtet die fünf physischen und psychischen Persönlichkeitskonstituenten (*skandhas*) als aufkommend und vergehend und schließlich als leer, d.h. bar jeder Essenz. Seine Betrachtung der Dinge ist frei von Beurteilung.[112] Es wird ein Zustand des Verschwundenseins aller Erscheinungs- und Vorstellungsbilder, das Merkmallose (*ānmitta*), erreicht: „Es leuchtet ein, daß man an der so auf diese Weise ‚aufgelösten' Welt nicht mehr haftet, daß diese *samādhis* also zum *nirvāṇa* führen."[113]

Der Bodhisattva übt sich in einer ausgleichenden Kultivierung von Wohlwollen bzw. Liebe (Skt *maitrī*, P *mettā*) und Mitleid (Skt/P *karuṇā*) gegenüber allen Lebewesen.[114] In diesem Kontext spricht man auch vom „objektlosen Mitleid",[115] das sich eventuell mit der ‚grundlosen Barmherzigkeit Gottes' in der Bibel vergleichen lässt.[116] Eine solche Gedankenführung findet sich in der *tathāgatagarbha*-Richtung des Buddhismus, also im Kontext der Buddhanatur. In diesem Denken wird die unbedingte, unvergängliche und damit sich selbst immer gleiche wahre Wirklichkeit als ‚Buddhaschaft' verstanden:

Dazu gehört auch das ‚große Mitleid', […] in diesem System [ist] auch das Wirken des Buddha spontan, vergleichbar mit dem Licht der Sonne, das einfach strahlt (RGV[117] IV.58–64; vgl. I.93, II.14) – wer sich dafür öffnet, empfängt es, wer sich nicht öffnet, bleibt in seiner eigenen Finsternis. Das ‚große Mitleid', als eine Voraussetzung dieses Wirkens, kann in ähnlicher Weise mit dem spontan und ohne Ausrichtung auf bestimmte Objekte die ganze Welt bescheinende Licht des Vollmonds verglichen werden (RGV II.13).[118]

Schmithausen betont, dass die Einsicht in die Leerheit jedoch nicht automatisch zum Mitleid führt, sondern Leerheit und Mitleid vielmehr zwei Pole darstellen, die beide für die Buddhaschaft unerlässlich sind und ausbalanciert werden müssen:[119]

---

[111] Vetter, „Mahāyāna-Buddhismus", 377. Die in Sanskrit überlieferte *Aṣṭasāhasrikā Prajñāpāramitā* wurde bereits um 180 n.Chr. ins Chinesische übersetzt (vgl. 373) und wird selbst auf ca. 50 n.Chr. datiert.

[112] Vetter, „Mahāyāna-Buddhismus", 375.

[113] Schmithausen, „Mitleid", 442.

[114] Schmithausen, „Mitleid", 443–444.

[115] Schmithausen, „Mitleid", 446–448.

[116] Schmithausen, „Mitleid", 500–502.

[117] RGV = RGV(V) = The *Ratnagotravibhāga Mahāyānottaratantraśāstra*, ed. E. H. Johnston, Patna 1950 (V = Vyākhyā [Prosakommentar]). Übers.: Takasaki, *Ratnagotravibhāga*, 265, 317–318.

[118] Schmithausen, „Mitleid", 500–501.

[119] Schmithausen, „Mitleid", 444.

An die Stelle von ‚Leerheit' und ‚Mitleid' können ‚Einsicht' (*prajñā*) und ‚Mittel' (*upāya*, d.h. vor allem die übrigen Vollkommenheiten: Freigebigkeit usw.) treten, insofern erstere die Leerheit zum Inhalt hat und der Rückgriff auf letzteres auf dem Mitleid basiert.[120]

Dadurch, dass der Bodhisattva die Einsicht in die Leerheit in Verbindung mit dem Mittel übt, ist es ihm möglich, gleichzeitig erlöst zu sein und in der Welt zu wirken. Die höchste Wahrheit (*paramārtha*) ist Gegenstand der Einsicht, das Mitleid bewegt sich im Bereich der konventionellen Wahrheit (*saṃvṛti*).[121] Die Leerheitserfahrung gibt dem Mitleid ein neues, tieferes Fundament. In den *Yogācāra*-Texten (ca. 4. Jahrhundert) wird das Engagement des Bodhisattva damit begründet „daß er (im Sinne der Goldenen Regel) alle Lebewesen sich selbst gleich erachtet".[122] Die Einsicht, dass alle Lebewesen dieselbe wahre Wesenheit haben, nämlich die Buddhanatur, „führt zum Großen Wohlwollen (*mahāmaitrī*), das keinen Unterschied zwischen Ich und anderen macht".[123]

Will man ein Buddha werden, bedarf es nicht nur einer tiefergehenden Erfahrung der wahren Wirklichkeit", sondern auch der Allwissenheit und des Großen Mitleids.[124] Der Bodhisattva ist weder auf das *nirvāṇa* noch auf den *saṃsāra* fixiert, sondern bleibt aus Mitleid freiwillig zum Wohle aller Lebewesen in der Welt.

Somit könnte man zu dem Schluss kommen, dass nicht nur das alltägliche Mitgefühl (Skt/P *karuṇā*) und die unermessliche Liebe (Skt *maitrī*, P *mettā*), sondern auch das große Mitgefühl/Mitleid (*mahākaruṇā*) und die große Liebe (*mahāmaitrī*) Aspekte der Barmherzigkeit sind. Wenn es um den Aspekt der Mildtätigkeit geht, so müsste für einen Vergleich mit dem Christentum, auch noch die Vollkommenheit der Freigebigkeit (Skt/P *dānapāramitā*) mit in den Blick genommen werden. Je nach Reifegrad gibt es qualitative Unterschiede des Mitgefühls. Für die Barmherzigkeit der Buddhas zu den Lebewesen scheinen die Begriffe großes Mitgefühl/Mitleid bzw. Erbarmen (Skt/P *mahākaruṇā*) und große Liebe (Skt *mahāmaitrī*, P *mahāmettā*) angemessen. In der tibetischen Sprache drückt sich die Besonderheit des Mitgefühls der Buddhas zusätzlich dadurch aus, dass das große Mitgefühl meist nur mit der Höflichkeitsform *„thugs rje chen po"* übersetzt wird.[125]

---

[120] Schmithausen, „Mitleid", 445.

[121] Schmithausen, „Mitleid", 446.

[122] Schmithausen, „Mitleid", 449. Vgl. dazu oben in Abschnitt 3 die Formulierung mit Bezug zu Kamalaśīla, der Bodhisattva betrachte alle Wesen als ihm/ihr gleich (*sattvasamatā*). Notz, *Lexikon*, 410, schreibt dazu, dass Skt *sattvasamatā* die Auffassung bezeichne, nach der vor der mahāyānistischen *śūnyatā*-Lehre alle Wesen eins und identisch seien, sie gelte als die Grundlage des Erbarmens (*karuṇā*) des Bodhisattva.

[123] Schmitthausen, „Mitleid", 450.

[124] Schmithausen, „Mitleid", 454.

[125] In der tibetischen Enzyklopädie Zhang, *Bod*, 1984, heißt es in dem Eintrag zu *thugs rje chen po* (großes Mitgefühl): 1) eine der einundzwanzig Kategorien unbefleckten tiefen Gewahrseins des allwissenden Geistes eines Buddha [d.h. des *dharmakāya*, des Wahrheitskörpers des Buddha]: Großes Mitgefühl bedeutet, stets mit der Absicht, Nutzen und Glück für die endlos vielen Lebewesen der

Diese Form ist Ausdruck besonderen Respekts und Verehrung – hier dem Buddha bzw. Avalokiteśvara gegenüber.

Im Theravāda kommt der Pāli-Begriff *mahāmettā* (große Liebe) noch seltener vor als *mahākaruṇā*. Im Kanon findet er sich gar nicht, sondern nur vereinzelt in der postkanonischen Kommentarliteratur. So wird der Buddha in der *Buddhaguṇagāthāvalī* (Vers 72) als jemand gepriesen, der in großer Liebe (P *mahāmettā*) verweilt.[126] Zudem findet sich der Begriff auch im *Mahāvaṃsa*, der großen Chronik Ceylons bzw. Sri Lankas, wo sich der Buddhismus bereits ab ca. 3. Jahrhundert v.u.Z. auszubreiten begann (Fixierung des Pāli-Kanons ca. 1. Jahrhundert v.u.Z.). Mahāmettā bezeichnet im *Mahāvaṃsa* einen Bodhi-Baum, also einen Ableger des Baumes, unter dem der Buddha seine Erleuchtung erlangt hatte. Diesen Mahāmettā-Bodhi-Baum machte König Jeṭṭhatissa III (reg. 628–629) dem großen Kloster (*mahāvihāra*) in Anuradhapura zum Geschenk. Dieses war 247–207 v.u.Z., also zur Zeit von Kaiser Aśoka (304–232) gegründet worden.[127]

Abschließend soll hier noch auf einige wenige Fragen aus dem Plenum eingegangen werden, das dem zweiten Referat von Schmithausen folgte. Dort wurde z.B. die Frage aufgeworfen, worin buddhistisch betrachtet das Mitleid *konkret* bestehe. Darauf meint Bronkhorst, dass es in den frühen Formen des Buddhismus eher eine psychische Haltung war, während es im Mahāyana dann zum tragenden Anliegen des Bodhisattva wird, andere auf dem Weg zur Buddhaschaft zu begleiten.[128] Doch führt dieses Mitleid auch ganz konkret zu Werken praktischer Nächstenliebe? Hier verweist Bronkhorst auf die *Jātaka*-Erzählungen, die Vorgeburtsgeschichten des historischen Gautama-Buddha, wonach er sich in früheren Leben selbst aufopfert

---

Daseinsbereiche erreichen zu wollen, nach den zu Bekehrenden zu sehen und sie vor Leiden zu schützen (*mtha' yas pa'i sems can thams cad la phan bde sgrub pa'i dgongs pas gdul bya'i khams la dus rtag tu gzigs shing sdug bsngal sogs las skyob par mdzad pa ste/ zag med ye shes sde tshan nyer gcig gi nang gses shig*) 2) Kurzform von Avalokiteśvara, der große Mitleidsvolle [*mahākaruṇikā*] (*spyan ras gzigs thugs rje chen po'i bsdus tshig*). Siehe dazu auch Conze, *Abhisamayālaṅkāra*, 96–98. In seinem Kommentar zum *Abhisamayālaṃkāra* sagt Āryavimuktisena (6. Jahrhundert): „[Nineteenth] is great compassion. Always dividing up the twenty-four hour-day into six time periods – three during the day and three during the night – the Lord thinks about (*pratyavekṣ*) the whole world. How does he think about it? He thinks about whose wholesome roots are ripening, whose wholesome roots are not ripening, who is a vessel for instruction in higher status, [i.e., in the path to a better rebirth], who is the vessel for instruction in definite good, [i.e., *nirvāṇa*], who is a vessel for the endowment of a Buddha, what needs to be done for whom" (Sparham, *Vṛtti and Ālokā*, 81–82).

[126] „Ich verehre den Buddha, der in großer Liebe verweilt, von großem Verdienst, besonders kostbar, ein Ozean des großen Mitgefühls" (P *mahāmettāvihārī yo, mahāpuñño mahāraho, mahākaruṇāsāgaro, buddhaṃ taṃ paṇamāmyahaṃ*). Für den vollständigen Text siehe https://tipitaka.org/romn/cscd/e0608n.nrf.xml.

[127] Geiger, *Mahāvaṃsa*, 83: „to the Mahavihāra he made over the Bodhi Tree called Mahāmettā" (44.96).

[128] Schmithausen, „Mitleid", 457.

hatte, um anderen das Leben zu retten.[129] Die Buddhologin Reiko Ohnuma erklärt und deutet diese Erzählungen wie folgt:

Among the many Indian Buddhist *jātakas* celebrating the innumerable deeds of virtue and compassion performed by the Buddha during his previous lives, a significant number involve astonishing and gruesome acts of bodily self-sacrifice: In his birth as King Śibi, for example, the Buddha gouged out his eyes and gave them to a blind man; in his birth as Prince Mahāsattva, he allowed his body to be devoured by a starving tigress; in his birth as King Maitrībala, he encouraged five *rākṣasas* to feed on his flesh and blood; and in his birth as King Candraprabha, he cut off his own head on behalf of a greedy brahman. Such stories are primarily didactic in nature, serving to illustrate, in the starkest possible way, the great selflessness and compassion cultivated by the Buddha during his long career as a bodhisattva. In terms of the bodhisattva's cultivation of the perfections (27 *aramita*), they are almost always classified as preeminent examples of the perfection of generosity or giving (*dāna*). Because stories involving the bodhisattva's bodily self-sacrifice are so frequently perceived in terms of *dāna*, I refer to all such stories collectively as "gift-of-the-body" stories and to the theme of bodily self-sacrifice itself as the "gift-of-the-body" theme.[130]

Zum Ende der Diskussion weist Schmithausen darauf hin, dass Mitleid im Mahāyā-na auch sehr konkret zur Tat für andere wird. Der Bodhisattva soll anderen durch Rat und Tat helfen, auch in den Nöten des Alltags. Dazu führt er diverse Beispiele aus der Geschichte des Buddhismus an, nicht nur in Indien, sondern auch in Tibet und Japan: das Retten von Tieren, den Bau von Eisenbahnbrücken, das Anpflanzen von Parks, das Graben von Brunnen, den Bau von Dämmen, die Krankenpflege in Klöstern, die medizinische Versorgung von Mensch und Vieh und das Pflanzen von Bäumen.[131]

4. Barmherzigkeit im Tibetischen Buddhismus

Der Buddhismus heute lässt sich, wie eingangs erwähnt, in drei Hauptströmungen unterteilen: Theravāda-, Ostasiatischer und Tibetischer Buddhismus. Von Indien aus hat sich der Buddhismus im Laufe der Jahrhunderte in die verschiedensten Kulturen hineinentwickelt. Trotz großer kultureller Vielfalt lassen sich alle Tra-ditionen bis zur Zeit des Buddha zurückverfolgen und jeweils einer dieser drei Hauptströmungen zuordnen. Das Verbindende ist das Ordensrecht, der Vinaya, eine der drei Schriftkategorien des jeweiligen Tripiṭaka. Die Klöster der drei Haupt-

---

[129] Siehe z.B. die Erzählung von Śaśa, dem Hasen, der während einer großen Dürre ins Feuer springt, um einem Ṛṣi, der im Wald keine Nahrung mehr findet, das Leben zu retten. Nach der tibetischen Überlieferung wurde er jedoch von dem Ṛṣi gerettet, worauf der Hase es regnen ließ. Am Ende der Erzählung spricht der Buddha: „Ich war damals der Hase." Panglung, *Erzählstoffe*, 45.

[130] Ohnuma, „Bodhisattva's Gift", 43.

[131] Schmithausen, „Mitleid", 497–498.

strömungen stützen sich (mit Ausnahme von Japan) auf drei unterschiedliche Überlieferungen des Vinaya: Theravāda-, Dharmaguptaka- und Mūlsarvāstivāda-Vinaya. Außerhalb Asiens gibt es nur wenige und vergleichbar kleine Klöster und Klostergemeinschaften. Sie sind meist Teil von Dharmazentren, Pagoden, Wats und Tempeln, in denen sich auch das unmittelbare Gemeindeleben abspielt. Klöster und Klostergemeinschaften entstehen vorrangig und zunehmend im Kontext ethnischer Buddhist*innen (Immigrant*innen/Geflüchtete). Sie stiften religiöse Identität und sind wichtig für den Erhalt und die Verbreitung des Buddhismus. Ihre Zahl in Europa ist tendenziell steigend.[132]

Zu Ordensgemeinschaft (*saṃgha*) und Kirche meinen Michael von Brück und Whalen Lai: „Religionen sind soziale Systeme. Sie geben sozialen Gruppen und Gesellschaften Identität, Kohährenz und Werte, die verbindlich sind. Ohne diese kohärenten Werte würden Gesellschaften an ihrer inneren Dynamik und Wandlungskraft zerbrechen.“[133] Es bleibt daher abzuwarten, wie sich der Buddhismus unter dem Einfluss der zunehmenden Kraft der buddhistischen Lai*innen-Bewegung im Westen weiterentwickeln wird. Bisher hat er sich im Laufe der Jahrhunderte immer den Kulturen angepasst, aber sie auch verändert. Dabei bildeten Klöster, die bis heute zugleich Ausbildungsstätten sind, stets das Zentrum buddhistischer Gemeinschaften. In Asien verlagert sich die Ausbildung zunehmend an buddhistische Universitäten. Lai*innen widmen sich neben dem Beruf verstärkt der Meditation, Mönche und Nonnen befassen sich zunehmend mit Sozialarbeit und Seelsorge, was ihnen nicht selten kaum noch genügend Zeit zur Meditation lässt. Einige große Gemeinschaften stehen vor besonderen Herausforderungen. Ich denke da vorrangig an die politischen Spannungen zwischen den vietnamesischen, tibetischen und taiwanesischen Gruppen in der Diaspora und jenen, die in den jeweiligen Heimatländern leben. Die Beziehungen zueinander scheinen ambivalent und reichen von freundlicher Kooperation bis hin zur Verweigerung jeglicher Zusammenarbeit.

Wie eingangs angekündigt, möchte ich noch kurz auf einige Besonderheiten des Mahāyāna nach tibetischer Überlieferung zu sprechen kommen. Nach Tibet hat sich der Buddhismus erst ab ca. 7./8. Jahrhundert verbreitet. In dieser Tradition haben ebenso wie im Ostasiatischen Buddhismus nicht nur die frühen Lehrreden des Buddha (*sūtras*), sondern vor allem auch die späteren Mahāyāna-Sūtras und darüber hinaus auch Schriften des esoterischen Buddhismus (*tantras*) großes Gewicht. Diese späteren Texte gelten – auch wenn historisch nicht haltbar – als ‚Worte des Buddha‘ (Skt/P *buddhavacana*). Es ist eine Frage der Hermeneutik, wie *buddhavacana* definiert wird. Diese Kommentare (*śāstras*) gelten als postkanonisch, wurden aber in Tibet als Tengyur zeitgleich mit der Übersetzung der Worte

---

[132] Exemplarisch belegt dieses eine wissenschaftliche Studie zu Demographie und Religion im Vereinigten Königreich, die für den Buddhismus (Stand 2011) eine Wachstumsrate von 71,5% nachweist, siehe Rogers/Gale, „Faith Groups“.

[133] Von Brück/Lai, *Buddhismus*, 479.

des Buddha (Kangyur) im 14. Jahrhundert als autoritative Texte „kanonisiert". Zudem gibt es umfangreiche autochthone Texte, die auf Tibetisch verfasst wurden (meist von Mönchen, nur selten von Frauen). Dabei handelt es sich nicht nur um philosophische Abhandlungen. Vielmehr gehören viele andere Textgattungen dazu.

Der Text, auf den ich mit Blick auf das große Mitgefühl sprechen möchte, stammt vom 7. Dalai Lama Kelsang Gyatso (1708–1757). Er überliefert und erklärt ein Fastenritual, eines der wenigen buddhistischen Rituale, die auf eine Frau zurückgehen, und zwar auf die Nonne Palmo (Skt *Bhikṣuṇī Lakṣmiṅ[karā]*, Tib *dGe slong ma dPal mo*), die ca. im 10./11. Jahrhundert in Kashmir gelebt haben muss.[134]

Insbesondere zu Saka Dawa (Skt *vaiśākha*, P *vesākha*), dem höchsten buddhistischen Feiertag, an dem der Geburt des historischen Buddha Śākyamuni, seines Erwachens und seines Todes bzw. seiner Verwirklichung des restlosen *nirvāṇa* gedacht wird. findet in vielen Klöstern und Tempeln das Ritual der Fastenmeditation, ‚Nyungne' (Tib *smyung gnas*), statt, durch das Mönche und Nonnen ebenso wie Lai*innen ihre Hingabe an Avalokiteśvara ausdrücken.[135] An diesem Tag bzw. in diesem Monat – traditionell wird dieses Fest am 15. Tag des vierten Monats (Vollmond) des tibetischen Kalenders gefeiert –, so glaubt man, verstärkt sich das Verdienst (Skt *puṇya*) bzw. das Karma heilsamer Taten. Mit dem Fastenritual ist das Ablegen des Bodhisattva-Gelübdes und eines 24-Stunden-Gelübdes verbunden, das als *mahāyāna-poṣadha* (Tib *theg chen gso sbyong*) bekannt ist. Es geht im Kontext dieses Rituals also auch um Bekennen und Bereinigen von moralischen Fehlern, also sowohl um physische als auch psychische Reinigung/Läuterung.

Der Nonne Palmo (Gelongma Palmo), auf die dieses Fastenritual zurückgeht, gehen in der Überlieferungs- bzw. Sukzessionslinie die Bodhisattvas Mañjuśrī, Vajrapāṇi und Avalokiteśvara voraus, die als die „Beschützer der drei [tantrischen] Familien" (Tib *rigs gsum mgon po*) bekannt sind; vor Avalokiteśvara steht Buddha Amitābha, zu dessen Lotos-Buddhafamilie Avalokiteśvara gehört.[136] Das Ritual geht auf eine Vision der Nonne Palmo von Avalokiteśvara zurück:

Despite diversity in narrative detail and length, the hagiographies in this study share a frame story which includes Gelongma Palmo's royal background, her contraction of leprosy and her struggles with it, her search for and devotion to a deity, her practice of the ascetic ritual, her final realization, and her reinclusion into ordinary life to help others.[137]

In diesem Ritual ist mir im Mai 1983 im Tibetischen Zentrum Hamburg der Begriff *mahākaruṇā*, das große Erbarmen bzw. Barmherzigkeit, erstmals begegnet.

---

[134] Zur Datierung siehe Vargas-O'Brian, „Life", 163.
[135] Erhard, „Fasting", 291–302.
[136] Wachs, *Meditieren*, 180.
[137] Vargas-O'Brian, „Life", 165.

Mitgefühl steht also im Zentrum der Praxis dieser Fastenmeditation. Durch das Fasten, verbunden mit Schweigen, wird eine besondere Konzentration erzeugt, die auf die Läuterung des Geistes und das Hervorbringen von Mitgefühl ausgerichtet ist. Die Gottheit, an die man sich während der Fastenmeditation richtet und um deren Segen für diese Praxis man bittet, ist der Bodhisattva Avalokiteśvara, der das große Erbarmen aller Buddhas verkörpert. Er blickt mit großem Mitgefühl auf die Lebewesen und ist stets bereit, ihnen zu helfen, bis sie endlich die Befreiung (Skt *mokṣa*) erlangen. Jedoch kann er ebenso wie alle anderen Buddhas die Lebewesen nur dann mit seinem ‚Haken des Mitgefühls‘[138] aus dem Leiden ‚herausziehen‘, wenn sich diese ihrerseits ihm/ihr zuwenden und anvertrauen, einen ‚Ring des Vertrauens‘ haben. Das impliziert, dass es im Buddhismus so etwas wie eine Art bedingungslose ‚Gnade‘ nicht gibt. Die buddhistische Scholastik argumentiert, dass der Buddha, wenn er könnte, schon längst alle Lebewesen befreit hätte, dies aber ohne das eigene Zutun oder die nötigen Voraussetzungen seitens der Lebewesen nicht möglich ist. So geht z.B. Haribhadra (9. Jahrhundert) in seinem Kommentar zum *Abhisamayālaṃkāra* der Frage nach, warum Lebewesen immer noch leiden, wenn sich doch der *dharmakāya* des Buddha permanent in einem Zustand befindet, der aus großem Mitgefühl entstanden ist. Er kommt zu dem Schluss:

Thus you have to know with certainty that the "Dharma Body, in its nature is a state of great compassion, is always present like a wish-fulfilling jewel, but, through the fault of their own karma they are devoid of the cause, so the bestower of the results does not appear.[139]

Zur Idee der Gnade sei angemerkt: Perry Schmidt-Leukel sieht in der buddhistischen Idee der ‚Verdienstübertragung‘ auf andere Lebewesen den ‚Keim eines Gnaden-Konzepts‘.[140] Die Tatsache, angewiesen zu sein auf die Hilfe anderer, sei bereits in dem Gedanken des von Mitleid motivierten Wirkens des Buddha in der Welt eingebettet. Die für die Erleuchtung förderliche Welt sei „eine Manifestati-

---

[138] Tib *snying/thugs rje lcags kyu*. Eventuell stammt dieser Begriff aus dem Bereich des tantrischen Buddhismus. Als Beleg mögen exemplarisch diese zwei Stellen dienen: In einem Gebet an Maitreya für zukünftige Leben, verfasst von Geshe Ngawang Dhargye (1925–1995), heißt es: „In früheren Zeiten durchwanderte ich manch lange, einsame Gassen – doch jetzt, mein Beschützer, indem ich Deiner gedenke zu der Zeit, wenn das Licht meines Lebens langsam erlischt, möge der Haken Deines Mitgefühls mein Bewusstsein ergreifen," Quelle: https://studybuddhism.com/de/fortgeschrittene-studien/gebete-und-rituale/gebete/ein-gebet-an-maitreya-fuer-zukuenftige-leben (22.08.2021). Und noch deutlicher, ähnlich wie ich es oben erinnert habe, schreibt Tulku Urgyen Rinpoche (1920–1996), *Rainbow*, 93: „The compassionate activity of the buddhas is like a hook that is just waiting to catch sentient beings who are ready and open and who are attuned to this compassion. If we have faith and devotion, we are like an iron ring that can be caught by the hook. But if we are closed and lack faith and devotion, we are like a solid iron ball. Not even the 'hooks' of the buddhas can catch an iron ball."

[139] Sparham, *Vṛtti and Ālokā*, 254.

[140] Schmidt-Leukel, *Buddhismus*, 202–203.

on des kosmischen Mitleids beziehungsweise der befreienden Gnade."[141] Diese spielt anders als in Tibet vor allem im ostasiatischen Reines Land-Buddhismus eine große Rolle. Im Mittelpunkt der Lehre steht das Vertrauen in die personifizierte Buddha-Natur in Form des Buddha Amitābha als Weg zur Befreiung. Amitābha, auch *amita* (jap. *amida*) wörtlich ,Grenzenloses Licht', symbolisiert Mitgefühl und Weisheit. In Ostasien hat sich Buddha Amitābha immer stärker zur Erlösungs-figur durchgesetzt. Der mit ihm eng verbundene Avalokiteśvara erscheint dort häufig in seiner weiblichen Form Guanyin. Avalokiteśvara/Guanyin und Amitābha repräsentieren beide gleichermaßen das große Mitleid:

Avalokiteśvara/Guanyin das göttliche Mitleid mit den Menschen in ihren weltlichen Be-dürfnissen und Sorgen, und Amitābha das göttliche Mitleid als erlösende Gnade. Weder der Konfuzianismus noch der Daoismus haben der letzten Wirklichkeit jemals einen so deutlichen personalen Ausdruck verliehen wie der Buddhismus.[142]

Im Tibetischen Buddhismus gilt Buddha Amitābha, der im Reinen Land Sukhavatī weilt, als Oberhaupt der Lotos-Familie, einer der fünf Tathāgata-Familien. Er wird als „Genußkörper" (*sambhogakāya*) betrachtet, also als transzendenter subtiler Formkörper des Buddha, der nicht mit den fünf Sinnen wahrnehmbar ist, und gilt als eine Art geistiger Lehrer Avalokiteśvaras. Mit der Amitābha- und Avalokiteśvara-Praxis ist eine spezielle Form der vegetarischen Ernährung verbunden, so dass es aus Mitgefühl nicht mehr zum Töten von Tieren kommt.

Avalokiteśvara, auf Tibetisch Chenrezig (*spyan ras gzigs*), wird von Tibeterinnen und Tibetern als die Verkörperung universellen Mitleids und als Schutzpatron Tibets verehrt. Der Dalai Lama, das geistliche und früher auch politische Oberhaupt Tibets, gilt als Emanation von Avalokiteśvara.

Inwieweit die so geschulte Barmherzigkeit auch konkret gelebte Nächstenliebe im Alltag, nicht nur auf individueller Basis, sondern auch religiös-institutionell organisiere eine Rolle gespielt hat, müsste für jedes Land anhand einheimischer Sach-, Bild- und Textquellen gesondert erforscht werden. Eine solche Forschung setzt nicht nur gute Kenntnisse der Sprache und Kultur, sondern auch des Buddhis-mus voraus. Für den Tibetischen Buddhismus lässt sich feststellen, dass er eng mit der Tibetischen Medizin verbunden ist, die auf dem überlieferten medizinischen System Indiens, dem Āyurveda beruht. Die ayurvedische Medizin kam zusammen mit dem Buddhismus nach Tibet. Eine erste internationale Konferenz zur tibeti-schen Medizin soll bereits im 8. Jahrhundert im ersten tibetischen Kloster Samye in Zentraltibet getagt haben. Es versammelten sich viele Ärztinnen und Ärzte aus den

---

[141] Schmidt-Leukel, *Buddhismus*, 206.

[142] According to Fjeld/Hofer „there are accounts of women with great accomplishments and influence throughout Tibetan history, [...] but it is only in recent decades that we can find published Tibetan medical texts by female authors" („Medicine", 207–208).

Nachbarländern wie Indien, China, Persien und Nepal.[143] Bis heute studieren und praktizieren Mönche und Nonnen tibetische Medizin. Viele Klöster unterhalten Krankenstationen, in denen nicht nur Mitglieder der eigenen Ordensgemeinschaften behandelt werden, sondern auch Menschen aus der Umgebung, unabhängig von Religion. Biographien erzählen auch von deren karitativem und sozialem Engagement von der Speisung von Bettelnden bis hin zum Brückenbau. Heute findet das tätige Mitgefühl in allen Traditionen des Buddhismus insbesondere im Engagierten Buddhismus seinen Ausdruck.

5. Barmherzigkeit als tätige Nächstenliebe – Engagierter Buddhismus

Die Bereitschaft zu universeller Verantwortung für alle Lebewesen wird von Seiner Heiligkeit dem 14. Dalai Lama bereits seit 1993 proaktiv und gesamtgesellschaftlich betont. Er fordert nicht nur Buddhist*innen, sondern Menschen weltweit dazu auf, Verantwortung für die eine große Menschheitsfamilie zu übernehmen.[144] Innerhalb des Buddhismus findet tätige Nächstenliebe ihren Ausdruck in einer weltweiten Bewegung, die sich mit der christlichen Befreiungstheologie vergleichen lässt.

Der Engagierte Buddhismus ist eine weltweite Reformations-Bewegung, die sich gezielt und bewusst gewaltfrei als Ausdruck buddhistischer Überzeugungen, Werte, Konzepte und Praktiken mit politischen, sozialen, ökonomischen und ökologischen Herausforderungen beschäftigt mit dem Ziel, eine bessere Gesellschaft zu schaffen. Sie ist die buddhistische Antwort auf bestehende gesellschaftliche Probleme. Themenfelder sind z.B. Umweltschutz, Menschenrechte, Armut, Gewalt und Krieg, Rassismus. Die Bewegung ist im letzten Jahrhundert etwa zeitgleich und unabhängig voneinander an verschiedenen Orten entstanden.[145]

Jede buddhistische Tradition oder Gruppierung begründet ihr Engagement aus der eigenen Tradition oder Praxis heraus. Gemeinsam ist ihnen, dass tätige Hilfsbereitschaft immer durch Mitgefühl/Mitleid (*karuṇā*) angeregt wird. Im Tibetischen

---

[143] Quelle: Offizielle Website der Central Tibetan Administration (tibetische Regierung im Exil, Dharamsala, Indien): https://tibet.net/press-release-international-conference-on-sow-rigpa-tibetan-medicine/ (22.08.2021).

[144] Siehe Dalai Lama XIV, „Menschenrechte", 16; s. ausführlich auch Dalai Lama XIV, *Dialogues*.

[145] Brück/Lai, *Buddhismus*, 556–578, diskutieren das soziale und politische Engagement dieser weltweiten Bewegung anhand von fünf Beispielen aus den drei Hauptströmungen des Buddhismus. Siehe auch King, „Ethics", 479–500; Queen, Ethics, 501–530. Vertiefend siehe die Monographie von King, *Engaged Buddhism*, in der sie analysiert, wie sich Buddhist*innen in Ost und West auf der Grundlage buddhistischer Ideen, Werte und Spiritualität aktiv mit den Problemen der Welt – sozial, politisch, wirtschaftlich und ökologisch – auseinandersetzen.

Buddhismus kann das Engagement insbesondere aus der Übung ‚Siebenfältige Ursache und Wirkung zur Kultivierung von Bodhicitta' erwachsen.[146]

Basierend auf der Praxis des Gleichmuts kultivieren Buddhist*innen Liebe und Mitgefühl, indem sie

(1)   erkennen, dass alle fühlenden Wesen in früheren Leben ihre Eltern gewesen sind,

(2)   deren Güte kontemplieren, als sie noch die eigenen Eltern waren,

(3)   den Wunsch erzeugen, ihre Güte zu erwidern.

Diese drei Überlegungen bringen hervor

(4)   tiefe Zuneigung und herzerwärmende Liebe für alle Wesen, die zu

(5)   großem Mitgefühl bzw. Barmherzigkeit führt. Die Qualen, die andere erleiden, werden unerträglich. Das große Mitgefühl (*mahākaruṇā*), das daraus entsteht, erzeugt

(6)   große Entschlossenheit, Verantwortung zu übernehmen und für das Wohl der fühlenden Wesen zu arbeiten.

Diese große Entschlossenheit ist ein von ganzem Herzen kommendes Engagement, das Glück und die Ursachen von Glück anderer herbeizuführen und sie vor Leiden und den Ursachen von Leiden (Skt *duḥkha*) zu schützen. Barmherzigkeit (*mahākaruṇā*) ist hier das zentrale Element, der Wendepunkt oder Motor, kraft dessen die große Entschlossenheit, wörtlich übersetzt „Außergewöhnliche Geisteshaltung" (Tib *lhag bsam*,[147] Skt *adhyāśaya*) entsteht. Ich denke, es ist dieser Begriff auf den der Dalai Lama rekurriert, wenn er außerhalb des buddhistischen Kontextes, also im säkularen Bereich und auf der politischen Bühne, von der notwendigen Bereitschaft spricht, ‚universelle' bzw. ‚globale' Verantwortung zu übernehmen. Aus Liebe und Mitgefühl fasst man den Entschluss, selbst die Verpflichtung auf sich zu nehmen, das Wohl der Anderen zu bewirken und sie von ihrem Leid zu befreien und mit Glück und Freude auszustatten, zeitweilig und langfristig. Der tibetische Reformtheologe Tsongkhapa (1357–1419) betont in seinem 1402 verfassten *opus magnum „Lam rim chen mo"* (*Die Stufen auf dem buddhistischen Pfad*), dass es nicht reicht zu denken, wie schön es wäre, wenn die Lebewesen glücklich und frei wären von Leiden:

For, the thought that assumes responsibility shows that you must develop the compassion and love which have the power to induce the resolve, „I will provide happiness and benefit to all living beings." It is very effective if you practice this continously, being mindful of it in all of your physical activities during the period of post-meditation and so on, not just during the meditation session.[148]

---

[146] Tibetisch: *rgyu 'bras man ngag bdun: mar shes / drin dran / drin gzo / yid 'ong gi byams pa / snying rje chen po / lhag bsam rnam dag sems bskyed de bdun no.* Näheres in Dalai Lama XIV/Chodron, *Teacher*, 223–224.

[147] Abbreviation of Tib *lhag pa'i bsam pa*, Mvy 7116 adhyāśaya.

[148] Cutler/Newland, *Treatise* II, 47.

Diese sechs Ursachen und dieser Entschluss, Verantwortung zu übernehmen, führen zu

(7) der Wirkung, dem Erblühen von *bodhicitta* – dem Bestreben, für sich selbst und für alle fühlenden Wesen das volle Erwachen zu erlangen.

Das Konzept der ‚Universellen Verantwortung‘, die außergewöhnliche Geisteshaltung, scheint mir dem Verständnis von Barmherzigkeit besonders nahe zu kommen, das ich eingangs basierend auf dem *Historischen Wörterbuch* angeführt habe. Leicht abgewandelt würde ich dann zu dem Schluss kommen: Barmherzigkeit ist nicht einfach als natürliches Mitgefühl zu verstehen, sondern die durch das große Mitgefühl (*mahākaruṇā*) angeregte, nicht ‚überlegte‘, sondern spontane, natürliche und mühelose tätige Hilfsbereitschaft. Indem sie sich die Not des anderen nahegehen lässt, sich ihrer annimmt, tut sie das, was langfristig alle Lebewesen aus dem Leiden befreit und zu wahrem Glück führt.

Das große Mitgefühl allein reicht nicht aus, sondern dieser tiefe Wille, die Wesen vom Leiden befreien zu wollen, muss dazu führen, den Vorsatz, einen Entschluss (Skt *cittotpāda*, Tib *sems bskyed*)[149] zu fassen, selbst Verantwortung zu übernehmen und sich dafür einzusetzen. So wird ein solches Handeln zu einem tragenden Prinzip des Engagierten Buddhismus.

Das Einüben einer solchen Geisteshaltung kann ähnlich wie die Achtsamkeit auch losgelöst vom buddhistischen Pfad im säkularen und interreligiösen Bereich zur Anwendung kommen. So vertritt z.B. der Dalai Lama den Standpunkt, dass Mitgefühl zwar zur Religion gehört, aber Religion keine *conditio sine qua non* für Mitgefühl ist: „Religion involves compassion, but compassion does not necessarily involve religion.“[150]

Buddhistisch ist diese Form der Bewusstseinskultur nur dann, wenn das tätige Mitgefühl in einer engen Verbindung mit dem buddhistischen Heilsweg und Heilsziel steht. Für Buddhist*innen spielt die langfristige Perspektive eine wichtige Rolle, ob das, was man im Hier und Jetzt tut, auch langfristig für die Lebewesen gut ist. Doch unabhängig davon, ob man an nächste Leben, Erleuchtung und *nirvāṇa* glaubt, könnte man die Übung z.B. dahingehend abwandeln, indem man langfristig an zukünftige Generationen denkt.

Viele Menschen sind eher an ganz konkreten Übungen und weniger an dem theoretischen Überbau interessiert. Entsprechend gibt es einige umfangreiche zeitgenössische Werke, in denen explizit auf Emotionen im Kontext moderner Forschung

---

[149] Sparham, „Altruism“, 240, Anm. 19, geht der Frage der Entstehung dieses Begriffes nach und weist darauf hin, dass die *rgyu 'bras man ngags bdun* ('seven-fold cause and effect method') „though anticipated in parts of both the Bbh and MSA, and in the process of systematization in Kamalaśīla's *Bhāvanā-krama* and Dīpaṃkara Śrī-jñāna's *Bodhi-patha-pradīpa*, is not set forth clearly in any texts earlier than those of the fully developed Tibetan lam rim and blo sbyong genre". Mit anderen Worten: Es handelt sich hier teils um eine tibetische Invention oder Weiterentwicklung.

[150] Dalai Lama XIV, *Dialogues*, 7.

Bezug genommen wird. Seit 1987 finden regelmäßig sog. Mind & Life-Konferenzen statt, Dialoge zwischen Naturwissenschaftler*innen und Buddhist*innen, vorrangig dem Dalai Lama, in denen diese alten Lehren aus heutiger Sicht beleuchtet werden. Im Zentrum der Untersuchungen stehen Achtsamkeit, Altruismus und Mitgefühl. Zum Kreis der Wissenschaftler*innen gehört auch der eingangs erwähnte buddhistische Mönch Matthieu Ricard, der mit Hirnforscher*innen der Universitäten Madison-Wisconsin, Princeton und Berkeley sowie des Max-Planck-Instituts für Kognitions- und Neurowissenschaften in Leipzig zusammenarbeitet.[151] Untersucht werden die Wirkungen von Meditation und Geistestraining auf das Gehirn, insbesondere wie Mitgefühl das menschliche Hirn verändert.[152]

Matthieu Ricard hat dem Thema *Allumfassende Nächstenliebe. Altruismus – die Antwort auf die Herausforderungen unserer Zeit* eine umfangreiche Monografie gewidmet.[153] Darin behandelt er unter anderem Fragen der Einübung von Altruismus und wie sich eine altruistischere Gesellschaft aufbauen lässt.

Zum Thema Achtsamkeit in Bildungsprozessen fand 2019 eine Ringvorlesung an der Universität Hamburg statt. Hier wurde in vielen Beiträgen der Expert*innen deutlich, dass es pädagogisch wichtig und sinnvoll ist, die Übung von Achtsamkeit mit der Kultivierung von Empathie und Mitgefühl zu verbinden. Im Bildungskontext (mit Ausnahme vom Religionsunterricht) ist eine säkularisierte, ‚weltanschaulich neutrale‘ Haltung wichtig. Es fragt sich, was das mit Blick auf Wertebildung bedeutet. Es scheint mir wichtig und sinnvoll, wenn ein Dialog der Religionen und humanistischen Weltanschauungen zusammen mit Psycholog*innen zur Entwicklung eines gemeinsamen Verständnisses von Empathie und Mitgefühl im säkularen Kontext beitragen würde.[154]

Auch wenn die buddhistische Schulung in Mitgefühl/Barmherzigkeit ihre Wurzeln im indischen Buddhismus hat, wurde sie in Tibet mit der zweiten Verbreitung des Buddhismus ab dem 11. Jahrhundert weiterentwickelt und dort als ‚Geistesschulung‘, englisch *mind training*, tibetisch *Lo-dschong* (*blo sbyong*) oder wörtlich ‚Reinigung des Geistes‘ (*mental purification*)[155] bekannt. Damit soll aber nicht eine Über-

---

[151] Zum aktuellen Stand siehe https://www.resource-project.org/ (21.06.2020).

[152] Siehe z.B. Francisco Varela „Wissenschaftliche Erforschung des Bewusstseins" und Richard Davidson „Das proteische Gehirn" in Goleman, *Dialog*, 433–498, die Studien von Tania Singer für die Max-Planck-Gesellschaft: https://www.mpg.de/7522240/mitgefuehl (14.09.2021) und das Interview von Anne Frobeen 03.02.2021 mit dem deutschen Psychologen und Meditationsforscher Ulrich Ott, Bender Institute of Neuroimaging, Universität Gießen: https://www.tk.de/techniker/magazin/lifebalance/aktiv-entspannen/meditationsexperte-ulrich-ott-interview-2007132?tkcmaaus (14.09.2021).

[153] Ricard, *Nächstenliebe*.

[154] Sammelband zur Vorlesungsreihe: Iwers/Roloff, *Achtsamkeit*.

[155] „As a named genre the mental purification literature appears to be a genuinely Tibetan innovation, although its contents are firmly anchored in Indian Buddhist tradition" (Sweet, „Purification", 245). Sparham also points out: „the so-called 'seven points' stream of interpretation not only is there no record of any particular text, but even a specific section in the texts attributed to Maitreya

legenheit des Tibetischen Buddhismus gegenüber der Barmherzigkeit im Theravāda (*karuṇā*) oder Barmherzigkeit im Ostasiatischen Buddhismus (*mahākaruṇā*) postuliert werden, die auch beide im Tibetischen Buddhismus zu finden sind. Aber hier scheint innerhalb des Tibetischen Buddhismus eine besondere Stärke zu liegen, wenn es um Barmherzigkeit im Sinne von tätigem Mitgefühl bzw. aktiver Nächstenliebe geht.

Literaturverzeichnis

Amirpur, Katajun/Knauth, Thorsten/Roloff, Carola/Weiße, Wolfram (Hgg.), *Perspektiven dialogischer Theologie. Offenheit in den Religionen und Hermeneutik interreligiösen Dialogs*, (Religionen im Dialog 10), Münster 2016.

Bodhi, Bhikkhu, *In den Worten des Buddha*, Stammbach 2008.

–, (Übers.), *The Discourse on the All-Embracing Net of Views, The Brahmajāla Sutta and its Commentaries, translated from the Pāli*, Buddhist Publication Society, Kandy 1978/2007.

Brück, Michael von/Lai, Whalen, *Buddhismus und Christentum. Geschichte, Konfrontation, Dialog.* Mit einem Vorwort von Hans Küng, München 1997.

Bsteh, Andreas (Hg.), *Der Buddhismus als Anfrage an christliche Theologie und Philosophie, Fünfte Religionstheologische Akademie St. Gabriel, Referate – Anfragen – Diskussionen*, (Studien zur Religionstheologie 5), Mödling 2000.

Buddhadatta Mahāthera, A. P., *Concise Pāli-English Dictionary*, Colombo 1958.

Buddhaghosa, *Der Weg zur Reinheit, Visuddhi-Magga.* Aus dem Pali übersetzt von Nyanatiloka Mahathera, München 2014.

Buddhaghosa, *Visuddhimagga* (VisM), hg. v. H. C. Warren, rev. by Dh. Kosambi, Cambridge, Mass. 1950.

Conze, Edward, *Abhisamayālaṅkāra.* Introduction and Translation from Original Text with Sanskrit-Tibetan Index (Serie Orientale Roma VI), Roma 1954.

Cutler, Joshua W.C./Newland, Guy (Hgg.), *The Great Treatise on the Stages of the Path to Enlightenment by Tsong-kha-pa*, 3 Bände, Ithaca u.a. 2000–2004.

Dalai Lama VII, Lobsang Kälsang Gjatso/Spitz, Christof (Übers.), *Avalokiteśvara-Sādhana. Das Erfüllende neue Licht von Nutzen und Glück. Ein Sādhana des Tausendarmigen Avalokiteśvara nach der Überlieferung der Nonne Palmo in Verbindung mit der Enthaltsamkeitsübung*, 1. Teil: Deutscher Text, Hamburg 1983.

Dalai Lama XIV, Tenzin Gyatso, *Dialogues on Universal Responsibility & Education*, Dharamsala 1995.

–, „Menschenrechte und Universelle Verantwortung", *Tibet und Buddhismus* 7.4 (1993), 14–17, abrufbar unter: https://www.tibet.de/fileadmin/pdf/tibu/1993/tibu027-1993-14-dl-menschenrechte.pdf (22.08.2021).

–, /Chodron, Thubten, *Buddhism: One Teacher, Many Traditions*, Sommerville 2014.

Eimer, Helmut, *Buddhistische Begriffsreihen als Skizzen des Erlösungsweges*, (Wiener Studien zur Tibetologie und Buddhismuskunde 65), Münster 2016.

Erhard, Franz-Karl, „Buddhist Fasting Lineages: A Thangka of the Eleven-faced and Thousand-armed Avalokiteśvara", in: Eli Franco/Monika Zin (Hgg.), *From Turfan to Ajanta. Festschrift*

---

and Asaṅga setting out a coherent way of producing altruism is not readily identifiable" (Sparham, „Altruism", 233).

for Dieter Schlingloff on the Occasion of His Eightieth Birthday, Lumbini 2010, 291–302.

Fjeld, Heidi/Hofer, Theresia, „Women and Gender in Tibetan Medicine", *Asian Medicine* 6.2 (2012): 175–216. https://doi.org/10.1163/15734218-12341234 Web.

Frauwallner, Erich, *Die Philosophie des Buddhismus*. Mit einem Vorwort von Eli Franco und Karin Preisendanz, Berlin ⁵2010.

Freiberger, Oliver/Kleine, Christoph, *Buddhismus. Handbuch und kritische Einführung*, Göttingen 2011.

Geiger, Wilhelm, *Cūlavaṃsa: being the more recent part of the Māhavaṃsa*, transl. by Wilhelm Geiger, and from the German into Engl. by C. Mabel Rickmers (née Duff), Colombo 1953.

Goleman, Daniel, *Dialog mit dem Dalai Lama. Wie wir destruktive Emotionen überwinden können*, Wien 2003.

Hauser, Richard/Stöhr, Johannes, „Barmherzigkeit", in: Joachim Ritter/Karlfried Gründer/ Gottfried Gabriel (Hgg.), *Historisches Wörterbuch der Philosophie online* 1971–2007.

Iwers, Telse/Carola Roloff (Hgg.), *Achtsamkeit in Bildungsprozessen, Professionalisierung und Praxis*, Berlin 2021.

Keown, Damien, *A Dictionary of Buddhism*, Oxford 2003

King, Sallie B., *Socially Engaged Buddhism* (Dimensions of Asian Spirituality), Hawaii 2009.

–, „The Ethics of Engaged Buddhism in Asia", in: Daniel Cozort/James Mark Shields (Hgg.), *The Oxford Handbook of Buddhist Ethics*, Oxford 2018, 479–500.

Küster, Volker, „The Arts of Buddhist-Christian-Encounter", in: Carola Roloff/Wolfram Weiße/Michael Zimmermann (Hgg.), *Buddhism in Dialogue with Contemporary Societies*, Münster 2021, 63–83.

Maithrimurthi, Mudagamuwe, *Wohlwollen, Mitleid, Freude und Gleichmut: Eine ideengeschichtliche Untersuchung der vier apramāṇas in der buddhistischen Ethik und Spiritualität von den Anfängen bis hin zum frühen Yogācāra*, Stuttgart 1999.

Ngawang, Geshe Thubten, „Zornvolle Aktivitäten der Buddhas zum Wohle der Wesen", *Tibet und Buddhismus* 9.4 (1995), 17–22.

Ngawang, Geshe Thubten/Spitz, Christof, (Übers.), *Systematisches Studium des Buddhismus*. Teil 1: *Die Vaibhāṣika-Lehrmeinung* (Bd. I–II, Abschrift 1–360, Quellen 1–167). Teil 2: *Sautrāntika-Lehrmeinung* (Bd. III–IV, Abschrift 1–338, Quellen 1–106). Teil 3: Cittamātra-Lehrmeinung (Bd. V–VI, Abschrift 1–270, Quellen 1–125). Teil 4: *Svātantrika-Mādhyamika-Lehrmeinung* (Bd. VII–VIII, Abschrift 1–291, Quellen 1–39). Teil 5: *Prāsaṅgika-Mādhyamika-Lehrmeinung* (Bd. IX–X, Abschrift 1–271, Quellen 1–86), *Lamrim – der Stufenweg zur Erleuchtung* (Bd. XI–XII, Abschrift 1–303), *Vinaya – die Lehren über ethische Disziplin* (Bd. XIIIa, Abschrift 1–66), *Tantra – die Lehren des geheimen Mantra* (Bd. XIIIb–XIV, 67–238) (unveröffentlichtes Manuskript). *Unterrichtsmaterial eines siebenjährigen Studienprogramms in der Erwachsenenbildung, bestehend aus redigierten Abschriften aller Unterweisungen von Geshe Thubten Ngawang (1932–2003) in deutscher Übersetzung zusammen mit den zugrundeliegenden tibetischen Quellen aus den Jahren 1988–1996*, Hamburg: Tibetisches Zentrum e.V. 1988–2001.

Notz, Klaus-Josef (Hgg.), *Lexikon des Buddhismus. Grundbegriffe, Traditionen, Praxis in 1200 Stichworten von A-Z*, Freiburg im Breisgau 1998.

Nyānatiloka, *Buddhistisches Wörterbuch*, hg. v. Nyānaponika, Stammbach-Herrnschrot 1999.

Ohnuma, Reiko, „Internal and External Opposition to the Bodhisattva's Gift of the Body", *Journal of Indian Philosophy* 28.1 (2000), 43–75.

Panglung, Jampa Losang, *Die Erzählstoffe des Mūlasarvāstivāda-Vinaya. Analysiert auf Grund der tibetischen Übersetzung*, (Studia Philologica Buddhica Monograph Series III), Tokyo 1981.

Powers, John, *A Concise Encyclopedia of Buddhism*, Oxford 2000.

Queen, Christopher, „The Ethics of Engaged Buddhism in the West", in: Daniel Cozort/James Mark Shields (Hgg.), *The Oxford Handbook of Buddhist Ethics*, Oxford 2018, 501–530.

Ricard, Matthieu, *Allumfassende Nächstenliebe. Altruismus – die Antwort auf die Herausforderungen unserer Zeit*, Hamburg 2018.

Rogers, Andrew/Gale, Richard, „Faith Groups and the Planning System, Policy Briefing", AHRC Faith and Place network, October 2015, faithandplacenetwork.org, https://www.london.gov.uk/sites/default/files/faith_groups_and_the_planning_system-policy-briefing-final.pdf.

Roloff, Carola, „Das Erleuchtungspotenzial von Frauen und Ordinationslinien im Buddhismus", in: Gerber, Christine/ Petersen, Silke/ Weiße, Wolfram (Hgg.), *Unbeschreiblich weiblich? Neue Fragestellungen zur Geschlechterdifferenz in den Religionen*, Berlin 2011, 159–178.

–, „Bewusstseinskonzepte aus buddhistischer Perspektive", in: Anderssen-Reuster, Ulrike/Meibert, Petra/Meck, Sabine (Hgg.), *Psychotherapie und buddhistisches Geistestraining*, Stuttgart 2013, 30–43.

–, „Buddhist Chaplaincy and Care Practices", in: Grung, Anne Hege (Hg.), *Complexities of Spiritual Care in Plural Societies: Education, Praxis and Concepts*, (Studies in Spiritual Care 8), Berlin/Boston 2023, 59–98. https://doi.org/10.1515/9783110717365-004.

–, „Das Stichwort: Seelsorge, buddhistische", *Spiritual Care 9.2 (2020)*, 191.

–, „Menschenrechte im Buddhismus im Spannungsfeld zwischen Religionsfreiheit und Geschlechtergerechtigkeit", in: Katajun Amirpur/Wolfram Weiße (Hgg.), *Religionen – Dialog – Gesellschaft. Analysen zur gegenwärtigen Situation und Impulse für eine dialogische Theologie*, (Religionen im Dialog 8), Münster 2015, 207–232.

–, „Geschlechterkonstruktionen und Geschlechterverhältnisse in buddhistischen Traditionen, in: Thorsten Knauth/Maren A. Jochimsen (Hgg.), *Einschließungen und Ausgrenzungen*, Münster 2017, 127–147.

–, „Offenheit gegenüber dem religiös Anderen im Buddhismus: Herausforderungen und Chancen", in: Amirpur, Katajun/Knauth, Thorsten/Roloff, Carola/Weiße, Wolfram (Hgg.), *Perspektiven dialogischer Theologie. Offenheit in den Religionen und Hermeneutik interreligiösen Dialogs*, (Religionen im Dialog 10), Münster 2016, 49–81.

Schmidt-Glintzer, Helwig, *Der Buddhismus*, München [4]2019.

Schmidt-Leukel, Perry, *Buddhismus verstehen: Geschichte und Ideenwelt einer ungewöhnlichen Religion*, München 2017.

Schmithausen, Lambert, „Gleichmut und Mitgefühl. Zu Spiritualität und Heilsziel des älteren Buddhismus", in: Andreas Bsteh (Hg.), *Der Buddhismus als Anfrage an christliche Theologie und Philosophie, Fünfte Religionstheologische Akademie St. Gabriel, Referate – Anfragen – Diskussionen*, (Studien zur Religionstheologie 5), Mödling 2000, 119–189.

–, „Grundbegriffe buddhistischer Ethik", Vortragsmanuskript WiSe 2001/02, *Buddhismus in Geschichte und Gegenwart, Bd. Nr. 7, Universität Hamburg, Asien-Afrika-Institut, Abteilung für Kultur und Geschichte Indiens und Tibets*, (Weiterbildendes Studium), Hamburg 2002.

–, „Mitleid und Leerheit. Zu Spiritualität und Heilsziel des Mahāyāna", in: Andreas Bsteh (Hg.), *Der Buddhismus als Anfrage an christliche Theologie und Philosophie, Fünfte Religionstheologische Akademie St. Gabriel, Referate – Anfragen – Diskussionen*, (Studien zur Religionstheologie 5), Mödling 2000, 437–504.

Singer, Wolf/Ricard, Matthieu, *Jenseits des Selbst. Dialoge zwischen einem Hirnforscher und einem buddhistischen Mönch*, Berlin 2017.

Sparham, Gareth (Übers.), *Abhisamayālaṃkāra with Vṛtti and Ālokā. Vṛtti by Ārya Vimuktisena. Ālokā by Haribhadra. English Translation. Vol. 4: Fifth to Eighth Abhisamayas*, Fremont 2012.

–, „Indian Altruism: A Study of the Terms bodhicitta and cittotpāda", *The Journal of the International Association of Buddhist Studies* 15.2 (1992), 224–242.

Sweet, Michael J., „Mental Purification (Blo sbyong): A Native Tibetan Genre of Religious Literature", in: Cabezón, José Ignacio/Jackson, Roger R. (Hgg.), *Tibetan Literature. Studies in Genre*, Ithaca/New York 1996, 244–260.

Takasaki, Jikido (Übers.), *A Study on the Ratnagotravibhāga (Uttaratantra), Being a Treatise on the TathAgatagarbha Theory of Mahāyāna Buddhism*, (Serie Orientale Roma XXXIII), Roma 1966.

Tucci, Giuseppe, *Minor Buddhist Texts. Parts One and Two. Asaṅga's commentary on the Vajracchedikā edited and translated – Analysis of the commentary on it by Vasubandhu – Mahāyānaviṃśikā of Nāgārjuna – Navaśloki of Kambalapāda – Catuḥstavasamāsārtha of Amṛtākara – Hetutattvopedśa of Jitāri – Tarkasopāna of Vidyākaraśānti – With an Appendix containing the Gilgit Text of the Vajracchedikā*, edited by N. P. Chakravarti, FIRST BHĀVANĀKRAMA OF KAMALAŚĪLA, Sanskrit and Tibet Texts with Introduction and English Summary, 1st edition Roma 1956, Delhi 1986.

Urgyen Rinpoche, Tulku, *Rainbow Painting*, Hongkong 2009.

Vargas-O'Brian, Ivette M., „The Life of dGe slong ma dPal mo: The Experience of Leper, Founder of a Fasting Ritual, a Transmitter of Buddhist Teachings on Suffering and Renunciation in Tibetan Religious History", *Journal of the International Association of Buddhist Studies* 24.2 (2001), 157–185.

Vetter, Tilman, „Der Mahāyāna-Buddhismus (Anfänge, Wesen)", in: Andreas Bsteh (Hg.), *Der Buddhismus als Anfrage an christliche Theologie und Philosophie, Fünfte Religionstheologische Akademie St. Gabriel, Referate – Anfragen – Diskussionen*, (Studien zur Religionstheologie 5), Mödling 2000, 373–436.

Wachs, Marianne, *Meditieren mit den fünf Buddhas*, Berlin 2014.

Weiße, Wolfram, „The European Research Project ReDi: Religion and Dialogue in Modern Societies. An Overview, Religion & Education", *Taylor Francis Online* 46.1 (2019), 1–19.

Zhang, Yisum, *Bod rgya tshig mdzod chen mo (Great Tibetan-Chinese Dictionary)*, Chin. Zàng-Hàn dà cídiǎn, 3 vols. Beijing 1984.

Teil II

Transformationen in Mittelalter und Neuzeit

Thomas Aquinas's Conception of Misericordia

Diana Fritz Cates

Introduction

On a Thomistic view, God can be characterized as perfect love for Godself and for all creation.[1] When God's love is considered in relation to humans who lack a good that is proper to their nature, it can be characterized as *misericordia*[2]. As beings who are created in God's image, humans are to love God above all things and their neighbors as themselves.[3] When humans notice that someone is suffering the absence of an important good, they are to show him *misericordia*, according to the order of love, the demands of justice, and the guidance of wisdom.[4] To what does *misericordia* refer in Aquinas's thought?[5] Bracketing the question of how to characterize the *misericordia* of God,[6] this essay analyses Aquinas's conception of human *misericordia*, focusing on its treatment in the *Summa Theologiae*.

---

[1] I 6.1, 20.1. In-text references are to the *Summa Theologiae* in the form of part (I, I–II, II–II, III), question, article, authoritative statement to the contrary (*s.c.*), and reply to objection (*ad*). In direction quotations, I generally follow Shapcote's translation, but make minor changes in word order, word choice, and punctuation for the sake of clarity and readability.

[2] I 21.4.

[3] II–II 26.2 *ad* 2.

[4] II–II 25.8, 26, 30.1, 30.1 *ad* 1, 31.2 *ad* 1, 45.1. See Miner, "Difficulties", on the importance of *sapientia* (qua gift) and *prudentia* (qua virtue) for the practice of *misericordia* (83–85).

[5] *Misericordia* is most often rendered in English as *compassion* or *mercy*. Both translations have drawbacks. *Compassion* is usually associated with suffering, which makes it problematic to predicate compassion of God; for Aquinas, God is perfectly in act (Miner, "Difficulties", 73–74; Ryan, "Aquinas on Compassion"). Yet Aquinas does predicate *misericordia* of God, saying that "in *every* work of God, viewed at its primary source, there is *misericordia*" (I 21.4, my emphasis). *Mercy* is more often associated with volition and action, making it easier to speak of God's mercy. However, the mercy of God frequently references the forgiveness of sins and the mitigation of punishment. Human mercy often references much the same, whereas *misericordia* is broader in connotation. In any case, translating *misericordia* as either *compassion* or *mercy* begs the question of how compassion and mercy are best defined, and this is itself a matter of debate. I therefore leave *misericordia* untranslated and seek to show how Aquinas defines it in other, more basic terms.

[6] Regarding divine *misericordia*, see Cessario / Cuddy, "Mercy in Aquinas", and Caponi, "Mercy and Justice". On the relationship between divine *misericordia* and justice, see also Schüller, "Justice and Mercy".

Aquinas assents to Augustine's definition of *misericordia*.[7] The latter defines it as "*corde compassio* for another's *miseriae*, impelling us [to] *subvenire* if we can. For *misericordia* takes its name from denoting a person's *miserum cor* for another's *miseria*."[8] *Miseria* refers to misery, sorrow, distress, suffering – an experience of undergoing a significant diminishment in one's ability to function well and happily as a human being.[9] *Cor* can refer to the material organ of the heart, which changes as one undergoes a passion and accounts for much of the sensation of a passion.[10] *Cor* can refer also to the human power of intelligent concern, namely, the power to tend, by one's own volition, toward what one judges intellectually to be good, and away from what one judges to be evil.[11]

Subvenire denotes coming to another's aid. Etymologically, the term suggests aiding someone who is in some sense below us. With respect to *misericordia*, *subvenire* can imply looking kindly on another from a position of relative social power and privilege and helping him in ways that do not significantly disturb our own comfort. Many people today refer to this sort of experience as pity.[12] Another option is that *subvenire* implies being above someone in the sense of having the wherewithal to help him when he is unable to help himself. It can imply 'lowering' ourselves into an experience of suffering with the other, such that we acquire some firsthand familiarity with his situation, and we are able to help him partly from this perspective.[13] This essay focuses on the latter sense of *subvenire*. A larger project could analyze the relationship between aiding 'from above' and aiding from a willingness to 'go below'.

In outline, my argument is that, in the *Summa Theologiae*, the concept of *misericordia* can refer to several things – sometimes to one or two parts of a dynamic whole, but usually, at least implicitly, to the whole. First, *misericordia* can refer to an experience of feeling sad or distressed when we apprehend that another person is suffering - and feeling drawn toward the prospect of his assuagement, both of which are forms of *passio* or passion. Second, it can refer to an experience of mentally opposing the evil of another person's suffering - and wishing to remove it, both of which are forms of volition. By extension, *misericordia* can refer to an action that is intended to accomplish the wished-for end. Third, it can refer to a virtue that disposes a person consistently to excel in being moved, moving herself, and acting in relation to others whom she apprehends as suffering. Aquinas analyzes

---

[7] Augustine, *The City of God*, IX.5.

[8] II–II 30.1.

[9] I 21.4.

[10] I 20.1 *ad* 1.

[11] I–II 24.3.

[12] See Konstan, *Pity Transformed*, on historical-contextual variations in the concept of 'pity' in the Greco-Roman world.

[13] II–II 30.2.

misericordia as an effect of *caritas*, which is a friendship with God that serves as the basis of neighbor-love, but I take it that *caritas*, in a specifically Christian form, is not necessary for the acquisition of *misericordia*.[14] What Aquinas has to say about *misericordia* is potentially relevant to anyone who has an interest in living well in a world full of suffering.

1 Thomistic Misericordia as Passion

Misericordia can refer, first, to the passional element of a dynamic complex of passion – volition – action. Aquinas characterizes passion as a passive undergoing of an interior change that is caused by sensory impressions of an object that strikes us as suitable or unsuitable for us or for others to whom we are attached.[15] Sensory impressions can include more than what is mediated by the five senses. They can include also what occurs by means of sensory-rich forms of memory and imagination, as well as an estimative sense by which we apprehend such properties as friendliness or usefulness.[16]

1.1 Misericordia among the Passions

A good way to approach *misericordia* as passion is to consider it in relation to a set of passions that Aquinas regards as conceptually basic. *Misericordia* explicitly references at least two of these passions and implies references to yet others. Consider Figure 1, which summarizes the Thomistic passions as they are defined individually and with reference to each other.[17]

---

[14] MacIntyre, *Dependent Rational Animals*, 124, argues that, for Aquinas, *misericordia* "has its place in the catalogue of the virtues, independently of its theological grounding". Miner, "Difficulties", 80, argues that, for Aquinas, "Cut off from divinely infused charity, *misericordia* is no virtue; it is only a passion, and a questionable one at that". Miner, loc. cit. 81, adds, however, that a person can be inspired by *caritas* whether or not she holds specific religious beliefs or is aware of having received divine grace in the form of an "infused virtue", implying that if a person exhibits virtuous *misericordia*, this is evidence that she possesses the virtue of *caritas*, whether she knows it or not. Barad, "Understanding", 12, argues that *compassio*, which she regards as synonymous with *misericordia*, is a theological virtue, implying that, for Aquinas, *misericordia* can be experienced only by people who have the virtue of *caritas*, which is predicated on Christian faith. My view is closest to MacIntyre's. Aquinas would have recognized the propriety of ascribing an acquired moral virtue of *misericordia* to people who respond well to the suffering of others on the basis of reason (intellect and will) and reason-informed passion, without benefit of an "infused", faith-based virtue, for it would have been clear to him that many rational people who are not Christians experience a bond of co-humanity that is sufficient to enable core elements of *misericordia*.

[15] I–II 22.1.

[16] I 78.3, 4.

[17] Cates, *Aquinas on the Emotions*.

Figure 1: Eleven Passions in the Thought of Thomas Aquinas

		Obstacle ↓	
Concupiscible passion	Love	Desire	Delight
	Hatred	Aversion	Sorrow
Irascible passion		Hope	
		Despair	
		Fear	
		Daring	
		Anger	

Concupiscible passions include simple forms of tending toward a perceived good.
Love refers to an experience of resonating with pleasure in relation to an object that one perceives to be suitable for one's being.
Desire refers to an experience of being drawn toward the prospect of uniting with a perceived good that one loves, and from which one is currently separated.
Delight refers to an experience of resting with pleasure in relation to a perceived good that one loves, toward which one has been drawn, and with which one has been united.

Concupiscible passions include, in addition, simple forms of tending away from a perceived evil.
Hatred refers to an experience of being disturbed in relation to an object that one perceives to be unsuitable for one's being.
Aversion refers to an experience of being repelled by the prospect of uniting with a perceived evil that one hates, and from which one is currently separated.
Sorrow refers to an experience of feeling pained in relation to a perceived evil that one hates, by which one has been repelled, and with which one has been united.

Irascible passions are spirited forms of tending toward a perceived good and/or away from a perceived evil in the face of an obstacle; they are forms of desire or aversion.
Hope refers to an experience of desiring a perceived good with which it appears difficult, but possible to be united.
Despair refers to an experience of being repelled by a hoped-for good with which it no longer appears possible to be united, yet struggling to fully let go.
Fear refers to an experience of being averse to a perceived evil with which it appears difficult, but possible to avoid being united.
Daring refers to an experience of desiring to unite with a fearsome evil (in the form of fending it off or overcoming it).
Anger refers to an experience of being united with a perceived evil, namely, an unjust harm, while being drawn toward a perceived good with which it appears difficult, but possible to be united (in the form of achieving vindication).

This chart and set of definitions represent some of the ways that Aquinas understands humans to operate as beings who register and respond to happenings partly in the form of being moved by them. During a given day, most of us resonate with, sometimes desire, and sometimes delight in objects that we perceive, via our sensory powers, to be helpful for us or for others who matter to us. In addition, we are disturbed by, sometimes desire to avoid, and sometimes sorrow for being united with objects that we perceive to be harmful. When we are frustrated in our desire to enjoy something suitable or avoid something unsuitable, we may experience a surge in power to overcome the obstacle or avoid being injured.[18] Whether humans undergo irascible passions in response to a particular object depends on many factors, including the relative desirability or loathsomeness of the object, the size of the obstacle, and our perceived strength with respect to the obstacle.[19] If our spirited desire is overwhelmed, it generally resolves into the concupiscible passion of sorrow.[20] If we accept the loss and turn our attention again toward something lovable, our sorrow is itself resolved.[21]

Interesting connections exist between *misericordia* as passion and each of the passions depicted in Figure 1. Highlighting these connections reveals some of the complexity of *misericordia*.

Sorrow (*dolor*). First, *misericordia* is linked conceptually to the passion of sorrow.[22] We humans periodically perceive that someone within our circle of concern is sad because he has been united with something that is hateful to him, which he would have preferred to avoid.[23] *Misericordia* names, in part, a painful experience that is evoked by the sensory impression of another person's sorrow.[24] It names a sorrow that a person feels *with* another inasmuch as she experiences the other's loss to be partly her own, as well as a sorrow that she feels *for* or *about* another insofar as she is attuned to his sadness, yet also retains her own perspective on his experience. In this essay, I treat the term *sorrow* flexibly, allowing it to connote not only sadness or grief, but also distress and misery, which can imply greater complexity as well as intensity. I favor the term co-suffering over co-sorrowing, where co-suffering can involve both suffering with someone and suffering for or about him.

Hatred or *dislike* (*odium*). In addition to sorrow, *misericordia* is linked conceptually to the passion of hatred.[25] We experience sorrow when we are united with an object that we hate. Aquinas's use of the term *odium* differs from common uses of the term *hate* today.[26] For him, the passion of hatred refers to a painful dissonance,

---

[18] I–II 23.1.

[19] I–II 40.4.

[20] I–II 36.2 *ad* 3.

[21] I–II 36.4.

[22] I–II 35. I begin with sorrow, even though it is not the first of the triad hatred / aversion / sorrow, because it is with reference to sorrow that hatred, aversion, and other passions can be shown to be implicit in *misericordia*.

[23] I–II 35.1 *ad* 1.

[24] II–II 30.2.

[25] I–II 29.

[26] Gereboff / Green / Cates / Heim, "The Nature"; Green, "Aquinas's Argument".

a feeling of being uncomfortable, which is caused by the sensory apprehension of an object that strikes us as unsuitable for us or for someone to whom we are related.[27] Hating an object in this sense can be appropriate, on a Thomistic view, inasmuch as what we hate really is unsuitable.

The apprehension of another's suffering can cause a person to hate with the other what he regards as unsuitable for himself. In *misericordia*, a person shares some of the other's dislike for his miserable condition. She also hates what she takes to be unsuitable for him from a vantage point that is more distinctly her own. As noted in Figure 1, hatred and sorrow differ in concept. Hatred refers to an experience of being disturbed by an impression of an unsuitable object that is capable of being united with us. Sorrow refers to an experience of being disturbed by something with which we have already been united and by which we have been harmed.[28] Note that a person who feels sorrow can, at the same time, hate that he is suffering or the prospect of further suffering.

Aquinas's conception of *misericordia* implies not only hatred in regard to the suffering of another person; it implies also hatred of the prospect of our own suffering. Highlighting the latter form of hatred helps to account for some of the resistance that humans can experience when faced with the prospect of commiseration; suffering per se is uncomfortable and, in that respect, hateful. Highlighting hatred also reveals some of the sacrifice involved in choosing nonetheless to 'lower' ourselves into a position of co-suffering. In addition, it makes more apparent the way in which an intensification of hatred for our own suffering, during an experience of co-suffering, can indicate a need for greater self-care – a practice that is required to sustain *misericordia* over time.

Aversion (fuga). Aquinas's conception of *misericordia* similarly implies a link to the passion of aversion.[29] Whereas hatred signifies a simple disturbance, aversion signifies the addition of a desire to avoid or withdraw from what disturbs us, or a feeling of being repulsed by it. *Misericordia* refers at least implicitly to an experience of sharing with another person his aversion to his suffering or its causes, while experiencing our own aversion on the other's behalf. In addition, *misericordia* implies feeling averse to the prospect of our own suffering. We might have good reasons for avoiding *misericordia* in a particular case. For example, we might judge rightly that we are currently too weak to extend ourselves further, due to other burdens that we are already carrying.

Feeling averse to our own suffering can, in principle, help us to avoid being drawn too far into the immediacy of another person's suffering. The task in *misericordia* is to retain needed perspective and the awareness of our distinctive capacities to

---

[27] I–II 29.1.

[28] I–II 35.2.

[29] I–II 23.4.

help.[30] While we cannot rescue a person who is trapped in the rubble of a collapsed building without digging through the rubble and getting as close to him as possible, we also cannot free him if we become similarly entrapped. Much as with hatred, the aversion that is implicit in *misericordia* can help to maintain a productive tension between the desire to be present to someone who is suffering and the desire to avoid suffering.[31]

Fear (timor). If Aquinas's conception of *misericordia* implies hatred and aversion toward another person's suffering and its causes, then it implies, under certain conditions, fear.[32] On the logic of Aquinas's account, a person who is gripped by another person's misery is likely to be, not only averse to the continuation of the other's misery, but also afraid of it. The other might fear, for example, a worsening of his condition over time, not knowing how severe it will get. If he exhibits this fear, then a person who shows him *misericordia* will partake of it. She will suffer some of the other's fear with him, much as if she were him and in his situation. She will also fear for him threats that she alone ascertains from her own angle of vision. Recall the difference between aversion and fear: while both refer to an experience of wanting to avoid a perceived evil, fear refers to an experience in which one comes up against a notable obstacle to that avoidance. Fear references a spirited desire to avoid a perceived evil while finding it difficult to do so, causing one to feel cornered or about to be overtaken.

A person who co-suffers the fear of another might also fear for herself. She might fear that a similar evil could befall her, reflecting a heightened awareness of her own vulnerability.[33] On my reading of Aquinas, if a person fears for herself while co-suffering another's fear, this need not imply that she lacks *misericordia* – or even virtuous *misericordia*.[34] But if her fear for herself predominates so as to displace most of the fear – and other passion – that she co-suffers in relation to the other, then she is no longer well-described as experiencing *misericordia*; she is better described as experiencing a fear of her own suffering.

Misericordia thus refers, in part, to an experience of being moved by another's misery (by sorrow and, implicitly, by hatred, aversion and, in the face of notable challenges, fear) in ways that cause a shift in a person's attention away from what might otherwise occupy her and toward the other and his predicament. Yet there is a constructive tension that is inherent in *misericordia* between, on one hand, co-suffering another person's pain and, on the other hand, feeling uncomfortable, averse, and perhaps afraid of one's own diminishment.[35]

---

[30] II–II 26.4.

[31] II–II 26.

[32] I–II 42.

[33] II–II 30.1 *ad* 3, 30.2.

[34] II–II 30.2.

[35] I use *pain* and *suffering* interchangeably in this essay, for stylistic reasons and with the under-

1.2 Interlude: Another's Distress becomes Our Own

Thomistic *misericordia* refers, in part, to an experience of co-suffering in which we suffer with another person a pain that seems to have become partly our own, even as we suffer our own pain for the other. Before treating *misericordia*'s relationship to the rest of Aquinas's eleven passions, it would be helpful to consider how he thinks it is possible for humans to operate in this way. More specifically, how is it possible for us to suffer *with* another person – namely, to enter deeply into another person's experience of suffering or have his suffering invade us, such that it seems as though what is happening to him is happening almost as directly to us?

Aquinas explains that the capacity to share with other people some of what they are experiencing rests on one or another sort of relationship that we can have with them. One of these relationships is called a union of affection (*unio affectio*), and a second is called real union (*unio realis*). Another word for the first union is *amor* or love. Love can signify multiple things for Aquinas.[36] In this case, it signifies a stable relational state – a bond that is formed, over time, in the process of sharing our life with another person, such as a friend or family member – or a bond that is formed, more generally, by being mindful of valuable things that we have in common with someone else.[37]

Such a bond disposes humans to have certain experiences. One experience is the *passion* of love toward the person with whom we share the bond – that is, a pleasing resonance.[38] Another experience is the *volition* of love in response to what we judge, on a more intellectual level, to be good in another or for him.[39] The difference between passion and volition, on Aquinas's view, is that passion names an experience of being moved, caused primarily by impressions of sensible properties (such as pleasing or threatening), whereas volition names an experience of moving ourselves, caused by our apprehension of intelligible properties (such as good or evil). The volition of love comprises an interior act of consenting to the apprehended goodness of an object, such as the goodness of a person's existence, character, usefulness, humanity, or potentiality.[40]

When writing about a union of affection or a bond of love, Aquinas moves easily between love as a passion and love as a motion of the will. This flexibility makes sense, given that most objects of love are both sensible and intelligible – that is, they can be both sensed and known.[41] Technically, objects that are not in

---

standing that physical pain, like mental pain, typically causes an additional layer of distress when a person becomes concerned about the larger significance of the pain for her life.

[36] Cates, "Love".

[37] II–II 30.2.

[38] I–II 26.2.

[39] I–II 8.1.

[40] II–II 25.1.

[41] I 84.7.

themselves sensible (for example, the concept of human flourishing) do not elicit passion. However, humans can intellectualize such objects only with reference to corresponding images that *are* sensible (for example, images of people whom we admire for their goodness), and these sensible images *do* have the power to elicit passion.[42] In this section, I consider passion and volition as they usually operate together, while trying not to conflate them. The relative strength of the passional and volitional dimensions of an experience such as love depends on the mode of apprehension that predominates and the extent to which the body is directly engaged.

When a bond of love is present, it is possible for one person to experience another person to be part of herself, such that she is generally pleased when she apprehends that the other is faring well, and she consents, by the power of her will, to the goodness of the other as a person. She consents also to goods, such as virtue and happiness, that she deems it valuable for him to possess. Bound by love, she wants him to do well almost as immediately as she wants herself to do well. Bringing *misericordia* into view, Aquinas appeals to Aristotle's analysis of the bond of friendship, saying that, "since she who loves another looks upon her friend as another herself, she counts her friend's hurt as her own, so that she grieves for her friend's hurt as though she were hurt herself."[43] Similarly, Aquinas writes, "in the case of those who are so closely united to us as to be part of ourselves, such as our children or our parents, we do not [suffer over their independent] distress, but suffer as for our own wounds."[44]

Aquinas uses the concept of mutual indwelling to elucidate further what can happen if one person shares with another a bond of love. By implication, he signals what can happen in the experience of *misericordia*, which has its basis in love. He explains that, on one hand,

the [beloved] is said to be in the lover, inasmuch as [the beloved] is in the lover's affections, by a kind of complacency, causing [the lover] either to take pleasure in [the beloved], or in his good, when present; or, in the absence of the object loved, by her longing, to tend towards it with the love of concupiscence, or towards the good that she wills to the beloved, with the love of friendship: not indeed from any extrinsic cause (as when we desire one thing on account of another, or we wish good to another on account of something else), but because [the lover's] complacency in the beloved is rooted in the lover's heart.[45]

Complacency (*complacentia*), like love, can refer to a passion, namely, a being-pleased that is evoked by an impression of a person's suitability for us. It can

---

[42] Cates, *Aquinas on the Emotions*; Pasnau, *Thomas Aquinas*.

[43] II–II 30.2. I introduce feminine pronouns here and in other quoted material as needed to make references more readily apparent.

[44] II–II 30.1 *ad* 2.

[45] I–II 28.2.

refer also to a motion of the will, namely, an appreciation of what we judge to be the other person's goodness, in himself and in relation to other things.[46] Love of concupiscence (*amor concupiscentiae*) signifies a love that serves as a basis for wishing a person well for the sake of some good beyond the person himself, such as his impact on us. Love of friendship (*amor amicitiae*) signifies a love that serves as a basis for wishing someone well simply and for his own sake.[47]

Taking another, complementary tack, Aquinas explains that, by a bond of love, a person can also apprehend that:

> she is in the beloved, by the love of concupiscence and by the love of friendship, but not in the same way. For the love of concupiscence is not satisfied, with any external or superficial possession or enjoyment of the beloved, but seeks to possess the beloved perfectly, by penetrating into his heart, as it were. Whereas, in the love of friendship, the lover is in the beloved, inasmuch as she reckons what is good or evil to her friend as being so to herself; and her friend's will as [included in] her own, so that it seems as though the lover felt the good or suffered the evil in the person of her friend. Hence it is proper to friends to desire the same things, and to grieve and rejoice at the same, as the Philosopher says (*Ethic.* ix.3 and *Rhet.* ii.4). Consequently, insofar as the lover reckons what affects her friend as affecting herself, the lover seems to be in the beloved, as though she were become one with him; but insofar as, on the other hand, the lover wills and acts for her friend's sake as for her own sake, looking on her friend as identified with herself, thus the beloved is in the lover.[48]

By virtue of a relative comfortableness and an interior consent to another person, both of which are indicative of a bond and, in turn, can strengthen the bond, we humans are in principle capable of the prosocial experience of noticing when someone is suffering, and feeling as though some of his suffering has become our own.

Aquinas explains that this phenomenon is made possible by a second sort of relationship as well, namely, real union.[49] By this term, I take him to signify a relational state in which two people are in relative proximity to each other and are thus able to act and be acted on by each other in tangible ways. When we encounter someone who is evidently suffering, says Aquinas, even if we do not have a personal relationship with him, we can have the impression that "[his] evil comes near to us, so as to pass to us from him."[50] We can have the impression that the other's suffering could be contagious or that it has already begun to spread to us. We can sense that what is now happening to the other could just as easily happen to us. In our imagination it might already be happening to us.

---

[46] I–II 26.1. McDonough, "Etty Hillesum".

[47] I–II 26.4.

[48] I–II 28.2.

[49] I–II 28.1.

[50] I–II 30.2.

In the case of real union, the distance between ourselves and the other appears to be small, not only spatially, but also in that the two of us are in important respects similar. Both of us are human; we operate in much the same manner. We both want to be happy, and we are similarly vulnerable to unwanted suffering. This likeness can be perceived on relatively sensory or intellectual levels. The sense/judgment that we share a common humanity with another person can become the basis for another sort of *affective* bond – one that may feel weaker than a bond of friendship or family but is more extensive.[51] The point that real union can involve an affective bond is easily missed because only the first form of union is referred to explicitly as affective.[52]

It is not only that, in real union, even a stranger can appear to be like us and thus familiar to us in form, potentiality, characteristic activity, and other respects.[53] It is also that he can seem to be part of us. Or it can seem as though he and we are part of something larger than either or both of us. On Aquinas's view, such an impression has a basis in reality. All humans are *in fact* (absolutely) dependent on the same first principle of being; all of us exist in the specific form of rational animality by virtue of the same ground, which is the ground of every existing thing and its relationships to everything else. At the same time, humans are *in fact* (relatively) dependent on each other for virtually every finite good that we need to live and realize our individual and collective potential. We are dependent on each other for the production, distribution, and consumption of basic goods; for the acquisition of language and cultural identity; for the care that we require when we are unable to care for ourselves; for continual opportunities to exercise our capabilities and cultivate virtue; and so much more. Such ineliminable vulnerability and interdependence are bases of the need for morality.[54]

While our human interdependence is a given, for Aquinas – this is just the way the world works – the ability to *experience* a bond of co-humanity is something that must be acquired by means of various forms of learning. Religions can play a large role in this aspect of ethical formation. A person might be taught, for example, to experience a bond with all other humans, say, because each of them is a child of God and thus a member of the same extended family. A person might instead be conditioned by a religious community to experience a bond with only those people who appear to be part of a specific in-group. Aquinas's moral theology suggests that the more acutely a person can conceive and experience her oneness, interactive becoming, and interdependence relative to all humans, the more likely she is to notice, resonate with, and affirm what is suitable and good in any particular human

---

[51] I–II 27.3.

[52] II–II 30.2.

[53] Aquinas explains the love and attraction that we can have for what is *different* from us, in other people, in terms of "a certain likeness of proportion" in I–II 27.3.

[54] I–II 4.7. MacIntyre, *Dependent Rational Animals*.

being, and the more likely she is to suffer with – as well as for – the suffering that anyone undergoes.

Aquinas is under no illusion that one can respond with *misericordia* toward all people, all the time, especially when it comes to acting to alleviate others' suffering. What he says about love and beneficence applies equally well to *misericordia* and almsgiving.[55] His words speak to what is possible, as well as to what is morally preferable, on his Christian view.

Absolutely speaking it is impossible to do good to every single one: yet it is true of each individual that one may be bound to do good to him in some particular case. Hence *caritas* binds us, though not actually doing good to someone, to be prepared in mind to do good to anyone if we have time to spare. There is however a good that we can do to all, if not to each individual, at least to all in general, as when we pray for all, for unbelievers as well as for the faithful.[56]

Loving well entails affirming that all persons have inalienable value by virtue of their distinctively human mode of being.[57] But it does not entail loving all persons equally or with equal intensity above this baseline, for persons are not equally lovable to us in respect of their particularity. Nor does it entail benefiting them to the same extent or working equally hard on their behalf, for we share additional bonds with some people, beyond a bond of co-humanity, and these extra bonds can generate claims for special treatment.[58] With respect to *misericordia*, acquiring a habit of feeling and consenting to a bond of co-humanity makes a person prone to feel disturbed by and to dissent to, the suffering of others, when she notices it, and to desire and wish that others were not suffering. But it does not make her prone to show the same depth or extent of *misericordia* to each person she encounters.

A great deal hinges, for Aquinas, on the way that other people appear to us – as more like us or unalike, more united to us or separate, more interdependent or independent. Also important is the way that contingent, nonmoral differences between us and other people are apprehended – as generally strange or interesting, threatening or welcome.[59] These appearances are of critical ethical importance because they condition all our ways of interacting with others.[60] While our perceptions and judgments are shaped by countless social, cultural, and historical factors, Aquinas would insist that they can, in principle, be shaped by individual moral agents and members of communities in ways for which we can, to some extent, be held accountable.[61]

---

[55] II–II 32.1.

[56] II–II 31.2 *ad* 1.

[57] I 29.3 *ad* 2, 93.4; II–II 26.6.

[58] II–II 26.2 *ad* 3, 26.8.

[59] I–II 27.3 *ad* 2.

[60] Miller, *Friends*; Cates, "Emotional Complexity".

[61] Cates, *Aquinas on the Emotions*.

1.3 Additional Connections to Aquinas's Eleven Passions

Returning to Aquinas's conception of *misericordia*, let us identify some additional passions to which it explicitly or implicitly corresponds.

Love (amor). As we recall, *misericordia* qua passion refers to an experience of feeling sorrow in response to the perception of another person's sorrow, where our sharing of the other's sorrow implies a shared aversion to the prospect of additional suffering on his part and, in cases where the difficulty of his averting more suffering appears to be great, fear. As Figure 1 shows, sorrow, aversion, and fear are rooted conceptually in hatred. And hatred is rooted in love – not love for what is hateful, but for what is lovable: "nothing is hated, save through being contrary to a suitable thing which is loved"[62]. Indeed, all passions have a basis in love, for Aquinas.[63] A sentient being is continually sensing the relative suitability of objects for herself and her loved ones - the weather, food, forms of interaction, and so forth.[64] When a person senses something that appears to be suitable, she feels pleased or relatively at ease. When she senses something that appears to be unsuitable, she feels relatively disturbed. The world is marked by a lot of evil. Perceiving this evil can inhibit the simple pleasure of resonating with the goodness of being alive and interacting with other good things. But the telos of a human being is to experience love at every opportunity – not love exclusively, but as an undercurrent of all experience.

Desire (desiderium or concupiscentia). Like sensory sorrow, sensory desire is one of the defining elements of *misericordia*, as Aquinas conceives it. He defines sensory desire as an interior motion of being drawn toward a union with a beloved object from which we are, in some respect, separated.[65] Note that this being-drawn-toward is something more than simply feeling comfortable with the prospect of a possible union (love). In the exercise of *misericordia*, the chief object of desire is the assuagement of another's suffering, perceived as something suitable or good. We want the other to be reunited with his happiness. It is partly this sensory desire that accounts for our "feeling impelled to succor."[66]

Inasmuch as we dwell in another person, or he dwells in us, some of our desires will coincide with his. For example, the other might desire our company, and we might share this desire in the form of wanting to keep him company. Inasmuch as we and another person are different subjects, we will also have some desires for the other that he might not have for himself. For example, we might desire that he eat, even when he says that he has no appetite. In addition, we will have desires for ourselves that the other might not share, such as a desire to have some 'alone

---

[62] I–II 29.2.

[63] I–II 25.2.

[64] I–II 94.2.

[65] I–II 30.2.

[66] II–II 30.1.

time' to regenerate. Desires for our own happiness can undermine *misericordia*, but often they put us in a better, more stable position to come to the other's aid.

Delight (*delectio*). If we suffer in relation to another person, desire his relief, and then perceive that his suffering has been relieved – or is about to be relieved – the logic of Aquinas's account is that we will experience some amount of pleasure. We will share the other's delight in feeling better. We will also be delighted for the other, viewing him from our own unique perspective. Furthermore, we will be delighted for ourselves inasmuch as we sense, say, that we are about to experience more pleasant interactions with him. Anticipatory delight might not be felt singly and as such in this sort of situation; it might simply manifest as a lessening or a displacement of the pain that we have been feeling.[67]

Hope (*spes*) and *despair* (*desperatio*). To the extent that we desire someone's relief, with and for him, but anticipate that effecting this relief is likely to be difficult, our sensory desire can take the form of hope, namely, a drive to realize a desired end despite evident challenges. To the extent that we hope with and for another's assuagement but sometimes feel overwhelmed by the challenges, our hope can alternate with moments of despair.[68] I take it that despair can be an element of *misericordia*, considered over time, but only if the despair is incomplete and periodically gives way to resurgences of hope. If a person ceases to desire the other's relief altogether, the ground of *misericordia* is gone. Recall that despair differs from sorrow. Despair refers to a loss of hope in an end that now appears impossible to attain. The object of despair is a good that one previously desired - and one would desire still, if circumstances were better – but which is now perceived to be cruelly inaccessible and thus a source of pain. Sorrow, by contrast, refers to the simple experience of being diminished by an aversive union.

Daring (*audacia*). According to Aquinas's moral psychology, a person who encounters a fearful evil – one that is difficult and may seem almost impossible to avert – typically shrinks from the evil. For example, an ill person usually shrinks from his illness. This withdrawal is a predictable effect of his desire for happiness. But another possible response to a threat is a desire to resist it and get *it* to withdraw. Aquinas names such a desire daring.[69] An example would be an ill person's impulse to conquer his illness rather than give it any more ground. *Misericordia* for such a person might involve sharing his impulse and wanting the same on his behalf. If a person who experiences *misericordia* is also afraid for herself, say, because the disease is contagious, she might in addition need to muster daring that is more about herself.

Anger (*ira*). An experience of *misericordia* can also include the last of Aquinas's eleven passions. To a person who exhibits *misericordia*, another's suffering can

---

[67] I–II 38.1.
[68] I–II 40.
[69] I–II 45.1.

be perceived to be the result of an unfair injury that has been done to him. It can strike a person that the other's injury has also been done to her.[70] In such a case, *misericordia* may include the experience of co-suffering a wrongful harm and co-desiring that the other's suffering be assuaged by removing the harm and achieving vindication.[71]

While daring and anger can make their way into experiences of *misericordia* – in some cases appropriately – both carry a high risk of taking a person out of the realm of *misericordia*.[72] Because daring is in some respects pleasurable, it can cause a person to be more attracted to the prospect of a fight (because it makes her feel more powerful) than to the prospect of being present to another in an experience of weakness. Similarly, anger can cause a person to become more focused on the injury that was done or the prospect of a pleasing vindication, than on how the injury is currently being experienced by the other. Vindication might not be what he most wants or needs to recover his happiness.

The upshot of Section 1 is that *misericordia* can refer, not simply to *a* passion, but to a combination of passions. It can refer to an unfolding experience of feeling disturbed by another person's union with an unsuitable object, averse to the prospect of his continued suffering, and mournful for the suffering that is already taking place (hatred, aversion, sorrow). It can refer to an experience of loving another person and his happiness (sensing that he and his happiness are suitable for us), desiring his happiness when it is lacking, and being pleased when we apprehend that the other is on the mend (love, desire, and delight). Because distress often implies a frustration of the desire to attain suitable objects and escape unsuitable ones, *misericordia* can refer to a hope in another's recovery (or its contrary, despair). It can refer to a fear of the other's continued suffering (or its contrary, daring). It can refer to anger insofar as we discern that the person is suffering from an unfair injury. *Misericordia* can signify a set of passions that are evoked when we apprehend a beloved person who is suffering, whose suffering pains us and whose assuagement we desire. We cease to be characterized by *misericordia* if we stop feeling disturbed by suffering or we stop wanting to alleviate it. However, we do not necessarily cease to exhibit *misericordia* if we go from being disturbed simply in the form of being sad to being disturbed also in the spirited form of being afraid or if we shift from a simple desire to come to someone's aid to a spirited desire that takes the form of hope.

Any reference to a combination of passions presupposes some distinctions among passions – concepts that enable us to have and identify different forms of experience. The reflective use of such concepts can assist us in teasing apart complex, sometimes confusing mental states that we might otherwise not comprehend

---

[70] I–II 47.

[71] Schnell / Cates, "Rethinking Anger".

[72] II–II 30.2 *ad* 3.

and about which we might otherwise not be able to communicate effectively. At the same time, it is apparent that none of the passions identified by Aquinas really stands alone. Each is a form of being moved by sensory images or impressions, and each is defined implicitly in relation to the others. Moreover, none of the passions really stands still. A passion just is a kind of motion (*motus*)[73], even if it sometimes refers, as with love and hatred, joy and sadness, to a kind of motion in place – a simple being-pleased or a being-pained. In addition, a person's mode of tending can shift from what we think of as one passion to another – and back again – with slight changes in awareness, viewpoint, physical condition, circumstance, and so forth. Each shift is part of the way that we register how we, and others with whom we have a bond, are doing. We can now meaningfully anticipate that getting *misericordia* right is going to require getting a slew of related passions right, which is to say acquiring habits that cause all of our passions to arise in ways that are, as much as possible, consonant with good judgment or are readily made so. If any of our passions are regularly off target, our *misericordia* is likely to be off the mark as well, or it might not occur at all.

Misericordia refers to an experience that involves an encounter with someone else, in relation to whom we might feel relatively more similar or different, united or separate, comfortable or uncomfortable, due in part to the social and cultural contexts within which we have learned to think of ourselves *as* selves and members of communities. *Misericordia* implies a level of attention that we must pay to ourselves and a measure of self-love that we must cultivate if we are to be stably oriented to the flourishing of all whom we deem to be part of us. It would be a mistake to think of Thomistic *misericordia* as wholly other-centered. Sensory love for any object implies sensing that it is suitable for us and being pleased by the possibility of uniting with it more closely.

2 Thomistic Misericordia as Volition that Motivates Ameliorative Action

For Aquinas, the concept of *misericordia* generally refers, not only to elements of passion, but also to related elements of volition.[74] As noted, passion (*passio*) refers to an interior motion of sensory appetite (*motus appetitus sensitivi*) that is caused by sensible objects or properties that we apprehend by means of perception, imagination, or memory. Sensory appetite names a capacity to tend toward or away from objects that strike us as pleasing or painful, helpful or harmful. Relative to passion, volition (*volo*) refers to an interior motion of intellectual appetite

---

[73] I–II 23.2, 31.1 *ad* 2.
[74] II–II 30.3.

(*motus appetitus intellectivi*) that is caused by intelligible objects, such as goodness, which we apprehend via thoughts and judgments.[75] Intellectual appetite or the will (*voluntas*) names a capacity to tend by our own initiative toward what we judge to be good, such as human flourishing per se, and away from or against what we judge to be evil, such as whatever detracts from that flourishing.[76] Passions and volitions usually co-occur, in response to sensible and intelligible features of the same situation, sometimes reinforcing each other and sometimes conflicting. Each mode of tending can have an impact on the other by way of multiple causal paths.[77]

Aquinas often discusses motions of the will with implicit, if not explicit, reference to passions that go by the same or similar names. Consider the two passions that are most definitive of *misericordia*, namely, sorrow and desire. First, *misericordia* refers to an experience of sensory sorrow that is caused by our being united, through an act of sensory apprehension and passion, to another person's misery. Aquinas holds that *misericordia* refers also and usually at the same time to an experience of intellectual sorrow that is caused by our being united, via thought and volition, to a lack of a good that is proper to a human being.[78]

Aquinas indicates that just as sensory sorrow is generally painful, so is intellectual sorrow.[79] Yet it is not obvious how the pain of intellectual sorrow - or intellectual pain in general - is to be understood. Pain generally refers to an experience of feeling uncomfortable or registering on a sensory level that we have departed from a preferred condition. One way to interpret Aquinas would be to say that *misericordia* involves intellectual pain inasmuch as our sensory powers are recruited to the volition of setting ourselves against an object's lack of perfection.[80] Such recruitment is common and may be unavoidable. When, for example, we mentally oppose someone's suffering, we ordinarily do so while perceiving or picturing the person or a collage of his sensible properties, and these images cause us sensory discomfort. On this reading, a mental dissent to another's loss of good is not *in itself* painful; but a conjunction of volitional and sensory sorrow may be experienced as painful.[81]

One could argue, instead, that intellectual sorrow involves its own sort of pain, which is strictly mental and immaterial. Pain is thought by Aquinas to be possible for intellectual souls that are separated after death from the human bodies they once informed.[82] Pain is thought to be possible also for intellectual souls that currently inform human bodies, but some of whose powers, namely, intellect and will, do not operate directly by means of bodily organs. Thus, one could argue that, for Aquinas,

---

[75] I 82.4; I–II 8.1.
[76] I–II 1.2.
[77] I 80.2 *ad* 3; I–II 9, 77.1.
[78] II–II 30.1; I–II 35.3 s. c.
[79] II–II 30.3; I–II 35.1, 2.
[80] I–II 31.5, 35.5.
[81] I–II 23.3 *ad* 1.
[82] Suppl. 70.3.

intellectual sorrow refers, not to a sensible effect or a feeling of being opposed to or by something, but to the very activity of operating in a way that one understands to be hindered by evil.[83] An example of intellectual sorrow might be a medieval mystic's experience of being hindered in her efforts to perfectly understand and unite with what she believes to be the deepest source of her happiness.

However, intellectual sorrow implies an understanding of being diminished relative to an ideal, and such an understanding is possible for a person only via the cooperation of her sensory powers – only by continually referencing sensory images with which she associates happiness, goodness, oneness, separation, frustration, and the like.[84] It is just such images that evoke passions, including sensory sorrow. If a person experiences anything that she has good reason to call *sorrow*, it is likely to have bodily aspects that she is in principle capable of discerning. For our purposes, we shall say that intellectual sorrow in a human being refers to a sensory sorrow that a person associates with an abstract idea with which she also associates sensory images.

Misericordia refers, not only to an experience of sensory sorrow; it refers also to an experience of sensory desire (*desiderium sensus or concupiscentia*), namely, the experience of being drawn toward the alleviation of someone's suffering, much as one would be drawn toward the alleviation of one's own. For Aquinas, a volitional analogue to sensory desire would be *intellectual desire* – here, an experience of wishing to remove the evil of someone's suffering for the sake of human flourishing. Again, if intellectual desire *feels* pleasant, we shall say that this is because a person does not simply wish for flourishing as such. She wishes for the flourishing of someone whom she has in mind and with whom she associate images (such as a return of the person's familiar smile), which elicit anticipatory joy or pleasure.

It would be possible to take all the passions that we treated in Section 1 and articulate volitional analogues to each of them. If we were to do this, we might better grasp that *misericordia* can refer implicitly, not only to multiple passions, but also to multiple motions of the will, beyond intellectual sorrow and desire. For example, we could note that *misericordia* is predicated on intellectual hatred. It is only inasmuch as we judge human suffering to be evil, and we dissent to whatever is capable of causing it, that we oppose the suffering of the person we see. *Misericordia* is predicated also on intellectual love. It is only inasmuch as we judge human well-being to be good, and we consent to it as such, that we seek to restore the well-being of someone who appears to be lacking it.

However, Aquinas's conception of *misericordia* is better elucidated by taking a different tack, which concerns another sort of volitional multiplicity or complexity and displays more of *misericordia*'s temporal nature. Section 2 focuses on the

---

[83] I–II 35.5.
[84] I 86.1.

intellectual desire to remove the evil of a person's suffering and considers it as a motive for action. It seeks to delineate additional kinds of volition that must occur if the end of restoring someone's happiness is to be realized.

2.1 Misericordia as a Process

Figure 2 is a model of Aquinas's conception of a rational decision-making process that leads to action, which has a basis in Aristotle's analysis of deliberation and choice.[85] The model has been pieced together from the first 17 questions of the *prima secundae*. It features an interplay between intellect and will. To be clear on terminology, Aquinas characterizes both intellect and will as *intellectual powers* or powers of the intellectual soul. Here, *intellect* names the power to have objects and ends in mind and to reason about them.[86] Relative to intellect, *will* names the power to *tend* in relation to objects and ends that we set for ourselves.[87] The powers of intellect and will are utterly interdependent.[88]

Figure 2: Aquinas on Human Action: The Structure of a Decision-Making Process

INTELLECT	WILL
Vision of the good, including an idea of what happiness is (on which a decision-making process is predicated).	*Love of the good*, including a tending toward happiness as we conceive of it (on which a decision-making process is predicated).
Apprehension of an end (*apprehensio / apprehendere*): conceiving a good that is at stake, in a given situation, in terms of an end that it would be valuable to pursue.	*Intention toward the end* (*intentio / intendere*): tending toward the apprehended end in respect of its goodness and desirability.
Counsel (*concilium/consiliere*): deliberating about possible means (plural) for realizing the intended end.	*Consent* (*consensus/consentere*): tending toward a consideration of the relative goodness of the possible means revealed by counsel, in the mode of becoming acquainted with them.

---

[85] Aristotle, *Nicomachean Ethics*, 1111b5–1113a14.

[86] I 79.8.

[87] I 82.4.

[88] I 82.4 *ad* 1. Particular intellectual apprehensions are conceptually prior to volitional movements relative to what one apprehends. I signal this priority by introducing volitions a line lower than the acts of the intellect on which they are predicated. There is a substantial literature in Aquinas studies, in the context of Christian ethics, concerning the relationship between the intellect and the will. See, for example, Keenan, *Goodness and Sherwin*, by Knowledge.

Judgment (*iudicium/iudicare*): determining the best means, under the circumstances, for realizing the desired end.	*Choice* (*electio/eligere*): tending toward (settling on) the means that one has determined to be best.
Command (*imperium/imperare*): directing oneself to execute one's choice in action.	*Use* (usus/uti): applying one's additional powers to execute the choice.

The logic of the outline is as follows: Whereas it belongs to nonhuman animals to act from sensory judgments and impulses, it belongs to humans to act also from reasons and motivations. It belongs to humans to act for ends that they have reason to believe are worth attaining. A decision-making process begins if and only if someone apprehends a situation as making a claim on her or providing her with an opportunity to realize a valued end, and she tends toward that end in the form of an intention. If it is immediately evident to her, say, from past learning, that there is only one possible or acceptable means for attaining a given end, and there are no competing ends at stake, she can reasonably speed through or skip parts of the process. If, however, the means for realizing her intention are multiple, and there is no obvious best choice, a person must inquire into some possibilities and engage them by the power of her will if she is to reach a rational decision and act on its basis. A person can enter feedback loops anywhere in the process as she responds to shifting particulars, including changes in the means that are available to her, as well as changes in herself.

The intellectual powers that Aquinas refers to as intellect and will are conditioned by many factors, such as a person's upbringing and her past experiences, the communities to which she belongs, her social status, and her bodily and mental well-being.[89] These powers are conditioned also by a person's own choices, which can, with repetition, yield virtue or its relative absence. Many virtues and vices just *are* good and bad habits of the intellect and will. Let us note here that, in Aquinas's manner of speaking, a being who is characterized as a rational animal – one who is in principle capable of engaging in a mental activity of a specific kind (say, because she is born of a human) – may not be capable of reasoning well in practice (say, because she has systematically taken false beliefs to be true, and her reasoning proceeds on false premises). Thus, a person can follow this model well or poorly, leading to decisions that are relatively rational and well-made, or to decisions that are relatively irrational and poorly made. There can come a point where what appears to be a decision can be made so poorly that it is fair to question whether it counts as a decision at all.

Starting with this model, we can do some valuable things. For example, we can conceptualize some of the ways in which divine grace can, in theory, condition a

---

[89] I–II 37.2, 40.6.

decision-making process. On Aquinas's view, grace is in part a power by which God extends a person's powers of intellect and will, such that she can apprehend and tend toward ends and means partly in a context of faith, hope, and love (here, *caritas*). [90] Relative to our model, we can consider how decision making would work according to 'reason aided by faith' or, instead, according to 'reason alone'. Most of Aquinas's explicit discussion of human *misericordia*, in the *Summa Theologiae*, occurs in a section on the theological virtue of *caritas*, which refers to a disposition, made possible by the power of God, to consent to the being and goodness of God, to acknowledge God's offer of friendship to humanity, to reciprocate God's love, and to extend that love for God to all that is of God, including all persons. [91] But, again, I take it that the particular placement of this discussion does not necessarily imply that, for Aquinas, there are no other possible religious or rational bases for recognizing and experiencing a bond of love that is sufficient for the practice of acquired *misericordia*. [92]

Starting with this model, we can also conceptualize possible influences that passions can have on the process of ethical decision making. [93] For example, we can conceptualize some of the ways in which unreasonable passions can consume a person's energy and attention, distracting her from considering something that she really ought to consider or causing her to judge an object to be better or worse than it really is, yielding a poor decision that a person might not recognize to be poor. By the same token, we can conceptualize some of the ways in which reasonable passions can call attention to relevant particulars that otherwise might be overlooked – or provide added motivation to accomplish something that otherwise might not get done. [94] The Thomistic ideal is to be duly aware of our passions and their influences, and to understand them well enough that we can learn to moderate them according to our best judgment, with the result that we acquire good habits of being moved.

Vision of the Good. Whether someone is disposed to show *misericordia* when confronting human suffering will depend a lot on her conception of the good, including her assumptions or beliefs about God, humanity, freedom, responsibility, happiness, and moral excellence. [95] A person might not be very articulate about her vision of the good, but it is implicitly operative when she chooses to act for an end that she judges to be 'good'. [96]

Aquinas's vision of the good is as detailed as his theology and his theological anthropology. I will highlight only that, on his view, there is a God, which is the

---

[90] I–II 62.

[91] II–II 23.1, 23.3.

[92] I–II 63.2, 59.1 *ad* 3.

[93] I–II 24.3, I–II 56.3.

[94] Cates, *Aquinas on the Emotions*, 229–235.

[95] I–II 1.1 *ad* 1.

[96] I–II 1.6, 9.1.

first principle of reality as such. Aquinas's God can be characterized, in the words of Herbert McCabe, as "that-without-which-there-would-be-nothing-at-all."[97] God can be characterized also as perfect goodness that is perfectly in act (for there is no potentiality in God). Every human being is created by God for the end of realizing her distinctively human potential in relation to other existing things, including her fellow humans.[98] Every human is created also to assist the actualization of others and to contribute to the common good.[99] A person's rational nature, like the divine law it reflects, requires that she refrain from causing others unjust harm.[100] It requires that, when she apprehends such harm, she judges it – and the suffering that attends it – to be, in some respects, evil.

It is part of Aquinas's vision of the good that some humans are more lovable, in some respects, than others. Some are morally better than others. Some are closer to God than others. Some are closer to us in blood or kinship than others. It is therefore appropriate, on his view, that we consent to the good of some humans more than others, and that we invest our finite resources accordingly.[101] One could argue with the details of Aquinas's account of the order of love, but that is not my concern here.[102] I want only to point out that, on his view, despite all the ways in which humans differ, and all the good reasons we have for loving some humans more than others, there are important respects in which we are all alike and worthy of the same, basic affirmation.[103] Every human, no matter how hateful he might be on account of his actions or inaction, or how foreign he might seem, participates in the being of God. If he did not, he would not exist. Every human has, moreover, the same created nature and, despite the reality of sin, this nature fundamentally orients him to unite with what he apprehends to be good.[104] On these bases, every human possesses an inherent and inalienable value that ought to be recognized. His well-being matters and so, therefore, does his suffering.[105]

Love of the Good. Having a vision of the good does not in itself motivate a person to tend toward what she believes to be good and away from what she believes to be evil. A vision can cause this tending only if it becomes an object of a person's will – only if a person loves what she believes to be good.[106] To love the good is generally to consent to it and to particular instantiations of it. Suppose a person believes with Aquinas that all humans are created by God to excel in the expression

---

[97] McCabe, *God and Creation*, 386.
[98] I 6.1 *ad* 2; I–II 1.5.
[99] I–II 90.2; II–II 47.10.
[100] I–II 91.
[101] II–II 26.6 *ad* 2.
[102] For extended analysis of this doctrine, see Pope, *The Evolution of Altruism*.
[103] Porter, *Justice*.
[104] I–II 1.7; II–II 25.6.
[105] II–II 25.8.
[106] I–II 1.6.

of their embodied rational nature, in and through their relationships with others. Such a person *loves* the good inasmuch as she appreciates the goodness of God; the essential goodness of her own humanity and that of others; and the goodness of human interdependence - the way in which each human being has been created to be and to excel as a human partly by freely benefitting and being benefitted by others.[107] Inasmuch as a person repeatedly and rightly consents to goodness, she becomes attuned to it.

Apprehension. If a person is thus attuned, she will generally notice how well the people around her are doing. She will notice periodically that one or another person is suffering. A necessary condition of *misericordia* is the apprehension of "corruptive or distressing evils, the contrary of which a human being naturally desires."[108] Implicit in this sort of apprehension is a judgment that someone is suffering, that his suffering is evil to him and to us, and that it ought in principle to be removed. If we do not cognize a person as one who is suffering and ought not to be in that condition, then whatever we experience in relation to him, it will not appropriately be described as *misericordia*.

Intention. For Aquinas, *misericordia* refers not only to an apprehension of suffering that is judged to be evil. It refers also to a self-directed tending *away from this evil* – in the form of rejecting or opposing it mentally – and *toward the good* of its removal.[109] The end of *misericordia* can thus be characterized as the alleviation of a condition of suffering to which we dissent. Putting the matter this way allows us to tie intellectual sorrow and desire together as aspects of the same, complex motive. For intellectual sorrow does not in itself motivate ameliorative action; it is the desire to bring an end to sorrow that motivates action. Moreover, intellectual desire in itself is not sufficient for *misericordia*; in the absence of sorrow, a desire for another's well-being would be better characterized as benevolence. Bringing the sensory back into view, for the moment, we can say that *misericordia* refers to an experience in which the intellectual *and* sensory apprehension of someone's suffering evokes both intellectual *and* sensory sorrow and desire, such that we not only move ourselves to reject what we judge to be evil and seek its removal through deliberate action; we are also disturbed by what strikes us as hurtful and attracted to the prospect of its cessation.

Counsel. Misericordia refers not simply to an intention to oppose someone's suffering and come to his aid; it refers at least implicitly to an intention to do so *effectively*. Counsel refers to a consideration of the possible means, plural, for realizing our intended end in cases where there appears to be more than one path forward.[110] If we have a rather refined conception of the end, we might engage in a

---

[107] I–II 3.2; II–II 25.4, 25.1, 25.8.

[108] II–II 30.1.

[109] I–II 12.1; II–II 30.1.

[110] I–II 14.1.

refined sort of counsel. For example, shall we alleviate someone's suffering in a way that is primarily concerned with his long-term well-being – or in a way that is more concerned with fixing the immediate problem of his pain? Shall we come to the person's aid in a way that is primarily concerned with helping him to become more confident and resilient in the face of his pain – or in a way that is more concerned with helping him come to terms with his vulnerability? *Misericordia* refers to a process of considering various means for alleviating someone's suffering, ultimately in the interest of choosing the best one.

Consent. As we engage in counsel, we must not only think of possible means. We must move ourselves into a consideration of them[111], taking at least an initial interest in each of them. This engagement allows us to better project which of the means is likely to effect the best result and prove most satisfying, most worthy of our affirmation. *Misericordia* refers to a process of taking a suffering person's condition seriously enough to *invest*, mentally, in a process of weighing our options.

Judgment. To determine what, if anything, we ought to do in response to another's suffering, we must judge which of the available means is best, all things considered.[112] It could be that, further into the process, we realize that the approach we judged best is not going to be as helpful as we thought. We might then have to go back and consider some of the other options we left behind, and perhaps some new ones that have appeared as the situation has evolved. But to proceed in a rational way to reach a practical solution, we must eventually judge the best course of action for the moment. *Misericordia* refers to the act of making such a judgment on behalf of another person's well-being.

Choice. If we are to succeed in realizing our initial intention, we need to love and desire what we judge to be the best means for mitigating the person's suffering.[113] Here, too, there is a kind of consent involved, but instead of consenting to various options in order to weigh their respective value, we consent to the option that we have determined to be best.[114] Choosing is a matter of appreciating the appropriateness of our selection and investing ourselves in it, in a way that cuts us off from other possibilities: the English word decision comes from the Latin roots *de* (off) + *caedere* (to cut). Aquinas explains the sense in which choice constitutes a motion of the will but is necessarily predicated on prior and occurrent intellectual acts.

[R]eason precedes the will and ordains its act insofar as the will tends to its object, according to the order of reason, since the apprehensive power presents the object to the appetite. Accordingly, that act whereby the will tends to something proposed to it as being good, through being ordained to the end by the reason, is materially an act of the will, but formally an act of the reason ... Wherefore choice is substantially not an act of the reason, but of the

---

[111] I–II 15.3 *ad* 3.
[112] I–II 15.4, 13.1 *ad* 2.
[113] I–II 12.4 *ad* 3, 13.3.
[114] I–II 15.3 *ad* 3.

will, for choice is accomplished in a certain movement of the soul towards the good which is chosen.[115]

As a matter of terminology, reason and intellect refer to the same power; it is just that reason is more suggestive of the advance from one point to another, by a process of inquiry.[116] *Misericordia* refers to an interior act of committing ourselves, when feasible and in the wake of deliberation, to a particular means toward alleviating someone's suffering.

Command. When it comes to getting a chosen action done, it is not enough to think about doing it or even to be motivated to carry it out. We must execute the action. Aquinas holds that, *before* we can execute, we must command ourselves to act. We must be clear enough about our chosen strategy and direct ourselves to use our available resources to accomplish what we intend.[117] *Misericordia* refers to an interior act of instructing ourselves to do what we have determined to be best. In some cases, we might direct ourselves, for good reason, to play only a small role.

Use. It is one thing to command ourselves to act on a decision that we have made; it is another to accomplish our intended end.[118] *Misericordia* refers to an act or series of acts that we commit in order to remove the evil of someone's suffering to which we are opposed. Ideally, our decision-making process will include a correct assessment of our capabilities; however, we can be wrong about the latter. For example, we might try to lift a slab of cement off a person who is trapped under it but fail to succeed because we lack the requisite physical strength. On Aquinas's view, coming up against such limits does not necessarily reflect a failure of *misericordia*. However, other people would have good reason to question whether we exhibit *misericordia* if, after failing to lift the slab, we simply give up and walk away, ashamed of our weakness.

In summary of Section 2, Thomistic *misericordia* can refer to the actualization of a related set of potentialities. It can refer to a multi-layered, often iterative process of apprehending, being moved, moving ourselves, making choices, and carry out those choices. The process is specified with reference to its central causes, including its object (another's suffering, regarded as evil), its end (the removal of that evil for the sake of restoring another's well-being), and its motivating factors (most notably the passion-volition of desire rooted in the passion-volition of sorrow). Thinking of *misericordia* relative to Aquinas's decision-making process can provide a means for disentangling an experience whose elements we do not adequately understand and on which we are therefore unable to get a handle. It drives home the point that obstacles to *misericordia* can arise on any level, at any point, and in a variety of

---

[115] I–II 13.1.
[116] I 79.8.
[117] I–II 17.1, 17.3 *ad* 1.
[118] I–II 16.4.

forms. It is incumbent on us as moral agents to learn to recognize these obstacles if
we hope to advance in virtue.

3 Thomistic Misericordia as Moral Virtue

A person might get *misericordia* right, on a given occasion, and successfully alleviate
someone's pain, without possessing the virtue that goes by the same name, or while
possessing only a modicum of it. However, the ideal, on Aquinas's view, is to
act from virtue and as virtue requires.[119] Aquinas conceives of a virtue (*virtus*)
as a perfection of a power that serves as a principle of a human being's ordered
operation. It is a perfection that enables one to function consistently well as a
rational animal.[120] Like Aristotle, Aquinas conceives of virtues as stable habits,
resulting from choices, which make it easier and more pleasant to think, reason,
wish, choose, and feel passions in ways that are appropriate to new and evolving
situations.[121]

Aquinas's ethic of virtue recognizes intellectual and moral virtues. It is only
moral virtues that directly dispose a person both to be good as a person and to do
good in action.[122] Aquinas's ethic also recognizes acquired, theological, and infused
virtues, which are distinguished in part by their efficient cause, whether that be
a person herself or God.[123] The third and final part of this essay focuses on the
central human powers that the virtue of *misericordia* conditions. These powers
include sensory and intellectual appetite, by which we are capable of being moved
to passion and moving ourselves to form intentions and commit chosen actions.
This part also considers briefly some other virtues that condition the same powers
but with regard to different objects and ends. Aquinas's formal treatment of the
moral virtue of *misericordia* in the *Summa Theologiae* comprises only two articles
of a single question, but we shall continue to draw from his comprehensive moral
theology to make explicit some of what is implicit in his account.

3.1 Virtue of the Sensory Appetite or the Will?

To what sort of virtue does the term *misericordia* refer? Which powers of moral
agency are perfected by it? One possibility is that *misericordia* signifies a virtue of
the sensory appetite, namely, a habit that orders the ways in which sensory sorrow
and desire, as well as other passions, such as hatred, aversion, daring, and hope,

---

[119] II–II 123.1 *ad* 2.
[120] I–II 55.2 *ad* 1.
[121] I–II 59.1.
[122] I–II 56.3.
[123] I–II 55.4, 62.1, 63.3.

arise when we apprehend that a fellow human being is in distress. Aquinas says that "*Misericordia* signifies grief for another's distress."[124] Inasmuch as grief is an experience of sensory sorrow, *misericordia* is "a moral virtue concerning the passions."[125] *Misericordia* would seem, then, to reference a habit of being moved, on a sensory level, toward the right person, in the right way, at the right time, for the right duration of time, with the right intensity, and so forth.

Another possibility is that *misericordia* signifies a virtue of the will, which disposes us to do consistently well at intending, wishing, consenting, choosing, and acting relative to the end of removing the evil of other people's pain. Aquinas treats *misericordia* as an effect of *caritas*, which is a virtue of the will.[126] He says that *caritas* and *misericordia* operate ideally in tandem with justice, which is also a virtue of the will. Moreover, Aquinas predicates *misericordia* of God, who is said to be characterized by will, but not by passion.[127]

Our analysis thus far indicates that the virtue of *misericordia* conditions the powers of both sensory and intellectual appetite. Yet Aquinas says that a given virtue cannot perfect more than one power at a time. More precisely, he explains that the same virtue cannot perfect two powers "on an equal footing." It can, however, perfect them "in a certain order". He explains that "one virtue can belong to several powers" only in such a way that the virtue belongs to "one [power] chiefly, while it extends to others by a kind of diffusion, or by way of a disposition, insofar as one power is moved by another, and one power receives from another."[128] By implication, *misericordia* must refer "chiefly" to a perfection of the will that "[extends]...by way of a disposition" to the sensory appetite. For it is only by our power to move ourselves that we can influence, and only to a limited extent, the ways in which we are typically moved by sensible objects, such that over time we can experience better habits of passion.[129] Moreover, the end toward which *misericordia* is oriented is not well-ordered passion per se, as with the virtue of temperance, but ameliorative action. While ideally our action will be conditioned by reasonable passions of feeling disturbed and wanting to alleviate someone's pain – as well as reasonable volitions of rejecting a present evil and intending its removal – action (as distinct from mere behavior) can occur only by a motion of the will.

---

[124] II–II 30.3.
[125] I–II 37.2; II–II 30.3 *ad* 4.
[126] II–II 28, 30.
[127] I–II 22.3 *ad* 3, 22.2.
[128] I–II 56.2.
[129] I–II 56.4, 24.3 *ad* 1, 44.2; Cates, *Aquinas on the Emotions*.

3.2 *Misericordia among Other, Related Virtues*

We can understand the virtue of *misericordia* best in relation to other virtues, including the four cardinal virtues.[130] This idea is in keeping with the thesis that we can understand the passion of *misericordia* best in relation to Aquinas's eleven basic passions, and we can understand the volition of *misericordia* best in relation to more specific, constitutive volitions, especially those by which we tend away from the evil of someone's pain and toward the good of its assuagement, and we move ourselves to act according to our choice.

Practical Wisdom. One virtue that plays an integral role in the development and exercise of *misericordia*, is practical wisdom (*prudentia*). The power to reason is an intellectual power; hence practical wisdom has the quality of an intellectual virtue. However, Aquinas characterizes it as a moral virtue. For it is more specifically a habit of reasoning rightly about what is to be done. Reasoning *rightly* implies more than reasoning skillfully; it implies reasoning under the influence of right appetites, including a proper love of the good. In addition, reasoning about what is to be done is oriented toward action, which is most directly a product of volition.[131]

Practical wisdom disposes us to excel at all sorts of reasoning activities that are required to make morally good decisions and commit morally good actions. For example, it disposes us to do well at drawing connections between a current situation, for which we need a solution, and similar situations from the past. It causes us to recollect relevant decisions that we made, our reasons for making them, and the outcomes to which they led – and apply any lessons learned to our present efforts.[132] Practical wisdom disposes us also to be clear that we cannot be in two places at once, nor can we be everything to everyone. If we are to do a lot of good, then we must maintain an intelligent balance among our multiple responsibilities and opportunities to act.

With reference to practical wisdom, we can say that *misericordia* refers to a cultivated disposition to make good choices, case by case, about whether and in what manner to act for the purpose of removing a person's suffering, a condition that we find disturbing and which we mentally oppose, for the ultimate end of restoring that person's well-being. In the absence of practical wisdom, we can easily act in ways that are impulsive, ill-informed, counterproductive, or self-destructive. We can also fail to act at all because we are unable to determine a viable path forward.

Justice. A virtue of the *will* that is important to the practice of *misericordia* is justice (*iustitia*). Justice is characterized by Aquinas as a habit that disposes us consistently to give to other people what they are due as fellow humans (with whom we share a nature), as members of communities (to which we may owe

---

[130] I–II 65.1.

[131] II–II 47.4.

[132] II–II 47.

special allegiances), and as particular persons (to whom we may owe specific actions or goods).[133] Aquinas treats justice with considerable reference to legal contexts. He says that, if a person has committed a serious crime, the virtue of justice disposes us to give him what he deserves in the form of a fair trial and a fitting punishment; it disposes us to give a victim what *he* deserves in the form of restitution; and it disposes us to give the community what *it* deserves in the form of restoring social order and communal trust.[134]

With reference to justice, *misericordia* refers to a disposition to address unnecessary and disproportionate suffering partly by opposing and removing the personal and social evils that cause them. It refers to a disposition to maintain a just social order to protect vulnerable people from harm and neglect, the perception of which cause a painful dissonance in a person of virtue. At the same time, *misericordia* refers to a disposition to do more than what justice requires in relation to those who suffer, when this can be done in a way that does not undercut justice.[135] It might dispose someone, for example, to visit persons in prison and treat them kindly or work on an institutional level to ensure that prisons are places where moral excellence and well-being are promoted, rather than undermined.

Courage. A virtue of *passion* that is vital for *misericordia* is courage (*fortitudo*). Aquinas conceives of courage as a habit that disposes a person to persevere, in the face of danger, to accomplish valuable but difficult tasks. Courage disposes a person to avoid both excessive fear (which reflects cowardice) and deficient fear (which reflects insensibility or recklessness).[136]

With reference to courage, *misericordia* refers to a habit of showing boldness, as needed, to confront the suffering of others and its causes, when part of us would prefer to turn away or is simply repulsed. It disposes us to be strong and confident enough to take the risk of 'lowering' ourselves into a place of acknowledged vulnerability and co-suffering, in order to ease another's misery, while also protecting ourselves from unreasonable harm.

Temperance. Another virtue of *passion*, and the fourth cardinal virtue, which plays a key role in the practice of *misericordia*, is temperance (*temperantia*). Aquinas conceives of temperance as a habit that disposes a person to enjoy sensory pleasures only in ways that are consistent with good judgment.[137] He writes that "temperance, which denotes a kind of moderation, is chiefly concerned with those passions that tend towards sensible goods, namely, desire and pleasure, and consequently with

---

[133] II–II 58.3.
[134] II–II 108.1; I 21.4; I–II 87.1, 87.3 *ad* 2, 87.6 *ad* 3. For an insightful treatment of Aquinas's account of justice and the ground of moral obligation in Aquinas, see Porter, *Justice*.
[135] I–II 46.7; I 21.4; II–II 158.3.
[136] II–II 123.1, 126, 127.
[137] II–II 141.1; Cates, "The Virtue".

the sorrows that arise from the absence of those pleasures."[138] Generally speaking, a person is most likely to excel as a moral agent if many of her reasonable desires for sensory pleasure are honored, rather than simply repressed, for it is good to take due pleasure in uniting with sensible objects that are suitable for us. Yet a person may need to restrain some of her pleasures if they consistently distract her from doing what is morally required of her.

With reference to temperance, *misericordia* refers to a habit of reliably noticing the pain of at least some human beings, being disturbed by it, on a sensory level, and feeling drawn toward attractive possibilities of its assuagement. Temperance disposes a person to feel sorrow, desire, and other passions, in ways that are neither deficient (reflecting callousness) nor excessive (reflecting a lack of self-definition and proper self-love).[139]

Love. There are additional virtues that can have a strong impact on the practice of *misericordia*. To take a final example, we have already seen that love is a necessary basis for *misericordia*, both as a passion and as a volition. Inasmuch as our love is off target, so will our *misericordia* generally be.

The virtue of *misericordia* is predicated, first, on virtuous sensory love, which is a habit that disposes us to resonate in appropriate ways or feel comfortable when we apprehend sensible goods that are suitable for us. By implication, virtuous sensory love disposes us also to feel appropriate hatred when we encounter something that is a threat or an injury to our or a loved one's well-being. With reference to virtuous sensory love, *misericordia* refers to a disposition to be attuned to the happiness of others, such that when someone in our midst is suffering, we are likely to notice it, feel disturbed by it, and desire to bring the other and ourselves back to a condition in which everything is as good as, if not better than, it was before.

The virtue of *misericordia* is predicated, second, on virtuous intellectual love, which is a habit that disposes us to consent to what we correctly judge to be good. It is a habit of appreciating goodness as such, the goodness of humanity, the goodness of human flourishing, and the goodness of a social order that is both just and generous. By implication, the habit of good intellectual love disposes us to oppose, mentally, whatever we rightly judge to be contrary to human well-being. It also serves as a foundation for the emergence of intellectual desire in the form of wishing to remove what is contrary.

With reference to virtuous intellectual love, *misericordia* refers to a disposition to value the humanity of all persons, such that no one is *in principle* beyond the bounds of our possible consent and concern. *Misericordia* refers to a disposition, in consequence, to oppose what we judge to be someone's loss of well-being. *Misericordia* refers also to a disposition to impose rational limits on the concern and

---

[138] II–II 141.3.
[139] II–II 142.1, 142.2.

care that we extend, in practice, to those who are suffering, for our time and energy are limited and our responsibilities are many. Given what Aquinas says about the order of *caritas*, we can infer that, on his view, it is rational to favor removing the suffering of a friend or family member over the suffering of a stranger unless, say, the latter's life is at stake and the former's is not. It is rational also to favor removing the suffering of a person who excels at being human over the suffering of someone whose character and actions are predominantly bad.[140]

Caritas. For Christians, the theological virtue of *caritas* is the highest form of intellectual love, which is made possible by faith. Aquinas regards Christian faith as an exceptional power, conveyed by God to humans, to assent to truths that are beyond the grasp of one's rational powers alone – truths such as the real possibility of friendship between humans and God, which Aristotle denied.[141] Aquinas says that by virtue of a Christian's friendship with God she loves all that is of God; she consents to humans' fundamental participation in the life of God and, on that basis, wishes all people "one same generic good, namely, everlasting happiness."[142] By treating *caritas* and faith as virtues that are based in a special communication of God's loving and forgiving presence, Aquinas signals that, without the conferral of some sort of powers above and beyond the powers of ordinary intellect and will, many people might not be able consistently to believe in and consent to an adequate ground for universal love and benevolence.

With reference to the virtue of *caritas*, *misericordia* refers to a disposition to consent to human happiness (namely, the activity of functioning well), such that one is inclined to apprehend, mentally oppose, and periodically form the intention to remove what is contrary to the happiness of particular persons who cross one's path, each of whom is created by God to thrive in this life and enjoy their final beatitude in union with God. *Misericordia* references a disposition to do all of this in a way that takes sufficient account of one's finitude and circumstances.

On Aquinas's view, some of the greatest suffering in life is due to human sin and vice. Sin causes suffering not only in persons who are harmed by the sins of others, but also in sinners themselves, for sinfulness is directly contrary to human flourishing.[143] Hence, the virtue of *misericordia* can refer to a graciously formed habit by which a person who loves God and feels a bond of love with all other humans sets herself mentally against sin and its destructive consequences and, when circumstances allow, intends their removal, say, by means of individual and collective processes of confession, repentance, forgiveness, the restoration of justice, and the cultivation of more complete virtue.

---

[140] II–II 26.

[141] II–II 2.1, 2.3. Aristotle, *Nicomachean Ethics*, 1158b35.

[142] II–II 26.6 *ad* 1.

[143] I–II 71.2, 85.3.

I have argued in this essay that it is valuable to be able to identify particular passions – to give certain features of our experience special names and definitions – but it is important also to grasp that these passions do not really operate one at a time or in isolation from each other. Rather, they operate as overlapping or blended modes of tending in response to sensible objects, which often have multiple facets. I have also sought to show that it is valuable to be able to distinguish various motions of the will, which orient persons in somewhat different ways with respect to different ends - but that these interior acts of self-motion are not discrete in the sense that they generally occur only one at a time or in isolation from each other. Rather, they function as related ways in which people orient themselves relative to what they judge to be good or evil, including what they judge to be good in some respects and bad in others. Correspondingly, it is valuable to be able to distinguish multiple virtues, according to the main capacity that each of them orders and the specific objects and ends toward which they orient a person - but it is apparent that virtues do not operate independently of one another, either. Rather, they are ways in which persons habituate themselves to have reasonable minds and exercise consistently suitable volitions, passions, and actions, as they move from one moment of moral significance to the next.

Summary of Section 3: The virtue of *misericordia*, in Aquinas's thought, refers to a chosen and, in some cases, divinely-inspired habit that disposes a person to experience an appropriate amount of sorrow, desire, and other, related responses – both passional and volitional – when she apprehends that someone is suffering. First, it disposes her to undergo a flow of passion which, while she feels it, she also observes and moderates, according to her best judgment and her power of choice. A well-ordered flow of passion enables her to register the likeness of another person to herself, as well as their shared interdependence. When she sees that the other is suffering, it enables her to register some of his suffering in her own person – to experience a painful dissonance and a desire for his assuagement. Yet the virtue of *misericordia* ensures that a person is *not* inclined, by passion, to be moved to an excessive degree. It disposes her to feel moved in ways that sustain a vibrant, felt connection to the happiness of other humans without causing her to feel overwhelmed by the amount of suffering in the world and her inability to address more than a tiny fraction of it.

Second, the virtue of *misericordia* refers to a disposition to move oneself well, by one's thoughts and initiative, relative to people whom one apprehends to be suffering. Virtuous *misericordia* has a basis in virtuous love, which disposes a person to consent reliably to the goodness of other people's being and happiness and, accordingly, to generally wish them well and seek to benefit them when she can do so without unreasonably burdening herself and the other people for whom, and to whom, she is responsible. The virtue of *misericordia* references a stable disposition to mentally oppose, in the right way, the suffering that comes to one's attention, and to form an intention, when it is appropriate to do so, to alleviate that suffering. It refers, further, to a habit of making good choices about how best to come to someone's aid, on the basis of rational deliberation (and sometimes faith) and then following through with right action.

Conclusion

Misericordia is a term that Aquinas, like other Latin thinkers of the Christian tradition, used in order to highlight a valuable aspect of the moral life, namely, the opportunity and, indeed, the moral requirement, to alleviate the misery of other people when we are in a reasonably good position to do so. *Misericordia* is discussed explicitly only very briefly in the *Summa*, but some good implications can be drawn with reference to the rest of Aquinas's moral psychology (especially his theory of the passions), his ethics (especially his theory of virtue), and his theory of voluntary human action.

I hope to have shown that, implicitly, *misericordia* as passion refers, not only to a single, momentary passion, but to a flow of related passions which, while they might not be evident to our consciousness per se, are often at work, influencing how we move through relatively important, but painful experiences. *Misericordia* refers, more specifically, to sensory sorrow and desire that are evoked by an impression of another's suffering and the imagined possibility of bringing it to an end. The concept of *misericordia* implies sensory hatred, aversion, and love, apart from which we would not have adequate cause to be moved to the requisite sorrow and desire. These related passions can recruit other, irascible passions as needed to enable us to rise to special challenges. Unless our passions are habituated by us to arise and persist in reasonable ways, they are likely to undermine our efforts to express virtuous *misericordia*.

Similarly, *misericordia* refers, not only to a single, momentary act of the will, but to multiple interior acts that center on intellectual sorrow and desire. *Misericordia* refers to a process that proceeds from apprehending that someone is suffering – to opposing the evil of that suffering and setting the intention to alleviate it – to following what one determines to be the best path to that end - to finally realizing the end, or at least contributing to its realization. Many of us may not engage in this sort of decision making very reflectively or deeply; but the actions we do or do not commit will be traceable to underlying assumptions about the way the world works and what is of the highest value, as well as to beliefs about relevant particulars and our power to move ourselves in relation to them.[144]

---

[144] Reeder, "Religious Ethic".

Likewise, *misericordia* refers, not only to a single habit, but at least implicitly to a cluster of habits that condition the powers by which we become disturbed by and set ourselves against others' suffering, as well as desire and intend its amelioration, much as if the suffering were our own. Whether we use the concept of *misericordia* to represent a given habit, or we use some other virtue-concept, such as love or courage, will depend on which aspects of a situation we judge to be most salient for us, in light of our desire for greater moral excellence.

Let us say, more precisely, that *misericordia can* refer to any of these things – passion/s, volition/s, or virtue/s – or to all of them taken together. The paradigm is for all of these elements to be operative, if only implicitly, in a beautifully coordinated way. Aquinas characterizes *misericordia* as the *greatest* of the virtues that condition our relationships with our fellow human beings. While in some ways *caritas* exceeds *misericordia* in splendor, wishing people well and benefitting them in appropriate ways often requires acknowledging that they are starting at a deficit and that they cannot thrive unless and until that deficit is addressed.[145]

Whether we excel at *misericordia*, so conceived, will depend on many factors. Aquinas insists that many of them are ‚up to us‘; but it is important to keep in mind that who ‚we‘ are depends in no small part on what has been modeled to us and modeled by us to others regarding how to live well in a world that is characterized by a lot of misery. The study of religion reveals that some religions and local traditions, including strains of Christianity, condition their members to practice what arguably amounts to a tribal *misericordia* – to comfort each other in times of want (and perhaps only under certain conditions, such as presumed innocence), but to harden themselves against showing *misericordia* toward certain 'others' who are deemed unworthy of it. Other religions, including strains of non-Christian religions, point to founding figures, teachings, and stories to make the case that, whatever our differences from each other might be, and whatever our failures, we are all equal in being human and possessing a basic dignity to which we ought regularly and purposefully to consent. Aquinas's concept of *misericordia* lends itself well to multi-traditional, cross-cultural discussions of how best to live with one another under conditions of suffering, much of which is inflicted by humans.[146]

Bibliography

Aquinas, St. Thomas, *Summa Theologiae*, Translated by Shapcote, Laurence / Mortensen, John / Alarcón, Enrique, Lander, WY 2012

Aristotle, *Nicomachean Ethics*, Translated by Irwin, Terence, Indianapolis 1985

---

[145] II–II 30.4.

[146] Special thanks to John P. Reeder, Jr., and William McDonough for helpful comments on an early draft of this essay.

Augustine, *The City of God*, Volume 1, Translated by Dods, Marcus, Edinburgh 1871, at: https://www.gutenberg.org/files/45304/45304-h/45304-h.htm#Page_353/2020-11-06 (5. 10. 2021)

Barad, Judith A., "The Understanding and Experience of Compassion: Aquinas and the Dalai Lama", in: *Buddhist-Christian Studies* 27 (2007), 1–29

Caponi, Francis, "'But Mercy is Above the Sceptred Sway': Mercy and Justice in Thomas Aquinas", in: *Journal of Religion* 98.3 (2018), 327–347

Cates, Diana Fritz, *Choosing to Feel: Virtue, Friendship, and Compassion for Friends*, Notre Dame, IN 1997

–, "The Virtue of Temperance", at: Pope, Stephen J. (ed.), *The Ethics of Aquinas*, Washington, D. C. 2002, 321–339

–, *Aquinas on the Emotions: A Religious-Ethical Inquiry.* Washington, D. C. 2009

–, "Love: A Thomistic Analysis", in: *Journal of Moral Theology* 1.2, (2012), 1–30

–, "Emotional Complexity and Ethical Responsibility", in: *Journal of Religious Ethics* 47.1 (2019), 154–165

Cessario, Romanus / Cuddy, Cajetan, "Mercy in Aquinas: Help from the Commentatorial Tradition", in: *The Thomist* 80.3 (2016), 329–339

Gereboff, Joel / Green, Keith / Cates, Diana Fritz / Heim, Maria, "The Nature of the Beast: Hatred in Cross-Traditional Religious and Philosophical Perspective", in: *Journal of the Society of Christian Ethics* 29/2 (2009), 175–205

Green, Keith, "Aquinas's Argument against Self-Hatred", in: *Journal of Religious Ethics* 35.1 (2007), 113–139

Keenan, James F., *Goodness and Rightness in Thomas Aquinas's Summa Theologiae*, Washington, D. C. 1992

Konstan, David, in: *Pity Transformed*, London 2001

McCabe, Herbert, *God and Creation*, in: Davies, Brian (ed.), New Blackfriars 2013, DOI: 10.1111/j.1741-2005.2012.01486.x

McDonough, William, "Etty Hillesum's Learning to Live and Preparing to Die: '*Compacentia Boni*' and the Beginning of Acquired and Infused Virtue", in: *Journal of the Society of Christian Ethics* 25.2. (2005), 179–202

MacIntyre, Alasdair, *Dependent Rational Animals: Why Human Beings Need the Virtues*, London 1999

Miller, Richard B., *Friends and Other Strangers: Studies in Religion, Ethics, and Culture*, New York 2016

Miner, Robert C., "The Difficulties of Mercy: Reading Thomas Aquinas on *Misericordia*", in: *Studies in Christian Ethics* 28.1 (2015), 70–85

Pasnau, Robert, *Thomas Aquinas on Human Nature: A Philosophical Study of Summa Theologiae 1a 75–89*, Cambridge, U. K. 2002

Pope, Stephen, *The Evolution of Altruism and the Ordering of Love*, Washington, D. C. 1994

Porter, Jean, *Justice as a Virtue: A Thomistic Perspective*, Grand Rapids, MI 2016

Reeder, John P., Jr, "What is a Religious Ethic?", *Journal of Religious Ethics* 25.3 (1998), 157–181

Ryan, Thomas, "Aquinas on Compassion: Has He Something to Offer Today?", in: *Irish Theological Quarterly* 75.2 (2010), 157–174

Schnell, Jan R. / Cates, Diana Fritz, "Rethinking Anger as the Desire for Payback: A Modified Thomistic View", *Religions* 10 (2019), 618–649, DOI: 10.3390/rel10110618

Schüller, Thomas, "Justice and Mercy: An Enigmatic Yet Crucial Relationship for the Application of Canon Law", *Ecclesiastical Law Journal* 20 (2018), 51–58

Sherwin, Michael, *By Knowledge and by Love: Charity and Knowledge in the Moral Theology of St. Thomas Aquinas*, Washington, D. C. 2005

Mitleid, Barmherzigkeit und Liebe bei Spinoza

Felix Krämer

Der Name „Spinoza" ist mit „Rationalismus" assoziiert. Denn das ist es, was auf den ersten Blick an Spinozas Hauptwerk, der *Ethica*,[1] auffällt: Hier wird in einer standardisierten Form bei jedem Lehrsatz darüber Rechenschaft abgelegt, aus welchen Voraussetzungen er erschlossen wird. Alles ist geprägt von dem rationalistischen Programm, überall vernünftige Erkenntnis zu suchen und zu empfehlen. Auch und gerade wenn es um die Auseinandersetzung mit menschlichen Gefühlen (unvernünftigen Beweggründen) und religiösem Glauben (einem nach seinem Selbstverständnis übervernünftigen Beweggrund) geht, setzt Spinoza auf eine rationale Strategie der Erkenntnisgewinnung. Er schreibt über Gefühle, „als wenn von Linien, Flächen oder Körpern die Frage wäre",[2] und die Bibel will er „von neuem mit unbefangenem Geist […] prüfen",[3] wozu er sich „eine Methode gebildet"[4] habe, die „sich in nichts von der Methode der Naturerklärung"[5] unterscheide.[6] Es fällt nicht schwer nachzuvollziehen, wie diese Denkweise hat Empörung und Bewunderung provozieren können.

---

[1] Sowohl den lat. als auch den dt. Wortlaut der *Ethica* [E] entnehme ich der Ausgabe: Spinoza, Benedictus de, *Opera*, Darmstadt 1979, Bd. 2. Dabei zitiere ich, wie in der Forschung üblich, nicht unter Angabe der Seitenzahl in einer bestimmten Ausgabe, sondern mit der Sigle gefolgt von einer den Teil angebenden Zahl und einer oder mehrerer Abkürzungen und Zahlen (P für *Propositio*, D für *Demonstratio*, C für *Corollarium*, S für *Scholium*, Def. für *Definitio* und Einl. für Einleitung). Der Beweis des dritten Satzes des dritten Teiles der Ethik würde z.B. mit E 3 P 3 D zitiert.

[2] E 3 Einl.

[3] Ich zitiere aus und verweise auf Spinozas *Tractatus theologico-politicus* [TTP] unter Rückgriff auf: Spinoza, Benedictus de, *Opera*, Darmstadt 1979, Bd. 1: *Tractatus theologico-politicus*. Um die Auffindung der Zitate in anderen Ausgaben zu erleichtern, verweise ich zusätzlich mit „EP" auf die Seitenzahl der *editio princeps* aus dem Jahre 1670, wie sie in meiner Ausgabe angegeben ist, hier: TTP 16 EP V.

[4] TTP 16 EP VI.

[5] TTP 231 EP 84.

[6] Von der rationalistischen Ausrichtung aus in Spinoza einzuführen ist ein Gemeinplatz in der Sekundärliteratur. Als sehr knappe Einleitung in die *Ethica* in diesem Sinne siehe etwa Bartuschat, *Vernunft*. Als einschlägige Monografie wäre vielleicht zu nennen: Ursula Renz, *Erklärbarkeit*. Renz rekonstruiert Spinozas *Ethica* aus dem Ansatz, hinter ihr als Ganzer stehe als „zentrale Programmatische Überzeugung" die These: „Subjektive Erfahrung ist erklärbar und ihre gelungene Erklärung ist von ethischer Relevanz" (Renz, *Erklärbarkeit*, 11).

Im ersten Abschnitt dieses Aufsatzes geht es um die Ablehnung des Mitleids aus dieser rationalistischen Sicht.

Aber auch wenn nach Spinoza das Mitleid selbst nicht gut ist, erkennt er ihm doch die Rolle eines Symptoms dafür zu, dass Menschen einander als ihresgleichen wahrnehmen. Wahrnehmung der Gemeinsamkeit ist in Spinozas System die Grundlage für ein einander bestärkendes Handeln der Menschen, wie ich im zweiten Abschnitt zeigen möchte.

Insofern auch die reine Disposition, anderen Menschen zu helfen (unabhängig von den sie begleitenden Affekten und Vorstellungen) in den Themenkreis von Barmherzigkeit und tätiger Nächstenliebe gehört, ist auch die Lehre von Staat und Offenbarungsreligion, die Spinoza im *Tractatus theologico-politicus* aus dem Grundgedanken der wechselseitigen Unterstützung entwickelt, hier einschlägig. Dies stelle ich im dritten Abschnitt dar.

Abschnitt vier referiert ein eng mit dem dritten Abschnitt verbundenes Lehrstück über die Vorstellung, dass es einen barmherzigen Gott gibt, die nach Spinoza für die Ausrichtung der Menschen auf das Gute und Rechte durch die Religion eine wichtige Rolle spielt.

Die in den ersten vier Abschnitten dargestellten Lehrstücke lassen sich in Schritt für Schritt überprüfbaren Argumentationsgängen rekonstruieren, aber können sie so verstanden konkrete Sachverhalte erfassen, oder haben wir es nur noch mit Verhältnissen von Begriffen in einem letztlich monistischen System zu tun? In einem solchen System wäre insbesondere die Ablehnung eines Handelns aus Gefühlen wie Mitleid eine Trivialität (Abschnitt 5).

Bei genauerem Hinsehen ist die Zuordnung Spinozas zu einem so engen Rationalismus zweifelhaft. Rekurriert Spinoza doch auf Einsichten, die „uns" klar seien. Aber von „unserem" Standpunkt aus, also von Subjekten aus, die sich bei der Spinozalektüre ihrer zumindest teilweise adäquaten Ideen bewusst werden, ist der Bezug zur wirklichen Welt gegeben und braucht nicht innerhalb des Begriffssystems gesichert zu werden (Abschnitt 6).

Schwieriger ist die Frage, ob Spinozas Erkenntnistheorie eine adäquate Erkenntnis von Individuen erklären kann, ohne die in seinem System auch keine auf Individuen bezogene Liebe möglich wäre. Dazu bedarf es einer intuitiven Form adäquaten Erkennens, die Spinoza *scientia inutitiva* nennt. Wie diese vernünftige, auf Individuen bezogene Erkenntnis funktionieren soll und wie Spinozas Haltung der Welt gegenüber im intuitiven Erkennen aussieht, versuche ich im siebten Abschnitt dieses Aufsatzes zu erklären, wobei auch nicht übergangen werden soll, dass die Frage, ob eine so erweiterte Rationalität überhaupt noch Rationalität ist, Spinozas Programm ambivalent macht.[7]

---

[7] Dass Spinoza ein diskursiv rationalistisch entwickeltes System der Affekte vorlegt, rechtfertigt vollkommen, dass wir auf ihn zurückgreifen, wenn wir den Rationalismus diskutieren. Es bedeutet

Der achte Abschnitt betrachtet das durch die *scientia intuitiva* geänderte Verhältnis zu Gott und führt damit zum *amor dei intellectualis*.

Der letzte zum Themenfeld des Mitleids gehörende Punkt betrifft die Möglichkeit, die *scientia intuitiva* selbst als Sympathie oder Mitempfinden des Strebens anderer Wesen zu verstehen, sich im Dasein zu erhalten (Abschnitt 9).

Der Aufsatz schließt mit einer Zusammenstellung der Ergebnisse zum Themenkreis ‚Mitleid' (Abschnitt 10).

1 Mitleid als irrationaler Handlungsgrund

Gedanken, die inhaltlich zur Thematik ‚Mitleid' gehören, werden bei Spinoza unter verschiedenen Termini behandelt. Auf der Suche nach einschlägigen Stellen in Spinozas Texten müssen wir daher das ganze Wortfeld im Auge behalten, zu dem neben Mitleid (*commiseratio*) auch Barmherzigkeit (*misericordia*) und Liebe (*amor*) sowie die tätige Nächstenliebe (*charitas*), auf die ich unten in Abschnitt 3 kommen werde, gehören.

Spinoza führt das Mitleid (*commiseratio*) so ein: „Wer sich in der Phantasie vorstellt, dass das, was er liebt, mit Lust oder Unlust [*tristitia*] afficirt werde, wird auch mit Lust oder Unlust afficirt werden; […]".[8] Dieser Lehrsatz zeige, „was Mitleid [*commiseratio*] heisst, das wir als Unlust, entsprungen aus dem Unglück eines Andern, definieren können; wie aber die Lust zu nennen sey, die aus dem Glück eines Andern entspringt, weiss ich nicht."[9]

Das Verhältnis des Begriffs „*commiseratio*" zu dem mit „Barmherzigkeit" oder „Mitgefühl" übersetzten Terminus „*misericordia*" ist unübersichtlich. In der 24. der Definitionen der Affekte, die Spinoza dem dritten Teil der Ethik angehängt hat, lesen wir: „Mitgefühl [*misericordia*] ist Liebe, insofern sie den Menschen so afficirt, dass er sich über das Glück eines anderen freut und über das Unglück eines anderen dagegen Unlust empfindet."[10] Demnach scheint Spinoza *misericordia* dadurch von der *commiseratio* zu unterscheiden, dass er jene als Mitempfinden von Glück und Unglück versteht, während er diese nur auf Unglück bezieht. Andererseits

---

aber nicht, dass er selbst nicht über diesen Standpunkt hinausgegangen wäre. Es ist vielmehr ein Grundzug des Denkens Spinozas, sich hinsichtlich philosophischer Grundfragen nicht auf eine Seite festlegen zu lassen. Man wird daher Spinozas eigenem Standpunkt sicherlich eher gerecht, wenn man ihn nicht einfach als einen Rationalisten beschreibt, sondern als eine „contradictory figure in many ways" darstellt, wie Don Garrett es in seiner „Introduction" zum *Cambridge Companion to Spinoza* tut (Garret, „Introduction", 1).

[8] E 3 P 21.
[9] E 3 P 22 S.
[10] E 3 Def a 24.

legt die folgende Erklärung nahe, dass der Unterschied darin bestehen soll, dass die *commiseratio* auch ohne Liebe entstehen kann:

> Eben dadurch, dass wir uns Etwas Unsersgleichen, welches wir mit keinem Affect begleitet hatten, von irgendeinem Affecte afficirt in der Phantasie vorstellen, werden wir von einem gleichen Affecte afficirt. […] Diese Nachahmung der Affecte heisst, wenn sie sich auf die Unlust bezieht, das *Mitleid* [*commiseratio*] […].[11]

Genauso definiert Spinoza dann auch die *commiseratio* in der 18. Definition der Affekte und erläutert dort: „Zwischen Mitleid [*commiseratio*] und Mitgefühl [*misericordia*] scheint kein Unterschied zu sein, wenn sich nicht etwa Mitleid auf einen einzelnen Affekt, Mitgefühl aber auf dessen Dauer [*habitus*] bezieht."[12] Das passt zu dem vorigen Zitat, denn der Einzelaffekt tritt eben Dingen gegenüber auf, die wir bis dahin noch nicht mit einem Affekt begleitet hatten, während der habituelle Mitvollzug gegenüber einem geliebten anderen unsersgleichen stattfinden dürfte. So gebraucht würden die Begriffe *misericordia* und *amor* dasselbe Phänomen bezeichnen, nur mit unterschiedlichem Akzent. Geht es um die Freude des Liebenden an dem geliebten Gegenstand, spricht Spinoza von *amor*, geht es um die damit verbundene Kopplung von Lust und Unlust zwischen Liebendem und Geliebtem, dann spricht er von *misericordia*; während der Ausdruck *commiseratio* betont, dass es eine Unlust, ein Leiden, ein Unglück ist, das mitempfunden wird.

Deutlicher und wichtiger als diese Unterscheidungen ist für Spinoza aber, ob der Gegenstand oder der Mensch, der da geliebt oder bemitleidet wird, adäquat durch Vernunft erkannt oder nur inadäquat vorgestellt wird. Inadäquate Vorstellungen versteht Spinoza als Erleidnisse oder Fremdbestimmungen, deren Folgen nicht unserer Vernunft entsprechen und unserer Natur nicht förderlich sind.[13] In der dritten Definition der Affekte bestimmt er *tristitia* als „Übergang zu geringerer Vollkommenheit" (Definition der Affekte 3). Wenn also mit *commiseratio* bei Spinoza eine solche Unlust als Übergang zu geringerer Vollkommenheit verbunden ist, gehört sie damit zur inadäquaten *imaginatio*. Und deshalb ist es auch die *commiseratio*, von der Spinoza feststellt, sie sei für den vernunftbestimmten Menschen nicht nur an sich schlecht (das ist sie als Übergang zu geringerer Vollkommenheit immer), sondern auch unnütz.[14] Denn wer aus inadäquaten Vorstellungen heraus handelt, handelt in Spinozas Verständnis eigentlich gar nicht, sondern in ihm wirkt sich eine der menschlichen Natur fremde Bestimmung aus. Spinoza stellt dazu fest,

> […] dass derjenige, welcher von dem Affect des Mitleidens leicht gerührt wird und durch das Elend oder die Thränen eines Anderen bewegt wird, oft etwas thut, was ihn hernach

---

[11] E3P27 u. E3P27S.
[12] E3Def.18 Exp.
[13] E3P3.
[14] E4P50.

gereut, sowohl weil wir nichts aus Affect thun, wovon wir gewiss wissen, dass es gut sey,[15] als auch weil wir leicht durch falsche Thränen betrogen werden. Hieraus folgt, dass der Mensch, welcher nach der Leitung der Vernunft lebt, so viel als möglich zu bewirken strebt, dass er nicht von Mitleiden berührt werde.[16]

2 Mitleid als Symptom der Menschlichkeit

Auch wenn der Affekt des Mitleids nach Spinoza weder selbst gut ist noch zu etwas Gutem führt, versteht er ihn doch als ein Anzeichen für etwas Gutes: „[…] wer weder durch Vernunft noch durch Mitleiden bewegt wird, anderen Hülfe zu leisten, der heisst mit Recht unmenschlich; denn er scheint nicht (nach L. 27, TH 3) einem Menschen ähnlich zu sein."[17] Wir können uns nach dem oben zitierten Satz, auf den Spinoza hier verweist,[18] die Emotionen anderer Menschen nicht vorstellen, ohne diese auch selbst zu empfinden. Wer also einen Menschen leiden sehe, ohne von Mitleid erfasst zu werden, nehme nicht wahr, dass er mit dem Anderen die Menschlichkeit gemeinsam hat, scheine also nicht, einem Menschen ähnlich zu sein. So zeige das Mitleid also Ähnlichkeit, Verwandtschaft oder Gemeinsamkeit der Natur an, und diese, im Gegensatz zum auf ihr beruhenden Mitleid, mache einen Menschen dem anderen nützlich:

[Aus E 4P31] folgt, dass ein Ding uns umso nützlicher oder umso besser ist, je mehr es mit unserer Natur übereinstimmt, und andererseits, je nützlicher uns ein Ding ist, um so mehr stimmt es insofern mit unserer Natur überein.[19]

Daraus möchte man nun folgern, dass die Menschen einander immer nützlich sind. „Denn was mit seiner Natur am meisten übereinstimmt, ist dem Menschen am nützlichsten (nach E 4 P 31 C), d.h. (wie sich von selbst versteht) der Mensch."[20]

Die Pointe dieses Gedankens besteht aber darin, dass die Menschen nach Spinoza eben nicht immer ihrer Natur nach übereinstimmen, wenn sie nämlich selbst durch Affekte ihrer Natur entfremdet sind. „Insofern die Menschen mit Affecten, welche Leidenschaften sind, zu kämpfen haben, können sie einander entgegengesetzt seyn."[21] Darin besteht gerade die Bedeutung der vernünftigen Erkenntnis in

---

[15] Etwas freier aber sinnfälliger übersetzt, müsste dieser Passus lauten: „weil wir von dem, was wir aus einem Affekt tun, nicht wissen, ob es wirklich gut ist." Sonst wäre es nämlich keine Affekthandlung, sondern ein Handeln aufgrund von Einsicht.

[16] E 4 P 50 S.

[17] Ebd.

[18] E 3 P 27 D.

[19] E 4 P 31 C.

[20] E 4 P 35 C.

[21] E 4 P 34.

Spinozas System, dass in der Vernunftbestimmung der Mensch ganz durch seine eigene Natur bestimmt sei. „Insofern die Menschen nach Leitung der Vernunft leben, nur insofern stimmen sie von Natur stets nothwendig überein."[22]

Wenn also Menschen füreinander Mitleid empfinden, zeigt das an, dass sie, auch wenn sie nicht insgesamt nach der Leitung der Vernunft leben, immerhin zu einem Teil durch die gemeinsame menschliche Natur bestimmt werden, sich so als ihresgleichen wahrnehmen und auf dieser Grundlage einander nützlich sein können. Das Mitleid zeigt also eine für die Menschen sehr nützliche Gemeinsamkeit an, auch wenn es selbst als negativer Affekt diese Gemeinsamkeit eher stört.

Diese subtile Unterscheidung ist leicht zu verfehlen. So schreibt etwa Käte Hamburger, Spinoza verachte das Mitleid „nur insofern, als es bloße *commiseratio*, bloße Gefühlsäußerung des Jammerns ist, ohne Antrieb zu barmherzigem Handeln zu sein."[23] Und sie kommt dann zu dem Ergebnis: „Wir können also Spinozas Auffassung und Analyse des Mitleids so kennzeichnen, daß die *commiseratio* zur *misericordia* werden, das bloße Gefühl des Mitleids von der Vernunft geleitet zur barmherzigen Tat führen muß."[24]

Dabei übersieht Hamburger, dass bei Spinoza auch die *misericordia* der Vernunft zuwider sein kann.[25] Vor allem aber fungiert wie gezeigt die *commiseratio* bei Spinoza nicht als Ausgangspunkt einer den Menschen wirklich zuträglichen Hilfe, sie ist dieser nicht als Ursache vorgeordnet, sondern nebengeordnet, indem *commiseratio* und Nutzen aus demselben Grund hervorgehen, nämlich aus der Gemeinsamkeit der menschlichen Natur.

Aber auch wenn Hamburger es hier terminologisch und systematisch nicht korrekt verortet, hat sie Recht damit, dass Spinoza der barmherzigen Tat einen hohen Eigenwert beimisst, wie der nächste Abschnitt zeigt.

3 Staat und Offenbarungsreligion – Gehorsam und Nächstenliebe (charitas)

Die Menschen sind nach Spinoza darauf angewiesen, sich gegenseitig zu helfen, denn einzeln auf sich allein gestellt, können sie sich in einer ihrer Natur nicht entsprechenden Umwelt kaum überleben.[26] Sie können aber eine Gemeinschaft bilden, die die Macht hat, Gesetze zu geben und diese durch Drohungen zu befesti-

---

[22] E 4 P 35; siehe dazu auch E 4 P 35 C 2.

[23] Hamburger, *Mitleid*, 47.

[24] Ebd.

[25] Spinoza stellt in diesem Sinne voller Verachtung fest, dass „leerer Aberglaube und weibisches Mitleid (*misericordia*)" und nicht die gesunde Vernunft dagegensprechen, Tiere zu schlachten, siehe E 4 P 37 S 1.

[26] E 4 P 35 S.

gen. „Diese durch Gesetze und die Macht, sich zu erhalten gegründete Gesellschaft heißt Staat, und diejenigen, welche durch das Recht des Staates geschützt werden, heissen Staatsbürger."[27] Nur im Staate könne es „gut" und „schlecht" (*bonum* und *malum*) geben und die Sünde (*peccatum*) sei nichts anderes als Ungehorsam. „Gehorsam [*obedientia*] wird dagegen dem Bürger als Verdienst angerechnet, weil er eben dadurch für würdig erachtet wird, die Vortheile des Staates zu genießen."[28]

Aus dieser Ableitung geht hervor, dass nur die Handlungen der Menschen gut oder schlecht sein können,[29] und Gehorsam auch nur in Bezug auf Taten nicht aber in Bezug auf Gedanken gefordert werden dürfe.[30]

Die gleiche Ausrichtung auf ein durch Gehorsam bestimmtes und damit der Gemeinschaft nützendes Handeln legt Spinozas auch der Offenbarungsreligion zugrunde. Das 13. Kapitel des *Tractatus theologico-politicus* soll zeigen, „daß die Schrift nur ganz Einfaches lehrt und nichts anderes bezweckt als den Gehorsam [...]".[31] Spinoza fasst dazu in den früheren Kapiteln erarbeitete Ergebnisse zusammen. Zunächst stellt er fest, dass die Propheten „ein besonderes Vorstellungsvermögen, aber kein besonderes Erkenntnisvermögen besaßen und daß Gott ihnen keine philosophischen Geheimnisse, sondern sehr einfache Dinge offenbart"[32] hat. Die Schrift leite ihre Lehren nicht aus Axiomen und Definitionen her, und trage sie nicht nur den Gelehrten, sondern allen vor. „Aus alledem geht hervor, daß die Lehre der Schrift nicht erhabene Spekulation noch überhaupt philosophische Gedanken enthält, sondern bloß die einfachsten Dinge, die auch dem beschränktesten Menschen verständlich sind."[33] Daraus, so folgert Spinoza weiter, dass die Schrift,

[...] nicht die Absicht hatte, Wissenschaften zu lehren [...], kann man leicht entnehmen, dass sie nur Gehorsam von den Menschen fordert und bloß den Ungehorsam, nicht die Unwissenheit verdammt [...] so kann folglich in der Schrift keine andere Wissenschaft empfohlen werden als jene, die alle Menschen nötig haben, damit sie Gott nach dieser Vorschrift gehorchen können.[34]

Dabei gelte: „[...] so wie sich die Schrift einst der Fassungskraft des Volkes angepasst hat, so mag sie auch jeder seinen eignen Meinungen anpassen, wenn er findet, dass er dann Gott in den Dingen der Gerechtigkeit und der Liebe mit größerer Bereitwilligkeit gehorchen kann."[35]

---

[27] E 4 P 37 S 2.
[28] Ebd.
[29] Ebd.
[30] Das ist etwas vereinfacht das, was Spinoza im 20. Kapitel des TTP schreibt. Zur Einschränkung des Gehorsams auf Taten siehe TTP 606f. EP 227. Spinoza bietet selbst eine kurze Zusammenfassung des TTP (TTP 17–23, EP V–VIII).
[31] TTP 413, EP 153.
[32] Ebd.
[33] Ebd.
[34] TTP 415 EP 154.
[35] TTP 427 EP 159.

Spinoza entnimmt den Darstellungen in der Bibel, dass die prophetische Gewissheit sich auf drei Bedingungen stützt: „1. darauf, daß die Propheten die offenbarten Dinge aufs lebhafteste vorstellten, so wie wir im wachen Zustand von den Objekten gewöhnlich affiziert werden; 2. auf das Zeichen; 3. und hauptsächlich darauf, daß ihr Sinn allein dem Rechten und Guten zugewandt war."[36] Nur der letzte Punkt unterscheidet die falschen von den echten Propheten.[37]

Es geht also um nichts anderes als eine Selbstbestätigung eines dem Guten und Rechten zugewandten Sinnes. „Wer wahrhaft Gehorsam ist, der hat notwendig auch den wahren und seligmachenden Glauben."[38]

Dieser von der Bibel geforderte Gehorsam ist nach Spinoza kein anderer als der Gehorsam gegenüber dem Staate. Während Frömmigkeit und innerer Gottesdienst für Spinoza aus den von jedem selbst zu wählenden Mitteln bestehen, durch die er Gott am besten verehren kann, können Gerechtigkeit (*justitia*) und Liebe (*charitas*) nur durch die Regierung Rechtskraft erhalten.[39] Daher steht „das Recht in geistlichen Dingen völlig den höchsten Gewalten" zu.[40] Dahinter steht die Argumentation, dass man bei der Hilfe, die man Anderen leistet, natürlich nicht dritten und schon gar nicht dem öffentlichen Wohl schaden dürfe.

Was aber für den Staat von Nutzen ist, kann der Privatmann nur aus den Beschlüssen der höchsten Gewalten erfahren, denen allein es obliegt, die Staatsgeschäfte zu führen. Damit kann niemand in rechter Weise Frömmigkeit üben und Gott gehorchen, wenn er nicht allen Beschlüssen der höchsten Gewalt gehorcht.[41]

Die Forderungen von Staat und Religion laufen eben vollkommen parallel, weil sie beide ganz aus der Funktion heraus begriffen werden, das menschliche Handeln auf einen Nutzen für die Gemeinschaft auszurichten. Daher kann man sagen, die tätige Nächstenliebe (*charitas*) ist nach Spinoza der eigentliche Kern sowohl des Staates als auch der Offenbarungsreligion.

---

[36] TTP 69 EP 17.
[37] Ebd.
[38] TTP 433 EP 161.
[39] TTP 573f EP 215.
[40] TTP 573 EP 214.
[41] TTP 583 EP 219. Diese totale Unterordnung der Religion unter den Staat wirkt so als lehre Spinoza, die Religion sei nichts als ein Mittel, das Volk zu manipulieren. Aber erstens manipuliert sich der religiöse Mensch nach Spinoza eigentlich nur selbst. Dadurch erscheint die Unterdrückung durch die Religion allerdings eher noch schlimmer, da der Unterdrückte sie internalisiert hat. Ja, Religion ist in einer solchen Lesart nichts anderes, als diese Internalisierung. Aber zweitens – und das ist ein wichtiger Punkt für Spinoza – ist die Einbindung in einen Staat für den Menschen lebensnotwendig und deshalb praktisch immer von Vorteil, auch wenn einzelne Forderungen des Staates nicht in seinem Interesse liegen sollten.

4 Die Barmherzigkeit Gottes

Zweifellos gehört zum Themenkreis des Mitleids auch Spinozas Lehrstück von der Barmherzigkeit Gottes. Zwar ist der Gott der *Ethica* nicht barmherzig, sehr wohl aber spielt die Vorstellung eines barmherzigen Gottes in der Offenbarungsreligion eine wichtige Rolle. Denn auch wenn die Vorstellungen, die den dem Guten und Rechten zugewandten Sinn stützen von dem individuellen Vorstellungshaushalt des einzelnen Menschen abhängen, gibt es doch gewisse Grundzüge einer jeden Offenbarungsreligion, ohne die sie kaum die Zuwendung zum Guten und Rechten stützen könnte. Der erste von Spinoza aufgezählte Punkt ist: „Es gibt einen Gott, d.h. ein höchstes Wesen, das höchst gerecht und barmherzig oder ein Vorbild des wahren Lebens ist."[42] Und unter Punkt sieben lesen wir:

> Gott verzeiht den Reuigen ihre Sünden, denn da keiner ohne Sünde ist, müßten all an ihrem Heil verzweifeln, wenn man das nicht annehmen wollte. […] Wer aber fest daran glaubt, dass Gott nach seiner Barmherzigkeit [*misericordia*] und Gnade, mit der er alles leitet, den Menschen ihre Sünden verzeiht, und wer deshalb umso mehr zur Liebe gegen Gott entflammt wird, der hat in Wahrheit Christus dem Geiste nach erkannt, und Christus ist in ihm.[43]

Die Barmherzigkeit Gottes spielt also als ein Vorstellungsinhalt, der die Menschen dazu bringt, sich sozial zu verhalten und durch Gehorsam in Staaten zu organisieren, eine wesentliche Rolle.

5 Spinozas Lehre als Monismus

So weit wäre nun referiert, was von dem von Spinoza entwickelten diskursiven Rationalismus aus zum Mitleid zu sagen ist. Aber dieser diskursive Rationalismus läuft Gefahr, in eine leeres Begriffsspiel zusammenzufallen, wodurch auch die Aussagen über das Mitleid zu reiner Wortgymnastik würden. Das möchte ich in diesem Abschnitt darstellen, bevor ich im nächsten zeige, dass sich bei Spinoza selbst Antworten auf dieses Problem finden.

Das von Spinoza „zweite Erkenntnisart" oder Vernunft genannte diskursive Denken liefert adäquate Erkenntnisse aus Gemeinbegriffen und logischen Folgerungen aus diesen.[44] Es ist diskursiv, apriorisch und generell und, da es nur mit den Generalien und ihren Folgerungen zu tun hat, ist es grundsätzlich Erkenntnis ewiger Wesensverhalte.

---

[42] TTP 437.
[43] TTP 437f. EP 163f.
[44] E2P40S2.

Dazu kommt, dass die Grundlage der Vernunft Begriffe sind, welche (nach L. 38 d. Th.) das ausdrücken, was Allen gemeinsam ist, und welche (nach L. 37 d. Th.) nicht das Wesen eines einzelnen Dinges ausdrücken und welche deshalb ohne irgendeine Beziehung auf die Zeit unter der Form der Ewigkeit begriffen werden müssen.[45]

Auch die Erkenntnisse, die die Menschen voneinander durch diese Erkenntnisart gewinnen, können nur die allgemeine Natur des Menschen betreffen. Daher könnte eine auf dieser Erkenntnis beruhende Liebe nicht den anderen Menschen selbst, sondern letztlich nur der allgemeinen menschlichen Natur gelten. Individuelles Sein ist diskursiv nicht fassbar. Dementsprechend ist auch Gott im Lichte dieser Art der Erkenntnis kein persönlicher, liebender Gott,[46] kein Theos, sondern ein Deus, ein philosophisches begriffliches Prinzip, ein Seinsgrund.

Da Spinoza die Aufmerksamkeit seiner Leser auf die Folgerungsbeziehungen zwischen seinen Begriffen und Sätzen lenkt, drängt sich die Frage auf, was ein solches System aus sich allein eigentlich zeigen kann. Wenn es sich nach nichts anderem richtet als nach seinem internen Aufbau, kann es auch nichts anderes zum Ausdruck bringen und bezieht sich nur auf sich selbst. Auch kann es in sich eigentlich keine Vielheit etablieren, denn wenn alles aus dem Anfang begründet werden soll, ohne dass etwas anderes hinzutritt, kommt das System nicht wirklich über diesen Anfang hinaus, und alles in ihm ist im Grunde nur dies eine, womit es begonnen hat.[47]

In einem solchen System hätten auch Begriffe wie „Liebe" oder „Mitleid" nichts mit unseren Empfindungen zu tun.

6 „Unser" Standpunkt

Spinoza hat zwar seine Philosophie als eine strenge Folge von Ableitungen dargestellt, aber wenn er etwa in E 1P30 und E 1P31 von einem wirklichen Verstand (*intellectus actu*) schreibt und dies dann in dem zugehörigen Scholium[48] damit erläutert, dass er von einem von uns so klar wie möglich aufgefassten Ding (*de re nobis quàm clarissimè percepta*) hat sprechen wollen, ist die Perspektive die, die wir, Spinoza und wir Leser, auf unseren eigenen Verstand reflektierend haben. Diese Perspektive bringt aber vieles mit, was dann gar nicht von dem Gang der Ablei-

---

[45] E 2 P 44 C 2 D.

[46] Siehe E 5 P 17 und den Folgesatz.

[47] Leider kann im Rahmen dieses Aufsatzes nicht dargestellt werden, wie eine Lesart in diesem Sinne (von Friedrich Heinrich Jacobi bis zu Hegel) Spinoza die Rolle des paradigmatischen Vertreters eines monistischen oder gar nihilistischen Rationalismus gab, der als Gegenbild für die Herausbildung der Philosopheme des Deutschen Idealismus insbesondere Hegels grundlegend war. Siehe aber dazu Althoff, *System*, hier vor allem Kapitel 1, insbesondere 26ff.; 55ff.; 67ff.

[48] E 1 P 31 S.

tungen erschlossen werden muss. Ein Monismus, für den es eigentlich keine Welt gibt, kann nur für eine Theorie in Frage kommen, deren Argumentation sich freischwebend vollzieht, ohne in *unserer* Perspektive verankert zu sein. Spinoza nimmt diese Verankerung ausdrücklich vor, weil er „alle Verwirrung […] vermeiden"[49] möchte. Das Problem ist doch, dass eine in einer bloßen Folge von Begriffen und Ableitungen aufgewiesene Realität der Welt unklar lässt, was Begriffe wie Realität und Welt bedeuten und ob es überhaupt etwas gibt, was sie bedeuten. Spinoza ist sich dieses Problems bewusst und umgeht es, indem er seine Argumentation an „unsere" Perspektive zurückbindet.

7 Scientia intuitiva

Aber in gewisser Weise bleibt die zweite Erkenntnisart doch weltfern, insofern sie eben nur Allgemeines zu durchdringen in der Lage ist. Insofern kann Liebe nur auf die Natur des Menschen im Anderen aber nicht auf den anderen Menschen als Individuum gerichtet sein.

Es gibt aber in Spinozas System noch eine dritte Erkenntnisart, die adäquate Erkenntnisse von Einzeldingen erbringt und nicht diskursiv, sondern intuitiv ist.[50] Von dieser sagt Spinoza: „Das höchste Bestreben des Geistes und seine höchste Tugend ist, die Dinge nach der dritten Art der Erkenntnis zu erkennen."[51] Aber was leistet die dritte Erkenntnisart überhaupt? Spinoza schreibt:

Denn obgleich ich im ersten Theile im Allgemeinen [generaliter] gezeigt habe, dass alles und folglich auch der menschliche Geist nach seiner Wesenheit und seinem Dasein von Gott abhängt, so trifft [afficit] dieser Beweis, obgleich er regelrecht und über allen Zweifel erhaben ist, unseren Geist doch nicht so, als wenn das selbe eben aus dem Wesen jedes einzelnen [singularis] Dinges geschlossen wird [concluditur], von dem wir sagen, dass es von Gott abhange.[52]

Die zweite Erkenntnisart zeigt nur ganz generell, dass überhaupt alles von Gott abhängt und insofern auch der menschliche Geist oder mein Schreibtisch oder was ich sonst gerade betrachte. Aber wenn ich zum Beispiel selbstverständlich damit rechne, dass mein Schreibtisch noch da ist, wenn ich nach einiger Zeit an diesem Text weiterarbeite, dann liegt dem ein intuitives Verständnis der Kontinuität des Seins zugrunde. Und dieses Sein und seine Kontinuität (der *conatus*, sich in seinem Sein zu erhalten) sind in einem Zusammenhang von Wesen und Sein, Essenz und Existenz begründet.

---

[49] Ebd.
[50] E2P40S2.
[51] E5P25.
[52] E5P36S.

Dieser Zusammenhang widerspricht dem üblichen Verständnis, dass die Essenz davon unberührt bleibt, ob das, dessen Essenz sie ist, auch existiert. Aber die Verbindung von Essenz und Existenz ist der eigentliche Ausgangspunkt der Argumentation der *Ethica*. Die allererste Definition handelt von der *causa sui*, die eben darin besteht, dass die Existenz aus der Essenz folgt (E1Def1). Gott ist geradezu dieser Zusammenhang von Essenz und Existenz und deshalb ist es auch das Wesen Gottes, das wir intuitiv erfassen, wenn wir auf die Existenz eines Dinges achten, und aus dem Verständnis des Wesens der Existenz verstehen, was es bedeutet, dass sich dieses Ding in seinem konkreten Sein zu erhalten strebt. Für die *scientia intuitiva* ist die Existenz selbst essenziell. Noch provokativer wird diese Lehre dadurch, dass mit der Grenze zwischen Essenz und Existenz auch die Grenze zwischen Essenz und Individualität fällt. Während für die Vernunft alles Wesentliche generell ist, erkennt die *scientia intuitiva* ein individuelles Wesen.[53]

Diese Verbindung von Essenz und individueller Existenz ist für die Interpretation Spinozas ein Problem, für das die verschiedenen Autoren unterschiedliche Lösungen vorschlagen. Christof Ellsiepen zum Beispiel hält an der Auffassung fest: „Von einer Erfassung der *individuellen* Essenz eines Einzeldings kann keine Rede sein".[54] Damit rücken zweite und dritte Erkenntnisart relativ eng zusammen, insofern auch die *scientia intuitiva* zwar etwas am Individuum erkennt, das aber selbst nicht individuell ist. Ursula Renz findet hier den Ausweg, die dritte Erkenntnisart in gewisser Weise als eine Verlängerung im Sinne einer Vervollständigung der zweiten Erkenntnisart zu erklären.[55] Mehr in die Richtung der hier vertretenen Interpretation scheint Thomas Kisser zu weisen, wenn er direkt davon ausgeht, dass die *scientia intuitiva* sich auf Individuelles richtet,[56] und den Unterschied zur Vernunfterkenntnis durch die Bemerkung veranschaulicht: „Sollte man das inhaltlich beschreiben, könnte man es nur noch in Form einer Erzählung tun, ein Traktat gerät hier an seine Grenzen."[57] Allerdings rückt Kissers Deutung durch die Betonung der reflexiven Struktur des „in se esse"[58] und die Darstellung, „wie der Geist die zunächst abstrakte Bezugnahme auf den ewigen Gehalt der Idee, die er selbst ist, für sich selbst realisiert",[59] Spinoza meines Erachtens zu nah an Hegel.

---

[53] Das Motiv von der Wesentlichkeit der Einzeldinge, das von Spinoza klar und kompromisslos gefasst wird, ist charakteristisch für das neuzeitliche Denken. Die neuzeitliche Wissenschaft widmet sich der Beobachtung (also der Erkenntnis der Einzeldinge), um daraus Einsichten in Wesenszusammenhänge zu gewinnen, und auch die neuzeitliche Religion (die Reformation) setzt auf das persönliche Einzelerlebnis als Verbindung zu Gott. Dass nach Spinoza das Wesen eines Dinges ebenso individuell ist wie dieses selbst, scheint mir unmittelbar aus E 2 Def 2 hervorzugehen.

[54] Ellsiepen, „Bewusstsein der Teilhabe", 294.

[55] Renz, *Erklärbarkeit*, 292f.

[56] Kisser, „Liebe Gottes", 283; 288.

[57] Kisser, „Liebe Gottes", 292.

[58] Kisser, „Liebe Gottes", 289.

[59] Kisser, „Liebe Gottes", 294.

Nach meinem Verständnis nimmt Spinoza mit der *scientia intuitiva* eine Perspektive in Anspruch, die außerhalb des diskursiv oder argumentativ Einholbaren liegt, dafür aber direkt zugänglich ist. Es geht nicht um eine virtuose Erweiterung oder hoch komplexe Vervollständigung des Argumentierens, sondern um eine Fundierung desselben durch eine Klärung, wovon die Rede ist. Dazu appelliert Spinoza an den Leser, selbst intuitiv zu erkennen und Einsichten in sich aufzufinden, die so als Phänomene aufgewiesen werden.[60] Dabei zeigt sich (soweit ist Kissers Darstellung durchaus treffend), dass der *conatus* des Einzeldinges die Struktur des „in se esse" hat, aber er wird nicht (oder jedenfalls nicht nur) aus dieser Struktur rekonstruiert, sondern von einem intuitiven Zugang aus verstanden.

Aber wie dem auch sei, belegt diese Diskussion eine ambivalente Haltung Spinozas gegenüber dem Rationalismus.

8 Amor dei intellectualis

Im Lichte der *scientia intuitiva* wird nicht nur das Verhältnis der Menschen zueinander persönlicher, sondern auch das Verhältnis zu Gott. Das intuitiv erkannte individuelle Wesen des einzelnen Menschen ist ewig[61] und in Gott aufgehoben und von Gott geliebt.[62] Spinoza nennt diese Liebe einen *amor intellectualis*, um ihren Ewigkeitsbezug hervorzuheben.[63] Das ist für uns heute irreführend, denn wir nennen (z.B. mit Kant) das engere auf Begrifflichkeit eingeschränkte Erkenntnisvermögen „Verstand" (*intellectus*) und stellen diesem eine weiter ausgreifende „Vernunft" (*ratio*) gegenüber. Bei Spinoza ist es eher umgekehrt, denn wenn er diese Begriffe überhaupt so eng fasst, dass sie nicht beide für das ganze Erkenntnisvermögen stehen, steht die Vernunft für das Denken aus der *ratio* als dem Grund, also für ein diskursives, begründendes Denken, und der Verstand für das weitere auch die Intuition einschließende Erkenntnisvermögen. Wir müssen uns hier also bewusst machen, dass Spinozas *amor intellectualis* ganz wesentlich ein *amor intuitivus* ist.

Insofern es im fünften Teil der *Ethica* um persönliche Unsterblichkeit und einen den einzelnen Menschen individuell liebenden Gott geht, geht Spinoza über einen bloßen „Deismus" hinaus. „Gott" ist hier nicht nur ein Terminus in einem philosophischen Begriffsgebäude, sondern wird persönlich intuitiv erfahren. Mit der *scientia intuitiva* verschiebt sich also nicht nur Spinozas Rationalismus in Richtung auf einen die Ratio transzendierenden intuitionistischen Standpunkt, sondern auch sein Deismus in Richtung auf einen Theismus. Allerdings ist Spinozas Gott anders als der Gott der im engeren Sinne als theistisch bezeichneten Religionen

---

[60] Siehe dazu: Krämer, „Zugang".
[61] Vgl. E 5 P 22 und 23.
[62] Vgl. E 5 P 36 C.
[63] E 5 P 32 C.

nicht von der Natur getrennt, und auch die Erkenntnis Gottes ist nicht von der Naturerkenntnis getrennt. Spinozas Standpunkt ist also auch hier ambivalent.

Diesen Abschnitt abschließend sei noch bemerkt, dass die *scientia intuitiva* nicht in jeder Hinsicht der diskursiven Erkenntnis überlegen ist. Letztere ist vielmehr unverzichtbar: zum einen, weil es in der *Ethica* wesentlich darum geht, ob die reale zeitliche Abfolge der Ideen in unserem Geiste aus der Vernunft oder durch äußere Einflüsse bestimmt ist, wobei die vernunftbestimmte Abfolge eben die Reihenfolge der Ideen in einer diskursiven Erörterung wäre.[64] Zum anderen, weil eine Rationalisierung der Affekte sich nur in der zweiten Erkenntnisart auch als solche verstehen kann, da die *scientia intuitiva* gar kein Verständnis des Affekts als eines Erleidnisses mehr enthält.[65]

9 Die scientia intuitiva als Sympathie

Die *scientia intuitiva* ist ein Verständnis des Seins und des Strebens nach Selbsterhaltung, das wir mit den Dingen teilen. Sie wird so im Grunde als ein adäquates (in Spinozas Sinne intellektuelles) Mitempfinden dieses Strebens verstanden, einschließlich der Freude, die wir sowohl als eine Freude an unserer eigenen Erkenntnis als auch als Freude an dem Wiedererkennen unseres Strebens nach Seinserhaltung im Anderen verstehen können. Hier, in einem Aufsatz über das Mitempfinden, sei es daher erlaubt zu formulieren, dass nach Spinoza die adäquate Erkenntnis der konkreten Dinge ganz auf der *scientia intuitiva* als auf einer intellektuellen Sympathie beruht. Im Rahmen der Spinozainterpretation, die ich hier vorschlage, kann gerade eine solche Beschreibung der *scientia intuitiva* als eines Mitempfindens des Strebens nach Seinserhaltung helfen, das, wovon Spinoza eigentlich spricht, intuitiv zugänglich zu machen und den Begriffen einen klaren Inhalt zu geben.

10 Zusammenstellung der Lehrstücke Spinozas zum Themenfeld ‚Mitleid‘

Abschließend stelle ich die oben entwickelten zum Themenfeld ‚Mitleid‘ gehörenden Thesen noch einmal zusammen:

1. Mitleid, Barmherzigkeit und Liebe sind, wenn sie sich auf Gegenstände der ersten Erkenntnisart (der *imaginatio*) beziehen, schon deshalb Formen der Fremdbestimmung, die nicht gut für uns ist. Das Mitleid ist als Affekt der Unlust also als „Übergang zu geringerer Vollkommenheit" erst recht zu meiden.

---

[64] Siehe dazu Krämer, „Spinozas Ethik", 83ff.
[65] Siehe Krämer, „Aberglaube", 384 Fußnote 3.

2. Die Empfindung des Mitleids ist zwar selbst unnütz, aber sie zeigt an, dass Menschen sich gegenseitig als ihresgleichen wahrnehmen, und dieses Bewusstsein der Gemeinsamkeit ist selbst eine der wichtigsten Quellen adäquater Einsicht und Handlung.

3. Entweder die Menschen unterstützen einander in ihren Handlungen oder sie sind einzeln den Naturgewalten ausgeliefert und damit dem Untergang geweiht. Die Gemeinschaft sich faktisch unterstützender Menschen ist der Staat. Barmherzigkeit als tätige Nächstenliebe ist also das, was letztlich den Inhalt aller Gebote des Staates ausmacht – und auch aller Gebote der Offenbarungsreligion. Gehorsam, Gewissen (ein dem Guten und Rechten zugewandter Sinn), Frömmigkeit und Barmherzigkeit und tätige Nächstenliebe (nicht als Gefühle, sondern als Handlungstypen verstanden), sind in diesem Sinne letztlich dasselbe.

4. Zu den Grundvorstellungen einer Offenbarungsreligion gehört die eines barmherzigen Gottes.

5. Die Affekte, die sich auf Gegenstände der zweiten Erkenntnisart (des diskursiven Denkens) richten, beruhen auf adäquater Einsicht. Wenn sie sich auf diese Weise gegenseitig erkennen, lieben sich die Menschen, und diese Liebe ist als Tätigkeit und Tugend gut. Aber sie bezieht sich nicht auf den jeweiligen Menschen in seiner Individualität, sondern nur auf die Natur des Menschen überhaupt und letztlich nur auf Gott als auf den einen Seinsgrund von allem.

6. Die *scientia intuitiva* lässt uns Einzeldinge adäquat erkennen. Dadurch wird eine Liebe möglich, die dem einzelnen Menschen gilt. Eine solche adäquate Liebe, in der nichts Negatives ist und in der die Individualität in die Ewigkeit des Wesens erhoben ist, wird auch von Gott empfunden. Auf dieser Ebene lieben die Menschen einander und erfahren ihr eigenes individuelles und doch ewiges und von Gott geliebtes Wesen.

7. Ein instruktiver Vorschlag für die Deutung der *scientia intuitiva* ist, sie sich als eine Art Sympathie mit dem intuitiv erkannten Gegenstand vorzustellen, ein Mitvollziehen des Strebens, sich in seinem Sein zu erhalten, das alle existierenden Dinge gemeinsam haben.

Literaturverzeichnis

Primärquellen

Spinoza, Benedictus de, *Ethica*, in: Ders., *Opera – Werke*, Bd. 2, 4. Aufl. Darmstadt 1989.
–, *Tractatus theologico-politicus,* in: Ders, *Opera – Werke*, Bd. 1, Darmstadt 1979.

Sekundärquellen

Althof, Daniel, *System und Systemkritik. Hegels Metaphysik absoluter Negativität und Jacobis Sprung*, Berlin/Boston 2017.

Bartuschat, Wolfgang, „Vernunft und Affektivität bei Spinoza" in: Stefan Hübsch/Dominic Kaegi (Hgg.), *Affekte. Philosophische Beiträge zur Theorie der Emotionen*, Heidelberg 1999, 91–100.

Deleuze, Gilles, *Spinoza und das Problem des Ausdrucks in der Philosophie*, München 1993.

Ellsiepen, Christof, „Erkenntnis als Bewusstsein der Teilhabe. Spinozas dritte Erkenntnisart", in: Thomas Kisser/Katrin Wille (Hgg.), *Spinozismus als Modell. Deleuze und Spinoza,* Paderborn, 2019, 299–309.

Garrett, Don, „Introduction", in: Don Garrett (Hg.), *The Cambridge Companion to Spinoza*, Cambridge 1996, 1–11.

Hamburger, Käte, *Das Mitleid*, 2. Aufl. Stuttgart 1996.

Kisser, Thomas, „Die dritte Gattung der Erkenntnis und die vernünftige Liebe Gottes", in: Michael Hampe/Robert Schnepf (Hgg.), *Ethik in geometrischer Ordnung dargestellt*, Berlin 2006, 283-296.

Krämer, Felix, „Aberglaube, Offenbarung und Vernunftreligion", in: Klaus Hammacher/Irmela Reimers-Tovote/Manfred Walther (Hgg.), *Zur Aktualität der Ethik Spinozas*, Würzburg 2000, 381–390.

–, „Spinozas Ethik und die Tradition Rhetorischen Denkens", in: Achim Engstler/Robert Schnepf (Hgg.), *Affekte und Ethik. Spinozas Lehre im Kontext,* Hildesheim 2002, 79–87.

–, „Der intuitive Zugang in der Philosophie Spinozas und sein Fehlen in der Rekonstruktion Deleuzes", in: Thomas Kisser/Katrin Wille (Hgg.): *Spinozismus als Modell. Deleuze und Spinoza*, Paderborn 2019, 299–309.

Renz, Ursula, *Die Erklärbarkeit von Erfahrung. Realismus und Subjektivität in Spinozas Theorie des menschlichen Geistes*, Frankfurt 2010.

Das Mitgefühl als Schlüssel zum Sittlichen

Positionen der britischen Moral-Sense-Philosophie[1]

Gregor Bloch

In der begriffsgeschichtlichen Entwicklung des in diesem Sammelband zentralen *Mitgefühls* haben die ethischen Debatten der britischen Aufklärungszeit einen eigenen Beitrag geleistet. Mit David Hume (1711–1776) und Adam Smith (1723–1790) haben sich zwei weltbekannte schottische Aufklärer intensiv mit dem Mitgefühl (*sympathy*) auseinandergesetzt und den Terminus zentral in ihren Moralphilosophien verwendet. Sie führten damit in unterschiedlicher Weise die Linie der sogenannten *Moral-Sense*-Philosophie fort, die mit dem englischen Frühaufklärer Anthony Ashley-Cooper, dritter Earl of Shaftesbury, kurz: Shaftesbury (1671–1713) genannt, ihren Begründer hat und mit dem schottischen Frühaufklärer Francis Hutcheson (1694–1746) einen bedeutenden Träger aufweist. Doch während Shaftesbury und Hutcheson ihre ethischen Theorien vornehmlich mithilfe eines ästhetischen Zugriffs konzipierten, erfuhren Humes und Smiths Konzeptionen affekttheoretische Erweiterungen. Dies lässt bereits erahnen, dass im Laufe der Zeit eine Verschiebung vom Moral*sinn* zum Mit*gefühl* eingetreten ist. Darüber hinaus erweiterte bereits Hutcheson und in seinem Gefolge Hume und Smith den Diskurs von der Moralphilosophie auf weitere Bereiche der praktischen Philosophie, insbesondere auf die Gebiete des Politischen und des Ökonomischen. Dies hatte zur Folge, dass die drei schottischen Aufklärer nicht nur ethische, sondern zugleich auch umfangreiche sozialphilosophische Gesamtentwürfe vorgelegt haben, die in unterschiedlicher Ausprägung fernerhin theologische resp. religionsphilosophische Anknüpfungspunkte aufweisen. Dies in angemessener Kürze aufzubereiten, ist das Anliegen dieses Beitrags.[2]

---

[1] Dieser Beitrag fußt wesentlich auf Erträgen meiner Dissertationsschrift: Bloch, *Calvinismus*. Unter den einschlägigen Veröffentlichungen zu diesem Themengebiet vgl. insbesondere Rivers, *Reason*, sowie ferner Gill, *Moralists*. Im deutschsprachigen Raum ist auf die bereits älteren Monographien Schrader, *Ethik*, sowie ferner auf Gräfrath, *Moral Sense*, zu verweisen.

[2] Wegen der begrifflichen Entwicklung vom Moralsinn zum Mitgefühl sowie der Erschließung weiterer praktisch-philosophischer Gebiete beschränkt sich dieser Beitrag auf die vier genannten Personen. Weitere Linien bzw. Größen der Shaftesburyrezeption, wie z.B. Joseph Butler oder

Zur Einordnung der jeweiligen Konzeptionen sind zwei Aspekte wichtig hervor-zuheben: Zum einen ist auf die persönlichen Verbindungen zwischen den genann-ten Personen hinzuweisen. Während keiner der drei Schotten Shaftesbury mehr persönlich kennen gelernt hatte, standen Hutcheson, Hume und Smith in persönli-chem Austausch. Sie waren akademisch miteinander verbunden: Hutcheson war als Glasgower Professor für Moralphilosophie der akademische Lehrer Smiths. Hume lernte Hutcheson erst durch dessen Schriften, dann durch persönliche Begegnun-gen kennen, und pflegte zu Smith eine lebenslange Freundschaft. Von Shaftesbury erfuhren Hume und Smith nicht zuletzt durch die Vermittlung Hutchesons, der den englischen Philosophen gut zehn Jahre nach dessen Ableben in den 1720er Jahren in den Intellektuellenzirkeln Dublins kennenlernte.[3] Nichtsdestotrotz sollte Hutcheson zu einem der wichtigsten Rezipienten des Earls werden.

Zum anderen nehmen die ethischen Entwürfe der vier Aufklärungsphilosophen auf philosophische Strömungen Bezug, die bereits das 17. Jahrhundert geprägt haben und die zur Einordnung notwendig anzuzeigen sind. Einerseits galt die Aufmerksamkeit dem ethischen Rationalismus, welcher die Vernunft als Grundlage der Moral proklamierte und in unterschiedlicher Ausprägung exemplarisch von Samuel Clarke (1675–1729) und William Wollaston (1659–1724) repräsentiert wurde. Dem stellten die vier Protagonisten dieses Beitrags alternativ eine auf der Empirie fußende Konzeption des Moralsinns resp. Gefühls gegenüber. Anderseits setzten sie sich mit dem ethischen Egoismus auseinander, der allen voran von Thomas Hobbes (1588–1679) und in eigentümlicher Zuspitzung von Bernard Mandeville (1670–1733) vertreten wurde. In Opposition dazu verhalfen die vier Aufklärer dem Altruismus ihr Recht und wiesen den Egoismus in je unterschiedlicher Weise in seine Schranken.

In den nachfolgenden Ausführungen sollen die praktisch-philosophischen Grundanliegen Shaftesburys, Hutchesons, Humes und Smiths in einzelnen Un-terabschnitten dargestellt werden. Dabei soll ein Fokus auf die Entwicklung der Begriffe Moralsinn und Mitgefühl gerichtet werden. Beschlossen wird der Beitrag mit einem Resümee.

1 Shaftesbury, oder: die Schönheit des Ethischen

In der Entwicklung der Aufklärung spielt Shaftesbury eine bemerkenswerte Rolle. Wenn man ihn als „Wegbereiter der Aufklärung"[4] würdigt, hat dies durchaus sein

---

Richard Price, sollen hier keine Erwähnung finden. Eine schöne Studie zu den unterschiedlichen Strömungen hat aber vorgelegt Rivers, *Reason*, bes. 153–237.

[3] Vgl. Leidhold, *Ethik*, 36ff.

[4] Röd, *Philosophie*, 82. Im Original durch Kursivierung hervorgehoben.

Recht. Hatte er doch durch seine Veröffentlichungen zu ethischen, religionsphilo-
sophischen und ästhetischen Themengebieten dem Aufklärungszeitalter wichtige
Impulse gegeben. Es gehört jedoch zu den Eigentümlichkeiten der Lebensgeschich-
te Shaftesburys, dass er keinerlei universitäre Bildung genoss und folglich auch
keine akademische Position innehatte. Der englische *Peer* stand Universitäten vielmehr abwertend gegenüber und betrachtete geisteswissenschaftliche Fächer wie
Philosophie und Theologie gar als gefährlich.[5] Trotzdem konnte er durch reges Ei-
genstudium zu einer philosophischen Größe aufsteigen. Seine intellektuelle Heimat
fand er dabei in der antiken Philosophie platonischer sowie stoischer Provenienz.[6]

In seinen Grundzügen formuliert Shaftesbury eine auf der Ästhetik beruhende
Philosophie, die in die Ethik mündet. Die Grundidee lautet dabei folgendermaßen:
Die vorfindbare Welt ist harmonisch geordnet und beschaffen. Der von Natur
aus gute Mensch kann dies bei richtiger Betrachtung erkennen und ästhetisch
würdigen. Dies lässt für Shaftesbury zugleich Rückschlüsse auf das Gebiet der
Moral zu:

This too is certain; That the Admiration and Love of Order, Harmony and Proportion,
in whatever kind, is naturally improving to the Temper, advantageous to social Affection,
and highly assistant to *Virtue*; which is it-self no other than the Love of Order and Beauty
in Society. In the meanest Subjects of the World, the Appearance of *Order* gains upon the
Mind, and draws the Affection towards it. But if *the Order of the World it-self* appears
just and beautiful; the Admiration and Esteem of *Order* must run higher, and the elegant
Passion or Love of Beauty, which is so advantageous to Virtue, must be the more improv'd
by its Exercise in so ample and magnificent a Subject.[7]

Shaftesbury schließt folglich von dem ästhetisch Schönen auf das ethisch Schöne.
Die im sozialen Kontext als schön aufgefassten Handlungen sind für ihn ethisch zu
würdigen und aufgrund der geordneten Verfasstheit der Welt eindeutig zu erkennen.[8] Harmonie und Schönheit bilden somit für Shaftesbury nicht nur ästhetische,
sondern auch ethische Grundbegriffe.

Shaftesbury macht in diesem Zusammenhang eine besondere Veranlagung des
menschlichen Geistes aus, die es jedem Menschen ermöglicht, Handlungen unter
moralischem Gesichtspunkt einerseits wahrzunehmen und zu bewerten sowie andererseits selbst entsprechend auszuüben.[9] So werden Handlungen einer Person,
die von einem Beobachter als schön empfunden werden, von diesem Beobachter
zugleich auch als moralisch bzw. tugendhaft wahrgenommen und entsprechend
beurteilt. Um dieser menschlichen Veranlagung einen Namen zu geben, operiert

---

[5] Vgl. Rivers, *Reason*, 91.
[6] Vgl. Rivers, *Reason*, 91–97.
[7] Shaftesbury, „Inquiry", 43.
[8] Vgl. Rivers, *Reason*, 143.
[9] Vgl. Shaftesbury, „Inquiry", 24f.

Shaftesbury u.a. mit dem *sense*-Begriff, allerdings nicht einheitlich. So gebraucht er beispielsweise den Terminus „Sense of Right and Wrong",[10] bisweilen spricht er aber auch von Instinkt, Gewissen oder einer anderen Begrifflichkeit. Traditionsgeschichtlich bedeutsam ist dafür der Begriff *moral sense* geworden. Doch auch wenn diese Bezeichnung bei ihm Verwendung findet, kommt sie relativ selten vor. Die Popularisierung des Moralsinn-Begriffs erfolgte erst später durch die Rezeption Hutchesons.[11]

Als eigentliche Bezugsgröße und Grundlage des Moralsinns betrachtet Shaftesbury *natural affections*.[12] Darunter versteht er (Zu-)Neigungen eines menschlichen Subjekts gegenüber seinen Mitmenschen und hat Kategorien wie Liebe, Wohlgefallen und Achtung im Blick. Wenn sie in Handlungen ersichtlich sind, ruft dies beim entsprechenden beobachtenden Subjekt freudige Billigung hervor und führt zur entsprechenden ethischen Würdigung resp. Wertung.[13] Hingegen versteht er unter *self-affections* die Ausrichtung auf das Eigenwohl. Gegen die Hobbessche Tradition gerichtet, wendet er ein, dass nicht das Eigeninteresse, sondern die *natural affections* als ethisch relevante Handlungsmotive anzusehen sind. Trotzdem wird die Selbstliebe und das Eigeninteresse in der Kombination mit natürlichen Affektionen gewürdigt. Es ist die Balance der verschiedenen Neigungen, die zusammenwirken müssen: Selbst-Affektionen dürfen nicht zu stark und natürliche Affektionen dürfen nicht zu schwach ausgebildet sein.[14] Vielmehr ist die Harmonie von beiden moralisch erstrebenswert. Der Begriff des Mitgefühls spielt in diesem Zusammenhang keine konstitutive Rolle. Zudem bleiben seine ethischen Vorstellungen weitestgehend auf die Moralphilosophie beschränkt. Doch mit seiner ethischen Theorie hat Shaftesbury eine Grundlage gelegt, die insbesondere von den schottischen Aufklärern produktiv angeeignet wurde.

2 Hutcheson, oder: die Emphase des Wohlwollens

Francis Hutcheson gilt gemeinhin als „father of the Scottish Enlightenment".[15] Er ist Sohn schottischer Einwanderung der irischen Provinz Ulster, sodass neben Schottland auch Irland zu seinen Wirkungsorten gehörte. Von seiner Profession her ist er eigentlich Theologe und hat nach seinem theologischen Studium in Glasgow Mitte der 1710er Jahren und nach kurzer Dauer im kirchlichen Dienst in

---

[10] Vgl. Shaftesbury, „Inquiry", 23.

[11] Vgl. zu den verschiedenen Begriffsverwendungen Rivers, *Reason*, 124. Zum *Moral-Sense*-Begriff bei Shaftesbury vgl. auch Schrader, *Ethik*, 10–18.

[12] Vgl. Shaftesbury, „Inquiry", 57f.; ferner Rivers, *Reason*, 122.

[13] Vgl. Shaftesbury, „Inquiry", 57.

[14] Vgl. Shaftesbury, „Inquiry", 98; auch Rivers, *Reason*, 122.

[15] Broadie, *History*, 104.

den 1720er Jahren eine presbyterianische Dissenter-Akademie in Dublin gegründet. 1730 übernahm er dann die Professur für Moralphilosophie an der Universität Glasgow, die er bis zu seinem Tod ausfüllen sollte.

Hutchesons Ethik, die in seinem zweiteiligen Werk *Inquiry into the Original of our Ideas of Beauty and Virtue* 1725 einen ersten schriftlichen Niederschlag erfuhr, weist in vielerlei Hinsicht Bezüge zu Shaftesbury auf, ist aber zugleich eine eigenständige Konzeption, die eingefügt ist in eine breite praktisch-philosophische Theorie.[16] Er geht ebenfalls von der ästhetischen Betrachtung der Welt aus und vertritt die Annahme, dass dem Menschen ein spezieller ästhetischer Sinn innewohnt, mit dem die Schönheit und Harmonie der Wirklichkeit wahrgenommen werden kann. Daneben besitzt der Mensch zugleich einen Moralsinn, eine instinktartige Geistesanlage, die ähnlich wie der ästhetische Sinn funktioniert und es ihm ermöglicht, Handlungen moralisch wahrnehmen, einordnen und bewerten zu können. In diesen Punkten ähneln seine Ausführungen denen Shaftesburys, wobei er nun anders als der Engländer bestimmender den Begriff *moral sense* verwendet.[17]

Entschiedener als Shaftesbury ist Hutcheson in zwei anderen Punkten: Einerseits in der Beschreibung der Bezugsgröße des Moralsinns. Für Hutcheson ist der Moralsinn dezidiert an Motiven der Liebe orientiert, die in Handlungen zum Tragen kommen. Dabei spezifiziert er den Liebesbegriff insofern, als er ihn mit der Idee des Wohlwollens (*benevolence*) näher bestimmt. Menschen bewerten mittels ihres Moralsinns Handlungen, die aus Motiven des Wohlwollens erfolgen, als ethisch positiv. Handlungen aus Motiven des Hasses werden durch den Moralsinn wiederum missbilligt. Deshalb kommt dem Wohlwollen bei Hutcheson eine Schlüsselstellung zu. Hutchesons Ausführungen von Liebe und Wohlwollen sind damit spezifizierter als Shaftesburys Rede von den *natural affections*. Andererseits ist Hutchesons Ethik deutlicher dem Altruismus verschrieben, der sich insbesondere gegen Mandevilles radikale *Fable of the Bees* wendet. Dies ist bereits in der Definition des Wohlwollens angelegt, welches er als „desire of the Happiness of another"[18] kurz und knapp bestimmt. Der Selbstliebe misst er wiederum keine ethische Qualität zu, auch wenn er sie als eine natürliche menschliche Neigung betrachtet. Doch von ethisch positivem Wert sind allein Verhaltensweisen, die das Wohl anderer Menschen im Blick haben.

Das Wohlwollen ist nicht nur ein Zentralbegriff der Ethik, sondern der gesamten praktischen Philosophie Hutchesons. Als politische und hernach auch ökonomischen Leitidee bestimmt er das Allgemeinwohl, welches er vom Wohlwollen

---

[16] Eine breite Darstellung zur Philosophie Hutchesons wurde im deutschsprachigen Bereich vorgelegt von Leidhold, *Ethik*. Eine jüngere Gesamtperspektive der Philosophie Hutchesons bietet Carey, „Hutcheson", 36–76.

[17] Vgl. dazu exemplarisch Hutcheson, „Inquiry", 89–100.

[18] Hutcheson, „Inquiry", 223.

ableitet.[19] Das Handeln zum Zweck des Allgemeinwohls ist gewissermaßen wohl-
wollendes Handeln in einem erweiterten, größeren sozialen Kontext und bildet
seinen sittlichen Gehalt. Recht, Staat, Politik und Ökonomie werden deshalb so
konzipiert, dass sie dem Zweck des Gemeinwohls dienen.[20] Im Zuge der politischen
Diskurse seiner Zeit führt ihn dies zur Positionierung zugunsten des Liberalismus,
während sein ökonomisches Denken zwar noch merkantilistische Züge ausweist,
doch bereits Ansichten vertritt, die in späteren liberalen nationalökonomischen
Entwürfen produktiv weitergeführt werden.[21]

Ideengeschichtlich entnimmt Hutcheson die Begriffe Liebe und Wohlwollen
jedoch nicht aus der philosophischen, sondern aus der theologischen Tradition.
Seine eigenen theologischen Ausführungen legen dar, dass er Liebe und Wohlwollen von der Gottesidee her entwickelt:[22] Gott ist seinem Wesen nach primär
wohlwollend und möchte das Wohl bzw. Glück seiner Menschen, dem diese wiederum in ihrer Lebensführung durch wohlwollende Handlungen zu entsprechen
haben. Nachhaltig geprägt wurde Hutcheson an dieser Stelle – wie ich in meiner
Dissertation nachgewiesen habe – von seinem theologischen Lehrer John Simson
(1667–1740), einem liberalen Calvinisten, der seine an der Universität Glasgow
lehrende Theologie in Opposition zu der in Schottland vorherrschenden calvinistischen Orthodoxie formulierte und zu verteidigen hatte.[23] Simsons Theologie
der Liebe, die Hutcheson lange vor seiner literarischen Auseinandersetzung mit
Shaftesbury kennen und schätzen lernte, ist der ideengeschichtliche Hintergrund
für Hutchesons Philosophie des Wohlwollens und hat durchaus den Nährboden
gegeben, sich Shaftesburys Lehren anzueignen.

Hutcheson führt dies insofern moralphilosophisch fort, als er den gütigen und
wohlwollenden Gott auch zum Urheber des menschlichen Moralsinns erhebt:

It is certain, there is nothing in this surpassing the natural Power of the Deity. But as in the
first Treatise, we resolv'd the Constitution of our present Sense of Beauty into the divine
Goodness, so with much more obvious Reason may we ascribe the present Constitution
of our moral Sense to his Goodness. For if the Deity be really benevolent, or delights in the

---

[19] Vgl. Hutcheson, „Inquiry", 130.

[20] Zu seiner politischen Philosophie vgl. neben der *Inquiry* insbesondere Hutcheson, *Moral
Philosophy*.

[21] Im Gegensatz zu Hume und Smith hat Hutcheson keine gesonderte Schrift zur Ökonomie
vorgelegt. Sein ökonomisches Denken ist vielmehr seinen politisch-philosophischen Ausführungen
zu entnehmen.

[22] Vgl. dazu den mit *On God* überschriebenen dritten Teil von Hutcheson, „Synopsis", 57–187, 151–
187. Eine systematische Darstellung der Theologie Hutchesons sowie ihre theologiegeschichtliche
Einordnung ist erstmals vorgelegt worden von Bloch, *Calvinismus*, 46–80.

[23] Vgl. Bloch, *Calvinismus*, 71–74. Zur erstmals systematisch rekonstruierten Theologie Simsons
vgl. Bloch, *Calvinismus*, 27–38.

Happiness of others, he could not rationally act otherwise, or give us a moral Sense upon another Foundation, without counteracting his own benevolent Intentions.[24]

Der Moralsinn, der letztlich als eine göttlich gewirkte menschliche Geistesanlage anzusehen ist, ist auf wohlwollende Liebe gegründet und ausgerichtet, die selbst wiederum im wohlwollenden Wesen Gottes ihren Ursprung hat. Hutchesons Moralphilosophie ist folglich in doppelter Weise theologisch rückgebunden. Damit verbindet Hutcheson eine Hochschätzung des Christentums, welches er prinzipiell als die Religion betrachtet, „which gives us the truest Idea of Virtue, and recommends the Love of God, and of Mankind, as the Sum of all true Religion."[25]

Und hier tut sich nun ein weiterer Unterschied zwischen Shaftesbury und Hutcheson auf: Während Hutcheson das Christentum als Religion des Altruismus mit einem liebenden, wohlwollenden Gott kennzeichnet, stellt das Christentum für Shaftesbury die Religion des (Heils-)Egoismus und des willkürlichen Gottes dar.[26] Dies kritisiert der schottischen Aufklärer auch ausdrücklich am Engländer.[27] Damit verbunden bleibt Shaftesbury für Hutcheson letztlich bei der Beschreibung des ethisch bedeutsamen Liebesbegriffs unterbestimmt.

3 Hume, oder: der Übergang vom Moralsinn zum Mitgefühl

David Hume, der Universalgelehrte der schottischen Aufklärung, dem ein universitärer Lehrstuhl jedoch Zeit seines Lebens verwehrt sein sollte, formulierte seine praktische Philosophie auf Grundlage empirischer Beobachtungen und in einem weitestgehend deskriptiven Modus. In seinen ethischen Ausführungen, die ihren ersten Niederschlag in *Of Morals*, dem dritten Teil von *A Treatise of Human Nature* (1739/40), gefunden hat, weiß er sich schon zu Beginn ausdrücklich der *Moral-Sense*-Philosophie zugehörig: „*Moral distinctions deriv'd from a moral sense*".[28] Und doch überwindet er diese Tradition in gewisser Weise und bringt sie zu seinem Ende.

Humes Moralphilosophie betont die ethische Bedeutung des Gefühls resp. Fühlens. Er bringt dies pointiert zum Ausdruck, wenn er sagt: „Morality, therefore, is more properly felt than judg'd of".[29] Die Fähigkeit des Menschen, ein ethisches Urteil abzugeben, vollzieht sich für Hume durch das Fühlen. Wenn im Subjekt bei der

---

[24] Hutcheson, *Inquiry*, 197.

[25] Hutcheson, *Inquiry*, 12.

[26] Vgl. Shaftesbury, „Inquiry", 29. Zur Christentumsdeutung Shaftesburys vgl. auch Rivers, *Reason*, 135f. sowie Leidhold, *Ethik*, 99f.

[27] Vgl. Hutcheson, *Inquiry*, 12.

[28] Hume, *Treatise*, 302. Einen schönen Überblick über die Moralphilosophie Humes allgemein bietet ferner auch Kulenkampff, *Hume*, 99–127.

[29] Ebd.

Wahrnehmung einer Handlung ein angenehmes Gefühl entsteht, dann beurteilt es die Handlung positiv. Bei einem unangenehmen Gefühl tritt das Gegenteil ein, die Handlung wird als negativ gewertet.[30] Aus diesem Grund stellt Hume fest: „Now since the distinguishing impressions, by which moral good or evil is known, are nothing but *particular* pains or pleasures".[31] Das moralisch Gute wird demnach durch eine Vergnügungsempfindung (*pleasure*) bestimmt, das moralisch Schlechte durch Schmerzempfinden (*pain*). Eingebettet weiß Hume seine Begrifflichkeit ethischer Gefühle in eine Affekttheorie, die hier nicht näher erläutert werden kann.[32] Doch es ist zu konstatieren, dass Hume stärker als Shaftesbury und Hutcheson das wirkliche Empfinden im Rahmen der ethischen Urteilsbildung hervorhebt. Der Begriff Moralsinn steht in Humes Augen für diese Fähigkeit des Menschen.

Dies wird durch folgende Erweiterung noch deutlicher: Hume misst dem Menschen die Fähigkeit zu, Perspektivenwechsel vornehmen zu können. Der Mensch kann die Welt nicht nur von seinem Standpunkt aus deuten, sondern er ist auch fähig, sich in die Lage anderer Menschen hineinzuversetzen. Er ist für Hume sogar imstande, Situationen, die ein anderer durchlebt, fühlend nach- bzw. mitzuempfinden. Diese Fähigkeit des Mit-Fühlens wird mit dem Terminus „Mitgefühl" (*sympathy*) auf den Begriff gebracht. Mitgefühl bezeichnet bei Hume – und später auch bei Smith – also nicht die Anteilnahme am (negativen) Schicksal anderer Menschen (wie es z.B. der Begriff Mitleid intendiert), sondern drückt den Vorgang des affektiven Mitfühlens mit den Gefühlen anderer Menschen aus. Dies kommt im Deutschen letztlich dem Begriff Empathie sehr nahe. Mithilfe epistemologischen Vokabulars bestimmt Hume Mitgefühl als „conversion of an idea into an impression".[33] Es wandelt demnach eine Vorstellung einer anderen Person in einen Eindruck des eigenen Bewusstseins um. Dies hat nun auf die im ethischen Prozess grundlegenden Empfindungen von *pleasure* und *pain* Auswirkungen: Das Mitgefühl übersetzt dem eigenen Subjekt gewissermaßen das Vergnügungs- bzw. Schmerzgefühl anderer, sodass dieses nun auch zum Lust- resp. Unlustgefühl des beobachtenden Subjekts selbst werden kann.[34] Somit kommt durch das Mitgefühl die oben angesprochene Rede vom „moralischen Fühlen" vollends zur Geltung.

Damit hat es auch für die Rede vom Moralsinn eine Bedeutung. Denn Hume verbindet Moralsinn und Mitgefühl in der Weise miteinander, dass der *moral sense* geradezu in *sympathy* präsent ist. Bei Hume ist der Moralsinn damit keine statische, instinktartige Geistesanlage des Menschen, wie bei Shaftesbury und Hutcheson, sondern mit der Fähigkeit zur *sympathy* dynamisch und intersubjektiv

---

[30] Vgl. Hume, *Treatise*, 302f.

[31] Hume, *Treatise*, 303.

[32] Seine Affekttheorie hat Hume im Buch *Of the Passions*, dem zweiten Teil von *A Treatise of Human Nature*, präsentiert (vgl. Hume, *Treatise*, 179–290).

[33] Hume, *Treatise*, 379.

[34] Hume, *Treatise*, 371.

bestimmt.[35] Humes Pointe der Konzeption des Moralsinns liegt also darin, dass er durch *sympathy* im menschlichen Geist gegenwärtig und Mittel der ethischen Urteilsbildung ist.[36] Das Mitgefühl ist bei Hume somit der Garant des ethischen Bewusstseins des Menschen und, wie er selbst ausdrückt, „the chief source of moral distinctions".[37] Damit überführt Hume seine *Moral-Sense*-Philosophie in eine mit dem *sympathy*-Begriff verbundene affektiv bestimmte Gefühlsethik bzw. *Moral-Sentiments*-Philosophie.[38]

Von dieser gefühlsethischen Grundanlage ausgehend formuliert Hume auch seine Tugendlehre. Dabei bringt er das Verhältnis von Egoismus und Altruismus zur Sprache. Für ihn steht fest, dass die Beziehung eines Subjekts zu sich selbst genauso in der ethischen Theorie zu berücksichtigen ist wie das Verhältnis zu anderen Mitmenschen. Doch der Eigenliebe möchte er nur bedingt Freiraum geben. Als entsprechende Tugend beschreibt er hier deshalb einen gemäßigten Stolz.[39] Demgegenüber betont er die Liebe zum Mitmenschen und die aus diesem Affekt erfolgenden Handlungen. In diesem Zusammenhang ist das Wohlwollen für ihn die bedeutendste Tugend.[40] Auch wenn Hume dem positiven Selbstverhältnis des Subjekts also – anders als Hutcheson – ethische Bedeutung zumisst, bleibt Hume insofern eher auf Seiten des Altruismus, als er die Vorstellung vom Egoismus als alleiniger Quelle ethischer Orientierung immer wieder scharf kritisiert. Die Idee des altruistischen Wohlwollens rezipiert Hume dabei von Hutcheson.[41] Dieser Befund ist für die ideengeschichtliche Einordnung der Moralphilosophie Humes von Bedeutung. Denn er nimmt damit die bei Hutcheson aus der Gotteslehre entwickelte Idee des Wohlwollens für die Moralphilosophie in fruchtbarer Weise auf, die Hutcheson wiederum einer liberal-calvinistischen Interpretation entnommen hat. In dieser Hinsicht ist Humes Ethik wesentlich mitbestimmt von einer theologisch hergeleiteten Idee liberal-calvinistischer Provenienz.[42]

---

[35] Vgl. Hume, *Treatise*, 394.

[36] Eine solche Deutung des Moralsinns im Verbund mit dem Mitgefühl vertreten ähnlich Schrader, *Ethik*, 183f., 192–197; Swanton, „Hume", 474f.; Pauer-Studer, „Kommentar", 349.

[37] Hume, *Treatise*, 394.

[38] Vgl. im Wesentlichen ähnlich Schrader, *Ethik*, 169–172, 192f.; auch Gräfrath, *Moral Sense*, 21f., 29–42. Mit Schrader ist allgemein zu konstatieren, dass bei Hume „der Begriff des *moral sense* selbst […] letztlich überflüssig wird." (Schrader, *Ethik*, 192).

[39] Vgl. Hume, *Treatise*, 377–384.

[40] Vgl. Hume, *Treatise*, 384–387; ferner Hume, *Enquiry*, 8ff.

[41] Vgl. Bloch, *Calvinismus*, 165f.

[42] Dass Hume die Idee des Wohlwollens ebenfalls mit dem Gottesgedanken verbunden weiß, zeigt er in seiner Religionsphilosophie, die hier nicht näher Erläuterung finden kann (vgl. Hume, „Religion", 60, 78). Diese erweist sich entgegen der insbesondere im deutschsprachigen Raum vertretenen kritischen Ansicht über Humes Auffassungen zu Religion und Theologie, wie ich nachweisen konnte, als viel konstruktiver als allgemein angenommen. Außerdem misst er der Religion, insbesondere dem Protestantismus resp. Calvinismus, eine erhebliche kulturgeschichtliche Bedeutung zu. Dazu vgl. die entsprechende Rekonstruktion der Religionsphilosophie Humes unter

Auch die philosophische Reflexion des Politischen erfolgt aus der Moralphilosophie heraus. Doch während Hume auf ethischem Gebiet dem Altruismus die Überhand belässt, zollt er in diesem Zusammenhang dem Egoismus Tribut. Dabei tritt für ihn die Idee der Gerechtigkeit (*justice*) in den Mittelpunkt des Interesses, die er in seiner Ethik als „künstliche", durch Konventionen hervorgebrachte Tugend beschreibt, die anders als das Wohlwollen keinem natürlichen Gefühl entstammt.[43] Im Kontext der politischen Philosophie geht er von einer negativ-anthropologischen Annahme aus, die das Eigeninteresse der Menschen als ein zerstörerisches Potential in der Auseinandersetzung um die in der Welt begrenzten Ressourcen begreift.[44] Die Rechtsordnung hat deshalb primär den Zweck, die negativen Folgen des menschlichen Eigeninteresses einzudämmen, indem sie den individuellen Besitz in rechtliches Eigentum überführt und allgemeine Regeln des Zusammenlebens bereithält. Der sich in der Geschichte herausbildende Staat dient in dieser Konsequenz der Aufrechterhaltung und Durchsetzung von Recht und Gerechtigkeit. So gewährleistet er Sicherheit und Frieden, auf deren Grundlage Allgemeinwohl und individuelles Glück gefördert werden. Hume kann die Idee der *justice* dadurch mit dem Allgemeinwohl verbinden. Doch entwickelt er diese Idee – anders als Hutcheson – nicht vom Wohlwollen her. Die Benevolenz ist für Hume kein geeigneter politischer Begriff. Ferner betont er das geschichtliche Gewordensein menschlicher Sozialstrukturen, die deshalb nur mittels historisch-empirischer Analyse erschlossen werden können. Aufgrund dieses Zugriffs hält er sich mit einer eigenen Positionierung bei Debatten um die Alternativen Konservatismus oder Liberalismus weitestgehend zurück. In den Bahnen der *Justice* konzipiert er auch seine ökonomischen Vorstellungen. Er skizziert dabei bereits ein marktwirtschaftliches System, das durch individuelle Arbeit sowie Tausch- und Handelsprozesse das Potential hat, allen Menschen eines Gemeinwesens zum Vorteil zu gereichen.[45]

4 Smith, oder: das Mitgefühl und der wechselseitige Zusammenhang von Egoismus und Altruismus

Adam Smith, der Begründer der klassischen Nationalökonomie, war nicht in erster Linie Ökonom, sondern Philosoph.[46] Ethik, Politik und Ökonomik bilden bei dem von 1752 bis 1763 fungierenden Inhaber der Glasgower Professur für Moralphiloso-

---

Berücksichtigung seiner historischen Schriften bei Bloch, *Calvinismus*, 199–240.

[43] Vgl. Hume, *Treatise*, 307–311.

[44] Zur politischen Philosophie insgesamt vgl. Hume, *Treatise*, 307–362. Ferner auch Kulenkampff, *Hume*, 127–147.

[45] Zu seinem ökonomischen Denken vgl. exemplarisch Hume, „Commerce".

[46] Einen Überblick über Smiths Biographie und Philosophie hat in jüngerer Zeit vorgelegt Streminger, *Smith*.

phie (in der späteren Nachfolge Hutchesons) eine die Individualität und Sozialität des Menschen verbindende zusammenhängende Sozialphilosophie.[47]

In seinem ethischen Hauptwerk, *The Theory of Moral Sentiments* (1759), versucht Smith ausgehend vom Begriff des Mitgefühls, auf Grundlage der Analyse des empirischen zwischenmenschlichen Verhaltens zu allgemeinen ethischen Aussagen zu kommen. Ihm ist es bei diesem in der Tradition Hutchesons und Humes stehenden gefühlsethischen Entwurf daran gelegen, den Perspektiven des eigenen Individuums einerseits und der Mitmenschen andererseits gerecht zu werden. Doch anders als bei den anderen beiden schottischen Aufklärern, spielt der Terminus *moral sense* in Smiths Philosophie keine Rolle. Er kennt den Begriff zwar, operiert damit aber nicht produktiv.[48] Vielmehr weitet er den von Hume vorgezeichneten Weg einer (Mit-)Gefühlsethik aus. Mit Hume teilt er die Auffassung über die grundsätzliche Fähigkeit des Menschen, die Gefühle anderer Menschen affektiv nachzuvollziehen. Dies schreibt er ebenfalls dem Mitgefühl zu, allerdings erweitert er die Bedeutung des Begriffs im Vergleich zu Hume. Smiths Bestimmung der *sympathy* ist deutlich intersubjektiver, multiperspektivischer und berücksichtigt entschiedener den situativen Kontext, in dem das Mitgefühl auftritt. So weiß er beispielsweise zwischen einem direkten Mitgefühl und einem davon abgeleiteten indirekten Mitgefühl zu unterscheiden: Die direkte *sympathy* bildet die moralische Billigung der Handlung einer Person durch einen (unparteiischen) Beobachter aufgrund des Motivs des Handelnden. Die indirekte *sympathy* berücksichtigt davon abgeleitet, die Reaktion einer anderen Person, an der zuvor die entsprechende Handlung vollzogen wurde:

> As our sense, therefore, of the propriety of conduct arises from what I shall call a direct sympathy with the affections and motives of the person who acts, so our sense of its merit arises from what I shall call an indirect sympathy with the gratitude of the person who is, if I may say so, acted upon.[49]

Smith ist es grundsätzlich wichtig hervorzuheben, dass die Fähigkeit zur *sympathy* für das Subjekt selbst von großer Bedeutung ist. Es ist nicht einfach nur zur *sym-*

---

[47] Es gehört zu den großen Diskursen in der Smith-Forschung, das Verhältnis zwischen dessen Moralphilosophie und Ökonomik zu bestimmen. Die Kontroverse um das sogenannte „Adam-Smith-Problem" – wie es der deutsche Nationalökonom August Oncken auf den Begriff brachte – bezieht sich auf die Frage, ob die beiden Hauptwerke *Theory* und *Wealth* und die sich dahinter verbergenden Ansichten als Einheit oder aber als sich widersprechende Konzeptionen verstanden werden müssen (vgl. dazu vor allem Eckstein, „Einleitung", XLII–LV). Ich vertrete klar die Meinung, dass die Werke im Zusammenhang zu lesen sind und dann auch erst recht verstanden werden.

[48] Dass Smith der *moral sense*-Begriff bekannt ist, wird an unterschiedlichen Stellen der Schrift deutlich (vgl. Smith, *Theory*, 158, 165, 321–327).

[49] Smith, *Theory*, 74. Von *sense* lässt sich, wie im Zitat angezeigt, bei Smith nur in Ableitung bzw. auf Basis des Mitgefühls sprechen. Dadurch, dass das Subjekt in der Lage ist, die Gefühlslage seines Mitmenschen mittels Mitgefühls situativ mitzuempfinden, hat das Mitgefühl einen gewissen Sinnescharakter.

pathy in der Lage, sondern es verlangt geradezu danach, situativ bedingte Affekte
der Mitmenschen fühlend mit- bzw. nachvollziehen zu können. Smith versieht
diese Form des Mit- und Nachvollziehens selbst mit dem Verb „sympathisieren".[50]
Anthropologisch gesprochen, ist die Fähigkeit der *sympathy* der menschlichen
Natur nicht nur gegeben, sondern sie ist Bestandteil seines subjektiven Selbstbe-
wusstseins im Kontext seiner Sozialität. Anders als Hume spricht Smith weniger
von Vergnügen (*pleasure*) als vielmehr von Schicklichkeit (*propriety*). Es geht ihm
letztlich um eine schickliche resp. angemessene Wahrnehmung, Einordnung und
Bewertung von Gefühlsäußerungen und den daraus entspringenden Handlungen.
Das Mitgefühl bietet dafür die Grundlage und sorgt dafür, dass sich Menschen
gegenseitig einschätzen und einen angemessenen, sittlichen Umgang miteinander
pflegen können.

Damit ist angezeigt, dass für Smith das Verhältnis zwischen Individualität und
Sozialität eine wichtige Rolle spielt. Die Voraussetzung bildet dabei seine Bestimmung von Egoismus und Altruismus, welche er unter Rückgriff auf die biblische
Tradition formuliert: „As to love our neighbour as we love ourselves is the great law
of Christianity, so it is the great precept of nature to love ourselves only as we love
our neighbour".[51] In dieser an Lev 19,18 anklingenden wechselseitigen Verhältnisbestimmung von Selbst- und Nächstenliebe steckt der hermeneutische Schlüssel
seiner gesamten praktischen Philosophie.[52] Schon im Rahmen der Ethik bewegt er
sich in diesen Bahnen, z.B. bei der Formulierung seines Tugendbegriffs. Klugheit
(*prudence*) bildet dabei die Tugend der Selbstliebe, während Wohlwollen (*benevolence*) bzw. Wohltätigkeit (*beneficence*) sowie Gerechtigkeit (*justice*), welche bei
Smith anders als bei Hume auch natürlichen Ursprungs ist, altruistische Tugenden
darstellen.

Wenn man Smiths Schrift aufmerksam liest, dann fällt auf, dass sie zugleich auch
voller theologischer Bezüge und Ausführungen ist. So leitet er die Idee des Wohlwollens ausdrücklich in der liberal-calvinistischen Linie seines Lehrers Hutcheson von
der Gottesidee her und adaptiert sie entsprechend im praktisch-philosophischen
Bereich.[53] Insgesamt kommt bei ihm eine schöpfungstheologische Grundauffas-
sung zum Ausdruck, der zufolge der wohlwollende Gott die Welt zum Zweck der
allgemeinen Glückseligkeit geschaffen hat. Für deren Erhalt trägt Gott selbst Sorge.
Die Bestimmung des Menschen ist es aber, Verantwortung zu übernehmen und zu
seinem eigenen sowie zum Glück anderer Mitmenschen beizutragen. Sämtliche
moralischen Fähigkeiten des Menschen, inklusive des Mitgefühls, werden dabei
von Smith als von Gott gestiftet betrachtet.[54]

---

[50] Vgl. Smith, *Theory*, 15.
[51] Smith, *Theory*, 25.
[52] Vgl. dazu ausführlicher Bloch, *Calvinismus*, 256–259, 298f., 306f., 363–367.
[53] Vgl. Smith, *Theory*, 301ff.
[54] Vgl. exemplarisch Smith, *Theory*, 165.

In seiner auf historischer Analyse beruhenden politischen Philosophie spielt, wie bei Hume, der aus der Ethik hergeleitete Begriff der *justice* die zentrale Rolle.[55] Deren negative Funktion, das Gemeinwesen und seine Bürger vor den Verletzungen anderer zu bewahren, ist die Bestimmung beigesellt, Sicherheit zum Zweck des Allgemeinwohls und der individuellen Freiheit zu gewährleisten. Den liberal konzipierten Staat sieht er dabei beauftragt, die Voraussetzungen für die Entfaltung der Individuen und Gruppen innerhalb des Gemeinwesens zu schaffen.

Mit Blick auf den *Wohlstand der Nationen* und dessen Steigerung als Ziel der Volkswirtschaft entwickelt Smith eine nationalökonomische Theorie, die auf Grundlage von Arbeit und Arbeitsteilung marktwirtschaftlich orientiert ist.[56] In Opposition zum Merkantilismus ist diese ökonomische Variante für ihn deshalb die erfolgversprechendste, weil sie den Individuen den bestmöglichsten Freiraum bietet, sich in Arbeits- und Tauschprozessen zu verwirklichen. Da die Individuen in dieser Sphäre aber in einem sachlich-unpersönlichen Verhältnis zueinanderstehen, sind Selbstliebe und Eigeninteressen – gemäß der ethischen Tugend der Klugheit – als notwendige Motive des Wirtschaftens zu würdigen; Altruismus jedoch nicht explizit. Das Individuum trägt allerdings im Handeln aus Eigeninteresse – „led by an invisible hand"[57] – indirekt zum Allgemeinwohl bei, weshalb diesem ökonomischen Handeln eine gesellschaftsfördernde Funktion zukommt. Der ökonomische Egoismus geht damit nicht zulasten des Allgemeinwohls, sondern ist deren Voraussetzung und damit auch implizit altruistisch gefärbt – zumal Smith der Ökonomie klare staatliche Leitplanken setzt und kein Vertreter des sogenannten *Laissez-faire* ist. Im Zusammenhang seiner Ökonomik ist der Umstand bemerkenswert, dass Smiths Verständnis der menschlichen Tauschneigung, die für das Tauschgeschehen und damit für den Markt selbst die Voraussetzung bildet, eine gewisse Strukturanalogie zum Mitgefühlsbegriff aufweist.[58] Denn im Tauschgeschehen versetzt sich das am ökonomischen Prozess teilnehmende Subjekt in das Innenleben und die Gefühlslage seines Tauschpartners. Es gibt für Smith folglich auch eine Art ökonomischer *sympathy*.

5 Resümee

Die britische Debatte um Moralsinn und Mitgefühl und deren praktisch-philosophische Einbettung hat gezeigt, dass es den Autoren nicht nur darum ging, die Grundlagen der Moral und der ethischen Reflexion zu beschreiben. Vielmehr war

---

[55] Vgl. dazu Smith, *Lectures*.
[56] Vgl. dazu Smith, *Wealth*.
[57] Vgl. Smith, *Wealth*, 456.
[58] Die Ähnlichkeit zwischen *sympathy* und Tausch hat Ballestrem richtigerweise hervorgehoben (vgl. Ballestrem, *Smith*, 145f.).

insbesondere bei den schottischen Vertretern feststellbar, was mit Karl Graf Ballestrem für die schottische Aufklärung allgemein ausgesagt werden kann: „der Anspruch eine empirische Wissenschaft vom Menschen zu begründen […] [sowie] der ‚spirit of improvement‘, der Drang, zur Verfeinerung der Sitten und zur Verbesserung der Lebensumstände beizutragen."[59] Dabei ist einerseits eine Entwicklung zu beobachten, die von einem ästhetisch hergeleiteten instinktartigen Moralsinn ausging, doch zugunsten eines affektiv begründeten Mitgefühls überwunden wurde. Das Mitgefühl wurde dabei stets als Fähigkeit verstanden, die Gefühle anderer Menschen mit- bzw. nachempfinden zu können und eine entsprechende Verhaltensweise an den Tag zu legen. Im Sinne eines altruistisch ausgerichteten Mitfühlens mit dem misslichen Geschick eines Menschen wurde der Begriff nicht verwendet. Damit unterscheidet sich der *sympathy*-Terminus auch von dem in diesem Sammelband zentral hervorgehobenen Gedanken der Barmherzigkeit. Doch auch wenn diese in den Schriften der Aufklärer keine hervorgehobene Rolle spielte, waren Mitleid und Barmherzigkeit in der bedeutsamen altruistischen Idee des Wohlwollens durchaus impliziert.

Andererseits ist ein Prozess der Erweiterung der praktisch-philosophischen Reflexion auszumachen. Die Einbindung der Moralphilosophie in breitere sozialphilosophische Theorien kann als Beleg dafür gesehen werden. In den entsprechenden praktisch-philosophischen Subdisziplinen haben die vier vorgestellten Vertreter dabei auf unterschiedliche Weise einen gehörigen Beitrag zu gefühlsorientierten ethischen Theorien, zu liberalen politischen Philosophien, zur Entwicklung des Gerechtigkeitsbegriff sowie zum modernen ökonomischen Denken geleistet.

Dass die entsprechenden Konzeptionen dabei entweder vom Moralsinn oder vom Mitgefühl ausgegangen sind, demonstriert das orientierungsgebende und zugleich originelle Potential der Reflexion von Kategorien, die die Relevanz von Gefühlen, Affekten resp. Sinnen ernst nehmen.

Zuletzt ist auch die nur andeutungsweise dargestellte Bedeutung theologisch-religiöser Vorstellungsgehalte, insbesondere aus der calvinistischen Tradition, zu erwähnen, ohne die das aufklärerische Denken – und dies gilt insbesondere für die schottische Aufklärung – nicht in dieser Weise zur Geltung gekommen wäre.

Literaturverzeichnis

Ballestrem, Karl Graf, *Adam Smith*, (Beck'sche Reihe 561. Denker), München 2001.

Bloch, Gregor, *Calvinismus und Aufklärung. Die calvinistischen Wurzeln der praktischen Philosophie der schottischen Aufklärung nach Francis Hutcheson, David Hume und Adam Smith*, (Beiträge zur historischen Theologie 191), Tübingen 2019.

Broadie, Alexander, *A History of Scottish Philosophy*, Edinburgh ²2010.

---

[59] Ballestrem, *Smith*, 25.

Carey, Daniel, „Francis Hutcheson's Philosophy and the Scottish Enlightenment. Reception, Reputation, and Legacy", in: Aaron Garrett/James A. Harris (Hg.), *Scottish Philosophy in the Eighteenth Century, Bd 1. Morals, Politics, Art, Religion*, (A History of Scottish Philosophy), Oxford 2015, 36–76.

Eckstein, Walter, „Einleitung", in: Adam Smith, *Theorie der ethischen Gefühle*, (Philosophische Bibliothek 605), auf der Grundlage der Übersetzung v. Walther Eckstein, neu hg. v. Horst D. Brandt, Hamburg 2010, XV–LXIV.

Gill, Michael, *The British Moralists on Human Nature and the Birth of Secular Ethics*, Cambridge 2006.

Gräfrath, Bernd, *Moral Sense und praktische Vernunft. David Humes Ethik und Rechtsphilosophie*, Stuttgart 1991.

Hume, David, *A Treatise of Human Nature. A Critical Edition, Bd. 1. Texts*, (The Clarendon Edition of the Works of David Hume 1), hg. v. David F. Norton/Mary J. Norton, Oxford 2007.

–, *An Enquiry concerning the Principles of Morals. A Critical Edition*, (The Clarendon Edition of the Works of David Hume 4), hg. v. Tom L. Beauchamp, Oxford 1998.

–, „Of Commerce", in: Ders., *Essays. Moral, Political, and Literary*, hg. v. Eugene F. Miller, Indianapolis ²1987, 253–267.

–, „The Natural History of Religion", in: Ders., *A Dissertation on the Passions. The Natural History of Religion. A Critical Edition*, (The Clarendon Edition of the Works of David Hume 5), hg. v. Tom L. Beauchamp, Oxford 2007, 33–87.

Hutcheson, Francis, „A Synopsis of Metaphysics Comprehending Ontology and Pneumatology", in: Ders., *Logic, Metaphysics, and the Natural Sociability of Mankind*, (Natural Law and Enlightenment Classics. Collected Works and Correspondence of Francis Hutcheson), hg. v. James Moore/Michael Silverthorne, Indianapolis 2006, 57–187.

–, *An Inquiry into the Original of Our Ideas of Beauty and Virtue in Two Treatises*,(Natural Law and Enlightenment Classics. Collected Works and Correspondence of Francis Hutcheson), hg. v. Wolfgang Leidhold, Indianapolis ²2008.

–, *Philosophiae Moralis Institutio Compendiaria with A Short Introduction to Moral Philosophy*, (Natural Law and Enlightenment Classics. Collected Works and Correspondence of Francis Hutcheson), hg. v. Luigi Turco, Indianapolis 2007.

Kulenkampff, Jens, *David Hume*, (Beck'sche Reihe. Denker 517), München ²2003.

Leidhold, Wolfgang, *Ethik und Politik bei Francis Hutcheson*, (Reihe: Praktische Philosophie 21), Freiburg/München 1985.

Pauer-Studer, Herlinde, „Kommentar", in: David Hume, *Über Moral*, (Suhrkamp Studienbibliothek 6), übersetzt v. Theodor Lipps, durchgesehen u. überarbeitet v. Herlinde Pauer-Studer, Frankfurt a. M. 2007, 213–373.

Rivers, Isabel, *Reason, Grace, and Sentiment. A Study of the Language of Religion and Ethics in England 1660–1780, Bd 2. Shaftesbury to Hume*, (Cambridge Studies in Eighteenth Century English Literature and Thought 37), Cambridge 2000.

Röd, Wolfgang, *Der Weg der Philosophie. Von den Anfängen bis ins 20. Jahrhundert. Erster Band. Altertum, Mittelalter, Renaissance*, (Beck'sche Reihe 1390), München ²2009.

Shaftesbury, Anthony Ashley-Cooper, Earl of, „An Inquiry concerning Virtue and Merit, in: Ders., *Characteristicks of Men, Manners, Opinions, Times, Bd. 2. An Inquiry concerning Virtue and Merit. The Moralists; a Philosophical Rhapsody*, hg. v. Douglas Den Uyl, Indianapolis 2001, 1–100.

Schrader, Wolfgang, *Ethik und Anthropologie in der englischen Aufklärung. Der Wandel der moral-sense-Theorie von Shaftesbury bis Hume*, (Studien zum achtzehnten Jahrhundert 6), Hamburg 1984.

Smith, Adam, *An Inquiry into the Nature and Causes of the Wealth of Nations*, 2 Bde., (The Glasgow

Edition of the Works and Correspondence of Adam Smith 2), hg. v. R. H. Campbell/Andrew S. Skinner, Oxford 1976.

–, *Lectures on Jurisprudence*, (The Glasgow Edition of the Works and Correspondence of Adam Smith 5), hg. v. Ronald L. Meek/David D. Raphael/Peter G. Stein, Oxford 1978.

–, *The Theory of Moral Sentiments*, (The Glasgow Edition of the Works and Correspondence of Adam Smith 1), hg. v. David D. Raphael/Alec L. Macfie, Oxford 1976.

Streminger, Gerhard, *Adam Smith. Wohlstand und Moral. Eine Biographie*, München 2017.

Swanton, Christine, „Hume and Virtue Ethics", in: Paul Russell (Hg.), *The Oxford Handbook of Hume*, Oxford 2016, 470–488.

Mitleid und Barmherzigkeit in der Ethik der hallischen Aufklärung

Martin Fritz

Normative Ideale entstehen nicht im luftleeren Raum, sondern in Fortwirkung und in Auseinandersetzung mit normativen Überlieferungen. Trifft dies zu, so dürften Mitleid und Barmherzigkeit im Raum des Christentums zu den maßgeblichen Orientierungsgrößen der ethischen Selbstverständigung gehören. Sofern sich nämlich das Christentum wesentlich in der Vergegenwärtigung biblischer Texte und Gehalte konstituiert, muss darin auch das Ideal einer mitleidenden und hilfsbereiten Zuwendung zum notleidenden Menschen weiterleben – schon die Prominenz des jesuanischen Gleichnisses vom barmherzigen Samariter (Lk 10, 25–37) in der christlichen Erinnerungskultur sollte solches gewährleisten, um nur die berühmteste unter den einschlägigen Perikopen anzuführen.

Auch die wissenschaftliche Reflexion über normative Ideale bewegt sich nicht in einem geschichtslosen Raum. Auch sie stützt sich auf normative Quellen, außerdem auf die großen Reflexionsleistungen der Tradition. Bezieht man diese Aussage auf die wissenschaftliche Ethik, so ergibt sich ein merkwürdiger Kontrast zu dem vorgenannten Sachverhalt. Sind Mitleid und Barmherzigkeit für das christliche Ethos von zentraler Bedeutung, müsste dann nicht auch die christliche Ethik oder gar die Ethik im Raum des Christentums dezidiert Mitleids- oder Barmherzigkeitsethik sein? Tatsächlich aber springen, jedenfalls im Fundus der theologischen und philosophischen Allgemeinbildung, nur wenige Namen ins Auge, die die naheliegende Annahme bestätigen. So lässt sich aus dem Bereich der neuzeitlichen Theologie kein einziger Entwurf einer Barmherzigkeitsethik namhaft machen, der nachhaltige Bekanntheit erlangt hätte. In der neuzeitlichen Philosophie kann dafür immerhin mit einer gewissen Evidenz auf die schottischen Moral-Sense-Theoretiker[1] verwiesen werden und auf Rousseau.[2] In Deutschland scheinen hier eigentlich nur Scheler[3] und Schopenhauer infrage zu kommen – wobei Letzterer mit seiner Mitleidsethik

---

[1] Siehe dazu den Beitrag von Gregor Bloch in diesem Band.
[2] Vgl. dazu den Beitrag von Iris Roebling-Grau in diesem Band.
[3] Vgl. dazu den Beitrag von Matthias Schloßberger in diesem Band.

nicht primär aus der christlichen, sondern aus der buddhistischen Überlieferung schöpft.

Angesichts des dürftigen Befundes überrascht es nicht, dass die deutsche Ethiktradition bei der neueren philosophischen Wiederentdeckung des Mitleids keine Rolle gespielt hat. Martha Nussbaum hat sich für ihre Theorie der „politischen Emotionen", worin dem Mitleid oder Mitgefühl eine sozialethische Schlüsselfunktion beigemessen wird, neben Klassikern der griechischen und römischen Antike vorwiegend von den besagten Autoren der britischen und französischen Aufklärung anregen lassen.[4] Niemand würde dies der amerikanischen Philosophin verübeln, zumal Deutschland allem Anschein nach nur so wenige nennenswerte Theoriebestände vorzuweisen hat.

Indessen löst die philosophische Renaissance des Mitleids doch hinsichtlich der Ethikgeschichte eine gewisse Verwunderung aus. Müsste sich die Präsenz der Barmherzigkeit in den christlichen Ursprungsquellen nicht auch in der deutschen Ethiktradition stärker niedergeschlagen haben? Gerade die christlich geprägte und besonders religionsaffine *deutsche* Aufklärung scheint dafür eigentlich prädestiniert zu sein. Sollten diese zentralen biblisch-christlichen Motive als prägende Größen aus der ethischen Theoriebildung in Deutschland wirklich mehr oder weniger ausgeschieden oder an den Rand gedrängt worden sein? Oder könnte es sein, dass die rätselhafte Lücke eher auf eine theoriegeschichtliche *Erinnerungs*lücke zurückgeht? Wären womöglich in den immer noch in großen Teilen unerforschten Weiten der Aufklärungsliteratur Schätze zu finden, die das Bild der deutschen Ethikgeschichte an dieser Stelle eingreifend korrigieren würden?

Die im Folgenden dokumentierte Suche führt ohne größere Umwege nach Halle an der Saale. Im typischen Hallenser Wechselspiel von Aufklärung und Pietismus lässt sich zwischen dem Ende des 17. und der Mitte des 18. Jahrhunderts ein kennzeichnender Umschwung beobachten, von einer gewissen Vernunftreserve gegenüber dem Mitleidsgefühl hin zu einer emphatischen Fokussierung der Ethik auf Mitleid und Barmherzigkeit. Dabei werden die Konturen einer Ethikkonzeption sichtbar, die vermöge ihres systematischen Gewichts ohne Zweifel in die Reihe der ausgezeichneten Mitleidsethiken der europäischen Aufklärung zu zählen ist.

1 Die frühaufklärerische Reserve gegenüber dem Mitleid

Zur Erstorientierung über Relevanz und Profil von Begriffen in der frühen deutschen Aufklärung empfiehlt sich der Griff zu zwei Nachschlagewerken aus jener Epoche: zum „Zedler" – das von Johann Heinrich Zedler verlegte *Grosse vollstän-*

---

[4] Vgl. Nussbaum, *Politische Emotionen*; ferner dies., *Upheavals*; vgl. dazu Fritz, „Kultivierung", 51–55.

dige Universal-Lexicon aller Wissenschaften und Künste, erschienen zwischen 1731 und 1754 in 64 Bänden,[5] und (deutlich schmaler, nämlich einbändig, aber immerhin gut anderthalbtausend Seiten stark) zum „Walch", dem *Philosophischen Lexicon* von Johann Georg Walch, erschienen 1726.[6] Nimmt man zuerst dieses ältere Lexikon zur Hand, erfährt man über die Barmherzigkeit, sie sei

> diejenige Beschaffenheit des Gemüths, da man durch die Vorstellung der wiedrigen Zufälle, die ein anderer erdulden muß, empfindlich gerühret, und angereitzet wird, ihm in seiner Noth beyzustehen, und ihn entweder davon völlig zu befreyen, oder ihm wenigstens eine Erleichterung zu verschaffen.[7]

Die Definition ist unspektakulär, aber nicht uninteressant – schon deshalb, weil sie die ‚Barmherzigkeit' im Prinzip mit dem ‚Mitleid' gleichsetzt. Dementsprechend ist auch die Definition der „Mitleidigkeit" im Lexikon mehr oder weniger identisch.[8] Wir haben hier gewissermaßen eine Mainstream-Definition der Barmherzigkeit, gestützt durch wörtlich zitierte Mitleids-Bestimmungen von Aristoteles und Cicero. Die antike Ethiktradition ist im philosophischen Gebrauch des ethischen Begriffs Anfang des 18. Jahrhunderts offenkundig sehr präsent. Ausschlaggebend für das Zustandekommen von Barmherzigkeit (resp. Mitleid) ist demzufolge erstens die „Vorstellung" des Gemüts von dem widrigen Geschick eines anderen. Zweitens antwortet das Gemüt auf diese Vorstellung mit einer „empfindlichen Rührung", mithin auf der Ebene des Affektiv-Emotionalen. Diese schmerzliche Empfindung wiederum enthält drittens einen „Anreiz" zur tätigen Abhilfe. Charakteristisch für die Barmherzigkeit/das Mitleid ist eine basale Dreierstruktur, welche der fraglichen „Gemütsbeschaffenheit" auch moralphilosophische Bedeutsamkeit verleiht: die Verbindung von Leidwahrnehmung und affektiver Resonanz sowie der Umstand, dass diesem sympathetischen „Mitschwingen" ein Handlungsimpuls innewohnt, der zur Hilfeleistung motiviert.

Darüber hinaus fallen zwei Dinge auf: Zum einen geht das Element der tätigen Hilfe wohl ebenfalls auf eine klassische antike Definition zurück, die jedoch nicht genannt wird: auf die augustinische.[9] Selbiges Element fehlt nämlich bei

---

[5] Johann Heinrich Zedler (Hg.), *Grosses vollständiges Universal-Lexicon Aller Wissenschafften und Künste, Welche bißhero durch menschlichen Verstand und Witz erfunden worden,* 64 Bde., Halle/Leipzig 1732–1750.

[6] Johann Georg Walch, *Philosophisches Lexicon, Darinnen die in allen Theilen der Philosophie* […] *fürkommenden Materien und Kunst-Wörter erkläret und aus der Historie erläutert* […] *werden,* Leipzig 1726.

[7] Walch, Lexicon, Art. „Barmhertzigkeit", 175.

[8] Vgl. Walch, Lexicon, Art. „Mitleidigkeit", 1801: „Mitleidigkeit, Ist diejenige Beschaffenheit des Gemüths, da nemlich ein Mensch, der die wiedrigen Zufälle anderer, sonderlich seiner Freunde betrachtet, durch diese Betrachtung empfindlich gerühret, und durch solche Empfindung gereitzet wird, den guten Muth und das Vergnügen des leidenden wieder herzustellen."

[9] Vgl. Augustin, De civ. Dei IX, 5: „Quid est autem misericordia nisi alienae miseriae quaedam

Aristoteles und Cicero. Zweitens fehlt bei Walch wiederum ein von Aristoteles herausgestelltes Moment, nämlich die Notwendigkeit einer Art von Identifikation des Mitleidigen mit dem Bemitleideten: der Eindruck, dass ich selbst auch von einem solchen Unglück getroffen werden könnte (oder prinzipiell hätte getroffen werden können).[10] – Nun wird von Walch im Anschluss an die Definition eine wichtige Differenz eingeführt:

> Es ist aber die Barmhertzigkeit entweder vernünfftig, oder unvernünfftig, [je] nachdem [ob] jemand hierinn dem wohlgegründeten Urtheile der Vernunft, oder den verderbten Affecten folget. Vernünfftig ist die Barmhertzigkeit, [1.] wenn man würdigen Personen, die nicht ihrer Boßheit wegen in ein Unglück gekommen sind, [2.] bey Ereignung eines wahrhafften U[e]bels auf solche Weise beyzuspringen suchet, daß man [3.] bey Erweisung der barmhertzigen Gutthaten sich nicht selbst in Schaden stürtzet […].[11]

Walch fordert eine „vernünftige Barmherzigkeit" und bietet damit sozusagen die frühaufklärerische Variante eines Plädoyers für die „Rationalität der Gefühle".[12] Er zielt damit freilich auf die rationale Kontrolle, Einhegung oder Überformung des Mitgefühls: Den „verderbten Affecten" darf man nicht unmittelbar folgen, sondern sie sind durch „wohlgegründete Urtheile der Vernunft" möglichst zu ersetzen. Und diese Urteile haben (1.) über die Würdigkeit bzw. Unglücks*un*würdigkeit der zu Bemitleidenden zu befinden,[13] (2.) über die „Wahrhaftigkeit des Übels", also darüber, ob überhaupt ein gravierendes Leid vorliegt (Das sind wieder zwei klassisch aristotelische Motive).[14] Und die Vernunft hat (3.) – diese Einschränkung scheint gegenüber den antiken Bestimmungen eine Neuerung zu sein – darüber zu wachen, dass der Barmherzige sich bei seinem wohltätigen Einsatz nicht selbst einen „Schaden" oder allzu große Nachteile zuziehe. Sie hat, wie es im parallelen Mitleidsartikel heißt, dafür Sorge zu tragen, dass die

> vernünfftige Liebe des Nechsten […] nach den Grund-Sätzen der Vernunfft, und der heiligen Schrifft die vernünfftige Liebe seiner selbst nicht aufhebet, dahero denn folgt, daß ein tugendhafftes Mitleiden in Gegeneinanderhaltung unsers eigenen Nutzens und des Nutzens unsers Nechsten durch die Klugheit formalisiret werden müsse.[15]

---

in nostro corde compassio, qua utique si possumus subvenire compellimur?" (Was aber ist Barmherzigkeit anderes als ein gewisses Mitleiden in unserem Herzen mit fremdem Elend, wodurch wir angetrieben werden zu helfen, sofern wir können? Übers. M.F.)

[10] Vgl. Aristoteles, Rhet. 1385b11–1386b7; vgl. dazu Demmerling/Landweer, *Philosophie der Gefühle*, 169–171.

[11] Walch , Lexicon, Art. „Barmhertzigkeit", 176 (Hinzufügung der Ziffern M.F.).

[12] Vgl. zu dem Topos der neueren Emotionsphilosophie Ronald de Sousa, *The Rationality of Emotion*, Cambridge u.a. 1987.

[13] Siehe dazu unten Abschnitt 3.

[14] S.o. Fußnote 10.

[15] Walch, Art. Lexicon, „Mitleidigkeit", 1801.

Das Zitat lässt erkennen, dass wir es nicht gerade mit einer überschwänglichen Mitleidsethik zu tun haben. Einerseits werden Mitleid/Barmherzigkeit, innerhalb der christlich imprägnierten Kultur des frühen 18. Jahrhunderts wenig überraschend, auf die „Liebe des Nächsten" zurückgeführt. Dabei wird auch ausdrücklich auf das biblische Liebesgebot Bezug genommen.[16] Aber dann wird vor allem auf die Gleichwertigkeit der Selbstliebe mit der Nächstenliebe abgehoben, und das bedeutet, dass in einem potenziellen Falle mitleidig-guttätigen Engagements eine „formalisierte" Abwägung samt regelrechter Größenschätzung von eigenen Kosten und fremdem Nutzen stattfinden muss. Die größte Sorge des Autors scheint darauf zu gehen, dass sich einer ganz von dem Schmerz in der eigenen Brust und dem darin lebendigen Handlungsimpuls zur Hilfeleistung hinreißen lassen könnte, koste sie, was sie wolle. Eine Warnung vor dem möglichen Ausbleiben von Nächstenliebe, Barmherzigkeit und Mitleid sucht man demgegenüber vergebens.

Bemerkenswert ist in diesem Zusammenhang der Verweis auf die „Klugheit", dem sich ein langes Zitat aus Baltasar Graciáns *Handorakel und Kunst der Weltklugheit* anschließt, einem spanischen Klassiker höfischer Klugheitsethik von 1647.[17] Das Gracián-Zitat ist eine Spur zu einem bedeutenden deutschen Philosophen der frühen Aufklärung, nämlich zu Christian Thomasius (1655–1728), einem der großen Gracián-Verehrer seiner Zeit. Von ihm wurde auch prominent das Ideal einer „vernünftigen Liebe" propagiert, das im Mitleidsartikel in Anspruch genommen wird.[18] *Von der Kunst, vernünftig und tugendhaft zu lieben*, heißt Thomasius' theoretische Ethik von 1692,[19] fortgesetzt in dem auf konkrete Anwendung zielenden Opus *Von der Artzeney wider die unvernünftige Liebe* (1696).[20] Dieses Doppelwerk verkörpert markante Tendenzen der Ethik der deutschen Frühaufklärung. Es ist ganz in dessen Geist ethischen Kalküls und klugheitsgeleiteter Affektreserve, wenn Walch im Barmherzigkeitsartikel vor einer „wollüstigen Weichmüthigkeit" warnt, „da man nach dem Triebe seines Affects gegen solche Personen, die es nicht verdienen, in eingebildetem Übel, und in unordentliche[m] Ma[ß]e sich barmhertzig erweiset

---

[16] Lev 19, 18; Mk 12, 31; Mt 22, 39; Lk 10, 27.

[17] Vgl. Walch, Lexicon, Art. „Mitleidigkeit", 1801. Zitiert wird Graciáns *Handorakel* aus einer spanisch-deutschen Ausgabe von 1715: vgl. *Balthasar Gracians Oracul, Das man mit sich führen, und stets bey der hand haben kan, Das ist: Kunst-Regeln der Klugheit* […], *Aus dem Spanischen Original, welches durch und durch hinzu gefüget worden, ins Deutsche übersetzt, mit neuen Anmerckungen, in welchen die maximen des Autoris aus den Gründen der Sitten-lehre erklähret und beurtheilet werden Von Friedrich August Müllern*, Leipzig (¹1715) ²1733, 477f.

[18] Vgl. dazu auch Walchs Artikel „Liebe gegen andere", der ausdrücklich auf Thomasius' Liebesethik rekurriert und im Anschluss an Thomasius die Unterscheidung zwischen vernünftiger und unvernünftiger Liebe entfaltet: Walch, *Lexicon*, 1638–1643.

[19] Christian Thomasius, *Von der Kunst Vernünfftig und Tugendhaft zu lieben, Als dem eintzigen Mittel zu einem glückseeligen, galanten und vergnügten Leben zu gelangen. Oder Einleitung Zur Sitten-Lehre*, Halle/S. (¹1692) ⁵1710.

[20] Christian Thomasius, *Von der Artzeney wider die unvernünfftige Liebe und der zuvor nöthigen Erkäntnüß Sein Selbst. Oder: Ausübung der SittenLehre*, Halle/S. 1696.

[…]“.[21] Wer einem solch „wollüstigen Mitleiden" frönt, ist „ein guthertziger Narr"[22] und verstößt mit seinem ungezügelten Mitleid gegen alle „Regeln einer gesunden Morale"[23].

Die Gesamttendenz der beiden Walch-Artikel von 1726 ist deutlich geworden. Mitleid und Barmherzigkeit werden, unter Berufung auf die Heilige Schrift, als selbstverständliche Ausdrucksformen der Nächstenliebe behandelt. Dabei ist der herrschende Grundton die Reserve gegenüber der affektiven Dimension des Mitleids, das aufgrund seiner Affektivität als vorzügliches Einfallstor für eine widervernünftige „Hypermoral" (Arnold Gehlen) eingestuft wird. Entsprechendes gilt dann auch von den Artikeln im „Zedler", die insgesamt sehr stark mit den Ausführungen bei Walch konvergieren – im Falle der „Mitleidigkeit" ist von Zedler der Walch-Artikel einfach vollständig übernommen worden.[24] Folgt man den beiden Lexika, dann ist auf jeden Fall vor zu großer Weichherzigkeit und „Zärtlichkeit" dringend zu warnen. Und das geht insbesondere die „Weiber" an, wie der Zedler-Artikel zur Barmherzigkeit zu bedenken gibt, welche „gemeiniglich zärtlicher als die Männer" zu sein pflegen. Denn: „Es ist nicht zu leugnen, es würde manches Frauenzimmer ein besser Glück gemacht haben, wenn sie nicht bey denen Seufftzern derer Manns-Personen allzu barmhertzig gewesen wäre."[25]

Dass sich in der besagten Affektreserve (neo-)stoische Einflüsse geltend machen, lässt sich denken. So nimmt denn auch bei Walch wie bei Zedler die Auseinandersetzung mit dem stoischen Apathieaxiom und dem daraus resultierenden Verdikt über das Mitleid breiten Raum ein.[26] Insofern nun dieses Verdikt aber klar der jüdisch-christlichen Ethiküberlieferung zuwiderläuft, wird die Barmherzigkeit durchaus gegen die Stoiker verteidigt. Ihrerseits werden aber auch die Stoiker gegen den Verdacht amoralischer Hilfsverweigerung in Schutz genommen. Sie hätten eigentlich nur die affektiv-weichliche Schmerzresonanz auf fremdes Leiden abgelehnt, nicht aber die tätige Hilfe. Darauf läuft im Großen und Ganzen dann auch die Haltung der Lexikon-Autoren hinaus: Es kommt auf das vernünftige Urteil angesichts fremden Leidens an. Welche Rolle dabei noch dem Affektiven als Handlungsmotivator zukommt, wird nicht diskutiert. Aber obgleich das affektive Moment in den

---

[21] Walch, Lexicon, Art. „Barmhertzigkeit", 176.
[22] Walch, Lexicon, Art. „Mitleidigkeit", 1802.
[23] Ebd.
[24] Vgl. Zedler, *Universal-Lexicon*, Bd. 21 (1739), Art. „Mitleidigkeit", 550f., und Walch, *Lexicon*, Art. „Mitleidigkeit", 1801f.
[25] Zedler, *Universal-Lexicon*, Bd. 3 (1733), Art. „Barmhertzigkeit", 478.
[26] Vgl. Walch, *Lexicon*, Art. „Barmhertzigkeit", 176f.; Zedler, *Universal-Lexicon*, Bd. 3 (1733), Art. „Barmhertzigkeit", 478f. Walch und Zedler beziehen sich dabei auf ältere Auseinandersetzungen, u.a. auf: Justus Lipsius, *Manuductionis Ad Stoicam Philosophiam Libri Tres*, Antwerpen 1604; Johann Christoph Sturm, *Disputatio philosophica auguralis De Misericordia, cuius praestantiam & dignitatem à contemptu Stoicorum […] defendet*, Halle/S. 1702.

Definitionen stehen bleibt, wird es doch ansonsten nur im Modus der Warnung traktiert.

Berücksichtigt man das argumentative Gewicht der Eigenliebe, so deuten sich darin auch noch andere antike Einflüsse an. Natürlich kommt der eudämonistische Grundsatz der aristotelischen Ethik infrage, dass das höchste Gut des Menschen die eigene Glückseligkeit sei. Aber gerade wenn man die Wirkung Graciáns in Rechnung stellt und dessen Gegenüberstellung von Klugheit und Affekt, liegt auch der Gedanke an die epikureische Maxime einer Affektkontrolle zugunsten nachhaltiger Lust recht nahe. Insgesamt führt diese Gemengelage zu einer Grundspannung in der Bewertung der Barmherzigkeit, einem Changieren zwischen prinzipieller christlicher Bejahung und vernunftethischem Vorbehalt gegenüber dem affektiven Leidensmoment. Das wird besonders anschaulich beim Mitleidsartikel im „Zedler": Dass er den Walch-Artikel Wort für Wort wiedergibt, wurde bereits erwähnt. Aber kurioserweise folgt diesem Text mit seiner Warnung vor dem „wollüstigen Mitleiden" im Anschluss noch eine ausführliche Auflistung von einschlägigen Bibelstellen, in denen das „hertzliche Erbarmen" als „ein innigliches und empfindliches Mitleiden" mit dem leidenden Nächsten gepriesen wird.[27] Zur Begründung wird dafür nicht nur der „Befehl Gottes",[28] sondern auch das Exempel Christi angeführt. Der offene Widerspruch in der Wertung ist mit Händen zu greifen, wird aber nicht kommentiert. Ebenso bleibt das interne Verhältnis von Gefühlsresonanz und vernünftigem Urteil einerseits sowie von Gefühlsimpuls und moralisch erwünschter Handlung andererseits ungeklärt.

2 Die Aufwertung der Affekte in der hallischen Aufklärung

Anhand einer denkbar schmalen Quellenbasis konnte eine vage Grundorientierung über Referenztraditionen und Grundtendenzen in der Mitleidstheorie der deutschen Frühaufklärung gewonnen werden. Das Ergebnis, vor allem der Konflikt zwischen den Traditionen einer jüdisch-christlichen Barmherzigkeitsmoral und einer stoischen Vernunftmoral, ist nicht übermäßig überraschend. Ein ähnliches Lavieren findet man schon bei Descartes[29] und später bei Kant.[30] Aber das war durchaus nicht das letzte Wort der deutschen Aufklärung zur Barmherzigkeit.

Mit Christian Thomasius, Gründungsprofessor der Universität Halle an der Saale, wurde bereits diejenige Bildungsstätte betreten, die auch im Folgenden im Fokus stehen wird. Um 1700 entstanden, ist die neue Universität in der Preußischen Garnisonsstadt für einige Jahrzehnte eines der führenden geistigen Zentren

---

[27] Zedler, *Universal-Lexicon*, Bd. 21 (1739), Art. „Mitleidigkeit", 551.
[28] Ebd.
[29] Vgl. Descartes, *Passions/Leidenschaften*, 286–291 (Art. 185–189).
[30] Vgl. dazu den Beitrag von Roderich Barth in diesem Band.

Deutschlands, geprägt durch die so spannungsreiche wie fruchtbare Koexistenz von Pietismus und Aufklärung. Warum könnte aber gerade die Saalestadt für die Geschichte der Barmherzigkeitsethik von Bedeutung sein?

Bekanntermaßen wurde in Halle die wissenschaftliche Ästhetik „erfunden".[31] Das hat zwar auf den ersten Blick nicht viel mit der Barmherzigkeit zu tun, auf den zweiten aber durchaus. Denn bei der Erfindung der Ästhetik spielt eine philosophische Innovation auf dem Gebiet der Psychologie eine Schlüsselrolle, die auch Konsequenzen für die Ethik hat. Gemeint ist die Aufwertung der sogenannten „unteren Erkenntnis- und Begehrungskräfte" der Seele, also insbesondere der Sinneswahrnehmung und der Einbildungskraft auf der einen sowie der Triebe und Affekte auf der anderen Seite. Diese „unteren" werden gegenüber den „oberen" Kräften, Vernunft und Willen, in ihrer motivationalen Kraft und mithin in ihrer moralischen Valenz neu entdeckt. Und eben diese Momente: die Wahrnehmung oder Vorstellung des Leides anderer und die affektiv-sympathetische Resonanz darauf sowie die daraus erwachsende moralische Tätigkeitsenergie, sind ja gerade das, was Barmherzigkeit und Mitleid ausmachen. Müsste jene Aufwertung der „unteren" Seelenkräfte nicht eine moralphilosophische Abkehr von der neostoischen Reserve gegenüber dem Mitleidsaffekt nach sich gezogen haben? Um diese Annahme zu überprüfen, sind Grundkenntnisse über die hallische Schulpsychologie unerlässlich. Diese Psychologie, die dem Denken aller maßgeblichen Philosophen des späteren 18. Jahrhunderts zugrunde liegt, gilt es daher zunächst in ihrer Grundanlage zu skizzieren.[32]

Die besagte philosophisch-psychologische Innovation ist das Werk von Christian Wolff (1679–1754), dem fraglos einflussreichsten deutschen Philosophen des 18. Jahrhunderts vor Kant. Wolff wurde durch Vermittlung von Gottfried Wilhelm Leibniz 1707 in Halle Professor für Mathematik, wo er bald auch Physik und Philosophie lehrte. Den Beginn seiner großen öffentlichen Wirksamkeit markiert das Jahr 1720, ein echter Einschnitt in der Geistesgeschichte des Jahrhunderts. In diesem Jahr erscheinen zwei deutsche Werke Wolffs, die noch zu seinen Lebzeiten in vielen Auflagen gedruckt werden und die ihrem Inhalt nach schon bald zum philosophischen Allgemeingut der Zeit gehören: die *Vernünfftigen Gedancken von Gott, der Welt und der Seele des Menschen, auch allen Dingen überhaupt* (kurz: die *Deutsche Metaphysik*), und die *Vernünfftigen Gedancken von der Menschen Thun und Lassen, zu Beförderung ihrer Glückseeligkeit*; diese *Deutsche Ethik* Wolffs ist, wenn man so will, die erste systematisch-philosophische Ethik überhaupt.

---

[31] Vgl. Fritz, „Hallische Avantgarde" (dort auch weitere Literatur).

[32] Siehe dazu die ausführlichere Darlegung in: Fritz, *Vom Erhabenen* (dort auch weitere Literatur). Aus der Forschungsliteratur zu Wolffs empirischer Psychologie sei hier nur ein grundlegender Sammelband genannt: Rudolph/Goubet (Hg.), *Psychologie*; außerdem der Artikel von Rumore, „Empirical Psychology".

Die „empirische Psychologie", auf die es hier ankommt, wird in Wolffs *Meta-physik* entfaltet und in seiner *Ethik* angewandt. Ihr liegt das Leibniz'sche Grundaxi-om zugrunde, dass die Grundtätigkeit der Seele (oder des Gemütes) „Vorstellen" ist, *cogitare*, in einem ganz weiten Sinn genommen. „Seele = Vorstellungsvermö-gen/vorstellendes Bewusstsein", so lautet die Basisgleichung dieser Psychologie. Aber jenes kognitive Grundvermögen hat die Eigentümlichkeit, dass es prinzipi-ell eine wertende Stellungnahme zu den Vorstellungen beinhaltet, und insofern ist die Seele ihrem Wesen nach mehr als bloße Kognition. Die Vorstellungen der Seele werden nämlich von ihr zugleich auf ihre „Vollkommenheit" oder „Unvoll-kommenheit" hin evaluiert bzw. daraufhin, ob es sich jeweils um „Güter" oder „Übel" handelt. Diese Stellungnahme artikuliert sich darin, dass das Gemüt jeweils Lust oder Unlust bzw. „Vergnügen" oder „Verdruss" angesichts einer Vorstellung empfindet (Die Gleichgültigkeit gegenüber einem Bewusstseinsgehalt, etwa der Gleichung $2 \times 2 = 4$, ist demgegenüber die Ausnahme).

Die fragliche Bewertung der Vorstellungen fungiert nach Wolff nun gewisserma-ßen als Übergang von der *kognitiven* zur *volitiven* Seite der Seele. Denn aufgrund einer strukturellen Ausrichtung auf die Zukunft spannt sich das Gemüt auf künfti-ge Zustände des Vergnügens und scheut sich vor künftigen Zuständen des Missver-gnügens. Kurz: es *begehrt* die künftige Realisierung von Vollkommenheiten oder Gütern und *flieht* die künftige Realisierung von Unvollkommenheiten oder Übeln. Die Seele nimmt grundsätzlich ein „appetitives" bzw. „aversives" Interesse an ihren Vorstellungen, welche ihr auf diese Weise zu „Bewegungsgründen" oder „Triebfe-dern" werden. Und insofern ihre Vorstellungen zugleich volitive Triebfedern sind, ist die Seele als *Vorstellungsvermögen* zugleich *Begehrungsvermögen*.

Die Unterscheidung eines kognitiven und eines volitiven Gemütsvermögens, die beide durch die Empfindung von Vergnügen und Verdruss miteinander verkoppelt sind, ist sozusagen die erste Lektion der Wolff'schen Psychologie. Die zweite Lekti-on handelt von einer dreifachen Stufung der beiden Vermögen, wobei wieder vom Vorstellungsvermögen auszugehen ist. Im Anschluss an Leibniz unterscheidet Wolff zwischen ‚dunklen', ‚klaren' (oder ‚verworrenen') und ‚deutlichen' Vorstellungen. Anders als das bloß ‚dunkel' Vorgestellte ist mir das ‚klar' Vorgestellte als von ande-rem verschieden bewusst (und ich kann es daher wiedererkennen). Es ist dies aber im Gegensatz zum ‚deutlich' Vorgestellten noch lediglich auf ‚verworrene' Weise, weil ich diesen Unterschied nicht benennen kann. Die betreffende Benennungs- und Bestimmungsleistung, die eine ‚deutliche' Vorstellung hervorbringt, ist Sache des ‚oberen Erkenntnisvermögens', des Verstandes. Dagegen sind die ‚dunklen' und auch noch die ‚verworrenen' Vorstellungen, zusammengefasst unter dem Terminus der ‚sinnlichen' gegenüber den ‚rationalen' Vorstellungen, im ‚unteren Erkenntnis-vermögen' lokalisiert, also vor allem in der Einbildungskraft. Und dieser Stufung nach zunehmender Bestimmtheit aufseiten der *Vorstellungskraft* entspricht eine solche aufseiten der *Begehrungskraft*: Das ‚dunkle' Begehren oder der natürliche

Trieb (*instinctus*) richtet sich auf ein ‚dunkel‘ vorgestelltes Gut, das ‚klare‘ Begehren oder die Affekte auf ein ‚klar‘, aber ‚verworren‘ vorgestelltes Gut, das ‚deutliche‘ Begehren oder der vernünftige Wille auf ein ‚deutlich‘ vorgestelltes Gut (bzw. Übel).

Dieses überaus klare und deutliche Seelenmodell hat nun bei Wolff hinsichtlich der „unteren“ Vermögen eine ambivalente Konsequenz: Einerseits impliziert es, dass das dunkle und verworrene *Vorstellen* auf der einen Seite, d.h. Ahnung, sinnliche Anschauung und Imagination, und das dunkle und verworrene *Begehren* auf der anderen Seite, also die Triebe und Affekte, als unablöslich zur Natur des Menschen gehörig anerkannt werden. Die (neo-)stoische Maxime, Triebe und Affekte seien im Interesse einer vernünftig-moralischen Lebensführung möglichst „auszureißen“, ist damit als unmenschlich (und aussichtslos) zurückgewiesen. Andererseits zielt Wolffs Philosophieprogramm aber unübersehbar auf die vernünftige Aufhellung von Vorstellen und Begehren: Die dunklen und verworrenen Vorstellungen, die natürlicherweise im Menschen wohnen und ihn allzu oft als Triebfedern beherrschen, sollen durch Vernunfttätigkeit zu deutlicher Bestimmtheit gebracht werden, auf dass im Leben der vernünftige, durch deutliche Triebfedern geleitete Wille herrschend werde. Es gilt: „Wo man mit recht vernünftigen Leuten zu thun hat, die sich von der Sclaverey der Sinnen, Einbildungs-Kraft und Affecten loß gerissen; da kommet man“ mit der moralischen Besserung „geschwinder zu rechte“.[33] Aber vor dem Hintergrund ihrer fundamentalen anthropologischen Anerkennung gilt immerhin auch: „Unterdessen ist kein Affect, der nicht auch könte zum Guten gebraucht werden“; man muss nur „darauf bedacht seyn“, dass die Vorstellungen, durch die die Affekte erregt werden, „Bewegungs-Gründe guter Handlungen werden“.[34] Es deutet sich die Möglichkeit an, die Triebe und Affekte und ihre dunklen und verworrenen Triebfedern mit ihrer Triebkraft könnten durchaus als „Mittel“ moralischer Handlungen fungieren.

Dieser Keim einer ethischen Nobilitierung der Triebe und Affekte ist dann bei Wolffs hallischen Nachfolgern weiter aufgegangen.[35] So haben Alexander Gottlieb Baumgarten (1714–1762) und Georg Friedrich Meier (1718–1777), die beiden

---

[33] Wolff, *Deutsche Ethik*, § 857, 573.

[34] Wolff, *Deutsche Ethik*, § 431, 282.

[35] Eine wichtige Vermittlerrolle hat dabei der Aufklärungstheologe Siegmund Jacob Baumgarten (1706–1757), der ältere Bruder Alexander Gottlieb Baumgartens, gespielt. Dessen *Theologische Moral* ist in mancher Hinsicht ein Vorbild für die philosophische Ethik A. G. Baumgartens und Meiers: Siegmund Jacob Baumgarten, *Unterricht von dem rechtmäßigen Verhalten eines Christen, oder Theologische Moral zum akademischen Vortrag ausgefertigt* (¹1738), Halle/S. ⁵1756. Dort heißt es zur ethischen Bewertung der Affekte, ganz in Wolff'schem Sinne (und womöglich bereits mit einem noch etwas positiveren Akzent): „Das Vermögen der Menschen zu dergleichen sinlichen Gemütsbewegungen ist an sich gut“; sie müssen allein „nach der Richtigkeit der Vorstellung, daraus sie entstanden, beurtheilet werden“ (§ 18, 11). – Vgl. zum Verhältnis der Ethikentwürfe der Gebrüder Baumgarten Schwaiger, *Baumgarten*, 130; zum Widerstand, den S. J. Baumgartens *Theologische Moral* wegen ihres Wolffianismus an der theologischen Fakultät in Halle auslöste: Schloemann, *Baumgarten*, 42–49.

symbiotischen Denker an der „Spitze der Kreativabteilung des Wolffianismus"[36]
und „Erfinder" der philosophischen Ästhetik, noch einmal eine Umakzentuierung
in der Bewertung der Gemütsvermögen vorgenommen. Ausgehend von Wolffs
moralpsychologischer Einsicht in die besondere Antriebskraft von Trieben und
Affekten, aber in Absetzung von dessen uneingeschränkter Höherwertung der „oberen" Gemütsvermögen, räumen sie den unteren Vermögen in gewisser Hinsicht
einen Vorrang ein.

Diese Aufwertung der „sinnlichen Begehrungskräfte" kann man erstmals in
Baumgartens *Ethica philosophica* von 1740 greifen. Leichter zugänglich ist sie im
deutschen Pendant von Meier, der *Philosophischen Sittenlehre*, erschienen in fünf
Bänden 1753–1761. Dort heißt es im Abschnitt von der „Verbesserung der Begehrungskraft":

Ein Mensch verräth allemal eine grosse Schwäche und Trägheit seiner Begehrungskraft,
wenn er wenige Biegierden [sic] und Verabscheuungen von wenigen Arten hat. Folglich
sind wir verbunden, unserer Begehrungskraft die gehörige Geschäftigkeit und muntere
Lebhaftigkeit zu verschaffen, vermöge welcher sie so viele und mancherley Begierden und
Verabscheuungen hervorbringt, als möglich ist.[37]

Dabei sind gerade auch die unteren Begehrungskräfte einzubeziehen, also die Triebe und Affekte. Denn sie haben zwar den Nachteil, aufgrund der Dunkelheit
bzw. Verworrenheit ihrer Triebfedern täuschungsanfällig zu sein, sprich: sich auf
Scheingüter und Scheinübel zu richten. Aber dafür sind sie „stärker" als die obere
Begehrungskraft. Die Leidenschaften

vermehren die Kraft des Menschen gewaltig. Ein Mensch, welcher durch eine Leidenschaft
bewegt wird, ist im vollen Feuer. Er kan mehrere und grössere Handlungen verrichten,
als wenn er durch keine Leidenschaft regiert wird, und folglich kan er auch geschwinder
eine grössere Vollkommenheit erreichen. [...] Ohne Leidenschaften [*man ergänze*: und
Triebe; M.F.] würden, unsere vernünftige[n] Begierden und Verabscheuungen, für die
wichtigsten Gegenstände viel zu schwach seyn [...].[38]

Das ethische Leitideal ist nicht mehr die Überbietung der unteren durch die oberen,
sondern eine umfassende, ausbalancierte Kultivierung sämtlicher Gemütskräfte,
und zwar im Interesse der Handlungsfähigkeit des moralischen Subjekts. Es wird
der beinahe revolutionär zu nennende Grundsatz aufgestellt: Keine moralische
Vervollkommnung ohne Vervollkommnung *aller* Seelenvermögen.

---

[36] Schwaiger, *Baumgarten*, 136. Schwaiger bezieht dieses Urteil auf Baumgarten allein, aber angesichts der „innige[n] Symbiose zwischen dem lateinischen Schöpfer der Ästhetik und seinem
deutschsprachigen Dolmetscher" (Schwaiger, *Baumgarten*, 20) und angesichts der „tatsächlich
erheblichen Leistung Meiers" (ebd.) betrifft es mittelbar auch den unbekannteren Teilhaber der
„gemeinsamen Denkwerkstatt" (Schwaiger, *Baumgarten*, 21).

[37] Meier, *Sittenlehre*, Bd. 3 (1756, ²1764), § 617, 256f.

[38] Meier, *Sittenlehre*, Bd. 3 (1756, ²1764), § 632, 306.

3 Christian Wolffs Theorie von Mitleid und Barmherzigkeit

Nach diesem kurzen Vorblick auf die Entwicklung der hallischen Schulphilosophie ist nun auf Wolff selbst zurückzukommen, um seine Theorie von Mitleid und Barmherzigkeit in Augenschein zu nehmen.[39] Auszugehen ist dabei wieder vom Wolff'schen Doppelwerk von 1720. Denn sowohl in der *Metaphysik* als auch in der *Ethik* wird das Mitleid thematisiert. Zur Metaphysik, die „Vernünftige Gedanken von Gott, der Welt *und der Seele des Menschen*, auch allen Dingen überhaupt" umfasst, gehört bei Wolff auch die empirische Psychologie, wo unter anderem sämtliche Grundaffekte charakterisiert werden. In der Ethik wiederum werden die Affekte unter dem Gesichtspunkt ihrer „Verbesserung" traktiert, das heißt: hinsichtlich ihrer möglichen Verstärkung und Abschwächung, je nachdem – schon in dieser Fragestellung spiegelt sich die oben ausgewiesene ethische Aufwertung des Affektiven. Außerdem gibt es in der Ethik noch einen zweiten Ort für das Thema Mitleid/Barmherzigkeit, nämlich die Tugendlehre, wo es um habitualisierte Gemütsneigungen geht. Diese dreifache Behandlung – 1.) psychologische Affekttheorie, 2.) ethische Affektverbesserungstheorie, 3.) Tugendlehre – hält sich dann in der Ethik der hallischen Schulphilosophie insgesamt durch.

Grundlegend ist also die Abhandlung des Mitleids in der empirischen Psychologie. Sie umfasst in der einbändigen *Deutschen Metaphysik* von 1720 nur zwei Paragraphen (§§ 461f). Wolff hat sein System, nachdem er es in den frühen deutschen Schriften höchst breitenwirksam umrissen hatte, ab 1730 noch einmal wesentlich ausführlicher und „gründlicher" in lateinischen Werken für die gelehrte Welt ausgearbeitet. Dort füllt die *Psychologia empirica* einen eigenen Band, erschienen 1732. Dem Mitleid sind darin 17 teils umfangreiche Paragraphen gewidmet (§§ 687–704). Sie werden hier nur punktuell beigezogen. – Der elementare Mitleidsparagraph der *Deutschen Metaphysik* lautet wie folgt:

> Wer den anderen liebet, der ist bereit aus seinem Wohlstande Vergnügen zu schöpffen (§. 449). Also ist er auch bereit aus seinem Unglück Mißvergnügen zu schöpffen, oder gar darüber sich zu betrüben (§. 447. 448). Das Mißvergnügen und die Traurigkeit über eines andern Unglück heißet *Mitleiden*. Und demnach entstehet das Mitleiden aus der Liebe.[40]

Mitleiden ist „Mißvernügen" bzw. „Traurigkeit über eines andern Unglück".[41] Das ist eine denkbar schlichte Definition. Aber auch sie ist interessanter als es zunächst erscheint. Es wird darin der herkömmliche Begriff von Mitleid in das

---

[39] Siehe zur Ethik Wolffs: Schwaiger, *Problem*; ders., „Ethik"; Aichele, „Naturrecht"; außerdem die einschlägigen Aufsätze im Sammelband Schneiders (Hg.), *Christian Wolff* (mit Bibliographie der Wolff-Literatur).

[40] Wolff, *Deutsche Metaphysik*, § 461, 253 (Hervorhebung im Original).

[41] Vgl. Wolff, *Psychologia empirica*, § 687, 521: „Tristitia ex alterius infelicitate percepta dicitur *Commiseratio*" (Hervorhebung im Original).

Koordinatensystem der Wolff'schen Psychologie eingetragen. Die wolffische Seele bewertet ihre Vorstellungsgehalte, indem sie Vergnügen oder Missvergnügen über die darin enthaltene Vollkommenheit oder Unvollkommenheit empfindet. Und das Missvergnügen (bzw. dessen höherer Grad, die „Traurigkeit") über die vom anderen empfundene „Unvollkommenheit" seines Zustandes, welche „Unglück" (*infelicitas*) genannt wird, firmiert im Allgemeinen als Mitleid (Dass auch das Mitleid durch eine *Vorstellung* vom Unglück und d.h. einer Unvollkommenheit im Zustand des anderen ausgelöst wird, ist selbstverständlich und wird an dieser Stelle unterschlagen).

Indes ist es auch und gerade unter den Vorzeichen der Wolff'schen Seelenlehre immer noch ein bemerkenswerter Umstand, dass wir über den unvollkommen-unglückseligen Zustand eines *anderen* ein Missvergnügen empfinden, das bis zum Grad dominierender Traurigkeit reichen kann. Denn natürlicherweise ist in der menschlichen Seele die Sorge um die *eigene* Vollkommenheit dominant – und diese Sorge hält Wolff, wie schon Thomasius, auch für moralisch legitim, sogar für eine Pflicht. Aber der Mensch ist auch in der Lage, das Eigeninteresse zu überschreiten, insofern er aus dem „Wohlstand" des anderen Vergnügen und, in negativer Entsprechung, aus dem „Notstand" des anderen Missvergnügen zu gewinnen vermag.

Dieses Vermögen aber heißt „Liebe", wie einige Paragraphen zuvor ausgeführt wurde (§§ 449–453). Demzufolge ist das Mitleid, wie die Mitfreude, eine unmittelbare Realisierungsgestalt der Liebe, nämlich im Falle des Unglücks des Geliebten. Es ist ein Epiphänomen der Liebe und daher auch, wie Wolff in der *Psychologia empirica* festhalten wird, ein „untrügliches Zeichen von Liebe".[42] Der dafür ausschlaggebende psychische Akt, aus dem Vergnügen oder Missvergnügen des anderen selbst Vergnügen oder Missvergnügen zu schöpfen, kann, wie einer erläuternden Hinzufügung zum Paragraphen in der zweiten Auflage der *Deutschen Metaphysik* zu entnehmen ist, als eine Art engagierter Teilnahme am anderen beschrieben werden, die einer Identifikation mit ihm gleichkommt:

Z.E. Cajus siehet Maevium in grosser Dürfftigkeit und wird darüber traurig. Alsdenn saget man, daß er Mitleiden mit ihm habe. Wer demnach mit dem andern Mitleiden hat, der machet desselben Mißvergnügen und Traurigkeit zu seinem Misvergnügen [sic] und seiner Traurigkeit. Er nimmet Theil daran, wenn es dem andern übel gehet. Es ist ihm eben so viel, als wenn es ihn selbst beträffe.[43]

---

[42] Wolff, *Psychologia empirica*, § 692, 524: „signum infallibile amoris"; vgl. auch Wolff, *Psychologia empirica*, § 694, 525, wonach die Liebe zum Mitleid „disponiert"; ferner ders., *Philosophia moralis*, Bd. II (1751), § 333, 412: „apparet, cur commiseratio arctissimo vinculo cum amore copuletur, ita ut sine hoc concipi nequeat." – Alle Übersetzungen aus dem Lateinischen in diesem Beitrag stammen vom Verfasser.

[43] Wolff, *Deutsche Metaphysik*, ²1722, § 461, 280. Vgl. dazu aus den Nächstenliebe-Paragraphen der *Deutschen Ethik*, § 775, 545f. (mit Anspielung auf das biblische Nächstenliebegebot): „Nehmlich da die Liebe eine Bereitschafft ist aus eines andern Glückseeligkeit Vergnügen zu schöpffen (§ 449.

Wie gesehen nimmt der knappe Mitleidsparagraph der _Deutschen Metaphysik_ im Gefolge Thomasius' eine liebesethische Kontextualisierung und eine vermögenspsychologische Aufschlüsselung des Mitleids vor. Dabei fällt auf, dass der traditionell herausgestellte Hilfsimpuls des Mitleids unerwähnt bleibt. Er wird aber in der Mitleidsdefinition der _Psychologia empirica_ nachgetragen und ebenfalls mit den Mitteln der wolffischen Psychologie verständlich gemacht, unter der Überschrift der „Wirkung des Mitleids":[44] „Wer einen anderen bemitleidet, ist zur Verringerung von dessen Unlust und Traurigkeit geneigt."[45] Das ist aus den psychologischen Grundaxiomen Wolffs auch leicht zu erweisen: Man bemitleidet die andere Person nur, sofern man sie liebt, sofern man sich mithin an ihrem Wohl-Befinden freut und über ihr Elend betrübt. Der Neigungs- oder Begehrungscharakter der Seele impliziert aber, dass in solcher Liebe ein Trachten nach dem Glück/der Vollkommenheit und eine Abscheu gegen sein Unglück/seine Unvollkommenheit lebendig ist.[46] Daraus folgt, dass wir den Geliebten in seinem Glück zu bewahren bzw. vor Unglück zu bewahren „geneigt sind" bzw. dass wir ihn von seinem Unglück zu befreien oder es wenigstens zu mildern streben. Mit einem Wort: Der Hilfsimpuls des Mitleids ergibt sich, das Wesen der Liebe vorausgesetzt, notwendig aus dem Axiom der Strebenatur der Seele.

Damit haben wir wieder die basale Dreierstruktur des Mitleids vor Augen, nun mit wolffischen Mitteln psychologisch plausibilisiert: Auf die Vorstellung vom Unglück oder Übel des anderen antwortet die Seele aufgrund einer eigentümlichen Teilnehmung am Wohl und Wehe des anderen, Liebe genannt, mit einer korrespondierenden Traurigkeit, und aufgrund der konativen Natur der Seele, die nach Mehrung von Glückseligkeit und Vollkommenheit strebt, entspringt aus diesem Affekt die Neigung, den andern von seinem Leiden zu befreien.[47]

Nachdem die Psychologie das Wesen des Mitleids geklärt hat, kann sich die Ethik den näheren Konstitutionsbedingungen dieses Affekts widmen, den Bedingungen

---

Met.); so lieben wir ihn als uns selbst, wenn wir aus seiner Glückseligkeit eben ein solch Vergnügen schöpffen, als wir haben würden, wenn es unser[e] eigene wäre."

[44] Wolff, _Psychologia empirica_, § 697, 527: „effectus commiserationis".

[45] Wolff, _Psychologia empirica_, § 697, 527f.: „Qui alterius commiseratur, ad ejus taedia ac tristitiam minuend[a]m pronus est." Vgl. dazu auch die Definition der Barmherzigkeit in Wolffs _Naturrecht_: Wolff, _Jus Naturae_, Bd. IV (1744), § 256: „_Misericors_ dicitur, cui alterius miseria motivum est eum a malis, quibus affligatur gratis liberandi aut saltem ea tolerabiliora efficiendi, quantum in potestate sua est. Unde _Misericordia_ virtus est, qua alterius miseria commovemur ad eum a malis, quibus affligitur gratis liberandum, aut saltem tolerabiliora eadem efficiendi, quantum in potestate nostra est" (Hervorhebung im Original).

[46] Vgl. Wolff, _Deutsche Metaphysik_, ²1722, § 462, 281, wo die Liebe als „_Begierde_ sich über des andern Glück zu vergnügen" (Hervorhebung M.F.) bestimmt wird. Entsprechend heißt es in der _Deutschen Ethik_, § 776, 546: Die Liebe „treibt eben den Menschen an[,] des andern seine Wohlfahrt zu befördern, so viel ihm möglich ist".

[47] Vgl. Wolff, _Philosophia moralis_, Bd. II (1751), § 333, 412: „tendentia appetitus ad liberationem a miseria".

seiner Erregung und seines Schwindens, seiner Förderung und Hinderung. Dabei werden einzelne Strukturmerkmale noch einmal näher beleuchtet. So bemerkt die *Deutsche Ethik* zur mitleidskonstitutiven Vorstellung von „des andern Noth und Elend", es sei notwendig, dabei dessen

Zustand […] gegen unsern zu halten, damit wir inne werden, wie uns würde zu Muthe seyn, wenn wir in einen solchen Zustand geriethen und wie es uns erfreuen würde, wenn sich jemand gegen uns gutthätig erwiese […].[48]

Um wirklich am Elend des anderen Anteil zu nehmen, es als unser eigenes anzusehen, müssen wir uns in einem Akt des Vergleichens oder besser: der empathisch-imaginativen Identifikation, in die Situation des anderen versetzen. Das ist vermutlich eine Interpretation der erwähnten aristotelischen Bestimmung, dass der Mitleidende im Leiden des anderen ein mögliches eigenes Leiden erkennen muss.[49]

Ein anderes von Aristoteles klassisch formuliertes Definitionselement des Mitleids, das oben ebenfalls genannt wurde,[50] wird von Wolff in den einschlägigen lateinischen Schriften, der *Philosophia moralis* sowie der *Psychologia empirica*, besonders ausführlich behandelt, nämlich die Unglücksunwürdigkeit des Bemitleideten. Wolffs Einlassungen darüber verdienen Aufmerksamkeit, weil sich in ihnen ein moralpsychologisches Grundproblem artikuliert, das auch in der gegenwärtigen Debatte über das Mitleid noch präsent ist.[51]

Nach Aristoteles ist es für das Zustandekommen von Mitleid entscheidend, dass den Unglücklichen das Unglück als ἀναξίος (*anaxíos*) getroffen hat, d.h. ohne seine Schuld oder ohne dass er des Unglücks sonst irgendwie „würdig" (ἄξιος, *axios*) wäre.[52] Diese Bestimmung kehrt nun bei Wolff an zentraler Stelle wieder in dem Satz: „Wenn einer einen anderen bemitleidet, beurteilt er ihn als des Übels, von dem er heimgesucht wurde, unwürdig [*indignum*]."[53] Als empirisch-alltagssprachlichen Beleg führt Wolff dazu an, dass sich Mitleid häufig eben in dem Satz ausdrücke: „Das hat er (oder sie) nicht verdient!"[54] Derselbe Gedanke, nur philosophischer

---

[48] Wolff, *Deutsche Ethik*, § 977, 684.

[49] S.o. Abschnitt 1.

[50] S.o. Abschnitt 1.

[51] Vgl. z.B. Nussbaum, *Upheavals*, 311–315; dies., *Politische Emotionen*, 219f.; Roberts, *Spiritual Emotions*, 187.

[52] Vgl. Aristoteles, Rhet. 1385b14.

[53] Wolff, *Psychologia empirica*, § 693, 524: „Si quis alterius commiseratur, is eum malo, quo affligitur, indignum judicat." Wolff stellt im nächsten Paragraphen noch einmal eigens „das Urteil über das Übel" als Bedingung des Mitleidsaffekts heraus: Wolff, *Psychologia empirica*, § 694, 525: „Haud obscure enim observamus affectum commiserationis praecedere judicium de malo". Er nimmt damit nicht nur den aristotelischen Mitleidsbegriff auf, sondern auch den modernen urteilstheoretischen Emotionsbegriff etwa bei Martha C. Nussbaum vorweg; vgl. Nussbaum, Upheavals, 19–88. Siehe auch die Auseinandersetzung mit diesem Emotionsbegriff z.B. bei Roberts, *Emotions*, 83–106; und die einführende Darstellung bei Demmerling/Landweer, *Philosophie der Gefühle*, 1–34.

[54] Vgl. Wolff, *Psychologia empirica*, § 693, 524: „Confirmatur idem a posteriori. Nihil enim com-

formuliert, kommt in der Wendung zum Ausdruck, der vom Schicksal Geschlagene sei „eines besseren Glückes würdig" (*meliori fortuna dignus*).[55] Sofern wir etwas dergleichen sagen oder denken, herrscht wenigstens für diesen Moment Liebe in uns, und wir fühlen Mitleid mit dem Unglücklichen. Sofern wir im Gegenteil sagen oder vielleicht heimlich denken: „Das geschieht ihm (oder ihr) gerade recht!", was ihm/ihr widerfahren ist, so ist in diesem Moment nicht Liebe herrschend, sondern Hass, womöglich auch in der Gestalt von Neid oder anderem – Mitleid kann dann nicht aufkommen.[56]

Nun wird die besagte Mitleidsbedingung – Liebe, die sich im Urteil der Unglücksunwürdigkeit ausdrückt – in der *Philosophia moralis* an einem frappanten Beispiel expliziert, nämlich an der Hinrichtung eines schönen Jünglings. Wir sehen den jungen Mann auf dem Schafott, und weil seine Schönheit in uns Liebe erweckt, so Wolff, beurteilen wir ihn als dieses traurigen Schicksals unwürdig und haben Mitleid mit ihm, wohlgemerkt ungeachtet des Umstandes, dass wir um sein strafwürdiges Verbrechen wissen. Um die Situation umgangssprachlich zu illustrieren, wechselt der Moralphilosoph aus dem Lateinischen ins Deutsche. In einem solchen Falle pflege man zu sagen, „es sey Schade, daß ein so schöner junger Mensch auf solche Weise müße hingerichtet werden".[57] Offensichtlich, erläutert Wolff, beziehen wir in diesem Moment des Mitleids das Übel – die dräuende Hinrichtung – nicht auf die Tat, deren Strafe sie ist, sondern auf das Liebe bzw. Wohlgefallen Erweckende an ihm, seine Schönheit.

Bemerkenswert ist die geschilderte Mitleidssituation, weil sie uns etwas über den Begriff der Liebe sagt, der ein vorausgesetztes Element von Wolffs Mitleidsbegriff ist, und über eine problematische Spannung in beiden Begriffen. Kurz gesagt: Es

---

munius est verbis commiserantium, quibus afflictos tantum malum non promeruisse pronunciant, quo premuntur."

[55] Vgl. Wolff, *Philosophia moralis*, Bd. V (1753), § 417, 562: „meliore fortuna digni". Der Begriff der „Glückswürdigkeit" wird bekanntlich wenige Jahrzehnte später in der kantischen Ethik und Ethikotheologie eine wichtige Rolle spielen.

[56] Vgl. Wolff, *Deutsche Ethik*, § 407, 275f.: „Mitleiden entstehet aus der Liebe (§. 461. Met.). Wo also die Liebe geändert wird […], da höret auch das Mitleiden auf. Und da Haß der Liebe entgegen gesetzet […]; so muß auch er das Mitleiden vertreiben. Wiederum weil das Mitleiden jederzeit des andern Unglück zum Grunde hat (§. 29.461. Met.); so wird es gestillet, wenn man […] versichert wird, er [sc. der Unglückliche; M.F.] sey des Unglücks werth. Nehmlich wo man einen des Unglücks werth achtet, muß man an ihm etwas finden, so uns mißfället, und solchergestalt einen Haß gegen ihn haben […]. Ich habe aber schon gewiesen, daß Haß und Mitleiden neben einander nicht bestehen. Wen man hasset, achtet man des Mitleidens nicht werth. Wir zeigen hier bloß die Ursachen, warum die Affecten aufhören: wie weit man sich aber derselben gebrauchen kann, muß aus dem beurtheilet werden, was wir von der Liebe aller Menschen, auch selbst der Feinde an seinem Orte beybringen werden: welches ich zu dem Ende erinnere, damit niemand auf die Gedancken gerathe, als wenn ich in gegenwärtigem Falle recommendiren wollte, daß man Nothleidende hassen solte."

[57] Wolff, *Philosophia moralis*, Bd. II (1751), § 325, 402.

können sehr flüchtige und oberflächliche und zufällige Formen von „Liebe", von Sympathie oder Wohlgefallen sein, die das Mitleid konstituieren. Und das bedeutet auch, dass es ausbleibt, sobald diese flüchtigen Liebesregungen ausbleiben oder durch andere flüchtige und oberflächliche und zufällige Affekte überlagert oder verdrängt werden. In der Terminologie der Wolff'schen Psychologie ausgedrückt: Unter den Oberbegriff der ‚Liebe' fallen auch dunkle Triebe oder verworrene Affekte (auf der Seite des Begehrungsvermögens), die auf nur dunklen oder verworrenen Vorstellungen von den Vollkommenheiten des oder der anderen beruhen (auf der Seite des Erkenntnisvermögens). Solange keine Klarheit und Deutlichkeit in diese Volitionen und Kognitionen gebracht wird, bleibt das Mitleid im Leben der Seele ein unsteter Geselle.

Das Problem wird im nächsten Paragraphen ausdrücklich angesprochen. Dort kommt Wolff auf den *amor universalis* zu sprechen, die „allgemeine Menschenliebe" (so der deutsche Terminus z.B. bei Meier),[58] die vom Naturrecht wie von der göttlichen Offenbarung gefordert wird,[59] die aber auch wie ein entflammbarer „Zunder" (*fomes*) in der „Natur des Menschen" angelegt ist.[60] Gemeint ist eine Liebe, die den anderen allein aufgrund der gemeinsamen Menschennatur liebt und die auf der Freude an dieser wesensmäßigen Gemeinsamkeit beruht.[61] Würde diese umfassende Liebe, die sich auf schlechthin alle Menschen erstreckt (selbst auf die Feinde),[62] alle Herzen erfüllen, dann würde jede Vorstellung von Elend notwendig auch Mitleid erwecken. Nun weiß aber jeder, „was für ein seltener Vogel" eine derartige Liebe „in diesen Landen" ist.[63] Das zeigt die tägliche Erfahrung, und zwar gerade das häufig gefällte Urteil über die Unglückswürdigkeit des Unglücklichen (es geschieht ihm/ihr recht). „Niemand hat Mitleid mit einem Räuber, der zur Hinrichtung geführt wird",[64] heißt es an späterer Stelle (es sei denn, so wäre hinzuzufügen, es handelt sich um einen schönen Räuber…). Und selbst in

---

[58] Z.B. Meier, *Sittenlehre*, Bd. 4 (1758, ²1766), § 784, 26 u.ö. Meier gibt damit den Baumgarten'schen Begriff der *philanthropia universalis* wieder, die bei Baumgarten eine Spezifikation des noch allgemeineren *amor universalis* darstellt; vgl. Baumgarten, *Ethica*, §§ 301–304, 196–199. Vgl. Thomasius, *Einleitung zur Sittenlehre*, 195: „Das 5. Hauptstück. Von der allgemeinen Liebe aller Menschen".

[59] Vgl. Wolff, *Jus naturae*, Bd. IV (1744), § 257, 192.

[60] Wolff, *Philosophia moralis*, Bd. II (1751), § 326, 402f.

[61] Vgl. Thomasius, *Einleitung zur Sittenlehre*, 202f.: „In der allgemeinen Gleichheit […] gründet sich die allgemeine Liebe, die alle Menschen in so weit verbindet, daß sie einander gleichmässig tractiren, und einer dem andern, er sei wer er wolle, dasjenige erweise, was er in gleichen Fällen von ihm erwiesen haben wolte."

[62] Vgl. Wolffs prägnanten Begriff des *amor universalis ad ipsos inimicos extensus*; z.B. Wolff, *Philosophia moralis*, Bd. V (1753), § 261, 365 u.ö.

[63] Wolff, *Philosophia moralis*, Bd. II (1751), § 326, 402: „Enimvero quam rara avis sit in his terris, nemo est qui nesciat […]".

[64] Wolff, *Philosophia moralis*, Bd. II (1751), § 457, 560: „Nemo commiseratur latronis ad supplicium ultimum tracti […]".

diesem Falle müsste man dem Mitleidigen bloß „die Grausamkeit" des Verurteilten „ins Gedächtnis rufen",[65] und es würde das Unglücks*un*würdigkeitsurteil dem
Unglücks*würdigkeits*urteil Platz machen und das Mitleid aufheben.

Wolff thematisiert eine fundamentale Spannung im Begriff von Liebe und Mitleid und einen damit verbundenen Widerspruch zwischen ethischer Forderung
und moralpsychologischer Realität, der für jede Mitleidsethik ein Schlüsselproblem
darstellt. Auf der einen Seite ist, jedenfalls für den christlich geprägten Ethiker,
ein *amor universalis* mitsamt dem aus ihm fließenden allgemeinen Mitleid ethisch
gefordert. Auf der anderen Seite gibt es realiter gewisse Grade und Radien der
Liebe und entsprechende Grade und Radien des Mitleids. Folglich sind Liebe und
Mitleid faktisch partikular, und sie sind unstet und wandelbar. „Das Mitleid geht
nicht immer aus jener allgemeinen Liebe hervor, sondern meist aus einer besonderen Liebe, die besondere Ursachen [*particulares causas*] hat"[66] – und die, so wäre
zu ergänzen, zumeist weniger auf der Stufe verstandesmäßiger Deutlichkeit als
auf der Stufe dunkel-triebhafter Attraktion oder verworren-affektiver Sympathie
angesiedelt ist. Im Übrigen ist es nach Wolff auch gar „nicht immer unzulässig, die
Liebe auszulöschen, so dass das Mitleid verschwindet",[67] wie die teils durchaus
berechtigten Unglückswürdigkeitsurteile zeigen (z.B. am Richtplatz).

Die betreffende Spannung zwischen ethischem Allgemeinheitsgebot und parti-
kularer Realisierung kommt explizit noch einmal in der Tugendlehre im fünften
Band der lateinischen *Ethik* zur Sprache, wo Wolffs Barmherzigkeitsbegriff entwickelt wird. Mitleid (*commiseratio*) und Barmherzigkeit (*misericordia*) verhalten sich
zueinander wie folgt: Das Mitleid ist der aktuelle Affekt der Traurigkeit über das
Leiden des anderen (also eine Regung der unteren Begehrungskraft), die Barmherzigkeit hingegen die Tugend, d.h. die stetige, habitualisierte Neigung des Willens
(also der oberen Begehrungskraft), Leidende von ihrem Leiden zu befreien.[68] Der

---

[65] Vgl. ebd.: „Et si quem ad commiserationem permovet atrocitas supplicii, ei ad animum revoca-
mus crudelitatem nefandam, qua tam atrox supplicium meruit."

[66] Wolff, *Philosophia moralis*, Bd. II (1751), § 458, 561: „commiseratio […] non semper procedit ex
amore isto universali, sed plerumque ex amore quodam speciali, quae particulares habet causas."

[67] Ebd.: „non semper illicitum extinguere amorem, ut commiseratio evanescat".

[68] Vgl. Wolff, *Philosophia moralis*, Bd. V (1753), § 398, 541, mit § 403, 547. Zugrunde liegt die
Verhältnisbestimmung von Barmherzigkeit und Mitleid, die in den Barmherzigkeitsparagraphen des
Naturrechts vorgenommen wird; vgl. Wolff, *Jus Naturae*, Bd. IV (1744), § 256, 191f.: „Misericordia
virtus est […] Sumitur hic misericordia pro habitu voluntatis, seu appetitus rationalis in oppositione ad appetitum sensitivum, in quo miseria alterius tristitiam excitat, quam commiserationem
appellavimus (§. 695. Psych. empir.): fit ita quod vulgo etiam affectus iste misericordiae nomine
compellatur. Patrio sermone affectum a virtute distinguimus, dum illum *Mittleiden* [sic], hanc vero
Barmhertzigkeit vocamus." Diese Verhältnisbestimmung ist allerdings noch nicht von Anfang an so
klar. Vielmehr werden Mitleid und Barmherzigkeit in der *Deutschen Ethik* noch mehr oder weniger
identisch gebraucht. Vgl. Wolff, *Deutsche Ethik*, § 976, 683f.: „Zur Gutthätigkeit beweget uns des andern Nothdurfft und Elend […] und also kommet sie aus Mitleiden (§. 461. Met.) oder da Mitleiden
gegen Nothleidende und Elende […] Barmhertzigkeit genennet wird, aus Barmhertzigkeit."

Barmherzigkeitstugend wird dabei von Wolff der liebesethische Universalitätsanspruch eingezeichnet: „Wer barmherzig ist, hat Mitleid mit *allen* Menschen, die von einem Übel getroffen werden, *wer auch immer es sei*".[69] Zur Exemplifizierung geht es noch einmal ans Schafott:

Wer wahrhaft barmherzig ist, indem er sogar Mitleid mit dem Räuber hat, der zur grausamen Hinrichtung geführt wird – wenn er auch noch so sehr dessen Räuberei missbilligt, mit der er sich das verdient hat, so bedauert er doch voller Unwillen, dass es so wahnsinnige Menschen gibt, die sich durch ihre Schlechtigkeit jählings in solche Übel stürzen.[70]

Eine derartige Herzensstellung, die sich auch noch im Angesicht des verdienten und selbstverschuldeten Strafleidens des Verbrechers zu einem Moment des sympathetischen Schmerzes erweichen lässt, wird von Wolff durchaus als Ausnahmetugend angesehen. Denn der Grund dieses Schmerzes kann ja nur die (selten anzutreffende) allgemeine Liebe sein, die beim Barmherzigen gewissermaßen einspringt und ihn auch dann Mitleid empfinden lässt, „wenn ein Grund für eine besondere Liebe fehlt".[71] Aber diese Ausnahmetugend ist nichtsdestoweniger naturrechtlich und christlich geboten – die Barmherzigkeit wird ja in Band V der *Philosophia moralis* und mithin unter den „Pflichten gegen andere" verhandelt.[72] Darum gibt Wolff auch eine Anweisung, wie man dieser hohen Tugend näher kommen könne: „Wer barmherzig sein will, muss sich Mühe geben, Taten von Personen scheiden zu lernen."[73] Denn universale Barmherzigkeit wird allein dem eignen, der den zu Bemitleidenden

nur als Menschen ansieht, folglich nicht auf irgendwelche Taten achtet, auch nicht auf Gemütshaltungen, aus denen sie hervorgehen – so wie es die allgemeine Liebe als Quelle der Barmherzigkeit fordert.[74]

Der letzte Grund einer umfassenden Barmherzigkeit ist nach Wolff die von allem Konkreten und Individuellen abstrahierende vernünftige Liebe oder Achtung

---

[69] Wolff, *Philosophia moralis*, Bd. V (1753), § 406, 550: „Qui miserico[r]s est, *omnium* hominum, qui malo quodam affliguntur, commiseratur, *quicunque tandem fuerint*" (Hervorhebung M.F.).

[70] Ebd.: „Sane qui misericors est, cum miseretur ipsius latronis, quando ad supplicium crudele trahitur, quamvis maxime improbet latrocinia, quibus id meruit, nec sine animo indignabundo dolet dari homines tam vesanos, ut militia sua in tantum malum sese praecipites dent."

[71] Wolff, *Philosophia moralis*, Bd. V (1753), § 406, 551: „Ac amoris, ex quo ortum trahit misericordia […], haec efficientia est, amoris utique universalis, *si defuerit ratio amoris particularis*" (Hervorhebung M.F.).

[72] Vgl. den Titel von Bd. V der *Philosophia moralis*: „Pars quinta, sive ultima, in qua agitur de virtutibus, quibus praxis officiorum erga alios continetur".

[73] Wolff, *Philosophia moralis*, Bd. V (1753) § 407, 551: „Qui misericors esse vult, operam dare debet, ut facta a personis dividere discat."

[74] Vgl. ebd.: „Quamobrem misericors eum, cujus commiseratur, tantummodo spectat tanquam hominem, consequenter non attendit ulla facta, nec habitus animae, ex quibus proficiscuntur, quemadmodum requirit amor universalis misericordiae fons".

vor der „Menschheit im anderen", wie sein Schüler Meier wenige Jahre später formulieren wird.[75]

Will man Wolffs Mitleids- und Barmherzigkeitstheorie resümieren, so ist zuerst die Feststellung zu machen, dass der Hallenser Philosoph den fraglichen Gefühls- und Tugendkomplex in einer Ausführlichkeit reflektiert hat, die man bei dem „rationalistischen Schulphilosophen" so nicht unbedingt erwarten würde. Die Verblüffung schwindet, sobald man sich die Anlage der Wolff'schen Ethik klar gemacht hat, von welcher der rechte Umgang mit den Affekten, in guter antiker Tradition, als eine Schlüsselfrage rechten Lebens und Handelns betrachtet wird. Und sie verschwindet gänzlich, sobald man den naheliegenden Fehlschluss korrigiert hat, der „rationalistischen" Privilegierung der klaren und deutlichen Erkenntnis und eines ihr entsprechenden Willens korrespondiere bei Wolff eine generelle Geringschätzung des Affektiven. Wolff ist tatsächlich kein prinzipieller Affektverächter, sondern er stuft gewisse undeutliche Regungen des Begehrungsvermögens – nicht zuletzt vor dem Hintergrund des christlichen Liebesgebotes – als unverzichtbare Elemente einer sittlichen Gemüts- und Lebensverfassung ein, wenn er auch deren „Aufklärung" zur deutlich-vernünftigen Willensbestimmung befürwortet. Es ist daher auch bei Wolff kaum etwas von der Reserve gegenüber Mitleid und Barmherzigkeit zu spüren, die etwa noch bei Thomasius (und dann auch in den Lexika von Walch und Zedler) herrscht.

Auf der Grundlage seiner so klaren wie anspruchsvollen Vermögenspsychologie hat Wolff in seinen Abhandlungen zur Psychologie und Ethik eine Theorie von Mitleid und Barmherzigkeit vorgelegt, die in seiner Zeit sicher zu den elaboriertesten zählt. Dass Wolff in Ausführungen zur Theoriegeschichte von Mitleid resp. Barmherzigkeit in der Regel übergangen wird,[76] dürfte vornehmlich daran liegen (abgesehen von der allgemeinen Unkenntnis seiner Ethik, die auch der Wahl des Lateinischen für seine großen Werke geschuldet ist), dass die fraglichen Begriffe darin keinen sichtbar herausgehobenen Rang unter den moralisch einschlägigen Affekten resp. Tugenden einnehmen. Wolff gibt sich nicht leicht als „Mitleidsethiker" zu erkennen. Ganz abgesehen von dem generellen Ruf des „Rationalismus" steht dem zunächst schon entgegen, dass die herkömmliche Moralphilosophie in der Ethik Wolffs durch das Nebeneinander der Traktate über die Pflichten gegen Gott, gegen sich selbst und gegen andere nicht unangefochten im Zentrum steht. Ferner drängt sich aufgrund des Vollständigkeitsanspruchs der affekt- und tugendethischen Abhandlungen eine entsprechende Etikettierung der Wolff'schen Moralphilosophie nicht unmittelbar auf. Will man aber den das sittliche Verhalten gegenüber den Mitmenschen betreffenden Ansatz Wolffs dennoch auf einen sum-

---

[75] Vgl. Meier, *Sittenlehre*, Bd. 4 (1758, ²1766), § 797, 67: „[S]o, wie wir die Menschheit in unserer eigenen Person lieben, eben so müssen wir sie auch in andern Personen lieben, obgleich nicht in einem eben so hohen Grade."

[76] Eine Ausnahme ist die Erwähnung bei Samson, „Mitleid", 1413.

marischen Nenner bringen, empfiehlt sich dafür eher der Titel der „Liebesethik" als der „Mitleidsethik"; ist doch das Mitleid bei Wolff, wie gezeigt, der Liebe als deren vornehmste Erscheinungsform systematisch subordiniert.

Ungeachtet dieser untergeordneten Stellung ist Wolffs Zugriff auf das Mitleids-phänomen und die Barmherzigkeitstugend von beachtlicher Durchsichtigkeit und Stringenz. Seine Psychologie ist, trotz einer gewissen Schematik und Starrheit, in vielen Grundeinsichten einleuchtend, z.B. was die konative Natur der Seele angeht – hierin ist Wolff von Martin Heidegger und seinem Existential der Sorge nicht allzu weit entfernt. Nicht zuletzt wird bei Wolff eines der Grundprobleme der Mitleidsethik sichtbar, das auftaucht, sobald in ihr Universalitätsansprüche zum Zuge kommen. Mit dem Mitleid setzt eine solche Ethik bei einem konkreten, quasi natürlichen Gefühl an, das sich auf konkrete Menschen richtet und in das damit auch Aspekte natürlicher Bindungen und Ausgrenzungen, Sympathien und Antipathien eingehen. Aber sobald das Mitleid ausgeweitet werden soll zur „universalitas misericordiae",[77] muss es von allem Konkreten absehen können. Wolff hat diesen Abstraktionsvorgang treffend beschrieben:

Die allgemeine Liebe, die sich auf alle Menschen ohne Unterschied bezieht, muss bei allen Menschen denselben Grund haben, folglich kann sie in nichts anderem bestehen, als was allen Menschen gemeinsam ist, und daraus folgt, dass, um einen anderen zu lieben, kein anderer Grund erfordert ist, als dass er Mensch ist.[78]

Auch das Problem, das mit dieser abstrakten Begründung von universaler Liebe und Barmherzigkeit gegeben ist, klingt bei Wolff schon deutlich an. Diese abstrakte Liebe hat, auch wenn die Anlage dazu in der Menschennatur liegen mag, wenig Kraft und kann leicht durch andere, konkretere Affekte überlagert werden. Deshalb sollte man sich auch, wenn man bei anderen Mitleid für sich selbst wecken will, auf diese Anlage lieber nicht verlassen und stattdessen besser eine „besondere Lie-be" zu wecken versuchen, wie Wolff in einer klugheitsethischen Seitenbemerkung notiert.[79] Die allgemeine Liebe ist, um es mit einem Wort von Aristoteles zu sagen, eine „wässrige Liebe".[80] Sie „bestehet" eigentlich, wie es Thomasius formuliert hat, „mehr in einem Mangel des Hasses; als in einer würcklichen Zuneigung".[81]

---

[77] Wolff, *Philosophia moralis*, Bd. V (1753), § 406, 550.

[78] Wolff, *Philosophia moralis*, Bd. II (1751), § 326, 402f. „Amoris universalis, qui extenditur ad homines promiscue omnes, ratio eadem esse debet in hominibus omnibus, consequenter in alio consistere nequit, quam quod omnium hominum commune est, ac per consequens ut alium ames non alia requiritur ratio, quam quod is sit homo."

[79] Vgl. Wolff, *Philosophia moralis*, Bd. II (1751), § 326, 402: „commiserationem concitaturus ante amorem concitare tenetur, quam malum, quod alterum affligit, repraesentetur. Idem valere, si commiserationem tui concitare velis, per se patet."

[80] Aristoteles, Pol. 1262b15: φιλία ὑδαρή. Vgl. zum Ausdruck und zum moralpsychologischen Problem Nussbaum, *Politische Emotionen*, 334f.; vgl. dazu wiederum Fritz, „Kultivierung".

[81] So die Paraphrase bei Walch, *Lexicon*, Art. „Liebe gegen andere", 1638; vgl. Thomasius, *Einlei-tung zur Sittenlehre*, 203: „mehr ein Mangel des Hasses [...] als eine wahre [...] Liebe".

Damit schwindet aber ihr Potenzial, im Falle des Leidens des anderen ein merkliches Missvergnügen auszulösen – und einen signifikanten Impuls, seinem Leiden entgegenzutreten.

An dieser Stelle scheint auch eine gewisse Unschärfe innerhalb der Wolff'schen Beschreibung und Bewertung von Mitleid resp. Barmherzigkeit und Liebe zu bestehen, die aus einer psychologischen Problematik des von Wolff generell propagierten Aufstiegs vom Dunklen über das Verworrene zum Deutlichen resultiert. Denn es wird bei ihm nicht vollends klar, inwiefern aus der allgemeinen Liebe zur Menschheit im anderen, die aufgrund ihrer abstraktiven Logik auf der Ebene der *deutlichen* Vernunfterkenntnis und Willensbestimmung anzusiedeln ist,[82] überhaupt ein Mitleid fließen soll können, das noch im eigentlichen Sinne als Affekt und damit als *verworrener* Zustand des Begehrungsvermögens anzusprechen ist.[83] An der Affektivität (bzw. Emotionalität) des Mitleids hängt aber nicht nur die Konvergenz der Theorie mit dem allgemeinen Sprachgebrauch des Begriffs und mit dem allgemeinen Verständnis des Phänomens Mitleid, sondern auch die Frage der moralischen Kraft und mithin der ethischen Relevanz des Mitleids (und folglich der Barmherzigkeit). Kann ein rein aus der Vernunft gewonnenes allgemeines Mitleid dieselbe moralische Energie zur Unterstützung des notleidenden Mitmenschen entfachen, wie wir es aus lebensweltlicher Erfahrung von dem mächtigen Mitleidsgefühl kennen? Nicht zuletzt an dieser Frage setzt die Fortentwicklung der Mitleidsethik in der zweiten Generation der hallischen Schulphilosophie an.

4 Alexander Gottlieb Baumgartens und Georg Friedrich Meiers Ethik der universalen Barmherzigkeit

Zieht man die Konzeption von Mitleid und Barmherzigkeit bei den Wolff-Schülern Alexander Gottlieb Baumgarten und Georg Friedrich Meier in Betracht, von denen bereits die Rede war,[84] so fallen neben den Konvergenzen im Grundansatz bald

---

[82] Vgl. zum Deutlichkeitsgewinn durch Abstraktion in der Wolff-Baumgarten'schen Kognitionstheorie Fritz, *Vom Erhabenen*, 252f.

[83] Die bereits angeführte Verhältnisbestimmung von Barmherzigkeit und Mitleid im *Naturrecht* (s.o. Fußnote 68) zeigt, dass Wolff tatsächlich die Barmherzigkeit als rationale (und daher potenziell universale) Willensbestimmung weitgehend vom Mitleid als affektiv-„sinnliche" (*sensitivus*) Willensbestimmung abkoppelt: Wolff, *Jus Naturae*, Bd. IV (1744), § 256, 191f.: „Sumitur hic misericordia pro habitu voluntatis, seu *appetitus rationalis* in oppositione ad *appetitum sensitivum*, in quo miseria alterius tristitiam excitat, quam commiserationem appellaviumus" (Hervorhebung M.F.).

[84] S.o. Abschnitt 2. Grundlegend für das Verständnis der Ethik Baumgartens (und Meiers) ist das Buch von Schwaiger, Baumgarten. Schwaiger stellt durchweg „die tiefgreifenden Unterschiede und die einschneidenden Gewichtsverlagerungen […] zwischen den Ethikansätzen" (154) Wolffs und Baumgartens heraus. Insofern kann der vorliegende Aufsatz als Bestätigung und exemplarische Fortführung von Schwaigers Arbeit gelesen werden, allerdings unter noch stärkerer Einbeziehung

auch einige Divergenzen auf, die eine signifikante Neuakzentuierung des fraglichen moralpsychologischen Lehrstückes erkennen lassen. Entsprechend der von Wolff ererbten schulphilosophischen Systematik ist dazu zunächst die empirische Psychologie der beiden Wolffianer zu berücksichtigen, die in Baumgartens einbändiger *Metaphysica* (1739) sowie in deren deutscher Fassung, Meiers vierbändiger *Metaphysik* (Bd. 3, 1757), dargelegt wird. Außerdem ist wie bei Wolff die Tugendlehre innerhalb des ethischen Traktats über die Pflichten gegen andere einschlägig. Sie findet sich bei Baumgarten in der einbändigen *Ethica* (1740), bei Meier in der fünfbändigen *Philosophischen Sittenlehre* (Bd. 4, 1758), die wiederum eine ausführlichere und – nicht nur dank der deutschen Sprache, sondern auch aufgrund des gefälligen Stils – weniger spröde Entfaltung der Baumgarten'schen Vorlage bietet.

Neben diesen akademischen Werken sind ferner eine Reihe von populären Texten als Quellen zu verwerten, die das infrage stehende Themenfeld der Moral auf der Grundlage derselben philosophischen Konzeption traktieren. Denn Georg Friedrich Meier hat sein Aufklärungsanliegen auch mit einem publizistischen Großprojekt verfolgt, das die Wolff-Baumgarten'schen Philosophie über Halle und über den Kreis akademischer Gelehrsamkeit hinaus bekannt machen sollte. So hat er, in enger inhaltlicher Überein- und Abstimmung mit seinem Freund, dem ebenfalls in Halle aufklärungsphilosophisch (und -theologisch) sozialisierten Pastor Samuel Gotthold Lange (1711–1781), zwanzig Jahre lang (1748–1768) eine Reihe von breitenwirksamen moralischen Wochenschriften herausgegeben, in denen auch gemeinverständliche Abhandlungen ethischer Fragen ihren Platz haben.[85] Dabei werden immer wieder auch Mitleid und Barmherzigkeit bedacht, z. B. in den von Meier verfassten Artikeln *Von der Menschenliebe* (1749), *Vom Mitleiden* (1750), *Von der allgemeinen Menschenfreundschaft* (1753) und *Von dem mitleidigen Gefühl* (1759).

Psychologisch fassen Baumgarten und Meier den Affekt des „Mitleidens" mit den Kategorien der Wolff'schen Seelenlehre, nämlich als „Betrübnis über die Unvollkommenheit eines andern",[86] und sie begreifen diese Betrübnis wie Wolff als Ausfluss der Liebe. Die Barmherzigkeit, welche hier (anders als beim späteren und ähnlich wie beim frühen Wolff) zunächst nicht als Tugend, sondern ebenfalls als Affekt oder „Leidenschaft" rangiert, kann daher knapp als „Liebe eines Elenden"[87] definiert werden.

---

der Werke von Baumgartens Alter Ego, Georg Friedrich Meier. Siehe zum hallischen Hintergrund und zu den behandelten Autoren: Fritz, *Vom Erhabenen*, 230–283 (dort auch weitere Literatur); ders., „Hallische Avantgarde"; ders., „Aufklärung"; ferner die Sammelbände Grunert/Stiening (Hgg.), *Georg Friedrich Meier*; Allerkamp/Mirbach (Hgg.), *Schönes Denken*.

[85] Siehe dazu Zenker, „Volksaufklärung".

[86] Meier, *Metaphysik*, Bd. 3 (¹1757, ²1765), § 683, 339f. Vgl. Baumgarten, *Metaphysica*, § 687, 262: „Tristitia [...] ex alterius imperfectione *commiseratio* [...] est" (Hervorhebung im Original).

[87] Meier, *Metaphysik*, Bd. 3, § 681, 336. Vgl. Baumgarten, *Metaphysica*, § 684, 261: „Amor [...] miseri, *misericordia* [est]" (Hervorhebung im Original).

Eine erste Modifikation gegenüber Wolff wird darin sichtbar, dass das Mitleid ausdrücklich nicht nur auf bestimmte Not- und Unglückslagen eines Mitmenschen bezogen wird, sondern überhaupt auf mögliche „Unvollkommenheiten" an ihm oder ihr, auch und gerade „moralische Unvollkommenheiten".[88] Dabei sind, gegen Aristoteles und große Teile des philosophischen Theorieerbes einschließlich Wolff, explizit auch solche Unvollkommenheiten eingeschlossen, an denen einer selbst die Schuld trägt, also Charakterschwächen und andere persönliche Fehlleistungen.[89] Diese bewusste Korrektur der Tradition zielt bei den beiden im Hallischen Pietismus aufgewachsenen Philosophen[90] darauf ab, die Möglichkeit von Mitleid resp. Barmherzigkeit gegenüber den „moralischen Fehlern"[91] und „Sünden"[92] des Nächsten zu begründen. Das Muster für diese konzeptionelle Ausweitung ist kein geringerer als „[u]nser Heiland, dessen Leben eigentlich die Geschichte des vollkommensten Mitleidens und der edelsten Liebe ist".[93] In diesem seinem „vollkommensten Mitleid" aber hat sich der Erlöser nicht nur des unverschuldeten Elends, sondern auch und gerade der Schuld- und Sündennot der Menschen erbarmt. Insofern der Gottessohn nach christlicher Überzeugung damit Zeugnis von „der erbarmenden Menschenliebe GOttes"[94] gegeben hat, ist die letzte Referenzgröße für die Neufassung von Mitleid und Barmherzigkeit eigentlich „das Verhalten GOttes gegen das ganze menschliche Geschlecht",[95] auf das sich der christliche Glaube richtet.

War der christliche Hintergrund bei Wolff mehr implizit spürbar (vor allem in der Verankerung der Barmherzigkeitsforderung im Naturrecht), begründet die prominente Stellung des Erbarmens innerhalb der Bibel und der christlichen Überlieferung bei den Hallenser Wolff-Schülern eine neue mitleidsethische Emphase.[96]

---

[88] Vgl. z.B. Baumgarten, *Ethica*, § 354, 234; Meier, *Sittenlehre*, § 886, 341–344.

[89] Vgl. z.B. Georg Friedrich Meier, „Beweis, daß derjenige, der durch seine eigene Schuld in Noth gerathen, mehr Mitleiden verdiene, als ein andrer, der ohne seine Schuld unglücklich ist" (1753); ferner Meier, *Sittenlehre*, Bd. 4, § 794, 58f. Baumgarten und Meier folgen in dieser Modifikation der theologischen Theorietradition. Unmittelbares Vorbild dürfte Siegmund Jacob Baumgarten sein: vgl. Baumgarten, *Theologische Moral*, § 137, 171, wonach Christen im Sinne der gebotenen Barmherzigkeit dazu verbunden sind, „auch alles verschuldete Uebel und Sünde des Nächsten mit solcher [sc. barmherziger; M.F.] Gemütsfassung anzusehen, und den nötigen Unwillen gegen das Böse mit diesem Mitleiden gegen Sünder zu mäßigen".

[90] Vgl. Schwaiger, *Baumgarten*, 154; Fritz, *Vom Erhabenen*, 243; vgl. überhaupt zum Verhältnis von Pietismus und Wolffianismus in der Ethik Baumgartens und Meiers: Schwaiger, *Baumgarten*, 122–126. 139–143; siehe zum Profil Meiers als religiösem Aufklärer: Fritz, „Aufklärung".

[91] Meier, „Vom Mitleiden", 184.

[92] Meier, *Sittenlehre*, Bd. 4, § 886, 344.

[93] Meier, „Von dem mitleidigen Gefühl", 400.

[94] Meier, „Beweis", 357.

[95] Meier, „Beweis", 355. Vgl. Meier, *Sittenlehre*, Bd. 4, § 794, 59: „GOtt verhält sich eben so. Er hat sich vornehmlich der Menschen erbarmt, in so ferne sie Sünder sind, und wir müssen also auch in diesem Stücke GOtt nachahmen."

[96] Vgl. Meier, „Vom Mitleiden", 183: „In einer mitleidsvollen Liebe steckt allemal mehr göttliches,

Neben der angesprochenen pietistischen Prägung, die Baumgarten, Meier und Lange teilen, kommt dabei auch eine hochgestimmt-empfindsame Gesinnung zur Wirkung, in der die Begeisterung für den hohen Ton der Dichtung Miltons oder Klopstocks mit einer neuen Gefühlskultur der „Zärtlichkeit"[97] zusammenfließt.[98] Aus alledem ergibt sich ein Enthusiasmus für „die göttliche Empfindung des wahren Mitleidens",[99] wie er bei Vertretern der früheren Aufklärung wie Thomasius und Wolff kaum denkbar ist. Signum dieses neuen Überschwangs ist zunächst eine eminente Privilegierung des Mitleids als vorzügliche Erscheinungsform der Liebe – und mithin als Inbegriff einer rechten sittlichen Gemütsverfassung:

Nichts kann uns Menschen angenehmer seyn, als wenn wir von einem Uebel befreyet werden. Folglich kann einem Menschen keine Liebe angenehmer seyn, als das wahre Mitleiden. Es ist daher kein Character reitzender, gefälliger und einnehmender, als der Character einer mitleidigen und barmherzigen Menschenliebe. […] GOtt hat sich auch für uns Menschen in der heiligen Schrift nicht reitzender offenbaren können, als indem er sich als einen barmherzigen GOtt vorgestellt, und uns einen Hohenpriester gegeben, der mit uns Mitleiden [sc. hat; M.F.] tragen können.[100]

Das Zitat gibt zu erkennen, dass ‚Mitleiden' und ‚Barmherzigkeit' bei Meier nicht nur einen aktuellen Gemütszustand, sondern auch ein „Charakter"-Merkmal, eine habituelle Gemütsverfassung oder Tugend bezeichnen – auf diesen Punkt ist noch einmal zurückzukommen. Dabei differenziert Meier begrifflich weniger klar als der spätere Wolff oder auch der Theologe Siegmund Jacob Baumgarten (der ältere Bruder Alexander Gottlieb Baumgartens), die ‚Mitleid' für den aktuellen Affekt und ‚Barmherzigkeit' für die entsprechende Tugend reservieren.[101]

---

als in einer jedweden andern Liebe. GOtt liebt alle seine Creaturen; man kann aber sagen, daß er unter allen uns bekanten Creaturen die Menschen in gewisser Absicht [*lies*: Hinsicht] am meisten liebet, weil er seine erbarmende Liebe denen Menschen am stärksten bewiesen, indem er ihnen alle Mittel verschaft, sie aus ihrem Elende zu erretten. Wir werden daher ermahnet, barmherzig zu seyn, wie unser Vater im Himmel barmherzig ist [Lk 6, 36], und wir haben der erbarmenden Liebe GOttes den Heiland der Welt zu verdanken."

[97] Vgl. zur positiven Wertung des Begriffs z.B. Lange, „Vom Weinen", 110. Vgl. zur wahrscheinlichen Autorschaft des ursprünglich anonym veröffentlichten Stückes: Martens, *Der Mensch*/„Nachwort", 419*.

[98] Siehe zu diesem ethisch-religiös-ästhetischen Komplex Fritz, *Vom Erhabenen*, Teil II, bes. Kapitel 3.

[99] Meier, „Beweis", 355.

[100] Meier, *Sittenlehre*, Bd. 4, § 794, 57.

[101] Siehe zu Wolff oben Abschnitt 3. Innerhalb der Ethiklehrbücher A. G. Baumgartens und Meiers fällt die fragliche Differenzierung schon deshalb weg, weil sie, in Abweichung von der theologischen Vorlage S. J. Baumgartens, die fraglichen Begriffe neben der Pflichtenlehre nicht noch einmal eigens in einer Tugendlehre verhandeln – womit sie ermüdende Redundanzen vermeiden. Vgl. die Paragraphen zu Mitleiden/Barmherzigkeit bei Baumgarten, *Theologische Moral*, §§ 137 und 262.

Vor allem aber lässt sich der Passage, der sich leicht ähnliche Elogen hinzufügen ließen,[102] entnehmen, dass die „mitleidige und barmherzige Menschenliebe" eines der zentralen sozialethischen Ideale Meiers (und wohl auch schon Baumgartens) darstellt. Insofern ist es wenig übertrieben, Meiers Ethik dezidiert als Mitleidsethik zu kennzeichnen – wenn diese Charakteristik auch, ähnlich wie bei Wolff, aufgrund des Nebeneinanders von Religionslehre (Pflichten gegen Gott), Ethik des Selbstumgangs (Pflichten gegen sich selbst) und Sozialethik (Pflichten gegen andere) innerhalb der Sittenlehre, außerdem aufgrund der systematischen Überordnung des Liebesbegriffs leicht verdeckt wird. Zum Lob des Mitleids wird denn auch von Meier ihr unverzichtbarer Beitrag zum sozialen oder „geselligen" Leben herausgestrichen: „Die mitleidige Liebe ist der menschlichen Gesellschaft am allernützlichsten und nöthigsten",[103] weil sie in den Gemütern immer wieder Kräfte freisetzt, um einander im „Jammerthal"[104] dieser Welt von „Elend, Noth und Böse[m]" zu „befreyen".[105]

Mit dem sittlichen Energiepotenzial der „geselligen Liebe"[106] in Gestalt des Mitleids ist das psychologische Hauptmotiv von dessen ethischer Privilegierung bei den „Jungwolffianern" Baumgarten, Meier und Lange berührt. Im Horizont der generellen moralpsychologischen Aufwertung des Affektiven, die von ihnen vollzogen wird, schreiben sie – wie bereits angedeutet wurde – dem Mitleid und der Barmherzigkeit gerade aufgrund ihrer genuinen Affektivität maßgebliche Relevanz für das Zusammenleben zu. Anders als bei Wolff avanciert bei ihnen das Mitgefühl nicht in einer vernünftigen Sublimationsform (beim späten Wolff unter dem Titel ‚Barmherzigkeit'), sondern namentlich als Herzensvermögen affektiver Anteilnahme zur moralischen Schlüsselqualität. Diese Umwertung lässt sich schön

---

[102] Vgl. dazu z.B. den Lobpreis von Mitleid und Barmherzigkeit in Meier, „Vom Mitleiden". Der Artikel hebt mit der schönen Beobachtung an, dass Mitleid nicht nur Liebe voraussetzt, sondern auch die Macht besitzt, eine abgekühlte oder alltäglich gewordene Liebe neu zu erwecken (177f): „Die blosse Erfahrung belehret uns, daß die Liebe gleichsam einschlafe und ermatte, wenn sie an der geliebten Person lange Zeit hintereinander nichts mitleidenswürdiges gewahr wird. Ich kann niemals ohne Rührung einen gewissen Trieb der Natur bey den Eltern, sonderlich bey den Müttern, betrachten, welcher hieher gehöret. Eine Mutter kann alle ihre Kinder recht zärtlich lieben: sind sie insgesamt in lauter guten Umständen, so scheint ihre Liebe eine ruhigere Gestalt anzunehmen, weil sie so zu reden gewahr wird, daß ihre Kinder in dergleichen Umständen ihrer Liebe nicht sonderlich bedürfen. So bald als eins unter denselben krank wird, oder sonst in einen mitleidenswürdigen Zustand geräth, alsobald wird die mütterliche Zärtlichkeit von neuem durchaus erregt. Sie scheint der übrigen Kinder zu vergessen; alle ihre mütterliche Sorgfalt richtet sie auf das kranke. […] Es zeigt uns demnach die blosse ungekünstelte Natur, daß die wahre Liebe alsdenn am feurigsten sey, wenn sie an der geliebten Person Unvollkommenheiten gewahr wird."
[103] Meier, „Vom Mitleiden", 179.
[104] Meier, „Vom Mitleiden", 183.
[105] Meier, „Vom Mitleiden", 179; vgl. ders., „Von dem mitleidigen Gefühl", 396.
[106] Meier, „Vom Mitleiden", 177.

an einem Artikel S. G. Langes *Vom Weinen* ablesen, in dem er dafür eintritt, dass man sich nicht für Tränen mitfühlender Rührung zu schämen habe:

> Diese Thränen der Zärtlichkeit sind Zeugen von der edlen Gesinnung unseres Gemüths; denn vermittelst dieser Zärtlichkeit nehmen wir aufs liebreichste Antheil an dem Wohl und Weh unsers Nebenmenschen; sie entdecken ein Herz, das den Empfindungen der Tugend, der Freundschaft, des Mitleidens und der Barmherzigkeit fähig ist [...].[107]

Dabei räumt der Autor dem Mitleid ausdrücklich einen moralpsychologischen Vorrang gegenüber der Mitfreude ein, dem positiven Modus liebender Anteilnahme. „Wir sind", so heißt es in demselben Artikel,

> viel stärker zum Mitleiden, als zur Theilnehmung an der Freude eines andern aufgelegt. Wenn unser Freund glücklich ist, so ist es uns zwar lieb; allein ganz anders rühret uns sein weinendes Auge. Unser Herz und Eingeweide beweget sich, und unsere Augen lassen gesellschaftliche Thränen herabrollen: wir eilen, an seinem Kummer Theil zu nehmen, und ihm unser[n] Beystand anzubieten; und dies ist so edel, daß der weiseste König selbst sagt: es ist besser in das Klagehaus, als in das Haus der Freude zu gehen.[108]

Wie Meier ist sein Freund Lange ein enthusiastischer Prediger der allgemeinen Menschenliebe und als solcher ein überschwänglicher Prediger der Herzensempfindungen Mitleid und Barmherzigkeit. Eine entsprechende Hochschätzung kommt auch in Artikeln Meiers zum Ausdruck, etwa wenn er axiomatisch feststellt: „Wer ein recht geselliger Menschenfreund ist, der wird über das Elend anderer Menschen empfindlich betrübt".[109] In den akademischen Ethiklehrbüchern Meiers und Baumgartens hingegen fällt der hohe ethische Rang der sympathetischen Empfindsamkeit weniger leicht ins Auge.[110] Er erschließt sich aber anhand gewisser Äußerungen der Mitleids- resp. Barmherzigkeitskonzeption, in denen die moralpsychologische Rahmentheorie der Baumgarten-Meier'schen Ethik aufgenommen wird.

So finden sich in Baumgartens *Ethica philosophica*, weit nach der knappen Einführung der *misericordia* als Form der Menschenliebe, Bestimmungen über die Erfordernis möglichst ‚klarer', ‚lebhafter' (*vividus*) und daher ‚brennender' (*ardens*) Vorstellungen von den Unvollkommenheiten anderer, soll es zur Erweckung des

---

[107] Lange, „Vom Weinen", 110.

[108] Lange, „Vom Weinen", 111. Vgl. Koh 7, 2 (Luther 1545): „Es ist besser in das Klagehaus gehen / denn in das Trinckhaus / in jenem ist das ende aller Menschen / vnd der Lebendige nimpts zu hertzen."

[109] Meier, „Von der Menschenliebe", 69. Vgl. ders., „Von der allgemeinen Menschenfreundschaft", 6: „Ein wahrer Menschenfreund, weil er alle Menschen liebt, betrübt sich über alle Unvollkommenheiten, Fehler, Schwachheiten, Unglücksfälle, und über alles Uebel, welche seinen Nebenmenschen betreffen. Sind andere traurig, mißvergnügt, niedergeschlagen? Es gehet ihm durchs Herz, und er kann nicht frölich seyn, sondern er weinet mit den Weinenden [Röm 12, 15; M.F.]."

[110] Vorläufer für diese Hochschätzung ist wieder S. J. Baumgarten: vgl. ders., *Theologische Moral*, § 137, 171.

nämlichen Affekts kommen.[111] Unverkennbar wird hier die oben skizzierte Theorie des Zusammenhangs von ‚lebhafter Vorstellung' und starker affektiver Bewegung des Gemüts auf das herzliche „Erbarmen"[112] mit dem Elenden appliziert.[113] Dabei ist vorausgesetzt, dass es für die Sittlichkeit auf eine möglichst starke Erregung solcher Erbarmensaffekte ankommt. In diesem Sinne unterstreicht auch Meier in seiner *Philosophischen Sittenlehre*, dass kein Mitleid erwachen kann, sofern „wir keine anschauende und lebendige Erkenntniß unserer Nebenmenschen" und ihrer Notlage „erlangen".[114] Wer nur eine theoretisch-abstrakte „Erkenntnis" (zu verstehen in der wolffianisch weiten Bedeutung von *cogitatio*, d.h. Vorstellen) ohne konkrete Anschauungen und lebhafte Vorstellungen vom Leiden anderer besitzt, wird ihnen gegenüber im Stande der „Gleichgültigkeit" bleiben, neben dem Hass eines der beiden Gegenstücke zur Liebe.[115] „Daher verbindet uns die mitleidige Menschenliebe, uns um die Noth und das Elend anderer Menschen zu bekümmern, die Kranken zu besuchen, die Armen auszukundschaften u.s.w."[116] Durch solche „Auskundschaftung" sind Anschauungen und Vorstellungen von ihrem Unglück zu gewinnen, um im Zuge dessen Mitgefühl „zu üben" – und zwar nicht nur *aus*-, sondern auch *ein*zuüben.[117]

Offenkundig erwarten sich Baumgarten und Meier vom wiederholten Aufsuchen erbarmungswürdiger Anschauungen nicht nur punktuelle affektive Erregungen, sondern die Einübung einer generellen „Empfindbarkeit gegen die Klagen, die Thränen und die Noth anderer".[118] Es geht um die Ausbildung einer dauernden Gemütsverfassung, die wesentlich in einer affektiven Fähigkeit besteht, und mithin um die Kultivierung einer ‚Tugend' im aristotelischen Sinne eines habituellen Gemüts- und Affektvermögens. Damit folgen A. G. Baumgarten und Meier allem

---

[111] Vgl. Baumgarten, *Ethica*, § 354, 234.

[112] Vgl. Baumgarten, *Metaphysica*, § 684, 261.

[113] Siehe dazu oben Abschnitt 2.

[114] Meier, *Sittenlehre*, Bd. 4, § 801, 76. Vgl. zu Baumgarten-Meier'schen Schlüsselterminus der ‚lebendigen Erkenntnis' (*cognitio viva*) und seinen pietistischen Wurzeln Schwaiger, *Baumgarten*, 122–126; Fritz, *Vom Erhabenen*, 261–283; ders., „Hallische Avantgarde", 3–18.

[115] Vgl. Meier, *Sittenlehre*, Bd. 4, § 801, 76.

[116] Meier, *Sittenlehre*, Bd. 4, § 794, 60.

[117] Vgl. Meier, „Von dem mitleidigen Gefühl", 398, über die Unfähigkeit zum Mitleid: „Gemeiniglich aber ist diese Unempfindlichkeit nur denen eigen, welchen von Jugend auf nie ein Unglück begegnet ist, und die folglich nicht wissen, wie es Elenden zu Muthe sey. Daher sind insgemein die Reichen und Vornehmen hart, fühllos und ohne alles Mitleiden […]. Ich wünschte demnach, daß die Grossen ihre Kinder dann und wann in die Hütten der Armen oder in Hospitäler und Lazarethe führen liessen, um in ihnen das Gefühl der Menschlichkeit zu erhalten, oder, wenn es schon in ihnen erstickt worden, wieder zu erwecken. Wenigstens sollte man ihnen in der Historie die vielen Widerwärtigkeiten, welche Menschen begegnen können, der Reihe nach zeigen." Ähnliche Überlegungen liest man wenig später auch bei Rousseau und dann bei Kant: vgl. Rousseau, *Emile* (1762), IV. Buch, 458–466; Kant, *Metaphysik der Sitten*, § 35, 595.

[118] Meier, „Von dem mitleidigen Gefühl", 393; vgl. Meier, „Von dem mitleidigen Gefühl", 396.

Anschein nach dem älteren Baumgarten, der den Begriff der Tugend, in genuiner Abweichung vom Tugendbegriff Wolffs, nicht als besondere Dominanz der oberen über die unteren Vermögen, sondern primär als habitualisierte „Fertigkeit" oder „Neigung" des unteren Erkenntnis- und Begehrungsvermögens gefasst hatte.[119] Die Tugend der Barmherzigkeit (im Gegensatz zum aktuellen Affekt des Mitleids) ist nach Siegmund Jacob Baumgarten demnach die „Fertigkeit"[120] oder „Geneigtheit, aus anderer Noth Unlust zu empfinden".[121] Die Verpflichtung des Christen zur Barmherzigkeit besteht also zuvörderst darin,

bey dem gegenwärtigen oder bevorstehenden Elend des Nächsten nie unempfindlich und gleichgültig zu seyn, sondern dadurch leicht zur Wehmut beweget zu werden, und daran aufrichtig Antheil zu nehmen [...].[122]

Auf die Ausbildung einer ebensolchen affektiven Fertigkeit oder Geneigtheit zielen auch die moralpsychologischen Reflexionen des jüngeren Baumgarten und seiner Gefährten Meier und Lange, die die „Tugend des Mitleidens" nicht nur in ihrer Genese zu verstehen, sondern dabei auch als herausragendes Element moralischer Charakterbildung „anzupreisen suchen".[123]

Indessen soll die empfohlene Übung, sich lebhaften Unglücksvorstellungen auszusetzen, nicht nur das betreffende Empfindungsvermögen ausprägen helfen und damit einer vitiösen „Unempfindlichkeit"[124] oder „Kaltsinnigkeit"[125] gegen das Leiden anderer entgegenwirken. Sie soll nach Meier auch eine übermäßige Empfindlichkeit verhüten. Denn allein durch die Konfrontation mit betreffenden Anschauungen ist „diejenige männliche und ehrwürdige Stärke des Gemüths" zu erwerben, „wodurch man vermögend gemacht wird, die heroische Leidenschaft

---

[119] Vgl. Baumgarten, *Theologische Moral*, § 19, 12.

[120] Baumgarten, *Theologische Moral*, § 262, 393.

[121] Baumgarten, *Theologische Moral*, § 137, 171.

[122] Ebd.

[123] Meier, „Von der Menschenliebe", 71. Vgl. dazu vor allem das Lehrstück von der „Verbesserung der untern Begehrungskraft", wo entsprechende Habitualisierungsprozesse u.a. unter dem Topos der „Gewohnheitstugenden" thematisiert werden: Baumgarten, *Ethica*, §§ 242–245, 146–149, bes. § 242, 146: „possibilitas virtutum consuetudinariarum"; Meier, *Sittenlehre*, Bd. 3, §§ 626–644, 286–332, bes. § 626, 290. (Auch Mitleid und Barmherzigkeit kommen bei Meier in den genannten Paragraphen mehrfach vor.) Was Baumgarten betrifft, wirft der angesprochene Befund die schwierige Frage nach dem Stellenwert des Tugendbegriffs in Baumgartens Ethik auf. Auf den ersten Blick spielt der Begriff, gerade im Vergleich mit dem Begriff der ‚Verpflichtung' (*obligatio*), bei Baumgarten keine grundlegende Rolle. Allerdings hatte die Tugendlehre in Baumgartens unausgeführtem Gesamtplan der praktischen Philosophie durchaus einen festen Platz. Vgl. dazu Schwaiger, *Baumgarten*, 118. 131f. (mit je unterschiedlicher Bewertung des Gesamtplans).

[124] Vgl. zum Begriff Baumgarten, *Ethica*, § 249, 153f. (*indolentia*); Meier, *Sittenlehre*, Bd. 3, § 625, 286; vgl. dazu Meier, *Sittenlehre*, Bd. 3, § 661, 376: „Die Fühllosigkeit besteht darin, wenn man zu wenig verabscheuet. Der Fühllose ist, wie ein harter und unempflindlicher Klotz."

[125] Meier, *Sittenlehre*, Bd. 4, § 801, 78.

des Mitleidens zu ertragen".[126] Andernfalls droht ein Mangel an Barmherzigkeit aufgrund von „Weichlichkeit",[127] dem tadelhaften Zuviel an Empfindlichkeit:

> Es gibt einige weichliche Gemüther, denen das Gefühl des Mitleidens unerträglich ist. Sie fliehen alle Orte, wo menschliche Noth angetroffen wird. Sie können nicht einmal die Klagen nothleidender Personen anhören, und solche Leute haben einen zu kleinen und schwachen Geist, als daß sie diejenige Stärke besitzen sollten, welche zum wahren Mitleiden erfodert wird.[128]

Nach dieser Seitenbemerkung zu einem möglichen charakterlichen Hinderungsgrund für das Entstehen von Mitleid und zu den entsprechenden moralpädagogischen Konsequenzen ist nun noch auf eine weitere Bedingung des ethisch so elementaren wie psychologisch komplexen Affekts oder Gefühls einzugehen. Innerhalb der Koordinaten der wolffischen Seelenlehre besteht die Komplexität des Mitleids ja in der Eigenschaft, als Erscheinungsform der Liebe auf *Vollkommenheiten*, als Form von Missvergnügen oder Traurigkeit zugleich auf *Unvollkommenheiten* ausgerichtet zu sein. Anders gesagt: Im Mitleid mischen sich Begehrung und Verabscheuung. Im Anschluss an Wolff bringen Baumgarten und Meier diese Doppelseitigkeit nachdrücklich zur Geltung, indem sie wiederholt die notwendige Bezogenheit des Mitleids auch auf Vollkommenheiten des Bemitleideten hervorkehren.[129]

Was sich im Gewand der schulphilosophischen Bestimmungen wie ein Exerzitium akademisch-lebensferner Definitionskunst ausnimmt, hat bei näherem Hinsehen durchaus psychologischen und ethischen Erschließungswert. Kein Mitleid ohne Liebe, Vergnügen und Begehren, modern gesprochen: ohne Sympathie.[130] Das bedeutet, dass es zur Konstitution des Mitleids nicht nur einer lebhaften Vorstellung vom bemitleidenswerten Elend oder Charakterfehler des „Nebenmenschen" bedarf, sondern zugleich einer lebhaften Vorstellung seiner liebenswerten Eigenschaften oder Charakterzüge. Wie sich schon bei Wolff zeigte – man erinnere sich an das Exempel des schönen Verbrechers –, ist diese Konstitutionsbedingung ethisch nicht unproblematisch.[131] Denn unsere Zuneigung ist zufällig, oberflächlich, schwankend und begrenztn – und mit ihr eben auch unsere Mitleidsfähigkeit.

---

[126] Meier, „Von der Menschenliebe", 71.

[127] Vgl. zum Begriff Baumgarten, *Ethica*, § 249, 153f. (*mollities animi*); Meier, *Sittenlehre*, Bd. 3, § 661, 376–378. Vgl. Baumgarten, *Theologische Moral*, § 262, 393.

[128] Meier, *Sittenlehre*, Bd. 4, § 794, 60. Vgl. Kant, *Metaphysik der Sitten*, § 35, 595. In Meiers Artikel *Von der Menschenliebe* werden auch noch andere Typen von Gleichgültigkeit gegenüber dem Unglück anderer vorgestellt.

[129] Vgl. Baumgarten, *Ethica*, §§ 354f., 234f., bes. § 354, 234: „in ipsa misericordia perfectiones intuendae sunt, quia et haec amor est"; Meier, *Metaphysik*, Tl. 3, § 681, 336f.; ders., *Sittenlehre*, Bd. 4, § 886, 343.

[130] Bekanntlich hält sich die Werbung von Hilfsorganisationen an diese Regel, sofern sie mit Vorliebe (möglichst schöne) hilfsbedürftige Kinder abbildet.

[131] S.o. Abschnitt 3.

Nicht alle Nebenmenschen zeigen sich uns ja immer von ihrer liebenswürdigsten Seite. Ist Mitleid folglich nur gegenüber unseren Lieben und den von uns geschätzten Bekannten möglich und geboten?

Fast könnte man Meier (der sich in dieser Frage einmal mehr um einiges auskunftsfreudiger zeigt als Baumgarten) in dieser Weise verstehen. So stellt er in seiner *Sittenlehre* heraus, dass die mitleidskonstitutive Liebe nur dann einen signifikanten Grad an Stärke erreicht, wenn wir „eine Person […] *um einer vorzüglichen Vollkommenheit willen* [lieben], die wir an ihr gewahr werden".[132] Die gemeinte Gestalt von Liebe gründet in einem Vorzug, der den Geliebten vor anderen Menschen positiv auszeichnet. Eine derartige Liebe (oder Sympathie) heißt bei Baumgarten und Meier „Gunst" (*favor*) oder „Gewogenheit" (*benevolentia*).[133] Als ein *amor particularis* (Wolff),[134] der aus der lebhaften Vorstellung eines konkreten Vorzugs fließt, ist die Gunst/Gewogenheit aus den inzwischen geläufigen psychologischen Gründen „stärker" als ein *amor universalis*,[135] der nur das Allgemein-Menschliche am anderen würdigen kann, das vergleichsweise abstrakt bleibt.

Es ist daher klar, daß die Liebe zu einer Person überhaupt stärker ist, wenn sie zugleich eine Gunst und Gewogenheit ist. Wenn wir einen Menschen bloß um solcher Vollkommenheiten willen lieben, die wir bey allen Menschen antreffen: so lieben wir ihn im schwächsten Grade. Damit also unsere Menschenliebe, wenn wir sie auf einen gewissen Menschen richten, stark und thätig genung [sic] sey: so muß sie allemal auch eine günstige und wohlgewogene Liebe seyn.[136]

Im Blick auf das Problem der Entstehung von Mitleid heißt das: Auch das Mitleidsgefühl, das eine „liebesartige" Bezogenheit auf den vom Unglück betroffenen Mitmenschen impliziert, wird erst „stark und tätig genug", sofern ihm ein Moment von Gunst innewohnt. Soll das Mitleid also eine Stufe spürbarer und wirksamer Intensität erlangen, muss im Mitleidssubjekt neben der lebhaften Vorstellung vom Elend eine entsprechend lebhafte Vorstellung vom Vorzug der zu bemitleidenden Person lebendig sein. Da aber das Potenzial solcher Gunst aus strukturellen Gründen subjektiv und objektiv begrenzt ist – es beschränkt sich auf solche Menschen, die sich in unseren Augen vor anderen in bestimmter Hinsicht auszeichnen (an Schönheit, Klugheit, Herzensgüte etc.) –, darum scheint auch unser Mitleidsgefühl (abgesehen von geringen Intensitätsgraden) von vornherein auf einen relativ engen Kreis von Menschen beschränkt zu sein.

Mit diesen Überlegungen nimmt Meier eine Problemanzeige auf, die schon Wolffs Ausführungen zum Thema bestimmte. Sie betrifft die Spannung zwischen

---

[132] Meier, *Sittenlehre*, Bd. 4, § 795, 61 (Hervorhebung M.F.).

[133] Vgl. zu den Begriffen ebd.; Baumgarten, *Metaphysica*, § 684, 261. Nach Baumgarten richtet sich die ‚Gewogenheit' im Gegensatz zur ‚Gunst' auf einen sozial Niedrigergestellten (*inferior*).

[134] Wolff, *Philosophia moralis*, Bd. V (1753), § 406, 551 (siehe dazu oben Abschnitt 3).

[135] Vgl. Wolff, *Philosophia moralis*, Bd. II (1751), § 326, 402f.

[136] Meier, *Sittenlehre*, Bd. 4, § 795, 62.

der Universalität der sittlichen Barmherzigkeitsforderung und der gleichsam natürlichen Partikularität des faktischen Mitleidsaufkommens. Auch Meier teilt das ethische Ideal der „allgemeinen Menschenliebe", die uns wiederum „zu einem allgemeinen Mitleiden mit allen Menschen [verbindet]".[137] Aber nicht zuletzt aufgrund der Abhängigkeit von der partikularen Gunst geht auch der Wolff- und Baumgarten-Schüler davon aus, dass es sich dabei in der ethischen Wirklichkeit um einen „seltenen Vogel" (Wolff) handelt.

Mit der Einführung der Gunst will Meier indessen zugleich einen Lösungsweg für das besagte Moralproblem aufzeigen – hier liegt erneut ein charakteristischer Akzent der (Baumgarten-)Meier'schen Problembehandlung. Der Verweis auf den notwendigen *amor particularis* führt nämlich zu einer Anweisung für die Ausdehnung des Mitleids über den Zirkel der von uns natürlicherweise „begünstigten" Mitmenschen hinaus. Denn mögen auch nicht an jedem und jeder sofort mannigfache Vorzüge ins Auge springen, so lässt sich doch, mit ausreichend gutem Willen, durchaus das ein oder andere Vorzügliche an ihm oder ihr entdecken.

Nun ist kein Mensch so böse und unvollkommen, daß er nicht eine gute Seite haben sollte. Die Natur hat, die menschlichen Gaben, mit einer gewissen Gleichheit ausgetheilt, und wenn sie jemanden gewisse Vollkommenheiten versagt hat, so hat sie ihm diesen Mangel durch ein anderweitiges Gut ersetzt, welches bey andern nicht angetroffen wird. Hat ein Mensch nicht so viel Verstand als der andere, so hat er vielleicht mehr Redlichkeit des Herzens. Ist der eine reich und vornehm, so ist der ander[e] geschickt; und wer kann, die unendlich verschiedene Vermischung des Guten und des Bösen unter den Menschen, namhaft machen? Ein aufrichtiger Liebhaber der Menschen […] sucht auch in denen [*lies:* den] sehr bösen Menschen das Gute zu entdecken, welches sie vor vielen andern Menschen voraus haben, die überhaupt besser sind als sie; und auf diese Art ist er allen Menschen mit Grunde […] gewogen.[138]

Davon ausgehend, dass sich an jedem und jeder irgendwelche individuellen Vorzüge finden lassen, stellt Meier das ethische Ideal einer universalen Gunst auf – was dem paradoxen Gedanken eines *amor particularis universalis* gleichkommt. Darin inbegriffen ist das Ideal eines universalen Mitleids (signifikanter Stärke). Zur Realisierung dieser Ideale ist allerdings eine Geneigtheit gefordert, die betreffenden Vorzüge am Nebenmenschen auch entdecken zu *wollen*. Sie wird innerhalb der Lehre von den Pflichten gegen andere eigens behandelt, im Lehrstück von der „Beurtheilung anderer Leute".[139] Bedingung einer kräftigen ‚allgemeinen Menschenliebe' inklusive eines entsprechend kräftigen ‚allgemeinen Mitleids' ist demzufolge der sittliche Wille, bei der Beurteilung des Gegenübers die Aufmerksamkeit im Sinne jener Ideale zu steuern und auf seine individuellen Vorzugsqualitäten

---

[137] Meier, *Sittenlehre*, Bd. 4, § 794, 57.

[138] Meier, *Sittenlehre*, Bd. 4, § 795, 62f.

[139] Meier, *Sittenlehre*, Bd. 4, §§ 870–903. Vgl. Baumgarten, *Ethica*, §§ 348–360 („diiudicatio aliorum").

zu lenken – und von seinen oder ihren Schwächen tendenziell abzusehen.[140] Das „pflichtgemäße Mitleid" ist sonach nicht allein Sache natürlicher Neigung, natürlicher Sympathie; dies wäre ein bloß „natürliches Mitleid".[141] Sie ist auch Sache eines menschenfreundlichen Willens, der sich als Wille zum „günstigen" und „gewogenen" Ansehen des Nebenmenschen realisiert. Wie die Gunst, so ist auch das Mitleid zwar nicht direkt machbar; es lässt sich aber doch zusammen mit der Gunst durch die wohlmeinend-begünstigende Fokussierung auf das Gute und Vortreffliche am anderen maßgeblich fördern und über seine natürliche Reichweite hinaus kultivieren. Das Ethos der allgemeinen Menschenliebe und des allgemeinen Mitleids konkretisiert sich solchermaßen als Ethos des wohlwollenden Blickes auf den Mitmenschen.

Freilich, auch den hallischen Philanthropen ist bewusst gewesen, dass es sich beim Ideal der allgemeinen Gunst und des allgemeinen Mitleids um allenfalls näherungsweise erreichbare Leitvorstellungen handelt. Auch dem glühendsten Menschenfreund offenbaren sich an dem einen Zeitgenossen mehr liebenswerte Vorzugseigenschaften als am anderen, teils schon infolge der unterschiedlichen Grade an Begegnungsintensität zwischen dem sozialen Nahbereich und den Sphären nur punktueller oder vermittelter „Geselligkeit". Dass es unter anderem aufgrund solcher Unterschiede in der Interaktionsdichte von vornherein auch verschiedene „Grade unseres Mitleidens"[142] bzw. unserer Mitleidsfähigkeit gibt und dass sich diese Graddifferenzen auch nur bedingt durch den Willen zur universalen Menschenfreundschaft einebnen lassen, ist für Meier (wie für Baumgarten)[143]

---

[140] Vgl. Meier, *Sittenlehre*, Bd. 4. § 886, 343: „Nun ist das Mitleiden selbst eine Liebe, welche nicht anders möglich seyn kann, als wenn man die Vollkommenheiten des geliebten Gegenstandes betrachtet. Folglich müssen wir sogar alsdenn, wenn wir, aus Mitleiden, die moralischen Unvollkommenheiten anderer Leute, untersuchen, uns zugleich, mit der Betrachtung ihrer moralischen Vollkommenheiten beschäftigen. Der wahre Menschenfreund ist also allemal geneigter, die Tugenden und Verdienste anderer Leute zu untersuchen, als ihre Laster, Sünden, Verbrechen."

[141] Vgl. zur Unterscheidung zwischen dem bloß natürlichen und dem tugendhaften Mitleid Meier, Was zu einer tugendhaften Handlung erfordert wird, 356f.: „Mancher Mensch ist bloß um seines Temperaments willen zur Barmherzigkeit, und zu den Werken derselben, geneigt. Wenn solche Menschen eine nothleidende Person gewahr werden, so bricht ihnen das Herz, und der blosse Trieb ihrer Natur nöthiget sie zu einem thätigen Mitleiden. Es ist dieses allerdings was Guts; allein ein solches Mitleiden ist nichts tugendhaftes. Und die Erfahrung bestätiget auch, daß solche Leute in der That ausschweifen, indem sie eben so stark durch die Noth eines Bösewichts […] gerühret werden, als durch den Anblick eines frommen Lazarus, welcher mit hundertfacher Noth kämpft. Ja ein Kalb preßt ihnen Thränen aus, wenn es geschlachtet wird." Vgl. ferner ders., „Von dem mitleidigen Gefühl", 397f. Deutlich ist hier, unbeschadet der ethischen Aufwertung, auch noch ein Rest der in der Frühaufklärung und auch noch bei Wolff spürbaren Reserve gegenüber dem (bloßen) Mitleidsgefühl aufbewahrt.

[142] Meier, *Sittenlehre*, Bd. 4, § 794, 57.

[143] Vgl. Baumgarten, *Ethica*, §§ 303f., 197–199, die eine graduelle Stufung der „allgemeinen Liebe" (*pamphilia*) nach verschiedenen Kriterien beschreiben. Damit wird im Prinzip die scholastische Lehre vom *ordo amoris* reformuliert.

selbstverständlich. Wir haben faktisch immer wieder mit Menschen zu tun, denen gegenüber wir auch beim besten Willen wenig Gunst und Gewogenheit aufbringen. Was aber, wenn wir mit ihrem Elend oder ihrer Schlechtigkeit konfrontiert werden? Auch für diesen Fall, der, obwohl idealiter ein Grenzfall, realiter keine Seltenheit ist, hält Meier eine Auskunft bereit:

> Zwar giebt es eine Gleichgültigkeit gegen andere Menschen, die aus einer unüberwindlichen Unwissenheit ihrer Umstände entsteht. Wenn ich gegen keinen Menschen, in keinerley Absicht [*lies*: Hinsicht; M.F.], gleichgültig seyn sollte: so müste ich alle einzelne Menschen persönlich kennen, und es müsten mir alle ihre Vollkommenheiten und Unvollkommenheiten aufs genaueste bekannt seyn. Da nun dieses schlechterdings unmöglich ist: so kann man nicht verlangen daß ein Mensch gegen niemanden in keinerley Absicht gleichgültig sey. Allein man kann wissen, daß alle Menschen Menschen sind. Die Menschheit ist überhaupt was Liebenswürdiges, und man kann also alle Menschen so weit kennen, daß wir, einigen Grad der Liebe, gegen alle Menschen ohne Ausnahme, in unsern Gemüthern erwecken und unterhalten können. Folglich ist es eine Sünde, wenn man gegen irgends einen Menschen ganz gleichgültig ist.[144]

Um die Pflicht zur umfassenden Liebe und Barmherzigkeit zu untermauern, führt Meier, wie schon Wolff, die Möglichkeit einer Liebe ins Feld, die ganz ohne den Rekurs auf konkrete „Liebenswürdigkeiten" des anderen auskommt: Schon die „Menschheit überhaupt", das Menschsein des anderen, das er mit allen anderen Menschen teilt, „ist überhaupt was Liebenswürdiges" und vermag „einigen Grad der Liebe" in uns zu „erwecken".[145] Deutlicher als Wolff scheint Meier damit auch dieser abstrakten Form „allgemeiner Menschenliebe" eine gewisse affektive Qualität zuzuschreiben – auch wenn das von den Axiomen der Baumgarten'schen Psychologie her mindestens begründungsbedürftig wäre. Denn als ‚deutliche Vorstellung' fehlt dem Gedanken der Menschheit, der von allen Einzelheiten abstrahiert, eben jene anschauliche Mannigfaltigkeit und Lebhaftigkeit, die nach Baumgarten für einen stärkere, ‚lebendige' affektive Resonanz unabdingbar ist. „Wenn wir einen Menschen bloß um solcher Vollkommenheiten willen lieben, die wir bey allen Menschen antreffen: so lieben wir ihn im schwächsten Grade",[146] hatte Meier

---

[144] Meier, *Sittenlehre*, Bd. 4, § 801, 77. Welchen Stellenwert die Hallischen Theorien von *amor universalis* und liebenswürdiger „Menschheit überhaupt" innerhalb des Prozesses der Ausbildung der Idee der allgemeinen Menschenwürde gehabt haben mögen, wäre eine Forschungsfrage für sich.

[145] Bei philanthropisch besonders veranlagten Menschen kann diese Art der Liebe geradezu „feurig" sein. Vgl. Meier, „Von der allgemeinen Menschenliebe", 3f.: „Ein wahrer Freund aller Menschen besitzt eine so feurige liebesvolle Neigung zu der menschlichen Natur, daß die Menschheit, in so weit sie in seiner eigenen Person angetroffen wird, ein viel zu kleiner Gegenstand für dieselbe ist. Er besitzt mehr Liebe zu der Menschheit, als nöthig seyn würde, wenn er sich selbst unter allen Menschen allein lieben wollte." Wer so liebt, der „beweist [...] eben dadurch, daß er seine eigene Menschheit gebührend fühle, und daher eine Neigung auf dieselbe geworfen habe, er treffe sie auch an, wo es sey."

[146] Meier, *Sittenlehre*, Bd. 4, § 795, 62.

dementsprechend bei der Einführung von Gunst und Gewogenheit betont. Die Intensität solch abstrakt-allgemeiner Menschenliebe ist daher in jedem Falle begrenzt. Aber sie verhindert, so vorhanden, zumindest die totale Gleichgültigkeit gegenüber meinem Nächsten – und zwar auch und gerade gegenüber demjenigen, der mir in einem Moment unverhoffter Begegnung unversehens aus einem Fremden zum Nächsten wird:

> Wenn ein Mensch, in der Historie und den Zeitungen, die glücklichen und unglücklichen Schicksale entfernter Völcker und Personen, mit Gleichgültigkeit lesen kann; oder wenn ihm ein bisher ganz unbekannter Mensch vorkommt, und sein Nächster wird, und er bleibt gegen ihn ganz gleichgültig: so kann er gewiß daraus schliessen, daß er die Menschen nicht gehörig liebe. Die wahre allgemeine Menschenliebe dehnt sich, über alle Menschen, unbestimmt aus; und so bald ihr andere Menschen irgends auf eine Art besonders bekannt werden, so bald heftet sie sich auf dieselbe, als einen bestimten Gegenstand, fester an.[147]

Wie für Meier die geläufige sympathetische Reaktion auf historische oder journalistische Darstellungen fremder Schicksale ausreichend belegt, genügt für das Entstehen von Mitgefühl grundsätzlich die allgemeine Zuneigung zu allen Menschen, die in der gemeinsamen Menschennatur gründet. Diese allgemeine Liebe wird von Meier zudem als Basis für die Ausbildung bestimmterer Liebesregungen beim Entstehen näherer Bekanntschaft zwischen Mensch und Mitmensch geltend gemacht. Der Status dieser Berufung auf die „unbestimmte" Menschenliebe bleibt bei Meier insgesamt unklar, weil er die Spannung zwischen ihrer psychologischen Problematisierung und ihrer moralischen Inanspruchnahme nicht auflöst. Nach dem Baumgarten'schen Grundaxiom von der psychischen und praktischen Unkräftigkeit abstrakter Gedanken muss er eine solche „unbestimmte" Liebe für eine „wässrige Liebe" (Aristoteles)[148] „schwächsten Grades" halten, aber zugleich fordert die (christliche) Pflicht zur universalen Anteilnahme an anderen Menschen eine korrespondierende Fähigkeit – „du kannst, weil du sollst".

Indes gibt es bei Meier auch Ansätze, die Behauptung der Möglichkeit allgemeiner Menschenliebe und der darin vorausgesetzten „Liebenswürdigkeit" der bloßen „Menschheit im anderen" auch psychologisch zu plausibilisieren. Den Schlüssel dazu findet er im biblischen Liebesgebot: „Du sollst den Nächsten lieben *wie dich selbst*."[149]

> Die wahre und rechtmäßige Selbstliebe muß das Muster seyn, dem wir die Menschenliebe ähnlich und gleichförmig machen müssen; oder so, wie wir die Menschheit in unserer eigenen Person lieben, eben so müssen wir sie auch in andern Personen lieben, obgleich nicht in einem eben so hohen Grade. Denn gleichwie [...] wir die Menschheit zu allererst in unserer eigenen Person kennen lernen, die Menschheit anderer Menschen aber nur nach

---

[147] Meier, *Sittenlehre*, Bd. 4, § 801, 77f.
[148] Vgl. oben Abschnitt 3.
[149] Lev 19, 18; Mk 12, 31; Mt 22, 39; Lk 10, 27 (Hervorhebung M.F.).

Maaßgebung der Kenntniß, die wir von unserer eigenen Menschheit haben: so ist es nicht anders möglich, und folglich pflichtmäßig, als daß wir die rechtmäßige Selbstliebe, zum Muster der Menschenliebe annehmen.[150]

Zwei Gedanken werden in dem Abschnitt miteinander verbunden: der Schluss von der Selbst*liebe* auf die Möglichkeit und Verbundenheit zur Nächstenliebe sowie der Schluss von der Selbst*kenntnis* auf die Möglichkeit der Kenntnis anderer.[151] In beiden Fällen dient der Begriff der „Menschheit", die in unserer eigenen Person wie in anderen Personen gefunden wird, als argumentative Brücke zur Explikation des Übergangs. Um mit dem zweiten, kognitiven Aspekt zu beginnen: Nach Meier folgt aus der *Kenntnis* der „Menschheit in unserer eigenen Person" die Möglichkeit der Kenntnis der „Menschheit anderer Menschen". In der unmittelbaren Vertrautheit mit dem menschlichen Sein, die mit der Selbstbeziehung gegeben ist, liegt auch eine elementare Vertrautheit mit Grundbedingungen des Seins aller anderer Menschen. Ohne nähere sachliche, dafür mit impliziter biblischer Begründung hält Meier außerdem eine analoge Übertragung des affektiven Selbstbezugs, der Selbst*liebe*, auf den Nächsten für möglich und geboten. Sonach ist in der fundamentalen Sorge um die eigene Person, im unaufgebbaren Interesse am eigenen Selbst, worin die Strebenatur der Seele begründet ist,[152] der mögliche Überschritt zur Sorge und zum Interesse an jeder anderen Person angelegt. Weil ich im Innersten um das je eigene Menschsein in all seinen Belangen „bekümmert" bin (um einen Lieblingsausdruck des frühen Heidegger zu gebrauchen),[153] habe ich – womöglich schon aufgrund der bloßen Ähnlichkeit des anderen selbstbekümmerten Seins – nicht nur die Möglichkeit, sondern laut Meier auch die Pflicht, „die Menschheit in anderen Personen zu lieben": mich um anderes Menschsein zu bekümmern und „liebend" Anteil an ihm zu nehmen.

Obgleich die knappe Ausführung dieser weitreichenden subjektivitäts- und intersubjektivitätstheoretischen Intuitionen bei Meier sicherlich zu wünschen übrig lässt, scheint eines doch klar zu sein: Mit der doppelten Rückbindung an die kognitive und affektive Selbsterfahrung der Menschheit im eigenen Sein wird die von Meier selbst problematisierte Abstraktheit des Gedankens einer (an sich liebenswürdigen) Menschheit im anderen unterlaufen. Immerhin die Möglichkeit (wenn auch nicht eben die Pflicht), in diesem Selbstbezug, dem aufgrund seiner „Unmittelbarkeit" eine besondere Lebendigkeit eignet, einen (wenn auch nur „mittelbaren") kognitiven und affektiven Zugang zum Menschsein des anderen zu finden, wird durch Meiers Andeutungen greifbar.[154] Sobald ich mir vergegenwärtige, dass der

---

[150] Meier, *Sittenlehre*, Bd. 4, §797, 67.

[151] Vgl. zum Begriff der Selbstliebe bei Baumgarten und Meier: Schwaiger, *Baumgarten*, 136–139.

[152] Vgl. Baumgarten, *Ethica*, §§ 191–200, 109–116; Meier, *Sittenlehre*, Bd. 2 (²1762), §§ 501–521, 632–668. Vgl. dazu auch schon Baumgarten, *Theologische Moral*, § 121, 144f.

[153] Vgl. z.B. Heidegger, *Augustinus*, 205. 240–245; vgl. dazu Fritz, *Menschsein*, 178–181.

[154] Vgl. Meier, *Sittenlehre*, Bd. 4, § 784, 29: „Nemlich es ist einmal natürlicher Weise unmöglich,

Unbekannte ein Mensch ist wie ich und ein Menschenleben zu führen hat wie ich, kann dieses Identitätsbewusstsein demzufolge eine basale Mitbetroffenheit von seinem Sein erwachen lassen, die im Falle seines Unglücks auch ein Mitleiden mit ihm begründet, das – mindestens im Falle *schweren* Unglücks[155] – auch von „einigem Grad"[156] sein kann. Aber nicht nur diese affektive Interessiertheit am anderen, sondern auch die kognitive Anteilnahme an seinem gegenwärtigen Ergehen wird laut Meier durch die Selbstliebe vermittelt:

> Wenn ich mich nemlich in Gedanken in eben den Zustand versetze, in welchem sich mein Nächster befindet […]: so sagt mir die Selbstliebe, was ich wünschte, das mir andere Leute thun oder nicht thun möchten. Und folglich sagt sie mir zugleich, was ich in diesem Falle andern Leuten thun oder nicht thun muß, vermöge der Menschenliebe, die der Selbstliebe ähnlich seyn muß.[157]

Aus der unmittelbaren Selbstsorge (man ergänze: und Selbstvertrautheit) erwächst nach Meier die Fähigkeit zur Einfühlung in das jeweilige Befinden, im Falle des Mitleids: in die gegenwärtige Not des anderen. Indem ich „in Gedanken" mein selbstbekümmertes Ich in die Situation des ebenso selbstbekümmerten Mitmenschen „versetze", eröffnet der privilegierte Zugang zur „Menschheit in mir" mittelbar einen kognitiven und affektiven Zugang zum momentanen Zustand des anderen Menschen. Um diese imaginative Identifikation zu verstärken, sind möglichst auch konkrete eigene Erfahrungen erinnernd zu vergegenwärtigen.[158] In der Folge solcher „Eindenkung" und Einfühlung werde ich auch in der Lage sein, adäquate Maßnahmen zur Besserung der Verfassung des anderen zu ergreifen. Auf diese Weise verhilft mir die Selbstliebe (und Selbstkenntnis) zu einer tätigen Nächstenliebe, in der die ethische Grundregel des Heilands verwirklicht wird: „was du willst, daß dir die Leute thun sollen, das thue ihnen auch; und was du nicht willst, das dir die Leute thun sollen, das thue ihnen auch nicht."[159]

---

daß ein Mensch, alles in allen gerechnet, irgends einen andern Menschen eben so stark oder noch stärker lieben sollte, als sich selbst. Der Mensch hat von sich selbst, und seiner eigenen Vollkommenheit, ein unmittelbares Gefühl, von andern Menschen aber nur ein mittelbares, vermöge des Gefühls, so er von sich selbst und seinen eigenen Veränderungen hat. Nun ist unsere Liebe allemal dem Gefühl des Gegenstandes gleich, und also kann kein Mensch einen andern eben so stark, oder noch stärker lieben, als sich selbst."

[155] Vgl. zur Proportioniertheit der Größe des Unglücks zur Stärke des Mitleids Meier, *Sittenlehre*, Bd. 4, § 794, 57f.

[156] Meier, *Sittenlehre*, Bd. 4, § 801, 77.

[157] Meier, *Sittenlehre*, Bd. 4, § 797, 68.

[158] Vgl. Meier, „Von dem mitleidigen Gefühl", 398; vgl. ferner Baumgarten, *Theologische Moral*, § 137, 171: Demnach gebietet die Pflicht zur Barmherzigkeit, „alle eigene Empfindung der Noth und derselben Erinnerungen, auch Vorstellungen der Möglichkeit derselben, zu solcher Zärtlichkeit gegen andere anzuwenden".

[159] Meier, *Sittenlehre*, Bd. 4, § 797, 68. Vgl. Mt 7, 12.

Nach dem Verweis auf die Goldene Regel und dem Ausweis des Zusammenhangs von Selbstliebe und Nächstenliebe ist schließlich noch einmal auf ein anderes
biblisches Motiv innerhalb der Meier'schen Mitleidsethik zurückzukommen, das in
dem zuletzt verhandelten Paragraphen der *Sittenlehre* angesprochen wird. Ist die unmittelbare Selbstvertrautheit und Selbstbekümmerung, die von ihm abkürzend mit
dem Ausdruck ,Selbstliebe' angesprochen wird, die psychologische Möglichkeits-
bedingung einer universalen Nächstenliebe, so kann die „Liebe GOttes, wodurch
er die Menschen liebt",[160] einer solchen universalen Liebe zum religiösen Muster
und Ansporn dienen. Indem er diesem Muster folgt – und dem Vorbild dessen,
an dem es uns offenbar geworden ist[161] –, kann der Mensch Gott selbst „ähnlich
seyn".[162] Gemäß dem Gesamtduktus des Paragraphen kann man diesen Gottesre-
kurs so lesen, dass damit dem Gedanken der ,Menschheit im anderen' im Zuge
seiner religiösen Überhöhung zugleich ein weiteres Konkretionsmoment hinzugefügt wird. Die christliche Vorstellung vom himmlischen Vater, der die Sonne
seiner Liebe gleichmäßig über allen seinen Kindern scheinen lässt (Mt 5, 45) und
der diese Liebe vorzüglich im Erbarmen über diese sämtlich der Sünde verfallenen
Kinder erweist, verbindet mich mit dem fremden Mitmenschen nicht nur über die
gemeinsame Erfahrung der *conditio humana* überhaupt, sondern zudem über den
Gedanken eines gemeinsamen Geliebtseins und eines gemeinsamen Angewiesen-
seins auf die Barmherzigkeit des Höchsten. Die Verwandtschaft von Mensch und
Mitmensch erhält damit eine bestimmtere Charakteristik, eben die Charakteristik
einer gemeinsamen Abhängigkeit von der barmherzigen Liebe Gottes. Vermittels
der entsprechenden Gottesvorstellung kann ich den anderen gleichsam mit den
Augen Gottes ansehen, und so imaginiere ich ihn nicht nur als ein mir in den
humanen Grundbelangen ähnliches Wesen, sondern außerdem als ein von Gott
geliebtes und bemitleidetes Geschöpf – wie ich selbst. So bekommt er oder sie, abgesehen von allen individuellen „Liebenswürdigkeiten", das Ansehen eines liebens-
und erbarmungswürdigen Mitmenschen, dessen Liebens- und Erbarmungswürdig-
keit mir mit höchster Autorität entgegentritt. Die lebhaft ausgemalte Vorstellung

---

[160] Meier, *Sittenlehre*, Bd. 4, § 797, 68.

[161] Vgl. Meier, „Von dem mitleidigen Gefühl", 400: „Unser Heiland, dessen Leben eigentlich die
Geschichte des vollkommensten Mitleidens und der edelsten Liebe ist, […] ehrte die Menschheit
auch in den verachtetsten Menschen, indem er sich so wol über sie, als über die Vornehmen erbarmte.
[…] Das Evangelium machte demnach alle Menschen einander gleich und pries fast keine Tugend
so stark an, als die Liebe und das Mitleiden; und wenn demnach alle Christen dem Geist des
Evangelii gemäs dächten und handelten, so würden die Trübsalen dieses kurzen und mühseligen
Lebens sehr vermindert und erleichtert werden." Vgl. auch die Milton-Vision bei Lange, „Von der
Menschwerdung unsers Erlösers", 230f.: „Man sahe den Sohn GOttes, ohne Gleichen, überaus
herrlich erscheinen. In ihm leuchtete der Vater vollkommen, selbstständiglich ausgedruckt, und in
seinem göttlichen Angesicht las man, auf eine sichtbare Weise, göttliches Mitleiden, Liebe ohne
Ende, Gnade sonder Maas".

[162] Meier, *Sittenlehre*, Bd. 4, § 797, 68.

von der gemeinsamen Abhängigkeit von Gott wird von Meier demzufolge als eine Imagination in Stellung gebracht, die über die Wirkung der Einbildungskraft auf die Affekte dem abstrakten Humanitätsgedanken besondere Kraft zu verleihen vermag, um, gemeinsam mit der täglich erfahrenen Selbstliebe, eine ‚allgemeine Menschenliebe‘ und ein ‚allgemeines Mitleiden‘ zu begründen.

Im Abschreiten der mitleids- resp. barmherzigkeitsethischen Grundmotive bei den pietistisch geprägten Wolff-Schülern Baumgarten und Meier (sowie Lange) sind eine Reihe von „einschneidenden Gewichtsverlagerungen"[163] gegenüber Wolff und erst recht gegenüber der früheren Aufklärung zutage getreten. Von der Reserve gegenüber dem Mitgefühl über die bedingte ethische Anerkennung bis zur emphatischen Fürsprache, so lässt sich die dargestellte Entwicklung in der „philosophischen Moral" summarisch beschreiben. Das Ergebnis der Entwicklung, die nicht ohne Einflüsse aus der „theologischen Moral" vonstattenging,[164] ist eine unübersehbar christlich getönte Konzeption von Sozialethik, die dem Mitleid und der Barmherzigkeit als maßgeblichen Ausdrucksformen von Menschenliebe eine Schlüsselbedeutung beimisst. Ob man deshalb lieber von einer „Liebesethik mit mitleidsethischem Fokus" oder von einer „Mitleidsethik mit liebesethischem Rahmen" sprechen möchte, ist eine zweitrangige Frage.

In welchem Maße der Hallische Enthusiasmus für Mitleid und Barmherzigkeit innerhalb der Ethik der (mittleren und späteren) deutschen Aufklärung als repräsentativ gelten kann, ist schwer zu beurteilen. Hierzu bedürfte es weit ausgreifender begriffs- und theoriegeschichtlicher Untersuchungen. In ihrer Verschlingung von Pietismus und Wolffianismus ist die Moralphilosophie Baumgartens und Meiers fraglos eine eigentümliche Erscheinung – als Exponent der wolffischen Schulphilosophie mit ihrem hohen systematischen Anspruch gehört sie ebenso fraglos zu den herausragenden und wirkmächtigen Ethikkonzeptionen vor Kant. Durch die überragende Wirkung der kantischen Ethik – die selbst wesentliche Impulse mindestens durch A. G. Baumgarten erfahren hat[165] – ist die Hallische Sittenlehre „seit langem in unverdiente Vergessenheit geraten".[166] Dass es sich, nicht zuletzt im Zuge eines neuen ethischen Interesses an Gefühlen und Tugenden, lohnen könnte, jene vergessenen Schätze ethischer und insbesondere moralpsychologischer Reflexion wiederzuentdecken, mag an der Darstellung der Hallischen Mitleidsethik deutlich geworden sein.[167]

---

[163] Schwaiger, *Baumgarten*, 154.

[164] Vgl. Fußnote 35 und alle weiteren Hinweise zu Siegmund Jacob Baumgarten.

[165] Vgl. Schwaiger, *Baumgarten*.

[166] Schwaiger, *Baumgarten*, 126.

[167] Vgl. als weiteren Versuch einer derartigen „Schatzsuche" Fritz, „Zorn". – Die vorliegende Publikation erscheint im Kontext des vom LOEWE-Programm des Hessischen Ministeriums für Wissenschaft und Kunst geförderten Forschungsschwerpunkts „Religiöse Positionierung: Modalitäten und Konstellationen in jüdischen, christlichen und islamischen Kontexten" an der Goethe-Universität Frankfurt und der Justus-Liebig-Universität Gießen.

Literaturverzeichnis

Aichele, Alexander, „Naturrecht", in: Robert Theis/Alexander Aichele (Hgg.), *Handbuch Christian Wolff*, Wiesbaden 2018, 269–290.

Allerkamp, Andrea/Mirbach, Dagmar (Hgg.), *Schönes Denken. A. G. Baumgarten im Spannungsfeld zwischen Ästhetik, Logik und Ethik*, Hamburg 2016.

Baumgarten, Alexander Gottlieb, *Ethica Philosophica* (^{1}1740), Halle/S. ^{3}1763.

–, *Metaphysica* (^{1}1739), Halle/S. ^{7}1779, Ndr. Darmstadt 1982.

Baumgarten, Siegmund Jacob, *Unterricht von dem rechtmäßigen Verhalten eines Christen, oder Theologische Moral zum akademischen Vortrag ausgefertigt* (^{1}1738), Halle/S. ^{5}1756.

Demmerling, Christoph/Landweer, Hilge, *Philosophie der Gefühle. Von Achtung bis Zorn*, Stuttgart 2007.

Descartes, René, *Les Passions de l'Ame/Die Leidenschaften der Seele* (1649), franz./dt., hg. von Klaus Hammacher, Hamburg ^{2}1996.

Fritz, Martin, „Aufklärung als religiöser Stimmungswandel. Georg Friedrich Meiers Ideal eines ‚vergnügten Christentums'", in: Albrecht Beutel/Martha Nooke (Hgg.), *Religion und Aufklärung. Akten des Ersten Internationalen Kongresses zur Erforschung der Aufklärungstheologie* (Münster, 30. März bis 2. April 2014), Tübingen 2016, 647–659.

–, „Frömmigkeitsgeschichte als Innerlichkeitsgeschichte? Der Beitrag der ‚History of Emotions' für das Projekt einer ‚Theologie der Gefühle'", in: Annette Haußmann/Niklas Schleicher/Peter Schüz (Hg.): Die Entdeckung der inneren Welt. Enzyklopädische Verständigungen über Frömmigkeit zwischen Theologie und Religionspsychologie, Tübingen: Mohr Siebeck (Reihe RPT) 2021, 205–232.

–, „Hallische Avantgarde. Die Erfindung der Ästhetik und die Ästhetisierung des Christentums", *ZNThG* 21 (2014), 1–27.

–, „Kultivierung politischer Gefühle. Das Programm Martha Nussbaums als Anstoß für die Öffentliche Theologie", in: Thorsten Wabel/Torben Stamer/Jonathan Weider (Hgg.), Zwischen Diskurs und Affekt. Politische Urteilsbildung in theologischer Perspektive, Leipzig 2018, 47–67.

–, *Menschsein als Frage. Paul Tillichs Weg zur anthropologischen Fundierung der Theologie*, Habil. Neuendettelsau 2017 (Publikation in Vorbereitung: Berlin 2023).

–, *Vom Erhabenen. Der Traktat ‚Peri Hypsous' und seine ästhetisch-religiöse Renaissance im 18. Jahrhundert*, Tübingen 2011.

–, „Zorn und Sanftmut. Erinnerung an ein exemplarisches Stück klassischer Tugendethik", in: Journal of Ethics in Antiquity and Christianity 2 (2020), 7–25 (online: https://tinyurl.com/y27f8vra).

Gehlen, Arnold, *Moral und Hypermoral. Eine pluralistische Ethik*, Wiesbaden ^{4}1981.

Gracián y Morales, Baltasar, *Balthasar Gracians Oracul, Das man mit sich führen, und stets bey der hand haben kan, Das ist: Kunst-Regeln der Klugheit* […], *Aus dem Spanischen Original, welches durch und durch hinzu gefüget worden, ins Deutsche übersetzt, mit neuen Anmerckungen, in welchen die maximen des Autoris aus den Gründen der Sitten-lehre erklähret und beurtheilet werden Von Friedrich August Müllern*, Leipzig (^{1}1715) ^{2}1733.

Grunert, Frank/Stiening, Gideon (Hgg.), *Georg Friedrich Meier (1718–1777)*, Berlin 2015.

Heidegger, Martin, *Augustinus und der Neuplatonismus* (1921), in: Ders., *Gesamtausgabe*, Bd. 60: *Phänomenologie des religiösen Lebens*, hg. von Matthias Jung/Thomas Regehly/Claudius Strube, Frankfurt/M. 1995, 157–299.

Kant, Immanuel, *Die Metaphysik der Sitten* (1797), in: ders., *Werkausgabe, Bd. 8: Die Metaphysik der Sitten*, hg. von Wilhelm Weischedel, Frankfurt/M. ^{4}1982, 501–643.

Lange, Samuel Gotthold, „Von der Menschwerdung unsers Erlösers", in: *Der Mensch. Eine moralische Wochenschrift*, Halle/S. 1751–1756, neu hg. von Wolfgang Martens, 6 Bde., Hildesheim 1992, Bd. 2 (1752), Tl. 3, 113. Stück, 225–240.

–, „Vom Weinen", in: *Der Mensch. Eine moralische Wochenschrift*, Halle/S. 1751–1756, neu hg. von Wolfgang Martens, 6 Bde., Hildesheim 1992, Bd. 2 (1752), Tl. 3, 100. Stück, 97–112.

Lipsius, Justus, *Manuductionis Ad Stoicam Philosophiam Libri Tres*, Antwerpen 1604.

Martens, Wolfgang, „Nachwort des Herausgebers", in: *Der Gesellige. Eine Moralische Wochenschrift*, Halle/S. 1748–1750, neu hg. von Wolfgang Martens, 3 Bde., Hildesheim 1987, Bd. 3, 401*–430*.

–, „Nachwort des Herausgebers", in: *Der Mensch. Eine moralische Wochenschrift*, Halle/S. 1751-1756, neu hg. von Wolfgang Martens, 6 Bde., Hildesheim 1992, Bd. 6, 413*–457*.

Meier, Georg Friedrich, „Beweis, daß derjenige, der durch seine eigene Schuld in Noth gerathen, mehr Mitleiden verdiene, als ein andrer, der ohne seine Schuld unglücklich ist", in: *Der Mensch. Eine moralische Wochenschrift*, Halle/S. 1751–1756, neu hg. von Wolfgang Martens, 6 Bde., Hildesheim 1992, Bd. 3 (1753), Tl. 5, 212. Stück, 353–360.

–, *Metaphysik* ([1]1755–1759), 4 Bde., Halle/S. [2]1765.

–, *Philosophische Sittenlehre* ([1]1753–1761), 5 Bde., Halle/S. [2]1762–1774.

–, „Vom Mitleiden", in: *Der Gesellige. Eine Moralische Wochenschrift*, Halle/S. 1748–1750, neu hg. von Wolfgang Martens, 3 Bde., Hildesheim 1987, Bd. 3 (1750), Tl. 6, 247. Stück, 177–184.

–, „Vom moralischen Gefühl", in: *Das Reich der Natur und der Sitten. Eine moralische Wochenschrift*, 12 Tle., Halle/S. 1757–1762, Tl. 10 (1761), 343. und 346. Stück, 273–284. 305–314.

–, „Von dem mitleidigen Gefühl", in: *Das Reich der Natur und der Sitten. Eine moralische Wochenschrift*, 12 Tle., Halle/S. 1757–1762, Tl. 6 (1759), 216. Stück, 393–400.

–, „Von der allgemeinen Menschenfreundschaft", in: *Der Mensch. Eine moralische Wochenschrift*, Halle/S. 1751–1756, neu hg. von Wolfgang Martens, 6 Bde., Hildesheim 1992, Bd. 3 (1753), Tl. 5, 175. Stück, 1–8.

–, „Von der Menschenliebe", in: *Der Gesellige. Eine Moralische Wochenschrift*, Halle/S. 1748-1750, neu hg. von Wolfgang Martens, 3 Bde., Hildesheim 1987, Bd. 2 (1749), Tl. 3, 104. Stück, 65–72.

–, „Was zu einer tugendhaften Handlung erfordert wird", in: *Der Mensch. Eine moralische Wochenschrift*, Halle/S. 1751-1756, neu hg. von Wolfgang Martens, 6 Bde., Hildesheim 1992, Bd. 1 (1748), Tl. 2, 81. Stück, 353–360.

Nussbaum, Martha C., *Politische Emotionen. Warum Liebe für Gerechtigkeit wichtig ist*, Berlin 2014.

–, *Upheavals of Thought. The Intelligence of Emotions*, Cambridge/Mass. [8]2008.

Roberts, Robert C., *Emotions. An Essay in Aid of Moral Psychology*, Cambridge 2003.

–, *Spiritual Emotions. A Psychology of Christian Virtues*, Grand Rapids 2007.

Rousseau, Jean-Jacques, *Emile oder Über die Erziehung* (1762), Stuttgart 2012.

Rudolph, Oliver-Pierre/Goubet, Jean-François (Hg.), *Die Psychologie Christian Wolffs. Systematische und historische Untersuchungen*, Tübingen 2004.

Rumore, Paola, „Empirical Psychology", in: Robert Theis/Alexander Aichele (Hgg.), *Handbuch Christian Wolff*, Wiesbaden 2018, 175–196.

Samson, Lothar, „Mitleid", in: HWPh 5 (1980), 1410–1416.

Schloemann, Martin, *Siegmund Jacob Baumgarten. System und Geschichte in der Theologie des Übergangs zum Neuprotestantismus*, Göttingen 1974.

Schneiders, Werner (Hg.), *Christian Wolff 1679–1754. Interpretationen zu seiner Philosophie und deren Wirkung*, Hamburg 1983.

Schwaiger, Clemens, *Alexander Gottlieb Baumgarten – ein intellektuelles Porträt. Studien zur Metaphysik und Ethik von Kants Leitautor*, Stuttgart-Bad Cannstatt 2011.

–, „Ethik", in: Robert Theis/Alexander Aichele (Hgg.), *Handbuch Christian Wolff*, Wiesbaden 2018, 253–268.

–, *Das Problem des Glücks im Denken Christian Wolffs. Eine quellen-, begriffs- und entwicklungsgeschichtliche Studie zu Schlüsselbegriffen seiner Ethik*, Stuttgart-Bad Cannstatt 1995.

Sousa, Ronald de, *The Rationality of Emotion*, Cambridge u.a. 1987 (dt.: *Die Rationalität des Gefühls*, Frankfurt/M. 2009).

Sturm, Johann Christoph, *Disputatio philosophica auguralis De Misericordia, cuius praestantiam & dignitatem à contemptu Stoicorum* [...] *defendet*, Halle/S. 1702.

Theis, Robert/Aichele, Alexander (Hgg.), *Handbuch Christian Wolff*, Wiesbaden 2018.

Thomasius, Christian, *Von der Artzeney wider die unvernünfftige Liebe und der zuvor nöthigen Erkäntnüß Sein Selbst. Oder: Ausübung der SittenLehre*, Halle/S. 1696.

–, *Von der Kunst Vernünfftig und Tugendhaft zu lieben, Als dem eintzigen Mittel zu einem glückseeligen, galanten und vergnügten Leben zu gelangen. Oder Einleitung zur Sitten-Lehre*, Halle/S. ([1]1692) [5]1710.

Walch, Johann Georg, *Philosophisches Lexicon, Darinnen die in allen Theilen der Philosophie* [...] *fürkommenden Materien und Kunst-Wörter erkläret und aus der Historie erläutert* [...] *werden*, Leipzig 1726.

Wolff, Christian, *Jus Naturae Methodo Scientifica Pertractatum*, 8 Bde., Halle/S. 1740–1748.

–, *Philosophia Moralis sive Ethica Methodo Scientifica Pertractata*, 5 Bde. Halle/S. 1750–1753.

–, *Psychologia Empirica Methodo Scientifica Pertractata*, Frankfurt/Leipzig [3]1738.

–, *Vernünfftige Gedancken von Gott, der Welt und der Seele des Menschen, auch allen Dingen überhaupt*, Halle/S. 1720 (= Wolff, Deutsche Metaphysik).

–, *Vernünfftige Gedancken von Gott, der Welt und der Seele des Menschen, auch allen Dingen überhaupt*, Halle/S. [2]1722 (= Wolff, Deutsche Metaphysik, [2]1722).

–, *Vernünfftige Gedancken von der Menschen Thun und Lassen, zu Beförderung ihrer Glückseeligkeit*, Halle/S. 1720 (= Wolff, Deutsche Ethik).

–, *Vernünfftige Gedancken von der Menschen Thun und Lassen, zu Beförderung ihrer Glückseeligkeit*, Frankfurt/Leipzig [4]1733, Ndr. Hildesheim/New York 1976.

Zedler, Johann Heinrich (Hg.), *Grosses vollständiges Universal-Lexicon Aller Wissenschafften und Künste, Welche bißhero durch menschlichen Verstand und Witz erfunden worden*, 64 Bde., Halle/Leipzig 1732–1750.

Zenker, Kay, „Zwei Jahrzehnte Volksaufklärung (1748–1768). Meier als Herausgeber und Autor Moralischer Wochenschriften", in: Frank Grunert/Gideon Stiening (Hgg.), *Georg Friedrich Meier (1718–1777). Philosophie als „wahre Weltweisheit"*, Berlin 2015, 55–80.

Pflicht zur teilnehmenden Empfindung?

Barmherzigkeitskritik und Nobilitierung des Mitgefühls bei Kant

Roderich Barth

Wahrlich, ich mag sie nicht, die Barmherzigen, die selig sind in ihrem Mitleiden: zu sehr gebricht es ihnen an Scham. [...] Also sprach der Teufel einst zu mir: ‚auch Gott hat seine Hölle: das ist seine Liebe zu den Menschen.' Und jüngst hörte ich ihn diess Wort sagen: ‚Gott ist todt; an seinem Mitleiden mit den Menschen ist Gott gestorben.' – So seid mir gewarnt vor dem Mitleiden: *daher* kommt noch den Menschen eine schwere Wolke![1]

Mit diesen prophetisch-resignativen Aphorismen Zarathustras markiert Nietzsche am Ende des 19. Jahrhunderts einen fundamentalen Wandel. Mit beißendem Spott werden sowohl die kulturell tief verwurzelte Evidenz eines barmherzig-liebenden Gottes als auch das damit verbundene Sittlichkeitsideal in ihrer naiven Doppelmoral und lebensfeindlichen Quintessenz bloßgestellt. Kunstvoll verwebt Nietzsche dabei seine ätzende Kritik am Erbe einer religiösen Moral der Menschenliebe mit dem Gespür für einen tiefen Plausibilitätsverlust des Theismus in der Moderne. Gerade diese Verbindung zweier Motive verleiht seiner Kritik ihre Wucht und kann gleichsam als radikale Konsequenz einer aufgeklärten Emanzipation von autoritärer Fremdbestimmung und Lebensverachtung zumal im Namen Gottes gesehen werden.

Auch wenn es Nietzsches Bild des an seinem Mitleid verendenden Gottes suggeriert, so sind jedoch die Krise des traditionellen Theismus und die Infragestellung einer religiösen Moral keineswegs zwingend miteinander verbunden. Dies kann man sich an der Vorgängergestalt verdeutlichen, aus deren Schatten Nietzsche niemals vollständig heraustrat. Denn bei Arthur Schopenhauer begegnet zwar bereits die von Nietzsche zugespitzte Kritik an der abendländischen Metaphysik, ihren theistischen Prämissen und ethischen Systemen, zugleich aber eben auch noch eine elaborierte Mitleidsethik. Und mit dieser moralphilosophischen Programmatik konvergierten Schopenhauers bleibende Interessen an den religiösen Traditionen des Monotheismus sowie vor allem das neue Interesse an den Religionen des Os-

---

[1] Nietzsche, *Zarathustra*, 113. 115f.

tens.[2] Die Affirmation einer religiös konnotierten Mitleidsethik kontrastiert aber nicht nur mit Nietzsche, sondern auch mit der Gestalt, an deren Vorbild sich wiederum Schopenhauer abgearbeitet hat. Denn mit seiner Moralphilosophie hat sich Schopenhauer dezidiert von Immanuel Kant und dessen rationaler Pflichtethik abgegrenzt.[3] Entsprechend firmiert Kant in der einschlägigen Forschungsliteratur immer wieder als Beispiel für die Kritik an der Mitleidsethik, ja kann gar als „Mitleidsverächter" bezeichnet werden.[4] Während Schopenhauer also die *Grundlage der Moral* kontrovers zu Kant in die Triebfeder des Mitleids verlegte, konnte er zugleich des Königsbergers Destruktion der spekulativen Theologie nachgerade als befreiende „Wohltat für den menschlichen Geist" feiern.[5]

Wie bereits diese Schlaglichter erhellen, haben sich in den intellektuellen Diskursen nach der Aufklärung alte Evidenzen über Religion und Moral, insbesondere das religiös-sittliche Konzept der Barmherzigkeit und die Frage nach der ethischen Bedeutung des Mitgefühls, aufgelöst. Die Traditionen sind damit aber nicht verschwunden, sondern treten vielmehr in einen Prozess der Neujustierung und Umformung ein. Im Folgenden soll diesem Vorgang am Beispiel der Philosophie Kants nachgegangen werden, die – ob in Kontinuität oder Diskontinuität – einen wesentlichen Orientierungspunkt für die nachfolgenden Debatten bildet und in der andererseits die Diskurse der Aufklärung eine gewisse Abschlussgestalt finden. Nähert man sich also mit unserer Fragestellung dem Werk Kants an, so ergeben sich schon äußerlich zwei wichtige Befunde. Ein erster führt zu einer nicht unwesentlichen Einschränkung. Denn sucht man nach dem Lexem ‚Barmherzigkeit', so zeigt sich ein äußerst magerer Befund. Im klassischen *Kant-Lexikon* von Rudolf Eisler findet sich nicht einmal ein Eintrag. Im gedruckten Werk sticht neben einer eher beiläufigen Erwähnung wohl nur eine einzige enigmatische Bemerkung zur Barmherzigkeit heraus, freilich in einem durchaus interessanten Umfeld. Darüber hinaus sind noch einige Stellen im Nachlass und Vorlesungsnachschriften zur Metaphysik und Moralphilosophie zu finden.[6]

Auf die besagten Passagen wird gleich einzugehen sein. Allein aus diesem rein quantitativen Befund lässt sich jedoch schließen, dass die Philosophie Kants für eine Gestalt aufgeklärten Denkens steht, bei dem das Motiv der Barmherzigkeit keinerlei systematische Bedeutung mehr hat. Dieser Negativbefund soll mich nun aber nicht davon abhalten, den kaum merklichen Spuren dieser Tradition nachzugehen. Denn zum einen gilt Kant – wie gesagt – als prominentester Kritiker einer Begründung

---

[2] Zur rezeptionsgeschichtlichen Problematik dieser Bezüge vgl. Hacker, „Schopenhauer".

[3] Vgl. Fleischer, *Schopenhauer als Kritiker.*

[4] So die Überschrift Käte Hamburgers in ihrer sehr differenzierten und lesenswerten Studie; Hamburger, *Mitleid*, 41; 48.

[5] Schopenhauer, *Geschichte der Philosophie*, 102; zur Kritik an Kants Ethik vgl. ders., *Moral*, 473–540.

[6] Ich folge hier den Angaben bei Freiin von Villiez, „Barmherzigkeit".

der Ethik im moralischen Gefühl. Zum anderen ist gerade seine Ethik, auch wenn sich bald nicht nur von Schopenhauer massive Kritik an ihr entzündete, zu einer unsere Gegenwart maßgeblich bestimmenden Gestalt geworden. So hat die etwa hierzulande in Verfassungsrang erhobene Menschenwürde, deren Wert von eifrigen Humanisten zur Vermittlung an den säkularen oder religiös-pluralen Nachwuchs empfohlen wird, inzwischen eine kantische Auslegung von höchstrichterlicher Seite erhalten.[7] Und auch in der angewandten Ethik findet sich das kantische Verständnis von Autonomie, die ihre Grenze einzig an der Autonomie der anderen finden darf, in allen Bereichen wieder.[8] Im Spiegel Kants lässt sich also fragen: Braucht unsere Gegenwart überhaupt noch eine Kultur der Barmherzigkeit, wie sie vom symbolischen Kapital der abrahamitischen Religionen her gespeist werden kann?

Eine zweite Zugangsbeobachtung kann bereits eine mögliche Erklärung für den zuvor genannten Befund erwarten lassen. Kant war kein Theologe im engeren Sinne, also im Sinne einer methodischen Erforschung einer positiven Religion und ihrer historischen Traditionen. Umgekehrt ist die Theologie dem hernach sogar als ‚Philosoph des Protestantismus'[9] bezeichneten Denker jedoch nicht in einer Weise fremd, wie das gewöhnlich für die heutige akademische Philosophie gilt. Denn von biographischen Einflüssen einmal abgesehen stand Kant natürlich noch in der großen Tradition der abendländischen Metaphysik. Fester Bestandteil der schulphilosophischen Lehrbücher, nach denen auch er selbstverständlich seine Metaphysikvorlesungen hielt, war die rationale oder natürliche Theologie, in der unter anderem die Eigenschaften Gottes verhandelt wurden. Wie man jedoch der oben zitierten Würdigung Schopenhauers entnehmen kann, hat Kant gerade auf diesem Gebiet eine fundamentale Neuorientierung ausgelöst, die maßgeblich zur Krise des abendländischen Theismus beigetragen hat und fortan jedem Begründungsdiskurs aus einem wie auch immer gearteten objektiven Gottesbegriff erkenntnistheoretisch unüberwindbare Hürden auferlegt.[10] Die entsprechende Neubegründung der Ethik aus der praktischen Vernunft tut ihr übriges. Allein von daher ist es keine Überraschung, dass ein moralphilosophischer Rekurs auf einen barmherzigen Gott bei Kant nicht zu erwarten ist. Entsprechend finden sich einige der genannten Spuren auch bloß im vorkritischen Werk, wobei sich jedoch hier noch im Gewand der natürlichen Theologie Motive finden, die auf die spätere Ethik vorverweisen.

---

[7] Zu den philosophischen Quellen des Grundgesetztes vgl. Enders, *Menschenwürde*. Enders reichert die Kantischen Grundbestimmungen seinerseits mit den Mitteln der Hegelschen Rechtsphilosophie an.

[8] Man denke beispielsweise an die aktuelle Debatte um die Beihilfe zum Suizid in Deutschland.

[9] Vgl. dazu R. Barth, „Kant".

[10] Vgl. dazu die maßgeblichen Aufsätze von U. Barth, „Grenzbegriff"; ders., „Ethikotheologie".

1 Barmherzigkeit in der vorkritischen Rationaltheologie

Die erste Spur der Barmherzigkeit findet sich also in Texten zur natürlichen Theologie, wie Kant sie vor allem im Rahmen seiner Metaphysikvorlesung nach Baumgarten über viele Jahre hinweg reflektiert hat, bevor jene Disziplin dann in den 80er Jahren mit der *Kritik der reinen Vernunft* auf eine neue, transzendentalphilosophische Grundlage gestellt wurde. In der vorkritischen Phase seines Denkens zeigt Kant noch einen ganz traditionellen, grundsätzlich zustimmenden Umgang mit dem Gottesprädikat der Barmherzigkeit. Mögliche Bedenken, die es in der rationalen Analyse dieses biblischen Motivs seit der Antike gab, werden mit ebenso alten wie bewährten Mitteln rationaler Theologie aufgelöst. Nicht nur aus Gründen der Erinnerung an jene Traditionen soll deren Nachhall im vorkritischen Werk Kants hier kurz angeführt werden, sondern weil sich gerade an dieser Fortführung einer Tradition eine interessante Beobachtung mit Bezug auf die gefühlspsychologische Innovation machen lässt, die sich in der Mitte des 18. Jahrhunderts vollzogen hat.

Für einen begrifflich durchgeklärten Gottesbegriff liegt die Hauptschwierigkeit mit dem Prädikat der Barmherzigkeit in der damit *prima facie* verbundenen Zuschreibung von Affekten an das höchste Wesen. Sie widerstrebt den Konzepten des philosophischen Gottesbegriffs zwischen absoluter Vernunft und erster Ursache, deren Synthese mit biblischen Traditionen wie der jüdischen Weisheit, den universalen Ordnungsmodellen der Priesterschrift oder der johanneischen Logologie allererst die kulturelle Prägnanz auch der sittlichen Ideale der biblischen Religionen in der Antike ermöglicht hat.[11] Die Problematik einer Affekt-Attribution gegenüber dem höchsten Wesen betrifft nicht allein die Vorstellung eines barmherzigen Gottes und andere anthropomorphe Zuschreibungen, sondern zuallererst auch das Leitkonzept der Liebe. Grundsätzlich lief dabei die rationale Durchklärung des Gottesbegriffes auf die Gratwanderung hinaus, einerseits die biblischen Traditionen zu bewahren, ohne damit andererseits eine als Inbegriff von Endlichkeit und Unvollkommenheit geltende affektive Dimension in das Innerste des göttlichen Wesens eintragen zu müssen. Paradigmatisch dafür kann die hochscholastische Auflösung des Dilemmas im Falle der Barmherzigkeit gelten, die mit Hilfe der Unterscheidung einer Attribution der Wirkung nach (*secundum effectum*) von einer mit Bezug auf das Erleiden eines Affektes (*secundum passionis affectum*) letzteres zwar kategorisch ausschließt, ersteres jedoch im höchsten Maße vornimmt.[12] Diese Strategie natürlicher Theologie hält sich bis in die Schulphilosophie der Aufklä-

---

[11] Zu den vernunfttheoretischen Traditionen und ihrer religionsgeschichtlichen Valenz vgl. die einschlägigen Studien bei U. Barth, *Gott als Projekt*, 3–106.

[12] Vgl. Thomas, *Summa Theologica* 2, 206 (I Quaestio 21, Art. 3: *Kommt Gott Barmherzigkeit zu?* Der 4. Art. handelt dann vom Verhältnis zwischen Gerechtigkeit und Barmherzigkeit in den Werken Gottes). Zur moralphilosophischen Dimension der *misericordia* bei Thomas vgl. den Beitrag von Fritz Cates in diesem Band.

rung durch und es wundert daher nicht, dass wir sie auch beim vorkritischen Kant vorfinden.

Dabei wird die Frage, ob wir „die moralische[n] Eigenschaften der Gottheit unter den Vorstellungen des Zorns, der Eifersucht, der Barmherzigkeit, der Rache, u.d.g."[13] denken können, förmlich zum Paradigma für epistemologische Grundsatzfragen bezüglich der Möglichkeit von Gotteserkenntnis, während sie im Zentrum der rationaltheologischen Bestimmung des Gottesgedankens keine herausgehobene Rolle spielen. Entsprechend findet sich ein Rekurs auf die Barmherzigkeit auch in einer Reflexion, die sich auf §§ 826f. von Baumgartens metaphysischer *Theologia Naturalis* bezieht.[14] Dort geht es im Kontext der Demonstration der Existenz Gottes um die Erörterung der Erkenntnisformen eines als *ens necessarium* näherbestimmten Wesens. Neben der Attribution *per eminentiam* und *per reductionem (via negationis)* unterscheidet Baumgarten diejenige *per analogiam*. Analoge Aussagen von Gott bezeichnen etwas an ihm, zu dem sich im kontingenten Sein eine gewisse Ähnlichkeit *(partialiter simile)* findet, auch wenn es sich dabei insgesamt nur um eine undeutliche Erkenntnis handelt. Über seine Vorlage hinausgehend, die den Sachverhalt nur abstrakt verhandelt, wählt Kant für diese Art analoger Aussagen über das höchste Wesen dann die Barmherzigkeit als Beispiel:

Also, wenn sich das, was in Gott ist, ebenso verhält zum Elend der Menschen als die Barmherzigkeit, so können wir Gott barmherzig [...] nennen, aber nur per analogiam.[15]

Ganz im Sinne der traditionellen Unterscheidung einer Zuschreibung *secundum effectum* kann Gott die Eigenschaft der Barmherzigkeit als einer typisch menschlichen und also der Kontingenz entnommenen Qualität in Analogie zugeschrieben werden, weil deren *Wirkung* mit derjenigen vergleichbar ist, die einer für uns in ihrer inneren Bestimmtheit unerkennbaren *Kausalität* entspringt.[16] Zugespitzt könnte man sagen: Die Reflexion auf die Grenzen der menschlichen Gotteserkenntnis wird für apologetische Zwecke in Anspruch genommen, was nur unter der ontotheologischen Voraussetzung einer prinzipiellen Erkennbarkeit Gottes möglich ist, die in Kants kritischer Phase dann bekanntlich entfällt.

Mit dem hier im Kontext der Frage nach der Gotteserkenntnis aufscheinenden Konzept einer absoluten Kausalität, deren Wirkungen in der Welt denen menschli-

---

[13] Kants Werke werden im Folgenden zitiert nach der Akademie-Ausgabe seiner Gesammelten Schriften unter Angabe von Kurztitel, Sigle [AA], Band- und Seitenzahl (aber ohne Angabe der Abteilung und Teilbände, da jeweils durchgängig nummeriert bzw. paginiert), hier: Kant, *Träume* (AA 2), 339.

[14] Kant, *Metaphysik* (AA 17), 691f. (Nr. 4734). Zur Baumgartenvorlage vgl. AA 17, 161.

[15] Kant, *Metaphysik* (AA 17), 692.

[16] Kant, *Metaphysik* (AA 17), 691f: „Wenn wir in einem Wesen die Verknüpfung mit eben denselben wirkungen finden, so mag die innere Beschaffenheit der Bestimmungen, welche die causalitaet enthalten, seyn, welche sie wolle." Vgl. Kant, *Metaphysik* (AA 17), S. 692: „Das absolute erkennen wir nicht" (Reflexion 4737).

cher Barmherzigkeit analog sind, verbindet Kant in der Gotteslehre der rationalen
Theologie, die sich in Nachschriften der Metaphysikvorlesung vermutlich aus der
zweiten Hälfte der 1770er Jahre finden lassen, dann noch einige interessante Näherbestimmungen. Bemerkenswert ist dabei zunächst eine gegenüber Baumgarten
veränderte Stoffdisposition. Ich kann darauf nicht im Einzelnen eingehen und
schon gar nicht die Linien zur *transzendentalen Dialektik* der *Kritik der reinen Vernunft* ausziehen, doch gibt Kant der Gotteslehre hier jedenfalls eine Dreigliederung
in *transzendentale Theologie, Physikotheologie* und *Moraltheologie*. In der transzendentalen Theologie werde der Begriff von Gott als einem „Urwesen" entfaltet, in
der Physikotheologie gehe es um den „Begriff von Gott als einer vollkommenen
Ursache der Natur", während die Moraltheologie „den Begriff von Gott als eines
summi boni",[17] also des höchsten Gutes entfalte. Die Thematisierung der Barmherzigkeit fällt nun erwartungsgemäß nicht in den transzendentalen Bereich, wo es
um Eigenschaften wie Ewigkeit und Allgegenwart geht, die aus dem Begriff des *ens
necessarium, realissimum* und *perfectissimum* folgen, aber eben auch nicht in den
Bereich der Moraltheologie, die nach Kant „aus moralischen Principien abgeleitet
ist"[18] und wo er die hernach für seine kritische Ethikotheologie so wichtigen Konzepte des „heiligen Gesetzgebers", „gütigen Regierers" und „gerechten Richters"
entfaltet.[19] Das Gottesprädikat der Barmherzigkeit kommt für Kant also gemäß dieser Stoffdisposition nicht „aus moralischen Principien" in Betracht, was im Lichte
der Tradition dieses Konzepts durchaus bemerkenswert ist. Die Barmherzigkeit
firmiert vielmehr unter der Betrachtung Gottes als ‚Ursache der Natur'.

Bei der Erkenntnis von Gott als erster Ursache der Natur, so argumentiert
Kant, werde eine Ursache vorgestellt, die nicht Gegenstand der Erfahrung unserer
äußeren Sinne sein könne. Daher müsse sich die natürliche Theologie in ihrem Versuch, sich einen Begriff von dieser ersten Ursache zu machen, auf die Erfahrungen
unseres inneren Sinnes stützen. Zur Referenzdisziplin für die von der Erfahrung
ausgehende, analoge Gotteserkenntnis wird somit die ‚*rationale Psychologie*'.[20] In
Fortführung der spätestens seit Augustins Trinitätslehre in psychologischen Kategorien denkenden spekulativen Gotteslehre[21] wird damit zwar zum einen noch der
Theismus gestärkt, der in diesen Jahren insgesamt rapide an Plausibilität verliert.[22]
Zum anderen präfiguriert Kant gleichsam im Medium der rationalen Theologie
eine Art Vorbegriff dessen, was in seiner im Werden entstehenden Konzeption

---

[17] Kant, *Rationaltheologie* (AA 28), 336.
[18] Kant, *Rationaltheologie* (AA 28), 338.
[19] Kant, *Rationaltheologie* (AA 28), 336–339.
[20] Kant, *Rationaltheologie* (AA 28), 326. Damit zeichnet sich eine allgemeine, von Tetens prominent repräsentierte Tendenz innerhalb der Metaphysik ab, die sich auch in deren Gotteslehre
auswirkt, vgl. dazu R. Barth, „Psychologie".
[21] Vgl. dazu Schmaus, *Trinitätslehre*.
[22] Vgl. U. Barth, „Ethikotheologie".

praktischer Vernunft dann als Möglichkeit noumenaler Freiheitskausalität vorausgesetzt werden wird. In Gestalt eines physikotheologischen Postulates lautet der
Grundsatz: Der „Hauptbegriff der Causalität in Ansehung der Natur ist Freiheit"[23]
und diese Freiheit müsse näherhin als eine besondere Art eines intellektuellen Wil-
lensvermögens vorgestellt werden. In Analogie – und das bedeutet eben auch in
prinzipieller Differenz – zum menschlichen Erkenntis- und Strebevermögen sei ein
intellectus archetypus[24] zu denken, der vermittels einer intuitiven Selbsterkenntnis
„in sich ein hinreichendes inneres Princip [habe], nach seinem höchsten Belieben
zu handeln, und das ist die göttliche Freiheit".[25]

Dieses spekulative Konzept einer Ursächlichkeit aus absoluter Spontaneität
bietet nun eigentlich keinerlei Anknüpfungspunkte mehr für die Vorstellung eines
barmherzigen Gottes. Denn sowohl hinsichtlich der kognitiven als auch der appetitiven Dimension des nach Analogie der menschlichen Seele vorgestellten Wesens
wird die für den Menschen eigentümliche sinnliche Affiziertheit ausgeschlossen.
Die psychologisch traditionell unter den Affekten verhandelte *misericordia* dürfte
also in dieser vermögenspsychologischen Konstruktion des freien Willens einer
höchsten Intelligenz eigentlich gar nicht mehr vorkommen. Doch in diesen Jahrzehnten vollzieht sich in der Psychologie der Aufklärung eine bemerkenswerte
Innovation. Aus der schulphilosophischen Zweivermögenspsychologie, die wie
noch in Kants Vorlage bei Baumgarten nur zwischen *facultas cognoscitiva* und
appetitiva unterscheidet und die Affekte eben in den ‚unteren Teil' der letzteren
einordnet, entwickelt sich eine Dreivermögenspsychologie. Und unter den in der
Debatte für dieses dritte Vermögen verwendeten Begriffen wird schließlich nicht zuletzt durch Kants eigene Positionierung der Gefühlsbegriff das Rennen machen.[26]
Die diskutierte Nachschrift zur Rationaltheologie der Metaphysikvorlesung ist ein
weiterer Beleg für diese Entwicklung und somit ein Zeugnis für den Übergang vom
Affekt- zum Gefühlsparadigma. Denn weil – wie bereits erwähnt – die rationale
Psychologie als Analogiebasis für die Begriffsbildung der Gotteslehre ausgemacht
wurde, hören wir Kant nach den Ausführungen zum Erkenntnisvermögen und
Willen die Frage aufwerfen, ob „wir Gott noch das dritte Vermögen, nämlich der
Lust und Unlust, des Wohlgefallens oder Mißfallens, zueignen"[27] können. Der
evaluative Aspekt des humanen Weltumgangs, der in der schulpsychologischen
Zweivermögenspsychologie gleichsam noch im Übergang von den kognitiven zu
den appetitiven Funktionen angesiedelt wurde,[28] wird zum Kriterium eines eigen-

---

[23] Kant, *Rationaltheologie* (AA 28), 327.

[24] Vgl. Kant, *Rationaltheologie* (AA 28), 329 oder 328: ‚*intellectus originarius*'.

[25] Kant, *Rationaltheologie* (AA 28), 335.

[26] Zu den Wurzeln der Dreivermögenspsychologie vgl. Heinz, „Sulzer"; R. Barth, „Tetens". Zum
Gefühlsbegriff vgl. Stalfort, *Gefühle*.

[27] Kant, *Rationaltheologie* (AA 28), 335.

[28] Vgl. dazu den Beitrag von Martin Fritz in diesem Band.

ständigen Vermögens, um das es trotz prinzipieller Unterschiede auch der heutigen Emotionstheorie geht.[29]

Doch die Parallelen zur gegenwärtigen Emotionstheorie reichen noch weiter. Denn der Reflexion am Beispiel der göttlichen Barmherzigkeit zufolge impliziert das dritte Vermögen wie in heutigen Theorien neben der evaluativen Dimension auch einen kognitiven und voluntativen Aspekt, der beim frühen Kant freilich noch auf die Mittelstellung der Affekte in der schulphilosophischen Zweivermögenspsychologie zurückverweist. Was mit Wohl- oder Missfallen bewertet wird, muss nämlich auf der einen Seite auch irgendwie vorgestellt bzw. repräsentiert werden, auf der anderen Seite kann es als ein starkes Handlungsmotiv fungieren. Unter diesen vermögenspsychologischen Voraussetzungen liest sich dann Kants Rechtfertigung der analogen Aussage einer göttlichen Barmherzigkeit wie folgt:

> Eben so: Wie bei uns die Barmherzigkeit darin besteht, daß wir vom Gegenstande affiziert und dadurch bewogen werden, das Uebel zu verringern, diese Barmherzigkeit *in Gott aber gar nicht statt findet*, weil Er von keinem Gegenstande affiziert wird – in Gott aber auch ein Grund der Verringerung des Uebels der Geschöpfe ist, den wir zwar nicht kennen, der aber dasselbe Verhältniß zu dem Uebel hat, als unsere Barmherzigkeit; so nennen wir dieses in Gott auch Barmherzigkeit.[30]

Die Psychologie der ersten Ursache bestätigt also den ambivalenten Umgang mit dem Gottesprädikat der Barmherzigkeit, den wir aus der Tradition der natürlichen Theologie bereits kennen: Wir können Gott *per analogiam* barmherzig nennen, weil der Effekt einer barmherzigen Handlung, die Verringerung des Übels, durchaus mit den uns verborgenen inneren Beweggründen Gottes als übereinstimmend angenommen werden kann. Gleichwohl findet diese Analogie ihre Grenze darin, dass wir uns Gott nicht als ein sinnlich affiziertes Wesen vorstellen dürfen, was für die menschliche Barmherzigkeit gerade konstitutiv ist.

Einer spekulativen Gotteslehre diesen Typs wird dann jedoch mit der kritizistischen Umformung der Metaphysik der erkenntnistheoretische Boden entzogen. Ob sich Motive dieser theologischen Tradition im Kontext der zweiten Erwähnung der Barmherzigkeit innerhalb der *Tugendlehre* wiederfinden lassen, wird der folgende Abschnitt zeigen. Daran schließt sich eine Würdigung von Kants tugendethischer Nobilitierung von Mitgefühl und Mitleid an, um abschließend noch einmal zur Gottesvorstellung zurückzukehren.

---

[29] Zum sui-generis-Charakter der Emotionen und dem Merkmal der Evaluation vgl. z.B. Döring, „Gefühle".

[30] Kant, *Rationaltheologie* (AA 28), 336; Hervorhebung R.B.

2 Die Barmherzigkeitskritik in der Tugendlehre

Ich komme nun zu der vermutlich einzigen Stelle zur Barmherzigkeit in den kritischen Schriften Kants. Sie befindet sich in einer seiner letzten Publikationen, der *Metaphysik der Sitten*, genauer in deren zweitem Teil, *den Metaphysischen Anfangsgründen der Tugendlehre*, erschienen 1797. Schon der Haupttitel ist für heutige Hörer erläuterungsbedürftig, angesichts eines unter zeitgenössischen Philosophinnen und Philosophen verbreiteten Selbstverständnisses als ‚nachmetaphysisch' jedoch erinnerungswürdig. Hinter dem sperrigen Titel verbirgt sich jedenfalls Kants eigentliche „Ethik",[31] die sich der nichtempirischen Bedingungen von Normativität noch deutlich bewusst ist. Sie stand und steht in der Kantrezeption im Schatten seiner großen Grundlegungsschriften zur Ethik, der *Grundlegung zur Metaphysik der Sitten* von 1785 und der *Kritik der praktischen Vernunft* von 1788. Die beiden vorgenannten Werke sind sicherlich nicht zu Unrecht die Hauptreferenz für die Würdigung von Kants praktischer Philosophie, wohingegen die späte Ethik durchaus umstritten ist. Da sie trotz ihres späten Erscheinens über weite Strecken an die Ethikvorlesung anknüpft, wie sie Kant wiederum im Anschluss an Baumgartens entsprechende Kompendien über die gesamte Zeit seiner Vorlesungstätigkeit immer wieder gehalten hat, so stellt sich bereits die Frage, ob hier tatsächlich die neuen Einsichten seiner Theorie der praktischen Vernunft systematisch adäquat zum Austrag gekommen sind oder ob diese Durchführung nicht vielmehr misslungen sei bzw. zu sehr Kompromisscharakter trage, vielleicht sogar einfach aus Altersgründen. Doch diese weitreichenden Fragen lasse ich hier auf sich beruhen.[32] Ich beschränke mich weitestgehend auf die Interpretation des für unser Thema relevanten § 34 der *Tugendlehre* und werde lediglich Schlaglichter auf andere Theorieteile werfen, soweit sie zur Interpretation erforderlich sind.

Führen wir uns also zunächst die schon mehrfach angekündigte Passage mit der expliziten Erwähnung der Barmherzigkeit vor Augen:

[A]us Mitleid wohl zu thun [würde] eine beleidigende Art des Wohlthuns sein [...], indem es ein Wohlwollen ausdrückt, was sich auf den Unwürdigen bezieht und Barmherzigkeit genannt wird, und unter Menschen, welche mit ihrer Würdigkeit glücklich zu sein eben nicht prahlen dürfen, respectiv gegen einander gar nicht vorkommen sollte.[33]

Analysiert man diesen für Kant typisch verschachtelten Satz, so ist zunächst festzustellen, dass Barmherzigkeit als eine *Handlung* in den Blick genommen wird. Denn Barmherzigkeit wird als eine bestimmte Form des Wohl*tuns* eingeordnet, von dem wir einige Paragraphen zuvor erfahren können, dass es „jedes Menschen Pflicht" sei:

---

[31] Kant, *Tugendlehre* (AA 6), 382.
[32] Vgl. dazu Ludwig, „Einleitung"; Lehmann, „Tugenden"; Euler, „Tugendlehre".
[33] Kant, *Tugendlehre* (AA 6), 457.

Wohlthätig, d.i. anderen Menschen in Nöthen zu ihrer Glückseligkeit, ohne dafür etwas zu hoffen, nach seinem Vermögen beförderlich zu sein, ist jedes Menschen Pflicht.[34]

Die mit Barmherzigkeit bezeichnete Wohltätigkeit jedoch ist offenbar von dieser Pflicht ausgenommen. Sie sollte sogar unter Menschen nicht vorkommen – so das überraschend harsche Urteil. Als Begründung dafür könnte man auf den Halbsatz zurückgreifen, der dem obigen Zitat vorangeht und den ich zunächst ausgelassen habe. Demzufolge könne es „unmöglich Pflicht sein, die Übel in der Welt zu vermehren", worauf es nach Kant hinausläuft, „wenn ein Anderer leidet und ich mich durch seinen Schmerz, dem ich doch nicht abhelfen kann, auch (vermittelst der Einbildungskraft) anstecken lasse".[35] Mit diesem Argument greift Kant, wie wiederum der vorangehende Absatz deutlich macht, auf die stoische Mitleidskritik zurück und weist in ausdrücklicher Hochschätzung des dem Ideal der Apathie entsprechenden Weisen eine sittlich folgenlose „Mitleidenschaft" zurück,[36] die gleichsam mechanisch auf eine Gefühlsansteckung zurückgeht. Auf das Mitleid, das übergeordnete Thema der §§ 34–35, werde ich im nächsten Abschnitt noch einmal zurückkommen. Zunächst soll es aber um die Barmherzigkeit gehen, die offenbar einen Sonderfall darstellt.

Dass die Barmherzigkeit nach Kants Systematik ein Sonderfall des Mitleids ist, liegt zunächst an der durchaus noch traditionellen Auffassung, dass letzteres als motivationale Grundlage des Wohltuns vorausgesetzt wird, das mit Barmherzigkeit bezeichnet wird. Barmherzigkeit ist also – wie das Eingangszitat belegt – definiert als ein Wohltun *aus* Mitleid. Allein das macht es aber unmöglich, in der stoischen Kritik an einer bloß das Leid vermehrenden und ansonsten folgenlosen Mitleidenschaft einen hinreichenden Grund für die folgende Barmherzigkeitskritik zu identifizieren. Als ein Wohltun aus Mitleid vermehrt die Barmherzigkeit zwar auch das Mitleid, aber sie ist eben als ein Wohltun gerade keine mit Bezug auf das Leid eines Anderen folgenlose Mitleidenschaft. Daher muss man die eigentlichen Gründe für die harsche Kritik auch in den folgenden Erläuterungen suchen. Und hier wird die motivationale Grundlage, die auch Wohl*wollen* genannt werden kann – worin eine Differenzierung liegt, auf die ich gleich noch einmal zurückkommen werde –, als eine solche beschrieben, die offenbar ihr intentionales Gegenüber, also den Empfänger der Wohltaten, herabwürdigt („sich auf den Unwürdigen bezieht") und dadurch die Wohltat zu einer ‚beleidigenden' macht. Diese Kritik an einer

---

[34] Kant, *Tugendlehre* (AA 6), 453 (§ 30).
[35] Kant, *Tugendlehre* (AA 6), 457 (§ 34).
[36] Vgl. auch die einschlägige Passage in der Einleitung: Kant, *Tugendlehre* (AA 6), 408f., wo die moralische Apathie von Gefühlslosigkeit, Indifferenz oder Gleichgültigkeit unterschieden wird. Die möglichen Parallelstellen bei Seneca hat Marcia Baron zusammengetragen. Ihre feine Rekonstruktion der Gemeinsamkeiten und Unterschiede zwischen Stoa und Kant ist überzeugend, vgl. Baron, „Sympathy", v.a. 698–701.

herabwürdigenden Intention wird dann abschließend mit dem Verbot korreliert, sich seiner eigenen Glückswürdigkeit zu rühmen.

So klar der pejorative Grundtenor ist, so verständlich vielleicht auch einzelne Teilmomente sind, so schwer ist es, den argumentativen Zusammenhang nachzuvollziehen. Für die negative Bewertung entscheidend ist offenbar die These, hier läge ein den Empfänger der Wohltaten herabwürdigendes Motiv vor. Diese auf den ersten Blick verwunderliche These, denn das Wohltun bzw. das Befördern des Anderen Glückes wird ja gerade auch bei Kant als Implikation der Pflicht verstanden, verweist offenbar auf ein spezielles Würdekonzept. Ein erster Hinweis ist in unserem Satz selbst enthalten, wenn von der „Würdigkeit glücklich zu sein" die Rede ist. Glück und eine aus moralischer Selbstbestimmung allein resultierende Würdigkeit werden bei Kant streng mit einander korreliert. Noch genauer muss man sagen: Das Glück wird der so verstandenen Würde nachgeordnet, wie Kant in der *Dialektik* der *Kritik der praktischen Vernunft* deutlich macht.[37] Denn Glück, dieser alte Begriff für das höchste Gut menschlichen Strebens und Handelns, fällt für Kant nur insofern in den Gegenstandsbereich der praktischen Vernunft, als es mit der Moralität vereinbar ist und das bedeutet, selbst gerade nicht handlungsbestimmend wird. Allein dann kann von einer Würdigkeit, glücklich zu sein, gesprochen werden. Und diese in der Pflichtschuldigkeit allein sich erfüllende Würdigkeit geht – so könnte man den Abschluss unseres Zitats verstehen – bereits dann verloren, wenn man sich ihrer gegenüber Anderen, insbesondere notleidenden Hilfsempfängern, rühmt.

Besteht also das ‚Beleidigende' der Barmherzigkeit darin, dass man mit diesem aus Mitleid erwachsenen Wohltun seine eigene Moralität zur Schau stellt? Mit diesem gut zu Kants antisentimentalistischer Hervorhebung stoischer Vorbilder passenden Interpretationsansatz ist jedoch noch nicht erklärt, inwiefern sich dieses Wohlwollen auf einen ‚Unwürdigen' beziehen soll. Der bloße Zustand des Unglücks, des Elends oder eben Miserabilität des Notleidenden kann damit nicht gemeint sein, denn der wird ja bereits von der allgemeinen Pflicht zur Wohltätigkeit vorausgesetzt. Eine Spur zu dem, was mit dem Bezug auf einen unwürdigen Empfänger der barmherzigen Wohltaten gemeint sein könnte, ließe sich wiederum in traditionellen Bestimmungen des Mitleids finden. Dabei ist jedoch weniger an die Stoa als an Aristoteles' klassische Bestimmung des Mitleids zu denken, für die der Aspekt des *unverdienten* Unglücks, dessen ein Mensch *nicht würdig* ist, wesentlich ist.[38] Anders formuliert: Das Mitleid setzt gemäß dieser Tradition bereits eine Art Abschätzung über die Würdigkeit von Glück und Unglück voraus und diese Wesensbestimmung hält sich terminologisch bis in die Schulphilosophie des

---

[37] Kant, KpV (AA 5), 110–119. Vgl. ferner die entsprechenden Überlegungen in der Einleitung in: Kant, *Tugendlehre* (AA 6), 387f.

[38] Aristoteles, *Rhetorik* 1385b (109).

18. Jahrhunderts durch.[39] Vor diesem Hintergrund wäre also das Mitleidsgefühl weniger als eine unmittelbare Affektreaktion auf Leid zu denken, sondern implizierte vielmehr bereits eine Art prädiskursives Werturteil inklusive einer Abschätzung der Glücks- bzw. Unglückswürdigkeit eines Anderen. So würde jedenfalls verständlich, dass Kant – wie oben bereits bemerkt – das sich im barmherzigen Wohltun ausdrückende Mitleidsgefühl als Wohl*wollen* paraphrasiert.[40] Doch eine derartige emotionale Perzeption und Bewertung unverdienten Leidens kann schwerlich schon als hinreichendes Interpretament dessen herhalten, was Kant als ein ‚Wohlwollen, das sich auf einen Unwürdigen bezieht‘, umschreibt, denn der klassischen Konzeption entsprechend impliziert das Mitleid zwar eine Abschätzung der Unwürdigkeit, aber eben nicht des Notleidenden selbst, sondern seiner Betroffenheit durch Unglück. Hier fehlen offenbar noch argumentative Vermittlungsglieder.

Geht man dem Motiv einer Bewertung des Unglücks in Immanuel Kants unmittelbarer Vorlage, der *Ethica Philosophica* von Alexander Gottlieb Baumgarten, nach, so zeigt sich allerdings eine erstaunliche Wendung. Denn dort entfällt gerade das Merkmal des unverdienten Unglücks und es findet sich vielmehr der Gedanke einer prinzipiellen Verderbtheit des Menschen als Adressat für ein nachgerade universal ausgedehntes Barmherzigkeitsideal. Baumgartens Begründung für diese überraschende, die aristotelische Tradition förmlich auf den Kopf stellende These, lautet: „niemand sei nicht elend und moralisch korrupt".[41] Dass hier die christliche Ansicht von der allgemeinen Sündhaftigkeit der menschlichen Natur im Hintergrund steht, an der Kant ja zum Ärger aufgeklärter Zeitgenossen festhielt, sei nur am Rande bemerkt.[42] Doch auch diese Beobachtung erschließt unsere fragliche Stelle nicht, da Kant ja anders als Baumgarten offensichtlich nicht den Pflichtcharakter einer allgemeinen Barmherzigkeit zu begründen sucht, sondern das Gegenteil. Soll die aufgenommene Interpretationsspur also zum Ziel führen, müssten sich Gründe für Kants radikale Umwertung finden lassen.

Auch wenn das in Frage stehende Zitat selbst dazu keine Auskunft gibt, so bietet doch der Kontext des Systems der Tugendpflichten eine solche Erklärung an. Zur groben Orientierung werfe ich einige Schlaglichter auf die Architektonik von Kants Tugendlehre.[43] Dass sie nicht nur, aber vor allem auch in der Entfaltung von *Tugendpflichten* besteht, d.h. solcher Pflichten, die aus einer tugendhaften Gesinnung abgeleitet werden können, wurde bereits gesagt. Kant unterscheidet

---

[39] Wolff, *Psychologia empirica*, 524 (= § 693): „Si quis alterius commiseratur, is eum malo, quo affligitur, indignum judicat." Vgl. dazu den Beitrag von Martin Fritz in diesem Band.

[40] Zur Differenz zwischen Gefühl bzw. „Empfindung" und tätigem (Wohl)wollen vgl. auch Kant, *Tugendlehre* (AA 6), 401; 449f. (§§ 25f); 52 (§ 29).

[41] Baumgarten, *Ethica*, 959: „Nemo non miser est et moraliter corruptus. Hinc obligaris ad universalem misericordiam" (§ 306). Vgl. zu diesem Zusammenhang noch einmal Martin Fritz in diesem Band.

[42] Kant, *Tugendlehre* (AA 6), 402, und vor allem: Kant, *Religion* (AA 6), 32–44.

[43] Vgl. dazu Gregor, „System".

näherhin zwei Zweckbestimmungen, die den allgemeinen Pflichtbegriff ausdifferenzieren und daher nicht durch Neigungen bestimmt sind. Zugleich ist diese Unterscheidung für die Zweiteilung von ‚Pflichten gegen sich selbst‘ und ‚gegen andere‘ maßgeblich, mit der die Systematik der Tugendpflichten organisiert wird. Dass hier die Konstruktion über den Zweckbegriff vermittelt wird, folgt wiederum aus der tugendethischen Fokussierung auf Handlungsmaximen. Die beiden materialen Handlungszwecke, die Kant aus dem Pflichtbegriff ableitet sind nun zum einen die „eigene Vollkommenheit“, zum anderen die „fremde Glückseligkeit“.[44] Mit dem letztgenannten Handlungszweck ist nicht nur der Oberbegriff für die „Liebespflichten“ genannt, die sich dann in Wohltätigkeit, Dankbarkeit und Mitgefühl ausdifferenzieren und den unmittelbaren Kontext für die Barmherzigkeitskritik darstellen. Sondern Kant ordnet den Liebespflichten und der damit gebotenen Zuwendung eine gleichsam als Distanz wahrendes Korrektiv erforderliche „Pflicht der freien Achtung gegen Andere“ zu. Liebe und Achtung seien „im Grunde dem Gesetze nach jederzeit miteinander in einer Pflicht zusammen verbunden“ und ein Ungleichgewicht in der wechselseitigen Korrelation „dieser großen sittlichen Kräfte“, wie Kant mit einer Analogie zur physischen Welt sagen kann, würde die Moralität insgesamt gefährden.[45]

Die Liebespflicht gegenüber Anderen hat also nach Kant eine notwendige Grenze nicht nur in der „Selbstliebe“,[46] sondern auch in der Achtung des Anderen. Erst dieser Zusammenhang von Liebes- und Achtungspflicht gegenüber Anderen macht Kants Barmherzigkeitskritik verständlich. Denn in der Erläuterung der Achtungspflicht gegenüber Anderen findet sich genau der Zusammenhang zwischen Würde und Beleidigung, der von der Barmherzigkeitskritik in § 34 der *Tugendlehre* offenbar vorausgesetzt wird. Was zunächst die Achtung betrifft, so wird sie von Kant in Analogie zur Selbstachtung konstruiert und beide sind gleichsam Implikat des moralischen Gefühls der Achtung für das Sittengesetz, aus dem sich die Person- oder Menschenwürde ableitet.[47] Achtung gegenüber Anderen bedeutet also die

---

[44] Kant, *Tugendlehre* (AA 6), 385.

[45] Die vorangegangenen Zitate finden sich in den einleitenden §§ 23–25: „Von der Liebespflicht gegen andere Menschen“; Kant, *Tugendlehre* (AA 6), 448–450.

[46] Diese ist nicht nur im Rahmen der Pflichten gegen sich selbst durchaus geboten, sondern bildet auch den argumentativen Ausgangspunkt für die Begründung der Pflicht, das Glück Anderer zu befördern. Denn ohne die Erweiterung der Zwecksetzung auf „fremde Glückseligkeit“ – die Verallgemeinerung zu einem allgemeinen Gesetz – würde die Maxime der Selbstliebe, mit der wir uns zwangsläufig auch „zum Zweck für Andere machen“, sich selbst widersprechen. Vgl. Kant, *Tugendlehre* (AA 6), 393. Vgl. auch 451 (§ 27); 452f. (§§ 29f.).

[47] Kant, *Tugendlehre* (AA 6), 403f. (Einleitung XIII d.): „Wenn es demnach heißt: der Mensch hat eine Pflicht der Selbstschätzung, so ist das unrichtig gesagt und es müßte vielmehr heißen: das Gesetz in ihm zwingt ihm vermeidlich Achtung für sein eigenes Wesen ab, und dieses Gefühl (welches von eigener Art ist) ist ein Grund gewisser Pflichten“. Zur „Achtung vor dem Gesetze“ vgl. auch Kant, *Tugendlehre* (AA 6), 464 (§ 40).

Anerkennung einer Würde (*dignitas*) an anderen Menschen, d.i. eines Werts, der keinen Preis hat, kein Äquivalent, wogegen das Objekt der Wertschätzung (*aestimii*) ausgetauscht werden könnte.[48]

Die pflichtwidrige Unterlassung dieser Anerkennung hingegen kann von Kant sodann als *Beleidigung* bezeichnet werden:

Andere *verachten* (*contemnere*), d.i. ihnen die dem Menschen überhaupt schuldige Achtung verweigern, ist auf alle Fälle pflichtwidrig; denn es sind Menschen. Sie vergleichsweise mit Anderen innerlich *geringschätzen* (*despicatui habere*) ist zwar bisweilen unvermeidlich, aber die äußere Bezeigung der Geringschätzung ist doch Beleidigung.[49]

Vor diesem Hintergrund ergibt sich nun ein möglicher Sinn der Barmherzigkeitskritik in § 34, da diese ja von einer ‚beleidigenden Art des Wohltuns' spricht, deren Adressat auf einen ‚Unwürdigen' zielen soll. Barmherzigkeit wäre somit eine Verletzung der gebotenen Achtung gegenüber Anderen bzw. der Anerkennung ihrer Würde.

Ist so ein möglicher Wortsinn gegeben, so stellt sich jedoch unmittelbar die Anschlussfrage, inwiefern eine Wohltat aus Mitgefühl die Achtung der Personenwürde verletzten sollte. Ein Beispiel aus der Einleitung zum Abschnitt über die *Liebespflicht gegen andere Menschen* kann hier als Erläuterung hinzugezogen werden:

So werden wir gegen einen Armen wohltätig zu sein uns für verpflichtet erkennen; aber weil diese Gunst doch auch Abhängigkeit seines Wohls von meiner Großmuth enthält, die doch den Anderen *erniedrigt,* so ist es Pflicht, dem Empfänger durch ein Betragen, welches diese Wohlthätigkeit entweder als bloße Schuldigkeit oder geringen Liebesdienst vorstellt, die *Demüthigung* zu ersparen und ihm seine *Achtung für sich selbst* zu erhalten.[50]

Die hier geschilderte Problematik der Armenfürsorge konkretisiert zunächst die Ambivalenz, die bereits im Kontext der Barmherzigkeitskritik festgestellt wurde: Einerseits ist Wohltun zur Förderung der Glückseligkeit Anderer Pflicht, andererseits läuft es wie im Fall der beleidigenden Barmherzigkeit auf eine Demütigung hinaus. Die Begründung für letzteres wird hier in Übereinstimmung mit dem zuvor herausgearbeiteten Zusammenhang zwischen Liebes- und Achtungspflicht auf die Gefährdung der Selbstachtung des Empfängers der Wohltaten zurückgeführt. Die Pflicht zur Achtung der Würde des Anderen wird somit spezifiziert als Pflicht

---

[48] Kant, *Tugendlehre* (AA 6), 463 (§ 37). Vgl. auch ebd. (§ 38): „Die Menschheit selbst ist eine Würde; denn der Mensch kann von keinem Menschen (weder von Anderen noch sogar von sich selbst) bloß als Mittel, sondern muß jederzeit zugleich als Zweck gebraucht werden, und darin besteht eben seine Würde (die Persönlichkeit) […]". Hier steht natürlich die sogenannte Zweckformel des kategorischen Imperativs im Hintergrund, vgl. Kant, GMS (AA 4), 428f.

[49] Kant, *Tugendlehre* (AA 6), (§ 39).

[50] A.a.O. 448f. (§ 23).

zur ,Erhaltung' der Selbstachtung des Notleidenden. Diese soll wiederum dadurch gefährdet sein, dass eine „Abhängigkeit" von der Gunst des Wohltäters durch das Wohltun manifest wird. Kant sieht offenbar die Möglichkeit gegeben, dass diese Abhängigkeit, die ja faktisch bei jeder Art von Nothilfe vorliegt, vom Empfänger als eine ,Erniedrigung' oder ,Demütigung' erlebt wird.

Allerdings muss das der Wohltat zugrundeliegende Wohlwollen nicht zwangsläufig so gemeint sein. Das zumindest insinuiert Kants Bezeichnung desselben als „Großmuth", die auf eine große tugendethische Tradition zurückverweist.[51] In seiner vorkritischen Phase hat Kant die emotionale Logik dieser großmütigen Empfindung noch ganz unbefangen in der Tradition eines ästhetisch-moralischen Sentimentalismus stehend beschreiben können. Am Beispiel der Rezeption eines Trauerspiels wird deutlich, dass das Mitgefühl zugleich auch ein Selbstbewusstsein der moralischen Würdigkeit vermittelt:

> [D]as Unglück anderer bewegt in dem Busen des Zuschauers teilnehmende Empfindungen und läßt sein großmütig Herz für fremde Noth klopfen. Er wird sanft gerührt und fühlt die Würde seiner eigenen Natur.[52]

Wenn dann später in der *Tugendlehre* im Zusammenhang mit der Barmherzigkeitskritik von einer Glückwürdigkeit die Rede ist, mit der man nicht prahlen dürfe, so klingt das wie ein Nachhall dieser Phänomenologie des moralischen Sinns. Doch weil der Großmut in diesem Sinne eine hohe Selbstschätzung inhäriert, so wird auch die Möglichkeit eines dialektischen Umschlags in Hochmut vorstellbar, den Kant in seiner Ethik dann als eines der die Achtungspflicht gegenüber Anderen negativ konkretisierenden Laster bezeichnen wird. Die Großmut hat also zumindest das Potential zu Hochmut und würde so zur „Ehrbegierde (*ambitio*), nach welcher wir anderen Menschen ansinnen, sich selbst in Vergleichung mit uns gering zu schätzen."[53] Genau darin läge dann die Erniedrigung.

Hinzu kommt, dass sich die zugrundeliegenden Motive an der bloßen Wohltat selbst nicht eindeutig erkennen lassen, wie man im Anschluss an die für Kants Moralphilosophie grundlegende Unterscheidung zwischen Legalität und Moralität festhalten kann. Kant war darüber hinaus sogar der Ansicht, dass diese Opakheit nicht nur für die äußere Beurteilung gilt, sondern bis in die Selbstbeurteilung der eigenen Motive hinabreicht.[54] Im Zusammenhang der oben bereits zitierten Erläuterung zur ,Verachtung' kann Kant sogar fordern, die „äußere Bezeigung" einer

---

[51] Vgl. dazu Fritz, *Vom Erhabenen*, 66–99; 149–158; 170–181; 227ff.

[52] Kant, *Gefühl* (AA 2), 212.

[53] Kant, *Tugendlehre* (AA 6), 465 (§ 42). Zum „nur negativ" möglichen Ausdruck der „Pflichten gegen den Nebenmenschen aus der ihm gebührenden Achtung", vgl. Kant, *Tugendlehre* (AA 6), 454f. (§ 41).

[54] Vgl. etwa Kant, *Religion* (AA 5), 63: „[...] ja selbst die innere Erfahrung des Menschen an ihm selbst läßt ihn die Tiefen seinesHerzens nicht so durchschauen, daß er von dem Grunde seiner Ma-

vielleicht sogar mit guten Gründen erfolgenden ‚innerlichen Geringschätzung‘
eines Anderen zum Zwecke der gebotenen gegenseitigen Achtung zu unterlassen.[55]
Letzteres könnte den Eindruck erwecken, als ob Kant grundsätzlich die Vortäu-
schung falscher Gefühle bzw. zumindest die Verbergung der wahren als tugendhaft
empfehlen will. Die Pointe im Kontext der ambivalenten Wohltätigkeit scheint mir
jedoch eine andere zu sein.

Zwar geht es auch hier um ein Darstellen der inneren Einstellung, insofern
Kant ja ein „*Betragen*" fordert, „welches diese Wohltätigkeit entweder als bloße
Schuldigkeit oder geringen Liebesdienst *vorstellt*".[56] Doch wird das durch den unmittelbaren Kontext nicht als eine Verleugnung der inneren Beweggründe erläutert,
sondern als deren Interpretation *als* Schuldigkeit oder *als* etwas Geringes, d.h. also
als etwas, das nicht zur Selbsterhöhung taugt und somit auch niemanden zu erniedrigen vermag. Es geht also gleichsam um eine das Handeln begleitende oder
im Handeln selbst sich vollziehende Darstellung der inneren Beweggründe, mit
der diese zugleich einer Selbstdeutung unterzogen werden. Ich werde im folgenden Abschnitt auf diese reflexive Vermittlungsfigur noch einmal zurückkommen.
Doch zunächst ist noch die Übereinstimmung mit der Barmherzigkeitskritik in § 34
einzuholen. Wird dort ein Zusammenhang von Barmherzigkeit und moralischer
Überheblichkeit angedeutet, so wird dies im Lichte der am Beispiel der Armenfürsorge verdeutlichten Gefahr der Zurechnung der Wohltat zu einer gönnerhaft in
Hochmut umschlagenden Großmut nachvollziehbar. Ebenso entspricht die empfohlene Distanzhaltung zu den inneren Antrieben im Sinne einer Herabstimmung
derselben zur bloßen Schuldigkeit oder Geringfügigkeit dem Lob des stoischen
Weisen im unmittelbaren Kontext von Kants Barmherzigkeitskritik.[57]

Doch selbst wenn man die Gefahr zugesteht, dass eine gönnerhafte Barmherzigkeit herablassend wirken kann, zumal wenn sich das ihr zugrundeliegende Mitgefühl in seiner inhärenten Selbstbezüglichkeit zu Hochmut steigert, so ist damit
Kants harsche Kritik an der Barmherzigkeit noch keineswegs plausibel. Denn es
ist ja mitnichten gezeigt, dass diese Möglichkeit zwingend auch eintreten muss
und vor allem, warum sie nun exklusiv für das mit Barmherzigkeit bezeichnete

---

ximen, zu denen er sich bekennt, und von ihrer Lauterkeit und Festigkeit durch Selbstbeobachtung
ganz sichere Kenntniß erlangen könnte".

[55] A.a.O. 463 (§ 39).

[56] A.a.O. 448f. (§ 23; Hervorhebung R.B.).

[57] S.o. 8. Vgl. dazu auch die griffige Formulierung in der Nachschrift der Moralphilosophievorlesung aus dem Wintersemester 1784/85 (Collins), Kant, *Moralphilosophie* (AA 27), 422: „Hier
aber glauben die Menschen die Theilnehmung an des andern seinem Schicksal und das gute Herz
bestehe schon im Gefühl und in den Wünschen. Derjenige Mensch aber, der aufs Elend anderer gar
nicht sieht, wo er nicht helfen kann, der bey allem Unglück was nicht zu ändern ist, gleichgültig
ist, aber darum bekümmert ist, wo er etwas ausrichten und helfen kann, ein solcher Mensch ist
praktisch und sein Herz ist ein gutes Herz, weil es thätig ist, ob er gleich damit nicht solche Parade
macht als andere, die durch Wünsche Antheil nehmen und darin schon die Freundschaft setzen."

Wohltun gelten soll. Daher ist noch einmal auf die bisher vernachlässigte Seite des Nothilfeempfängers und das involvierte Würde- und Achtungskonzept zu blicken. Die bisher angeführten Konkretionen für den achtsamen Umgang mit dem notleidenden Empfänger von Wohltaten beschränkten sich auf das Kaschieren oder Sublimieren möglicher Überlegenheitsgefühle und Gesten auf Seiten des Gebers. Doch bleibt dies dem eigentlichen Zweck der sittlich gebotenen Wohltätigkeit, nämlich „anderen Menschen in Nöten zu ihrer Glückseligkeit […] beförderlich zu sein,"[58] noch recht äußerlich. Die Vermeidung von Demütigungen mag notwendiges Implikat der gebotenen Achtung gegenüber Notleidenden sein, aber – so lässt sich die Argumentation weiterführen – sie ist erst dann hinreichend, wenn ich mir auch „Anderer ihre Zwecke […] zu den meinen"[59] mache. Damit ist aber gemäß des Achtungsgebots kein distanzloser Paternalismus gemeint, sondern es muss nach Kant „ihnen selbst zu beurteilen überlassen" bleiben, was sie „zu ihrer Glückseligkeit zählen mögen".[60] Die mit der Korrelation von Liebes- und Achtungspflicht bzw. von Nähe und Abstand gegebene sittliche Herausforderung besteht folglich darin, sich die Zwecke Anderer zu eigen zu machen, ohne dabei deren Selbstzwecklichkeit zu negieren.

Inwiefern eine Barmherzigkeitshandlung, die doch aus Mitgefühl heraus die aktuelle Not Hilfsbedürftiger zu lindern sucht und insofern zumindest deren unmittelbaren Bedürfnissen entspricht, dennoch gegen jene anspruchsvollen Implikationen der Pflicht verstößt, lässt sich einer Passage aus den Nachschriften der Ethikvorlesung entnehmen. Dabei wird nicht nur eine sozialethische Pointe von Kants Barmherzigkeitskritik deutlich, sondern es zeigt sich, dass diese eigentlich schon den Vorwurf der Bigotterie aus dem einleitend angeführten Aphorismus Nietzsches vorwegnimmt. Denn hier finden sich gesellschaftspolitische Konkretionen für die an der Barmherzigkeit inkriminierte Haltung, die es an bissiger Zivilisationskritik im Geiste Rousseaus nicht mangeln lassen und in einer vermeintlichen Wohltätigkeit in Wahrheit ein massives Gerechtigkeitsproblem entlarven. So lesen wir in der Nachschrift der Moralphilosophievorlesung (Collins):

Nach diesem Triebe erbarmen sich Menschen über andere und erzeigen demjenigen Wohltaten, dem sie es vorher entrissen, obgleich sie sich keiner Ungerechtigkeit bewußt sind, das kommt daher, weil sie es nicht recht untersuchen. Man kann mit Antheil haben an der allgemeinen Ungerechtigkeit, wenn man auch keinem nach den bürgerlichen Gesetzen und Einrichtungen ein Unrecht thut. Wenn man nun einem Elenden eine Wohlthat erzeiget,

---

[58] A.a.O. 453 (§ 30).

[59] A.a.O. 450 (§ 25); vgl. 388 (Einleitung V): „Wenn es also auf Glückseligkeit ankommt, worauf, als meinen Zweck hinzuwirken es Pflicht sein soll, so muß es die Glückseligkeit anderer Menschen sein, deren (erlaubten) Zweck ich hiermit auch zu dem meinigen mache." Vgl. 454: „Ich kann niemand nach *meinen* Begriffen von Glückseligkeit wohltun […]."

[60] A.a.O. 388; vgl. 293: „Es kommt sehr darauf an, was für jeden nach seiner Empfindungsart wahres Bedürfnis sein werde, welches zu bestimmen jedem selbst überlassen bleiben muß."

so hat man ihm nichts umsonst gegeben, sondern man hat ihm das gegeben, was man ihm durch eine allgemeine Ungerechtigkeit hat entziehen helfen.[61]

Und auch in der *Tugendlehre* von 1797 selbst finden sich entsprechende Aussagen, die deutlich machen, dass Kant strukturell bedingte soziale Abhängigkeiten und Ungleichheiten als eine dem Humanitätsideal widerstreitende „Ungerechtigkeit" bewertet, mit der die ethische Vorzüglichkeit der Wohltätigkeit konterkariert wird.[62] Vor diesem Hintergrund lässt sich also vermuten, dass der entscheidende Grund für die scharfe Barmherzigkeitskritik letztlich darin liegt, dass mit dieser Tradition von Wohltätigkeit gleichsam eine stillschweigende Akzeptanz von ungerechten Abhängigkeitsverhältnissen einhergeht und sich damit der ethische Sinn einer vermeintlich noblen Tat verkehrt.

Im Lichte dieser Rekonstruktion zielt Kants Barmherzigkeitskritik dann aber weniger auf die religiösen Wurzeln dieser Vorstellung als auf deren zivilisatorische Folgen. Entsprechend findet der theologische Hintergrund, der Kant ja durchaus bekannt war, in den einschlägigen Passagen ebenso wenig Erwähnung wie im § 34 selbst, wo er vielleicht sogar ausdrücklich mit dem Hinweis ausgeschlossen wird, dass sie zumindest ‚*unter Menschen* nicht vorkommen sollte'. Die Barmherzigkeit wird in den Kontexten der Ethik jedenfalls ganz auf die Interaktion zwischen Menschen beschränkt. Dennoch ist mit dem aufgeklärten Ideal einer im Menschenrechtsgedanken fundierten egalitären Gesellschaft auch ein Motiv betroffen, das sich in der religiösen Barmherzigkeitstradition wiederfindet. Insofern hätte Kants Inkriminierung dieser Tradition nicht nur in den faktischen Verhältnissen, sondern auch deren ideellen Grundlagen einen Anhaltspunkt. Denn wie eine klassische Erläuterung bei Thomas von Aquin zeigen kann, lässt sich das Gottesprädikat der

---

[61] Kant, *Moralphilosophie* (AA 27), 416. Vgl. auch zur Armuth, a.a.O. 455: „Wären die Menschen pünktlich gerecht, so möchte es keine Arme geben, in Ansehung derer wir dieses Verdienst der Wohltätigkeit zu beweisen glauben und Almosen geben. [...] Durch die Almosen werden die Menschen niedrig gemacht. Es wäre besser, es auf eine andere Art zu überlegen, dieser Armuth abzuhelfen, damit nicht Menschen niedrig gemacht werden Almosen anzunehmen."

[62] Hier ist nicht nur auf Kants scharfe Kritik an der Wohltätigkeit unter den Voraussetzungen von Leibeigenschaft hinzuweisen, die als „der Rechtspflicht überhaupt" widerstreitende „Ungerechtigkeit" auf Seiten desjenigen, der sich dabei in die Abhängigkeit von Wohltätigkeiten begibt zur „größte[n] Wegwerfung der Menschheit" führt, vgl. Kant, *Tugendlehre* (AA 6), 454. Sondern schon allein das Faktum des Reichtums wird einer Kritik ausgesetzt, die der Barmherzigkeitskritik analog ist: „Das Vermögen wohlzutun, was von Glücksgütern abhängt, ist größtenteils ein Erfolg aus der Begünstigung verschiedener Menschen durch die Ungerechtigkeit der Regierung, welche eine Ungleichheit des Wohlstandes, die Anderer Wohltätigkeit notwendig macht, einführt. Verdient unter solchen Umständen der Beistand, den der Reiche den Notleidenden erweisen mag, wohl überhaupt den Namen der Wohltätigkeit, mit welcher man sich so gern als Verdienst brüstet?" (ebd.). Und bereits im § 31 (a.a.O. 453) heißt es zur Wohltätigkeit des Reichen entsprechend zur oben ausgeführten Problematik gönnerhaften Wohltuns: „Er muß sich vielmehr, als durch die Annahme des Anderen selbst verbindlich gemacht oder beehrt, mithin die Pflicht bloß als seine Schuldigkeit äußern, wenn er nicht (welches besser ist) seinen Wohltätigkeitsakt ganz im verborgenen ausübt."

Barmherzigkeit gerade aus der Analogie zur aristokratischen Stellung desjenigen herleiten, der sich erbarmend zu einem Schwächeren herablässt:

An sich ist das Erbarmen (*misericordia*) die größte Tugend. Denn es gehört zum Erbarmen, daß es sich auf die anderen ergießt und – was mehr ist – der Schwäche der anderen aufhilft; und das gerade ist Sache des Höherstehenden. Deshalb wird das Erbarmen gerade Gott als Wesensmerkmal zuerkannt; und es heißt, dass darin am meisten seine Allmacht offenbar wird.[63]

Die hier in der Armenfürsorge implizierte religiöse Sanktionierung von Standesunterschieden wird mit der aufgeklärten Religions- und Zivilisationskritik offenbar fraglich. Die religiöse Barmherzigkeitskultur wird in ihrer Ambivalenz erkennbar – einer Ambivalenz, die genau darin besteht, im Gewand von Mitleid und Wohltätigkeit zur Etablierung und Absicherung von innerweltlichen Herrschaftsverhältnissen beizutragen, nicht zuletzt in Gestalt einer paternalistischen Kirche. Auf andere mögliche religionstheologische Konsequenzen von Kants Barmherzigkeitskritik werde ich in einer kurzen Schlussreflexion noch einmal eingehen. Zuvor ist aber noch ein gegenläufiges Motiv im Kontext dieser Kritik aufzuarbeiten.

3 Die Rolle des (Mit-)Gefühls in der Vernunftethik

Die steile These, der zufolge eine ethische Tugendpflicht der Barmherzigkeit förmlich auf das Zementieren eines ungerechten Status quo von Abhängigkeiten und damit auf eine Demütigung des Notleidenden hinauslaufen würde, umfasst nämlich kein Verdikt gegen das Mitleid. Zwar wird die Barmherzigkeit – wie wir gesehen haben – als ein Wohltun aus Mitleid definiert, doch gerade das Mitleid wird in der Argumentation zuvor ausdrücklich rehabilitiert. Der § 34 der Ethik trägt förmlich den Titel: „Teilnehmende Empfindung ist überhaupt Pflicht",[64] wobei *teilnehmende Empfindung* lediglich eine schulphilosophische Umschreibung von Mitgefühl ist, das sich wiederum gemäß der gefühlsmäßigen Zweiwertigkeit (Lust/Unlust) in Mitfreude und Mitleid differenzieren lässt.[65] Kants These, dass das Mitgefühl eine besondere Liebespflicht sei, ist nun aber nicht nur wegen der gerade ausgeführten Barmherzigkeitskritik erstaunlich, sondern vor allem vor dem Hintergrund seiner

---

[63] Thomas, *Summa Theologica* 17 A, 235 (II–II Quaestio 30, Art. 4).

[64] Kant, *Tugendlehre* (AA 6), 456.

[65] Ebd. (§34). Zum schulphilosophischen Hintergrund vgl. Wolff, *Deutsche Metaphysik*, 282f. (§ 461): „Das Mißvergnügen und die Traurigkeit über eines andern Unglück heisset Mitleiden. Und demnach entsteht das Mitleiden aus der Liebe. [...] Wer demnach mit dem andern Mitleiden hat, der machet desselbigen Mißvergnügen und Traurigkeit zu seinem Mißvergnügen und seiner Traurigkeit. Er *nimmt Theil daran*, wenn es dem anderen übel gehet. Es ist ihm eben so viel, als wenn es ihn selbst beträfe" (Hervorhebung R.B.).

ethischen Prinzipientheorie, von deren Prämissen wir bisher schon einige Ausläufer kennengelernt haben. Ich will das Grundproblem, das sich hier in dem für uns entscheidenden Paragraphen der Tugendlehre förmlich zuspitzt, mit einigen Schlaglichtern verdeutlichen.

Der Sache nach geht es um nicht weniger als das Verhältnis von Vernunft und Gefühl. Kant hat in seiner ethischen Theoriebildung eine sehr komplexe Entwicklung durchlaufen, an deren Anfang große Übereinstimmungen mit der schottischen Moral-Sense-Philosophie und ihrer prinzipientheoretischen Nobilitierung der Sympathie standen, die dann jedoch sukzessive schwanden, um schließlich in einer prinzipiellen Ablehnung eines moralischen Sinns als Quelle der Moral zu gipfeln. Man versteht schon diesen Wandel nicht, wenn man nicht ein gemeinsames Grundmotiv beider Ethikmodelle trotz des späteren Gegensatzes identifiziert. Dieses Grundmotiv lässt sich durch eine diesen Gegensatz überspannende doppelte Abgrenzung einhegen, der zufolge sittliches Bewusstsein weder aus einer naturalistischen Selbstliebe noch einer rationalistischen Vollkommenheitserkenntnis befriedigend zu erklären ist, sondern vielmehr eine Erfahrung darstellen muss, in der das Gute sich in einer ursprünglichen und unvermittelt verbindenden Gestalt am Orte des menschlichen Subjekts manifestiert.[66] Das genau war es, was die Schotten mit dem moralischen Sinn gefunden zu haben glaubten und Kant hernach am Faktum der reinen praktischen Vernunft und dem kategorischen Imperativ ihres Sittengesetzes festmachte. Aus der inneren Logik dieser praktischen Autonomie heraus folgt dann jedoch, dass keine anderen Triebfedern für die Bestimmung des Willens zugelassen werden dürfen. Es komme darauf an, so heißt es etwa in der *Kritik der praktischen Vernunft*, „daß das moralische Gesetz unmittelbar den Willen bestimme" und nicht „vermittelst eines moralischen Gefühls, welcher Art es auch sei".[67] Freilich kann diese intelligible Willensbestimmung auch für Kant nicht anders gedacht werden, als dass sie auf der Ebene des empirischen Bewusstseinslebens affektive Kraft entfaltet. Mit dem vernunftgewirkten und gemischten, d.h. sowohl demütigenden als auch erhebenden, Gefühl der Achtung für das Sittengesetz kehrt daher bei Kant ein Motiv aus seiner frühen Vorliebe für den *moral sense* unter vernunfttheoretischen Vorzeichen wieder und erhält in der späten Ethik tatsächlich auch wieder den Namen des „moralischen Gefühls".[68]

Doch um die viel diskutierte Achtung soll es über die Kontexte hinaus, die im vorangegangenen Abschnitt behandelt wurden, hier nicht gehen, sondern um das deutlich davon unterschiedene Mitgefühl, von dem Kant am Ende des § 35 förmlich sagen kann, dass „dieses doch einer der in uns von der Natur gelegten Antriebe ist, dasjenige zu tun, was die Pflichtvorstellung für sich allein nicht ausrichten würde".[69]

---

[66] Vgl. dazu Henrich, „Hutcheson".

[67] Kant, KpV (AA 5), 71.

[68] Kant, *Tugendlehre* (AA 6), 399, vgl. schon Kant, KpV (AA 5), 76.

[69] A.a.O. 457.

Auch wenn man also die Schlüssigkeit des Kantischen Achtungskonzepts zuge-steht, fragt sich, ob nicht spätestens in dieser Aussage ein eklatanter Widerspruch zu dem gerade zitierten Ausschluss einer emotionalen Willensbestimmung liegt. Paul Guyer, einer der profundesten Interpreten von Kants Theorie des moralischen Gefühls, hat mit Bezug auf diesen Zusammenhang von rationaler und emotionaler Willensbestimmung drei mögliche Interpretationsmöglichkeiten unterschieden.[70] *Erstens:* Kant habe in der späten Tugendlehre seine vormalige Konzeption nou-menaler Willensbestimmung und das Konzept einer vernunftgewirkten Achtung zugunsten der Rehabilitierung von moralischen Gefühlen „aufgegeben".[71] Ein *zweiter* Interpretationsansatz liegt gleichsam konträr dazu und behauptet also eine Kohärenz der Aussagen der späten *Tugendlehre* mit der transzendentalen Theorie der Freiheit. Zur Vermittlung könne man sich auf Kants Zwei-Welten-Theorem berufen und die Würdigung moralischer Gefühle in der Tugendlehre lediglich als Beschreibung der phänomenalen Seite einer letztlich unerkennbaren intelligiblen Willensbestimmung verstehen.[72] Da beide Argumentationsstrategien jedoch je auf ihre Weise nicht überzeugend seien, entwickelt Guyer eine *dritte* Argumentationsfi-gur, die einerseits an der Kohärenz von Kants kritischer Moralphilosophie festhält, andererseits aber eine nicht nur phänomenale, sondern durchaus konstitutive Funk-tion der moralischen Gefühle im Prozess der autonomen Willensbestimmung zu rekonstruieren sucht. Auch andere Kant-Forscherinnen verfolgen dieses integra-tive Argumentationsziel, wobei es im Einzelnen jedoch Differenzen gibt. Dieser grundlegenden Rekonstruktionslinie folgend möchte ich nun also kurz auf die das Mitgefühl betreffenden Fragen und Ergebnisse eingehen, ohne die Diskussion umfassend würdigen zu können.

Zunächst sind einige Relativierungen anzuführen, die Kant mit Bezug auf die oben zitierte Überschrift der §§ 34f. vornimmt, die den Pflichtcharakter der teil-nehmenden Empfindung/des Mitgefühls aussagt. Denn *erstens* handelt es sich bei der besonderen Pflicht zur teilnehmenden Empfindung genauer besehen um eine „bedingte" oder „indirekte" Pflicht, was soviel heißt, dass sie an sich selbst gerade keinen Zweck vorstellt, der zugleich Pflicht ist, sondern nur in Relation auf einen solchen Zweck den Pflichtcharakter gleichsam erbt. So ist es nach Kant etwa auch eine indirekte Pflicht, „seine eigene Glückseligkeit zu befördern".[73] Die Glückselig-keit ist dabei aber nicht selbst Zweck, sondern bloß das „erlaubte Mittel", um die „Integrität" des Subjekts und damit die der Sittlichkeit zu erhalten. Entsprechend ist das Mitgefühl bloß ein „Mittel" zur eigentlichen Pflicht der Wohltätigkeit.[74]

---

[70] Guyer, „Gefühle", v.a. 178f.

[71] Guyer, „Gefühle", 179.

[72] Guyer, „Gefühle", 178; 182. Im Hintergrund steht hier vor allem der dritte Abschnitt von Kant, GMS (AA 4), 446–463.

[73] Kant, *Tugendlehre* (AA 6), 388.

[74] Kant, *Tugendlehre* (AA 6), 388f. 456f. Vgl. dazu Wehofsits, *Anthropologie*, 128–132.

Zweitens betont Kant in seiner *Tugendlehre* bereits einleitend, dass es keinen Sinn macht, Gefühle oder Empfindungen zum Gegenstand einer willentlich zu erfüllenden Pflicht zu machen.[75] Das gilt natürlich auch für die „sinnlichen Gefühle" der Mitfreude und des Mitleids, zu denen „schon die Natur in den Menschen die Empfänglichkeit gelegt hat."[76] Daher handelt es sich bei der indirekten, der eigentlichen Pflicht zur Wohltätigkeit funktional zugeordneten Pflicht zum Mitgefühl vielmehr darum, „die mitleidigen natürlichen (ästhetischen) Gefühle in uns zu *kultivieren.*"[77] Als Zwischenergebnis lässt sich somit festhalten: Gefühle wie das Mitgefühl sind in Kants Ethik ein Gegenstand der *Kultivierung* und haben als solche eine *Funktion* für die aus dem Sittengesetz abgeleiteten besonderen Zwecke.

Es bleibt also nicht nur zu fragen, was einerseits unter dieser *Funktion* des Mitleids und andererseits unter seiner *Kultivierung* zu verstehen ist, sondern auch inwiefern diese Konkretionen nicht im oben skizzierten Sinne die Kohärenz der Kantischen Prämissen gefährden. Dass Kant an diesen Prämissen gerade auch im Zusammenhang der §§ 34–35 festzuhalten sucht, wird nicht nur an der Kritik an der Barmherzigkeit als einer ‚beleidigenden Art des Wohltuns' *„aus* Mitleid"[78] ersichtlich, sondern auch an der funktionalen Ausrichtung des zu kultivierenden Mitleids auf eine „Beförderung des tätigen *und vernünftigen* Wohlwollens" bzw. auf eine „Teilnehmung *aus moralischen Grundsätzen*".[79] Man kann an diesen Formulierungen sehr schön die Gratwanderung zwischen Gefühl und Vernunft erkennen: Mit dem tätigen Wohlwollen ist sozusagen die vernunftbestimmte Handlungsmaxime genannt, bei deren konkreter Umsetzung die natürlichen Ressourcen der menschlichen Natur förderlich werden sollen oder, wie Kant zur Begründung der indirekten Pflicht zur teilnehmenden Empfindung formuliert: „weil hier der Mensch nicht bloß als vernünftiges Wesen, sondern auch als mit Vernunft begabtes Tier betrachtet wird."[80]

Bei der weiterführenden Frage, worin nun genau der Beitrag des Mitgefühls bei der willentlichen Umsetzung der Pflicht bestehen kann, ist auf den spezifischen Charakter der übergeordneten Pflicht zur Wohltätigkeit hinzuweisen. Denn dabei handelt es sich um eine „unvollkommene" oder „weite Pflicht", d.h. eine solche, die zwar eine eindeutige Maxime vorschreibt, aber dabei nach Kant zugleich einen „Spielraum" hinsichtlich ihrer Anwendung und der Beurteilung konkreter Handlungen eröffnet.[81] Die Funktion des kultivierten Mitgefühls könnte also vor diesem

---

[75] Kant, *Tugendlehre* (AA 6), 401 (zur Menschenliebe). Vgl. auch 49 (§ 25).

[76] Kant, *Tugendlehre* (AA 6), 456.

[77] Kant, *Tugendlehre* (AA 6), 457 (§ 35; Hervorhebung R.B.). Entsprechend findet sich die Pflicht zur „Kultivierung" auch bereits im Kontext der „ästhetischen Vorbegriffe" der *Einleitung*: Kant, *Tugendlehre* (AA 6), 399f. zum moralischen Gefühl; 401 zum Gewissen.

[78] Kant, *Tugendlehre* (AA 6), 457 (§ 34; Hervorhebung R.B).

[79] Kant, *Tugendlehre* (AA 6), 456 (§ 34; Hervorhebung R.B.); 457 (§ 35, Hervorhebung R.B.).

[80] Kant, *Tugendlehre* (AA 6), 456 (§ 34).

[81] Kant, *Tugendlehre* (AA 6), 393; 411 Anm.; 443 Anm.; vgl. dazu Gregor, „System", LVIf.

Hintergrund in einer epistemischen Konkretion der im Zweck der Wohltätigkeit liegenden Bedürftigkeit Anderer liegen, wie Marcia Baron vorgeschlagen hat.[82] Das kultivierte Mitgefühl – so könnte man sagen – erhöht die Sensibilität für die Handlungsfelder der Wohltätigkeit. Der Vorteil dieser Rekonstruktion kann darin gesehen werden, dass sie nicht mit der Kantischen These von der unmittelbaren Willensbestimmung durch das moralische Gesetz zu konfligieren scheint. Paul Guyer hingegen hält sie dennoch nicht zuletzt mit Bezug auf Kants Rekurs auf die „in uns von der Natur gelegten *Antriebe*" in § 35 für unzureichend und versucht eine „kausale" Funktion des Mitgefühls („Triebkraft des Handelns") zu plausibilisieren.[83] Dabei rekonstruiert er die *Tugendlehre* als Entfaltung eines komplexen, zwei- oder gar dreistufigen Prozesses der empirischen Willensbestimmung, in dem die intelligible Bestimmung des Willens zunächst durch das Medium des allgemeinen Achtungsgefühls und sodann durch besondere Gefühle wie etwa durch das Mitgefühl die Autorität des moralischen Gesetzes in die konkrete Handlungsmotivation vermittelt.[84] Wie auch immer man sich in dieser Interpretationsalternative letztlich festlegt, die methodische Berücksichtigung der Frage nach dem jeweils vorausgesetzten Gefühlsverständnis scheint mir dabei stärker in Rechnung gestellt werden zu müssen. Denn beide Interpretationen weisen dem Mitgefühl bereits kognitive oder appetitive Leistungen zu und setzten damit eine komplexere Struktur voraus, als sie für den Kantischen Gefühlsbegriff im engeren Sinne eines bloß subjektiven Zustandsbewusstseins (Lust/Unlust) eigentümlich ist.[85] Das mag zwar Anhaltspunkte in den Kantischen Quellen selbst haben, darüber hinaus vor allem in den tugendethischen Traditionen des Mitgefühls und zuletzt auch in neueren Emotionstheorien, aber es trägt natürlich eine systematische Spannung in die vermögenspsychologischen Prämissen und die ihnen entsprechenden moralphilosophischen Abgrenzungen ein. Angesichts dieser Unschärfe mit Bezug auf den Umfang des Gefühlsbegriffs ist noch einmal daran zu erinnern, dass Kant sich –

---

[82] Baron, *Kantian Ethics*, 218–220.

[83] Guyer, „Gefühle", v.a. 201–204. Die Rekonstruktion bezieht ihre Triftigkeit aus der werkgeschichtlichen Entfaltung, v.a. den Ausweis der Übereinstimmungen zwischen *Tugendlehre* und *Kritik der praktischen Vernunft*, die ebenfalls schon die Triebfederfunktion des Achtungsgefühls mit der Annahme *besonderer* Maximen verbinde, vgl. 190ff.

[84] Guyer, „Gefühle", 191; 193; 202; 205. Problematisch an der von Guyer entfalteten Argumentation scheint mir vor allem sein fast schon scholastisches Ursachenverständnis zu sein, das von einer „Ursachenkette" (196) sowie „nächsten" oder „ersten Ursachen" (202, 203) ausgeht und so dem Heteronomieproblem dadurch zu entkommen sucht, dass die kausalen Funktionen der Gefühle dem Moralgesetz nachgeordnet werden. Weitere Argumente und Belege gegen die Annahme „empirischer Antriebe" bietet Wehofsits, *Anthropologie*, 132ff.

[85] Kant, KU (AA 5), 205f. Wehofsits, *Anthropologie*, 135f. diskutiert noch eine weitere, von ihr selbst aber als nicht ausreichend qualifizierte Interpretationsmöglichkeit, die dem Mitgefühl analog zum Achtungsgefühl eine „Ausgleichsfunktion" qua Niederschlagung von zur Pflichtmaxime konträren Neigungen zuspricht. Diese Interpretation hätte immerhin den Vorteil, sich exakt im Horizont der Antagonismen von Lust-Unlustempfindungen zu halten.

wie ich im ersten Abschnitt am Beispiel der vorkritischen Rationaltheologie gezeigt habe – mitten in einer gefühlstheoretischen Formationsphase befand. Anders
formuliert könnte man fragen, ob nicht das, was Kant in der *Tugendlehre* unter
Mitgefühl thematisiert, ähnlich wie die Dankbarkeit, die wir traditionell auch als
ein Gefühl auffassen, eine komplexere Bewusstseinsgestalt darstellt als das, was
Kant vermögenspsychologisch unter Gefühl versteht.[86]

Damit bin ich aber im Grunde genommen schon bei der Frage nach dem Sinn
der Kultivierung von Mitgefühl angelangt. Dass die indirekte Pflicht zur teilnehmenden Empfindung auf deren Kultivierung zielt, löst zwar die mit einer möglichen epistemisch-motivationalen Funktion der Gefühle gegebene Problematik
einer Heteronomie der Triebfedern im Kantischen Sinne nicht gänzlich auf. Weil
aber die Kultivierung des Mitgefühls als Folge einer willentlichen und freien Tätigkeit begriffen werden kann, besteht zumindest auf dieser Ebene keine prinzipielle
Spannung zur rationalen Willensbestimmung.[87] Zugleich ergibt sich mit Bezug auf
die Folgerung eines Kultivierungsgebots eine überraschende Nähe zu tugendethischen Konzeptionen aristotelischer Provenienz trotz des methodischen Ausgangs
von heterogenen Prinzipien und Grundbegriffen.[88] Was nun konkret unter Kultivierung zu verstehen ist, wird dann meist über das von Kant in § 35 gegebene
Beispiel erschlossen: Die Aufsuchung von „Stellen, wo sich Arme befinden, denen das Notwendigste abgeht, […] die Krankenstuben oder die Gefängnisse der
Schuldner und dergl.".[89] Von einer rationalen Kultivierung des Mitleids kann hier
insofern gesprochen werden, als gerade nicht die kontingenten Äußerungen des
Mitgefühls ausschlaggebend sein sollen, sondern man sich vielmehr ganz im Sinne der pflichtethisch gebotenen Niederschlagung von Neigungen *nicht* von der
Neigung bestimmen lassen soll, soziale Brennpunkte „zu umgehen, […] zu fliehen, um dem schmerzhaften Mitgefühl, dessen man sich nicht erwehren könne,
auszuweichen".[90] In die Gegenwart übersetzt würde Kant also das Leben in einer gentrifizierten Urbanität oder gar in *gated communities* für die Gewinner des
globalen Kapitalismus – also vermutlich das Leben vieler Leser dieses Aufsatzes
inklusive ihres Autors – missbilligen. Auch hier hat man aber wohl Spuren der rationalistischen Liebesethik der Aufklärungsphilosophie zu sehen, die ebenfalls dem

---

[86] Gewöhnlich pflegen wir Dankbarkeit als ein Gefühl zu behandeln. In der *Tugendlehre* Kants
wird sie freilich als Pflicht geführt, die – wie bereits erwähnt – kein bloßes Gefühl oder Empfindung
sein kann. Entsprechend definiert Kant: „Dankbarkeit ist die Verehrung einer Person wegen einer
uns erwiesenen Wohltat. Das Gefühl, was mit dieser Beurteilung verbunden ist, ist das der Achtung
gegen den […] Wohltäter […]" (454). Das Bewusstseinsvorkommnis der Dankbarkeit enthält
demzufolge nicht nur ein (Achtungs-)Gefühl, sondern mindestens auch eine Beurteilung!

[87] Dass daraus wiederum ein Zirkel entstehen kann, wenn man Kants „ästhetische Vorbegriffe"
als Vorbedingungen versteht, diskutiert wiederum Guyer, „Gefühl", 194; 197; 200.

[88] Vgl. dazu Sherman, *Virtue*.

[89] Kant, *Tugendlehre* (AA 6), 457.

[90] Ebd.

partikularen Liebesgefühl, also dem rein ästhetisch vermittelten Hingezogensein zu einem attraktiven Nächsten, misstraute und dieses in eine universale Menschenliebe zu überformen suchte.[91] Entsprechend stellt Kant bereits vor der Einteilung der Liebespflichten in § 26 klar, dass hier „Menschenliebe (Philanthropie) [...] *nicht* als Liebe des Wohlgefallens an Menschen gedacht wird",[92] sondern als tätiges und vor allem von rationalen Maximen bestimmtes Wohlwollen. Aber die in diesem Sinne *aus* Pflicht vollzogenen Handlungen zur Kultivierung des Mitgefühls, insbesondere des Mitleids, zielen eben nicht allein auf die Unterdrückung der konträren Neigung, sozialem Elend aus dem Weg zu gehen, sondern sollen auch das Mitgefühl *selbst* kultivieren.

Was bedeutet aber diese mit der Sublimierung widerstrebender Neigungen verbundene Kultivierung des Gefühls für das Mitgefühl selbst? Anna Wehofsits hat diesen Kultivierungsprozess aus den wenigen Andeutungen in Kants *Tugendlehre*, flankiert vor allem durch Belege aus der *Anthropologie* und der *Religion innerhalb*, als eine reflexive und durch handelnde Habitualisierung hervorgerufene „Transformation der eigenen emotionalen Dispositionen im Sinne des Zwecks aktiver Teilnahme" rekonstruiert.[93] Dabei verwendet sie auch Differenzierungen, die in der neueren Emotionsforschung geläufig sind und maßgeblich auf die von ihr jedoch nicht erwähnten Arbeiten des großen Kant-Kritikers Max Scheler über *Wesen und Formen der Sympathie* zurückgehen.[94] Demzufolge müssten drei Formen des Mitgefühls unterschieden werden, eine basale „emotionale Ansteckung", die mit Kants Rede von einer bloßen „Mitleidenschaft" gemeint sei, die „sich unter nebeneinander lebenden Menschen natürlicherweise verbreitet" und sich ‚mittteilt' „wie Wärme oder ansteckende[] Krankheiten".[95] Für diese emotionale Reaktion müssten noch keine reflexiven Momente vorausgesetzt werden, was dagegen bei „kognitiv komplexeren Formen der Empathie" der Fall sei, für die bereits eine „Differenzierung zwischen Selbst und anderen" und auch eine Differenz in der Erlebnisqualität wesentlich sei.[96] Da diese Empathie aber nicht notwendig motivierend und handlungswirksam sei, müsse noch eine dritte Gestalt unterschieden werden, die im engeren Sinne als „Mitgefühl (bzw. Sympathie oder empathische Besorg-

---

[91] Vgl. dazu einmal mehr den Beitrag von Martin Fritz in diesem Band.

[92] Kant, *Tugendlehre* (AA 6), 450 (§ 26).

[93] Wehofsits, *Anthropologie*, v.a. 139–150, hier 149.

[94] Vgl. Scheler, *Sympathie*, 19–48, sowie die gefühlstheoretischen Voraussetzungen in: Scheler, *Wertethik*, 341–356. Zur systematischen Bedeutung Schelers vgl. den Beitrag von Matthias Schloßberger in diesem Band.

[95] Kant, *Tugendlehre* (AA 6), 457 (§ 34); vgl. Wehofsits, *Antrhopologie*, 139–142. Die Kantische Terminologie in § 34 ist unklar, weil er in einem Satz zwei unterschiedliche Bedeutungen von „mitteilen" verwendet, eine davon ist die oben erwähnte Gefühlsansteckung, zur anderen vgl. unten.

[96] Wehofsits, *Anthropologie*, 142, spricht hier auch von „perspektiver Empathie". Bei Kant finde sich eine Andeutung in der Definition des Mitgefühls als „Wirkung der Einbildungskraft, die sich in die Stelle des Leidenden versetzt", vgl. Kant, *Rechtslehre* (AA 6), 321 Anm.

nis)" bezeichnet werden könne – sie sei im Unterschied zur zweiten, von ihr auch
‚perspektivisch' genannten Empathie „intrinsisch auf den anderen und seine Bedürfnisse bezogen (man empfindet Mitgefühl *für* die andere Person) und schließt
die Motivation ein, ihm zu helfen".[97] Wehofsits kann daher diesen dritten und
anspruchsvollen Sinn von Mitgefühl als eigentlichen Gegenstand der indirekten
Pflicht zur teilnehmenden Empfindung identifizieren, von der in §§ 34f. die Rede
ist. Als Mittel zur Wohltätigkeit könne das sinnliche Gefühl und der natürliche
Antrieb, von denen Kant ebenfalls unter dem Titel des Mitgefühls bzw. Mitleids
spreche, allein als „transformiertes Mitgefühl" fungieren, weil es so nicht nur mit
dem Handeln „aus moralischen Grundsätzen" vereinbar sei, sondern förmlich das
„ihnen gemäße[] Gefühl" selbst sei.[98]

Folgt man dieser Rekonstruktion, so gilt umso mehr, was bereits oben zur
vermögenspsychologischen Problematik des Gefühlsbegriffs gesagt wurde. Ein solchermaßen kultiviertes Mitgefühl wäre jedenfalls ein komplexes, also kognitive,
appetitive und subjektiv evaluative Momente umfassendes Vorkommnis des Bewusstseins, das weit über das hinausgeht, was Kant im engeren Sinne unter Gefühl
als subjektives Zustandsbewusstsein versteht. Um es in einer paradoxen Formel
zuzuspitzen: Das transformierte Mitgefühl ist kein Gefühl im Sinne Kants. Das so
verstandene kultivierte Mitgefühl wäre vielmehr von der Bewusstseinsstruktur her
mit Formen der reflektierenden Urteilskraft zu vergleichen, die Kant in der *Kritik
der Urteilskraft* zur Rekonstruktion des ästhetischen Bewusstseins entwickelt,[99]
bzw. würde diese zumindest in habitualisierter Form voraussetzen.

Kant subsumiert dieses in den Dienst der gebotenen Wohltätigkeit gestellte
Mitgefühl unter den Titel der „Menschlichkeit (*humanitas*)", wobei diese als „*hu-
manitas practica*" näherbestimmt und im Sinne des zuvor ausgiebig diskutierten
Problemzusammenhangs von einer „*humanitas aesthetica*" unterschieden wird,

---

[97] Wehofsits, *Anthropologie*, 143; vgl. 146: „Mitgefühl zu kultivieren, bedeutet nicht einfach,
einen natürlichen Mechanismus zu aktivieren. Es bedeutet vielmehr, auf der Grundlage dieses
Mechanismus *durch Reflexion und gezieltes Handeln* eine emotionale Disposition (mit durchaus
mechanischen, aber selbst regulierten Elementen) auszuprägen, deren zentrales Moment weniger
in einem emotionalen ‚Mitschwingen' als in einer emotional getragenen Aufmerksamkeit und
handlungsorientierten Fürsorge für den anderen besteht."

[98] Der zur Interpretation anstehende Satz bei Kant, *Tugendlehre* (AA 6), 457 (§ 35) lautet in
Gänze: „Obzwar Mitleid (und so auch Mitfreude) mit Anderen zu haben, an sich selbst nicht
Pflicht ist, so ist es doch tätige Teilnehmung an ihrem Schicksale, und zu dem Ende also indirekte
Pflicht, die mitleidigen natürlichen (ästhetischen) Gefühle in uns zu kultivieren und sie, als so
viele Mittel zur Teilnehmung aus moralischen Grundsätzen und dem ihnen gemäßen Gefühl zu
benutzen." Vgl. dazu Wehofsits, *Anthropologie*, 148f. Unter dem singulären, dem Handeln aus
moralischen Grundsätzen gemäßen Gefühl kann aber auch das Achtungsgefühl verstanden werden
(so etwa Guyer, „Gefühle", 202), das dann im Kontext der dem Mitgefühl gewidmeten Paragraphen einen überraschenden, gleichwohl seiner exzeptionellen Stellung in Kants Moralphilosophie
angemessenen Auftritt fände.

[99] Vgl. dazu: Recki, *Ästhetik*.

die „bloß in der Empfänglichkeit für das gemeinsame Gefühl des Vergnügens oder Schmerzens" und somit in einer ‚unfreien Mitleidenschaft' „(*communio sentiendi illiberalis, servilis*)" bestehe.[100] In der diskutierten Forschungsliteratur wird dieser Zuordnung keine weiterführende Bedeutung über das hinaus zugemessen, was ich bisher zur Funktion des Mitgefühls im Kontext der Willensbestimmung ausgeführt habe. Dabei wird jedoch ein nicht zuletzt gefühlstheoretisch interessanter Aspekt übersehen, der uns zwar bereits im Kontext unserer Rekonstruktion von Kants Barmherzigkeitskritik begegnet war, den man mit Bezug auf die §§ 34/35 aber nur dann erkennt, wenn man Kants Verwurzelung in der schulphilosophischen Ethik der Aufklärung beachtet. Hören wir zunächst die Erläuterung, die Kant selbst der uns verbindenden Pflicht zur praktischen Menschlichkeit gibt:

Diese kann nun in dem Vermögen und Willen, sich einander in Ansehung seiner Gefühle mitzuteilen […] gesetzt werden. [… Sie] ist frei und wird daher teilnehmend genannt (*communio sentiendi liberalis*) […].[101]

Die entscheidende Frage ist, was hier mit dem ‚*sich einander in Ansehung seiner Gefühle mitteilen*' gemeint ist. Nicht gemeint ist die von Kant in den Auslassungen desselben Zitats ebenfalls mit dem Begriff der ‚Mitteilung' belegte emotionale Ansteckung. Fraglich ist aber, ob der Sinn dieser anders gearteten und vor allem gegenseitigen Mitteilung in Ansehung seiner Gefühle bereits in der bisher erarbeiteten Bedeutung eines kognitiv anspruchsvolleren und handlungswirksamen Mitgefühls und dessen praktischer Kultivierung aufgeht. Geht man dem Lexem *humanitas* in der *Ethica Philosophica* Baumgartens nach, so eröffnet sich jedoch noch ein weiterführender Sinn. In § 309, der im Kontext der Ausdifferenzierung der Menschenliebe steht, zu der auch die *misericordia* (§ 306) zählt, wird die *humanitas,* die als „liebreiche[s] Betragen" verdeutlicht wird, als eine Pflicht oder Verbundenheit zum Bezeichnen (*significare*) der Menschenliebe (*philantropia*) beschrieben.[102] Zufolge der Nachschrift zum späten (1793/4) Metaphysik-der-Sitten-Kolleg (Vigilantius) nimmt Kant, der das Thema der „Menschlichkeit" als ein „Theilnehmen an dem Schicksale anderer Menschen" schon in älteren Vorlesungen behandelt hatte,[103] eigens zu diesem Paragraphen in Baumgartens *Ethica* Stellung und spricht zunächst ohne expliziten Rekurs auf den Zeichencharakter von der „Äußerung dieser Menschenliebe".[104] Es geht also unter diesem Titel der Sache nach um das systematische Problem des *Ausdrucksverhaltens* mit Bezug auf innere Beweggründe, das oben

---

[100] Kant, *Tugendlehre* (AA 6), 456f. (§ 34).

[101] Kant, *Tugendlehre* (AA 6), 456.

[102] Baumgarten, *Ethica*, 960 (§ 309): „[…] obgligaris ad tuam etiam philantropiam signifcandam, hinc et ad habitum eam significani s. HUMANITATEM […]." Für hilfreiche Hinweise, Gespräche und Übersetzungshilfen in Sachen Aufklärungsphilosophie bin ich Martin Fritz im Kantischen, aber auch herzlichen Sinne zu Dank verpflichtet.

[103] Vgl. Kant, *Moralphilosophie* (AA 27), 419 (Collins, 1784/85).

[104] Kant, *Moralphilosophie* (AA 27), 671: „Bei der Äußerung dieser Menschenliebe hat der autor

bereits im Zusammenhang der Barmherzigkeitskritik angesprochen wurde. Wie
dort ausgeführt, differenzierte Kant sittlich angemessene Ausdrucksmöglichkeiten
im Spektrum zwischen Nichtprahlen, Herabstimmen oder gar Verschweigen.[105]
Die aufklärungsphilosophische Vorlage liefert sodann eine simple Begründung für
die Notwendigkeit der Bezeichnung: Ein anderer Mensch könne ohne eine solche
nicht wissen, was sein Gegenüber im Sinn habe.[106] Auch wird bereits die handlungs-
theoretische Pointe, die Kant dann mit seiner Vorliebe für den gefühlskalten Stoiker
und der Abgrenzung von einer folgenlosen Sentimentalität eher überbetonen wird,
vorweggenommen. Denn eine sittlich geformte Liebesgesinnung, die sich nicht
in entsprechenden Taten bezeuge, sei nicht vorstellbar.[107] Und schließlich werden
systematisch klarer als die nur über Beispiele gegebenen Differenzierungen bei Kant
Grundformen des Ausdrucks unterschieden: Dieser könne auch implizit erfolgen
oder gar im Schweigen bestehen.[108]

   Doch auch wenn Handeln und anderes Ausdrucksverhalten wie Gebärde oder
Mimik in einem weit gefassten Zeichen- bzw. Ausdrucksbegriff enthalten sind, zu
einer spezifisch *humanen* Ausdruckskultur sind eben in erster Linie sprachliche
Mitteilungen zu rechnen. Und genau auf diese Pointe scheint Kant in seiner späten
Vorlesung zumindest anzuspielen, wenn er eine „bloße Menschlichkeit", die allein
im Mitleiden und entsprechenden Handlungen bestehe, für „zu wenig" hält, „da
dieses Gefühl den Menschen nicht allein, sondern außer ihnen auch den Thieren
eigen" sei.[109] Die demgegenüber anspruchsvollere Menschlichkeit – gleichsam die
Differenzierung zwischen *humanitas aesthetica* und *humanitas practica* in der
Tugendlehre vorbereitend – wird dann wie folgt entwickelt:

[M]an muß hier auf die dem Menschengeschlecht zugehörende charakteristische Eigen-
thümlichkeit bauen: nämlich auf die Neigung, sich wechselseitig einander seine Gefühle,
Empfindungen, sowie Kenntnisse mitzuteilen: und dieses ist die Neigung, die das Prac-

---

§ 309 humanitatem zum Grunde, d.i. die Cultur der Menschheit überhaupt als der ersten Pflicht
des Menschen gegen sich selbst." Die letztgenannte Zuordnung ist problematisch, da sie weder
für Baumgarten noch für Kants *Tugendlehre* zutrifft, da beide die Thematik unter den Pflichten
gegenüber anderen verhandeln. Sollte es kein Fehler der Nachschrift sein, so ließe sich ein Sinn über
die Interpretation erschließen, die ich im Folgenden zu entwickeln suche.

[105] Auch der *terminus technicus*, wenn auch ohne ‚liebreich', wohl aber der Sache nach, begegnet
dort, vgl. Kant, *Tugendlehre* (AA 6), 448f. (§ 23): „so ist es Pflicht, dem Empfänger durch ein
Betragen, welches diese Wohltätigkeit entweder als bloße Schuldigkeit oder geringen Liebesdienst
vorstellt, die Demütigung zu ersparen und ihm seine Achtung für sich selbst zu erhalten."

[106] Wörtlich: „Quum alter homo, quid intra mentem tuam agatur, nosse non possit, nisi signifca-
tum […]", Baumgarten, Ethica, 960 (§ 309).

[107] Ebd.: „[…] nec iusti gadus philanthropoia possit esse nunquam aut rarius erumpens in opera
charitatis testantia de sua caussa […]".

[108] Ebd.: „[…] HUMANITATEM […], nunc expressam, nunc tacitam, nunc implicitam, nunc
explicitam."

[109] Kant, *Moralphilosophie* (AA 27), 671.

tische der menschlichen Natur bestimmt, und welche zu dem Behuf unablässige Cultur erfordert.[110]

Die Nähe zu den fraglichen Formulierungen der §§ 34/35 der *Tugendlehre,* wo die *humanitas practica* als Vermögen und Wille, sich einander in Ansehung seiner Gefühle mitzuteilen, näherbestimmt wird, ist nicht zu übersehen. Doch gehen die Erläuterung der Vorlesungsnachschrift, die systematisch im Zusammenhang von Ausführungen zur Liebespflicht und Freundschaft zu finden sind, über die spärlichen Andeutungen der *Tugendlehre* hinaus. Denn nicht nur wird das Mitteilungsbedürfnis förmlich zur *conditio humana* erhoben,[111] sondern es findet sich nachgerade auch eine gefühlstheoretische Begründung, die auch allererst den systematischen Zusammenhang mit dem Mitgefühl verständlich werden lässt. Ich zitiere die einschlägige Passage zum menschlichen Mitteilungsbedürfnis aus der Vorlesungsnachschrift:

> Von diesen beyden Arten [sc. sich nicht allein ihre Gefühle und Empfindungen, sondern auch ihre Gedanken einander mitzuteilen] ist die wechselseitige Eröffnung der Gedanken das Vorzüglichste und eigentlich der Grund von der Communication der Gefühle. Denn Gefühle lassen sich nicht anders, als durch Mitteilung der Gedanken eröffnen; wir müssen also zum voraus Vorstellung von dem Gefühl besitzen, dabei Vernunftgebrauch angewandt haben, um sie genau erkannt zu haben, ehe wir sie mitteilen, um darnach richtig und nicht instinctartig fühlen zu können; wir würden daher ohne Gedanken keine, wenigstens keine moralischen Gefühle haben; der Andere würde kein moralisches, sondern nur instinctmäßiges Mitgefühl (Sympathie) äußern können.[112]

Zur Kultivierung oder Transformation des Mitgefühls zum Zwecke der Erfüllung der Tugendpflicht der Wohltätigkeit, so könnte man diese über die Andeutungen

---

[110] Kant, *Moralphilosophie* (AA 27), 671f.

[111] Dieses Motiv findet sich schon in der Collins-Nachschrift, vgl. Kant, *Moralphilosophie* (AA 27), 427: „Hiezu [sc. sich völlig zu cummuniciren] haben wir einen großen Trieb, um sich zu eröfnen, und ganz in Gesellschaft zu seyn." Vgl. auch (Vigilantius) a.a.O. 677: „Der wechselseitige Genuß ihrer Humanität, d.i. daß sie in dem wechselseitigen Verhältnis in Ansehung der Fähigkeit und der Befriedigung des dem Menschen so eigenen Vermögens und Bedürfnisses mit einander stehen [...]"; vgl. a.a.O. 679: „Unter Freunden soll eigentlich der Antagonismus, der die Menschen so sehr in ihrer wechselseitigen Befriedigung eines von der Natur zur Mitteilung eingelegten Bedürfnisses einschränkt, nicht stattfinden". In der *Tugendlehre* findet sich dieses Motiv dann entsprechend erst im Kontext der dem Ideal der Freundschaft gewidmeten §§ 46/47 wieder, vgl. Kant, *Tugendlehre* (AA 6), 471: „Der Mensch ist ein für die Gesellschaft bestimmtes (obzwar doch auch ungeselliges) Wesen, und in der Kultur des gesellschaftlichen Zustandes fühlt er mächtig das Bedürfnis, sich anderen zu *eröffnen.*"

[112] Kant, *Moralphilosophie* (AA 27), 677 (Vigilantius). Noch im selben Paragraphen (§ 118) wird die Notwendigkeit der Mitteilung mit dem Achtungsgebot verschränkt, vgl. a.a.O. 685: „Daher ist es auch Pflicht, [...] sich von seinem Freunde entfernt zu halten, so weit, daß die Achtung, die man in aller Rücksicht seiner Persönlichkeit schuldet, auf keine Art dabei verletzt wird. Dies geschieht vorzüglich, durch unbehutsames Aufdringen seines Wohlwollens, durch dreiste Mittheilung, durch uneingeschränkte Liebe. Es nimmt die Würde mit zu tiefer Vertraulichkeit ab."

der *Tugendlehre* hinausgehende Argumentation zusammenfassen, gehört also wesentlich dessen sprachlich-kommunikative Aufklärung. Erst durch die gedankliche Reflexion, die im sprachlichen Zeichen ihren bestimmten Ausdruck findet und damit zugleich die kommunikative Verständigung mit dem Mitmenschen ermöglicht, können Gefühle einen verlässlichen Beitrag dazu leisten, „daß unsere Zwecke mit den Zwecken anderer Menschen [...] zusammenstimmen".[113] Die sprachlich-kommunikative Aufklärung dient dabei nicht zuletzt zur Selbsterkenntnis der eigenen Gefühle, wobei das für Kant, wie wir gesehen haben, durchaus auch auf eine stoische Zurückhaltung in der Mitteilung oder gar, wie im Fall der Barmherzigkeit, auf die Freilegung einer Doppelmoral hinauslaufen kann. Der Umgang mit Gefühlen ist somit eine hermeneutische Aufgabe, wobei das Ziel des ‚richtig Fühlens' sicher nicht propositional enggeführt werden darf, sondern eher im Sinne von Kants praktischer Objektivität und deren ästhetisch-symbolischer Vermittlung zu verstehen ist.[114] Etwas freier könnte man diese These auch so paraphrasieren: Wir verstehen unsere Gefühle erst in ihrer symbolisch und kommunikativ vermittelten Aneignung und erst als solche ist ihr moralischer Wert zu taxieren. Die pflichtenethische Rehabilitierung des Mitgefühls impliziert diesem Nachhall der Ethik des aufgeklärten Rationalismus zufolge eine symbol- und kommunikationstheoretische Anreicherung. Kultur ist nicht nur Praxis, sondern vollzieht sich notwendig im Medium symbolischer Selbstauslegung und Kommunikation. Dass dieses Motiv in den Mitleidsparagraphen der *Tugendlehre* kaum merklich und jedenfalls noch weniger greifbar ist als in der Vorlesungsnachschrift, hat vermutlich auch damit zu tun, dass Kant die dort im Gedanken einer Kommunikation der Gefühle vorausgesetzte Wechselseitigkeit in der publizierten Ethik dann zur

---

[113] A.a.O. 673.

[114] Was den hermeneutischen Charakter des Umgangs mit Gefühlen angeht, so ist noch einmal hinzuweisen auf Baumgarten. Der im Hintergrund von Kants Überlegungen zur Mitteilung und praktischen Menschlichkeit stehende Paragraph (§ 309) der Ethik verweist auf die Zeichentheorie der Metaphysik, näherhin der Ontologie derselben, die wiederum auf die Hermeneutik verweist, vgl. Baumgarten, *Metaphysica*, 102f. (§§ 347–350, hier 349). Die Frage nach der Objektivität und Kommunizierbarkeit von Gefühlen erfordert weitreichende Theorieanstrengungen. Die Überlegungen von Falk, „Commucability", können hier als gutes Beispiel dienen. Falks lose an Kant anschließende, gleichwohl gerade dessen transzendentalphilosophischen Prämissen negierende Untersuchung nimmt auf ihre Weise die oben entwickelte These vorweg, dass es sich bei einem anspruchsvollen Sinn von Mitgefühl um durchaus komplexe, einen „cluster of thoughts" (65) und einen evaluativen „concern" (ebd.) voraussetzende Phänomene handelt, die strukturell dem ähneln, was Kant in seiner Theorie des ästhetischen Bewusstseins zu rekonstruieren sucht, und die daher gerade in der Kunst ihre adäquate Vermittlung finden (79–85). Aus diesem Grund überzeugt es mich jedoch nicht, wenn seine Überlegungen die „emotional experience" (79) dann doch einerseits in Analogie zur sinnlichen Wahrnehmung stellen und andererseits propositonal als „beliefs about how things are" (76) oder „awareness of what is the case" (76) engführen. Damit wird m.E. das Potential, das in Kants Theorie der „reflektierenden" im Gegensatz zur „bestimmenden Urteilskraft" liegt, verschenkt.

zentralen Bestimmung der Freundschaft im Sinne eines Ideals der vollkommenen Ausmittlung von „Liebe und Achtung" zwischen zwei Menschen macht.[115] Aber natürlich wird man die schon von Zeitgenossen wie etwa Hamann und Herder bemängelte Unterbelichtung des Sprachlichen in Kants Vernunfttheorie als einen weiteren Grund dafür ansehen dürfen.[116] Sollte die vorgeschlagene Rekonstruktion zutreffen, so eröffnet sich jedenfalls im Kontext der Frage nach der ethischen Bedeutung des Mitgefühls eine gefühlstheoretische Schnittstelle zur Idee eines symbolisch vermittelten Selbstverhältnisses.

4 Religionsästhetische Schlussgedanken

Die Spurensuche in Sachen Barmherzigkeit bei Kant hat mich von der vorkritischen *theologia naturalis* über die Barmherzigkeitskritik der späten *Tugendlehre* bis hin zur Integration einer Kultur des Mitgefühls in die Pflichtethik geführt. Trifft die oben vorgeschlagene Rekonstruktion zu, so ist die Kritik an der Barmherzigkeitstradition ausschließlich auf den Bereich der Interaktion zwischen Menschen und deren Pflichten gegen sich selbst und andere als des einzig möglichen Gegenstandsbereichs der Ethik beschränkt. Eine Rückbindung der Ethik an eine gleichsam objektive Religionslehre und daraus abgeleitete Pflichten gegenüber Gott lehnt Kant im Unterschied zu maßgeblichen Strömungen der Aufklärungsphilosophie, in denen er gleichwohl tief verwurzelt bleibt, kategorisch ab, wie nicht zuletzt der „Beschluß" der gedruckten Ethik (*Tugendlehre*) von 1797 deutlich macht.[117] Wie aber diesem Kontext ebenso zu entnehmen ist, bedeutet das für Kant keineswegs, dass die Religion für den gerade in der *Tugendlehre* konkretisierten Prozess der Realisierung der im Autonomiekonzept begründeten Moral keine Rolle mehr spielen würde. Im Gegenteil entfaltet Kant die Bedeutung der Religion für den geschichtlich-kulturellen Prozess der Moralisierung, nachdem die theoretische Philosophie mit der Dekonstruktion einer dogmatischen Metaphysik bei gleichzeitigem Nachweis nicht nur der Möglichkeit der Gottesidee, sondern vielmehr der inneren Übereinstimmung derselben mit der Abschlusslogik der Vernunft die

---

[115] Kant, *Tugendlehre* (AA 6), 469–473 (§§ 46/47). Dementsprechend sammeln sich in diesem Kontext auch die ausdruckstheoretischen Reflexionen: „[…] der Beistand […] kann nur als äußere Bezeichnung des inneren, herzlich gemeinten Wohlwollens […] gemeint sein" (470/1); „Moralische Freundschaft (zum Unterschiede von der ästhetischen) ist das völlige Vertrauen zweier Personen wechselseitiger Eröffnung ihrer geheimen Urteile und Empfindungen, soweit sie mit beidseitiger Achtung gegeneinander bestehen kann" (471, § 47).

[116] Vgl. dazu im Anschluss an Hamanns Vorlage: Herder, *Metakritik*, 320–322.

[117] Vgl Kant, *Tugendlehre* (AA 6), 486–491, hier 486: „Die Religionslehre als Lehre der Pflichten gegen Gott liegt außerhalb der Grenzen der reinen Moralphilosophie". Vgl. dagegen Baumgarten, *Ethica*, 875–909.

negativen Voraussetzungen geschaffen hatte. Und jener Moralisierungsprozess, das hatte sich etwa im Kontext der tugendethischen Rehabilitierung des Mitgefühls gezeigt, impliziert nicht zuletzt auch einen reflektierten Umgang mit Gefühlen. Im Kontext der Frage nach den kulturellen Realisierungsbedingungen der Moralität kehren also in der kritischen Philosophie Kants nicht nur die Gefühle, sondern auch prominente Stücke der biblisch-theologischen Tradition unter veränderten Vorzeichen wieder. Das Motiv eines barmherzigen Gottes gehört allerdings nicht zu den von Kant bewahrten Traditionen. Daher soll abschließend, ohne den komplexen Zusammenhang von Kants Religionsphilosophie auch nur annähernd ausmessen zu können, wenigstens die Frage aufgeworfen werden, ob eine vollständige Verabschiedung dieser Tradition zwingend ist oder ob nicht auch in diesem kritischen Rahmen Spielräume für eine Fortführung denkbar wären.

Meine Analyse der indirekten Pflicht zur Kultivierung des Mitgefühls mündete in dem bei Kant mehr versteckten als offen zu Tage liegenden Hinweis auf die Notwendigkeit einer symbolisch-kommunikativen Vermittlung unseres praktischen Selbst- und Weltverhältnisses. Dass wir uns – um noch einmal die *Tugendlehre* zu zitieren – unsere Verpflichtung „anschaulich machen", ist nun aber nach Kant nicht zuletzt eine zentrale Funktion der Religion als „Inbegriff aller Pflichten *als* [...] göttlicher Gebote" und dient „zur Stärkung der moralischen Triebfeder in unserer eigenen gesetzgebenden Vernunft".[118] Damit ist nicht nur die strukturelle Nähe des religiösen zum ästhetischen Bewusstsein, d.h. zur reflektierenden Urteilskraft, angelegt, sondern auch die Unvermeidbarkeit einer notwendig auf Analogien angewiesenen Vorstellung religiöser Gegenstandswelten. Und genau um eine solche Vorstellung handelt es sich zufolge der vorkritischen Rationaltheologie bei dem Gottesprädikat der Barmherzigkeit. Grundsätzlich spräche also nichts gegen eine symboltheoretische Umformung der Barmherzigkeit Gottes im Zusammenhang einer Selbstthematisierung des Pflichtbewusstseins.

Kant wird mit seinen Überlegungen zur Darstellung des Undarstellbaren nicht nur zum maßgeblichen Initiator eines religionsphilosophisch spezifischen Symbolbegriffs,[119] sondern mit Bezug auf die Unbedingtheitsdimension der rationalen Ethik erhält die wohl verstandene religiöse Veranschaulichung eine neue Dignität. Als Symbolisierung unbedingten Geltens eignet sich die Gottesvorstellung etwa zur Darstellung des kategorischen Anspruchs des Sittengesetzes. Gemäß dieser Symbollogik könnte also Kants zentraler Kritikpunkt an der sozialethischen Problematik der Barmherzigkeitstradition gar nicht auf das religiöse Verhältnis übertragen werden. Der Vorwurf eines unreflektierten Fortschreibens von ungerechten Abhängigkeitsverhältnissen ergäbe gar keinen Sinn mit Bezug auf eine Vorstellung,

---

[118] Kant, *Tugendlehre* (AA 6), 487 (Hervorhebung im Original). Zur ethischen Bedeutung der Ästhetik vgl. Recki, *Ästhetik.* Zu Kants Theorie des religiösen Bewusstseins vgl. U. Barth, „Selbstdeutung".

[119] Vgl. dazu: Lyotard, *Analytik*; Bahr, *Darstellung*; Kubik, *Symboltheorie*; Heinemann, *Sinn*.

die der Symbolisierung einer prinzipiellen Differenz zur Sphäre des Bedingten dient. Etwas vereinfacht gesagt: Was unter Menschen ausgeschlossen werden sollte, ist für das Gottesverhältnis gerade eigentümlich. Oder anders formuliert: Als Eigenschaft des Unbedingten könnte das Ideal oder Beispiel der Barmherzigkeit gerade auch zur Symbolisierung eines prinzipiellen Statusverzichts dienen. Eine legitimatorische Deutung im Sinne einer aristokratischen Ethik ist zumindest nicht zwingend. Immerhin kennen die symbolischen Ressourcen der Bibel in Gestalt der Gottebenbildlichkeitsvorstellung sogar schon eine Demokratisierung von traditioneller Herrschaftslegitimation: Nicht der König, nicht der Fürst, nicht der Mann, sondern der Mensch ist Gottes Ebenbild.

Doch zurück zu Kant: Das die sozialethische Barmherzigkeitskritik tragende Ideal einer egalitären Gesellschaft findet sich wiederum im Zentrum von Kants geschichtsphilosophischer Aneignung der Vorstellung eines Gottesvolkes oder Reich Gottes. Sie dient als Symbol der Idee eines „ethischen gemeinen Wesens" unter Tugendgesetzen.[120] Gerade die dieser Idee korrespondierende Vorstellung von „Gott als einem moralischen Weltherrscher" und „Herzenskündiger" unterzieht Kant dann analog zur Gewaltenteilung in der politisch-rechtlichen Sphäre einer inneren Ausdifferenzierung. Neben der Heiligkeit des Gesetzgebers und der Gerechtigkeit des Richters wird dann aber auch die „Güte" oder das „Wohlwollen" des „Regierers" als Eigenschaft Gottes gesetzt – die kritisch rekonstruierte Religionsphilosophie bewahrt also zumindest eine „dreifache Qualität" Gottes.[121] Mit der Güte kehrt nun zwar nicht die Barmherzigkeit, wohl aber der tugendethische Oberbegriff derselben in die moralphilosophische Plausibilisierung der traditionellen Gottesvorstellung zurück.

Und zumindest einmal scheint Kant in seiner Vorlesung über Rationaltheologie vermutlich aus der Mitte der 1780er Jahre einen Zusammenhang zwischen der Vorstellung von der Güte Gottes und der Barmherzigkeit hergestellt zu haben. Zwar ist auch hier nicht mehr vom Gottesprädikat der Barmherzigkeit die Rede, sondern nur von menschlichen Werken der Barmherzigkeit. Aber diese werden hier anders als in der Tugendlehre nicht – oder besser gesagt *anders* – problematisiert und dabei eben mit der „erhabene[n] Vorstellung von Gottes Güte" in Verbindung gebracht.[122] Anlass zu dieser Überlegung gab Kant ein Weisheitswort aus den Sprüchen Salomos (Prov 19,17), wo es „in jener erhabenen und rührenden Stelle heißt: Wer sich des Armen erbarmet, der leihet dem Herrn".[123] Im Kontext geht es um die Ablehnung der Vorstellung eines Verdienstes mit Bezug auf die

---

[120] Vgl. dazu Kant, *Religion* (AA 6), 93–136 (Drittes Stück), hier 98f.

[121] A.a.O: 99; 141; 139; 140. Zur noch als *Erkenntnis* von Gott diskutierten Gestalt dieser drei Eigenschaften siehe oben den ersten Abschnitt zur vorkritischen Rationaltheologie.

[122] Kant, *Rationaltheologie* (AA 28), 1293 (Danziger Rationaltheologie). Es sind nur noch Abschriften von Nachschriften dieser Vorlesung, vermutlich 1783/4, erhalten (vgl. auch Pölitz, Volckmann).

[123] Kant, *Rationaltheologie* (AA 28), 1085 (Religionslehre Pölitz).

Gerechtigkeit Gottes.[124] Gegenüber Gottes Gerechtigkeit, so stellt der pflichtene-thische Protestant fest, gibt es keinerlei Verdienst zu erwerben. Die unablässige Beobachtung der moralischen Gesetze ist unsere „Schuldigkeit".[125] Während ein Vergeltungsanspruch gegenüber Gott ausgeschlossen ist, so gehört diese Logik aber wesentlich zum Bereich der Zwischenmenschlichkeit. Hier zeige sich nun aber eine notorische Asymmetrie, die Kant offensichtlich mit der Barmherzigkeit gegenüber einem Armen assoziiert. In gewisser Weise bestätigt sich so der im Kontext der Barmherzigkeitskritik der *Tugendlehre* problematisierte Aspekt eines einseitigen Abhängigkeitsverhältnisses. Dieses wird hier jedoch nicht gegen ein Handeln aus Barmherzigkeit ausgespielt, sondern dient dem philosophischen Exegeten vielmehr dazu, das in dem Bibelwort hergestellte Schuldverhältnis zur Güte und eben nicht zur Gerechtigkeit Gottes zu rechnen. Gottes Güte – so die Kant bewegende Vor-stellung – vertritt die Schuld des Armen, der die empfangene Barmherzigkeit nicht vergelten kann:

Das ist erhabene Vorstellung von Gottes Güte, daß er in der Stelle aller Menschen, denen wir einen Dienst erwiesen haben, es uns vergelten wolle. [...][S]o nimmt Gott ihre Ver-pflichtung sozusagen auf sich und vergilt uns das, was uns nicht vergolten werden konnte. Das ist erhabene Güte.[126]

Wir haben es hier gleichsam mit einem vernunftreligiös geläuterten Stellvertre-tungsgedanken zu tun, demzufolge Gottes Güte die zwischenmenschlich notorisch unerfüllte Vergeltungslogik kompensiert. Eine humane Kultur des wohltätigen Mitgefühls hätte mit einer derartig komplexen, zwischen Gerechtigkeit, Heiligkeit und Güte ausbalancierenden Auslegungsgestalt sowohl die Möglichkeit, sich vor der intrinsischen Gefahr von Selbstgerechtigkeit zu bewahren als auch von den Erwartungserwartungen sozialer Interaktion zu entlasten.

Ob eine solche Kooperation des symbolischen Kapitals historischer Religionen mit der Selbstauslegungskultur moralischer Rationalität heute noch tragfähig wä-re oder es jemals war, sei dahingestellt. Zumindest wird auch an diesem Beispiel deutlich, dass für Kant die zum Zwecke der Mediation des Pflichtbewusstseins angeeignete Religion nicht ohne eine innere Ausdifferenzierung der religiösen Ge-genstandsvorstellung auskommt. Wenn dabei die anthropopathische Vorstellung eines barmherzigen Gottes der inneren Dialektik des sittlich-religiösen Bewusst-seins nicht mehr zu genügen scheint, heißt das also nicht, dass die Religion des Gewissens auf die abstrakte Vorstellung eines strafenden Richters reduziert werden muss. Vielmehr will eine „Religion des guten Lebenswandels" im Sinne Kants mit

---

[124] Abgewiesen wird die Vorstellung einer „Belohnungs-Gerechtigkeit", die in der Vorlage Baum-gartens noch von der „Straf-Gerechtigkeit" unterschieden wird; vgl. Baumgarten, *Metaphysica*, 182–184 (§§ 907. 910).

[125] Kant, *Rationaltheologie* (AA 28), 1085 (Religionslehre Pölitz).

[126] Kant, *Rationaltheologie* (AA 28), 1293 (Danziger Rationaltheologie).

der „gottgefälligen Gesinnung" statt „Furcht und Angst vor dem übermächtigen Wesen," eine „erhabene Gemüthsstimmung"[127] ermöglichen, die als gemischtes Gefühl gleichsam die sozialethische Spannungseinheit von Liebe und Achtung zu stärken vermag.[128]

Literaturverzeichnis

Aristoteles, *Rhetorik*, übers. u. hg. v. Gernot Krapinger, Stuttgart 2018.

Baron, Marcia, *Kantian Ethics almost without Apology*, Ithaca 1995.

–, „Sympathy and Coldness: Kant on the Stoic and the Sage", in: Hoke Robinson (Hg.), *Proceedings of the Eighth International Kant Congress, Memphis 1995*, Vol. I, Part 2: Sections 3A–3L, Milwaukee 1995, 691–703.

Bahr, Petra, *Darstellung des Undarstellbaren. Religionstheoretische Studien zum Darstellungsbegriff bei A. G. Baumgarten und I. Kant*, Tübingen 2004.

Barth, Roderich, „Johann Nicolaus Tetens über das Gefühl", in: Albrecht Beutel/Martha Nooke (Hgg.), *Religion und Aufklärung. Akten des Ersten Internationalen Kongresses zur Erforschung der Aufklärungstheologie (Münster, 30. März bis 2. April 2014)*, Tübingen 2016, 461–477.

–, „Kant als Philosoph des Neuprotestantismus", in: *Kant und die Religionen – die Religionen und Kant*, hg. v. Reinhard Hiltscher und Stefan Klingner, Hildesheim/Zürich/NewYork 2012, 119–136.

Barth, Ulrich, „Gott als Grenzbegriff der Vernunft. Kants Destruktion des vorkritisch-ontologischen Theismus", in: Ders., *Gott als Projekt der Vernunft*, Tübingen 2005, 235–262.

–, *Gott als Projekt der Vernunft*, Tübingen 2005.

–, „Die religiöse Selbstdeutung der praktischen Vernunft. Kants Grundlegung der Ethikotheologie", in: Ders., *Gott als Projekt der Vernunft*, Tübingen 2005, 263–307.

–, „Von der Ethikotheologie zum System religiöser Deutungswelten. Pantheismusstreit, Atheismusstreit und Fichtes Konsequenzen", in: Ders., *Religion in der Moderne*, Tübingen 2003, 285–311.

Baumgarten, Alexander Gottlieb, *Ethica Philosophica*, Halae/Magdeburgicae ³1763, in: Kant AA 27, 871–1028.

–, *Metaphysica*, Halae/Magdeburgicae ³1757, in: Kant AA 17, 5–226.

Döring, Sabine, „Allgemeine Einleitung. Philosophie der Gefühle heute", in: Dies. (Hg.), *Philosophie der Gefühle*, Frankfurt am Main 2009, 12–65.

Eisler, Rudolf (Hg.), *Kant-Lexikon. Nachschlagewerk zu Kants sämtlichen Schriften/Briefen u. handschriftlichem Nachlaß*, hg. unter Mitwirkung der Kantgesellschaft, Berlin 1930.

Enders, Christoph, *Die Menschenwürde in der Verfassungsordnung. Zur Dogmatik des Art. 1 GG*, Tübingen 1997.

---

[127] Kant, KU (AA 5), 263f. Vgl. Kant, KU (AA 5), 259: „So fürchtet der tugendhafte Gott, ohne sich vor ihm zu fürchten"; vgl. auch Kant, Religion (AA 6), 49–51. Zum Erhabenheitsgefühl vgl. Recki, „Religious Feelings".

[128] Die vorliegende Publikation erscheint im Kontext des vom LOEWE-Programm des Hessischen Ministeriums für Wissenschaft und Kunst geförderten Forschungsschwerpunkts *Religiöse Positionierung: Modalitäten und Konstellationen in jüdischen, christlichen und islamischen Kontexten* an der Goethe-Universität Frankfurt und der Justus-Liebig-Universität Gießen.

Euler, Werner, „Die Tugendlehre im System der praktischen Philosophie Kants", in: Werner Euler/Burkhard Tuschling (Hgg.), *Kants „Metaphysik der Sitten" in der Diskussion. Ein Arbeitsgespräch an der Herzog August Bibliothek Wolfenbüttel 2009,* (Philosophische Schriften 79), Berlin 2013, 221–299.

Falk, Barrie, „The communicability of feeling", in: Eva Scharper (Hg.), *Pleasure, preference and value. Studies in philosophical aesthetics,* Cambridge 1983, 57–85.

Fleischer, Margot, *Schopenhauer als Kritiker der Kantischen Ethik. Eine kritische Dokumentation,* Würzburg 2003.

Freiin von Villiez, Carola, „Barmherzigkeit", in: Marcus Willaschek/Jürgen Stolzenberg/Georg Mohr/Stefano Bacin (Hgg.), *Kant-Lexikon,* Berlin/Boston 2015, 212.

Fritz, Martin, *Vom Erhabenen. Der Traktat 'Peri Hypsous' und seine ästhetisch-religiöse Renaissance im 18. Jahrhundert,* Tübingen 2011.

Gregor, Mary, „Kants System der Pflichten in der Metaphysik der Sitten", in: Immanuel Kant, *Metaphysische Anfangsgründe der Tugendlehre. Metaphysik der Sitten. Zweiter Teil,* hg. v. Bernd Ludwig, Hamburg ^{2}2008, XXIX–LXV.

Guyer, Paul, „Kant über moralische Gefühle. Von den Vorlesungen zur Metaphysik der Sitten", in: Werner Euler/Burkhard Tuschling (Hgg.), *Kants „Metaphysik der Sitten" in der Diskussion. Ein Arbeitsgespräch an der Herzog August Bibliothek Wolfenbüttel 2009,* Berlin 2013, 177–209.

Hacker, Paul, „Schopenhauer und die Ethik des Hinduismus", in: *Saeculum 12* (1961), 366–399.

Hamburger, Käte, *Das Mitleid,* Stuttgart 1985.

Heinemann, Lars, *Sinn – Geist – Symbol. Eine systematisch-genetische Rekonstruktion der frühen Symboltheorie Paul Tillichs,* Berlin/Boston 2017.

Heinz, Marion, „Johann Georg Sulzer und die Anfänge der Dreivermögenslehre bei Kant", in: F. Grunert/G. Stiening (Hg.), *Johann Georg Sulzer (1720–1779). Aufklärung zwischen Christian Wolff und David Hume,* Berlin 2011, 83–100.

Henrich, Dieter, „Hutcheson und Kant", in: *Kant-Studien 49* (1958), 49–69.

Herder, Johann Gottfried, *Eine Metakritik zur Kritik der reinen Vernunft,* in: Ders., *Schriften zu Literatur und Philosophie 1792–1800* (= Werke in zehn Bänden, Bd. 8), hg. v. Hand Dietrich Irmscher, Frankfurt am Main 1998, 303–640.

Kant, Immanuel, *Beobachtungen über das Gefühl des Schönen und Erhabenen,* in: AA 2, 205–256.

–, *Gesammelte Schriften,* hg. v. d. Preußischen Akademie der Wissenschaften (Bd. 1–22); hg. v. d. Akademie der Wissenschaften zu Göttingen (ab Bd. 24), Berlin 1900ff. [=AA].

–, *Grundlegung zur Metaphysik der Sitten* [= GMS], in: AA 4, 385–463.

–, *Kritik der praktischen Vernunft* [= KpV], in: AA 5, 1–163.

–, *Kritik der Urteilskraft* [= KU], in: AA 5, 165–485.

–, *Metaphysik* (Handschriftlicher Nachlaß), in: AA 17.

–, *Metaphysische Anfangsgründe der Rechtslehre. Metaphysik der Sitten Erster Theil,* in: AA 6, 203–372.

–, *Metaphysische Anfangsgründe der Tugendlehre. Metaphysik der Sitten Zweiter Theil,* in: AA 6, 373–493.

–, *Die Religion innerhalb der Grenzen der bloßen Vernunft,* in: AA 6, 1–202.

–, *Träume eines Geistersehers, erläutert durch Träume der Metaphysik,* in: AA 2, 315–377.

–, *Vorlesungen über Metaphysik und Rationaltheologie,* in: AA 28.

–, *Vorlesungen über Moralphilosophie,* in: AA 27.

–, *Kleinere Vorlesungen und Ergänzungen I,* in: AA 29.

Kubik, Andreas, *Die Symboltheorie bei Novalis. Eine ideengeschichtliche Studie in ästhetischer und theologischer Absicht,* Tübingen 2006.

Lehmann, Gerd, „Kants Tugenden", in: Ders., *Kants Tugenden. Neue Beiträge zur Geschichte und Interpretation der Philosophie Kants,* Berlin/New York 1980, 59–95.

Ludwig, Bernd, „Einleitung", in: Immanuel Kant, *Metaphysische Anfangsgründe der Tugendlehre. Metaphysik der Sitten. Zweiter Teil*, hg. v. Bernd Ludwig, Hamburg ²2008, XIII–XXVIII.

Lyotard, Jean-François, *Die Analytik des Erhabenen. Kant-Lektionen, Kritik der Urteilskraft §§ 23–29*, aus d. Französ. V. Christine Pries, Bonn 1994.

Nietzsche, Friedrich, *Also sprach Zarathustra I–IV.* Kritische Studienausgabe 4, hg. v. Giorgio Colli und Mazzino Montinari, München 1988.

Recki, Birgit, *Ästhetik der Sitten*, Frankfurt am Main 2001.

–, „Kant on Religious Feelings – An Extrapolation", in: *European Journal for Philosophy of Religion* 6 (2014), 85–99.

Scheler, Max, *Der Formalismus in der Ethik und die materiale Wertethik. Neuer Versuch der Grundlegung eines ethischen Personalismus* (= Gesammelte Schriften Bd. 2), 4. durchgeseh. Aufl. hg. v. Maria Scheler, Bern 1954.

–, *Wesen und Formen der Sympathie*, in: Ders., *Wesen und Formen der Sympathie. Die Deutsche Philosophie der Gegenwart* (= Gesammelte Schriften Bd. 7), hg. v. Manfred S. Frings, Bern/München 1973, 7–258.

Schmaus, Michael, *Die psychologische Trinitätslehre des hl. Augustinus,* Münster (Westf.) 1927.

Schopenhauer, Arthur, *Fragmente zur Geschichte der Philosophie*, in: Ders., *Parerga und Paralipomena I*. Werke Bd. 4, nach den Ausgaben letzter Hand hg. v. Ludger Lütkehaus, Zürich 1988, 37–137.

–, *Preisschrift über die Grundlage der Moral* (1840), in: Ders., *Kleine Schriften*. Werke Bd. 3, nach den Ausgaben letzter Hand hg. v. Ludger Lütkehaus, Zürich 1988, 459–633.

Sherman, Nancy: *Making a Necessity of Virtue. Aristotle and Kant on Virtue,* Cambrigde 1997.

Stalfort, Jutta, *Die Erfindung der Gefühle. Eine Studie über den historischen Wandel menschlicher Emotionalität (1750–1850)*, Bielefeld 2013.

Thomas von Aquin, *Summa Theologica* Bd. 2. *Gottes Leben, sein Erkennen und Wollen.* I, 14–26, vollständige, ungekürzte deutsch-lateinische Ausgabe, übers. v. Dominikanern und Benediktinern Deutschlands und Österreichs, hg. v. katholischen Akademikerverband, Salzburg/Leipzig 1934.

–, *Summa Theologica* Bd. 17 A. *Die Liebe* (1. Teil). II–II, 23–33, vollständige, ungekürzte deutschlateinische Ausgabe, übers. v. Dominikanern und Benediktinern Deutschlands und Österreichs, kommentiert von Heinrich Maria Christmann OP, hg. v. der Albertus-Magnus-Akademie Walberberg bei Köln, Heidelberg u.a. 1959.

Wehofsits, Anna, *Anthropologie und Moral*, Berlin/Boston 2016.

Wolff, Christian, *Vernünftige Gedancken von Gott, der Welt und der Seele des Menschen, auch allen Dingen überhaupt* (¹¹1751) [Deutsche Metaphysik], (= Gesammelte Werke I, 2,1), mit einer Einl. u. einem krit. Apparat v. Charles A. Corr, Hildesheim/Zürich/New York 1983.

–, *Psychologie Empirica* (²1738), (= Gesammelte Werke II, 5), edidit et curavit Johannes Ecole, Hildesheim 1968.

Schwierigkeiten mit der Barmherzigkeit

Schleiermachers Kritik eines klassischen Gottesprädikats

Matthias Hofmann

Für das Gottesverständnis im Anschluss an die biblische Überlieferung bildet es einen festen Bestandteil, dass Gott die Eigenschaft der Barmherzigkeit zugeschrieben wird. *Pars pro toto* denke man hier im Alten Testament an Exodus 34, 6–7, wo das Prädikat „barmherzig" (MT: רחום, LXX: οἰκτίρμων) dem Namen des Gottes Israels (יהוה) beigelegt und damit als Wesensmerkmal seiner Identität expliziert wird. Im Neuen Testament sticht ein Wort Jesu aus der lukanisches Feldrede heraus: „Seid barmherzig, wie auch euer Vater barmherzig [οἰκτίρμων] ist" (Lk 6, 36). Diese und viele weitere Stellen der biblischen Überlieferung ließen die Barmherzigkeit zu einem klassischen Gottesprädikat werden, das in der Tradition der christlichen Dogmatik in der Lehre von den sogenannten „Eigenschaften" Gottes einen festen Platz gefunden hat – und zwar bis heute.[1] Eine religiöse Vorstellung, die das Verhältnis des Göttlichen zum Menschen von Barmherzigkeit geprägt sieht, kann als transzendiertes Leitbild humaner Lebensgestaltung unter den Bedingungen der Endlichkeit eine gewisse Attraktivität für sich beanspruchen. Doch zugleich zeigt dies auch eine offene Flanke, sobald die religiöse Vorstellung einer reflexiven Klärung unterzogen und den Bedingungen der im Gottesbegriff implizierten Absolutheit unterstellt wird. Die Rede von einer göttlichen Barmherzigkeit kann dann in den Verdacht geraten, nichts weiter zu sein als ein anthropomorpher Ausdruck und eine menschliche Projektion auf das Göttliche.

---

[1] Stellvertretend sei hierfür auf das Dogmatik-Lehrbuch von Wilfried Härle verwiesen, das sich im heutigen theologischen Lehrbetrieb häufiger Verwendung erfreuen darf. Das organisierende Zentrum von Härles Eigenschaftslehre bildet der Begriff der *Liebe*, in welchem er gleichsam das *Wesen* Gottes ausgedrückt sieht. Daher macht Härle das Diktum geltend, „*alle* Eigenschaften Gottes seien Eigenschaften seines *Wesens*, also Eigenschaften seiner *Liebe*" (Härle , Dogmatik, 260, Hervorhebung im Original). Während nun, so Härle , die Eigenschaften der Güte, Gerechtigkeit und Treue das Wesen Gottes grundlegend als „*Zuwendung*" zu den Menschen beschreiben, vertiefen die Prädikate Barmherzigkeit und Gnade den Charakter dieser Zuwendung als eine „*unverdiente* Gabe" (Härle , *Dogmatik*, 270–271, Hervorhebung im Original). Barmherzigkeit und Gnade sind in dieser Hinsicht korrektive Näherbestimmungen des Wesens Gottes und sollen das Missverständnis wehren, dass es auf Gottes Liebe einen Anspruch gebe: „Wer der Liebe begegnet, erkennt das Anspruchsdenken als groteskes Mißverständnis dessen, was Liebe ist" (ebd.).

Für die christliche Theologie entsteht daraus die Aufgabe, den sachlichen Gehalt dieses traditionellen Gottesprädikats kritisch zu erhellen. Dieser Aufgabe hat sich Friedrich Schleiermacher (1768–1834) in seiner Glaubenslehre gestellt und dabei die These vertreten, *dass der Begriff der Barmherzigkeit für eine Lehre von den göttlichen Eigenschaften im Rahmen einer christlichen Dogmatik wenig geeignet ist*. In Ansehung der biblischen und dogmatischen Tradition mag diese These überraschen. Die nachfolgenden Ausführungen unternehmen den Versuch, Schleiermachers bemerkenswerte Gründe für seine These zu analysieren und aus der systematischen Anlage seiner Glaubenslehre heraus zu rekonstruieren. Die Darstellung orientiert sich dabei am Text des § 85 aus der zweiten Auflage der Glaubenslehre von 1830/31 und gliedert sich in zwei Teile: Der erste – kürzere – Teil interpretiert Schleiermachers Ausgrenzung des Barmherzigkeitsbegriffs aus der Dogmatik als Folge einer Eingrenzung der Dogmatik und ihrer Sätze, die ihrerseits auf einer funktionalen Differenzierung von Sprachgebieten des Religiösen gründet. Der zweite – längere – Teil stellt insgesamt vier Motive vor, die Schleiermachers argumentative Durchführung seiner These strukturieren. In einer Schlussbemerkung wird der Versuch gemacht, eine positive Anschlussmöglichkeit des Begriffs der Barmherzigkeit an Schleiermachers Gotteslehre anzudeuten.

1 Ausgrenzung durch funktionale Eingrenzung

„Gott Barmherzigkeit zuzuschreiben eignet sich mehr für das homiletische und dichterische Sprachgebiet, als für das dogmatische"[2] – so lautet der Leitsatz, worin Schleiermacher seine These zur Verwendung des Prädikats ‚Barmherzigkeit' in einer dogmatischen Gotteslehre prägnant zusammenfasst. Die Formulierung des Leitsatzes zeigt bereits, dass Schleiermacher seiner These mehr einen deliberativen Charakter beilegt. Der Begriff der Barmherzigkeit wird in ein Feld von Sprachgebieten eingezeichnet, wodurch das Urteil über die Eignung die Form einer Tendenzaussage erhält.

Dennoch wird die Tendenz von Schleiermacher hier deutlich gekennzeichnet. Und über das Stichwort „Sprachgebiete" wird die These mit einem Problemzusammenhang verbunden, der das Verständnis der Dogmatik und ihr Verhältnis zu anderen Formen religiöser Kommunikation (CG², §§ 15–19) betrifft. Wenn Schleiermacher hierbei die Dogmatik als die „Wissenschaft von dem Zusammenhange der in einer christlichen Kirchengesellschaft zu einer gegebenen Zeit geltenden Lehre"[3] definiert, so darf dabei nicht übersehen werden, dass dieser formelhaften Bestim-

---

[2] Schleiermacher, *Der christliche Glaube*, ²1830/31 [= CG²], Teilbd. 1, § 85 Leitsatz, 527. Alle nachfolgenden Seitenverweise auf CG² beziehen sich ebenfalls auf Teilbd. 1.

[3] CG², § 19 Leitsatz, 143.

mung ein mehrstufiger Reflexionsgang vorangeht, der das Werden der Dogmatik genetisch aus den Entwicklungsbedingungen einer Religion im Zusammenhang mit ihrem soziokulturellen Umfeld beschreibt. Die erste und grundlegende Entwicklungsbedingung ist dabei, dass die gemeinsame Frömmigkeit einer religiösen Gemeinschaft über den Bereich körperlicher Ausdrucksphänomene (Mimik, Töne, Gebärden, Symbolhandlungen etc.) hinaus zu sprachlichen Ausdrucksformen gelangt ist und also Glaubens*sätze* bildet (§ 15.1). Die Ausbildung einer Dogmatik kommt von hier aus als Konsequenz einer Entwicklung nur für solche Religionen in Betracht, deren gemeinsamer religiöser Vollzug sich durch sprachlich verfasste Kommunikation („Verkündigung") konstituiert, was im Falle des Christentums bereits von seinen Anfängen her gegeben ist (§ 15.2). Das Sprachlich-Werden der Frömmigkeit setzt sich in der Entwicklung sodann in einer Ausdifferenzierung religiöser Sprachgebiete fort, von denen Schleiermacher zunächst ein *dichterisches* von einem *rednerischen* unterscheidet, beide aber gelichermaßen als „ursprünglich"[4] ausweist. Die Differenz zwischen beiden besteht in Anlass und Absicht. So geht der dichterische Ausdruck aus einem inneren religiösen Impuls hervor und sucht vor allem, diesen in der Rede darzustellen, während der rednerische Ausdruck aufgrund einer äußeren Wahrnehmung eine Einflussnahme durch die Rede intendiert. Diesen beiden Sprachgebieten, die demnach auch als Grundformen religiöser Kommunikation bezeichnet werden können, ordnet Schleiermacher eine weitere und aus jenen beiden abgeleitete Form zu. Dies sind nun dogmatische Sätze, die als abgeleitete Sätze ebenfalls Glaubenssätze darstellen, deren Eigenart Schleiermacher aber gegenüber den andern beiden Formen mit dem Begriffspaar *darstellend-belehrend* kennzeichnet (§ 16.1).

Diesem Sprachgebiet eignet die Intention, das *in* den beiden ursprünglichen Formen Ausgedrückte auf eine andere sprachliche Form zu bringen, die in höherem Maße reflexiv ist und demnach eine „didaktische"[5] und „dialektische"[6] Funktion annimmt. Für eine religiöse Gemeinschaft wird diese Form gerade dann relevant, wenn die Glaubenssätze der primären Kommunikationsformen in einen „scheinbaren Widerspruch geraten".[7] Die reflexive Vermittlung solcher Widersprüche erfordert dann zum Beispiel, dass für bildliche Ausdrücke der eigentlich gemeinte Begriff gesucht oder zumindest eine Erklärung hierzu gegeben wird. Allgemein gilt, dass darstellend-belehrende Sätze den „höchst mögliche[n] Grad an Bestimmtheit"[8] bezwecken. In ihnen äußert sich „das Interesse des Wissens an der Sprachbildung"[9] auf dem Gebiet des Religiösen. Dass eine Religion über ihre primären Kommu-

---

[4] CG², § 16.1, 130.
[5] CG², § 16.1, 131.
[6] CG², § 16.3, 133.
[7] CG², § 16.3, 132.
[8] CG², § 16 Leitsatz, 130.
[9] CG², § 16.3, 133.

nikationsformen hinaus in ihrer Entwicklung auch eine reflexiv-dialektische Aus-
drucksgestalt ihrer Frömmigkeit in Form einer Dogmatik ausbildet, hängt nach
Schleiermacher in entscheidendem Maße von den soziokulturellen Bedingungen ab,
in denen sie sich bewegt: „Daher auch dogmatische Säze nur in solchen religiösen
Gemeinschaften sich bedeutend entwikkelten und geltend werden, welche einem
Kulturgebiet angehören, in dem die Wissenschaft sich als ein […] gesondertes orga-
nisirt".[10] Ein solches Umfeld ist dabei nicht nur als äußerer Anlass zur Bildung einer
Dogmatik gedacht, sondern schließt ein, dass sich auch innerhalb der religiösen
Gemeinschaft „Freunde des Wissens"[11] vorfinden, welche diesen Entwicklungspro-
zess von innen her mitantreiben. Die dogmatische Sprachbildung bleibt dann auch
nicht bei der begrifflichen Klärung einzelner Glaubenssätze stehen, sondern setzt
sich darin fort, auch den inneren Zusammenhang der Glaubenssätze untereinander
aufzusuchen (§ 18).

Schleiermachers Unterscheidung der drei Sprachgebiete kann daher als eine ge-
netische Theorie funktionaler Differenzierung religiöser Kommunikationsformen
interpretiert werden. Hierbei stellt zwar die Ausbildung einer Dogmatik eine höhe-
re Entwicklungsstufe dar, aber als abgeleitete Glaubenssätze sind dogmatische Sätze
stets an dichterische und rednerische Sätze rückgebunden. Hinzu kommt, dass die
drei Sprachgebiete nicht isoliert für sich stehen, sondern in ein Wechselverhältnis
zueinander treten, wonach „sie sich von einander nähren und mannigfaltig in einander übergehen".[12] Hieran wird schließlich deutlich, dass zwischen der Dogmatik
und den anderen Sprachgebieten kein hierarchisches Verhältnis besteht.

Wenn nun Schleiermacher den Begriff der Barmherzigkeit zur Artikulation
einer göttlichen Eigenschaft mehr für das dichterische und homiletische (bzw. rednerische) Sprachgebiet empfiehlt und damit aus der Dogmatik ausgrenzt, so kann
der Grund hierzu nicht der sein, einem Glaubenssatz wie „Gott ist barmherzig"
seine religiöse Legitimität abzusprechen. Die Ausgrenzung des Barmherzigkeitsbegriffs kommt stattdessen dadurch zustande, dass das dogmatische Sprachgebiet
durch die Anforderungen seiner Funktion eingegrenzt ist. Inwiefern der Begriff
der Barmherzigkeit diesen Anforderungen im Rahmen einer dogmatischen Gotteslehre nicht Genüge leistet, erörtert Schleiermacher in den Ausführungen zum § 85.
Der in zwei Abschnitte geteilte Text lässt vier kritische Motive erkennen.

---

[10] Ebd.
[11] Ebd.
[12] CG², § 15.2, 129.

2 Motive der dogmatischen Kritik der Barmherzigkeit

2.1 Semantisches Motiv: Die begriffliche Struktur der Barmherzigkeit

Das erste Motiv betrifft die *semantische Struktur* der Barmherzigkeit. Wenn in menschlichen Zusammenhängen von Barmherzigkeit die Rede ist, so lassen sich eine innere und eine äußere Dimension unterscheiden, nämlich ein *Empfindungszustand*, der durch fremdes Leid angeregt ist, und eine *Hilfeleistung*, zu welcher die Empfindung antreibt. Der Empfindungszustand wird von Schleiermacher näher erläutert als ein „sinnliches Mitgefühl, nämlich die Unlust an wenn auch fremden gehemmten Lebenszuständen".[13] Entscheidend ist nun, dass die Hilfeleistung nur in Kombination mit dem genannten Mitgefühl als Barmherzigkeit bezeichnet werden kann. Betrachtet man nämlich die Hilfeleistung an und für sich ohne die innere Dimension, kann von ihr nur noch allgemein gesagt werden, sie sei eine „sittliche Thätigkeit."[14] Diesen Sachverhalt verdeutlicht Schleiermacher an der Gegenüberstellung zum Begriff der Güte. Auch bei diesem Begriff korrespondiert eine innere mit einer äußeren Dimension. Die Güte sei ebenfalls eine Hilfeleistung, die aber auf einem anderen Empfindungszustand beruhe. Hier ist es das sinnliche Mitgefühl als „Freude an wenn auch fremden gefördertem Leben."[15] Je nachdem, welcher Empfindungszustand einer Hilfeleistung zugrunde liegt, fällt diese entweder unter den Begriff der Barmherzigkeit oder der Güte. Für beide Begriffe ist daher die innere Dimension der Empfindung semantisch irreduzibel. So gehört der Begriff der Barmherzigkeit nach Schleiermacher zu den „anthropopathischen Ausdrükken",[16] was ihn problematisch werden lässt für den dogmatischen Gebrauch als eine Eigenschaft Gottes. Denn seine ungebrochene Anwendung auf Gott würde Gott selbst „unter den Gegensaz des angenehmen und unangenehmen"[17] stellen und ihn damit als ein sinnlich-endliches Wesen mit einander begrenzenden Lebenstrieben beschreiben, dessen tätige Willensäußerung von zufälligen Affekten mitbestimmt ist.

Dieser Gedanke ist nicht gerade neu, wie bereits ein ausschnitthafter Blick in die Theologiegeschichte zeigen kann. Schon Thomas von Aquin (1225–1274) musste dem Begriff der Barmherzigkeit seine affektiven Züge nehmen, um ihn auf Gott anwendbar zu machen. Seine These lautet: „misericordia est Deo maxime attribuenda: tamen secundum effectum, non secundum passionis affectum" [„Gott ist Barmherzigkeit in höchstem Maße zuzuschreiben, allerdings der Wirkung nach, nicht gemäß einem Leidensaffekt"].[18] Zwar hält Thomas ausdrücklich daran fest,

---

[13] CG², § 85.1, 527.
[14] Ebd.
[15] CG², § 85.1, 528.
[16] CG², § 85.1, 527.
[17] CG², § 85.1, 528.
[18] Thomas v. Aquin, *Summa Theologiae*, I q. 21,3, 260, Übers. M.H.

dass Gott die Eigenschaft der Barmherzigkeit zukomme, doch nur um den Preis der Reduktion des Affektiven. Zur Verdeutlichung dessen fügt Thomas später hinzu: „Tristari ergo de miseria alterius non competit Deo" [„Gott kommt es daher nicht zu, über das Elend eines anderen betrübt zu sein"].[19]

Dieser Umgang mit dem Barmherzigkeitsbegriff begegnet auch in der altprotestantischen Orthodoxie. So formulierte Johann Andreas Quenstedt (1617–1688) in ganz ähnlicher Weise wie Thomas von Aquin:

Misericordia Deo tribuitur, non secundum *passionis affectum*, sed secundum *effectum*. h.e. competit Deo, non quatenus illa notat compassionem de aliena miseria & calamitate, sed quatenus significat benevolam voluntatem sublevandi miseriam alterius [Barmherzigkeit wird Gott nicht aufgrund eines Leidensaffektes, sondern aufgrund der Wirksamkeit zugeschrieben. Das heißt: Sie kommt Gott nicht zu, sofern jene ein Mitgefühl für fremdes Leid und Traurigkeit bezeichnet, sondern sofern sie auf einen gütigen Willen zur Linderung des Leides eines Andren hinweist].[20]

Schließlich sei hier noch auf die Theologie im Zeitalter der Aufklärung verwiesen, genauer auf die *Vorlesungen über die die Dogmatik* des Wittenberger Theologieprofessors und späteren Dresdner Oberhofpredigers Franz Volkmar Reinhard (1753–1812). Wie Schleiermacher gebraucht auch er den Ausdruck „Anthropopathien" und verbindet ihn später mit dem Begriff der Barmherzigkeit. Reinhard sagt über die Anthropopathien:

So sehr man sich nun bestreben muß, bey scharfsinnigem Nachdenken über die göttlichen Eigenschaften alles abzusondern, was von der Einschränkung und Schwachheit der Geschöpfe in unsern Begriffen vorkommt: so ist es doch erlaubt, im gemeinen Vortrage mit Bildern davon zu reden, die auch von körperlichen Dingen und menschlichen Schwachheiten entlehnt sind; man nennt solche Ausdrücke *Anthropopathieen*.[21]

Ähnlich wie Schleiermacher hat auch schon Reinhard den Gebrauch anthropopathischer Ausdrücke für die Verkündigung und den populären Vortrag positiv eingeräumt. Auch die biblischen Schriften gebrauchen laut Reinhard derartige Begriffe, wenn sie „Gott Augen, Ohren, Füsse, Zorn, Reue, spottendes Lachen u.s.w."[22] beilegen. Im Rahmen einer Dogmatik sind sie allerdings strenger zu beurteilen und einzugrenzen, um einen unreflektierten Anthropomorphismus zu

---

[19] Ebd., Übers. M.H.

[20] Quenstedt , *Theologia didactico-polemica*, 291, Hervorhebung im Original, Übers. M.H.

[21] Reinhard, *Dogmatik*, 100, Hervorhebung im Original. – Reinhard hielt seine Dogmatik-Vorlesungen an der Universität Wittenberg zuletzt im Jahr 1791. – Schleiermacher verweist insbesondere in der Gotteslehre seiner Glaubenslehre gelegentlich auf Reinhards Dogmatik-Vorlesungen. Vgl. CG², § 50.3, 306 Anm. 4; § 52.2, 315 Anm. 8; § 52 Zusatz, 316–317 Anm. 12; § 53 Zusatz, 323 Anm. 12; § 54 Zusatz, 334 Anm. 11; § 55.2, 341 Anm. 8 u. 345 Anm. 16; § 56.2, 354 Anm. 7; § 81.4, 506 Anm. 17.

[22] Reinhard, *Dogmatik*, 100–101.

vermeiden. Anthropopathische Ausdrücke seien nämlich „bloße Bilder" und „nicht eigentlich zu verstehen."[23] Daher urteilt Reinhard: „Wer Gott menschliche Gliedmaßen beylegt, oder ihn gehen, reden, überlegen, *Affekten fühlen läßt*, wie einen Menschen, und dieß alles im Ernste behauptet, ist ein Anthropomorphit."[24] Dieses Urteil muss sodann auch für den gelten, der im wörtlichen Sinne behauptet, dass Gott barmherzig sei. Der Barmherzigkeitsbegriff fällt bei Reinhard unter die Klasse der moralischen Eigenschaften Gottes und wird dort eingeführt als einer von insgesamt sechs „Namen"[25], welche die Güte und Liebe Gottes näher beschreiben. Doch Reinhard fügt dieser Liste sogleich die Bemerkung hinzu:

Alle diese Namen sind übrigens anthropopatisch, und zeigen, wenn man alles Menschliche absondert, die allgemeine Vorstellung an, Gott lasse seinen Geschöpfen gerade das Gute, welches sie brauchen, und gerade so viel zu Theil werden, als nach den Umständen möglich ist.[26]

Der uneigentliche Charakter anthropopathischer Ausdrücke verlangt nach Reinhard in der Dogmatik eine Erläuterung, was mit ihnen eigentlich gemeint sei.

Der ausschnitthafte Blick in die Theologiegeschichte konnte zeigen, dass Schleiermacher mit seiner Problematisierung des Barmherzigkeitsbegriffs einen gängigen Topos dogmatischer Reflexion aufgenommen hat. Gott Barmherzigkeit zuzuschreiben ist nur so möglich, dass der Begriff um seine innere, affektive Dimension reduziert wird, sodass lediglich die äußere, effektive Dimension bestehen bleibt. Die Differenz Schleiermachers zur Tradition liegt allerdings in der Konsequenz, die er aus diesem Problem zog. Ergab seine Analyse des Begriffs, dass von Barmherzigkeit nur dann sinnvoll gesprochen werden kann, wenn man die äußere Dimension der Hilfeleistung (*effectus*) auf die innere Dimension eines bestimmten Empfindungszustandes (*affectus*) bezieht, dann erfüllt ein Glaubenssatz wie „Gott ist barmherzig" nicht die für den dogmatischen Gebrauch erforderliche begriffliche Bestimmtheit und kann daher auch nicht ohne weiteres als ein Satz des dogmatischen Sprachgebietes gelten.

2.2 Religionstypologisches Motiv: Der teleologische Charakter christlicher Frömmigkeit

Dass das semantische Argument allein noch nicht hinreichend ist, sondern für Schleiermachers Urteil über den dogmatischen Gebrauch des Barmherzigkeitsbegriffs nur ein Teilmoment bildet, zeigen seine anschließenden Erörterungen. Sie betreffen zunächst Schleiermachers *religionstypologische Charakterisierung* des

---

[23] Reinhard, *Dogmatik*, 101.

[24] Ebd., Hervorhebung M.H.

[25] Reinhard, *Dogmatik*, 125. – Die übrigen fünf Synonyme lauten bei Reinhard: *Gnade, Menschenliebe, Geduld, Langmut* und *Gelindigkeit*.

[26] Ebd.

Christentums und machen für eine dogmatische Gotteslehre den Gesichtspunkt
geltend, dass sich die einzelnen Prädikate nicht bloß an einem abstrakten Gottes*begriff* messen lassen müssen, sondern darüber hinaus auch dem besonderen
Charakter der Frömmigkeit, dem Gottes*bezug* bzw. dem Gottes*bewusstseins* des
Christentums Rechnung zu tragen haben. Für Schleiermachers Dogmatik als *Glaubens*lehre ist der zweite Aspekt eigentlich leitend, weil ihr ein Theologiebegriff
zugrunde liegt, der mit seiner praktischen Gesamtrichtung (Positive Wissenschaft)
eine programmatische Differenz zu einer rein spekulativen Theologie einzieht (CG²,
§ 2.1, § 16 Zusatz)[27] und inhaltlich an der unableitbaren geschichtlichen Gestalt der
christlichen Religion orientiert ist.[28] Wenn Schleiermacher daher in der Gotteslehre
die Eigenschaften an einem Gottesbegriff misst, der sich mit Kategorien der Einheit und Allheit verbindet, dann begründet sich dies nicht zuletzt auch durch das
religionsgeschichtliche Faktum, dass das Christentum eben eine monotheistische
Religion ist (§ 8).

Schleiermacher setzt seine Erörterung des Barmherzigkeitsbegriffs folgendermaßen fort:

> Allein wenn wir auch dieses übersehen wollen, und diese Ausdrükke [sc. Güte und Barm-
> herzigkeit] nur von den Hülfsleistungen gebrauchen, so wäre es doch gegen den Charakter
> teleologischer Glaubensweise in strenggebildeter Lehre eine göttliche Ursächlichkeit auf
> sinnliche Lebensförderung an und für sich anzunehmen.[29]

Damit ist nun aber gesagt: Selbst wenn man – wie es in der dogmatischen Tradition
üblich ist – den Begriff der Barmherzigkeit nur hinsichtlich des *effectus* verwendet
und ihn also nur auf die Hilfeleistung beschränkt, dann bleibt dennoch die Frage
offen, worauf sich die mit Barmherzigkeit bezeichnete göttlichen Hilfeleistung
bezieht. Diese könnte – infolge der angestellten Begriffsanalyse – nun so verstanden
werden, dass sie auf eine sinnliche Lebensförderung *an und für sich* ziele.[30] Für eine
dogmatische Darstellung des christlichen Gottesbewusstseins wäre die Barmherzigkeit genau dann ein geeigneter Begriff, wenn es aus dem Charakter der christlichen
Frömmigkeit heraus erforderlich wäre, ein sinnliches Wohlgefühl als solches auf
Gott zu beziehen und mit einem eigenen Eigenschaftsbegriff auszudrücken. Dieses

---

[27] Vgl. die Erläuterung zum § 1 in: Schleiermacher, „Kurze Darstellung", 326.

[28] Hierfür steht in Schleiermachers Theologieprogramm der gesamte Bereich der historischen
Theologie. Vgl. Schleiermacher, „Kurze Darstellung", §§ 26–28, 335–336 u. §§ 69–256, 353–416.

[29] CG², § 85, 528.

[30] Ein solches Verständnis findet sich z.B. beim oben erwähnten F. V. Reinhard, der die Barmherzigkeit Gottes nicht nur in der Schrift, sondern auch in der Natur sich bezeugen sieht: „Die Natur
enthält die wohlthätigsten Anstalten, die ganz unläugbar auf die Hervorbringung der *größtmög-
lichen Summe von angenehmen Empfindungen* für alle fühlenden Wesen abzwecken. Die hierher
gehörigen Beyspiele findet man in den zahlreichen physikotheologischen Schriften." (Reinhard,
Dogmatik, 125, Hervorhebung M. H.)

Erfordernis hält Schleiermacher allerdings nicht für gegeben und verweist hierzu auf den *teleologischen* Charakter christlicher Frömmigkeit.

Den Begriff der *teleologischen Glaubensweise* entwickelt Schleiermacher im Zusammenhang der Lehnsätze aus der Religionsphilosophie in der Einleitung der Glaubenslehre (§§ 7–10). In wissenschaftstheoretischer Hinsicht erfüllt die Religionsphilosophie bei Schleiermacher die Funktion einer kritischen Vermittlung von allgemeiner Religionstheorie und unableitbar geschichtlicher Positivität.[31] Die allgemeine Religionstheorie erklärt das Auftreten von Religionsgemeinschaften überhaupt in der Geschichte als eine eigene Sphäre menschlichen Kulturlebens (§ 6: „Kirchen") mittels der Rückführung auf einen eigenen und abgrenzbaren Bereich menschlicher Subjektivität (§§ 3–5: „Frömmigkeit" als „Gefühl schlechthinniger Abhängigkeit"), der sodann als das allgemeine Sozialprinzip des Religiösen erkennbar wird. Die Religionsphilosophie schließt hieran an, ist demgegenüber aber der Ort von typologischer Kategorienbildung zur Vermittlung des Allgemeinen mit dem unableitbar Besonderen einerseits und zum Vergleich der Vielfalt des Besonderen in Relation zum gemeinsamen Allgemeinen andererseits. Identität und Differenz der geschichtlich-positiven Religionen muss hier gleichermaßen reflektiert werden können, weil „in allen zwar dasselbe sei, aber in jeder alles auf andere Weise".[32] Mit dem Begriffspaar *teleologische* und *ästhetische Frömmigkeit* entwirft Schleiermacher eine Typik frommer Lebenshaltung, die sich vorrangig auf monotheistische Religionen bezieht (§ 9.1). Eine teleologische Frömmigkeit liege vor, wenn in der Gesamttendenz das Gottesbewusstsein auf eine aktiv-sittliche Weltgestaltung zuläuft, während die Frömmigkeit des ästhetischen Typus die Lebenshaltung der Tendenz nach auf eine passiv-hinnehmende Kontemplation ausrichtet. Als kategoriale Einteilung ist diese Typik begrifflich konstruiert als ein Differenz der Subordination des Natürlichen unter das Sittliche (teleologisch) bzw. des Sittlichen unter das Natürliche (ästhetisch), wodurch auch angezeigt ist, dass der Unterschied beider Typen fließend ist (§ 9 Leitsatz).

Um eine geschichtliche Religion nun unter dieses Schema zu stellen, bedarf es des Rückgriffs auf zentrale Symbole und Vorstellungsgehalte. Mit seiner leitenden Vorstellung vom Reich Gottes zeige sich das Christentum als Repräsentant eines teleologischen Frömmigkeitstyps:

Jenes im Christenthum so bedeutende ja alles unter sich befassende Bild eines Reiches Gottes ist aber nur der allgemeine Ausdrukk davon, daß im Christenthum aller Schmerz und alle Freude nur in so fern fromm sind als sie auf die Thätigkeit im Reiche Gottes bezogen werden, und daß jede fromme Erregung die von einem leidentlichen Zustande ausgeht im Bewußtsein eines Ueberganges zur Thätigkeit endet.[33]

---

[31] Vgl. Schleiermacher, „Kurze Darstellung", § 23, 334.

[32] CG^2, § 10.2, 83.

[33] CG^2, § 9.2, 79.

Die Bezugnahme auf die Reich-Gottes-Idee ist für die religionsphilosophische Schematisierung geeignet, weil sie ein signifikantes Symbol christlicher Frömmigkeit bildet – wobei dennoch angemerkt sei, dass hier der Reich-Gottes-Gedanke mit einer sehr bestimmten Interpretation verbunden wird. Wenn Schleiermacher nun darauf verweist, dass Freude und Schmerz im Christentum nur in ihrer Umlenkung auf eine gestaltende Tätigkeit einen frommen Wert besitzen, dann sind diese Empfindungszustände *an und für sich* religiös letztlich indifferent. Sie sind so gesehen „Mittel", um „thätige[] Zustände hervorzurufen, wodurch der Gegensaz zwischen dem sinnlich angenehmen und unangenehmen darin überwältigt wird und in den Hintergrund tritt."[34]

Gehört also das Christentum der Gesamttendenz seiner Frömmigkeit nach dem teleologischen Typ an, dann liefe eine Dogmatik des christlichen Glaubens Gefahr, ungenau zu werden, wenn sie das christliche Gottesverhältnis eigens mit einem Begriff symbolisiert, der auf die Erfahrung bloß angenehmer und unangenehmer menschlicher Zustände bezogen ist – d.h. mit einem Begriff von Barmherzigkeit, der ein solches Verständnis andeutet oder zumindest nicht ausschließt.

2.3 Systematisch-dogmatisches Motiv: Barmherzigkeit versus Gerechtigkeit

Ein weiteres Problem für den dogmatischen Gebrauch des Barmherzigkeitsbegriffs entsteht an seiner *Gegenüberstellung zur göttlichen Eigenschaft der Gerechtigkeit*. Schleiermacher diskutiert deren Verhältnis zueinander, indem er zunächst den Begriff der Barmherzigkeit von einer anderen Seite her erneut entwickelt. In ihrer Antithetik zu Zorn und Eifer bedeute Barmherzigkeit eine „Unterdrükkung des Eifers durch das Mitgefühl".[35] Und da die Anwendung dieser Bestimmung auf Gott ebenfalls eine Bereinigung von allen affektiven Zügen erfordert, bestünde eine göttliche Barmherzigkeit schließlich in der „Bereitwilligkeit zum Erlaß der Strafe überhaupt".[36] Hierzu wendet Schleiermacher unter Verweis auf seine Explikation der göttlichen Gerechtigkeit ein, dass die Bereitwilligkeit zum Straferlass schon dieser Eigenschaft immanent sei. Würde man nun die beiden Eigenschaften der Gerechtigkeit und Barmherzigkeit so zueinander stellen, dass die erste das göttliche „Ordnen der Strafe"[37] ausdrücke, die zweite dagegen den Erlass der Strafe, dann würden man in Gott eine Endlichkeit in Form von einander limitierenden Attributen eintragen: „Denn wo die Gerechtigkeit aufhörte, finge die Barmherzigkeit

---

[34] CG², § 9.1, 77. – Zu Schleiermachers religionsphilosophischer Kategorienbildung mitsamt kritischen Anmerkungen hierüber vgl. Dierken, „Wesensbestimmung und Wesensunterscheidung", 231–235.

[35] CG², § 85.2, 528.

[36] Ebd. – Die Gegenüberstellung zum Zorn Gottes hat hier keinen dogmatischen, sondern bloß begrifflich-konstruktiven Wert. Eine dogmatische Lehre vom Zorn Gottes hat Schleiermacher ausdrücklich zurückgewiesen. Vgl. Schütte, „Ausscheidung der Lehre", 387–397.

[37] CG², § 85.2, 528.

an und umgekehrt; ein Verhältniß, welches zwischen göttlichen Eigenschaften nicht statt haben kann."[38] Im Verhältnis zur göttlichen Gerechtigkeit sei daher die Barmherzigkeit entweder ein überflüssiger Ausdruck oder erzeuge sogar eine dogmatische Inkonsistenz.

Dieses Argument ist ausgesprochen voraussetzungsreich, weil ihm nicht allein Schleiermachers Darlegung zur göttlichen Eigenschaft der Gerechtigkeit zugrunde liegt, sondern weil es auch die Berücksichtigung der Architektonik der Glaubenslehre und der Einbettung der Gotteslehre darin verlangt. Schleiermachers Glaubenslehre beansprucht, das christlich-fromme Selbstbewusstsein im Gesamten seiner systematischen Struktur nach zur Darstellung zu bringen. Das christlich-fromme Selbstbewusstsein ist dabei eine Realisierung der allgemein-anthropologischen Form religiösen Bewusstseins, d.h. des Gottesbewusstseins als Gefühl schlechthinniger Abhängigkeit, und artikuliert sich im Besonderen als Erlösungsbewusstsein (CG², § 11), das auf einen „Eindrukk [...] von Christo"[39] zurückgeht. Das Erlösungsbewusstsein bedeutet bei Schleiermacher allgemein das Auftreten des Gottesbewusstseins in einem konkreten Moment menschlichen Bewusstseinslebens, wodurch sich ein subjektives Differenzierungspotential eröffnet: Momente, in denen das Gottesbewusstsein aufleuchtet, werden als ‚bessere' Zustände von ‚schlechteren' unterscheidbar, in denen das Gottesbewusstsein gehemmt ist. Die Erlösung beschreibt so den Übergang von einem schlechteren in einen besseren subjektiven Zustand (§ 11.2). Dabei gewinnt das Erlösungsbewusstsein einen *faktualen* und einen *prozessualen* Charakter, indem einerseits das Aufleuchten des Gottesbewusstseins überhaupt eine „innerliche[] Thatsache"[40] bildet, in welcher andererseits „eine reale Ahndung [...] von der Aufhebung des Zustandes der Erlösungsbedürftigkeit"[41] mitgesetzt ist. Die Richtung dieser Aufhebungstendenz besteht in der Zunahme von Lebensmomenten, in denen das Gottesbewusstsein dominiert.[42] So weist das christlich-fromme Selbstbewusstsein eine dreigliedrige Binnenstruktur auf: Einmal das Bewusstsein der Erlösung, dann das daran entstandene Bewusstsein von der Erlösungsbedürftigkeit, schließlich die beiden gemeinsam zugrundeliegende allgemeine Form religiösen Bewusstseins. Schleiermachers materiale Dogmatik ist nach dieser Struktur – nur in umgekehrter Reihenfolge – gegliedert (§ 29): Im ersten Teil das vorausgesetzte allgemein-religiöse Bewusstsein (§§ 32–61), im zweiten Teil das durch den Gegensatz von Sünde (Erlösungsbedürftigkeit, §§ 62–85) und Gnade (Erlösung, §§ 86–169) bestimmte christlich-fromme Selbstbewusstsein.

---

[38] CG², § 85.2, 529.
[39] CG², § 14.1, 116.
[40] Ebd.
[41] Ebd.
[42] Zum Begriff der Erlösung bei Schleiermacher vgl. Osthövener, *Erlösung*, 58–101; Zarnow, „Erlösung und Erlösungsbedürftigkeit", 2–20.

Wenn nun Schleiermacher für die Lehre von den göttlichen Eigenschaften den Satz aufstellt, dass „[a]lle Eigenschaften, welche wir Gott beilegen, […] nicht etwas besonderes in Gott bezeichnen [sollen], sondern nur etwas besonderes in der Art, das schlechthinige Abhängigkeitsgefühl auf ihn zu beziehen",[43] dann hat dies für die dogmatische Gotteslehre zwei Konsequenzen: Die eine davon ist, dass die Gotteslehre an die dreigliedrige Binnenstruktur des christlich-frommen Bewusstseins gebunden wird und damit in der Dogmatik an drei Orten durchgeführt wird.[44] Die zweite Konsequenz betrifft die logische Form göttlicher Eigenschaften, nach welcher sie in der Dogmatik zu explizieren sind: Das religiöse Bewusstsein als Gefühl schlechthinniger Abhängigkeit weist auf das Göttliche als eine *schlechthinnige Ursächlichkeit* zurück, die zwar auf den Weltzusammenhang bezogen ist, aber selbst nicht unter dessen Gegensätzen stehend und daher differenzlos gedacht wird (§ 51).

Die *göttliche Gerechtigkeit* (§ 84) wird von Schleiermacher dem Bewusstsein der Sünde zugeordnet, d. h. dem Bewusstsein von dem Zustand der in prozessualer Aufhebung begriffenen Erlösungsbedürftigkeit. Sowohl diese Zuordnung als auch die logische Explikationsform göttlicher Eigenschaften verlangen auch beim Gerechtigkeitsbegriff eine begriffliche Eingrenzung. Da eine schlechthinnige Ursächlichkeit auch schlechthin voraussetzungslos zu denken ist, hält es Schleiermacher für angemessener, eine göttliche Gesetzgebung nicht als Gerechtigkeit sondern als Weisheit zu bezeichnen (§§ 84.1 u. 168–169). Der Begriff der Gerechtigkeit wird daher um den Aspekt der gesetzgebenden/verteilenden (distributiven) Gerechtigkeit reduziert und auf den Aspekt der vergeltenden (kommutativen) Gerechtigkeit beschränkt; und dieser wird wiederum eingegrenzt auf die Dimension der strafenden Vergeltung, weil im christlichen Bewusstsein alles, was göttliche Belohnung genannt werden könnte, als etwas „unverdientes und auf die göttliche Gnade zurükkzuführendes"[45] anerkannt wird. Schleiermacher fasst seine dogmatische Bestimmung der göttlichen Gerechtigkeit in dem spannungsreichen Satz zusammen: „Die Gerechtigkeit Gottes ist diejenige göttliche Ursächlichkeit, kraft deren in dem Zustand der gemeinsamen Sündhaftigkeit ein Zusammenhang des Uebels mit der wirklichen Sünde geordnet ist."[46] Das Bewusstsein von der göttlichen Vergeltungsgerechtigkeit wird ins Prinzipielle gewendet, indem sie nicht als die je einzelne Verhängung von Strafen, sondern als generelle Setzung eines Zusammenhangs von Sünde und Übel vorgestellt wird. Damit wird die Strafverhängung zugleich entindividualisiert und von der konkreten Erfahrung einzelner Übel relativ abgekoppelt (§ 77); an ihre

---

[43] CG², § 50 Leitsatz, 300.

[44] Zur systematischen Struktur der Gotteslehre innerhalb der Architektonik der Glaubenslehre vgl. Ebeling, „Schleiermachers Lehre", 327–337.

[45] CG², § 84.1, 519.

[46] CG², § 84 Leitsatz, 517.

Stelle tritt unter Hinweis auf die gemeinsame Sündhaftigkeit das Verhältnis von „Gemeinschuld" und „Gesammtstrafe".[47]

Die mit dieser Auffassung dennoch verbleibenden harmatiologischen Schwierigkeiten einer göttlichen Urheberschaft von Sünde und Übel müssen hier unerörtert bleiben.[48] Hier ist allein die Frage entscheidend, inwiefern mit dem Begriff der göttlichen Gerechtigkeit neben der Strafordnung zugleich auch der Straferlass mitausgedrückt ist, wodurch nach Schleiermacher der Begriff der Barmherzigkeit im Rahmen der Dogmatik obsolet wird. Dies ergibt sich einerseits aus der strengen Beziehung der göttlichen Gerechtigkeit auf das Bewusstsein der Sünde und andererseits aus dem prozessualen Charakter des Erlösungsbewusstseins. Besteht die göttliche Gerechtigkeit in der Setzung des Zusammenhangs von Sünde und Übel, dann lässt sich auch nur am Bewusstsein der Sünde eine Vorstellung von ihr entwickeln. Schleiermacher verdeutlicht dies durch eine Inversion des Gedankens: Wären wir in ein „unsündliches Gesammtleben gestellt"[49], käme uns diese göttliche Ursächlichkeit gar nicht zum Bewusstsein. Doch da das Bewusstsein der Sünde im christlich-frommen Bewusstsein immer schon im Horizont der Gnade und Erlösung steht und nur der systematischen Darstellung halber davon abgesondert wird (§§ 64 u. 79), ist es auch vom prozessualen Charakter des Erlösungsbewusstseins mitgeprägt, sodass „in dem Maaß als die Sünde verschwindet auch diese Verbindung [sc. des Übels mit der Sünde] aufgehoben wird, unabhängig davon, ob sich in dem materiellen des menschlichen Zustandes etwas ändert oder nicht".[50] Dieser Prozess der Aufhebung bildet gleichsam die Kehrseite derselben göttlichen Ursächlichkeit und wird von Schleiermacher schließlich als „Vergeben der Sünde"[51] bezeichnet.

Um nun dieses dritte kritische Motiv zusammenzufassen, lässt sich folgern, dass für Schleiermacher der Begriff der Gerechtigkeit gegenüber dem Begriff der Barmherzigkeit zwei entscheidende dogmatische Vorteile besitzt: (1) Selbst wenn auch der Begriff der Gerechtigkeit nur unter seiner Einschränkung auf die strafende Vergeltungsgerechtigkeit als göttliche Eigenschaft dogmatisch anwendbar ist, so bleibt dieser dennoch innerhalb des semantischen Feldes der Gerechtigkeit und kann daher noch eher im eigentlichen Sinne gebraucht werden als der um seine affektiven Züge bereinigte Barmherzigkeitsbegriff. (2) Und durch die strenge Bindung der göttlichen Gerechtigkeit an das – in prozessualer Aufhebung begriffene – Bewusstsein der Sünde leistet ihre Vorstellung darüber hinaus, auch die Kehrseite ihrer selbst, d.h. neben der Strafordnung auch den Erlass der Strafe, mitauszudrücken; wohingegen der Barmherzigkeitsbegriff für sich genommen nur letzteres zu artikulieren im Stande ist. Soll nun vermieden werden, Barmherzigkeit und Gerechtigkeit

---

[47] CG², § 84.2, 521.
[48] Vgl. Osthövener, *Gottes Eigenschaften*, 56–71.
[49] CG², § 84.2, 519.
[50] Ebd.
[51] CG², § 84.2, 520.

dogmatisch als einander begrenzende Eigenschaften Gottes aufzustellen, weil so die logische Explikationsform schlechthinniger Ursächlichkeit unterlaufern wird, so fällt die Begriffswahl konsequenterweise auf den leistungsstärkeren Ausdruck.[52]

2.4 Exegetisch-hermeneutisches Motiv:
„… wie auch euer Vater barmherzig ist" (Lk 6, 36)

Das vierte und letzte Motiv ist *exegetisch-hermeneutischer* Natur. Für eine Dogmatik als Explikation des christlich-frommen Bewusstseins ist es natürlich unumgänglich, eine gewisse Hellhörigkeit in Bezug auf überlieferte Aussprüche des Erlösers, Jesus von Nazareth, zu pflegen. Einschlägig ist hier der bereits eingangs zitierte Satz aus dem Lukasevangelium „Seid barmherzig, wie auch euer Vater barmherzig ist." Schleiermacher bezieht sich hierauf unter Verweis auf das ihm vorangehende Gebot zur Feindesliebe (Lk 6, 35). In diesem Horizont komme der hier gebrauchte Begriff der Barmherzigkeit in seiner Bedeutung mit dem oben entwickelten – zweiten – Verständnis von Barmherzigkeit als „Unterdrükkung des Eifers durch Mitgehühl"[53] überein. Dieser Befund provoziert die Frage, ob die Prädikation Gottes als ‚barmherzig' in dem Ausspruch Jesu die christliche Dogmatik an den Gebrauch dieses Begriffs im Rahmen der Gotteslehre bindet.

Dies wird von Schleiermacher negativ beurteilt – und zwar aus exegetischen Gründen. Zum einen bestimmt er diesen Ausspruch Jesu der Form nach als eine *Gnome*, worunter Schleiermacher eine kurze und sprichworthafte Lehrform versteht, derer sich Jesus bediente. Eine Gnome konzentriert sich auf die „Anwendbarkeit des Satzes auf verschiedene Fälle", die durch eine inhaltliche „Anschaulichkeit […] bedingt ist".[54] Hierdurch besitzt eine Gnome mitunter auch eine Affinität zum bildlichen Ausdruck. Zum andern verweist Schleiermacher auf die Pragmatik des Ausspruchs. Die Gnome sei Teil einer *asketischen Rede*, die im Modus des Imperativs auf die Aneignung einer Lebensregel zielt (ἄσκησις, Übung).[55] Ist die Prädikation Gottes (bzw. des ‚Vaters') als ‚barmherzig' in ihrer gnomischen Form bereits auch als bildlicher Ausdruck deutbar, so ergibt sich zudem aus dem imperativischen Modus des Ausspruchs, dass seine inhaltliche Hauptsache nicht eine

---

[52] Der Gebrauch des Begriffs der Barmherzigkeit als göttliche Eigenschaft im Bewusstsein der Erlösung/Gnade fällt als Alternative aus, weil er „Uebel und Bewußtsein des Uebels voraussezt" (CG², § 85.1, 528) und sich daher nicht vom Bewusstsein der Sünde einfach isolieren lässt, ohne wiederum begriffliche Schwierigkeiten – nur von einer anderen Seite her – hervorzurufen. Die grundlegendste göttliche Eigenschaft, auf die das Bewusstsein der Erlösung hinweist, findet bei Schleiermacher im Begriff der *Liebe* ihren dichtesten Ausdruck (CG², §§ 166–167). – Vor dem Hintergrund von Schleiermachers dogmatischer Systematik und dem darin zutage tretenden Problembewusstsein erscheint der in Anm. 1 skizzierte Gebrauch des Barmherzigkeitsprädikats bei Wilfried Härle als unterkomplex.

[53] CG², § 85.2, 529.

[54] Schleiermacher, *Leben Jesu*, 407 (Nachschrift Collin).

[55] Vgl. CG², § 15.2, 129.

begrifflich präzise Beschreibung einer Eigenschaft Gottes, sondern ein bestimmtes Verhalten der Adressaten bildet. Schleiermacher fasst zusammen: „Aber die Hauptsache in dieser Gnome ist auch die Aufforderung an die Hörenden, und so war in einer asketischen Rede natürlich, daß das Analoge in Gott, worauf Christus sie hinwies, von ihm auch mit demselben Namen bezeichnet wurde."[56]

3 Schlussbemerkung

Schleiermachers Gotteslehre bildet ein Meisterstück dialektischer Denkarbeit, das begriffliche Präzision mit einer umfassend systematischen Integration vielfältiger Theoriedimensionen verbindet. Die funktionale Differenzierung der Sprachgebiete des Religiösen erlaubt es ihm, die Wärme und Lebendigkeit religiöser Ausdrücke den primären Formen religiöser Kommunikation zu überlassen und ihren sachlichen Gehalt mit den Mitteln einer nüchternen und wissenschaftlichen Begriffsarbeit einer theoretischen Klärung zu unterziehen. Treffend hat Emanuel Hirsch (1888–1972) dies auf den Punkt gebracht, wenn er sagt:

> Daß seine Aussagen über Gott und sein Walten in der Welt, verglichen mit der machtvoll bewegten biblischen Rede von Gott, etwas Unlebendiges haben, wird höchstens ein Narr zu bestreiten wagen. Aber sie wollen auch etwas geben, das jenseits aller Möglichkeiten und Absichten der Bibel liegt: einen nüchternen, unrednerischen, undichterischen Ausdruck für die Erkenntnis Gottes und seines Verhältnisses zur Welt, der sich im wissenschaftlichen Bewußtsein des strengsten kritischen Denkers als lauter und wahrhaftig zu bewähren vermag.[57]

Für den Begriff einer göttlichen Barmherzigkeit scheint es jedenfalls in der theoretischen Anlage der Glaubenslehren keinen Platz zu geben. Dabei ist es erstaunlich, dass Schleiermacher einen ganzen Paragraphen allein der Erörterung des Barmherzigkeitsbegriffs widmet, um ihm schließlich seine mangelnde Brauchbarkeit als Begriff einer göttlichen Eigenschaft im Rahmen einer dogmatischen Gotteslehre zu bescheinigen. Dies fällt umso mehr auf, wenn man berücksichtigt, dass noch in der ersten Auflage der Glaubenslehre (1821/22) die Ausführungen zur Barmherzigkeit keinen eigenen Paragraphen bildeten, sondern als Zusätze dem Paragraphen über die göttliche Gerechtigkeit angefügt wurden.[58] Auf der argumentativen Ebene hat Schleiermacher den Begriff der Barmherzigkeit aus der dogmatischen Gotteslehre ausgegrenzt; im Vollzug seiner dogmatischen Arbeit bildet dieser Begriff aber in beiden Auflagen der Glaubenslehre einen vom ihm sehr ernst genommenen Gegenstand theologischer Reflexion.

---

[56] CG², § 85.2, 529.
[57] Hirsch, *Geschichte*, 5. Bd., 316.
[58] Vgl. Schleiermacher, *Der christliche Glaube*, 1821/22, Teilbd. 1, § 106 Zusatz 2–3, 356–357.

In der Architektonik der Glaubenslehre ist es der Begriff der göttlichen Gerechtigkeit, der zum Begriff der Barmherzigkeit die größte Nähe aufweist, aber auch seine größte Konkurrenz bildet. Als adversatives Begriffspaar verstanden können beide tatsächliche nicht gleichermaßen auf Gott bezogen werden, ohne dabei einen Widerspruch in Gott einzutragen. Dennoch stellt sich die Frage, ob nicht gerade Schleiermachers Ausführungen zur göttlichen Gerechtigkeit eine gewisse Offenheit dafür zeigen, dieser die Barmherzigkeit als präzisierenden Komplementärbegriff zur Seite zu stellen. In der ersten Auflage der Glaubenslehre formulierte Schleiermacher, dass „die Barmherzigkeit Gottes recht verstanden nichts anderes ist als seine Gerechtigkeit nur von einer andern Seite angesehen."[59] Schleiermachers Argument für die Bevorzugung des Gerechtigkeitsbegriffs bestand im Kern darin, dass in seiner Explikation neben dem Ordnen der Strafe bereits deren Erlass mitbedacht wurde. Die Wichtigkeit dieses Doppelaspekts lässt aber auch die Frage zu, ob er mit dem Begriff der Gerechtigkeit *allein* überhaupt angemessen zur Sprache kommen kann. Ähnlich wie Schleiermacher schon bei den göttlichen Eigenschaften der Allmacht und Ewigkeit darauf hingewiesen hat, dass man hier besser sagen müsste, Gott „sey allmächtig-ewig und ewig-allmächtig",[60] so könnten auch die Eigenschaften der Gerechtigkeit und Barmherzigkeit in ein Verhältnis wechselseitiger Präzision gestellt werden, um *derselben* göttlichen Ursächlichkeit Ausdruck zu verleihen – natürlich unter Berücksichtigung der nötigen begrifflichen Eingrenzungen. Demnach wäre Gottes Barmherzigkeit als gerecht zu bezeichnen, sofern sie die Folgen der Sünde nicht verharmlosend überspielt, und Gottes Gerechtigkeit wäre als barmherzig zu bezeichnen, indem sie den Zusammenhang von Sünde und Übel für dessen Aufhebung durch die Erlösung offenhält.

Literaturverzeichnis

Dierken, Jörg, „Wesensbestimmung und Wesensunterscheidung. Monotheismus und Erlösung als Religionskategorien bei Schleiermacher", in: Barth, Roderich u.a. (Hg.), *Christentum und Judentum*, Schleiermacher-Archiv 24, Berlin/Boston 2012, 228–242.

Ebeling, Gerhard, „Schleiermachers Lehre von den göttlichen Eigenschaften", in: Ders., *Wort und Glaube 2. Beiträge zur Fundamentaltheologie und zur Lehre von Gott*, Tübingen 1969, 305–342.

Härle, Wilfried, *Dogmatik*, Berlin/Boston ⁴2012.

Hirsch, Emanuel, *Geschichte der neuern evangelischen Theologie im Zusammenhang mit den allgemeinen Bewegungen des europäischen Denkens*, 5 Bde., Gütersloh ³1964.

Osthövener, Claus-Dieter, *Die Lehre von Gottes Eigenschaften bei Friedrich Schleiermacher und Karl Barth*, TBT 76, Berlin/New York 1996.

–, *Erlösung. Transformation einer Idee im 19. Jahrhundert*, BHTh 128, Tübingen 2004.

---

[59] Schleiermacher, *Der christliche Glaube*, 1821/22, Teilbd. 1, § 106 Zusatz 3, 357.

[60] CG², § 51.1, 310.

Quenstedt, Johann Andreas, *Theologia didactico-polemica sive systema theologicum*, pars I. & II., Wittenberg 1685.

Reinhard, Franz Volkmar, *Vorlesungen über die Dogmatik*, hg. v. Berger, Johann Gottfried Immanuel, vermehrt von Schott, Heinrich August, Sulzbach [5]1824.

Schleiermacher, Friedrich, *Der christliche Glaube nach den Grundsätzen der evangelischen Kirche im Zusammenhange dargestellt*, 1821/22, 2 Teilbde., hg. v. Peiter, Hermann, Kritische Gesamtausgabe [= KGA] I/7.1–2, Berlin 1980.

–, „Kurze Darstellung des theologischen Studiums zum Behuf einleitender Vorlesungen", [2]1830, in: *Universitätsschriften. Herakleitos. Kurze Darstellung des theologischen Studiums*, hg. v. Schmid, Dirk, KGA I/6, Berlin/New York 1998, 317–446.

–, *Der christliche Glaube nach den Grundsätzen der evangelischen Kirche im Zusammenhange dargestellt*, [2]1830/31, 2 Teilbde., hg. v. Schäfer, Rolf, KGA I/13,1–2, Berlin/New York 2003.

–, *Vorlesungen über das Leben Jesu. Vorlesung über die Leidens- und Auferstehungsgeschichte*, hg. v. Jaeschke, Walter, KGA II/15, Berlin/Boston 2018.

Schütte, Hans Walter, „Die Ausscheidung der Lehre vom Zorn Gottes in der Theologie Schleiermachers und Ritschls", in: *NZSTh* 10 (1968), 387–397.

Thomas von Aquin, *Summa Theologiae*, I q. 1–49, in: *Sancti Thomae Aquinatis doctoris angelici opera omnia issu impensaque Leonis XIII P. M. edita*, tomus quartus, Rom 1888.

Zarnow, Christopher, „Erlösung und Erlösungsbedürftigkeit in der Einleitung von Schleiermachers Glaubenslehre", in: *KuD* 59 (2013), 2–20.

Miséricorde, pitié und Empathie

Narrativierung fremden Leids in Victor Hugos
Le Dernier jour d'un condamné[1]

Iris Roebling-Grau

Als Victor Hugo 1829 mit 27 Jahren *Le Dernier jour d'un condamné* (*Der letzte Tag eines Verurteilten*) publizierte, den fiktiven Bericht eines Zum-Tode-Verurteilten, wurden Hinrichtungen noch auf der zentralen Place de Grève im Stadtzentrum von Paris unter den Augen der Schaulustigen durchgeführt. Vielleicht haben die direkten Eindrücke von einem solchen Spektakel den jungen Autor zu seiner Schrift veranlasst, wie seine Tochter im Tagebuch vermerkte.[2] Vielleicht war aber auch eine langjährige moralische Empörung ausschlaggebend, die, wie im später verfassten Vorwort zu lesen ist, im Anschluss an die Aufsehen erregende Hinrichtung von Honoré Ulbach, eines Mörders aus Eifersucht, so laut wurde, dass Hugo sich entschloss, seine Mittel als Schriftsteller gegen die staatliche Form des Mordens einzusetzen.[3] Aber auch wenn sich die Motivation des Autors nicht mehr rekonstruieren lässt, so scheint dieser Akt des Schreibens mit einer Gewissensfrage verbunden gewesen zu sein. Über sich selbst als Verfasser des nachfolgenden Romans schreibt Hugo in der dritten Person: „Un jour enfin, c'était, à ce qu'il croit, le lendemain de l'exécution d'Ulbach, il se mit à écrire ce livre. Depuis lors il a été soulagé. Quand un de ces crimes publics, qu'on nomme exécutions judiciaires, a été commis, sa conscience lui a dit qu'il n'en était plus solidaire ; et il n'a plus senti à son front cette goutte de sang qui rejaillit de la Grève".[4] Hugo positionierte sich früh gegen die Todesstrafe und plädierte zeitlebens für deren Abschaffung. Noch in seinem Gedicht *L'échafaud*

---

[1] Ich danke Prof. Ute Frevert sowie den HerausgeberInnen für hilfreiche Kommentare zu diesem Beitrag.
[2] Cazaban, „Un engagement précoce", 6.
[3] Vgl. zur Entwicklung Victor Hugos: Comeau, „Poète engagé", 59–77, 59–62.
[4] Hugo, „Préface de 1832", 28 („Eines Tages, es war, soweit er weiß, der Tag nach der Hinrichtung von Ulbach, begann er schließlich damit, dieses Buch zu schreiben. Seitdem war er erleichtert. Wenn eines der öffentlichen Verbrechen, die man gerichtliche Hinrichtungen nennt, durchgeführt wurde, hat sein Gewissen ihm gesagt, dass er damit nicht mehr solidarisch war und er hat auf seiner Stirn nicht mehr den Blutstropfen gespürt, der auf der Grève hochspritzt."). Die Übersetzungen sind, soweit nicht anders angegeben, von mir.

von 1856 beschreibt das lyrische Ich den erschreckenden Anblick des Fallbeils am
Abend, nachdem alle den öffentlichen Platz wieder verlassen haben, und fragt
sich, ob hier nicht, obgleich die Menge sich ganz einverstanden gezeigt hatte, ein
Unrecht geschehen sei: „— Est-ce au ciel que ce fer a fait une blessure? Pensai-je.
Sur qui donc frappe l'homme hagard?"[5] Diese Umkehrung der Schuldverhältnisse
strukturiert auch den Roman *Le Dernier jour d'un condamné*. Im moralischen
Zwielicht steht weniger der Verbrecher, der aus der Ich-Perspektive erzählt, als die
Instanz, welche die Strafe verhängt und vollzieht. Insbesondere in dem Vorwort, das
Hugo seinem Text 1932 nachgereicht hat, wird diese Aufteilung deutlich: Während
der Verurteilte als armes Waisenkind, guter Vater, Bruder, Ehemann und Freund[6]
beschrieben wird, erfüllt die Gegenseite die Kriterien des Monströsen. Dass nach
einer kurzen Zeit der Aussetzung einzelne erneut beherzt nach der Todesstrafe
rufen, kann Hugo nicht verstehen: „[I]l faut qu'il se soit passé dans le cœur de cet
homme-là [gemeint ist ein Beamter des Justizministeriums, I. R.-G.] quelque chose
de bien monstrueux."[7]

Gestützt wird diese Gegenüberstellung durch die noch aus dem 18. Jahrhundert
bekannten Argumente gegen die staatlich legitimierte Hinrichtung, die sich ebenfalls in dem erwähnten Vorwort finden. Maßgeblich hatte Cesare Beccaria 1764 in
Dei delitti e delle penne die Einwände formuliert. Seine Argumentation ist utilitaris-
tisch und lässt sich in dem Gedanken bündeln, dass eine Ermordung des Mörders
der Gemeinschaft nicht zum Nutzen gereiche, sondern ihr vielmehr schade. Wäre
die Praxis nämlich auf den allgemeinen Nutzen ausgerichtet, müsste man die Täter
zu lebenslanger Zwangsarbeit verpflichten. Denn nur der Anblick eines unfreien
Geächteten wirke ausreichend abschreckend, wohingegen der Anblick des zum
Schafott Geführten die Umstehenden zu einer mitleidigen Anteilnahme bewege,
die dem Täter am Ende sogar zum Trost gereiche.[8] Dass auch diese zweckorientier-
te Argumentation ihren Fluchtpunkt im Humanismus und in einer noch nicht
normierten Vorstellung von Menschenrechten hat, verleiht dem Text seine Ambivalenz.[9] In Frankreich hat Voltaire diesen einflussreichen Beitrag kommentiert. In
Des délits et des peines von 1766 bezieht er sich hörbar auf den Italiener, wenn er
ausführt, dass Zwangsarbeit der Todesstrafe vorzuziehen sei.[10] Allerdings betont
Voltaire, dass nicht Utilitarismus, sondern ein Ideal der Menschlichkeit der Strenge
des Gesetzes entgegenstehen müsse.

---

[5] Hugo, „L'Échafaud", 165 („Hat dieses Eisen dem Himmel eine Verletzung zugefügt?, fragte
ich mich. Wen sonst schlägt der verstörte Mensch?").

[6] Hugo, *Dernier jour*, 46f.

[7] Hugo, *Dernier jour*, 37 („Es muss im Herzen dieses Mannes etwas ziemlich Schreckliches
passiert sein.").

[8] Beccaria, *Dei delitti e delle pene*, 91.

[9] Rother, „Beccarias Kritik", 185–199, 192f.

[10] Voltaire, *Commentaire sur le livre des délits et des peines*, 41.

Der utilitaristische Grundton klingt auch bei Hugo noch nach. Wenn der Autor der französischen Romantik beklagt, dass Familienväter hingerichtet würden, erwähnt er nicht allein das emotionale Leid der zurückgelassenen Kinder, sondern verweist auch auf deren ökonomische Situation, die ein zu lebenslanger Zwangsarbeit Verurteilter selbst aus dem Gefängnis heraus noch verbessern könnte: „Cet homme, ce coupable qui a une famille, séquestrez-le. Dans sa prison, il pourra travailler encore pour les siens."[11] Subtil wird hier die gefühlvolle Seite der Argumentation, die sich gegen die Zerschlagung der Familien richtet, um wirtschaftliche Gesichtspunkte ergänzt. Außerdem könnten Wiederholungstaten auch durch bloße Inhaftierung verhindert werden,[12] womit Hugo ein weiteres klassisches Argument der Gegenseite entkräftet sieht. Ebenso wenig teilt er die Einschätzung, dass allein die Todesstrafe Prävention durch Abschreckung garantieren könne.[13] Gestützt wird die pragmatisch-utilitaristische Überlegung durch den grundlegenden philosophisch-weltanschaulichen Einwand, dass Mord ein Verbrechen bleibe, unabhängig davon, ob ein Einzelner es verübe oder der Staat. Sobald dieser Mord mit Mord sanktioniere, übernehme er die Rolle des Rächers, die zu übernehmen ihm nicht zustehe. Die genannten Einwände sind fester Bestandteil einer „Philosophie zur Todesstrafe".[14] Wenn Hugo sie reformuliert, erweitert er sie allerdings signifikant, indem er eine theologische Perspektive hinzufügt: „Se venger est de l'individu, punir est de Dieu."[15] Das Recht über Leben und Tod soll folglich in der Hand Gottes verbleiben. Seine Position als Schöpfer wird an anderer Stelle deutlich, wenn Hugo beklagt, dass Scharfrichter nicht verurteilt würden: „Et aucun tribunal ne s'est enquis de cette monstrueuse extermination de toutes les lois sur la personne sacrée d'une créature de Dieu!"[16] Der Akt der Hinrichtung wird nicht nur als menschliche Anmaßung eingestuft, sondern überdies als Grenzüberschreitung in den Bereich des Heiligen, als dessen Restbestand die Menschlichkeit des Verurteilten, seine Person, ausgemacht wird. Dieser Hintergrund religiöser Vorstellungen charakterisiert Hugos Text. Sie machen den Roman gegen die Todesstrafe zu einem Werk, in dem zentral auch die Thematik der Barmherzigkeit verhandelt und mit den Mitteln der Literatur im 19. Jahrhundert vergleichsweise modern inszeniert wird.

---

[11] Hugo, *Dernier jour*, 47 („Diesen Menschen, diesen Schuldigen, der eine Familie hat, schließen Sie ihn weg. In einem Gefängnis kann er für die Seinen noch arbeiten.").

[12] Hugo, *Dernier jour*, 41.

[13] Hugo behauptet, dass nach Abschaffung der Todesstrafe überall auch die Kriminalitätsrate gesunken sei. Hugo, *Dernier jour*, 48.

[14] Pieper, „Klassiker der Philosophie zur Todesstrafe", 171.

[15] Hugo, *Dernier jour*, 42 („Rache fällt dem Einzelnen zu, Strafe fällt Gott zu.").

[16] Hugo, *Dernier jour*, 39 („Und kein Straftribunal hat sich dieser monströsen Auslöschung aller Gesetzgebung über die heilige Person einer göttlichen Kreatur angenommen.").

1 Charité, miséricorde, pitié – die Terminologie der Debatte über die Todesstrafe

Der deutschen ‚Barmherzigkeit' entsprechen im Französischen zwei Lexeme: *Miséricorde* (Barmherzigkeit) und *charité* (Nächstenliebe) geben das deutsche sich erbarmende Herz wieder,[17] wobei Erstere etymologisch über die lateinische *misericordia* sowohl eine Vorstellung von Elend und Armut (lat. *miser* – arm) als auch die Idee des Herzens (lat. *cor*) enthält, während *charité* direkt von der lateinischen *caritas* abgeleitet wird.[18] Entsprechend dem bei Hugo verhandelten Szenario einer Gefangenschaft und anstehenden Hinrichtung steht in dem Roman Barmherzigkeit (*miséricorde*) konkret als juristisches Erbarmen und richterliche Gnade im Vordergrund. Unmissverständlich werden die Lesenden als Richtende adressiert: „Ce livre est adressé à quiconque juge."[19] Ihr Herz will der Autor milde stimmen. Allerdings werden an diese nachsichtige Gesinnung hohe Ansprüche gestellt. Einzig auf das Wohl eines anderen soll sie gerichtet sein und damit frei von egoistischen Erwägungen.

Ein vermeintlich historisch-realer Moment dient Hugo zur Veranschaulichung dieser Forderung. Im Oktober 1830 sollen einzelne Abgeordnete in der Nationalversammlung einmal mehr versucht haben, die Todesstrafe abzuschaffen. Lange sei es kontrovers hin- und hergegangen, lautstark und emotional, bis es plötzlich so aussah, als seien die Gesetzgeber in ihrem Innersten von einem wundersamen Erbarmen (*miséricorde*) ergriffen worden. Warum diese emotionale Anteilnahme? Hugos Antwort fällt spöttisch aus. Nicht etwa Menschenliebe sei es gewesen, die die Herzen der Juristen bewegt habe, sondern schlichtes Eigeninteresse. Vier ‚Männer von Welt', vier Minister, waren inhaftiert worden und harrten aus in ihren Zellen. Nur der hohe soziale Stand der jüngst Verurteilten sei verantwortlich gewesen für die plötzliche politische Initiative. Sich sprachlich in die Position der Abgeordneten versetzend und diese dabei persiflierend, schreibt Hugo: „Ce n'est pas à cause de vous, peuple que nous abolissons la peine de mort, mais à cause de nous, députés, qui pouvons être ministres. Nous ne voulons pas que la mécanique de Guillotin morde les hautes classes. Nous la brisons."[20] Das Rollenspiel gibt Hugo die Möglichkeit der ironischen Distanzierung. Damit diffamiert er den Impuls dieser vermeintlich altruistischen Nächstenliebe als Pose, die letztlich nur das Eigene im Blick hat. Es ist interessant, dass Hugos Kritik an den Abgeordneten nicht durch

---

[17] *Langenscheidts Großwörterbuch Französisch.* Teil II, 118.

[18] *Le Nouveau Petit Robert. Dictionnaire alphabétique et analogique de la langue française*, Paris ²1994, 348.

[19] Hugo, „Préface de 1832", 26 („Dieses Buch wendet sich an alle, die richten.").

[20] Hugo, „Préface de 1832", 33 („Nicht euretwegen, Volk, schaffen wir die Todesstrafe ab, sondern unseretwegen, der Abgeordneten wegen, die Minister sein können. Wir wollen nicht, dass der Mechanismus der Guillotine die oberen Klassen ermordet. Wir zerstören sie.").

das einschlägige Evangelium gedeckt ist. Die mit Bezug auf Gottvater angeratene Barmherzigkeit beim Richten anderer wird bei Lukas explizit rückgebunden an ein egoistisches Interesse: „Seid barmherzig, wie auch euer Vater barmherzig ist. Und richtet nicht, so werdet ihr auch nicht gerichtet" (Lk 6,36). Barmherzigkeit gewinnt hier ihr Profil in der Form einer *imitatio Dei*.[21] Als Motivation aber wird ein Eigeninteresse angeführt, das die Gläubigen anleitet. Um selbst nicht gerichtet zu werden, sollen sie davon absehen, über andere zu richten. Hugo hingegen, der seinen Roman explizit an diejenigen adressiert, die richten („à quiconque juge"[22]), skizziert das Konzept einer gänzlich selbstlosen Barmherzigkeit.

Gleichwohl bestimmt eine religiöse Stoßrichtung seine Argumentation, was in dem fulminanten Schlussakkord, den Hugo seinem Vorwort verleiht, besonders deutlich wird. Skizziert wird die Zukunftsvision für eine neue Gesellschaftsordnung, in der Verbrechen wie Krankheiten angesehen würden, die man nicht ausmerzen, sondern heilen müsse. Als Medizin schlägt der Autor *charité* vor: „On versera le baume et l'huile où l'on appliquait le fer et le feu. On traitera par la charité ce mal qu'on traitait par la colère. Ce sera simple et sublime. La croix substituée au gibet. Voilà tout."[23]

Auch diese *charité* ist ein Teilmoment von ‚Barmherzigkeit', akzentuiert aber einen weiteren Aspekt: Nicht richterliches Erbarmen (*miséricorde*) ist gemeint, sondern allgemeine Nächstenliebe. Wie groß die Tragweite dieser Nächstenliebe als *charité* ist, zeigt nicht zuletzt der mit 183 Spalten umfangreiche Artikel aus dem *Dictionnaire de spiritualité ascétique et mystique*. Nachdem die Autoren des entsprechenden Abschnitts ausgeschlossen haben, was alles nicht gemeint sei,[24] kommen sie zu einer positiven Definition: „C'est un amour tout spirituel, qui part de plus haut que l'homme ou la nature et remonte aussi plus haut. Il a sa source dans l'amour que nous portons à Dieu; et dans les créatures mêmes, c'est à Dieu qu'il s'arrête, en qui seul il a sa fin."[25] Als biblische Grundlage hierfür fungiert das Jesuswort Mt 22,37–39: „‚Du sollst den Herrn, deinen Gott, lieben von ganzem Herzen, von ganzer Seele und von ganzem Gemüt.' Dies ist das höchste und größte Gebot. Das andere aber ist ihm gleich: ‚Du sollst Deinen Nächsten lieben wie

---

[21] Koehler, „Miséricorde", 1313.

[22] Hugo, „Préface de 1832", 26 („Dieses Buch wendet sich an alle, die richten.").

[23] Hugo, „Préface de 1832", 51 („Wir werden Balsam und Öl ausgießen, wo man Eisen und Feuer einsetzte. Mit Nächstenliebe werden wir das Übel heilen, das man mit Wut behandelte. Es wird einfach und erhaben sein. Das Kreuz an der Stelle des Galgens. Mehr nicht.").

[24] Die hier gemeinte Nächstenliebe sei nicht zu verwechseln mit einem spontanen Gefühl der Zuneigung zu uns ähnlichen Mitmenschen. Sie sei auch zu unterscheiden von einem Impuls persönlicher Sympathie gegenüber einem Einzelnen. Viller/Monier-Vinard, „Charité envers le prochain", 649.

[25] Ebd. („Das ist eine ganz spirituelle Liebe, die von oberhalb des Menschen oder der Natur ausgeht und die auch höher aufsteigt. Sie hat ihren Ursprung in der Liebe, die wir Gott entgegenbringen; und in den Kreaturen selbst hält sie an Gott fest, in dem allein sie ihr Ziel hat.").

Dich selbst'."[26] Die hier erkennbare Verquickung von Gottes- und Nächstenliebe wird mit Rekurs auf Clemens von Alexandria zuvor als Liebe zu den Sündern erläutert, in denen man Geschöpfe Gottes erkennen solle: „Dieu, répond Clément d'Alexandrie, ne nous demande pas d'aimer le mal. Il nous commande d'aimer le voleur, l'impie, l'adultère non en tant qu'ils sont pêcheurs, mais en tant qu'ils sont hommes et créatures de Dieu"[27].

Der Gedanke führt noch einmal zurück zur Forderung nach der Abschaffung der Todesstrafe, die mit ihrem Urteilsspruch auch an etwas Heiliges rühre.[28] *Miséricorde* und *charité* ergänzen einander in dieser Perspektive und vermitteln distinkte Seiten dessen, was man im Deutschen ‚Barmherzigkeit' nennt, wobei sie einen jeweils unterschiedlichen Bezug zu Gott artikulieren. *Miséricorde* ist als richterliche Barmherzigkeit Nachahmung des barmherzigen Gottes (Lk 6,36); *charité* ist als allgemeine Nächstenliebe, die auch im Sünder ein Geschöpf Gottes erkennt, Liebe zu Gott.

In Hugos Vorwort zu *Le dernier jour d'un condamné* kommt schließlich noch ein dritter Terminus ins Spiel. Zwar kann er nicht zu den Übersetzungen für die deutsche Barmherzigkeit gezählt werden, aber auch er konstituiert das semantische Feld, das hier interessiert. Gemeint ist das Mitleid, *la pitié*. Hugo ruft diese Regung zweimal auf. An beiden Stellen wird eine aufrichtige Anteilnahme beschrieben. An der einen Stelle geht es um eine missglückte und deswegen sich hinziehende Hinrichtung, bei der das Beil im Hals des Delinquenten steckenbleibt und daher mehrfach wieder hochgezogen werden muss, um jedes Mal die Qualen des Opfers noch zu steigern. Wer einem solch grausamen Schauspiel beiwohnt, den packt unweigerlich das Mitleid: „La foule, pleine de pitié, était sur le point de forcer les gendarmes et de venir à l'aide du malheureux qui avait subi cinq fois son arrêt de mort."[29] Aus dem unmittelbaren Anblick des fremden Leids entsteht der affektive Gehalt dieser Anteilnahme. Aber was Hugo unter Mitleid fasst, erschöpft sich nicht in dem spontanen Impuls. *Pitié* enthält auch eine stärker kognitive Komponente. Diese manifestiert sich an anderer Stelle, wenn die Zuschauer ihr Entsetzen in den Versuch münden lassen, den leidenden Anderen nicht nur zu betrachten, sondern in seiner Situation zu verstehen. Um zu erläutern, dass er keineswegs für die Hinrichtung der Verurteilten sei, sondern lediglich die Motivation der Abgeordneten bei der Abschaffung der Todesstrafe in Frage stellt, wirft Hugo

---

[26] Alle deutschen Bibelzitate werden zitiert nach: *Die Bibel. Nach der Übersetzung Martin Luthers. Mit Apokryphen*, Stuttgart 1999.

[27] Farges/Viller, „La charité chez les pères", 567 („Gott, antwortet Clemens von Alexandria, verlangt nicht, dass wir das Böse lieben. Er befiehlt uns, den Dieb, den Gottlosen und den Ehebrecher nicht als Sünder zu lieben, sondern als Menschen und Geschöpfe Gottes.").

[28] Hugo, *Dernier jour*, 39.

[29] Hugo, *Dernier jour*, 38 („Die Menge, voll des Mitleids, war kurz davor, die Schutzmänner zu bezwingen und diesem armen Unglücklichen, der die Todesstrafe fünf Mal erlitten hatte, zu Hilfe zu eilen.").

einen zweiten Blick auf die Angeklagten. Er spricht von sich selbst im Pluralis Modestiae: „Nous avons songé aux préjugés d'éducation de quelques-uns d'entre eux, au cerveau peu développé de leur chef [...], blanchi avant l'âge sous l'ombre humide des prisons d'État [...], surtout à la dignité que l'un d'eux répandait comme un manteau de pourpre sur leur malheur."[30] Dieses Interesse an der Situation der Gefangenen, die Einfühlung in ihr Leid, nennt Hugo „une profonde pitié": „Une fois ces infortunés arrêtés, la colère indignée que nous avait inspiré leur attentat c'est changée, chez nous comme chez tout le monde, en une profonde pitié."[31] Die Aufzählung dieser Details lässt erkennen, dass nicht allein der Anblick des Unglücks das Herz des Betrachters ergreift, sondern dass eine Anteilnahme stattfindet, die sich um ein Verständnis der fremden Situation und Erfahrung bemüht. Um zu unterstreichen, dass es ihm um Einfühlung in eine dezidiert fremde Lebenssituation geht, fügt Hugo an die Adresse der Parlamentarier gewandt vorwurfsvoll hinzu, dass ihnen dieses Gefühl bei einem Straßendieb („voleur de grand chemin") oder einem Bettler („un de ses misérables") wahrscheinlich gar nicht möglich gewesen wäre.[32] Die beschriebene Geisteshaltung ist noch kein Erbarmen, sie ist auch nicht gleichzusetzen mit Nächstenliebe, steht aber mit beidem in Verbindung. Sie ist – um damit bereits die zentrale These des Beitrags vorwegzunehmen –, was man mit dem heutigen Sprachgebrauch Empathie nennen kann.[33]

Wie lassen sich die Konturen dieses tiefen, Anteil nehmenden Mitleids bestimmen? Im Vergleich zu *miséricorde* und *charité* ist *pitié* ein säkularer Begriff. Das *Dictionnaire de spiritualité ascétique et mystique* kommt ganz ohne entsprechendes Lemma aus. Einen umso interessanteren Eintrag hält jedoch die von den Aufklärern Jacques Diderot und D'Alembert herausgegebene *Encyclopédie* bereit:

C'est un sentiment naturel de l'âme [sic], qu'on éprouve à la vue des personnes qui souffrent ou qui sont dans la misère. Il n'est pas vrai que la pitié doive son origine à la réflexion, que nous sommes tous sujets aux mêmes accidents; parce que c'est une passion que les enfants

---

[30] Hugo, *Dernier jour*, 32 („Wir haben an die Vorurteile aus der Erziehung einiger unter ihnen gedacht, an den zurückgebliebenen Geist ihres Anführers [...], vor der Zeit ergraut im feuchten Schatten der Staatsgefängnisse [...], vor allem an die Würde, mit der einer von ihnen gleichsam einen Purpurmantel über ihr Unglück legte.").

[31] Ebd. („Nachdem diese Unglücklichen einmal festgenommen waren, hat sich bei uns wie bei allen die empörte Wut, die ihr Attentat uns einflößte, in tiefes Mitleid gewandelt.").

[32] Hugo, *Dernier jour*, 33.

[33] Die Definitionen von Empathie sind zahlreich und weichen teilweise stark voneinander ab. Ein grundlegendes Verständnis skizziert Susanne Schmetkamp im Abschlusskapitel ihrer Einführung: „Sie [Empathie, I. R.-G.] ist auch ein Weg, die eigene Freiheit und die der Anderen, ihre Wünsche, Erfahrungen, Interessen zu erkennen und anzuerkennen und sich gegenseitig als zugleich unabhängige und abhängige, individuelle und gemeinschaftliche Wesen (besser) zu verstehen." Schmetkamp, *Empathie*, 192. Vgl. zur Begriffsdefinition von Empathie außerdem Batson, „Empathy", 1–16. Ein solches Verständnis lässt sich auch Hugos Text entnehmen. Wie es sich von rein affektivem Mitleid unterscheidet und wie Hugo versucht, diese Empathie zu wecken, soll im Folgenden gezeigt werden.

& que les personnes incapables de réfléchir sur leur état ou sur l'avenir, sentent avec le plus de vivacité.[34]

Der von dem Chevalier Louis de Jaucourt (D.J.), einem der eifrigsten Beiträger der *Encyclopédie*, verfasste Abschnitt liest sich, als sei er einer lebendigen Diskussion entnommen („Il n'est point vrais […]"/„Es ist nicht wahr […]"), in der die eine Seite einer bereits im Raum stehenden Position widerspricht und richtig stellt, dass Mitleid mitnichten immer in der Furcht begründet liege, das beobachtete fremde Schicksal könnte einen bald selbst ereilen und sei deswegen nicht nur zu fürchten, sondern auch zu teilen, zu be-mit-leiden. Vielmehr sei Mitleid eine von solchen Wahrscheinlichkeitsüberlegungen völlig unabhängige Regung, könnten doch auch kleine Kinder sie bereits empfinden. Im Anschluss an die zitierte Passage lobt der Autor das Mitleid noch einmal ausdrücklich als Regung des Herzens, die mehr Gutes bewirke als die Philosophie.

Auch wenn Louis de Jaucourt an dieser Stelle seinen Gegenpart verschweigt, ist es vielleicht nicht verfehlt, auf Jean-Jacques Rousseau als möglichen Stichwortgeber zu verweisen. Der 12. Band ‚Parl–Pol' der *Encyclopédie* erschien 1765. Die Publikation von *Émile, ou de l'éducation* lag zu diesem Zeitpunkt drei Jahre zurück. Das Werk hatte Furore gemacht. Voltaire hatte es attackiert, aber auch das Parlament in Paris hatte sich für ein Verbot ausgesprochen.[35] Immer wieder findet man in dem Text explizit antimonarchistische Ansichten.[36] Dass Louis de Jaucourt von Rousseaus philosophisch-literarischer Schrift zur Kindererziehung keine Kenntnis hatte, kann damit wohl ausgeschlossen werden. Umso interessanter erscheint die Tatsache, dass dieses Werk an prominenter Stelle auch eine Theorie des Mitleids enthält. Sie befindet sich im vierten Kapitel, in dem die Rolle der Leidenschaften und die Bedeutung der Religion verhandelt werden. Plakativ schnürt Rousseau seine Überlegungen zu drei Maximen zusammen. Die erste betrifft die Relationalität des Mitleids: „Il n'est pas dans le cœur humain de se mettre à la place des gens qui sont plus heureux que nous, mais seulement de ceux qui sont plus à plaindre."[37] Diese Absage an die Mit-Freude in Abgrenzung zum Mit-Leid liegt vielleicht darin begründet, dass Rousseau Mitleid zwar ebenfalls für eine frühe kindliche Regung hält, es gleich-

---

[34] De Jaucourt, „Pitié", 663f. („Es ist ein natürliches Gefühl der Seele, das man angesichts von leidenden Personen empfindet, denen es schlecht geht. Es ist nicht wahr, dass das Mitleid seinen Ursprung der Überlegung verdankt, dass wir alle derselben Unbill ausgesetzt sind, denn es handelt sich um eine Leidenschaft, welche Kinder und Personen, die unfähig sind, über ihren Zustand und über die Zukunft nachzudenken, mit der größten Lebhaftigkeit verspüren.").

[35] Launey, „Chronologie", 8.

[36] So zum Beispiel im dritten Buch: „Je tiens pour impossible que les grandes monarchies de l'Europe aient encore longtemps à durer". Rousseau, *Émile*, 252.

[37] Rousseau, *Émile*, 289. „Der Mensch kann sich nicht in die Lage derer versetzen, die glücklicher sind, nur in die Lage derer, die unglücklicher sind." Die deutschen Rousseau-Übersetzungen stammen aus: Jean-Jacques Rousseau, *Emil oder Über die Erziehung*, übers. von Ludwig Schmidts, Paderborn [12]1995 (= Rousseau, *Emil*), hier 224.

zeitig aber an eine bewusste Beobachtung fremden Leids bindet. Im Zuge dessen sei es nötig, das fremde Leid zum eigenen ins Verhältnis setzen zu können, denn nur diese eigene Erfahrung eröffne den Zugang zum Schmerz und Kummer der anderen. Mitleid ist damit abhängig von einer ausdrücklichen Selbstwahrnehmung und Selbsteinschätzung, während Mit-Freude als ein weniger bewusstes Phänomen der Ansteckung verstanden werden könnte.

Trotz dieser im Grunde egozentrischen Ausrichtung des Mitleids erkennt Rousseau darin sehr wohl ein ernsthaftes Bemühen um eine Perspektive, die auf den anderen ausgerichtet ist, um dessen Position einzunehmen: „En effet, comment nous laissons-nous émouvoir à la pitié, si ce n'est en nous transportant hors de nous et nous identifiant avec l'animal souffrant, en quittant, pour ainsi dire, notre être pour prendre le sien?"[38] Dieses Sich-Hineinversetzen in den anderen, der hier auf die kreatürliche Stufe des Tieres reduziert ist, wird als Imaginationsleistung beschrieben: „Ainsi nul de devient sensible que quand son imagination s'anime et commence à le transporter hors de lui."[39]

Die zweite und dritte Maxime präzisieren diese Basisannahmen, akzentuieren dabei allerdings die Selbstbezüglichkeit. Zum einen stellt Rousseau fest, dass man nur Leiden bedauern könne, von denen man sich selbst nicht ausgenommen glaube.[40] Zum anderen will er wissen, dass die Anteilnahme sich keineswegs an dem objektiven Leid des anderen bemesse, sondern durch das Maß der emotionalen Aufmerksamkeit reguliert werde, das man der leidenden Person entgegenbringe: „La pitié qu'on a du mal d'autrui ne se mesure pas sur la quantité de ce mal, mais sur le sentiment qu'on prête à ceux qui le souffrent."[41]Diese Theorie weist die Regung

---

[38] Rousseau, *Émile*, 289; *Emil*, 224: „Wie sollen wir in der Tat vom Mitleid bewegt werden, wenn wir uns nicht selbst vergessen und mit dem leidenden Tier identifizieren, indem wir sozusagen unser Ich verlassen und seines annehmen?".

[39] Rousseau, *Émile*, 289; *Emil*, 224: „Man wird nur empfindsam, wenn sich die Phantasie regt und beginnt, uns aus uns selbst heraustreten zu lassen." Die egozentrische Definition des Mitleids bei Rousseau wird in einer späteren Fußnote noch einmal deutlich. Sein psychologischer Moralismus lässt ihn vermuten, dass alle moralischen Überlegungen sich letztlich aus allgemeinen, egoistischen Regungen des Menschen herleiten ließen. In diesem Sinne versteht er auch die Rücksichtnahme auf andere als Ausdruck eines eigenen Profits, der daher rühre, dass emotional anteilnehmende Seelen („une âme expansive") mit ihrem Gegenüber verbunden seien und deswegen deren Leid als eigenes wahrnehmen würden. Rein präskriptive moralische Regeln hält Rousseau deswegen für zwecklos und erkennt stattdessen im Gebot der Nächstenliebe eine zentrale anthropologische Einsicht, weil auch diese Liebe rückgebunden sei an die Selbstliebe: „L'amour des hommes dérivés de l'amour de soi est le principe de la justice humaine. Le sommaire de toute la morale est donné dans l'Evangile par celui de la loi." Rousseau, *Émile*, 306. Mit dieser Formulierung stellt Rousseau auch das im Grunde nicht religiöse *pitié* auf das theologische Fundament, das bei *charité* und *miséricorde* direkt erkennbar ist.

[40] Vgl. Rousseau, *Émile*, 290.

[41] A.a.O. 291; *Emil*, 226: „Das Mitleid, das man mit anderen empfindet, wird nicht nach der Größe ihres Leidens gemessen, sondern nach dem Gefühl, das man dem Unglücklichen beimißt".

des Mitleids als eine solche aus, die sich einem spontanen Impuls verdanken mag, die aber wesentlich von persönlichen Urteilen und Einschätzungen gestützt wird, welche die eigene Position zum Maßstab haben. Mitleid ist mithin im *Émile* mehr als das bloße und unmittelbare Unbehagen an fremdem Schmerz. Es geht auch über die kindliche Regung hinaus, die De Jaucourt beschreibt.[42] Es basiert vielmehr auf einer gedanklichen Beschäftigung mit dem Leid des anderen, das – um als relevant empfunden zu werden – mit dem eigenen Leben resonieren muss.

Damit legt Rousseau im *Émile* eine Theorie vor, die ihrerseits mit einem Vorgängertext im Dialog zu stehen scheint: mit Adam Smiths *Theory of Moral Sentiments* von 1759. Der Engländer hatte nämlich gemutmaßt, dass wir uns in die anderen nur insofern hineinversetzen, als wir uns vorstellen können, was wir in der gleichen Lage fühlen würden.[43] Er verbindet diese These mit der Überzeugung, dass uns unsere Sinne niemals eine direkte Erkenntnis über das Leid des anderen liefern könnten, sondern dass dieser Brückenschlag immer nur der Vorstellungskraft („imagination"[44]) zu verdanken sei. Auch hier geht es folglich um ein emotional-kognitives Vermögen, das angeregt werden muss, damit Mitleid (*sympathy*) empfunden werden kann. Insgesamt bleibt auch bei Smith das eigene Selbst Bezugspunkt des Mitleids, das insofern eine rationale Komponente aufweist, als es auf ein ‚Verstehen' des anderen angewiesen ist. So plausibel der Aspekt der Selbstbezüglichkeit erkenntnistheoretisch auch erscheinen mag, so diskussionswürdig ist er gleichzeitig, reduziert er doch den allozentrischen Anteil der Regung. Unter Umständen läuft die selbstbezügliche Anteilnahme Gefahr, auch die moralische Qualität der Selbstlosigkeit einzubüßen. In jedem Fall aber erweist sich die Relation zwischen eigenem und fremdem Selbst als zentraler Aspekt beim Verständnis des Mitleids.[45]

---

[42] In dem bereits 1754 erschienenen „Discours sur l'origine, et les fondements de l'inégalité parmi les hommes" hingegen hatte Rousseau eine Position skizziert, die derjenigen von De Jaucourt gleicht. Dort geht er nämlich im Rahmen einer phylogenetischen Spekulation davon aus, dass es eine Art vorreflexiven Mitleidsimpuls gebe, der sich nicht nur bei Kindern, sondern auch bei vorzivilisierten Völkern, ja sogar bei Tieren beobachten lasse. Rousseau, „Discours", 212. Rousseau dient diese Annahme innerhalb seiner Argumentation dazu, gesellschaftliche Entwicklungen für eine zunehmende Ungleichheit zwischen den Menschen verantwortlich zu machen, die zu einem Verlust dieses spontanen Mitleids geführt habe. Anzumerken ist, dass die Menschen in diesem frühen Stadium der Zivilisation untereinander wohl auch weniger Fremdheit empfunden hätten, womit auch das Mitleid im *Discours* sich stets auf einen partiell Gleichen richtet. Vgl. zur Debatte um die möglichen Definitionen des *pitié* bei Rousseau: Audi, *Rousseau*, 137–161, 144f.; Hanley, „Pitié développée", 305–318; Lex, „Existence", 53–72, wo das Zusammenspiel von *pitié, amour de soi* und der von Rousseau kritisch bewerteten *imagination* untersucht wird.

[43] Vgl. dazu die aristotelische Definition von Mitleid: „Mitleid sei also nach landläufiger Definition ein gewisses Schmerzgefühl über ein in die Augen fallendes, vernichtendes und schmerzbringendes Übel, […] das man auch für sich selbst oder einen der unsrigen zu erleiden erwarten muß". Aristoteles, Rhet., 1385b.

[44] Smith, *Moral Sentiments*, 11.

[45] Eben diese Relation zum anderen hat auch Käte Hamburger als „die Voraussetzung" identifi-

Die Ausführungen zu Rousseau und Smith machen deutlich, dass sich jede Definition der einfühlsamen Anteilnahme in einem Koordinatensystem positioniert, in dem einerseits die Spontanität des Gefühls bzw. der Grad der Rationalität eingetragen und andererseits das Maß an Egozentrizität bzw. Allozentrizität bestimmt werden. Im Feld dieser beiden Parameter muss sich auch die Ausgestaltung der *pitié* bei Hugo verorten. Dabei fällt auf, dass sich das Szenario eines zum Tode Verurteilten für die diskutierten Fragen besser eignet als die von Rousseau entworfenen, im Grunde fiktiven Szenen der Kindeserziehung. Dass vom 18. bis ins 19. Jahrhundert hinein Theorien des Mitleids nicht selten auf eine Szene der öffentlichen Hinrichtung[46] oder auch der Gefangenschaft[47] Bezug genommen haben, bestätigt diese Annahme.[48] Der Autor der französischen Romantik bezieht in dieser Debatte erkennbar Stellung, wenn er, was er *pitié* nennt, in zwei Typen untergliedert. Einmal ist Mitleid die oben erwähnte spontane und wenig reflektierte Emotion, die das zuschauende Publikum erfasst, wenn es dem mehrfach wiederholten Versuch beiwohnt, den Mechanismus der Guillotine erfolgreich zum Einsatz zu bringen. In diesem Moment ist es das schiere Leid, das Mit-Leid weckt. Davon lässt sich zum anderen die ebenfalls oben erwähnte *profonde pitié* absetzen, die nicht spontan entsteht, sondern im Zuge eines Nachdenkens.[49] Gemeint ist das Mitleid, das sich auf die vier verurteilten Parlamentarier und deren Gesamtsituation richtet. Auch dieses „tiefe Mitleid" heißt Hugo ausdrücklich gut. Es ist weniger affektiv und nimmt auch die Lebensumstände und Gefühle des anderen in den Blick. Die Hinwendung zum Gegenüber ist dabei vielschichtiger. Ist dieses tiefe Mitleid davor gefeit, von egoistischen Interessen gesteuert zu sein?

Eben diese Frage thematisiert Hugo, wenn er beklagt, dass die politische Initiative zur Abschaffung der Todesstrafe nur kurz Bestand hatte. Der laute Ausruf nach ‚Erbarmen' verebbte nach der Freilassung der vier Angeklagten schnell. Das Schicksal aller anderen Verurteilten scheint die Abgeordneten nicht interessiert zu haben. Sind sie zu einem echten (empathischen) Mitleid überhaupt fähig? Oder verstehen

---

ziert, die den unterschiedlichen Theorien des Mitleids zugrunde liege (Hamburger, *Mitleid*, 99). Ob man Mitleid als Furcht vor einer Gefahr definiert, die einen selbst ereilen kann, als allgemeine Menschenliebe, die auch Fremde einschließt, oder aber diese Menschenliebe wieder auf eine partielle Gleichheit zurückführt, all das sind Überlegungen, die von dem Verhältnis zum anderen bestimmt werden.

[46] Hamburger, *Mitleid*, 39f.

[47] Vgl. Fludernik, „Empathieraum", 152f.

[48] Vgl. zur Herausbildung von „empathy and compassion as part of a civic morality that should be nurtured and educated among modern citizens": Frevert, „Empathy", 95. Diskutiert wird der Beitrag von Shaya, „Unruly Emotions", 70–93.

[49] Die Gegenüberstellung lässt sich auch mit der Empathieforschung abgleichen. Das spontane Wissen um den Gefühlszustand eines anderen verhandelt Batson als „Concept 1: Knowing Another Persons's Internal State", den Versuch, den Gefühlszustand eines anderen nachzuvollziehen, nennt er „Concept 2: Imagining How Another Is Thinking and Feeling". Batson, „Empathy", 2; 4.

und bemitleiden sie immer nur ihresgleichen? Verstehen sie also eigentlich immer nur sich selbst? Aus der Darstellung lässt sich schlussfolgern, dass eine wirklich allozentrische Ausrichtung des Mitleids bei Hugo ein ethisches Ideal darstellt, das sich nicht in einer kurzzeitigen Gefühlsaufwallung erschöpft, sondern mit dem vom eigenen Ich abgesehen werden kann und selbstloses Handeln möglich wird.

Damit findet sich in *Le Dernier jour d'un condamné* eine vielschichtige Auseinandersetzung mit den drei Begriffen, die im Französischen dem semantischen Feld der deutschen Barmherzigkeit angehören: Die *miséricorde* fasst Hugo als juristisches Erbarmen. Von ihm verlangt er explizit, dass es frei sein müsse von Eigeninteressen. Im Hintergrund steht dabei die Vorstellung einer *imitatio Dei*. Dieser *miséricorde* stellt Hugo *charité* als eine (vergebende) Nächstenliebe an die Seite. Insofern sie im Nächsten ein Geschöpf Gottes erkennt, wird sie im Vorwort als Gottesliebe (nicht Nachahmung) konzeptualisiert. Und schließlich findet *pitié* Erwähnung, womit einerseits eine spontane affektive und andererseits (als *profonde pitié*) eine rationalere, kognitive Regung gemeint ist, die in dem Versuch besteht, sich das fremde Leid umfassender, in dem jeweiligen Kontext zu erschließen. Bei Rousseau und Smith ist dieser Vorgang gebunden an das Erleben des eigenen Selbst, das die Grundlage des Verständnisses bildet. In dem Szenario aber, das Hugo in seinem Vorwort beschreibt, geht es insofern um ein anderes Modell, als dort Einfühlung in einen explizit Fremden, einen Zum-Tode-Verurteilten eingeklagt wird. In Bettler und Räuber sollten sich die Abgeordneten hineinversetzen, wenn sie die Todesstrafe wirklich aus humanistischen Motiven abschaffen wollten. Hugos *profonde pitié* ist als Ideal eindeutig allozentrisch.[50]

Wie verhält sich diese Rekonstruktion des Diskurses aus dem Vorwort zu der literarischen Inszenierung der Erzählstimme im Roman, in dem der Autor einem Verurteilten das Wort überlässt?

2 Der Verurteilte: Identität und Differenz

Obwohl Hugo seinem *condamné* eine autodiegetische Erzählposition einräumt, erfährt man über diesen Verbrecher wenig. Weder sein Name noch sein Alter werden erwähnt. Was den Protagonisten im Kern ausmacht, die Motivation für seine Tat, verschweigt er. Zweimal kommt er auf das Verbrechen zu sprechen. Beim ersten Mal heißt es noch recht unspezifisch: „moi, misérable qui ai commis un véritable crime,

---

[50] Vgl. zur Debatte um eine egozentrische oder allozentrische Theorie der Empathie: Schmetkamp, *Empathie*, 129–137, und Vendrell Ferran, *Erkenntnis*, 255–263. Vendrell Ferran spricht sich dezidiert dafür aus, den Begriff ‚Empathie‘ für ein Phänomen zu reservieren, in dem einem die Erfahrung eines anderen „gegeben" ist. Empathie ist damit als allozentrisch definiert; vgl. Vendrell Ferran, *Erkenntnis*, 260.

qui ai versé du sang!"[51] Beim zweiten Mal werden Gedanken an Reue artikuliert und es deutet sich an, dass es sich um ein Verbrechen aus Leidenschaft handelt:

À ce moment suprême où je me recueille dans mes souvenirs, j'y retrouve mon crime avec horreur; mais je voudrais me repentir davantage encore. [...] Quand j'ai rêvé une minute à ce qu'il y a de passé dans ma vie, et que j'en reviens au coup de hache qui doit la terminer tout à l'heure, je frissonne comme d'une chose naturelle. Ma belle enfance! Ma belle jeunesse! Étoffe dorée dont l'extrémité est sanglante. Entre alors et à présent il y a une rivière de sang; le sang de l'autre et le mien.

Si on lit un jour mon histoire, après tant d'années d'innocence et de bonheur, on ne voudra pas croire à cette année exécrable, qui s'ouvre par un crime et se clôt par un supplice; elle aura l'air dépareillée.

Et pourtant, misérables lois et misérables hommes, je n'étais pas un méchant.[52]

Den Ausnahmezustand, den diese Tat darstellt, kommentiert der Erzähler nicht. Trotzdem ist seine Selbstdarstellung sprechend, charakterisiert sie doch den Protagonisten indirekt als einen Menschen, dessen glückliches und unschuldiges Leben plötzlich zerstört wurde. Damit unterscheidet sich dieser Täter, der von sich selbst behauptet, kein Schurke zu sein, von anderen.

Als er beginnt, seine Zelle in Augenschein zu nehmen, fallen ihm zuerst kurze Inschriften an den Wänden auf. Sie enthalten politische, aber auch persönliche Botschaften: *„Vive l'empereur*! 1824" Oder: *„J'aime et j'adore Mathieu Danvin.* JACQUES.“[53] Es wird deutlich, dass hier bereits Anhänger Napoleons des Ersten, aber auch Homosexuelle eingesperrt waren. Ihr Tod diskreditiert die Praxis der Todesstrafe schreibt doch Hugo bereits im Vorwort: „l'échafaud politique est le plus abominable.“[54] Erkennbar wird die Schuld von den Angeklagten hin zu den Anklägern verschoben. Aber auch die korrespondierende Gegenbewegung wird vorgeführt, wenn weitere Schriftzüge zitiert werden. Sie bestehen aus vier Namen, die der Verurteilte kommentiert: „J'ai lu ces noms, et les lugubres souvenirs me sont

---

[51] Hugo, *Dernier jour*, 85 („ich, Elender, der ein wirkliches Verbrechen begangen, der Blut vergossen hat!").

[52] Hugo, *Dernier jour*, 133 („In dem äußersten Moment, in dem ich mich in meinen Erinnerungen sammele, begegne ich meinem Verbrechen mit Schrecken, doch ich möchte noch mehr Abbitte leisten [...] Wenn ich eine Minute darüber nachgesonnen habe, was sich in meinem Leben ereignet hat, und wenn ich dann wieder auf den Hieb des Beils zurückkomme, das es gleich beenden soll, erzittere ich wie vor einer realen Sache. Meine schöne Kindheit! Meine schöne Jugend! Ein goldener Stoff, dessen Ränder mit Blut beschmiert sind. Zwischen damals und heute gibt es einen Blutstrom; das Blut des anderen und das meine. Wenn man eines Tages meine Geschichte lesen wird, wird man, nach so vielen Jahren der Unschuld und des Glücks, an dieses furchtbare Jahr nicht glauben wollen, das mit einem Verbrechen anfängt und mit Folter endet. Es wird herausstechen. Und dennoch war ich, ihr elenden Gesetze und ihr elenden Menschen, kein Schurke.").

[53] Hugo, *Dernier jour*, 84 („Es lebe der Kaiser! 1824", „Ich liebe und verehre Mathieu Danvin. JACQUES.").

[54] Hugo, *Dernier jour*, („das politische Schafott ist das abscheulichste").

venus".[55] Bei dem einen soll es sich um einen brutalen Brudermörder handeln, der nächste habe eine Frau auf dem Gewissen, der dritte habe gar seinen Vater und der letzte seinen Freund umgebracht. Von einem fünften, Papavoine, heißt es, er habe Kinder mit Messerstichen in den Kopf getötet. Die Gewalt und Heimtücke dieser Taten suggeriert erneut die geringe Schwere der Tat von Hugos Erzähler, dieses Mal allerdings nicht im Verhältnis zur Bestrafung an sich, sondern zu anderen Verbrechen.

Die relative Unschuld des Verurteilten wird im weiteren Verlauf des Romans vielfältig ausgebaut. Ein wichtiger Aspekt ist dabei die Darstellung der administrativen Gewalt in der Rechtsprechung und im Strafvollzug. Bereits im Prozess wird der Angeklagte schlecht verteidigt. Noch kurz vor dem Urteilsspruch kann er nicht glauben, dass man ihn wirklich schuldig sprechen wird.[56] Erst langsam findet er sich in die Situation und versteht, dass er innerhalb des Gefängnisses für das Personal zu einer Sache („chose"[57]) geworden ist. Hugo kritisiert den Strafvollzug nicht allein wegen des gewaltsamen Eingriffs in den Körper der Gefangenen, sondern weil in dem bürokratischen Zugriff auf ein fremdes Leben ein Unrecht begangen wird. In standardisierten Abläufen blendet die Verwaltung das Individuelle der Gefangenen aus: „Là [am Kassationshof, I. R.-G.] classement, numérotage, enregistrement; car la guillotine est encombrée, et chacun ne doit passer qu'à son tour."[58] Wenige Stunden vor der Hinrichtung beginnt ein Architekt, die Todeszelle zu vermessen, und bemerkt beiläufig, dass ein Umbau geplant sei, von dem der Verurteilte leider nicht mehr profitieren werde: „L'architecte s'en est allé. Moi, j'étais là, comme une des pierres qu'il mesurait."[59]

In diesem System der Inhaftierung werden Verbrecher erst eigentlich hervorgebracht. Als der Verurteilte einem anderen Gefangenen seinen Mantel überlässt, erklärt er, dass keinesfalls Nächstenliebe ihn motiviert habe, sondern nur die physische Unterlegenheit. Gerne hätte er den anderen umgebracht. Selbstkritisch stellt er fest: „La mort rend méchant."[60] Diese Konstellation von schuldig/unschuldig ist auch für die Frage nach der rezeptionsästhetischen Empathie zentral. Mit ihr wird Hugos Protagonist zu einer Figur, die das Mitleid der Lesenden verdient hat.[61]

---

[55] Hugo, *Dernier jour*, 85 („Ich habe diese Namen gelesen und die schaurigen Erinnerungen sind mir wieder in den Sinn gekommen.").

[56] Hugo, *Dernier jour*, 72.

[57] Hugo, *Dernier jour*, 77.

[58] Hugo, *Dernier jour*, 80 („Dort [am Kassationshof, I. R.-G.] Eingruppierung, Nummerierung, Einschreibung, denn die Guillotine ist überlastet und jeder darf erst, wenn er an der Reihe ist.").

[59] AHugo, *Dernier jour*, 128 („Der Architekt ist weggegangen. Ich blieb zurück wie einer der Steine, die er vermessen hat.").

[60] Hugo, *Dernier jour*, 120 („Der Tod macht böse.").

[61] Aristoteles führt in der *Poetik* aus, dass mitleiderweckend das Unglück des guten Helden sei, der einen Umschlag vom Glück ins Unglück wegen eines eigenen Fehlers erleide; vgl. Aristoteles, *Poetik*, 33. Auch Fludernik macht auf die Bedeutung der Unschuld der Gefangenen aufmerksam:

Außerdem verringert die Abgrenzung von den ‚wirklichen Verbrechern' die Fremdheit, die die Figur eines Zum-Tode-Verurteilten für ein bürgerliches Lesepublikum hat.[62] Dieses Moment der Vertrautheit und Nähe zu den indirekt Adressierten ist wesentlich für die Ästhetik des Textes. Sie wird anhand mehrerer Details in Szene gesetzt.

So vergisst Hugos Erzähler beispielsweise nicht, seine Lateinkenntnisse zu erwähnen, die seine Position innerhalb des Gefängnisses gestärkt hätten.[63] Die Herausgehobenheit seiner sozialen Stellung wird ebenso ablesbar an der Tatsache, dass er die Sprache der anderen Gefangenen erst lernen muss.[64] Und schließlich zeichnet ihn seine Kleidung aus. Der bereits erwähnte Mantel, eine *redingote*, gibt ihn sogleich als *marquis* zu erkennen.[65] Den zeitgenössischen Leserinnen und Lesern wird signalisiert, dass dieser Ich-Erzähler zwar das Gesetz gebrochen hat, dass er aber gleichzeitig im bürgerlichen oder adligen Stand zuhause ist. Das Merkmal der sozialen Klasse wird als entscheidende Ähnlichkeit zwischen dem Protagonisten und dem Lesepublikum eingesetzt. Als Teil dieser bürgerlichen Identität kann auch die Rolle als Vater benannt werden. Dass er nicht mehr für seine Tochter sorgen kann, die ihn bei einer letzten Begegnung nicht mehr erkennt und mit *Monsieur* anredet,[66] schmerzt den Verurteilten sehr. Auch seine Fürsorge und die Bereitschaft, seinen ökonomischen Verpflichtungen gerecht werden zu wollen, rücken ihn von den anderen Kriminellen ab. Mit dieser impliziten sozialen Charakterisierung schreibt Hugo seine literarische Figur auf das Bürgertum zu. Der Adressatenkreis soll sich zu dem Verurteilten ins Verhältnis setzen können. Denn, so die These, dank dieser Ähnlichkeiten können sie sich ihm gegenüber mitleidig nicht nur in einem spontanen, sondern auch in einem tieferen Sinne, empathisch, verhalten.

Alaida Assmann hat mit Rückgriff auf Martha Nussbaum die regulative Funktion solcher Ähnlichkeiten bei der Entfaltung von Empathie zu explizieren versucht. Zwar beklagen Assmann und Nussbaum vor dem Hintergrund einer Forderung

---

„Wichtig für alle diese Konstellationen ist die Unschuld des dargestellten Gefangenen, da nur sie das adäquate Mitleid zu evozieren vermag. Schließlich beruht das Schema des empfindsamen Romans auf der Bemitleidung von Opfern, deren Situation unverschuldet ist" (Fludernik, „Empathieraum", 165). Vgl. zum Zusammenhang von Opferposition und Empathie auch Breithaupt, *Empathie*, 13: „Die Parteinahme in Dreierszenen wird in diesem Buch als Grundtypus der narrativen Empathie vorgestellt."

[62] Der Verlauf der Erzählung deckt eine der Empathie inhärente Ambivalenz auf: Auch bei Hugo wird durch Ausgrenzung (der ‚echten Verbrecher') die Einfühlung mit dem Protagonisten offenbar befördert.

[63] Hugo, *Dernier jour*, 76. Die zitierte Ausgabe macht sich sogar die Mühe, auf dieser Seite explizit darauf hinzuweisen, dass im 19. Jahrhundert lediglich Bürgerliche und Adlige Latein lernten.

[64] Ebd.

[65] Hugo, *Dernier jour*, 118.

[66] Hugo, *Dernier jour*, 142.

nach einer universalen Empathie gerade die einschränkende Wirkung dieser Ähnlichkeiten. Ihre Beobachtung stützt trotzdem die hier vorgestellte Interpretation
von Hugo:

Nussbaum bestätigt, dass die Möglichkeiten eines universalen Empathie-Flusses in der
Realität durch alle möglichen sozialen Schranken begrenzt wird, wie die „der Klasse, der
Religion, der Ethnizität, des Geschlechts, der sexuellen Orientierung – sie erweisen sich als
widerspenstig gegenüber der Imagination, und diese Unfähigkeit zur Vorstellung verhindert
die Emotion." Wenn Empathie nur auf der Basis kulturell vorgegebener Ähnlichkeiten
entstehen kann, dann ist ihr Aktionsbereich von allen Seiten stark eingeschränkt.[67]

Was hier als problematische Limitierung ausgewiesen ist, kann beim Verständnis
von Hugos Text als positive Erkenntnis fruchtbar gemacht werden: Der französische Autor verlässt sich intuitiv auf den anthropologisch basierten Mechanismus
einer Empathie-Fähigkeit, die sich auf das Fremde richtet, aber dabei auf Parallelen
angewiesen bleibt. In diesem Spannungsverhältnis konstruiert Hugo seine Figur
als einen Zum-Tode-Verurteilten, der seine Situation narrativ ausbreitet.

Die soziale Verbundenheit ist freilich nicht die einzig mögliche Brücke eines
Empathie-Verhältnisses. In der Theorietradition wird dazu auch häufig die Vorstellung einer allgemeinen Menschlichkeit angeführt.[68] Assmann spürt sie bereits in
William Shakespeares Figur Shylock auf, der zum Ende eines längeren Monologs seinen Feinden sein eigenes Menschsein entgegenhält, um ihre Herzen zu erweichen.
Assmann kommentiert:

An dem Punkt äußerster Konfrontation und Fremdheit, wo alle Brücken möglicher Kommunikation abgebrochen sind, baut Shakespeare dieses erstaunliche Plädoyer für Ähnlichkeit ein, in dem die prototypische Gegenüberstellung feindlicher Gruppen als „wir" und
„ihr", die in der Gesellschaft mal Juden und Christen, mal Juden und Arier hießen, überschritten werden. […] Aus dieser existenziellen Einsamkeit heraus kommt sein Plädoyer.
Er zeigt sich als ein Repräsentant der menschlichen Spezies.[69]

---

[67] Assmann, „Identitätskonstruktionen", 174f. Die Bedeutung von Ähnlichkeiten analysiert auch
Breithaupt, Empathie, 20: „Wir glauben zu verstehen, und die Basis dieser Zuversicht ist Ähnlichkeit
zwischen mir und dem Beobachteten." Im weiteren Verlauf seines Buches interessiert er sich für das
Zusammenspiel von Ähnlichkeit und Nicht-Ähnlichkeit. Sein Verständnis von Empathie ist jedoch
schwer zu fassen. In der Lektüreerfahrung gleicht es eher einem allgemeinen Interesse an den fiktiven
Figuren und am Fortgang der Handlung, weniger einem intendierten Verstehen von etwas Fremdem.
Vendrell Ferran hingegen bestätigt die eminente Rolle der Ähnlichkeiten, wenn sie beschreibt, wie
die Erfahrung eines Anderen, dem sie in der Lektüre begegnet, und den sie verstehen möchte, mit
ihren eigenen Erfahrungen „im Einklang" stehe. Damit ist keine Schmälerung der Leistung der
Empathie intendiert, die sich stets auf etwas Fremdes richtet. Es wird lediglich angenommen, dass
dieses Verständnis des Fremden an ein gewisses Maß an Übereinstimmung gebunden ist. Vendrell
Ferran, „Vergegenwärtigung von Erfahrungen", 26. Vgl. auch dies., *Erkenntnis*, 270.
[68] Vgl. dazu zum Beispiel den Beitrag von Martin Fritz zur deutschen Aufklärungsethik in diesem
Band.
[69] Assmann, „Identitätskonstruktionen", 180.

Diesen Verweis auf die Zugehörigkeit zur menschlichen Spezies vergisst auch Hugo nicht. Die mehrfach erwähnte Freude des Gefangenen an seiner bloßen Existenz, am schieren Leben, lässt sich in dieser Weise deuten:

En ce moment, par l'étroite et haute fenêtre de ma cellule, je vis au plafond du corridor voisin, seul ciel qu'il me fût donné d'entrevoir, ce reflet jaune où des yeux habitués aux ténèbres d'une prison savent si bien reconnaître le soleil. J'aime le soleil.[70]

Untergründig korrespondiert dieses Verlangen nach der Sonne mit der Angst vor dem Tod. Die Situation der Gefangenschaft wird damit erneut losgelöst von der konkreten Biographie des Verurteilten und auf die Ebene des Allgemein-Menschlichen gehoben.[71]

Abgerundet wird dieses Bild durch eine besondere Eigenschaft. Hugos Protagonist ist nicht nur ein Zu-Bemitleidender, er ist auch einer, der selbst Mitleid empfindet. Er steht damit auf der Schwelle zwischen Gefängnis und bürgerlicher Außenwelt. Als Galeerensträflinge in den Gefängnishof geführt werden, wird der Verurteilte zum Beobachter. Er sieht zu, wie man die anderen Gefangenen zwingt, sich zu entkleiden. Plötzlich kommt Wind auf und Regen bricht los, vor dem sich die Männer nicht schützen können. Hastig ziehen sich die teilweise verletzten und abgemagerten Häftlinge wieder ihre abgetragene Kleidung über. Den Erzähler ergreift Mitleid: „et c'était pitié de les voir appliquer sur leurs membres bleus ces chemises trempées"[72]. Es ist das spontane Mitleid, das durch den bloßen Anblick des Leids ausgelöst wird. Aber Hugo verfolgt den Gedanken weiter, indem er seinen Erzähler zu einem reflektierteren Verständnis führt.

Nach dem Regen legt man die Gefangenen in einer gewaltsamen Prozedur in Ketten. Von einem ersten Sonnenstrahl nach dem Gewitter erfreut, stimmen sie gemeinsam ein Klagelied an. Essen wird ausgeteilt, und was nun folgt, verwundert den Verurteilten zutiefst: Die in Ketten gelegten Gefangenen werfen die Essensreste

---

[70] Hugo, *Dernier jour*, 69; 79 („In diesem Moment sah ich durch das enge und hohe Fenster meiner Zelle an der Decke des Nachbarflurs den einzigen Himmel, den zu erblicken mir vergönnt war, diesen gelben Lichtreflex, bei dem die an die Dunkelheit eines Gefängnisses gewöhnten Augen so sicher die Sonne wiederzuerkennen wissen. Ich liebe die Sonne.").

[71] Menschlichkeit als emotionale Brücke strukturiert nicht nur die Darstellung von relativen Opfern wie dem Gefangenen, sondern auch die von absoluten Opfern. Vgl. dazu Landsberg, „Memory", 221–229. Landsberg analysiert, wie in dem Film *Der Pianist* von Roman Polanski (2002) Empathie zu Opfern des Holocaust rezeptionsästhetisch hergestellt wird: „In part, empathy is about developing compassion not for our family or friends or community, but for others – others who have no relation to us, who resemble us not all, whose circumstances lie far outside of our own experiences" (223). Und: „And this is part of the project of the film, to force us to stay with Wladyslaw, to recognize his humanity, no matter how altered and unrecognizable it has become" (227). Hugos Text bestätigt diese Konzeption, wenn er Empathie nicht für ein Opfer, sondern für einen Verbrecher fruchtbar macht, der als Opfer präsentiert wird.

[72] Hugo, *Dernier jour*, 92 („und es war mitleiderweckend zu sehen, wie sie die nassen Hemden über ihre blauen Gliedmaßen zogen").

auf den Boden und beginnen zu tanzen. Offenbar, so schlussfolgert der Beobachter, lässt man ihnen diese Geste des Ungehorsams am Tag ihrer unausweichlichen Unfreiheit, wenn das Eisen bereits ihren Hals umschließt: „Un profond sentiment de pitié me remuait jusqu'aux entrailles, et leurs rires me faisaient pleurer."[73] An dieser Stelle ist es nicht lediglich der Anblick eines leidenden Körpers, der das Mitleid auslöst. Es ist vielmehr erneut das empathische Mitleid, das ein Verständnis der Situation herzustellen versucht. Der Verurteilte erkennt die Machtlosigkeit der Inhaftierten, auch im Moment des scheinbaren Widerstands. Die Institution, die sie gefangen hält und zur Arbeit abführen wird, kann es sich erlauben, den Ungehorsam zu dulden, ist sie doch in jeder Hinsicht überlegen. Daran, dass der Beobachter derselben Institution ausgeliefert ist, erinnert erst der nächste Absatz, wenn die Gefangenen ihrem Beobachter johlend „camarade"[74] entgegenrufen und ihn glücklich preisen, schon morgen gehängt zu werden.

In dieser Position steht Hugos Protagonist plakativ sowohl innerhalb als auch außerhalb des Gefängnisses. Er verspürt sowohl Nähe als auch Distanz zu der Welt, die ihn umgibt. Die Pointe liegt jedoch darin, dass Hugo einem Gefangenen Empathie zuschreibt, der sich der Situation, die er beschreibt, selbst nicht entziehen kann. Nicht nur erkennt er in den anderen Gefangenen Opfer, er ist selbst Opfer, und in dieser Rolle des Anders-Gleichen richtet er sich wiederum an das imaginäre bürgerliche Lesepublikum seines Tagebuches, damit dieses sich in der ambivalenten literarischen Figur sowohl partiell selbst wiedererkennen als auch Fremdheit wahrnehmen kann. Beides betrifft die soziale und emotionale Situation, nicht die konkrete individuelle Schuld und die Umstände der Tat, die, wie Hugo im Vorwort betont, bewusst nicht erzählt werden.[75] Das empathische Mitleid der Lesenden richtet sich folglich nicht auf ein Individuum, sondern auf die Gefangenschaft und die Angst vor der Hinrichtung. Diese Analyse des Romans bestätigt, was hier dem Vorwort entnommen wurde: Hugo entwirft eine Narration, die dazu einlädt, rezeptionsästhetische Anteilnahme einem anderen gegenüber einzuüben. Auch diese Einladung kann allerdings auf die verbindende Wirkung von Ähnlichkeiten nicht verzichten und nimmt das lesende Publikum indirekt auf in die Geschichte, die es von einem anderen liest.[76] Damit widerspricht der Roman allerdings auch

---

[73] Hugo, *Dernier jour*, 93 („Ein tiefes Gefühl von Mitleid bewegte mich im Innersten und ihr Lachen ließ mich weinen.").

[74] Hugo, *Dernier jour*, 94.

[75] Hugo, *Dernier jour*, 27.

[76] Ähnlichkeiten spielen allerdings in vielen Texten mit einem dezidiert rezeptionsästhetischen und sogar didaktischen Anspruch eine Rolle. In Spiegeltexten etwa wird das Moment der Wiedererkennung sorgfältig inszeniert, damit die Lesenden sich abgleichen können, sowohl mit negativen als auch mit positiven (Aspekten von) Figuren des literarischen Textes. Ziel dabei ist nicht die Evokation von Empathie, sondern eine Reflexion eigener Schuld sowie eine Identifikation mit einem positiven Gegenbild. Vgl. Roebling-Grau, „Text as Mirror", 87–103. Neben Empathie, kritischer Selbstreflexion und Identifikation können Ähnlichkeiten mit einem adressierten Publikum aber auch eine

seinem eigenen Vorwort, in dem Hugo von den Abgeordneten schließlich gefordert hatte, dass sie Mitleid nicht mit ihresgleichen, sondern mit einem wirklich Anderen, einem Bettler und Straßenräuber aufbringen. Bedauern sich deswegen Hugos Leserinnen und Leser unwillkürlich selbst, wenn sie mit dem Verurteilten leiden? Gleichen sie am Ende gar den vorgeführten Abgeordneten? Da Hugo im Vorwort die latent egoistischen Seiten des Mitleids bereits beklagt, zeigt sein Roman über seine eigene Poetik vielleicht vielmehr, dass Empathie, auch wenn sie versucht, etwas Fremdes zu verstehen, stets von partiellen Analogien strukturiert wird.[77]

3 Fazit: Barmherzigkeit und Empathie

Hugos narrative Form ist nicht nur von einer säkular-humanistischen, sondern auch von einer religiösen Einstellung geprägt. Nicht nur gegen die Todesstrafe sollen seine Leser Partei ergreifen, es soll ihnen auch eine Haltung nahegebracht werden, die der christlichen Nächstenliebe entspricht. Wenn der Autor am Ende des Vorwortes *charité* als Medizin gegen die Guillotine fordert, appelliert er an ein religiös motiviertes Wohlwollen, das in einer sich säkularisierenden Zeit den Charakter der Gottesliebe eingebüßt hat. Als Ersatz wird der Kunst die Funktion zugewiesen, einer neue Gefühlskultur auf den Weg zu helfen, die dazu beiträgt, Nächstenliebe als individuelle Praxis zu kultivieren. Im Sinne dieser Utopie wird der Roman in Anspruch genommen und ihm wird zugetraut, die Predigt zu ersetzen. Kann diese literarische Pädagogik gelingen?

Skeptische Stimmen hierzu lassen sich leicht finden. Die Literaturwissenschaftlerin Suzanne Keen etwa äußert sich in *„Empathy and the Novel"* wenig optimistisch hinsichtlich der positiven Auswirkungen von Lektüre.[78] Aber schon Rousseau

---

rezeptionsästhetische Furcht begründen, wie Lessing mit Bezug auf Aristoteles darlegt. Vgl. Lessing, *Hamburgische Dramaturgie*, 339. Die Vielzahl der Beispiele zeigt zweierlei: Ähnlichkeiten spielen für das Verständnis der intendierten Wirkung eines Textes eine große Rolle und müssen im jeweiligen literarischen Kontext interpretiert werden. Vgl. dazu auch Fludernik, „Empathieraum", 155.

[77] Vgl. auch Thackeray, „Going to See a Man Hanged", 150–158. Der Artikel Thackerays über eine Hinrichtung liest sich wie ein Kommentar zu Hugos Versuch, das Lesepublikum zu erziehen. Er nimmt allerdings eine entscheidende Veränderung vor, indem er die Ich-Perspektive beibehält, aber nicht mehr den Verurteilten, sondern eine autofiktionelle Stimme aus der Menge der Zuschauer berichten lässt. Sie und ihre Reaktionen sind Thema des Artikels. Der Titel „Going to see a man hanged" wird als Ausspruch eines Mädchens zitiert, das sich das Ereignis sensationslüstern ansieht. Ihr Mangel an Empathie entspricht allerdings dem, was auch die Zeitungen am nächsten Tag auf Latein über das Spektakel mit großbürgerlicher Herablassung zu berichten wissen. Die gleichermaßen unempathische Betrachtung klagt Thackeray an. Das Motiv der Menge, die einer Hinrichtung beiwohnt, findet sich in mehreren Schriften zum Thema; vgl. dazu Hamburger, *Mitleid*, 40.

[78] Keen, *Empathy and the Novel*, xxif. Vgl. auch zu der Thematik: John, „Empathy in Literature", 306–316. Poetische Verfahren werden dort allerdings nicht analysiert.

glaubte nicht an die ethisch wertvollen Effekte des Kunstgenusses. In einem Brief an D'Alembert, mit dem er über die Vor- und Nachteile eines Theaters in Genf korrespondierte, werden die Erfolgsaussichten einer ästhetisch vermittelten Erziehung gering veranschlagt:

J'entens dire que la tragedie méne à la pitié par la terreur; soit; mais quelle est cette pitié? Une émotion passagére et vaine, qui ne dure pas plus que l'illusion qui l'a produite; un reste de sentiment naturel étouffé bientôt par les passions; une pitié stérile, qui se repait de quelques larmes, et n'a jamais produit le moindre acte d'humanité.[79]

Auch die größte Rührung bewirke bei den Zuschauenden nicht viel mehr als ein müdes „Dieu vous assiste".[80] Eindeutig trennt Rousseau die Welt der Kunst von der sozialen Praxis in der Realität, in der sich keine Veränderung abzeichne. Ein rein im Ästhetischen empfundenes Mitleid bleibe „steril", unfruchtbar. – Als eine mögliche Antwort auf das von Rousseau konstatierte Scheitern der Kunst kann die Flucht in eine präskriptive Ethik angesehen werden. In dem erwähnten Band zum Paradigma der Ähnlichkeit wird dieser Ausweg vorgeschlagen:

Wir halten uns an den Grundsatz, dass es wichtiger ist, miteinander auszukommen, als einander zu verstehen. Man kann davon ausgehen, dass vieles in der komplexen Welt ähnlich ist und sich damit begnügen: Wir lassen die Indifferenz gegenüber der Differenz wirken.[81]

Gelassen werden die Bemühungen um das Herstellen und Erkennen von Ähnlichkeiten verabschiedet und stattdessen das, worauf dieses Bemühen zielt, das bessere Verständnis voneinander und den daraus resultierenden besseren Umgang miteinander, zur wünschenswerten Norm erklärt. Damit wird auch das Feld der Empathie von der sozialen Praxis der Solidarität entkoppelt.

Die auch hier wirksame Frage nach dem Umgang mit anderen ist spätestens seit der so genannten Flüchtlingskrise 2015 erneut in den Blick geraten und in die öffentliche Diskussion eingeflossen. In einem Gespräch zwischen dem Dramatiker Milo Rau, der Neurowissenschaftlerin Tania Singer und dem Dramaturgen Florian Borchmeyer, das im zweiten Heft der Spielzeit der Schaubühne Berlin 2015/16 erschien,[82] wird ebenfalls die Balance zwischen einer Praxis der Solidarität und einer rein emotionalen Haltung des Mitleidens ausgelotet. *Compassion* wird dort von Milo Rau als der Begriff eingeführt, der eine tätige Solidarität beschreibt:

---

[79] Rousseau, „À D'Alembert", 21 („Wie ich höre, behauptet man, dass die Tragödie über den Schrecken zum Mitleid führe, aber was ist das für ein Mitleid? Ein flüchtiges und unnützes Gefühl, das nicht länger dauert als der Schein, der es hervorgerufen hat. Der Überrest eines natürlichen Gefühls, das bald durch die Leidenschaften erstickt wird, ein fruchtloses Mitleid, das sich an einigen Tränen berauscht und nicht die kleinste Tat der Menschlichkeit hervorgebracht hat.").

[80] Rousseau, „À D'Alembert", 24 („Gott steh Ihnen bei.").

[81] Bhatti/Kimmich, „Einleitung", 26.

[82] https://www.schaubuehne.de/de/uploads/Schaubuehne_Tania-Singer_Interview.pdf.pdf (15. 9. 2020).

Ich denke, man sollte den Compassion-Begriff zu einem Solidaritäts-Begriff erweitern. […] Denn Empathie und tätiges Mitgefühl unterscheiden sich ja vor allem darin, dass das Letztere versucht, eine Praxis zu entwickeln. *Compassion* respektiert den Anderen in seinem Leid, solidarisiert sich mit ihm, übernimmt aber sein Leiden nicht.[83]

Auch in diesen Überlegungen steht das soziale Gelingen im Fokus. Allerdings bestehen unterschiedliche Ansichten darüber, auf welchen Wegen man dieses Gelingen fördern könnte. Während Milo Rau ungebrochen an die weltverbessernde Kraft des Theaters glaubt, merkt Tania Singer an, dass weder das Theater noch ein „Zwei-Tages-Workshop" auf der persönlichen Ebene nennenswerte Veränderungen mit sich brächten. Gleichzeitig verweist sie auf die Verschränkung von emotionaler und rationaler Ebene: Auch Solidarität basiere auf einer rationalen Einsicht ebenso wie auf einer emotionalen Einstellung. Das Zusammenspiel aber scheint (pädagogisch) schwer steuerbar.[84]

Zweimal werden in dem zitierten Gespräch Verbindungslinien zur Religion gezogen. Tania Singer erwähnt Buddha und Jesus als Figuren, die eine solidarische Hilfsbereitschaft gelebt und gepredigt hätten. Ihr Hinweis soll hier aufgenommen werden, weil er noch einmal zum Begriff der Barmherzigkeit zurückführt und erlaubt, eine abschließende These zu formulieren.

Im Gleichnis vom barmherzigen Samariter (Lk 10,25–37) erklärt Jesus einem Schriftgelehrten das Verhältnis zu seinem „Nächsten". Ausgangspunkt ist die Frage dieses Schriftgelehrten nach dem ewigen Leben. Jesus antwortet, indem er auf das Gebot zur Gottes- und zur Nächstenliebe verweist. Der Schriftgelehrte fragt weiter: „Und wer ist mein Nächster?" Hierauf verweigert Jesus eine direkte Antwort und erzählt stattdessen ein Gleichnis. In der kurzen Geschichte gehen ein Priester und ein Levit achtlos an einem Verletzten am Rande der Handelspassage zwischen Jerusalem und Jericho vorüber. Anschließend kommt ein Samariter des Weges. Wider Erwarten erbarmt sich dieser Mann „mit verachteter Herkunft"[85] und sorgt dafür, dass der Verletzte versorgt wird. Anstatt die Erzählung selbst zu kommentieren, gibt Jesus dem Pharisäer eine Frage zur Antwort: Wer sei denn nun dem Verwundeten der Nächste gewesen? Die Pointe dieser rhetorischen Frage liegt nicht darin, dass offensichtlich nur der Samariter als Nächster gemeint sein kann, sondern dass sie die Perspektive verschiebt: Jesus fragt nicht danach, ob der Verwundete dem Samariter

---

[83] Ebd. Die verwendete Begrifflichkeit unterscheidet zwischen Empathie, worunter ein mitunter auch belastendes Mitleiden verstanden wird (nicht nur ein Verstehen der Gefühle des anderen), und einer aktiven Haltung der *compassion*, womit Fürsorge, Hilfsbereitschaft und Solidarität gemeint sind. Die *compassion* erfordert nicht zwingend eine emotionale Korrespondenz und ist deswegen frei von möglicherweise negativen Gefühlen des Leidens.

[84] In dem Workshop „How to train compassion", der 2011 in Berlin stattfand, wurden auch diese Fragen diskutiert. Vgl.: https://www.social.mpg.de/abteilungen/soziale-neurowissenschaft/bildergalerien/compassion-workshop-berlin (15. 9. 2020).

[85] Bovon, *Lukas*. Bd. 2, 89.

der Nächste war, sondern wer dem Verwundeten der Nächste gewesen sei. Dass die beiden Männer, die ihn nicht versorgt haben, der Priester und der Levit, ausscheiden und nur der Samariter dem Ausgeraubten der Nächste sein kann, scheint evident. Als überraschende Einsicht dieser Antwort kann daher angesehen werden, dass der Bezug zum Nächsten durch eine aktive Auswahl hergestellt wurde. Der Samariter macht sich selbst zum Nächsten (eines Verwundeten). Als eine derartige Aktivität kann Nächstenliebe als Gebot sinnvoll gefordert werden.[86] Allerdings gestaltet die Erzählung diese Nächstenliebe nicht aus. Erzählt wird lediglich, dass alle drei Männer den Verwundeten sahen.[87] Nur beim Samariter aber wird durch diesen Anblick ein Impuls zur Hilfe freigesetzt: „und als er ihn sah, jammerte er ihn" – „videns eum misericordia motus est"[88] (Lk 10,33). Haben der Levit und der Priester dieses Erbarmen nicht verspürt? Die Kommentare verweisen darauf, dass die Berührung des Leichnams ein Tabu darstellte, das der Priester und der Levit respektieren wollten.[89] Trotzdem gibt der direkte Vergleich Rätsel auf. Wenn es nicht darum geht, den Leviten und den Priester zu kritisieren, sondern darum, den Samariter in seiner Gottes- und Nächstenliebe zu loben, so bleibt doch die Frage nach der Beschaffenheit seiner emotionalen Einstellung zu dem Verwundeten. Empfindet er eine Barmherzigkeit, die wie in Lk 6,36 als *imitatio Dei* konzeptualisiert ist? Damit wäre seine Hilfe Abbild einer göttlichen Haltung. Sie wäre auch ohne emotionale Anteilnahme noch vorbildlich.[90] Die unterschiedliche Semantik an beiden Stellen[91] könnte aber auch auf einen Unterschied auf der affektiven Ebene hinweisen und das spontane Mitleid als einen eigentümlichen Schmerz charakterisieren, der

---

[86] Aus der Perspektive des Geretteten käme die Aufforderung zur Nächstenliebe schlicht einer Aufforderung zur Dankbarkeit gleich, was kaum intendiert sein kann.

[87] Vgl. Lk 10,31–33.

[88] So die lateinische Übersetzung der Vulgata. Vgl. zum griechischen Ausdruck für die innere Mitleidsregung *esplanchnisthē*: Bovon, *Lukas*. Bd. 2, 89f.

[89] Bovon, *Lukas*. Bd. 2, 90, Fn. 37.

[90] Die Parallelisierung von menschlicher mit göttlicher Barmherzigkeit wirft zahlreiche Fragen auf, die sich vor allem auf das zugrundeliegende Verständnis der göttlichen Barmherzigkeit richten, welche die Menschen nachahmen. Vgl. dazu Kamlah, Art. „Barmherzigkeit II", 227f. Ist damit der schiere Impuls zur Rettung angesichts großer Not gemeint? Tangiert diese rettende Zuwendung eine Vorstellung von Gerechtigkeit, weil das Unrecht, das ein Unschuldiger erlitten hat, ausgeglichen wird, oder ist vielmehr die Idee der Vergebung gegenüber einem (reuigen) Schuldigen gemeint? Welche Gefühle sind dabei im Spiel? Thomas Fischl (Fischl, *Mitgefühl*, 86), weist darauf hin, dass bei Thomas von Aquin Gott auch als barmherzig verstanden wurde, ohne dass ihm dabei eine Emotion wie Mitleid (*compassio*) unterstellt worden sei. Im zitierten Gleichnis werden diese Fragen nicht gestellt. Es steht die tätige Seite der *misericordia* im Vordergrund, die sich auf einen Fremden richtet. Ausschlaggebend ist allein der Anblick der Not.

[91] In Lk 10,33 steht *esplanchnisthē*, zu übersetzen mit „im Innersten berührt werden"; vgl. Bovon, *Lukas*. Bd. 2, 89f. In Lk 6,36 wird hingegen *oiktirmon* (barmherzig) gebraucht, ein Adjektiv, das vor allem Gott zukommt. Vgl. dazu ders., *Lukas*. Bd. 1, 322.

durch den Anblick ausgelöst wird und den – offenbar – nicht alle gleichermaßen empfinden.[92]

Von einem solchen Szenario zu unterscheiden sind Situationen, in denen Empathie als *profonde pitié*, als ein tieferes Verständnis der Erfahrung eines anderen stattfindet. Dafür ist nämlich ein näheres Wissen über die Umstände des fremden Leids unverzichtbar. Im Gleichnis vom barmherzigen Samariter ist dieses Wissen nicht gegeben. Die Barmherzigkeit wird einem Fremden zuteil, der von sich selbst nichts erzählt. Von einem längeren Gespräch zwischen Samariter und Verwundetem ist nicht die Rede. Damit stellt das Gleichnis eine Art Gegenstück zu Hugos Roman dar. Dort ist der Anblick ausschlaggebend für eine spontane Hilfe, hier soll Empathie über einen langen Monolog des Opfers ermöglicht werden. Die Gegenüberstellung lädt zu einer medientheoretischen These ein: Mitleid kann durch den bloßen Anblick ausgelöst werden, tiefere Empathie hängt hingegen von der Narration ab. Indirekt bestätigt auch Smith diese Gegenüberstellung:

The first question that we ask is, What has befallen you? Till this be answered, thought we are uneasy both from the vague idea of his misfortune, and still more from torturing ourselves, with conjectures about what it may be, yet our fellow feeling is not very considerable.[93]

Mit Blick auf diese Differenzierung zwischen tieferer Empathie und spontanem Mitleid scheint es sinnvoll, noch einmal zu der Frage nach der pädagogischen Wirkung von Literatur zurückzugehen. Wenn das spontane, affektive Mitleid auf einer Ebene liegt, die durch Lektüre schwerlich erreicht, geschweige denn pädagogisch nachhaltig transformiert werden kann, stellt sich die Frage, inwiefern das empathische Mitleid durch die Wirkung einer literarischen Narration modellierbar ist. Hugos Roman jedenfalls ist auf eine Rezeption hin konzipiert, in der tiefe Empathie zu einer bestimmten Praxis führt, wenn als Fluchtpunkt der Lektüre die Abschaffung der Todesstrafe erkennbar wird.[94]

---

[92] Auch im Christentum bei Thomas von Aquin wird empfundenes Mitleid explizit als *dolor* ausgewiesen wird; vgl. Fischl, *Mitgefühl*, 15; 85; Hamburger, *Mitleid*, 66f. Hilfsbereitschaft wäre demnach einfach das Bemühen, das eigene Leid beim Anblick des anderen zu lindern. Vgl. zur Frage zum Zusammenhang zwischen Empathie und Moral Schmetkamp, *Empathie*, 182–190. Auch dort wird nach der Ursache für die Motivation einer Hilfsleistung gefragt. Liegt sie in „unser[em] eigene[n] negative[n] Gefühl" (182f.) oder in einem vertieften Verständnis dank einer Perspektivübernahme?

[93] Smith, *Moral Sentiments*, 14.

[94] Eine ähnlich positive Einschätzung formuliert auch Ingrid Vendrell Ferran, wenn sie beschreibt, wie Literatur Empathie als Form der Erkenntnis wecken, aber auch Gefühle modellieren kann: Ferran, *Erkenntnis*, 274–277; 295–298. Die philosophische Untersuchung liefert eine hilfreiche und präzise phänomenologische Beschreibung von Empathie. Eine Verbindung mit konkreten Methoden der literaturwissenschaftlichen Textanalyse wäre hier interessant. Zur positiven Auswirkung auf das Empathievermögen durch die Beschäftigung mit bildender Kunst vgl. Bresler, „Spectrum of Distance", 7–28, 25f.

Darüber hinaus lässt sich dem literarischen Text eine erste Bestandsaufnahme ästhetischer Mittel zur Weckung einer entsprechenden rezeptionsästhetischen Haltung entnehmen: Empathisch reagieren wir auf die Geschichte einer leidenden Figur, deren Leid unverschuldet oder wenigstens unverhältnismäßig erscheint. Um das Verständnis dieses fremden Leidens zu ermöglichen, muss der andere uns jedoch nicht nur fremd, sondern in bestimmter Hinsicht auch ähnlich erscheinen. Und schließlich wird Empathie – Hugos Erzählung legt das nahe – durch eine Abgrenzung von radikal Anderen befördert. Dass es in dem Gefängnis auch Gefangene gibt, vor deren Taten selbst der Verurteilte zurückschreckt, ist Teil der skizzierten Strategie. Empathie gerät damit in den Ruch, auch ausgrenzend zu sein.[95] Hugo hat diese Gedanken nicht systematisiert. Sie sind gleichwohl ein Wissen, das sich seinem Text entnehmen lässt[96] und das gewinnbringend abgeglichen werden kann mit Ergebnissen der aktuellen Empathie-Forschung.[97] Wie genau die Korrelation zwischen dieser Empathie und einer aktiven solidarischen Hilfsbereitschaft (*compassion*) aussieht, ist damit noch nicht beschrieben. Auch wenn ein Text einen rezeptionsästhetischen Anspruch erkennen lässt, heißt das noch nicht, dass er auch entsprechend rezipiert wird. Lektüre ist bekanntlich ein individueller Prozess. In Frankreich wurde die Todesstrafe jedenfalls erst 1981 endgültig abgeschafft.[98]

---

[95] Singer, „Empathie- und Compassion-Forschung", 258.

[96] Welche Rolle dabei die hermeneutische Einschätzung des Textes spielt, wird deutlich, wenn man die hier vorgestellte Interpretation anderen Arbeiten der Forschung gegenüberstellt: Hélène Lowe-Dupas hat auf die Modernität von Hugos Roman hingewiesen, den sie ästhetisch schon dem Nouveau Roman zuschlägt und in seiner modernen Konzeption für schwer zugänglich hält: Der Held sei ein Anti-Held, er wirke als anonyme Figur nur fremd, der Text wirke oft kleinteilig und zerstückelt, was Lowe-Dupas mit dem Motiv der Guillotine in Zusammenhang bringt (Lowe-Dupas, „Innomable guillotine", 343–345). Paul Comeau hingegen erkennt in dem Roman den frühen Versuch Hugos, seine politischen Überzeugungen in eine Form zu bringen, die die Lesenden auf einer rein emotionalen Ebene erreichen soll, um Entsetzen, affektives Mitleid und Sympathie zu wecken (Comeau, „Poète engagé", 63f.). In diesem Sinne kann man auf Hugos Versuch verweisen, den über weite Strecken rückblickenden Bericht des Verurteilten gegen Ende ins Präsens übergehen zu lassen und damit die erzählte Zeit mit der Erzählzeit zu synchronisieren. Insgesamt aber lädt der Roman, so meine These, nicht nur zu einem rein affektiven Mitleid ein, sondern versucht, ein tieferes empathisches Verständnis zu wecken.

[97] Unter den inzwischen zahlreichen Arbeiten im Feld der Philosophie sei hier lediglich auf den Beitrag von Eileen John im *Routledge Handbook of Philosophy of Empathy* verwiesen, wo Empathie als ein Phänomen beschrieben ist, das über eine bloße Perspektivübernahme hinausgeht und dabei von einem gewissen „concern" für den anderen getragen ist. Inwiefern allerdings im empathischen Bezug auf eine literarische Figur sinnvoll davon gesprochen werden kann, dass die Erfahrung der (fiktiven) Figur nachvollzogen wird, wäre zu diskutieren. Auch wie genau der literarische Text die rezeptionsästhetische Empathie steuert, wird bei Eileen nicht ausgeführt (John, „Empathy in literature", 312; 316).

[98] Quang Sang, „L'abrogation de la peine de mort", 275–296.

Literaturverzeichnis

Primärliteratur

Aristoteles, *Poetik. Griechisch/Deutsch*, Stuttgart 1982.

–, *Rhetorik.* Übersetzt, mit einer Bibliographie, Erläuterungen und einem Nachwort von Franz G. Sieveke, München 1980.

Beccaria, Cesare, *Dei delitti e delle pene* (Edizione nazionale delle opere di Cesare Beccaria 1), Mailand 1984.

Hugo, Victor, *Le dernier jour d'un condamné*, Paris 1998.

–, „L'Échafaud", in: Hugo, *Dernier jour*, 163–165.

–, „Préface de 1832", in: Hugo, *Dernier jour*, 25–51.

Lessing, Gotthold Ephraim, *Hamburgische Dramaturgie*, in: *Hamburgische Dramaturgie* (Lessing's Werke 6), Stuttgart 1874, 3–460.

Rousseau, Jean-Jacques, „À M. D'Alembert […]", in: Ders., *Écrits sur la musique, la langue et le théâtre* (Œuvres complètes 5), Paris 1995, 1–125.

–, „Discours sur l'origine de l'inégalité parmi les hommes, et si elle est autorisée par la loi naturelle", in: Ders., *Discours sur l'origine et les fondements de l'inégalité parmi les hommes. Discours sur les sciences et les arts*, Paris 1971.

–, *Émile ou de l'éducation*, Paris 1966.

–, *Emil oder Über die Erziehung* (UTB für Wissenschaft 115), Paderborn [12] 1995.

Smith, Adam, *The Theory of Moral Sentiments*, Cambridge 2002.

Thackeray, William Makepeace, „Going to See a Man Hanged", in: *Fraser's Magazine for Town and Country* 22, 128 (1840), 150–158.

Voltaire, *Commentaire sur le livre des délits et des peines*, S.J., 1766.

Forschungsliteratur

Assmann, Alaida, „Ein neuer Zugang zu Identitätskonstruktionen und Empathie-Regimen", in: Anil Bhatti/Dorothee Kimmich (Hgg.), *Ähnlichkeit. Ein kulturtheoretisches Paradigma*, Konstanz, 2015, 167–185.

Audi, Paul, *Rousseau, éthique et passion*, Paris 1997.

Bhatti, Anil/Kimmich, Dorothee, „Einleitung", in: *Ähnlichkeit. Ein kulturtheoretisches Paradigma*, Konstanz, 2015, 7–31.

Batson, C. Daniel, „These Things Called Empathy: Eight Related but Distinct Phenomena", in: Jean Decety und William Ickes (Hg.), *„The Social Neuroscience of Empathy"*, Cambridge 2009, 1–16.

Breithaupt, Fritz, *Kulturen der Empathie*, Frankfurt am Main 2009.

Bresler, Liora, „The Spectrum of Distance. Empathic Understanding and the Pedagogical Power of the Arts", in: *Aesthetic, Empathy and Education*, New York u.a., 7–28.

Bovon, François, *Das Evangelium nach Lukas. 1. Teilband, Lk 1,1–9,50* (Evangelisch-katholischer Kommentar zum Neuen Testament, 1), Zürich/Düsseldorf 1986.

–, *Das Evangelium nach Lukas. 2. Teilband, Lk 9,51–14,35* (Evangelisch-katholischer Kommentar zum Neuen Testament, 3), Zürich/Düsseldorf 1996.

Cazaban, Catherine, „Un engagement précoce", in: Victor Hugo, *Le dernier jour d'un condamné*, Paris 1998, 6.

Comeau, Paul, „La rhétorique du poète engagé du ‹Dernier jour d'un condamné› à ‹Claude Gueux›", in: *Nineteenth-Century French Studies* 16 (1987/1988), 59–77.

Frevet, Ute, „Empathy in the Theater of Horror, or Civilizing the Human Heart", in: Aleida Assmann/Ines Detmers (Hgg.), *Empathy and its Limits*, New York 2016, 79–99.

Fludernik, Monika, „Das Gefängnis als Empathieraum. Sympathielenkung und Identifikation mit dem inhaftierten Subjekt an der Wende zum 19. Jahrhundert", in: Claudia Berger/Fritz Breithaupt (Hgg.), *Empathie und Erzählung*, Freiburg im Breisgau 2010, 151–172.

Hamburger, Käte, *Das Mitleid*, Stuttgart 1985.

Hanley, Ryan Patrick, „Pitié développée. Aspects éthiques et épistémiques", in: Blaise Bachofen (Hg.) *Philosophie de Rousseau* (L'europe des lumières 31), Paris 2014, 305–318.

Fischl, Thomas, *Mitgefühl – Mitleid – Barmherzigkeit. Ansätze von Empathie im 12. Jahrhundert*, München 2017.

John, Eileen, „Empathy in literature", in: Heidi Maibom (Hg.), *Routledge Handbook of Philosophy of Empathy*, London 2017, 306–316.

Keen, Suzanne, *Empathy and the Novel*, Oxford 2007.

Landsberg, Alison, „Memory, Empathy, and the Politics of Identification", in: *International Journal of Politics, Culture, and Society* 22 (2009), 221–229.

Launey, Michel, „Chronologie", in: Jean-Jacques Rousseau, *Émile ou de l'éducation*, Paris 1966, 5–9.

Lex, Nina, „Existence as a Matter of Co-existence: Jean-Jacques Rousseau's Moral Psychology of Pitié", in: Ricardo Gutiérrez Aguilar (Hg.), *Empathy: Emotional, Ethical and Epistemological Narratives*, Leiden 2019, 53–72.

Lowe-Dupas, Hélène, „Innomable guillotine : La peine de mort dans ‹Le Dernier Jour d'un condamné› et ‹L'histoire d'Hélène Gillet›", in: *Nineteenth-Century French Studies* 23 (1995), 341–348.

Pieper, Hans-Joachim, „‚Hat er aber gemordet, so muß er sterben': Klassiker der Philosophie zur Todesstrafe", in: Helmut C. Jacobs (Hg.), *Gegen Folter und Todesstrafe. Aufklärerischer Diskurs und europäische Literatur vom 18. Jahrhundert bis zur Gegenwart,* Frankfurt am Main u.a. 2007, 168–184.

Quang Sang, Julie le, „L'abrogation de la peine de mort en France: une étude de sociologie législative (1976–1981)", in: *Déviance et société* 24 (2000), 275–296.

Roebling-Grau, Iris, „The Text as Mirror: *The Book of Her Life* and the *Vita Christi*", in: Martina Bengert/Iris Roebling-Grau (Hgg.), *Santa Teresa. Critical Insights, Filiations, Responses*, Tübingen 2019, 87–103.

Rother, Wolfgang, „Zwischen Utilitarismus und Kontraktualismus: Beccarias Kritik an der Todesstrafe im philosophischen Kontext", in: Helmut C. Jacobs (Hg.), *Gegen Folter und Todesstrafe. Aufklärerischer Diskurs und europäische Literatur vom 18. Jahrhundert bis zur Gegenwart,* Frankfurt am Main u.a. 2007, 185–199.

Schmetkamp, Susanne, *Theorien der Empathie zur Einführung*, Hamburg 2019.

Shaya, Gregory, „The Unruly Emotions of the Execution Crowd and its Critics in Late Nineteenth- and Early Twentieth Century France", in: *Cultural History. Journal of the International Society for Cultural History* 8/1 (1993), 70–93.

Singer, Tania, „Globaler Realismus – globales Mitgefühl. Tania Singer im Gespräch mit Milo Rau und Florian Brochmeyer": https://www.schaubuehne.de/de/uploads/Schaubuehne_Tania-Singer_Interview.pdf.pdf (15. 9. 2020).

–, „Perspektiven der Empathie- und Compassion-Forschung", in: Julian Nida-Rümelin/Irina Spiegel/Markus Tiedemann (Hgg.), *Handbuch Philosophie und Ethik*, Bd. 2, Paderborn 2015, 256–250.

Vendrell Ferran, Íngrid, *Die Vielfalt der Erkenntnis. Eine Analyse des kognitiven Werts der Literatur*, Paderborn 2018.

–, „Vergegenwärtigung von Erfahrungen, Perspektivübernahme und Empathie", in: Susanne Schmetkamp/Magdalena Zorn (Hgg.), Variationen des Mitfühlens. Empathie in Musik, Literatur, Film und Sprache (Schriftenreihe der Jungen Akademie der Wissenschaften und der Literatur Mainz, 2), Stuttgart, 2018, 15–28.

Nachschlagewerke

De Jaucourt, Louis, „pitié", in: *Encyclopédie, ou dictionnaire des sciences, des arts et des métiers*, Paris 1765, Bd. 12: Parl–Pol, 663–664.

Farges, Jacques/Viller, Marcel „La charité chez les pères", in: *Dictionnaire de Spiritualité ascétique et mystique. Doctrine et histoire*, Bd. 7: *Cabasilas–Cassien*, 523–569.

Kamlah, Ehrhard, „Barmherzigkeit II: Neues Testament", in: *Theologische Realenzyklopädie*, Bd. 5: Autokephalie–Biandrata, Berlin/New York 1980, 215–238.

Koehler, Théodore, „Miséricorde", in: *Dictionnaire de spiritualité ascétique et mystique : doctrine et histoire*, Bd. 10: *Mabille–Mythe*, Paris 1980.

Langenscheidts Großwörterbuch Französisch. Teil II: *Deutsch-Französisch*, Berlin u.a. [16]1968.

Le Nouveau Petit Robert. Dictionnaire alphabétique et analogique de la langue française, Paris [2]1994.

Viller, Marcel/Monier-Vinard, Henri, „Charité envers le prochain", in: *Dictionnaire de Spiritualité ascétique et mystique. Doctrine et histoire*, Bd. 7: *Cabasilas–Cassien*, Paris 1953, 649–661.

Bibelausgaben

Biblia sacra vulgata, hg. von Robert Weber und Roger Gruyson, Stuttgart 2007.

Die Bibel. Nach der Übersetzung Martin Luthers. Mit Apokryphen, Stuttgart 1999.

Teil III

Normative Perspektiven für die Gegenwart

Mitgefühle auf dem Prüfstand
Überlegungen zu ihren Gestalten und ihrer ethischen Relevanz

Christoph Demmerling

Antworten auf die Frage nach dem ethischen Wert von Mitgefühlen fallen seit jeher strittig aus. Gehören Mitgefühle für die einen zu den Bedingungen dafür, Egoismus und Eigeninteresse zu überwinden, sind sie in den Augen anderer bestenfalls nutzlos, schlimmstenfalls Wegbereiter für fehlgeleitete moralische Urteile, für Distanzierung und Unterdrückung. Zu denken ist an Rousseau und Schopenhauer auf der einen Seite, an Spinoza und Nietzsche auf der anderen Seite. Bis in die gegenwärtige Diskussion scheinen sich Freunde und Verächter von Mitgefühlen, insbesondere des Mitleids, unversöhnlich gegenüber zu stehen.[1] Eine einfache Parteinahme für oder gegen Mitgefühle macht es sich sicherlich zu leicht. Die Kultivierung von Mitgefühlen ist kein Garant für die Ausbildung von (im weitesten Sinne) moralischen Einstellungen, sie trägt nicht von sich aus zur sozialen Integration bei. Die Pflege von Mitgefühlen führt aber auch nicht notwendigerweise zum Verlust der eigenen Identität, zu Herablassung, zur Schwächung der eigenen Handlungskraft oder zu gerechtigkeitsblinder Parteilichkeit. Es gilt zu differenzieren.

Wie alle Gefühle nehmen auch Mitgefühle in unterschiedlicher Weise Einfluss auf das Handeln und Verhalten: Teils hindern sie einen daran, etwas zu tun, was im Lichte guter Gründe geboten zu sein scheint, teils erleichtern sie dies, machen es vielleicht sogar erst möglich. Eine pauschale Lobrede auf Mitgefühle dürfte aber ebenso verfehlt sein wie ihre umfassende Verurteilung. Um auf die Frage antworten zu können, ob Mitgefühle einen ethischen Wert haben und wie sich dieser genauer bestimmen lässt, skizziere ich im ersten Teil dieses Beitrags mein Verständnis von Gefühlen im Allgemeinen (1),[2] bevor ich mich den Mitgefühlen und insbesondere

---

[1] Um nur einige Beiträge aus der weitverzweigten neueren Debatte zu nennen: Eine prominente Verteidigung des Werts von Mitgefühlen liefert Nussbaum, *Politische Emotionen*; aus unterschiedlichen Gründen skeptisch sind Bloom, *Against Empathy*, und Prinz, „Against Empathy"; vgl. auch Slaby, „Empathy's Blind Spot" und Breithaupt, *Die dunklen Seiten der Empathie*.

[2] Für die Überlegungen des ersten Abschnitts habe ich zurückgegriffen auf Demmerling, „Gefühle, Intentionalität, Leiblichkeit", 145–164.

dem Mitleid eingehender zuwende. Nach einer Charakterisierung der wichtigsten Merkmale von Mitleid und Mitgefühlen (2) diskutiere ich unterschiedliche Gestalten von Mitgefühlen (3). Überlegungen zum Verhältnis von Verstehen, Empathie und Mitgefühl schließen sich an (4). Der längste Teil des Beitrags beschäftigt sich mit der Frage nach dem Verhältnis von Mitgefühl bzw. Mitleid und Moral (5). Ein Fazit, welches auf die Frage nach evolutionären Vorläufern und kulturellen Voraussetzungen des Mitleids hinweist, bildet den Abschluss (6).

1 Philosophie der Gefühle – ein kurzer Überblick

Wenn von Gefühlen und verwandten Phänomenen die Rede ist, wird die terminologische Landschaft schnell unübersichtlich. Deshalb schicke ich meinen Überlegungen eine Bemerkung zum Sprachgebrauch voraus. Der Ausdruck „Gefühl" wird in der neueren Diskussion in mindestens zwei Bedeutungen gebraucht. Gelegentlich wird er im weiteren Sinne eines generellen Terminus verwendet. Man bezieht sich damit auf die gesamte Klasse der affektiven Phänomene, auf Empfindungen, Stimmungen und Emotionen, um zu akzentuieren, dass diese affektiven Phänomene mit einer qualitativen Dimension bzw. einem phänomenalen Erleben einhergehen. In oder mit einem Gefühl wird *etwas* gefühlt. Ein Gefühl fühlt sich auf eine bestimmte Weise an; einem ist auf eine bestimmte Weise zumute. Im engeren Sinne (und umgangssprachlich) bezieht man sich mit dem Begriff „Gefühl" aber auch auf komplexe affektive Phänomene wie Trauer, Furcht oder Neid, die in der laufenden Diskussion häufig mit dem bildungssprachlichen Ausdruck „Emotion" bezeichnet werden und die mit (im weitesten Sinne) kognitiven Einstellungen einhergehen. Ich verwende den Ausdruck „Gefühl" vorrangig in diesem Sinn. Mit dem Ausdruck „Empfindung" beziehe ich mich hingegen in erster Linie auf körperliche Empfindungen wie einen Juckreiz oder Schmerzen. Aus verschiedenen Gründen erscheint es mir sinnvoll, den Unterschied zwischen Phänomenen wie Neidgefühlen und Schmerzen auch sprachlich zu markieren. Um mich auf den Umstand zu beziehen, dass Empfindungen und Gefühle erlebt werden und dem Bewusstsein auf eine bestimmte Weise gegenwärtig sind, spreche ich von der phänomenalen Qualität, dem phänomenalen Erleben oder der qualitativen Dimension eines Gefühls oder einer Empfindung. Wer ein Gefühl oder eine Empfindung hat, dem ist auf eine bestimmte Weise zumute. Gefühle und Empfindungen werden verspürt.

In der neueren philosophischen Diskussion werden Gefühle häufig ähnlich wie Gedanken, Wahrnehmungen und Empfindungen als geistige Zustände oder Prozesse aufgefasst. Gefühle sind jedoch nicht einfach geistige Zustände oder Vorgänge, sondern Weisen, sich zur Welt zu verhalten, die sich auf körperliche und leibliche Weise manifestieren und mit Handlungsimpulsen einhergehen können.

Gefühle manifestieren sich körperlich, d.h. sie gehen mit physiologischen und biochemischen Veränderungen im Organismus des lebendigen Wesens einher, welches diese Gefühle hat. Gefühle manifestieren sich leiblich, d.h. sie werden von bewusstseinsfähigen Wesen auf eine bestimmte Weise erlebt. Anders als Gedanken stellen Gefühle, wie gesagt, Erlebnisse dar, die eine phänomenale Qualität besitzen und aus der Perspektive dessen, der sie hat, auf eine bestimmte Weise erfahren werden.

Gefühle sind aber nicht nur von Gedanken zu unterscheiden, sondern auch von bloßen Empfindungen wie einer Hitzewallung, einem Kälteschauer oder einem Schmerz. Denn anders als Empfindungen haben Gefühle (wie Gedanken) einen Gehalt, sie sind auf Sachverhalte oder Objekte in der Welt bezogen. Sie sind intentionale Zustände, ausgezeichnet durch einen Bezug auf etwas. Intentional ist die Überzeugung, die sich mit dem Satz „Jena liegt an der Saale" ausdrücken lässt, weil sie auf die Tatsache, dass Jena an der Saale liegt, bezogen ist. Intentional ist ebenso die Furcht des Radrennfahrers, die auf die nächste Kurve gerichtet ist. Der Radrennfahrer fürchtet sich *vor* der Kurve mit dem möglichen Effekt einer zu großen, rennentscheidenden Geschwindigkeitsminderung oder gar eines Sturzes.

Trotz der gemeinsamen Intentionalitätsstruktur ist der Bezug von Gefühlen zur Welt, wie angedeutet, anders zu explizieren als der Weltbezug eines Gedankens. Mit einem Gefühl ist man nicht einfach auf etwas gerichtet oder bezogen, sondern in diesem Bezogensein geht es *um etwas*. Jemand ist subjektiv betroffen, und dieses Betroffensein manifestiert sich auf eine qualitative Art und Weise. Es lässt sich spüren. Im Fall von Gefühlen sind der intentionale Aspekt und die qualitative Dimension von vornherein miteinander verwoben. Das eine tritt nicht einfach zum anderen hinzu. Deutlich machen lässt sich dies mit Hilfe eines einfachen Beispiels. Wenn jemand zu Peter sagt, dass das Matterhorn 4478 Meter hoch ist oder dass der Vater eines entfernten Bekannten bei einem Autounfall gestorben ist, wird er vielleicht antworten: „Aha, das wusste ich noch nicht." Wird ihm hingegen mitgeteilt, dass sein eigener Vater gerade bei einem Autounfall ums Leben gekommen ist, dann passiert etwas mit ihm, was in der Regel weit über die Art von Reaktion hinausgeht, die sich in jenem Satz darstellt. Von der Mitteilung über den Tod des eigenen Vaters ist Peter betroffen. Sie zieht eine Reaktion nach sich, die sich spürbar im Gesamterleben Peters manifestiert.

Das Entsetzen und die Trauer über den Tod eines Menschen lassen sich als *qualitatives* Gewahrsein von etwas auffassen. Anders als ein bloßes Gewahrwerden oder Sehen („irgendjemand ist gestorben") ist das Gefühl der Trauer auf eine spezifische, eben qualitativ gehaltvolle Weise auf etwas in der Welt gerichtet. Für diesen Umstand – man bezieht sich auf etwas im Lichte einer Emotion – hat sich inzwischen die Rede von einer affektiven Intentionalität eingebürgert.[3] Mit derartigen Überlegungen ist ein entscheidender Schritt auf dem Weg zu einer detaillierten

---

[3] Vgl. dazu u.a. die Beiträge in Slaby/Stephan/Walter/Walter (Hgg.), *Affektive Intentionalität*.

Explikation der gefühlstypischen Verbindung von intentionalen Gehalten und phänomenalen Qualitäten gemacht. Dadurch dass uns etwas betrifft, tritt gleichzeitig
ein Weltausschnitt in den Blick. Im Modus des Betroffenseins sind wir mit einem
Weltausschnitt verbunden. Als Hintergrund für meine folgenden Bemerkungen zu
Mitgefühlen mögen diese Bemerkungen genügen, auch wenn sie noch viele Fragen
offen lassen.

2 Mitgefühle und Mitleid – eine erste Charakterisierung

Wenn zu Gefühlen ein intentionaler Aspekt und eine qualitative Dimension gehören, dann muss sich auch im Fall von Mitgefühlen die Frage beantworten lassen,
worauf diese gerichtet sind und welche phänomenale Qualität sie aufweisen. Bleiben wir zunächst bei der Intentionalität von Gefühlen und vergegenwärtigen uns
mit Hilfe eines Beispiels, wie sich diese im Falle der Mitgefühle charakterisieren
lässt.

Marias Mutter ist gestorben. Maria betrauert deren Tod, den sie als schmerzli-
chen Verlust erfährt. Der Weltbezug der Trauer ergibt sich aus dem Tod der Mutter,
auf ihn ist die Trauer gerichtet. Peter ist ein guter Freund Marias und er verspürt
Mitgefühle. Er verspürt Mitleid angesichts der traurigen Umstände, in die Maria
geraten ist. Worauf ist sein Mitgefühl gerichtet? Im Zentrum von Peters Mitgefühl
steht Marias Trauer und nicht der Tod ihrer Mutter, die er vielleicht gar nicht
gekannt hat. Jedenfalls muss er sie nicht gekannt haben, um Mitgefühle mit Maria
zu hegen. Bereits dieses einfache Beispiel zeigt, dass der Gehalt von Mitgefühlen ein
anderer ist als der von Gefühlen in eigener Sache. Mitgefühle sind auf die Gefühle
anderer gerichtet, nicht aber auf dasjenige, worauf sich die fraglichen Gefühle der
anderen richten. *Mitgefühle sind Gefühle, die sich auf die Gefühle anderer beziehen.*

Diese These bestätigt sich, wenn wir uns einige der maßgeblichen Charakterisie-
rungen des Mitleids anschauen, wie sie in der Geschichte der Philosophie formuliert
worden sind. So heißt es bei Aristoteles, Mitleid sei ein

Schmerzgefühl über ein in die Augen fallendes, vernichtendes und schmerzbringendes
Übel, das jemanden trifft, der nicht verdient, es zu erleiden, das man auch für sich selbst
oder einen der unsrigen zu erleiden erwarten muss, und zwar wenn es in der Nähe zu sein
scheint.[4]

Wichtig ist in diesem Zusammenhang einzig die Bemerkung, das Mitleid sei ein
Schmerzgefühl über ein Übel, welches jemand *anderen betrifft*. Dieses Motiv zieht
sich durch die gesamte Mitleidsreflexion des Abendlandes. So bestimmt Thomas
von Aquin das Mitleid als Trauer wegen fremder Übel; Descartes fasst es als eine Art

---

[4] Arist., rhet., 1385 b.

von Traurigkeit auf, die sich wegen eines unverdienten Übels von jemand anderem
einstellt; und Adam Smith charakterisiert es als Gefühl, das wir für das Elend
anderer empfinden.[5] Immer sind es andere, die eine maßgebliche Rolle spielen.

Das Mitleid wird in den klassischen Affekttheorien und zum Teil auch in der
neueren Diskussion so gut wie immer als ein Gefühl charakterisiert, welches eine phänomenale Qualität besitzt: „Schmerz", „Trauer", „Traurigkeit" lauten die
Ausdrücke, welche die Vertreter der von mir angeführten Ahnenreihe für diese
Qualität verwenden. Dennoch ist zu fragen, ob es sich beim Mitleid (gleiches gilt
aber auch für andere Mitgefühle wie die Mitfreude) tatsächlich um ein Gefühl
handelt oder ob es nicht vielmehr um eine Art von Einstellung geht, die als solche
gar nicht notwendigerweise mit Gefühlsqualitäten verbunden sein muss. Die bloße
Vorstellung vom Leid eines anderen muss ja nicht mit einem Gefühl der Trauer
oder einer Empfindung von Schmerz verknüpft sein. Ich stelle mir etwas vor, ohne
dass mit dieser Vorstellung eine bestimmte Weise des Zumuteseins einhergehen
müsste. Das *kann* zwar der Fall sein, *muss* aber nicht. So stuft etwa Wittgenstein
das Mitleid als eine „Form der Überzeugung" ein: „Das Mitleid, kann man sagen,
ist eine Form der Überzeugung, dass ein anderer Schmerzen hat."[6]

Eine Überzeugung, soviel scheint bereits auf den ersten Blick klar zu sein, ist
kein Gefühl und geht auch nicht zwangsläufig mit einem Gefühl einher. Wer die
Überzeugung hat, dass jemand anderes Schmerzen hat, dem muss es zunächst
einmal nicht anders ergehen als demjenigen, der weiß, dass Berlin die Hauptstadt
von Deutschland ist oder zwei plus zwei vier ergibt. Sicher können unterschiedliche
Überzeugungen zu unterschiedlichen Handlungen motivieren. Die Überzeugung,
dass jemand Schmerzen hat, kann zu Hilfeleistungen oder besonderer Nachsicht
gegenüber einer Person motivieren. Entscheidend ist für den Augenblick allein,
dass das Hegen von Überzeugungen nicht unbedingt Gefühle impliziert.

3 Mitgefühle und Mitleid: Plädoyer für Differenzierungen

Meine These lautet: Bei Mitgefühlen kann es sich durchaus um Gefühle handeln,
häufig allerdings treten sie – dem sprachlichen Ausdruck „Mitgefühl" zum Trotz –
in Form von Einstellungen und Haltungen auf, die keine (echte) qualitative Dimension besitzen. Um weitere Klarheit zu gewinnen, möchte ich zunächst einmal
zwischen verschiedenen Formen des Miteinanderfühlens unterscheiden.[7] Denken
wir noch einmal an Maria, die den Tod ihrer Mutter betrauert, und an Peter, der

---

[5] Thomas von Aquin, *Summa Theologica* II/II, q. 30; Descartes, *Les passions*, 103, Art. 62; Smith,
„Theorie", 2.

[6] Wittgenstein, *Untersuchungen*, § 287.

[7] Ich orientiere mich an Scheler, *Wesen*, v.a. 19 ff., der eine überaus differenzierte Analyse vorgelegt
hat.

Mitleid mit Maria hat. Im Fokus von Marias Trauer steht der Tod der Mutter, im Fokus von Peters Mitgefühl die Trauer Marias. Bringen wir nun noch eine dritte Person ins Spiel, Marias Schwester Gisela. Gisela betrauert ebenfalls den Tod ihrer Mutter. Auch ihr Gefühl richtet sich auf den Tod der Mutter, nicht auf die Trauer Marias. Gisela hat kein Mitgefühl mit Maria. Trotzdem kann man die Situation der beiden Schwestern so beschreiben, dass sie miteinander fühlen. Die Gefühle beider sind auf den Tod der Mutter gerichtet, sie teilen sich das Gefühl der Trauer über den Tod der Mutter. Im Prinzip könnte auch jede unabhängig von der anderen den Tod der Mutter betrauern. Und streng genommen müsste man noch genauer zwischen einem *geteilten* Fühlen und einem lediglich *parallelen* Fühlen unterscheiden. Doch dieser Unterschied kann für meine Zwecke vernachlässigt werden. Wichtig ist es zunächst, Miteinanderfühlen und Mitfühlen voneinander zu unterscheiden, da beide Phänomene jeweils eine andere Struktur besitzen. Die beiden Schwestern fühlen miteinander und ihre Trauer bezieht sich jeweils auf den Tod der Mutter, das Mitgefühl Peters bezieht sich nicht auf deren Tod, sondern auf die Trauer Marias.

Vom Miteinanderfühlen und Mitfühlen sind außerdem zwei weitere Phänomene abzuheben. Max Scheler hat sie als Gefühlsansteckung und Einsfühlen bezeichnet.[8] Eine Gefühlsansteckung liegt vor, wenn man beispielsweise in neutraler, vielleicht sogar gedrückter Stimmung in die Heiterkeit einer Festgesellschaft hineingezogen wird oder sich anlässlich einer falschen Schiedsrichterentscheidung von der Empörung der Menge im Fußballstadion mitreißen lässt. Gefühlsansteckungen vollziehen sich „automatisch", ohne Wunsch und Willen der Betroffenen. Sie sind auch unter Tieren verbreitet – man denke an einen Vogelschwarm, der plötzlich von Aufregung erfasst wird. Die Einsfühlung hingegen stellt den Grenzfall der Ansteckung dar und kann als Identifikation mit einer fremden Person oder etwas Fremdem beschrieben werden. Formen religiöser Ekstase, der freiwilligen Unterwerfung und der Hypnose werden von Scheler als Beispiele genannt. Wie die Gefühlsansteckung schließt auch die Einsfühlung *Mitgefühl* aus. In der Ansteckung und in der Einsfühlung ist jemand so unmittelbar von eigenen Gefühlen betroffen, dass kein expliziter Bezug auf die Gefühle anderer vorliegt. Der Mangel an Distanz lässt keinen Raum dafür, sich auf die Gefühle der anderen beziehen zu können. Diese Phänomene sind also klar von Mitgefühlen bzw. vom Mitfühlen und Miteinanderfühlen zu unterscheiden.

Von allen diesen Phänomenen zu unterscheiden sind sodann Fähigkeiten und Einstellungen, die eng mit Mitgefühlen verbunden zu sein scheinen. Ich meine zum einen das bloße Auffassen oder Verstehen der Gefühle von jemandem und zum anderen die bildungssprachlich häufig mit dem Ausdruck „Empathie" (im Sinne von „Einfühlung") bezeichnete Fähigkeit, sich in einen anderen hineinversetzen

---

[8] Vgl. Scheler, *Wesen*, 25 ff., 29 ff.

zu können, wofür die deutsche Sprache auch Wendungen bereithält wie die, man könne etwas nachfühlen oder sich in jemandem einfühlen.[9]

4 Verstehen und Empathie

Beim Verstehen oder Auffassen der Gefühle eines anderen sind nicht notwendigerweise eigene Gefühle involviert. Man kann Marias Trauer verstehen, wenn man versteht, worauf diese gerichtet ist, welche Vorfälle ihr zugrunde liegen, wie das Beziehungsgeflecht der beteiligten Personen verfasst ist, welche anderen Gefühle mit der Trauer verbunden sein können, welche ausgeschlossen sind, was die typischen Ausdruckshandlungen der Trauer sind und vieles andere mehr. All dies kann man verstehen, ohne dabei selbst etwas zu fühlen. Es ist durchaus möglich, sich lediglich ein ‚kognitives‘ Bild von der Trauer eines anderen zu machen. Verstanden werden können andere zudem auch da, wo gar kein Impuls zu einer Hilfeleistung gegeben ist. Deshalb ist es nicht überraschend, dass die Diskussion über Einfühlung und Mitgefühle mittlerweile in zwei unterschiedlichen Debattenkontexten verhandelt wird. Einerseits wird über die Frage nach der epistemischen Funktion der Empathie bzw. Mitgefühlen im Kontext des Verstehens anderer Personen diskutiert, zum anderen geht es um die Funktion von Mitgefühlen für moralisches Handeln und Verhalten.[10]

Ist es sinnvoll, Empathie bzw. Einfühlung vom bloßen Auffassen oder Verstehen von Gefühlen zu unterscheiden? Empathie geht insofern über ein bloßes Auffassen oder Verstehen hinaus, als sie die Welt im Lichte der Befindlichkeiten eines anderen zu sehen vermag.[11] Anders als beim bloßen Verstehen eines Gefühls und ähnlich wie beim Mitgefühl kommt das Gefühl des anderen im Falle der Empathie auch in seiner spezifischen Qualität zur Geltung. Es muss demjenigen, der sich in empathischer Perspektive auf jemand anderen bezieht, auf eine *bestimmte Weise* gegeben sein, andernfalls könnte man nicht davon sprechen, er sei dazu in der Lage, sich in den anderen hineinzuversetzen.

---

[9] Zieht man die Wortgeschichte zu Rate, sind „Empathie" und „Einfühlung" als synonyme Ausdrücke zu behandeln. Im Englischen tauchte „empathy" zunächst als Übersetzung des deutschen Wortes „Einfühlung" auf. Es wurde von Edward Titchener als Übersetzung des Einfühlungsbegriffs von Theodor Lipps verwendet. „Empathy" wurde sodann als „Empathie" wieder ins Deutsche rückübertragen. Vgl. dazu u.a. den Hinweis bei Zahavi, *Self & Other*, 103.

[10] Vgl. dazu die Beiträge in dem Band von Coplan/Goldie (Hgg.), *Empathy*; zur erkenntnistheoretischen Debatte siehe auch Stueber, *Rediscovering Empathy*.

[11] So jedenfalls würde ich das Konzept der Einfühlung bzw. Empathie grob charakterisieren. Zu den unterschiedlichen Bedeutungen, die der Ausdruck annehmen kann, vgl. Batson, „Things", 3–15.

Lediglich am Rande möchte ich darauf hinweisen, dass sich der Unterschied zwischen dem bloßen Verstehen und der Empathie auch mit Hilfe zweier in der neueren analytischen Philosophie verbreiteter Theorieansätze zum Thema *mindreading* erläutern lässt. In der insbesondere in der Philosophie des Geistes und der Kognitionswissenschaft geführten Debatte wird unter *mindreading* die Fähigkeit verstanden, anderen Empfindungen, Gefühle oder Überzeugungen zuzuschreiben. Es handelt sich um die Fähigkeit, andere als geistbegabte Wesen anzusehen, oder – wie es in der Debatte manchmal heißt – um die Fähigkeit zur Ausbildung einer *theory of mind*. Im Wesentlichen zwei Lager stehen sich hier gegenüber: Anhänger der *Theorie-Theorie* und Verteidiger der *Simulationstheorie*. Vertreter der Theorie-Theorie behaupten, dass unsere Kompetenz, anderen Gefühle und Überzeugungen zuzuschreiben, theorieartig strukturiert sei und gesetzesartige Verallgemeinerungen enthalte. Das Verstehen einer anderen Person gleicht demnach im Prinzip dem Verständnis, welches man für Vorgänge in der unbelebten Natur entwickeln kann. Man schließt aus den eigenen Erfahrungen auf allgemeine Regeln, die man dann auf andere Fälle anwenden kann. Vertreter des Simulationsansatzes hingegen fassen das Verstehen anderer Menschen als eine besondere (nichttheoretische) Fähigkeit auf, über welche der Mensch bereits von Geburt an verfügt und die er im Laufe des Lebens lediglich weiterentwickelt. Unter den Simulationstheoretikern kursieren vorrangig zwei Bilder zur Beschreibung intersubjektiver Verstehensprozesse: Wir verstehen den anderen, indem wir seine Erfahrungen durch Analogieschlüsse auf uns ,übertragen' oder indem wir uns in ihn ,hineinversetzen'. Der Theorie-Theoretiker beschreibt das Fremdverstehen als eine durch und durch kognitive, gefühlsfreie Angelegenheit, während der Anhänger des Simulationsansatzes zumindest in einer seiner Varianten mit dem Empathiekonzept operiert. Unabhängig davon, welchen Ansatz man im Einzelnen favorisiert und für wie sinnvoll man die skizzierte Debatte hält – in jedem Fall muss es als eine Voraussetzung für Mitgefühle angesehen werden, andere als geistbegabte Wesen begreifen zu können.[12]

Kommen wir zurück zur Frage nach dem Verhältnis von Verstehen, Empathie und Mitgefühl. Es liegt nahe, das Verhältnis dieser drei Weisen, sich auf jemand anderen zu beziehen, im Sinne eines Bedingungsgefüges zu rekonstruieren und davon auszugehen, dass Empathie Verstehen voraussetzt und dass Mitgefühle Empathie voraussetzen. Richtig ist, dass sowohl Empathie im Sinne der Einfühlung als auch Mitgefühle Verstehen voraussetzen.

Über das Verhältnis von Empathie und Mitgefühl lässt sich allerdings keine so klare Auskunft geben. Ist Empathie eine notwendige oder gar hinreichende Bedingung für Mitleid? Wäre sie eine notwendige Bedingung, könnte man Mit-

---

[12] Vgl. zu dieser Debatte Goldman, *Simulating Minds*; Lenzen, *In den Schuhen*. Eine Theorie-Theorie vertritt z.B. Churchland, „Folk Psychology", 247–262. Eine Empathie-Auffassung von Simulation verteidigt Gordon, „Simulation Theory", 100–122; die Analogie-Auffassung findet sich bei Goldman, „Empathy", 185–208.

gefühle nur gegenüber Wesen an den Tag legen, in welche man sich einfühlen kann, deren Perspektive man sich zu eigen machen kann. Dass man zum Beispiel Tieren gegenüber Mitleid empfinden kann, dürfte unstrittig sein. Ob man sich in Tiere einfühlen kann in dem Sinne, dass man fühlen oder sich auch nur vorstellen kann, was oder wie sie fühlen, darf als umstritten gelten. Unter der Voraussetzung jedenfalls, dass man sich nicht in Tiere einfühlen, sie aber sehr wohl bemitleiden kann, lässt sich Empathie nicht als eine notwendige Bedingung für das Mitleid begreifen. Man kann Wesen bemitleiden, auch dann, wenn man sich nicht in sie einzufühlen vermag.

Würde man Empathie als eine hinreichende Bedingung für Mitgefühle auffassen, müsste Empathie auf eine bestimmte Weise „automatisch" Mitgefühle oder Mitleid nach sich ziehen. Der Umstand, dass man nachfühlen kann, was ein anderer fühlt, müsste dann immer mit einer Perspektive einhergehen, die um das Wohl des anderen besorgt ist. Dass dies nicht der Fall ist, verdeutlicht der Hinweis auf einen Sadisten, der seine Empathie mit dem Opfer dafür nutzt, es auf eine noch perfidere Weise zu quälen. Die auf den ersten Blick naheliegende Identifikation von Mitleid (im Sinne einer moralrelevanten Einstellung) und Empathie (im Sinne eines auch in seiner Qualität verstandenen Gefühls) ist also nicht haltbar. Die Überlegungen haben gezeigt, dass „Mitfühlen" und „Empathie" als getrennte Phänomene vorkommen und als getrennte Phänomene aufzufassen sind, auch wenn sie faktisch miteinander korrelieren. Auf der Grundlage von Empathie werden die Gefühle anderer wahrgenommen oder vorgestellt, während man im Mitfühlen seinerseits von den Gefühlen anderer auf eine *bestimmte* Weise betroffen ist.

Kommen wir nach diesen Überlegungen zurück zu Wittgensteins Bemerkung, Mitleid lasse sich als eine Form der Überzeugung auffassen, dass ein anderer Schmerzen habe bzw. leide. Im Anschluss daran möchte ich eine dreifache Differenzierung vorschlagen: Mitleid kann ein Schmerzgefühl sein, das auf das Leiden eines anderen gerichtet ist. Das ist, wie gezeigt, der in der (aristotelischen) Tradition dominierende Aspekt. Mitleid kann aber auch als Überzeugung bzw. Einstellung auftreten, die auf die schlechte Situation anderer bezogen ist, ohne sich als Gefühl zu manifestieren. Mitleid wäre dann im Wesentlichen als ein Urteil zu rekonstruieren, welches die missliche Lage anderer betrifft und sich in Sätzen wie „Maria kann einem leid tun" ausspricht, ohne dass ein Mitgefühl im engeren Sinne vorliegt. Mit dem Gefühl des Mitleids, aber auch mit der entsprechenden Überzeugung bzw. Einstellung sind, drittens, häufig Handlungsdispositionen verbunden, die darauf zielen, die Situation der Bemitleideten zu verbessern. Überhaupt scheint die Perspektive der Sorge und der Bekümmerung um das Wohl und Wehe anderer, sofern diese mit einer Disposition zur Hilfe verbunden ist, eines der zentralen Elemente im Rahmen der abendländischen Mitleidsreflexion zu sein. Damit bin ich bei der Frage nach dem Verhältnis von Mitleid und Moral angelangt, mithin bei der Frage nach der ethischen Relevanz des Mitleids.

5 Mitleid und Moral

Wegen der kurativen Aspekte, die sich mit dem Mitleid in Form von Handlungsdispositionen verbinden bzw. verbinden können, ist das fragliche Gefühl bzw.
die Einstellung innerhalb der Moralphilosophie zu einem vieldiskutierten Thema geworden. Nicht wenige betrachten das Mitleid als soziales Bindemittel mit
großen integrativen Effekten, welches eine Basis für moralische Orientierungen
und Überzeugungen abzugeben vermag. Schon in der Philosophie der Neuzeit werden Mitleid, Mitgefühl und Sympathie häufig als Schrittmacher des moralischen
Bewusstseins angesehen und als natürliche Grundlage tugendhaften Handelns
und Verhaltens aufgefasst.[13] Dies gilt zumindest für einige mitleidsaffine Moralphilosophen wie Rousseau, Hume, Smith oder Schopenhauer.[14] Aber auch in den
Reihen der Kritiker des Mitleids (zu denken ist an Spinoza, Kant und Nietzsche)
spielt diese Ansicht eine Rolle, wenngleich unter negativem Vorzeichen.[15] Wer
Mitleid oder Sympathie hegt, der vermag die Welt im Lichte der Bedürfnisse eines
anderen zu sehen, und damit erfüllt er zumindest eine Voraussetzung dafür, einen
moralischen Standpunkt einnehmen zu können. Allerdings gehen nicht alle Philosophen davon aus, dass das Mitleid als solches bereits den Weg zur Moral ebnet. Auf
einen Affekt, so wird in den Reihen der Gegner von Mitleidsethiken argumentiert,
lasse sich nicht bauen. Wenn man Mitleid und Sympathie als Fähigkeit begreift,
einen Perspektivenwechsel vornehmen zu können, aus dem häufig fürsorgliche
Verhaltensweisen und Handlungen hervorgehen, dann stehen jedoch in erster Linie
Einstellungen und *Haltungen* gegenüber anderen Personen und Lebewesen zur
Diskussion, und nicht so sehr Gefühle, weshalb die Hinweise von Gegnern der
Mitleidsethik zum Teil ins Leere laufen.

Schopenhauer ist, zumindest unter den klassischen deutschsprachigen Philosophen, der eigentliche Theoretiker des Mitleids. Dabei bezieht er sich auf Rousseau,
für den das Mitleid ein Gefühl ist, das alle Menschen miteinander verbindet. Es
ist ein Gefühl der Identifikation mit anderen und als solches allem Denken vorgeordnet. Von Rousseau wird das Mitleid gegenüber anderen Wesen als etwas

---

[13] Eine Anmerkung zum Begriff der Sympathie mag an dieser Stelle aufschlussreich sein. In der in
erster Linie englischsprachigen moralphilosophischen Diskussion u.a. bei Hume und Smith bezieht
er sich grob betrachtet darauf, sich in die Situation eines anderen hineinversetzen zu können und
scheint damit der Bedeutung des späteren Ausdrucks „empathy" zu entsprechen. Smith spricht
sogar davon, dass der Ausdruck verwendet werden könne, um das Mitgefühl zu bezeichnen (vgl.
Smith, *Theorie*, 4). Ich habe versucht, deutlich zu machen, dass man zwischen Empathie und
Mitgefühl unterscheiden sollte. Den Ausdruck „Sympathie" sollte man weder in dem einen noch
in dem anderen Sinne verwenden, zumal er (das gilt für den gegenwärtigen Sprachgebrauch im
Deutschen) eine andere Bedeutung hat, er bezieht sich darauf, dass man jemanden mag, sich positiv
auf jemanden bezieht.

[14] Vgl. dazu die Beiträge von Iris Roebling-Grau und Gregor Bloch in diesem Band.

[15] Vgl. dazu die Beiträge von Felix Krämer und Roderich Barth in diesem Band.

Ursprüngliches vorausgesetzt; es gilt ihm als der Boden einer natürlichen Moral. Schopenhauers Überlegungen knüpfen an diese Gedanken an, wenden sie aber vor allem gegen die Ethik Kants und deren Programm einer Normenbegründung auf der Grundlage der reinen Vernunft. Allerdings ist zu berücksichtigen, dass auch Kant als Vertreter einer vergleichsweise rationalistischen Ethikkonzeption nicht ganz ohne Gefühle auskommt. Eine ganz wesentliche Rolle spielt bei ihm das Gefühl der Achtung; aber auch teilnehmende Empfindungen wie Mitfreude und Mitleid werden von ihm als (bedingte) Pflichten „unter dem Namen der Menschlichkeit" diskutiert.[16] Schopenhauer hat Kant also gründlich missverstanden. Unbeschadet dessen artikuliert er eine wichtige systematische Einsicht. Er hebt das Gesamtkonzept einer deontologischen, an den Begriffen des Sollens und der Pflicht orientierten Ethik aus den Angeln, indem er darauf hinweist, dass jede Moral, die von Pflichten und Regeln ausgeht, eigentlich nicht ohne Gott oder vergleichbare externe Instanzen als richtende und strafende Mächte gedacht werden kann. In einer Schrift mit dem Titel *Über die Grundlage der Moral* (1840) bemerkt Schopenhauer:

Die Fassung der Ethik in einer imperativen Form, als Pflichtenlehre, und das Denken des moralischen Werthes oder Unwerthes menschlicher Handlungen als Erfüllung oder Verletzung von Pflichten stammt mit sammt dem Sollen unleugbar nur aus der theologischen Moral und demnächst aus dem Dekalog. Demgemäß beruht sie wesentlich auf der Voraussetzung der Abhängigkeit des Menschen von einem andern, ihm gebietenden und Belohnung und Strafe ankündigenden Willen, und ist davon nicht zu trennen.[17]

Schopenhauer zufolge tritt jede Pflichtethik direkt das Erbe religiös fundierter Moralauffassungen an. Solche Moralauffassungen sind schlecht begründet, da sie ihre Gebote von einer externen Autorität abhängig machen (von Gott). In einer modernen und aufgeklärten Welt lässt sich die Moral aber nicht mehr mit dem Verweis auf Autoritäten, insbesondere religiöse Autoritäten, begründen – einfach deshalb, weil nicht alle Menschen religiöse Überzeugungen teilen, also ganz unabhängig von der Frage nach deren Wahrheitsgehalt. Viele moderne Moralphilosophen meinen mit Schopenhauer, dass in dieser versteckten Autoritätsabhängigkeit das große Problem von Ethiken kantischen Typs liegt. Sie ziehen stattdessen eine Art des Nachdenkens über Moral vor, die in ihrer Tendenz mehr mit psychologischen Begriffen operiert und die Motive zu klären versucht, aus denen moralisches Handeln entspringt. Dies ist bereits bei Schopenhauer der Fall, und in diesem Zusammenhang wird gerade das Mitleid relevant. Mitleid ist für Schopenhauer eine echte Triebfeder moralischen Handelns. Es ist ganz allein

---

[16] Mit der Rolle von Gefühlen innerhalb der Moralphilosophie Kants beschäftige ich mich in Demmerling, *Gefühle und Moral*, 24–28. Ausführliches zum Thema findet sich bei Wehofsits, *Anthropologie*.

[17] Schopenhauer, *Grundlage*, 164.

die wirkliche Basis aller freien Gerechtigkeit und ächten Menschenliebe. Nur sofern eine Handlung aus ihm entsprungen ist, hat sie moralischen Werth: und jede aus irgendwelchen anderen Motiven hervorgehende hat keinen. Sobald dieses Mitleid rege wird, liegt mir das Wohl und Wehe der Anderen unmittelbar am Herzen, ganz in derselben Art, wenn auch nicht stets in demselben Grade, wie sonst allein das meinige.[18]

Nach meinem Dafürhalten ist die Frage, ob das Mitleid als Basis der Gerechtigkeit verstanden werden kann, nicht ganz so klar zu beantworten, wie Schopenhauer nahelegt. Denn Mitleid kann zu überaus parteiischen Einstellungen führen und verträgt sich so betrachtet schlecht mit einer egalitären Gerechtigkeitskonzeption. Aber lassen wir diese Frage auf sich beruhen. Entscheidend ist der Hinweis darauf, dass dem Mitleid Handlungen entspringen, denen ein moralischer Wert attestiert werden kann. Schopenhauer leistet mit dem Rekurs auf das Mitleid also einen Beitrag zum Motivationsproblem in der Moralphilosophie, er leistet keinen Beitrag zum Problem der Rechtfertigung und Begründung moralischer Orientierungen. Sofern man dies nur genügend berücksichtigt, erübrigt sich die gängige Kritik an Mitleidsethiken des Schopenhauer'schen Typs, die darauf hinausläuft, dass sich im Rückgriff auf das Mitleid keine Moral *begründen* lasse. Das ist der Sache nach richtig, trifft jedoch Schopenhauer nicht, da er entsprechende Behauptungen nicht aufgestellt hat.

So richtig der Hinweis auf die motivationale Leistung auch ist, er enthält keine insgesamt befriedigende, vor allem keine umfassende Antwort auf die Frage nach der Rolle des Mitleids für die bzw. in der Moral und bedarf einer Ergänzung. Ich nenne zwei Gründe: (1) Für das moralische Handeln oder zumindest das Handeln gemäß moralischen Konventionen lassen sich zahlreiche Motive anführen. Ein Gefühl wie das Mitleid wird mich sicherlich gelegentlich dazu motivieren, einer in Not geratenen Person zu helfen. Eine Hilfeleistung mag jedoch einfach auch nur durch ein wohlverstandenes Eigeninteresse motiviert sein. Außer moralischen Gefühlen gibt es zu viele andere Motive, als dass es sinnvoll wäre, speziell Gefühlen bzw., noch spezieller, Mit- oder Sympathiegefühlen eine exklusive Stellung innerhalb der Moral zuzuweisen. (2) Motivationstheorien und die sie begleitenden Begriffe von der Moral tendieren oft dazu, an einem mehr oder minder kantischen Konzept von moralischer Geltung festzuhalten, dem sie eine affektive Grundlage verschaffen möchten. Sie erwecken gelegentlich den Eindruck, als seien die Gefühle, die uns zu dieser oder jener Handlung motivieren, gleichzeitig der Grund dafür, warum wir zu diesem oder jenem Urteil gelangen, oder als ließen sich moralische Urteile durch die Gefühle, die mit ihnen einhergehen, begründen. Psychologische Annahmen werden dann zu einer Quelle für die Moralbegründung. Mit einer Begründung der Moral haben Gefühle jedoch nur insofern zu tun, als sie subjektiv oft als Gründe

---

[18] Schopenhauer, *Grundlage*, 248.

für Urteile oder Handlungen angeführt werden. Subjektive Begründungen sind aber keine Begründungen im strikten Sinne.

Um Missverständnissen vorzubeugen: Mitgefühle dienen häufig als Motive, aber wenn man ihre Funktion ausschließlich auf das Motivationale beschränkt, traut man ihnen zu wenig zu. Sie leisten mehr. Mitgefühle, dies ist meine These, spielen eine wichtige Rolle im Zusammenhang mit dem Problem der Wahrnehmung von Situationen als solchen, in denen Moral relevant wird. Die Kultivierung von Mitgefühlen motiviert nicht nur dazu, sich anderen Menschen in einer kurativen Perspektive zuzuwenden. Sie sensibilisiert auch für das Wohl und Wehe anderer und führt auf diese Weise zur Ausbildung eines moralischen Sinns. Moralische Gefühle sind unerlässlich für die Ausbildung eines Sensoriums zur Wahrnehmung moralisch relevanter Situationen, ohne welches Urteilskraft und Handlung gar kein Material haben. Die Objekte moralischer Urteile und Handlungen, so lässt sich dies zuspitzen, werden überhaupt erst durch Gefühle erfahren. In diesem Sinne sind die Gefühle als wichtige Voraussetzungen moralischen Urteilens und Handelns anzusehen.

Aber nicht nur Handlungen und Urteile, sondern auch Wahrnehmungen, so meine weitergehende Behauptung, gehören in den unmittelbaren Zusammenhang dessen, was man als ein ‚moralisches Ereignis‘ bezeichnen kann. Um moralische Urteile fällen und in ihrem Sinn handeln zu können, müssen zuerst einmal Situationen oder Begebenheiten als moralisch relevante Phänomene wahrgenommen werden können. Mitgefühle nun bilden das ‚Medium‘ oder ‚Organ‘ dieser Wahrnehmung, und dies erlaubt es, von ihnen als Voraussetzungen moralischen Urteilens und Handelns zu sprechen. Dass Gefühle wichtig sind für die Wahrnehmung von Situationen, in denen das Wohl und Wehe anderer auf dem Spiel steht, bedeutet aber nicht, dass die Richtigkeit von Urteilen und Handlungen von Gefühlen abhängig ist oder das moralische Urteile und Handlungen notwendigerweise mit ganz bestimmten Gefühlen einhergehen *müssen*. Es bedeutet auch nicht, dass bereits durch die Gefühle deutlich würde, was getan werden soll. Durch Mitgefühle vermittelte Wahrnehmungen geben der Urteilskraft ihre ‚Objekte‘. Ihnen kommt hier eine ähnliche Funktion zu wie der Anschauung bzw. der Wahrnehmungsfähigkeit im Kontext theoretischer bzw. wissenschaftlicher Erkenntnis. Damit komme ich zu einem kurzen Fazit sowie zur Diskussion einer bislang vermiedenen Frage.

6 Fazit

Ausgangspunkt meiner Überlegungen war eine phänomenologische Charakterisierung unterschiedlicher Arten von Mitgefühlen. Es hat sich herausgestellt, dass hier mehrere Unterscheidungen wichtig sind. Zunächst sind geteiltes Fühlen bzw. Miteinanderfühlen und Mitgefühle voneinander abzuheben. Im Miteinanderfühlen sind mindestens zwei Personen auf einen Sachverhalt (und ggf. auch aufeinander) bezogen, während beim Mitgefühl die Gefühle anderer Personen im Mittelpunkt stehen. Beide Phänomene besitzen eine unterschiedliche Struktur. Sodann müssen Personenverstehen, Empathie und Mitgefühle auseinandergehalten werden. Verstehen und Empathie sind nicht notwendigerweise mit Mitgefühlen verbunden, auch wenn man sich im Fall der Empathie die Gefühle anderer zumindest vorstellen können muss. Empathie ist allerdings weder als notwendige noch als hinreichende Bedingung für Mitgefühle bzw. Mitleid einzustufen.

Eine wichtige Differenzierung hat sich zudem mit dem Hinweis auf die verschiedenen Modi ergeben, in denen Mitgefühle auftreten können. Sie können die Gestalt akut verspürter Gefühle aufweisen, können aber auch in Form von Einstellungen auftreten. Ein weiteres Merkmal besteht darin, dass Mitgefühle häufig mit Dispositionen zu Handlungen einhergehen, die darauf zielen, die bedauernswerte Situation anderer Wesen abzustellen bzw. zu mildern. Dieses Kennzeichen dürfte der maßgebliche Grund dafür sein, warum Mitgefühle im Kontext der philosophischen Reflexion über Moral seit jeher einen wichtigen Platz einnehmen. Mitleidsethiken sollte man allerdings nicht als Beiträge zum Rechtfertigungsproblem der Moral ansehen. Motivation und Sensibilisierung lauten die Stichworte, mit Hilfe derer sich die Funktion des Mitleids in der und für die Moral analysieren lässt.

In Anbetracht von Mitgefühlen stellen sich viele Fragen, die ich nicht zur Sprache gebracht habe. Zu einer dieser Fragen möchte ich abschließend noch einige Bemerkungen machen. Gerade in den letzten Jahren ist es vermehrt zu einer Diskussion über die natürlichen Wurzeln des Mitleids gekommen. Insbesondere Untersuchungen aus der kognitiven Ethologie, Primatologie und den Neurowissenschaften haben sich dieses Themas angenommen. So wird zum Beispiel der Primatologe Frans de Waal nicht müde zu zeigen, dass sich Mitgefühle auch bei unseren tierischen Verwandten finden.[19] Dass Tiere miteinander kooperieren ist kein Geheimnis. Bereits der anarchistische Fürst Kropotkin hat in einem seinerzeit aufsehenerregenden Buch von Brutgenossenschaften, Jagdvereinigungen und der – ich verwende Kropotkins Wortlaut – hochentwickelten Praxis gegenseitiger Hilfe bei Nagetieren, Huftieren und Wiederkäuern berichtet.[20] Rechtfertigen die Beobachtungen von Hilfeleistungen im Tierreich den Schluss, dass es in der Natur Mitleid gibt? Eine positive Antwort auf diese Frage scheint auch durch neurowissenschaftliche Untersuchungen gestützt zu werden. Anfang der 1990er Jahre entdeckte ein Forscherteam um Giacomo Rizzolatti die sogenannten Spiegelneuronen. Das sind Neuronen, die nicht nur dann „feuern", wenn ein Organismus eine Handlung ausführt, sondern auch dann, wenn er die entsprechende Handlung

[19] Vgl. de Waal, *Affe*.
[20] Kropotkin, *Gegenseitige Hilfe*.

beobachtet. Entdeckt wurden diese Neuronen im Gehirn von Makaken. Auch mit Bezug auf menschliche Gehirne wird mit der Hypothese der Spiegelneuronen gearbeitet, vielen gelten sie als biologische Basis des Mitgefühls.[21]

Da Menschen biologische Organismen sind – um genauer zu sein, sollte ich sagen: da Menschen auch biologische Organismen sind, die sich aus anderen, einfacheren biologischen Organismen entwickelt haben –, kann es nicht überraschen, dass alle unsere Einstellungen, Zustände, Verhaltensweisen, alle unsere Eigenschaften eine Naturbasis aufweisen. Wer über die Naturbasis des Mitleids redet, redet eben über dessen physische Fundierung, nicht über das Mitleid selbst. Ebenso wenig wie derjenige, der über die Naturbasis sportlicher Geschicklichkeit beim Annehmen, Abgeben oder Auffangen von Bällen spricht, über das Spiel selbst spricht.

Man kann nicht bestreiten, dass Mitgefühle und Mitleid physisch fundiert sind. Man muss es auch nicht. Denn mit dem Hinweis auf die natürliche Basis des Mitleids ist eigentlich nichts Interessantes über das Mitleid gesagt. Viel interessanter ist doch die Frage, warum das Mitleid in verschiedenen Kulturen auf unterschiedliche Weise ausgeprägt ist. Selbst in Kulturen, in denen das Mitleid eine wichtige Rolle spielt, ist der Kreis der Adressaten des Mitleids sehr unterschiedlich. Mitleid im Sinne einer generellen Einstellung allen Menschen gegenüber dürfte eher eine Ausnahme sein. Mitleid betrifft zumeist den engeren Umkreis: Verwandte und Menschen, die einem in irgendeinem Sinne nahestehen. Feinde sind in den seltensten Fällen Adressaten des Mitleids. Eine weitere wichtige Frage, die wohl nur im Rahmen einer empirischen Untersuchung zufriedenstellend zu beantworten wäre, lautet, ob das Maß, in dem Mitleid kultiviert werden kann, von bestimmten sozioökonomischen Bedingungen abhängig ist. Es scheint sich so zu verhalten. Wo Menschen in überaus basaler Weise mit der Sicherung ihrer Existenz befasst sind, bleibt nur wenig Raum für Mitgefühle. In Krisensituationen und in Situationen des Überlebenskampfes treten Mitleid und Mitgefühl seltener in Erscheinung als in Kontexten existentieller Sicherheit. Mitgefühle muss man sich leisten können, in einem bestimmten Sinne stellen sie einen sozialen Luxus dar. Dies spricht aber keineswegs gegen sie.

Literaturverzeichnis

Aristoteles, *Rhetorik*, übersetzt mit einer Bibliographie, Erläuterungen und einem Nachwort von Franz G. Sievecke, München 1980.

Batson, C. Daniel, „These Things Called Empathy: Eight Related but Distinct Phenomena", in: Jean Decety/William Ickes (Hgg.), *The Social Neuroscience of Empathy*, Cambridge/Mass. 2009, 3–15.

---

[21] Vgl. Gallese, „Roots", 171–180.

Bloom, Paul, *Against Empathy. The Case for Rational Compassion*, New York 2018.

Breithaupt, Fritz, *Die dunklen Seiten der Empathie*, Berlin 2017.

Churchland, Paul M., „Folk Psychology and the Explanation of Human Behavior", in: Scott M. Christensen/Dale R. Turner (Hgg.), *Folk Psychology and the Philosophy of Mind*, New York 1991, 247–262.

Coplan, Amy/Goldie, Peter (Hgg.), *Empathy. Philosophical and Psychological Perspectives*, Oxford 2011.

Demmerling, Christoph, *Gefühle und Moral. Eine philosophische Analyse*, Bonn 2004, 24–28.

–, „Gefühle, Intentionalität, Leiblichkeit. Der Beitrag der Phänomenologie", in: Ingo Günzler/Karl Mertens (Hgg.), *Wahrnehmen, Fühlen, Handeln. Phänomenologie im Wettstreit der Methoden*, Paderborn 2013, 145–164.

Descartes, René, *Les passions de l'ame/Die Leidenschaften der Seele*, frz.-dtsch. Ausgabe, hg. von Klaus Hamacher, Hamburg 1984.

Gallese, Vittorio, „The Roots of Empathy: The Shared Manifold Hypothesis and the Neural Basis of Intersubjectivity", *Psychopathology* 36 (2003), 171–180.

Gordon, Robert M., „The Simulation Theory. Objections and Misconceptions", in: Martin Davies/Tony Stone (Hgg.), *Folk Psychology: The Theory of Mind Debate*, Oxford 1995, 100–122.

Goldman, Alvin I., „Empathy, Mind, and Morals", in: Martin Davies/Tony Stone (Hgg.), *Folk Psychology: The Theory of Mind Debate*, Oxford 1995, 185–208.

–, *Simulating Minds. The Philosophy, Psychology, and Neuroscience of Mindreading*, Oxford 2006.

Kropotkin, Peter, *Gegenseitige Hilfe in der Tier- und Menschenwelt*, Leipzig 1920.

Lenzen, Manuela, *In den Schuhen des andere. Simulation und Theorie in der Alltagspsychologie*, Paderborn 2005.

Nussbaum, Martha C., *Politische Emotionen. Warum Liebe für die Gerechtigkeit wichtig ist*, Berlin 2014.

Prinz, Jesse, „Against Empathy, *The Southern Journal of Philosophy*" 49 (2011), 214–233.

Scheler, Max, *Wesen und Formen der Sympathie*, Bonn 1985.

Schopenhauer, Arthur, *Über die Grundlage der Moral*. Werke VI, Zürich 1977, 143–317.

Slaby, Jan,„ Empathy's Blind Spot", *Medicine, Health Care and Philosophy* 17/2 (2014), 249–258.

–, /Stephan, Achim/Walter, Henrik/Walter, Sven (Hgg.), *Affektive Intentionalität. Beiträge zur welterschließenden Funktion der menschlichen Gefühle*, Paderborn 2011.

Smith, Adam, *Theorie der ethischen Gefühle*, über. u. hg. v. Walther Eckstein, Hamburg 1994.

Stueber, Karsten R., *Rediscovering Empathy. Agency, Folk Psychology, and the Human Sciences*, Cambridge/Mass. 2006.

Thomas von Aquin, *Summa Theologica* Bd. 17 A. *Die Liebe* (1. Teil). II–II, 23–33, deutsch-lat. Ausg., hg. v. der Albertus-Magnus-Akademie Walberberg bei Köln, Heidelberg u.a. 1959.

Waal, Frans de, *Der gute Affe. Der Ursprung von Recht und Unrecht bei Menschen und anderen Tieren*, München 2000.

Wehofsits, Anna, *Anthropologie und Moral. Affekte, Leidenschaften und Mitgefühl in Kants Ethik*, Berlin/Boston 2016.

Wittgenstein, Ludwig, *Philosophische Untersuchungen*. Werkausgabe Band 1. Frankfurt a. Main 1984.

Zahavi, Dan, *Self & Other. Exploring Subjectivity, Empathy, and Shame*, Oxford 2014.

Zwei Formen des Mitgefühls?

Überlegungen im Anschluss an Nietzsche und Scheler

Matthias Schloßberger

In der Geschichte der Philosophie sind die Kritiker des Mitgefühls Legion. Zu den prominentesten zählt bekanntlich Nietzsche. Seine mit einer Kritik des Mitleids verbundene Kritik des Christentums und des Judentums – in den späten Arbeiten *Zur Genealogie der Moral* (1887) und *Der Antichrist* (1888/1889) entstanden, aber erst später veröffentlicht – gehört zu den schärfsten Angriffen auf das Christentum. Das Besondere seiner Kritik besteht darin, dass sie nicht nur die gelebten und lebendigen Formen des Christentums treffen soll, sondern auch das moderne Ethos überhaupt, in dem Nietzsche nichts anderes sieht als säkularisierte christliche Ethik. Damit unterscheidet sich diese Kritik von vielen anderen Positionen, die gegen das Christentum Stellung bezogen haben.

Nietzsches Kritik ist keine allgemeine Religionskritik, sondern materiale Kritik einer bestimmten Religion. Sein zentrales Argument lautet: Das Christentum ist die Ethik des Mitleidens. Es fordert und fördert eine Kultur des Mitleidens. Mitleiden ist Wiederholung des Leidens Anderer. Die Geschichte des Christentums ist eine Geschichte der Vermehrung des Leidens – ergo: Diese Geschichte ist eine fatale Geschichte, denn das kann doch niemand wollen, dass sich das Leiden ausbreitet und vermehrt.

In Zur Genealogie der Moral bettet Nietzsche seine Kritik in das Projekt einer Therapie ein, die historisch ansetzt. In der Entstehungsphase von Judentum und Christentum habe sich eine problematische Urszene ereignet: der von Nietzsche so genannte Sklavenaufstand der Moral. Es habe eine Umwertung stattgefunden. Habe man sich ehedem daran orientiert, dass das Starke sein soll, so sei nun das Schwache zu einem positiven Wert geworden. Die jüdisch-christliche europäische Moral sei, so Nietzsche, eine Moral aus dem Geist des Ressentiments, die ganze europäische Geschichte im Grunde eine Ressentiment-Bewegung. Nietzsche erzählt uns diese Geschichte als Geschichte eines anderen Ursprungs des „Guten", „vom Guten, wie ihn der Mensch des Ressentiment sich ausgedacht hat".[1] Von nun

---

[1] Nietzsche, *Genealogie der Moral*, Abschnitt 13, 278.

an sei „die Schwäche [...] als Freiheit, ihr So- und So-sein als Verdienst"[2] ausgelegt worden.

Ich möchte im Folgenden zeigen, dass Nietzsches Kritik des Mitleids nicht überzeugen kann, indem ich die wesentlichen Einwände Max Schelers rekonstruiere. Dabei will ich jedoch herausarbeiten, warum bestimmte Momente von Nietzsches Argumentation durchaus Bestand haben, obwohl er zum einen das Phänomen des Mitleids falsch bestimmt und zum anderen die historische These in der von Nietzsche vorgetragenen Fassung nicht zu überzeugen vermag.

1 Einbettung der Kritik des Mitgefühls in das Projekt einer Genealogie der Moral bei Nietzsche

Nietzsches Kritik des Christentums hat ihre eigene Entstehungsgeschichte. Zunächst hatte sich der junge Nietzsche dagegen ausgesprochen, das Christentum zu historisieren: Betrachte man das Christentum in einer historischen und wissenschaftlichen Perspektive, dann löse man es auf, so Nietzsches Diagnose. In der berühmten Historismuskritik der zweiten *Unzeitgemäßen Betrachtung: Vom Nutzen und Nachtheil der Historie für das Leben* (1874) heißt es in diesem Sinn:

Was man am Christenthume lernen kann, dass es unter der Wirkung einer historisirenden Behandlung blasirt und unnatürlich geworden ist, bis endlich eine vollkommen historische, das heisst gerechte Behandlung es in reines Wissen um das Christenthum auflöst und dadurch vernichtet, das kann man an allem, was Leben hat, studiren: dass es aufhört zu leben, wenn es zu Ende secirt ist und schmerzlich krankhaft lebt, wenn man anfängt an ihm die historischen Secirübungen zu machen.[3]

Hier deutet noch nichts auf die spätere Kritik hin. Nietzsche kritisiert in den ersten beiden *Unzeitgemäßen Betrachtungen*, dass diejenigen, die die Historisierung des Christentums vorantreiben, so z. B. der protestantische Theologe David Friedrich Strauß, nicht sähen, dass nach ihrer Säkularisierung die christlichen Wertvorstellungen keine bindende Wirkung mehr hätten, dass es am Ende dieses Prozesses keine gemeinsam geteilten moralischen Überzeugungen mehr gebe. Nietzsche wird in den Jahren nach dieser Diagnose diese Linie seiner Historismuskritik nicht mehr weiterverfolgen. Im Gegenteil: Er wird die Forderung nach Historisierung im Allgemeinen und die nach einer Historisierung des Christentums im Besonderen radikalisieren, er wird selbst zu einem der wirkmächtigsten Verteidiger des Historismus – hier verstanden im Sinne derjenigen Bedeutung, die Ernst Troeltsch dem Begriff später gegeben hat, d. h. als Name für die Einsicht in die Gewordenheit alles

---

[2] Ebd.

[3] Nietzsche, *Nutzen und Nachtheil*, 297.

Fühlens, Wollens und Denkens.[4] In seiner neuen Perspektive auf die Geschichte des Christentums interessiert sich Nietzsche nicht mehr dafür, dass die Entstehung einer Religion auf natürliche Weise erklärt wird, sondern er will in einer ideologiekritischen Perspektive danach fragen, wie die konkreten moralischen Werte des Christentums (und des Judentums) entstanden sind, und er will diese Werte einer grundsätzlichen Kritik unterziehen, bei der es am Ende nicht mehr darum geht, ob es die Werte einer gelebten Religion oder die einer säkularisierten europäischen Moderne sind.

Nun könnte eine Kritik der moralischen Werte auch rein systematisch vorgehen. Entweder es gibt Gründe, für diese oder jene Werte einzustehen, oder es gibt sie nicht. Wer eine supranaturale, eine metaphysische, eine religiöse Begründung ablehnt, der muss am Ende andere Gründe vorbringen. Nietzsche bringt zwar am Ende durchaus andere Gründe vor, aber er wählt bekanntlich den Weg der historischen Kritik, er entwickelt eine eigene Methode, die Methode der Genealogie. Historisch geht Nietzsche vor, so könnte man vermuten, weil er aus Einsicht in die Psychologie der Entstehung von moralischen Überzeugungen der Ansicht ist, dass er sein systematisches Argument noch besser entfalten kann, wenn er es historisch einbettet, wenn er auch noch zeigen kann, wie es zu der falschen Überzeugung kam, zur Fälschung der moralischen Werte. Denn die Einsicht in den historischen Entstehungszusammenhang kann eine befreiende Wirkung haben und eine eigene Überzeugungskraft freisetzen. Was diesen psychologischen Effekt angeht, variiert Nietzsche die berühmte Fabel vom Fuchs und den sauren Trauben: Der Fuchs behauptet, die Trauben, die er nicht erreichen kann, seien sauer. Die Geschichte verbreitet sich und alle glauben nun, dass die Trauben sauer sind. Wer nun fest davon überzeugt ist, dass die Trauben sauer sind, wird sich nicht so leicht vom Gegenteil überzeugen lassen. Eine Geschichte kann hier helfen: Die genealogische Freilegung einer Urszene kann eine delegitimierende Kraft entfalten, die zu einer Umwertung führt. Aber eine Frage bleibt offen: Warum waren die Menschen so leichtgläubig, warum haben sie dem Fuchs geglaubt? Hier wird Nietzsches Lösung interessant: Die Pointe von Nietzsches Genealogie besteht in einer Theorie der affektiv fundierten Übernahme der Überzeugungen Anderer. Die Übernahme erfolgt durch das Mitleiden, das Nietzsche auch in einer physiologischen Perspektive beschreibt. Mitleiden ist für Nietzsche ein quasi-physiologischer Prozess, der von einem auf das nächste Individuum übergeht. Mitleiden ist ansteckend, so wie Krankheiten ansteckend sind. Die Ausbreitung der christlichen Werte des Mitleidens ist möglich, weil das Mitleiden ein kollektiver, sich in die Körper einschreibender Prozess ist.

Was aber ist genau Mitleid bzw. Mitgefühl für Nietzsche? Die Frage muss – wie bei jeder anderen Autorin, wie bei jedem anderen Autor – differenziert betrachtet

---

[4] Vgl. Troeltsch, *Historismus*.

werden. Jede Theorie des Mitgefühls müsste eigentlich auf folgende Fragen eine Antwort geben: Was wird im Mitleiden gefühlt? Wie fühlt es sich an, mitzuleiden? Was sind die Anlässe des Mitleidens bzw. wie wird das Mitleid ausgelöst? Mit wem kann ich mitfühlen? In welchem Verhältnis stehen das Gefühl des Mitleids – also das Gefühl desjenigen, der mitleidet – und das Gefühl desjenigen, mit dem man Mitleid hat? Handelt es sich um das gleiche Gefühl? Und schließlich: Welchen moralischen Wert hat das Mitgefühl? Kaum ein Autor hat auf alle Fragen eine Antwort gegeben.

Nietzsches Antwort auf einige der genannten Fragen finden sich vor allem in *Morgenröthe. Gedanken über die moralischen Vorurtheile* (1881) und in *Der Antichrist. Fluch auf das Christenthum* (Herbst 1888 geschrieben, aber erst 1895 veröffentlicht). Nietzsche beschreibt hier und in einigen anderen Werken das Mitleid bzw. das Mitgefühl als ein Gefühl, das dem Gefühl eines Anderen gleicht; Mitleiden heißt für Nietzsche das Leid Anderer teilen im Sinne von: gemeinsam mit Anderen das gleiche Gefühl zu erleiden. Neben dieser Bestimmung, was Mitleid ist, steht Nietzsches normatives Argument gegen das Mitgefühl: Mitleiden ist eigentlich schlecht und nihilistisch, denn es vermehrt das Leiden.

Was ist von Nietzsches Bestimmung des Mitgefühls und seiner Kritik zu halten? Ich will diese beiden Fragen im Folgenden behandeln, indem ich die verschiedenen Probleme unterscheide, aber versuche, die für diese Überlegungen wichtigen Zusammenhänge im Auge zu behalten.

Mein Ausgangspunkt ist eine Irritation. Das Mitleid ist für das Christentum in zweierlei Hinsicht von großer Bedeutung: Gesetzt, dass das Christentum eine Religion der Liebe ist, so realisiert sich menschliches Miteinander in von Liebe getragenen Begegnungen, und ein Modus der Liebe ist die emotionale Teilnahme am Leben Anderer qua Mitleid und Mitfreude. Aber das Mitleid ist noch in einer anderen Hinsicht für viele Formen christlicher Lebenspraxis, für viele historische Formen des Christentums von Bedeutung. Christlicher Glaube verwirklicht sich als Teilnahme am Leid Christi, der stellvertretend für die Menschheit leidet. Leiden mit Christus ist eine Form metaphysischer Solidarität mit der Menschheit.

Unabhängig von aller klassischen Religionskritik setzt Nietzsches Kritik hier an: Das Christentum ist nihilistisch, weil es das Leiden kultiviert, weil es das Leiden vermehrt, es ist eine Mitleids-Moral und muss daher überwunden werden.

Beginnen wir die Diskussion hier nicht mit der Frage der Bewertung des Mitleids, sondern mit der Frage, ob Nietzsches Phänomenbeschreibung des Mitleids mit dem christlichen Mitleid korrespondiert. Von dieser Frage hängt einiges ab: Nur dann, wenn Nietzsche das gleiche Phänomen meint, kann er seine Kritik auch wirklich adressieren. Die große und schwierige Frage, welche Begriffe und ihnen entsprechenden Phänomenbeschreibungen in der Geschichte des Christentums welchen Einfluss hatten, kann hier natürlich nur berührt werden. Schon die große Zahl an unterschiedlichen Begriffen wie *compassio, misericordia, pietas,* um nur die mittelalterliche Terminologie anzusprechen, lässt bei der Aufklärung der historischen Semantik des Mitleids Komplikationen erwarten.[5]

Ich will das Problem daher auf einem direkten Weg angehen, indem ich auf das Beispiel bildlicher Darstellungen des Mitleids in der Malerei und der Bildhauerei verweise. Die abendländische Kunstgeschichte kennt unzählige Darstellungen des Leidens Christi am Kreuz und der Teilnahme am Leiden Christi. Auffällig ist, dass es zwei ganz unterschiedliche Darstellungstypen gibt, was die Vermutung nahelegt, dass hier unterschiedliche Interpretationen dessen vorliegen, was Mitleid eigentlich ist. Im einen Fall sieht man Christus einen offensichtlich körperlichen Schmerz leiden, der durch die Verwundungen an Händen und Füßen hervorgerufen wurde. Jesu Gesicht ist hier schmerzverzerrt. Zwei Beispiele: das berühmte Bild Meister Franckes (1380 bis nach 1430), das im Leipziger Museum der bildenden Künste hängt, und der Schmerzensmann auf der Rückseite des Stephansdoms in Wien, der im Volksmund manchmal auch als „Zahnschmerzenmann" bezeichnet wird.

Aber es gibt auch zahlreiche Darstellungen, bei denen das Gesicht des Gekreuzigten überhaupt nicht schmerzerfüllt ist, sondern im Gegenteil eher Ausdruck einer gewissen Seligkeit zu sein scheint. Das vielleicht berühmteste Beispiel für diesen Fall ist Michelangelos Pietà im Petersdom in Rom. Jesus liegt in den Armen der jungen Maria. Beide machen einen seligen Eindruck. Man bezeichnet die Darstellungen des Gekreuzigten als Imago Pietatis, weil sie Aufforderung zum Mitleiden sind.[6] Aber wie kann es sein, dass das Mitleid auf so unterschiedliche Weise erregt werden soll? Im einen Fall sollen die Schmerzen gezeigt werden, damit sie auch von den Betrachtern nachgefühlt und mitgefühlt werden können, denn zahlreiche Darstellungen zeigen auch die Betrachter in schmerzerfüllter Mimik und Gestik. Im anderen Fall ist ebenfalls ein Einklang zu sehen, aber das Leiden ist von ganz anderer Art, denn es handelt sich offensichtlich um ein Mitleiden, das körperliche Schmerzen transzendiert, es scheint fast ein Miteinanderfühlen, ein gemeinsames Seligsein zu sein, das dargestellt wird.

Ich möchte nun im Folgenden fragen, ob es sich in den beiden Fällen um jenes Mitleid handelt, das Nietzsche so grundsätzlich verurteilt. Es wird sich zeigen, dass Nietzsches Kritik des Mitleids nur den ersten Fall trifft, nicht aber den zweiten. Außerdem werde ich dafür argumentieren, dass das im ersten Fall beschriebene Mitleid eigentlich kein echtes Mitleid ist. Da so der Eindruck entstehen könnte, dass Nietzsche eine idiosynkratische singuläre Bestimmung des Phänomens des Mitleidens vertritt, werde ich noch kurz auf die Positionen von Kant und Schopenhauer eingehen. Da sich ihre Phänomenbeschreibungen mit der Nietzsches weitgehend decken, lässt sich auf diese Weise belegen, wie verbreitet seine Irrtümer sind.

---

[5] Vgl. Dalferth, *Leidenschaften*, 230–252.
[6] Siehe aus der unüberschaubaren Literatur zum Thema die beiden klassischen Abhandlungen: Panofsky, „Imago Pietatis" sowie Belting, *Bild und sein Publikum*.

2 Schopenhauers Erbe

Die Geschichte der Ansichten über das Mitgefühl ist faszinierend. Wenn ich richtig sehe, dann hat kein anderes emotionales Phänomen so unterschiedliche Interpretationen und Bewertungen gefunden. Versucht man ein wenig Ordnung in die Diskussion zu bringen, um vor dem Hintergrund der historischen Vielfalt eine systematische Perspektive einzunehmen, so bietet es sich an, zwischen den Beschreibungen des *Phänomens* Mitleid und Mitgefühl (deskriptiver Zugang) und den *Bewertungen* des Phänomens zu unterscheiden (normativer Zugang). Die Sachlage ist komplex.[7] Natürlich führen unterschiedliche Phänomenbeschreibungen zu anderen Bewertungen. Aber die Vermutung, dass ähnliche Phänomenbeschreibungen auch zu ähnlichen Bewertungen führen, ist falsch, wie z. B. der Vergleich zwischen der Position des bekannten Verächters des Mitgefühls Immanuel Kant und derjenigen Arthur Schopenhauers zeigt, der bekanntlich ein glühender Verteidiger des Mitgefühls war. Denn die Phänomenbeschreibungen der beiden sind durchaus ähnlich. Bei Kant heißt es an einer für das Thema einschlägigen Stelle:

Es war eine erhabene Vorstellungsart des Weisen, wie ihn sich der Stoiker dachte, wenn er ihn sagen ließ: ich wünsche mir einen Freund, nicht der mir in Armuth, Krankheit, in der Gefangenschaft u.s.w. Hülfe leiste, sondern damit ich ihm beistehen und einen Menschen retten könne; und gleichwohl spricht eben derselbe Weise, wenn sein Freund nicht zu retten ist, zu sich selbst: was gehts mich an? d.i. er verwarf die Mitleidenschaft.

In der That, wenn ein Anderer leidet und ich mich durch seinen Schmerz, dem ich doch nicht abhelfen kann, auch (vermittelst der Einbildungskraft) anstecken lasse, so leiden ihrer zwei; ob zwar das Übel eigentlich (in der Natur) nur Einen trifft. Es kann aber unmöglich Pflicht sein, die Übel in der Welt zu vermehren, mithin auch nicht, *aus Mitleid* wohl zu thun.[8]

Bei Kant gilt bekanntlich: Wer fühlt, ist den Gesetzen der physischen Welt unterworfen. Mitfühlen kann also in keinem Fall ein moralisch wertvolles Phänomen sein. Entscheidend für unseren Zusammenhang ist hier aber die konkrete Phänomenbeschreibung. Mitleid ist ein durch Ansteckung erzeugter Affekt.

Bei Arthur Schopenhauer deutet sich an, wie wichtig das Problem der Intersubjektivität, das bei Kant noch nicht erkannt war, für die Philosophie des 20.Jahrhunderts werden wird. Schopenhauer geht von folgender Prämisse aus: Es gibt keinen direkten Zugang zum Bewusstsein eines Anderen, sondern nur zum eigenen Geist. Um einen Anderen zu verstehen, müssten wir aber genau das fühlen, was er fühlt. Weil uns, so Schopenhauer, die Möglichkeit, die Gefühle Anderer zu verstehen, prinzipiell verschlossen ist, kann das Verstehen Anderer nur durch einen Prozess des Sich-Einfühlens, des Sich-Hineinversetzens erfolgen.

---

[7] Vgl. z.B. Hamburger, *Mitgefühl*, und Schloßberger, „Liebe und Mitgefühl".

[8] Kant, *Metaphysik der Sitten*, 457.

Wann wir nicht durch eigene, sondern durch fremde Leiden zum Weinen bewegt werden; so geschieht dies dadurch, daß wir uns in der Phantasie lebhaft an die Stelle des Leidenden versetzen oder auch in seinem Schicksal das Los der ganzen Menschheit und folglich vor allem unser eigenes erblicken und also durch einen weiten Umweg immer doch wieder über uns selbst weinen, Mitleid mit uns selbst empfinden.[9]

Man sieht hier, dass bei Schopenhauer wie bei vielen anderen Autoren im 19. Jahrhundert zwei Probleme aufgrund der Prämisse einer eigentlichen Unzugänglichkeit des fremden Bewusstseins quasi zusammenfallen.

Verstehen und Mitfühlen werden zu ein und demselben Prozess, denn wenn das Verstehen eine Reproduktion des fremden Gefühls verlangt, dann fühlt man eigentlich auch mit dem Anderen, was der Andere fühlt.[10] Mitfühlen ist für Schopenhauer der einzige Weg zum Anderen und schon daher moralisch wertvoll, denn so wird der Egoismus überwunden. Allerdings ist das so verstandene Mitfühlen ein Prozess der bloß vorübergehenden Identifikation mit dem Anderen:

Dies erfordert aber, daß ich auf irgendeine Weise mit ihm identifiziert sei, d.h. daß jener gänzliche Unterschied zwischen mir und jedem andern, auf welchem gerade mein Egoismus beruht, wenigstens in einem gewissen Grade aufgehoben sei. Da ich nun aber doch nicht in der Haut des andern stecke, so kann allein vermittelst der Erkenntnis, die ich von ihm habe, d.h. der Vorstellung von ihm in meinem Kopf, ich mich so weit mit ihm identifizieren, daß meine Tat jenen Unterschied als aufgehoben ankündigt.[11]

3 Nietzsches Argumente gegen das Mitgefühl

Nietzsches systematische Analyse des Mitgefühls findet sich v.a. im zweiten Buch seiner Arbeit *Morgenröthe. Gedanken über die moralischen Vorurteile* (1881). Auffällig ist, dass Nietzsche hier mehrmals gegen die Verwendung des Begriffs Mitleid Einspruch erhebt, sich am Ende aber einer Verwendung des Begriffs anschließt, mit der er eigentlich nicht einverstanden ist: „Gesetzt, wir empfänden den Anderen so, wie er sich selber empfindet – Das, was Schopenhauer Mitleid nennt und was richtiger Ein-Leid, Einleidigkeit hiesse –, so würden wir ihn hassen müssen […]."[12] In systematischer Hinsicht sind v.a. diejenigen Abschnitte wichtig, in denen Nietzsche Schopenhauer folgt, was er aber kaum kenntlich macht, weil seine Bewertung des Mitgefühls sich von Schopenhauers grundsätzlich unterscheidet. Wie Schopenhauer, so sieht auch Nietzsche einen engen Zusammenhang zwischen dem

---

[9] Schopenhauer, *Welt als Wille*, 495.
[10] So z.B. auch Wilhelm Dilthey, vgl. dazu Schloßberger, *Erfahrung des Anderen*.
[11] Schopenhauer, *Preisschrift*, 740.
[12] Nietzsche, *Morgenröthe*, Abschnitt 63, 63.

Verstehen des Anderen und dem Mitfühlen. Das Verstehen des Anderen fordert
zunächst eine Reproduktion des Gefühls des Anderen:

> Mitempfindung. – Um den Anderen zu verstehen, das heisst, um sein Gefühl in uns nach-
> zubilden, gehen wir zwar häufig auf den Grund seines so und so bestimmten Gefühls
> zurück und fragen zum Beispiel: warum ist er betrübt? – um dann aus demselben Grunde
> selber betrübt zu werden; aber viel gewöhnlicher ist es, diess zu unterlassen und das Ge-
> fühl nach den Wirkungen, die es am Anderen übt und zeigt, in uns zu erzeugen, indem
> wir den Ausdruck seiner Augen, seiner Stimme, seines Ganges, seiner Haltung (oder gar
> deren Abbild in Wort, Gemälde, Musik) an unserem Leibe nachbilden (mindestens bis
> zu einer leisen Ähnlichkeit des Muskelspiels und der Innervation). Dann entsteht in uns
> ein ähnliches Gefühl, in Folge einer alten Association von Bewegung und Empfindung,
> welche darauf eingedrillt ist, rückwärts und vorwärts zu laufen. [...] Wenn ich von einer
> solchen Theorie der Mitempfindung aus, wie ich sie hier vorschlage, an die jetzt gerade
> beliebte und heilig gesprochene Theorie eines mystischen Processes denke, vermöge des-
> sen das Mitleid aus zwei Wesen eines macht und dergestalt dem einen das unmittelbare
> Verstehen des anderen ermöglicht: wenn ich mich erinnere, dass ein so heller Kopf wie
> der Schopenhauer's an solchem schwärmerischen und nichtswürdigen Krimskrams seine
> Freude hatte und diese Freude wieder auf helle und halbhelle Köpfe übergepflanzt hat: so
> weiss ich der Verwunderung und des Erbarmens kein Ende.[13]

Versuchen wir das Verhältnis von Verstehen, Mitempfinden und Mitleid, das Nietzsche hier vorschlägt, zu bestimmen: Das Verstehen eines Anderen ist für Nietzsche
ein im Grunde physiologischer Prozess, der durch einen Nachahmungstrieb möglich ist, der assoziativ funktioniert. Dieses Verstehen ist dann zugleich auch ein
Mitempfinden, denn man empfindet ja, was der Andere empfindet – es ist so gesehen ein Mitleiden (weil es kein Verstehen ohne eigenes Erleben des fremden Gefühls
gibt), was Nietzsche zu der Bemerkung veranlasst, dass man im Mitleiden gerade
keinen mystischen Prozess sehen soll. Aber Vorsicht: Eigentlich ist das Verstehen
gar kein Verstehen, das sich vor dem Hintergrund einer Unterscheidung eines ich
von einem Anderen vollzieht, sondern ein unbewusster Prozess der Übernahme der
Gefühle Anderer. Schon in der Morgenröthe deutet sich in einigen Passagen die
strikte normative Ablehnung des Mitgefühls an. Systematisch entwickelt werden
die diesbezüglichen Argumente aber erst später.

In *Zur Genealogie der Moral* (1887) entfaltet Nietzsche die historische These
über die Bedeutung des Ressentiments, das sich v. a. durch eine kollektive affektive Praxis des Mitleidens ausbreiten kann. Der Grundgedanke ist etwa folgender:
Judentum und Christentum gründen in einem Sklavenaufstand der Schwachen
gegen die Starken. Den Schwachen sei eine Umwertung gelungen: Weil sie am
Starken nicht teilhaben können, hätten sie das Schwache zum Guten erklärt. Die
dauerhafte Orientierung am Schwachen konnte verwirklicht werden durch eine

---

[13] Nietzsche, *Morgenröthe*, Abschnitt 142, 133ff.

Ressentiment-Kultur, die zur Ausbildung einer Mitleidsmoral geführt habe. Vormals galt die vornehme Moral, jetzt gilt die Ressentiment-Moral. Von jetzt an sei es nur noch darum gegangen, zu leiden, mitzuleiden, das Leiden zu vermehren und so „Nein sagen zu können zu Allem, was die aufsteigende Bewegung des Lebens, die Wohlgeratenheit, die Macht, die Schönheit, die Selbstbejahung darstellt", wie Nietzsche in *Der Antichrist* herausstellt.[14]

In *Der Antichrist* werden die Argumente gegen das Mitleid polemisch zugespitzt. Aus Abschnitt 7 sei hier etwas ausführlicher zitiert, weil hier besonders klar wird, dass das von Nietzsche als Mitleiden bezeichnete Phänomen keine Ich-Du-Unterscheidung verlangt, sondern diese unterläuft, weil es sich um einen unbewussten Prozess handelt, um einen ansteckenden Instinkt:

Man nennt das Christenthum die Religion des Mitleidens. – Das Mitleiden steht im Gegensatz zu den tonischen Affekten, welche die Energie des Lebensgefühls erhöhn: es wirkt depressiv. Man verliert Kraft, wenn man mitleidet. Durch das Mitleiden vermehrt und vervielfältigt sich die Einbusse an Kraft noch, die an sich schon das Leiden dem Leben bringt. Das Leiden selbst wird durch das Mitleiden ansteckend; unter Umständen kann mit ihm eine Gesammt-Einbusse an Leben und Lebens-Energie erreicht werden, die in einem absurden Verhältniss zum Quantum der Ursache steht (– der Fall vom Tode des Nazareners) Das ist der erste Gesichtspunkt; es giebt aber noch einen wichtigeren. Gesetzt, man misst das Mitleiden nach dem Werthe der Reactionen, die es hervorzubringen pflegt, so erscheint sein lebensgefährlicher Charakter in einem noch viel helleren Lichte. Das Mitleiden kreuzt im Ganzen Grossen das Gesetz der Entwicklung, welches das Gesetz der Selection ist. [...] Man hat gewagt, das Mitleiden eine Tugend zu nennen (– in jeder vornehmen Moral gilt es als Schwäche –); man ist weiter gegangen, man hat aus ihm die Tugend, den Boden und Ursprung aller Tugenden gemacht, – nur freilich, was man stets im Auge behalten muss, vom Gesichtspunkte einer Philosophie aus, welche nihilistisch war, welche die Verneinung des Lebens auf ihr Schild schrieb. Schopenhauer war in seinem Rechte damit: durch das Mitleid wird das Leben verneint, verneinungswürdiger gemacht, – Mitleiden ist die Praxis des Nihilismus. Nochmals gesagt: dieser depressive und contagiöse Instinkt kreuzt jene Instinkte, welche auf Erhaltung und Werth-Erhöhung des Lebens aus sind: er ist ebenso als Multiplicator des Elends wie als Conservator alles Elenden ein Hauptwerkzeug zur Steigerung der décadence – Mitleiden überredet zum Nichts! [...] Schopenhauer war lebensfeindlich: deshalb wurde ihm das Mitleid zur Tugend.[15]

Wie kommt Nietzsche eigentlich zu seiner Einschätzung des Mitleids? Hat er eigene Versuche unternommen, das Phänomen der emotionalen Teilnahme am Seelenleben Anderer zu untersuchen? Oder hat sich der Historist und Nominalist Nietzsche an die Begriffsverwendung und Phänomenbeschreibungen Anderer gehalten? Im Falle Schopenhauers ist dies eindeutig. Jüngst hat Andreas Urs Sommer, der dem Leser Nietzsche detektivisch auf der Spur ist, eine für unseren Zusammenhang

---

[14] Nietzsche, *Antichrist*, 192.
[15] Nietzsche, *Antichrist*, 172–174.

spannende Entdeckung gemacht, die erklären könnte, warum Nietzsche das Mitgefühl wie Kant und Schopenhauer als ein durch Ansteckung vermitteltes Gefühl
verstanden hat. Er habe nämlich, so Sommer überzeugend, Kant-Passagen aus
Kuno Fischers *Geschichte der neuern Philosophie* (bei der er sich gerne bediente)
lediglich paraphrasiert.[16]

4 Schelers Kritik an Nietzsche

Die wohl fundamentalste Kritik an Nietzsches Theorie des Mitgefühls findet sich
bei Max Scheler. In seinem 1912 entstandenen Aufsatz *Über Ressentiment und moralisches Werturteil. Ein Beitrag zur Pathopsychologie der Kultur* erkennt Max Scheler
zunächst an, dass Nietzsche insofern einen überaus wichtigen Beitrag zur Frage
der Herkunft moralischer Werturteile geleistet habe, als er das Ressentiment als
Quelle bestimmter Werturteile freigelegt habe. Scheler bestimmt das Ressentiment
als kollektive affektive Selbstvergiftung, die in einer Umwertung ihren Grund hat.
Dem Ressentimentmenschen ist irgendwie unterbewusst durchaus das, was er
ablehnt, als positiver Wert gegeben, aber dieser positive Wert ist quasi verschüttet,
verdrängt.

Scheler weist allerdings Nietzsches zentrales materiales Argument zurück: Seine Entdeckung würde aber auch dann ihre Bedeutung behalten, wenn sich seine
materiale These, dass die Mitleidsmoral des Christentums und die christliche Idee
der Liebe die „feinste Blüte des Ressentiments" seien, als falsch erweisen sollte.[17]
Hier interessiert im Folgenden nicht der Nachweis, dass die christliche Liebesidee
gerade nicht aus dem Ressentiment geboren ist, sondern das flankierende Argument, dass Nietzsche das Phänomen des Mitgefühls bzw. Mitleids grundsätzlich
falsch gedeutet habe.

Vergleicht man Schelers Kritik mit den vielen anderen Kritiken von Nietzsches
Theorie des Mitleids, dann fällt sofort eines auf: Die meisten anderen Interpretationen kritisieren nicht Nietzsches Phänomenbeschreibung, sondern seine normative
Herabsetzung des Mitleids. Schelers Kritik setzt dagegen schon bei der Phänomenbeschreibung an. Schelers Theorie des Mitgefühls zu rekonstruieren, bereitet einige
hermeneutische Schwierigkeiten. Das liegt daran, dass Scheler zwei Formen des von
ihm so genannten *echten Mitgefühls* kennt, die sich grundsätzlich unterscheiden,
er aber seine Leserinnen und Leser über diese fundamentale Differenz der beiden

---

[16] Vgl. Sommer, „Was Nietzsche las und nicht las", 13: „Was sich wie ein Originalgedanke Nietzsches anhört, ist in Wahrheit eine Adaption von Kants Metaphysik der Sitten (Tugendlehre, C.
Theilnehmende Empfindung ist überhaupt Pflicht, § 34). Aber auch dieses Werk hat Nietzsche nicht
gelesen, sondern sich einfach nur im Kant-Band von Fischers Geschichte der neuern Philosophie
bedient."

[17] Scheler, *Ressentiment*, 7.

Mitgefühle zunächst nicht informiert, sondern nur eine Phänomenbeschreibung und -bestimmung gibt, die er allerdings so verallgemeinernd formuliert, dass der Eindruck entsteht, er zeichne nur *ein* Phänomen als echtes Mitgefühl aus.

Schelers Überlegungen sind eingebettet in das phänomenologische Programm, Phänomene möglichst genau zu beschreiben, von anderen Phänomenen zu unterscheiden und zwischen verschiedenen Phänomenen Fundierungsverhältnisse freizulegen. Die für diesen Zusammenhang wichtigsten Überlegungen finden sich in *Wesen und Formen der Sympathie* (1923, eine erste deutlich kürzere Fassung erschien bereits 1913 unter dem Titel *Zur Phänomenologie und Theorie der Sympathiegefühle und von Liebe und Hass*).

In Schelers Argumentation lassen sich zwei Stränge unterscheiden, ein negativer und ein positiver, einmal Zurückweisung der Positionen anderer und dann positiver Ausweis der eigenen Position. Sein erstes zentrales Argument verbindet Phänomenbeschreibungen und -bestimmungen mit der Forderung, verschiedene Phänomene auseinanderzuhalten und ihre Abhängigkeit voneinander zu beachten.

Verstehen und Mitfühlen, so Scheler, sind Phänomene *sui generis*. Verstehen ist möglich ohne Mitfühlen, aber Mitfühlen setzt notwendig Verstehen voraus. Dass es sich um zwei zu unterscheidende Prozesse handeln muss, macht Scheler deutlich, indem er darauf verweist, dass es doch auch ein Verstehen ohne emotionale Teilnahme gibt:

Nun ist aber zunächst (auch vor Untersuchung dieser Aktreihe) klar, daß jede Art von Mitfreude oder Mitleid irgendeine Form des Wissens um die Tatsache fremder Erlebnisse, ihre Natur und Qualitäten, sowie natürlich das solch mögliches Wissen bedingende Erleben der Existenz fremder seelischer Wesen überhaupt *voraussetzt*. Nicht erst *durch* das Mitleid kommt mir des anderen Leid zur Gegebenheit, sondern dies Leid muß bereits in irgendeiner Form gegeben *sein*, damit ich, mich darauf richtend, mit-leiden kann. Den Kopf eines sich blau schreienden Kindes nur als körperlichen Kopf sehen (nicht als Ausdrucksphänomen eines Schmerzes, Hungers usw.), und ihn als solches Ausdrucksphänomen, d.h. normal, zwar sehen, aber dann gleichwohl kein „Mitleid mit dem Kinde haben", das sind völlig verschiedene Tatsachen. Die Mitleidserlebnisse und Mitgefühle treten also immer zu dem bereits verstandenen, aufgefaßten Erlebnis Anderer hinzu.[18]

Scheler bestreitet, dass es sich beim Mitleiden um einen eigenen *Gefühlszustand* handle. Man könne sich das klarmachen, wenn man sich vergegenwärtige, dass es sich beim Mitleiden um eine *Fühlfunktion* handelt, die keinen eigenen Gefühlszustand zum Gegenstand haben muss. Er erläutert dies an folgendem Beispiel:

Das Leiden z.B. eines Schmerzes ist etwas anderes als der Schmerz selbst; das Leiden als Funktion hat völlig andere Schwellen als der Schmerz, wie auch Leidens- und Freuens- und Genußfähigkeit etwas anderes ist als Schmerz- oder sinnliche Lustempfindlichkeit; die letztere ist z.B. weithin *konstant* in der Geschichte, die erstere mit dem Stande der

---

[18] Scheler, *Sympathie*, 4.

Zivilisation weithin *variabel*. Nun ist das echte Mitfühlen durchaus nur eine *Funktion* –
ohne eigenen intendierten Gefühlszustand. Der im Mitleiden gegebene Gefühls*zustand*
des B ist ganz in dem anderen gegeben; er wandert weder in den A, der mit-leidet, herüber,
noch „erzeugt" er einen „gleichen" oder „ähnlichen" Zustand in A.[19]

Was Scheler hier meint, lässt sich gut an einem konkreten Beispiel Bernhard Groet-
huysens, an den Scheler anzuschließen scheint, verdeutlichen.[20] Groethuysen wendet sich wie Scheler gegen die Annahme, man müsse das Gefühl des Anderen
reproduzieren, um es zu verstehen. Sein Beispiel ist der an Zahnschmerzen leidende
Freund. Um mit dem Freund, der Zahnschmerzen hat, Mitleid zu haben, muss
ich nicht selbst Zahnschmerzen haben. Hier schließt nun folgende Überlegung an:
Man leidet im echten Mitgefühl daran, dass ein Anderer an etwas leidet, aber man
reproduziert das Leiden nicht.[21] Dies kann auch deshalb nicht der Fall sein, weil
es, so Scheler, ja um das Leiden eines Anderen geht: *„Echtes* Mitgefühl bekundet
sich gerade darin, daß es Natur und Existenz des anderen und seine Individualität
miteinbezieht in den Gegenstand des Mitleids und der Mitfreude."[22] Das so beschriebene echte Mitgefühl ist dann auch gegen die bekannten Vorwürfe, es handle
sich beim Mitleid am Ende um ein egoistisches Gefühl, gefeit:

> Jedes durch bloße Gefühlsansteckung bewirkte Leid oder Schmerzgefühl, wie es z.B. durch
> direkte Reproduktion eines Schmerzgefühls durch das Bild der Ausdrucksgebärde entsteht,
> bestimmt eine Tendenz zur Beseitigung seiner Ursache nicht anders wie ein eigener Schmerz.
> D.h. die Handlung bleibt durchaus egoistisch. Echtes „Mitleid" hat mit solcher Ansteckung
> nicht das mindeste zu tun! Es setzt voraus, daß wir nicht in den Schmerz des anderen
> hineingerissen werden, sondern dieser uns gegenständlich bleibt.[23]

Der Andere muss im Mitgefühl *als* Anderer erfahren werden, als ein Widerstand,
als ein Gegenüber. Dies setzt in einem ersten Schritt ein Verstehen des Anderen
als dieses Anderen, d.h. ein Auffassen seines Gemütszustandes voraus. Damit ist
nicht bestritten, dass es angesteckte Gefühle gibt, aber bei diesen handelt es sich

---

[19] Ebd., vgl. auch 51.

[20] Vgl. Scheler, „Ethik".

[21] Vgl. Groethuysen, „Mitgefühl". Sehr anschaulich wird diese These auch in Schelers Beschreibung des Eindrucks, den Michelangelos Pietà bei einem Rombesuch auf ihn gemacht, wenn man
sich den Ausdruck Marias vergegenwärtigt. In einem Brief an seine zweite Frau Märit schreibt er:
„Gestern ging ich zuerst nach St. Peter morgens – vis a vis hochragend die Engelsburg – Der Dom
ist ein ungeheurer Eindruck, alles in riesigen Dimensionen. Schade ist nur, daß er so überfüllt von
so verschiedenwertigen Kunstwerken ist – das Herrlichste neben unausstehlichem Kitsch bes. in
Grabmählern der Päpste. Weitaus am Tiefsten hat mich beeindruckt die kleine Marmorpietà von
Michelangelo – Maria auf ihrem Schoß den zu Tode gehetzten Sohn – langgestreckt mit unsagbar
edlen reinen Gliedern. Es ist unendlich tief und zärtlich und von gewaltig symbolischer Wirkung –
dabei einfach menschlich." Vgl. Max Scheler, Brief an Märit Scheler (geb. Furtwängler), Fischer's
Park Hotel Rom, 27. April 1924.

[22] Scheler, *Sympathie*, 43.

[23] Scheler, „Ressentiment", 56.

nicht um echtes Mitfühlen, auch wenn beides häufig verwechselt wird: „Das Aufgehen des Ich in einen allgemeinen Leidensbrei schließt echtes Mitleid vollständig aus."[24] Scheler kann seine These, dass es sich beim Verstehen und Mitfühlen um zwei Prozesse handelt, aber nicht nur mit dem Hinweis auf ein teilnahmsloses Verstehen starkmachen, sondern auch indem er die Annahme entkräftet, dass uns fremde seelische Zustände nur durch eine Reproduktion verständlich würden. Das Verstehen des Anderen nennt er ein Nachfühlen, aber dieses Nachfühlen ist ein Vergegenwärtigen des fremden seelischen Zustands, der keine Projektion oder Identifikation und auch keinen Analogieschluss braucht. Im Anblick des Lachens nehmen wir, so seine bekannte These, unmittelbar die Freude wahr.[25] Nur weil er mit der cartesianischen Annahme, dass uns prinzipiell nur die eigenen psychischen Zustände zugänglich sind, bricht, kann er Verstehen und Mitfühlen unterscheiden.

5 Die zweite Form des Mitgefühls nach Scheler

Schelers erstes Argument gegen Nietzsche ist von sehr grundsätzlicher Natur. Noch einmal zusammengefasst lautet es: Nietzsche habe das Phänomen Mitleid gar nicht richtig erfasst, sondern einen Vorgang beschrieben, der zwar in der Tradition häufig als Mitleid oder Mitgefühl bezeichnet werde, in Wirklichkeit aber mit diesem verwechselt wird. Nietzsche sei, so Scheler, „indem er einen falschen Begriff des Mitgefühls voraussetzt, zu einer völlig irrigen Wertung des Mitgefühls, insbesondere des Mitleids" gekommen.[26] Scheler stimmt Nietzsche aber darin zu, dass viele Bereiche der europäischen Kultur von Ressentiment geprägt seien, was er anders als Nietzsche jedoch nicht auf irgendwelche christlichen Ursprünge zurückführt. Er teilt Nietzsches Diagnose also mit der wesentlichen Einschränkung, dass sich Nietzsche bei der Beschreibung der kollektiven Ansteckung durch Ressentiment geirrt hat – sowohl was die Herkunft als auch was den Begriff angeht, auf den er diese Phänomene bringt. Scheler gesteht Nietzsche jedoch zu, dass es in der Geschichte des Christentums durchaus immer wieder Ansteckungsphänomene gegeben habe. Eine Orientierung an diesen Ansteckungsphänomenen dürfe man aber nicht für den eigentlichen Kern der Lehre halten. Allerdings drängt sich hier die Frage auf, ob einige der eingangs erwähnten kunstgeschichtlichen Darstellungen als Fälle von Ansteckung interpretiert werden können, schließlich scheint es hier oft so zu sein, dass der leidende Christus und die an seinem Leid teilnehmenden

---

[24] Scheler, *Sympathie*, 63.

[25] Scheler, *Sympathie*, 6.

[26] Scheler, *Sympathie*, 15. Erstaunlicherweise wird Nietzsche auch heute noch als Gewährsmann für die Kritik an Empathie, verstanden als Mitgefühl, herangezogen. Die Möglichkeit, dass er das Phänomen vielleicht gar nicht trifft, wird nicht einmal diskutiert. Vgl. z.B. Breithaupt, *Empathie* oder auch Wild, „Empathie".

Beobachterinnen und Beobachter den gleichen Ausdruck zeigen. Stellen wir als ein wesentliches Moment von Ansteckungsphänomenen heraus, dass am Ende des als Ansteckung bezeichneten Prozesses zwei oder mehrere Individuen Ähnliches fühlen und ähnliche Gefühle durch ähnliches Ausdrucksverhalten angezeigt werden, dann liegt dieser Verdacht durchaus nahe. Aber Vorsicht: Aus der Tatsache, dass es bei Ansteckungsprozessen am Ende zwei gleiche Gefühle gibt, folgt nicht, dass in allen Fällen, in denen Menschen etwas gemeinsam fühlen, ein Prozess der Ansteckung erfolgt sein muss, der als Ursache des gemeinsamen Fühlens gelten muss!

Dies zeigt sich, wenn wir uns dem zweiten von Scheler als Mitgefühl bezeichneten Phänomen zuwenden: Scheler kennt noch eine zweite Art des echten Mitgefühls, das sogenannte Miteinanderfühlen, das hier als Beleg für die eben geäußerte Vermutung gelten kann, dass es noch ein anderes Mitgefühl gibt, ein Mitgefühl, das auch den Namen verdient, d.h. das mehr bzw. etwas anderes ist als ein Ansteckungsphänomen. Scheler gibt folgendes Beispiel:

Vater und Mutter stehen an der Leiche eines geliebten Kindes. Sie fühlen miteinander ‚dasselbe‘ Leid, ‚denselben‘ Schmerz. Das heißt nicht: A fühlt dies Leid und B fühlt es auch, und außerdem wissen sie noch, daß sie es fühlen – nein, es ist ein Miteinanderfühlen. Das Leid des A wird dem B hier in keiner Weise ‚gegenständlich‘, so wie es z.B. dem Freund C wird, der zu den Eltern hinzutritt und Mitleid ‚mit ihnen‘ hat oder ‚an ihrem Schmerze‘. Nein, sie fühlen es „miteinander" im Sinne eines Miteinander-fühlens, eines Miteinander-erlebens nicht nur ‚desselben‘ Wertverhalts, sondern auch derselben emotionalen Regsamkeit auf ihn. Das ‚Leid‘ als Wertverhalt und Leiden als Funktionsqualität ist hierbei eines und dasselbe. Wir sehen sofort: So kann man nur ein seelisches Leiden fühlen, nicht z.B. einen physischen Schmerz, ein sinnliches Gefühl. Es gibt keinen ‚Mitschmerz‘.[27]

Miteinanderfühlen heißt hier auf durchaus individuell verschiedene Weise dasselbe (nicht nur das Gleiche) zu fühlen.[28] Die Pointe von Schelers Beschreibung liegt in dem Bruch mit dem traditionellen Begriff des Psychischen, dem zufolge das Psychische nur je von einem Bewusstsein erlebt werden kann. Würde diese Annahme zutreffen, dann wäre es in einem strengen Sinne unsinnig, davon zu sprechen, dass zwei oder mehrere dasselbe fühlen. Scheler ist nicht dieser Ansicht.

Aber was heißt es, dieser Ansicht, das Psychische sei je nur einem Bewusstsein gegeben, zu widersprechen? Was wird aus der berühmten Autorität der ersten Person? Schelers Antwort lautet: Nur bei zuständlichen Empfindungen, z.B. einem durch das Pieksen einer Nadel verursachten Schmerz, ist die Annahme zutreffend, dass dieses Gefühl nur von einem Bewusstsein erlebt werden kann. Für viele andere Gefühle, z.B. die von ihm so genannten vitalen und seelischen Gefühle (z.B. Fröhlichkeit oder Trauer) gilt hingegen, dass sie gemeinsam mit Anderen gefühlt

---

[27] Scheler, *Sympathie*, 15.
[28] Scheler, *Sympathie*, 296.

werden können.[29] Nun wird es allerdings kompliziert: Denn nicht jeder Fall, bei dem Menschen etwas gemeinsam fühlen, fällt für Scheler unter das von ihm (in dem oben zitierten Beispiel der gemeinsam trauernden Eltern) beschriebene Miteinanderfühlen. Auch in Fällen von bloßer Gefühlsansteckung fühlen ja zwei oder mehrere dasselbe. Das von Scheler als Miteinanderfühlen bezeichnete Phänomen muss also von zwei anderen Phänomenen unterschieden werden: zum einen vom zweiten Fall des echten Mitgefühls und zum anderen eben auch von Phänomenen bloßer Gefühlsansteckung.

Betrachten wir abschließend noch einmal beide Fälle: Das Miteinanderfühlen unterscheidet sich vom einfachen echten Mitgefühl dadurch, dass Verstehen und Teilnehmen zusammenfallen: „Das Leid als Wertverhalt und Leiden als Funktionsqualität ist hierbei ein und dasselbe."[30] Leid und Mitleiden werden zu einem Phänomen. Die Tatsache, dass Menschen gemeinsam fühlen und leiden, darf also nicht zu der Annahme führen, hier handle es sich um Ansteckung.

Dies mag mitunter gar nicht so einfach sein. Aber es handelt sich, wie man sich leicht vergegenwärtigen kann, um einen fundamentalen Unterschied, der zwischen bloßer Ansteckung und echtem Miteinanderfühlen besteht: Im echten Miteinanderfühlen trauern Vater und Mutter zusammen, weil beide einen gemeinsamen Grund für ihr gemeinsames Fühlen haben. Es ließe sich aber auch ein Fall denken, bei dem der Vater sich nur von der Trauer der Mutter anstecken lässt (oder umgekehrt). Dann handelte es sich um ein bloß durch Ansteckung entstandenes Gefühl, um ein Pseudomitgefühl, das Nietzsche und weite Teile der Tradition überpointiert und falsch gedeutet haben, insofern sie es als Mitgefühl bezeichnet haben. Viele Autorinnen und Autoren sind ihnen bis heute gefolgt. Die feinen phänomenologischen Analysen Schelers liefern plausible Argumente dafür, dass es sich dabei um eine Art Mitgefühlstäuschung handelt.

Literaturverzeichnis

Belting, Hans, *Das Bild und sein Publikum im Mittelalter. Form und Funktion früher Bildtafeln der Passion*, Berlin 1981.

Breithaupt, Fritz, *Die dunklen Seiten der Empathie*, Berlin 2017

Dalferth, Ingolf, *Selbstlose Leidenschaften. Christlicher Glaube und menschliche Passionen*, Tübingen 2013.

Groethuysen, Bernhard, „Das Mitgefühl", *Zeitschrift für Psychologie und Physiologie der Sinnesorgane* 34, 1904, 161–270.

Hamburger, Käte, *Das Mitgefühl*, Stuttgart 1985.

Kant, Immanuel, *Metaphysik der Sitten*, Gesammelte Schriften Bd. 6, hg. v. d. Preußischen Akademie der Wissenschaften, Berlin 1900, 203–494.

---

[29] Vgl. zu dieser Unterscheidung: Scheler, *Formalismus*, 344.

[30] Scheler, *Sympathie*, 10.

Nietzsche, Friedrich, *Unzeitgemäße Betrachtungen: Zweites Stück: Vom Nutzen und Nachtheil der Historie für das Leben*, Kritische Studienausgabe (= KSA) 1, hg. v. Giorgio Colli und Mazzino Montinari, München 1988, 245–334.

–, *Morgenröthe. Gedanken über die moralischen Vorurtheile*, KSA 3, München 1988, 9–331.

–, *Zur Genealogie der Moral*, KSA 5, München 1988, 245–341.

–, *Der Antichrist. Fluch auf das Christenthum*, KSA 6, München 1988, 167–261.

Panofsky, Erwin, „,Imago Pietatis'. Ein Beitrag zur Typengeschichte des ,Schmerzensmanns' und der ,Maria Mediatrix'", in: *Festschrift für Max J. Friedländer zum 60. Geburtstage*, Leipzig 1927, 261–308.

Scheler, Max, Brief an Märit Scheler (geb. Furtwängler), Fischer's Park Hotel Rom, 27. April 1924, Nachlaß Max Scheler, Bayerische Staatsbibliothek München, Ana 385, EI1.

–, „Ethik: Ein Forschungsbericht", *Jahrbücher der Philosophie* 2, 1914, 81–118.

–, *Der Formalismus in der Ethik und die materiale Wertethik. Versuch einer neuen Grundlegung des ethischen Personalismus*, Halle an der Saale 1913/1916.

–, [*Die Sinngesetze des emotionalen Lebens, I. Band:*] *Wesen und Formen der Sympathie. Der „Phänomenologie der Sympathiegefühle"* 2. vermehrte und durchgesehene Auflage, Bonn 1923.

–, *Über Ressentiment und moralisches Werturteil*, [Sonderdruck aus der *Zeitschrift für Pathopsychologie*], Leipzig 1912

–, *Zur Phänomenologie und Theorie der Sympathiegefühle und von Liebe und Hass. Mit einem Anhang. Über den Grund zur Annahme der Existenz des fremden Ich*, Halle an der Saale 1913.

Schloßberger, Matthias, *Die Erfahrung des Anderen. Gefühle im menschlichen Miteinander*, Berlin 2005.

„Liebe und Mitgefühl in der Philosophie", in: *Emotionen. Ein interdisziplinäres Handbuch*, hg. von Hermann Kappelhoff, Stuttgart 2019, 190–194.

Schopenhauer, Arthur, *Die Welt als Wille und Vorstellung*, Sämtliche Werke Bd. 2, Frankfurt a.M. 1986.

–, *Preisschrift über die Grundlage der Moral*, in: Sämtliche Werke Bd. 3 (Kleinere Schriften), Frankfurt a.M. 1984, 632–813.

Sommer, Andreas Urs, „Was Nietzsche las und nicht las", in: *Nietzsche als Leser*, hg. v. Hans-Peter Anschütz, Armin Thomas Müller, Mike Rottmann, Yannick Souladié, Berlin 2021, 7–28.

Troeltsch, Ernst, *Der Historismus und seine Probleme*, Tübingen 1922.

Wild, Markus, „Empathie, Mitleid und warum Nietzsche nichts damit anfangen konnte. Für und gegen Empathie", in: *Empathie – individuell und kollektiv*, hg. v. Urs Breitenstein, Basel 2018, 20–47.

Mitgefühl in der Demokratie

Perspektiven der Politikwissenschaft

Felix Heidenreich

1 Barmherzigkeit, Mitleid, Mitgefühl – eine politische Kategorie?

Es gibt systematische Gründe dafür, dass Worte wie Barmherzigkeit, Mitleid oder Mitgefühl nicht primär mit der Sphäre der Politik assoziiert werden.[1] Ihre religiösen und humanistischen Konnotationen sind wohl auch für heutige Hörerinnen und Hörer dominant. Es ist daher nicht erstaunlich, dass die Themen Politik und Demokratie beispielsweise im *Oxford Handbook of Compassion Science* keine prominente Rolle spielen, ja fast nicht vorkommen.[2] Eine genauere Beschäftigung mit dem Verhältnis von Mitgefühl und Politik zeigt indes schnell, dass die sich in dieser Thematisierungsabstinenz ausdrückende Bestimmung des Verhältnisses keineswegs zwingend ist. Ob und in welchem Sinne man Barmherzigkeit, Mitleid und Mitgefühl zumindest *auch* als politische Kategorien versteht, hängt von den jeweiligen theoretischen Vorannahmen ab, mit denen man auf mögliche Schnittmengen blickt. Mitgefühl in der Politik kann je nach Demokratieverständnis als ein unerlässlicher Korrekturfaktor oder aber als ein gefährliches Störelement erscheinen. Die Verhältnisbestimmung unterliegt zudem nicht nur dem historischen Wandel der Semantiken und Praktiken des Mitgefühls und Mitleids,[3] sondern auch dem Wandel von Politik- und Demokratievorstellungen.[4]

Aus Sicht der im weitesten Sinne „realistischen" Tradition des politischen Denkens kann es sich bei Appellen an Mitgefühl in der Politik nur um einen Katego-

---

[1] Aus Platzgründen kann ich die Diskussion über die terminologisch präzise Unterscheidung zwischen *empathy, compassion, Mitgefühl, Mitleid, Erbarmen* und *Barmherzigkeit* nicht aufgreifen. Ich verwende die Begriffe im Folgenden nicht streng terminologisch.

[2] Seppälä/Simon-Thomas/Brown/Worline/Cameron, *Handbook of Compassion*. Das *Oxford Handbook of Political Theory* (hg. v. Dryzek/Honig/Phillips) enthält keinen Eintrag zum Thema *compassion*.

[3] Zur Historizität von Gefühlen vgl. z.B. die Skizze bei Frevert, *Vergängliche Gefühle*.

[4] Dieser Wandel von Politik- und Demokratiebegriffen kann hier nicht angemessen rekonstruiert werden, so dass im Folgenden eine idealtypisierende Darstellung genügen muss. Dass es dabei zu Verkürzungen und stark schematisierenden Überzeichnungen kommt, sei eingeräumt.

rienfehler handeln. Wer Politik moralfrei als Kampf um Macht und Herrschaft beschreibt, wird „Mitgefühl" bestenfalls als eine rhetorische Figur ernst nehmen, die aus strategischen Gründen Verwendung findet und instrumentell zur Täuschung, ja systematischen Manipulation genutzt wird. Idealtypisch für diese erste Sicht ist Machiavellis *Il Principe*, jenes rätselhafte Buch, das die Fürstenspiegel seiner Zeit, die zur Tugendhaftigkeit erziehen, teils wie eine Satire persifliert, teils in vollem Ernst zu ersetzen sucht. Machiavelli empfiehlt bekanntlich dem Fürsten nicht nur, die Gefühle seiner Untertanen zu lenken und auszunutzen. Er rät darüber hinaus zu einer strengen und sich selbst gegenüber im Wortsinn *erbarmungslosen* Regierung der eigenen Gefühle: Der Fürst selbst soll sich zur Mitleidlosigkeit erziehen, um die eigene Kaltblütigkeit möglichst effizient und öffentlichkeitswirksam einsetzen zu können. Das legendäre „Massaker von Sinigaglia", wo Cesare Borgia im Dezember 1502 einige Verschwörer zunächst unter Tränen in eine Kapelle lockt, ihnen zum Schein verzeiht, um sie im Anschluss erdrosseln zu lassen, gilt Machiavelli als Paradigma für die Kontrolle über das eigene Mitleid zum Zwecke des Machterhalts.[5]

Doch Machiavellis Buch landete nicht zufällig auf dem Index. Es stand konträr zu einer zweiten Traditionslinie, die das Mitgefühl, maßgeblich unter christlichem Einfluss, auch als eine politisch relevante Kategorie betrachtete. Das Begnadigungsrecht kondensiert institutionell den Gedanken, dass die Kette aus Aktion und Reaktion, Verbrechen und Sühne, Tat und Rache auch durchbrochen werden kann – unter Verweis auf eine in Analogie zu Gott gedachte Fähigkeit zum Erbarmen. Die Grundintuition, dass die Fähigkeit zum Mitgefühl nicht nur ein Hemmnis für politischen Erfolg sein könnte, sondern vielmehr eine zentrale Ressource für die Stabilisierung und Zivilisierung eines politischen Gemeinwesens, hat in den aktuellen politikwissenschaftlichen Debatten vielfach Ausdruck gefunden.

Diese erste skizzenhafte Unterscheidung zwischen zwei idealtypischen Sichtweisen auf das Verhältnis von Mitleid und Politik illustriert, dass es nicht *die eine* Sicht *der* Politikwissenschaft oder der Politischen Theorie auf das Thema geben kann. Um die äußerst divergierenden Perspektiven auf die Rolle des Mitgefühls in der Politik zu rekonstruieren, sollen im Folgenden zunächst einige Schlüsselszenen in Erinnerung gerufen werden, in denen Mitgefühl als Gefährdung einer bestehenden Ordnung auftritt. Die stoische Kontrolle des Mitgefühls durch Pflichtbewusstsein wird sich als ein erstes, im politischen Denken der Antike artikuliertes Ideal erweisen. Durch die Konfrontation mit dem christlichen Ideal des Mitleids wird indes nicht nur die Idee der Pflicht transformiert, sondern auch das christliche Ideal den Bedürfnissen einer politischen Ordnung angepasst (2). In einem zweiten Schritt möchte ich zwei idealtypische Antworten gegeneinanderstellen, die im Übergang vom Feudalsystem zur Massendemokratie das Verhältnis von Politik

---

[5] Vgl. das Kapitel 7 des *Principe*. Auf die Bedeutung dieser Schlüsselszene verweist auch Herfried Münkler in seiner einschlägigen Studie: Münkler, *Machiavelli*, 355; 365–366.

neu bestimmen: das liberale Modell einer *Exklusion* von Gefühlen (3.1) und das republikanische Modell der *Pflege* politischer Gefühle (3.2).

Daraufhin komme ich zur zeitgenössischen Diskussion, innerhalb derer die beiden Modelle teils immer noch im Hintergrund stehen. So werden bei Richard Rorty und Martha Nussbaum Solidarität und Mitleid als Bestandsbedingungen für eine freiheitliche Demokratie verstanden (4). Im folgenden Schritt möchte ich die Ambivalenzen und Aporien im Spannungsfeld von Demokratie und Mitleid thematisieren (5): Wie wird Mitleid instrumentalisiert? (5.1) Wo verlaufen die Grenzen des Mitgefühls? Und wie groß kann eine durch Mitgefühl verbundene Gemeinschaft, eine Demokratie sein, ohne den Empathiehorizont zu überspannen? Wie verändert sich die politische „Bewirtschaftung" von Mitgefühl durch den Medienwandel? (5.2) Die Komplexität der politikwissenschaftlichen Beschäftigung mit Mitleid wird abschließend auf die Utopie eines *Salem without witches* gebracht, einer politischen Gemeinschaft, die Solidarität nach innen institutionalisieren und praktizieren kann, ohne Hass auf innere oder äußere Feinde pflegen zu müssen (6).

2 Mitgefühl als ordnungsgefährdender Affekt: Antike Reflexionen

Es ließen sich zahlreiche Urszenen anführen, die ein wiederkehrendes Motiv illustrieren: die Befürchtung, dass Mitgefühl, ja Mitleid zur Ausnahme anleitet – und dadurch die Ordnung gefährdet. Regelkonformes Verhalten kann erbarmungslos sein, der Appell an Mitgefühl und Erbarmen indes ruft dazu auf, eine Regel zu brechen, Gnade walten zu lassen, Gesetze außer Kraft zu setzen. In diesem Sinne könnte man den Mitleidsakt auch als eine Form des eingehegten Ausnahmezustands beschreiben: Wer um Erbarmen bittet, fordert den souveränen Regelbruch, und wer Erbarmen walten lässt, gewährt eine Ausnahme.

Eine erste literarische Reflexion dieser Frage spielt sich in der von Homer eindrücklich geschilderten Szene der Ilias ab, wo Priamos ins Lager der Hellenen kommt, um Achill um den geschändeten Leichnam seines Sohnes Hektor zu bitten: „Scheue die Götter demnach, o Peleid', und erbarme dich meiner, / Denkend des eigenen Vaters! Ich bin noch werter des Mitleids!"[6] Der leitmotivische Zorn des Achill wird besänftigt, die Gnade gewährt. Hier findet der Gnadenakt noch nicht innerhalb einer durch explizite Regeln definierten Ordnung statt, die er gefährden könnte. Achill und Priamos stehen in einem persönlichen, nicht in einem politischen Verhältnis zueinander. Sie handeln in dieser Schlüsselszene als Väter

---

[6] Hom. Il. 24, 503–505. Ich zitiere die Übersetzung von Heinrich, 475. Homer benutzt hier das Wortfeld von ἔλεος (αὐτόν τ' ἐλέησον), das dann auch Aristoteles in der *Poetik* verwendet und bekanntlich im NT zentral wird. Vgl. zur Stelle den Beitrag von Douglas Cairns in diesem Band.

und Söhne, nicht als Staatsmänner und treten, für einen kurzen Moment, aus ihrer politischen Rolle.

Zu den spektakulärsten Einübungen in Mitleid, nämlich in das Mitleid mit Feinden, gehört Aischylos' Tragödie *Die Perser*. Hier wird der Untergang des Perserheeres, der atemberaubende, alle Denkmöglichkeiten übertreffende Sturz aus der Hybris ins Verderben, aus der Innenperspektive des persischen Königshofes dargestellt. Aischylos schildert minutiös, wie sich am Hof das Entsetzen ausbreitet, während die katastrophalen Nachrichten eintreffen. Wirkmächtiger bis heute ist aber ein anderer Klassiker: In Sophokles' *Antigone* tritt erneut das Motiv der angemessenen Bestattung als Gnadenakt auf. Antigone bittet Kreon darum, das eigene Gesetz aufzuheben und ihr die Gnade zu gewähren, ihren Bruder angemessen bestatten zu dürfen. Auch sie beruft sich auf ihr Leid: „Denn wer in vielen Leiden, wie ich, / lebt, wie trüge der im Tode nicht Gewinn?"[7] Und doch verweist sie zugleich auf mehr als bloßes Mitleid, nämlich auf einen Rechtsanspruch: Die angemessene Bestattung sei ein unverbrüchliches Recht von alters her. In der Regel wird der Konflikt zwischen Antigone und Kreon entsprechend als eine Kollision von altem, traditionsgebundenem Familienrecht (Polyneikes zu bestatten) einerseits und dem gesetzten, per Erlass verkündeten Recht Kreons (der diese Bestattung verbietet) rekonstruiert. Hegel hatte in der *Phänomenologie des Geistes* diese Lesart vorgeschlagen und die Geburt des Subjekts im Rollenkonflikt zu rekonstruieren versucht.[8]

Bei Antigones Appell an Mitleid geht es nicht mehr nur um ein persönliches, sondern um ein politisches Verhältnis, um den Widerspruch zwischen dem tradierten Recht der Alten und dem gesetzten Recht der Neuen. Offenbar verteidigt Kreon nicht nur seinen persönlichen Rachewillen, sondern auch seine Autorität als rechtsetzender König. „Wo sollte man mit den Ausnahmen aufhören, wenn man einmal damit anfinge?", scheint Kreon zu argumentieren. Antigone wiederum fordert eine Art absolute Grenze der Politik ein: Mit dem Tod, so ließe sich ihre Position zuspitzen, müsse die Feindschaft enden, daher sei eine Bestattung möglich, auch wenn sie dem geltenden Befehl und einer tief empfundenen Feindschaft widerspreche.[9]

---

[7] Soph. Ant. 463–464. Ich zitiere aus der Übersetzung von Zink, 41.

[8] Bezugnehmend auf Hegel ist eine ganze Reihe von philosophischen Interpretationen entstanden: Menke, *Tragödie*; Butler, *Antigones Verlangen*. Auf Martha Nussbaums Deutung der Antigone komme ich später zurück (4).

[9] In diesem Sinne entschied Manfred Rommel 1977 im Sinne eines aussöhnenden Mitleids, als er gegen den erbitterten Widerstand in Teilen der Stadtgesellschaft beschloss, Gudrun Ensslin, Andreas Baader und Jan-Carl Raspe auf dem Dornhaldenfriedhof in Stuttgart beerdigen zu lassen. Rommels Satz: „Mit dem Tod muss alle Feindschaft enden" verweist implizit auf Antigone. Vgl. den ausführlichen Bericht zu den genauen Umständen der Bestattung von Buchmeier, „Endstation Dornhaldenfriedhof".

Man wird nicht behaupten, dass Sophokles in dieser Frage eindeutig Position bezieht – die Faszination des Stückes erklärt sich gerade aus seinem aporetischen Charakter. Lässt sich daraus etwas für das Verhältnis von Politik und Mitleid in der griechischen Klassik ableiten? Zwar ist *philia* (Freundschaft, Liebe) für die Griechen eine zentrale politische Tugend, aber Mitgefühl spielt in den Reflexionen über Politik keine maßgebliche Rolle. Eine Entsprechung hat diese Skepsis gegenüber der Idee der Gnade und der Ausnahme in Platons Vorstellung einer symmetrisch erfolgenden Strafe. Die Folterung von Straftätern wird im *Gorgias* als unvermeidliche Korrektur einer Übertretung beschrieben, an deren Legitimität kein Zweifel bestehen kann.[10] Aristoteles thematisiert Mitleid in der *Poetik*, am Rande in der *Rhetorik*, aber nicht systematisch in der *Politik*.[11]

Idealtypisch deutlich wird die Idee einer Aussetzung von Recht durch Mitleid im Neuen Testament. Im Folgenden soll es nur kurz um die politisch relevante Dimension dieses großen Themas gehen. Unter dem Titel „Reich Gottes" wird hier ein Gerechtigkeitsbegriff formuliert, der explizit nicht transaktional gedacht ist, nach dem Prinzip *do ut des*, sondern der, beispielsweise im Gleichnis vom barmherzigen Samariter (Lk 10, 25–37), gerade die politischen und kulturellen Feindbestimmungen unterläuft.[12] Aus Sicht eines auf politische Stabilität abzielenden politischen Denkens muss diese Form von Mitleid verdächtig sein. Als politische Lehre ist das Christentum daher zumindest potenziell destabilisierend. Auch wenn das Reich Gottes bekanntlich nicht von dieser Welt ist, stellt es Macht, Herrschafts- und Schuldverhältnisse in Frage.[13]

Daraus folgt im Umkehrschluss, dass die Erbarmungslosigkeit gegenüber anderen, ja selbst gegenüber Verwandten, zu einem Ideal politischer Pflichterfüllung werden kann. Die Entstehung eines explizit gegen Neigungen und Emotionen gerichteten Begriffs der Pflicht wird in der Regel der römischen Tradition zugeschrieben, wobei Cicero in *De officiis* lange zurückreichende Praktiken auf den Begriff bringt.[14] In der berühmten Erzählung über Manlius Torquatus kommt dieser Gedanke wie in einem Gleichnis zum Ausdruck. Der Sohn des römischen Generals nimmt gegen expliziten Befehl die Herausforderung eines Barbaren zum Zweikampf an. Als der Sohn siegreich zu den eigenen Truppen zurückkehrt, verurteilt ihn der befehlshabende Vater zum Tode, um zu zeigen, dass im Falle einer

---

[10] Vgl. Plat. Gorg. 472c–474c.

[11] Vgl. Aristot. rhet. 1385b11–1386b7; poet. 1449b24ff. u.ö. In der Rhetorik werden Appelle ans Mitleid als manipulativ beschrieben. Vgl. dazu auch Jörke, „Aristoteles' Rhetorik".

[12] Vgl. dazu den Beitrag von Ute E. Eisen in diesem Band.

[13] Dass die neutestamentarische Rede von der Auslösung aus der Schuld auch konkret gedeutet werden kann als eine Befreiung aus der Schuldknechtschaft, hat David Graeber zu zeigen versucht: Graeber, *Schulden*, 89ff.

[14] Dass schon bei Cicero die später bei Kant dominante Kontrastierung von Pflicht gegen Neigung zu finden ist, zeigt sich besonders deutlich in seiner Analyse der Pflichten gegen den Feind. Vgl. Cic. off. 1, 35, 1ff.

Befehlsverweigerung keinerlei Ausnahme gestattet ist. Manlius lässt den eigenen Sohn an einen Pfahl binden und enthaupten – und wird so zum Idealbild römischer Gesetzestreue.[15] Die Idee der Pflicht und die stoische Maxime der Kontrolle über die eigenen Affekte erweisen sich dabei als zwei Seiten einer Medaille: Das Großreich ist nur durch unbedingte Regelbefolgung regierbar.

Dieses römische Ideal erbarmungsloser Pflichterfüllung ist bedeutsam als ein gerade in der Geschichte der modernen Demokratie wirkmächtiger Erinnerungsort. Sowohl in der amerikanischen Unabhängigkeitsbewegung als auch in der Französischen Revolution werden antike Vorbilder zu beständig aufgerufenen Präfiguraten, zu Verheißungen, die nun in den neuen Republiken zur Erfüllung kommen sollen.[16] Das Bild des pflichtbewussten und in der Gesetzestreue geradezu mitleidslosen Gesetzeshüters ist heute zu einem Topos der amerikanischen Kultur geworden: In der Figur des tapferen Sheriffs kehrt Manlius in seiner Härte wieder.

Spätestens mit der Christianisierung in den ersten Jahrhunderten nach Christus entsteht eine systematische Spannung: Das christliche Ideal des Mitleids und Erbarmens kollidiert mit dem römischen Ideal der erbarmungslosen Pflichterfüllung. Die Lehre von den zwei Reichen, die Augustinus entworfen hat, kann von daher als eine bis zur Neuzeit tragfähige Kompensationsarchitektur begriffen werden. Im neunzehnten Buch von *De civitate Dei* bietet Augustinus eine Kompromissformel an, die die aktuelle Situation der Christen im Römischen Reich als Wiederkehr des jüdischen Exils in Babylon deutet: „Zwar wird das Gottesvolk durch den Glauben von Babylon befreit, doch muß es einstweilen noch bei ihm als Pilgrim weilen."[17] Das Versprechen auf ein die Regeln aussetzendes Erbarmen ist bereits formuliert, seine Einlösung muss jedoch vertagt werden, um den unvollkommenen irdischen Frieden nicht zu gefährden. Weltliche Regelkonformität und himmlische Gnadenhaftigkeit koexistieren in einem komplexen Geflecht von Bezügen und gegenseitigen Korrekturmechanismen. Begnadigung auf der Basis von Erbarmen wird einerseits zum quasi-göttlichen Akt der Feudalherren; andererseits können selbige ihre stoische Selbstkontrolle gerade durch eine mitleidlose Regelkonformität unter Beweis stellen. Dieses Spannungsverhältnis zwischen den Zwängen der Politik und der Freiheit des Mitgefühls ist bis heute nicht aufgelöst.

---

[15] Vgl. Liv. 8,6,14–7,22; Cic. fin. 1,23; 34f.

[16] Siehe dazu unten 3.1.

[17] Aug. civ. XIX, 26; zitiert nach der Übersetzung von Thimme, 580.

3 Demokratische Innovationen: Ausschluss oder Pflege von Empathie?

Aus politiktheoretischer Sicht ändern sich die Vorzeichen des Spannungsverhältnisses von Mitleid und Politik im neuzeitlichen Demokratisierungsprozess erheblich. Erbarmen und Gnade waren im Feudalsystem das Vorrecht jener, die über ein Gnadenrecht verfügten, der Feudalherren. Es gab Personen, die um Mitleid flehten, und andere, die es gewähren oder verweigern konnten. Im Modernisierungsprozess lassen sich, so scheint es, zwei parallel verlaufende, gegenstrebige Tendenzen beobachten, die diese Konstellation auf je spezifische Weise zu überwinden versuchen.

3.1 Die Exklusion des Mitleids: Rationale Politik

Eine erste Option besteht im Ausschluss des Mitleids und der Gnade aus der Politik. Demokratische Gleichheit bedeutet unter diesen Vorzeichen vor allem Gleichheit vor dem Gesetz unter Absehung von Mitleid. Die Vorstellung von der demokratischen Politik als rationalem Geschäft, gedacht analog zum Markt, fügt sich in diese Strömung. Der Rechtsstaat, *the Rule of Law*, besteht dann gerade in einer Entpersonalisierung von Herrschaft. Nicht mehr Personen, sondern Gesetze herrschen, und Gesetze haben im Gegensatz zu Personen keine Gefühle, auch kein Mitleid.[18] Pierre Rosanvallon hat rekonstruiert, wie die Aufklärungstheoretiker in Frankreich das *royaume* in ein *loyaume* zu verwandeln versuchten, in eine entpersonalisierte Herrschaft von Gesetzen.[19] Analog zum Mitleid wird auch die Liebe als politisches Gefühl verdächtig.[20] Die römische Pflichtenethik mit ihrem Rollenmodell des Manlius Torquatus wird wieder zum Vorbild. Wie auf dem Markt gilt auch für *Iustitia* das Gebot der Blindheit, das Ideal einer abstrahierenden Rechtskonformität: *pacta sunt servanda*. Für Mitgefühl sind aus dieser Perspektive die Religion oder die Familie zuständig, nicht aber die Politik. Damit wird Augustinus' Vorschlag einer funktionalen Ausdifferenzierung einerseits aufgegriffen und andererseits verschärft: Unter postfeudalen Bedingungen gehört das Mitgefühl einer anderen Sphäre an und hat in der Politik nur den Status eines Störfaktors.[21] Mehr noch: Wo politische Eliten Mitleid artikulieren, vollziehen sie eine Grenzüberschreitung. Sie erheben sich in diesem Fall über jene, die sie bemitleiden, und fallen zurück in das feudale

---

[18] Vgl. hierzu Stolleis, *Auge des Gesetzes*. Hier lässt sich die Spannung metaphorisch folgendermaßen zuspitzen: Blickt das Auge des Gesetzes mit erbarmungsloser Schärfe oder wohlwollendem Mitleid auf die Menschen herab?

[19] Rosanvallon, *Gute Regierung*, 9.

[20] Vgl. hierzu Llanque, „Liebe in der Politik".

[21] Damit wird zugleich der private Raum transformiert und mit einer neuen sozialen Grammatik versehen. An die Stelle eines römischen *pater familias*, der seine Angehörigen wortwörtlich besitzt, rückt nun das Modell einer heimeligen Gegenwelt, in der wahren Liebe, kein bloßer Tausch, herrschen soll.

Schema einer asymmetrischen Gnade, die den Erbarmungswürdigen, den *deplorables*, zuteilwird. Daher ist die Artikulation von Mitgefühl in Demokratien immer hochgradig riskant, ein kommunikativer Drahtseilakt, bei dem stets die Gefahr des politischen Kitsches oder der Anmaßung im Raum steht. Denn Mitleid kann als Ausdruck herablassender Verachtung gedeutet werden. Umgekehrt kann es ein Zeichen der Anerkennung sein, den anderen nicht zu bemitleiden.

Diese erste Tendenz ließe sich einordnen in den größeren Wandel, der von Albert O. Hirschman auf die Formel eines Übergangs von *passions* zu *interests* gebracht worden ist: An die Stelle volatiler „Leidenschaften" tritt das Ideal wohlausgewogener, quantifizierbarer und verhandelbarer Interessen.[22] Stürmische Edelmänner mögen rachsüchtig oder großmütig sein, der moderne Kaufmann hingegen rechnet mit seinen Beständen, auch und vor allem in der Politik. Auch die Aufklärung bildet, zumindest in Teilen, eine große Skepsis gegenüber den Empfindungen des Mitleids aus, allen voran Kant, der die Bedeutung sämtlicher „Neigungen" für die Sittlichkeit systematisch restringiert.[23] Wie andere politische Gefühle auch ist das Mitleid tendenziell verdächtig, weil es als Resultat bloßer „pathologischer Affizierung" und folglich als unstet und unzuverlässig gilt – und damit letztlich als Gefahr für den Rechtsstaat.[24]

Die Tendenz zur Verrechtlichung bildet den institutionellen Ausdruck dieser Skepsis. Ein moderner, demokratischer Rechtsstaat drängt die Figur des Mitgefühls und der Begnadigung in die kleinen Reservate des Rechts für Bundespräsidenten (in Deutschland) oder Präsidenten (in den USA). Hier gibt es noch ein Recht auf Begnadigung.[25] Der entsprechende Art. 60 Abs. 2 des Grundgesetzes ist sehr allgemein gehalten: Der Bundespräsident „übt das Begnadigungsrecht aus". Wo genau die Grenzen dieses Rechts verlaufen, wurde bewusst im Unklaren belassen, damit Begnadigungen nicht zu einem notorischen Störfaktor in einem möglichst vorhersehbar operierenden Rechtssystem werden. Das Begnadigungsrecht wird auch immer wieder in seiner Legitimität in Frage gestellt. Die Problematik führen etwa die erratischen Begnadigungen unter Donald Trump (vor allem am Ende seiner Präsidentschaft) vor Augen. Auch in der Bundesrepublik hält die Debatte an.[26] Sinnvoll scheinen Begnadigungen durch den Bundespräsidenten allein dort, wo sie die Ordnung stützen (indem sie den sozialen Frieden fördern) und als politische Akte symbolisch dazu beitragen, einen Konflikt für abgeschlossen zu erklären.

---

[22] Hirschman, *Leidenschaften und Interessen*.

[23] Kant verachtete sich für die motivierende Kraft seiner freundschaftlichen Neigungen. Allerdings gibt es bei ihm auch gegenläufige Aussagen; vgl. dazu den Beitrag von Roderich Barth in diesem Band.

[24] Vgl. zur ambivalenten Haltung der Aufklärung gegenüber dem Mitleid den Beitrag von Martin Fritz in diesem Band.

[25] Vgl. dazu den Beitrag von Thorsten Keiser in diesem Band.

[26] Siehe dazu Eiardt/Borhanian, „Begnadigungsrecht des Bundespräsidenten".

Ähnlich wie sich die besonders starke Ahndung einer „Verunglimpfung des Bundespräsidenten" (StGB § 90) aus dem Verbot der Majestätsbeleidigung herleitet, bildet auch das Begnadigungsrecht eine Art feudalen Überhang. Es widersteht einer Tendenz zur Verrechtlichung, die dazu beitragen soll, dass niemand mehr in eine Lage gerät, in der er oder sie an Mitleid appellieren muss.

Die Proklamation von *Anspruchs*rechten (Recht auf körperliche Unversehrtheit, auf juristischen Beistand, auf eine soziale Mindestsicherung, auf Gesundheitsversorgung etc.) kann in diesem Sinne als Versuch gedeutet werden, Mitleid unnötig zu machen. Nicht mehr einzelne Personen sollen aus Wohlwollen und Barmherzigkeit reagieren, sondern die Institutionen des Sozialstaats so etwas wie eine routinisierte Form von Solidarität praktizieren. Die semantische Verschiebung vom Mitleid (bzw. *fraternité*/Brüderlichkeit) zur *Solidarität* drückt diese Versachlichung aus.[27] Seinen institutionellen Widerhall hat dieser Wandel in der Entstehung des Versicherungswesens gefunden: Die Versicherung formalisiert und organisiert Solidarität als Routine und macht damit Mitleid als Gefühl und okkasionelle Hilfeleistung unnötig.[28] Eine Gesellschaft, die des Mitleids bedarf, ist aus dieser Perspektive noch vordemokratisch – und wo in *Charity*-Formaten das Mitgefühl als Gnadenrecht (und damit als Willkürakt) zurückkehrt, droht der Rückfall in einen neuen Feudalismus.[29]

Es sind vor allem jene Demokratietheorien, die auf die individuellen Schutzrechte abzielen und die Emotionslosigkeit des Mediums des Rechts verteidigen, die in diesem Sinne Mitleid in der Politik als problematisch oder zumindest als Problemindiz betrachten. Es erscheint legitim, diese Demokratievorstellungen als im weitesten Sinne „liberal" (oder strukturell liberal) zu bezeichnen. Ihr entscheidendes Kennzeichen ist die strikte Trennung zwischen privater und politisch-öffentlicher Sphäre. Im Hintergrund steht dabei eine umfassende Theorie politischer Gefühle, die die Exklusion oder starke Einhegung des Emotionalen in der Sphäre des Politischen zur Grundvoraussetzung einer funktionierenden Demokratie erklärt. Auch John Rawls' Vorstellung von aufweisbaren Gerechtigkeitsprinzipien kann in diesem Sinne als Versuch gedeutet werden, Gerechtigkeit als eine Art Infrastruktur herzustellen, als ein Set von Grundregeln der Gesellschaft, die individuelles und schwer kalkulierbares Mitgefühl unnötig machen. Die Vorstellung einer vertragsbasierten Ordnung der Gesellschaft, der Kontraktualismus, ist daher oft als „kognitivistisch" kritisiert worden.[30] Dementsprechend votiert Rawls denn auch zeitweise dafür, religiöse „Argumente" aus der öffentlichen Sphäre grundsätzlich auszuschließen, weil sie nicht auf verallgemeinerbare Vernunftgründe, sondern auf je spezifische

---

[27] Vgl. hierzu bereits Arendt, *Über die Revolution*, 113f.
[28] Vgl. hierzu auch Lehner, „Entstehung des Versicherungswesens".
[29] Zum Begriff des Neo-Feudalismus vgl. Neckel, „Refeudalisierung der Ökonomie".
[30] Vgl. Abschnitt 4.

Offenbarungen und irrationale Gefühlsgründe rekurrieren.[31] Derlei irrationale Gründe stuft er als für liberale Gesellschaften geltungsmäßig zu subjektiv ein, um politisch relevant sein zu können.

Eine neue Allianz verbindet diese liberale Denkschule seit einigen Jahren mit der empirischen Emotionsforschung. Man weiß heute aus Experimenten, dass Mitleidsempfindungen äußerst selektiv auftreten: Ein einzelnes kleines Mädchen erweckt mehr Mitleid als mehrere Kinder, obwohl deren Leid größer ist.[32] Da der menschliche kognitive Apparat fehlerhafte *default settings* aufweist, tut sich eine Schere zwischen gutmeinendem, aber irrationalem Mitleid einerseits und rationaler Solidarität andererseits auf: Mitgefühl kann dumm machen.[33] Vor allem Paul Blooms Buch *Against Empathy* hat mit diesem Argument große Aufmerksamkeit auf sich gezogen.[34] Ebenfalls in die lange Tradition einer strukturellen Exklusion des Mitleids als Affekt gehört der Ansatz des *effective altruism*, der von William MacAskill an der Universität Oxford entwickelt wurde.[35] Auch hier lautet die entscheidende These, dass bloßes Mitgefühl willkürlich sei und dass deshalb rationale Mechanismen, empirische Wirkungsanalysen und Mittel des Finanz-Monitorings nötig seien, um Altruismus rational zu betreiben. Die Frage, wie mit einem US-Dollar ein Maximum an Hilfe für Bedürftige geleistet werden kann, wird dabei zu einem komplexen interdisziplinären Forschungsauftrag. Damit wird eine weit zurückreichende Skepsis gegenüber Affekten als Motivationen für politische oder auch nur sozial relevante Entscheidungen aufgegriffen. Auf der Ebene der dominierenden Demokratietheorie der Gegenwart taucht diese Intuition in der Forderung auf, nicht alle Gefühlsäußerungen dürften unreflektiert in einem demokratischen Diskurs berücksichtigt werden. In diesem Sinne hat auch Jürgen Habermas geltend gemacht, dass in politischen Diskursen „Schleusen" und „Filter" dazu dienen, aus subjektiven Empfindungen intersubjektiv nachvollziehbare Argumente zu machen.[36] Mitgefühl, so könnte man schließen, ist kein Argument, kein guter Ratgeber, keine politische Strategie.

---

[31] Rawls, *Politischer Liberalismus*. Vgl. hierzu auch Fritz, „Kultivierung politischer Gefühle", 48–50.

[32] Aus der unüberschaubaren Literatur verweise ich beispielhaft auf Västfjäll/Slovic/Mayorga/Peters, *Compassion Fade*.

[33] Daraus zu schließen, Mitleidslosigkeit sei ein Indiz für Intelligenz, wäre indes ein *non-sequitur*.

[34] Ihm geht es nicht zuletzt um die Gefahren eines nicht reflektierten Mitleidens für Personen in sozialen Berufen, also z.B. eine erhöhte Burn-out-Gefährdung für besonders mitleidsorientierte Pflegerinnen und Pfleger: Bloom, *Against Empathy*.

[35] MacAskill, „Effective Altruism".

[36] Dies gilt nach Habermas bekanntlich auch für religiöse „Argumente": Sie müssen „übersetzt" werden, um diskursiv anschlussfähig zu werden. Zur Exklusion von Gefühlen in der Diskursethik vgl. Weber, „Unterkühlter Diskurs".

3.2 Republikanische Liebe zum Vaterland, Mitleid mit den Kameraden

Ein zweiter ideengeschichtlicher Strang, der oft auf komplizierte Art verwoben mit seinem Opponenten auftritt, formuliert eine gegenläufige Argumentation.[37] Die demokratische Revolution verspricht, so wird gesagt, nicht nur *Egalité* und *Liberté*, sondern explizit auch *Fraternité*. Entsprechend besteht diese zweite Strategie nicht in der *Exklusion*, wie wir sie im Konstitutionalismus und Liberalismus dominant finden, sondern in der *Verallgemeinerung* eines Rechts auf Mitleid. Im Hintergrund steht der Gedanke, dass der Adel nicht abgeschafft, sondern nur verallgemeinert werden kann. Wo sich alle mit dem Adelstitel *Monsieur* ansprechen und wo mithin die *citoyens* zu einer neuen Art des allgemeinen Adels werden, wird auch das Recht auf Gnade für alle zugänglich. Brüderlichkeit als Wert wird in diesem Zusammenhang als Korrektiv für ein bloß formal gedachtes Rechtssystem entwickelt. Brüderlichkeit und Mitleid legen gleichsam einen Unschärfefilter über die Dinge und erlauben es, im Namen der Menschlichkeit Ausnahmen zuzulassen. Schillers Emphase – „Alle Menschen werden Brüder" – bedeutet somit zugleich: Alle schulden allen Mitgefühl. Das politische Gemeinwesen wird hier nicht nur als Rechtsgemeinschaft gedacht, sondern auch als Schicksals- und Leidensgemeinschaft erlebt. Als Schule des Mitleids hat dann etwa auch das Theater (nicht nur für Schiller) staatspolitische Relevanz.

Die dabei aufgerufenen Bilder und Begriffe aus dem Feld der Familie – „Brüder", „les enfants de la patrie" etc. – sind bezeichnend: Die Nation als Mutter bildet gewissermaßen ein Gegenbild zur Privatisierung der Gefühle in die Sphäre der Familie im Liberalismus. Das politische Gemeinwesen, verstanden als große Familie, verlangt, dass man mit deren Kindern leidet, sich selbst oder andere für sie opfert, nicht ohne Rührung bleibt, wenn die *compatriotes* und Kameraden leiden. Nationalismus und Militarisierung tragen von Anfang nicht nur den Appell zur Mitleidslosigkeit gegenüber den Feinden in sich, sondern auch eine ausdifferenzierte Praxis der Mitleidsproduktion und -steuerung. Diese zweite politiktheoretische Traditionslinie macht Mitleid und Mitgefühl folglich zu einer politischen Tugend. Entscheidend ist dabei die Quelle dieser politisch relevanten Gefühle. Dass Einfühlungsvermögen und ziviler Umgang in zivilgesellschaftlichen und religiösen Kontexten eingeübt werden können, wäre auch aus liberaler Sicht unproblematisch.[38] Der Republikanismus hingegen sieht darin eine Staatsaufgabe.

---

[37] Zur Ideengeschichte des Republikanismus vgl. Hölzing, *Republikanismus und Kosmopolitismus*.

[38] Das in Deutschland bekannte „Böckenförde-Theorem" kehrt diese Beobachtung um: Religiöse und andere zivilgesellschaftliche Gemeinschaften haben nicht nur das Recht auf eine normative Erziehung ihrer Mitglieder, sondern werden zu Bestandbedingungen des freiheitlich-demokratischen Rechtsstaats. Aus republikanischer Sicht besteht durchaus Anlass zu der Vermutung, dass Staaten die normativen Voraussetzungen ihres Bestandes selbst hervorbringen können.

Die demokratietheoretisch entscheidende Argumentation dieses Modells wird von Rousseau im letzten (nachgeschobenen) Kapitel des *Contrat social* entfaltet: Eine freie Republik sei nur möglich, wenn eine neue *religion civile* (eine Religion der Bürger) jene Bande der Solidarität knüpfe, die früher die überkommene Religion bereitgestellt habe. In seiner *Abhandlung über die Politische Ökonomie* spricht Rousseau ganz offen aus, wie eine solche Erziehung zu bürgerlichen Gefühlen aussehen soll: Es geht darum, „Liebe (zum Staat) zu erwecken", [39] „die Herzen zu gewinnen" [40] und allen Bürgern von Kindesbeinen an „Liebe zum Vaterland einzuflößen". [41] Aus liberaler Sicht wird damit ein Staat gezeichnet, der sich primär als Erziehungsanstalt versteht und direkten Zugriff auf die Emotionen der Bürgerinnen und Bürger praktiziert. In stärker republikanisch geprägten Gemeinwesen finden wir daher oft Mythen und Erinnerungsbilder von kollektivem Leiden. In vielen Fällen ist die anti- oder zumindest nichtliberale Energie dieser politischen Mythen offensichtlich. Eindeutig antidemokratisch werden sie spätestens dort, wo die Erinnerung an vergangenes Leid den Hass auf den Feind schürt.

Neben der staatszentrierten Vorstellung einer Erziehung zu Mitgefühl und Liebe ist für den Demokratisierungsprozess die über Literatur erfolgende Anleitung zur Empathie bedeutsam. Lynn Hunt hat die Bedeutung der Literatur für die Abschaffung von Folter und Sklaverei auf die Formel gebracht: *Reading Novels and Imagining Equality.* [42] Romane und Berichte, die die Perspektive der Ausgeschlossenen thematisieren, werden in ihrer Rekonstruktion zu entscheidenden Treibern der Idee von Rechtsgleichheit und Menschenrechten – wobei den Frauen eine besondere, tragische Rolle zukommt. Sie bilden die Avantgarde des Mitgefühls und die ersten Opfer neuer Exklusionen. [43]

In zivilreligiösen Praktiken geht es von Anfang nicht nur um die Heroisierung des eigenen Gemeinwesens, sondern auch um die Generierung und Kanalisierung von Mitgefühl – mit dem „unbekannten Soldaten" oder anderen Kristallisationspunkten kollektiver Identität. Je nach nationaler Prägung können derartige Appelle zum politischen Mitgefühl stärker oder weniger stark ausfallen. In manchen Fällen – man denke an die polnische Lehre vom „Christus unter den Völkern" – bilden sich regelrechte nationale Passionsgeschichten aus, die sich deutlich am christlichen Urbild orientieren. [44] Im Kontext der Nationalstaatsbildung spielt die Erweckung und Lenkung von Mitleidsgefühlen zumindest in manchen Fällen eine zentrale Rolle: Geschichten über die kollektive Identität sind oft auch Geschichten über kollektives Leid, Geschichten über Opfer und Täter. In politischen Mythen, zum

---

[39] Rousseau, „Politische Ökonomie", 236.
[40] Ebd.
[41] Rousseau, „Politische Ökonomie", 242.
[42] Hunt, *Inventing Human Rights*, 35ff.
[43] Vgl. hierzu auch Fraisse, *Geschlecht und Moderne*.
[44] Vgl. Ruchniewicz, „Historische Erinnerung".

Beispiel in der serbischen Erzählung von der Schlacht auf dem Amselfeld, steckt einerseits eine Passionsgeschichte, andererseits das Potenzial eines Racheprojektes. Auf die Ambivalenz von Mitgefühl nach innen und Hass nach außen wird zurückzukommen sein (5).

Nicht immer impliziert das Mitleid mit Opfern einen Hass auf Täter. Die Erinnerungskultur, die nach 1945 in Ländern wie Deutschland und Frankreich entstand, um den Holocaust bzw. die Shoah im kollektiven Erinnern zu verankern, appelliert an Mitleid. Aber hier übersteigt das Leid die Kategorien alles Fassbaren, so dass es kein bestimmtes Ziel eines auf Ausgleich gehenden Aggressionsaffektes geben kann. Vor allem im Werk von Claude Lanzmann wird diese Paradoxie entfaltet: Einerseits führen seine Dokumentarfilme (allen voran *Shoah* von 1985) die Rezipienten so nah wie nur irgend denkbar an das Grauen der Vernichtungslager heran. Andererseits „zeigen" seine Filme auf eindringliche Weise die Unverstehbarkeit der Taten und die Undarstellbarkeit des Leids. Und doch kann „Auschwitz" (so die in Deutschland üblich gewordene Kurzformel) so etwas wie eine demokratierelevante Bezugsgröße der politischen Bildung darstellen, das lehrt die republikanische Theorieperspektive. Hier wird das Erinnern an die Verbrechen nicht nur ein Akt der Staatsräson, sondern so etwas wie eine Zivilreligion im Sinne Rousseaus. Beim Holocaust-Gedenktag von „Mitleid" zu sprechen, wäre zwar vermessen; dennoch kann historisches Bewusstsein in diesem Falle mehr sein als eine rein kognitive Bezugnahme auf Vergangenes, nämlich eine emotionale Affizierung. Deutet man den ersten Satz des deutschen Grundgesetzes („Die Würde des Menschen ist unantastbar.") in diesem Sinne als Verweis auf die Erfahrung der Zeit vor 1945, so zeichnet sich eine Verschmelzung von liberalem Kontraktualismus und Konstitutionalismus mit einem Moment republikanischer Gefühlsgemeinschaft ab: Der Verfassungspatriotismus ist dann nicht mehr „bloß formal" oder „juristisch kalt", sondern selbst Ausdruck einer tiefen, auch emotional vermittelten Erfahrung.

4 Mitgefühl und Demokratie: Von Rorty zu Nussbaum

Auf zwei moderne und besonders wirkmächtige Theorievarianten, die an diese republikanische Tradition anknüpfen, sie aber zugleich aus dem Kontext der Nationalstaatsbildung zu lösen versuchen, lohnt es sich näher einzugehen. Dabei ist zunächst eine terminologische Schwierigkeit auszuräumen: Bei Richard Rorty wie bei Martha Nussbaum wird das Wort „liberal" oft im Sinne des amerikanischen Gebrauchs von „links" oder „progressiv" verwendet, nicht im hier gebrauchten, ideengeschichtlich-terminologischen Sinne. Beide Autoren denken liberal im Sinne von progressiv, aber eher republikanisch, insofern sie nicht von einer gegebenen, unverrückbaren Grenze zwischen öffentlicher und privater Sphäre ausgehen. Zwar behauptet Nussbaum von sich, mit ihrer Konzeption eines autonomen Subjekts eine liberale Theoriearchitektur zu entwickeln, doch ihre substanziellen Vorstellungen eines guten Lebens sind im Wesentlichen republikanisch.

Eine erste Theorie demokratischen Mitleids finden wir bei Richard Rorty, der sich ganz explizit für eine demokratische Kultur einsetzte, die Solidarität durch Narrative des Mitgefühls herstellt. Im Gegensatz zu einem scharfen Liberalismus geht Rorty davon aus, dass rechtskonformes Verhalten nutzenmaximierender Akteure allein eine lebendige Demokratie nicht aufrechterhalten kann. In einem Aufsatz mit dem Titel *Heidegger, Kundera und Dickens* (1991) versucht er zu zeigen, dass für die Durchsetzung demokratischer Normen gerade nicht abstrakte philosophische Argumente ausschlaggebend waren, sondern die Erzählungen, die das Leiden der Ausgeschlossenen thematisierten.[45] Vor allem Dickens kann, so sein Vorschlag, als „Paradigma des Abendländischen"[46] verstanden werden, insofern bei ihm die Selbstkritik der westlichen Moderne auf eine empathiegenerierende Weise formuliert wird. „Das Großmütige des Zorns von Charles Dickens, Harriet Beecher Stowe und Martin Luther King geht daraus hervor, daß sie annehmen, man brauche nicht den ganzen Erkenntnisapparat der Menschen umzumodeln, sondern es genüge, daß die Leute ihr Augenmerk auf diejenigen richten, denen weh getan wird, und daß sie die erlittenen Qualen *im Detail* wahrnehmen."[47] Was Lynn Hunt historisch beschrieb, wird hier zum systematischen Argument: Demokratien sind nicht in erster Linie *Gesellschaften*, die durch propositional fixierbare Normen zusammengehalten werden, sondern *Gemeinschaften*, die ihre Grundlage in narrativ vermitteltem Mitgefühl haben. Demokratie ist dann nicht in erster Linie ein Regierungssystem, sondern ein Lebensstil, eine Haltung.

Martha Nussbaums Plädoyer für Mitgefühl als politische Tugend folgt ähnlichen Intuitionen wie Rortys Verteidigung literarischer Herzensbildung.[48] Bereits 1996 hatte sie „compassion" als „the basic social emotion" bezeichnet.[49] In ihrem Klassiker *Upheavals of Thought* plädierte sie daraufhin dafür, Mitgefühl als politische Kategorie ernst zu nehmen.[50] Umfassend ausgearbeitet wird das Plädoyer für eine politische Erziehung zur Empathie schließlich in ihrer Monographie *Political Emotions*.[51] Ausgangspunkt ist dabei die These von der kognitiven Dimension von Gefühlen: Gefühle, so Nussbaum im Einklang mit einer breiten Strömung innerhalb der neueren Emotionstheorie, sind nicht nur passive Affektionen, son-

---

[45] Rorty, „Heidegger, Kundera und Dickens".
[46] Rorty, „Heidegger, Kundera und Dickens", 101.
[47] Rorty, „Heidegger, Kundera und Dickens", 100.
[48] Trotz dieser offensichtlichen Konvergenzen wird Rorty in Nussbaums *Politische Emotionen* nicht erwähnt.
[49] Nussbaum, „Compassion".
[50] Nussbaum, *Upheavals*.
[51] Ich zitiere nach der deutschen Ausgabe: Nussbaum, *Politische Emotionen*.

dern haben eine evaluative und mithin kognitive Dimension.[52] Daraus leitet sie die politische Aufgabenstellung ab, Mechanismen, Verfahren und Institutionen zu finden, die demokratiekompatible Gefühle wie Mitgefühl und Liebe stärken und andere Gefühle wie Missgunst, Neid und Scham unwahrscheinlicher machen. Wie bei Schiller, Rorty und Hunt ist dabei die ästhetische Herzensbildung zentral. Nicht zuletzt Mozarts Opern werden in Nussbaums Perspektivierung zu Formen der Einübung von Mitgefühl. Die Erziehung zum Patriotismus illustriert sie an zahlreichen Beispielen. Es sind vor allem Vorbilder vom indischen Subkontinent, die dartun sollen, dass Liebe – entgegen aller liberalen Skepsis – als politisches Gefühl möglich, ja nötig ist: die Liebe zur indischen Flagge, zur Lyrik Tagores.

In diesem Kontext lohnt ein genauerer Blick auf Nussbaums Interpretation der Antigone. Bereits 1986 hatte sie sich ausführlich mit der Tragödie des Sophokles auseinandergesetzt.[53] Im Kontext der politischen Gefühle kommt sie darauf zurück. Nun wird die Tragödie zu einem Mittel der Veranschaulichung unhaltbarer Zustände. Antigones und Kreons Welt ist eine soziale Wirklichkeit, in der die private und die staatsbürgerliche Rolle unvermittelt nebeneinanderstehen. Der liberale, die Religionsfreiheit sichernde Rechtsstaat stellt die Antwort auf diese Tragödie dar: In ihm können beide Rollen nebeneinander gelebt werden. Sie folgert, dass „tragische Dilemmata […] die emotionale und imaginative Aufmerksamkeit"[54] auf unhaltbare Zustände lenken können. Tragödien können damit – im Falle eines angemessenen Gebrauchs – Teil einer Gefühlspolitik sein. „Wenn man klug und bedachtsam mit ihnen umgeht, *wecken sie Mitgefühl* und korrigieren manche mit ihm verbundenen Fehler."[55]

Diese Analyse macht eine Verbindung deutlich: Nussbaums Plädoyer für eine demokratische Erziehung zum Mitgefühl thematisiert ein Leiden, das als unnötig und daher sinnlos markiert ist. Anders als im Falle des christlichen Mitleidens mit Christus, dessen Passion sinngeladen, vorbestimmt, ja heilsnotwendig ist, kann es bei demokratischem Mitgefühl nur darum gehen, das Leiden als überwindbar, unnötig, ja sinnlos auszuweisen. Damit wird der christliche Impuls zur tätigen Barmherzigkeit verschärft; nur in den Residuen einer heroischen Aufopferung für das Gemeinwohl bleibt ein Restbestand der Sinnaufladung von Leiden. Inwiefern diese Schemata aber in postheroischen und stark individualisierten Gesellschaften langfristig tragbar bleiben, ist fraglich.

---

[52] Nussbaum, *Politische Emotionen*, 18; 36.
[53] Nussbaum, *Fragility of Goodness*.
[54] Nussbaum, *Politische Emotionen*, 409.
[55] Ebd. (Hervorhebung F.H.).

5 Politics of Compassion: Mitgefühl im Widerstreit

Im Kontext der Nationalstaatsbildung ist ein Aspekt des komplexen Verhältnisses von Politik und Mitleid bereits berührt worden, den es nun genauer zu betrachten gilt: die Rolle von Mitgefühl bei der Generierung negativer Gefühle für externe (oder für extern erklärte) Gruppen. Eine besondere Relevanz gewinnt diese Frage in der Politikwissenschaft, weil empirische Studien zeigen, dass Menschen mit einer größeren Veranlagung zur Empathie dazu neigen, stärkere Abneigung gegenüber externen Gruppen zu empfinden.[56] Dabei ist die semantische Differenz zwischen Mitleid und Empathie wichtig: Das bloße Einfühlungsvermögen (Empathie) muss nicht automatisch ein tatsächliches Mitfühlen (Mitleid) bedeuten: Ein Sadist kann sich einfühlen, ohne mitzufühlen. Im Kontext einer starken politischen Polarisierung ist es jedoch hochgradig bedeutsam, wenn die empirische Forschung den Schluss zieht: „empathic dispositions may serve to encourage polarization in practice"[57]. Die starke Polarisierung in den USA wird entsprechend als eine primär emotionale Polarisierung beschrieben: Mitleid gegenüber der einen Gruppe steht dem Mitleid gegenüber einer anderen Gruppe unversöhnlich gegenüber. Während die *Demokraten* an das Mitleid mit ungewollt schwangeren Frauen appellieren, fordern die *Republikaner* Mitleid mit den ungeborenen Kindern, die sie von einem liberaleren Abtreibungsrecht gefährdet sehen. Die Unversöhnlichkeit in der Politik wäre dann durch eine verhängnisvolle Emotionalisierung zu erklären, zu der auch und gerade der Appell an Mitleid beiträgt.

Aus dieser Perspektive wäre auch eine eindeutige Verortung von Mitleid auf einer Links-Rechts-Skala unzulässig. Lange schien es so, als seien *compassion issues* wie die allgemeine Krankenversicherung, Sozialhilfe oder eine liberale Migrationspolitik vor allem Anliegen der Linken, während Konservative die Härte des Marktes, eine erbarmungslose Migrationspolitik und generell *Law and Order* verteidigten. Aktuelle Analysen legen indes die Vermutung nahe, dass es keine einfache Korrelation zwischen Mitleidsdisposition und Links-Ausrichtung gibt: Der *compassionate conservatism*, den George W. Bush ausrief, ist wohl kein Oxymoron. Auch zeigt sich bei genauerer Betrachtung, dass der *gender gap* im Wahlverhalten äußerst volatil ist. In Deutschland wählten Frauen lange konservativer als Männer. Heute indes wird die *AfD* überdurchschnittlich oft von Männern, *Bündnis 90/Die Grünen* überdurchschnittlich oft von Frauen gewählt.[58] Aber lassen sich diese Differenzen im Wahlverhalten auf eine geschlechtsspezifische Disposition zu Mitgefühl erklären?

Plausibler erscheint es, politische und politisierte Gefühle wie Mitleid als sozial vermittelt, als „konstruiert" zu betrachten. Im Gegensatz zu einem quasi-biologischen, rein passiv erlebten Affekt ist Mitleid demzufolge als Emotion immer

---

[56] Simas/Scott/Kirkland, „Empathic Concern".
[57] Simas/Scott/Kirkland, „Empathic Concern", 267.
[58] Vgl. z.B. Fuchs, „Wählen Frauen anders als Männer?"

schon kulturell geformt. „Mitleid" ist dann mehr als eine quasi-biologische oder charakterliche Disposition, nämlich eine nicht nur kulturell und sozial, sondern womöglich auch politisch mehr oder weniger systematisch hervorgebrachte, reflektierte, gelenkte Emotion. Mitgefühl tritt damit als Mittel im politischen Kampf um Deutungsmacht zutage, als eine Waffe, deren Einsatz in einer Art Wettrüsten immer schärfere Formen annehmen kann.

5.1 Mitleid als Waffe: Die Instrumentalisierbarkeit der Gefühle

Die Ambivalenz eines sozial, politisch oder ästhetisch-kulturell hervorgerufenen Mitleids lässt sich gut an einem klassischen Beispiel veranschaulichen. Bachs *Johannespassion* enthält die wohl schönsten musikalischen Ausdrucksformen von Mitleid, die in der Musikgeschichte zu finden sind. Die berühmte, von einer Gambe begleitete Alt-Arie Nr. 30 in h-Moll, die den sterbenden Jesus besingt, verdichtet auf herausragende Art Stilmittel verschiedener Herkunft zu einer neuen Art von Totenlied. Kaum irgendwo sonst dürfte so anschaulich werden, was mit einer ästhetischen Erziehung zur Empathie gemeint sein könnte. Und doch: In derselben Johannespassion – und in inhaltlichem Bezug zur Arie stehend – finden wir auch eine Art musikalische Hetze gegen die Juden, deren „Kreuziget ihn!" auf ebenso genialische Weise musikalisch dargestellt wird. Mitleid mit dem sterbenden Jesus und Hass auf die als verräterisch und gehässig gezeichneten Juden – beides geht Hand in Hand.

Wie politisch fatal die Wirkungen derartiger Mechanismen bis heute sein können, lässt sich auch am schiitischen Aschura-Fest beobachten, bei dem der Schlacht von Kerbela und des Märtyrertodes von Ali Hussein gedacht wird.[59] Das Mitleiden mit dem durch Verrat zu Tode gekommenen geistigen Führer nimmt hier die Form massenhafter Selbstgeißelungen an. Das dabei demonstrativ inszenierte Leid stellt aber zugleich den Ausgangspunkt für den Hass auf andere dar, auf Sunniten, auf Ungläubige oder, unter den Bedingungen der *Islamischen Republik Iran*, vor allem auf Israel und die USA. Die Aschura-Prozessionen sind insofern besonders bemerkenswert, als hier das Leid durch Geißelung, Schnittwunden und das rhythmische Schlagen auf die Brust im buchstäblichen Sinne präsent gemacht, ja inkarniert wird. Die Gläubigen tragen oft weiße Gewänder, damit sich davon das rote Blut besser abhebt. Die aggressive Dimension, die ein Mitleidsappell haben kann, wird an diesem Beispiel augenscheinlich: *Seht her, wie ich leide!*, ist ein Imperativ mit quasimilitärischem Befehlscharakter.

---

[59] Elias Canetti hat 1960 in *Masse und Macht* eine eindrucksvolle, heute allerdings inhaltlich äußerst umstrittene Darstellung geliefert: Canetti, *Masse und Macht*, 162–172. Navid Kermani bezeichnet diese Beschreibung als eine „gleichermaßen suggestive wie tendenziöse, an vielen Stellen schlicht falsche Darstellung": Kermani, *Dynamit des Geistes*, 60.

Mitleid als Mittel politischer Manipulation muss indes nicht immer mit Religion verknüpft sein. Um im Ersten Golfkrieg die Unterstützung der amerikanischen Bevölkerung für die Rückeroberung Kuwaits zu sichern, wurde das Gerücht gestreut, irakische Soldaten nähmen Babys aus Brutkästen und ließen sie sterben. Am 10. Oktober 1992 sagte die 15jährige Nayirah al-Ṣabaḥ vor dem Menschenrechtsausschuss des US-Kongress aus und schilderte unter Tränen das Grauen in kuwaitischen Krankenhäusern. Später stellte sich heraus, dass es sich um die Tochter des kuwaitischen Botschafters in den USA handelte, die gezielt vorbereitet worden war und frei erfundene Geschichten erzählt hatte. Der Fall gilt bis heute in der Politik- und Medienwissenschaft als Paradebeispiel eines manipulativen *argumentum ad misericordiam*.[60] In zahlreichen anderen Fällen lässt sich beobachten, wie gezielt geschürtes Mitleid zur Legitimation politischer Entscheidungen instrumentalisiert wird. Am Anfang der Aggression steht oft die Inszenierung von Opfern, von echten oder vermeintlichen. Hannah Arendt hat diesen Zusammenhang in ihrem Buch *On Revolution (1963)* herausgearbeitet, um die Differenz zwischen der amerikanischen und der französischen Revolution zu erklären: Während die Revolution in den USA Freiheit versprach und Optimismus verbreitete, appellierten die Revolutionäre in Paris nicht an Hoffnungen, sondern an das Mitleid – und generierten damit, so Arendt, jenen Hass, der der Revolution in *terreur* umschlagen ließ.[61]

In der Politikwissenschaft ist vor diesem Hintergrund immer wieder von *Politics of Compassion* die Rede, wobei der Begriff *politics* (im Gegensatz zu *polity* oder *policy*) den konflikthaften, ambivalenten, umstrittenen Charakter von Mitleid akzentuiert.[62] Michael Ure und Mervyn Frost bezeichnen das Mitleid wohl zu Recht als „widely recognized as among the most controversial and politically significant emotions".[63] Mitleid erweist sich aus Sicht der Teildisziplin der Internationalen Beziehungen oder der Nachbardisziplin der Medienwissenschaft als eine Waffe in der Staatenkonkurrenz: Mitleid für bestimmte Opfer wird gezielt geschürt, um den Blick von anderen Opfern abzulenken oder gar deren Leid als Folge einer gerechten Rache zu inszenieren. Ähnlich wie Zinssätze, Direktinvestitionen oder Außenhandelsabkommen wird Mitleid so zu einem Spielstein im Ringen der Mächte.

Für die Politikwissenschaft sind daher alle rhetorischen Mittel der Generierung von Mitleid relevant: Bildgestaltung, Stimmenmodulierung, Twitter-Feeds und auf Facebook gepostete GIFs, die möglichst unvermittelt eine politisch ausbeutbare

---

[60] Vgl. auch die Darstellung in Walton, „Apeal to Pity".

[61] Arendt, *Über die Revolution*, 93–182. Arendt argumentiert, authentisches Mitleid könne sich nur auf Individuen, nie auf Gruppen richten. Zudem sieht sie die Gefahr einer Perpetuierung des Leidens, damit die „sentimentale Gefühlsseligkeit des Mitleids" aufrechterhalten werden kann: Helden des Mitleids brauchen Erbarmungswürdige; vgl. Arendt, *Über die Revolution*, 113.

[62] Ure/Frost, *Politics of Compassion*.

[63] Ure/Frost, *Politics of Compassion*, Introduction.

emotionale Reaktion stimulieren. Die Art und Weise, in der beispielsweise die *AfD* die Opfer jener Straftaten inszeniert, die von Asylbewerbern verübt wurden, zeigt, dass Mitleid mit sehr professionellen, aus der Werbewirtschaft übernommenen Mitteln produziert werden kann. Mitleid wird zu einem Mittel der gezielt herbeigeführten gesellschaftlichen Spaltung.

Die Verwandtschaft zwischen politischer Kommunikation und den Techniken der Werbewirtschaft zeigt sich auch in der technischen Aufrüstung im Kampf gegen diese Spaltung: Die emotionale Polarisierung, die technisch entstand, soll auch technisch geheilt werden. So gibt es immer wieder Versuche, durch technische Interventionen Mitleid zu provozieren, indem man Menschen durch Konfrontation mit den Perspektiven der anderen zur Perspektivenübernahme anleitet. Mitleidsfähigkeit wird hier zur Zielgröße in technischen Dispositiven, von Datenbanken auslesbar, von Algorithmen kanalisierbar.[64]

5.2 Wandelnde Rahmenbedingungen: Diversität, Transnationalisierung, Digitalisierung

Richard Rorty formuliert in seiner Verteidigung einer narrativ vermittelten Mitleidsfähigkeit („Solidarität") beiläufig eine Einsicht, die in mehrfacher Hinsicht implikationsreich ist: „Wenn man die Parole von den moralischen Verpflichtungen gegenüber anderen richtig versteht, dann wird man dem ‚wir' so viel konkreten und historisch genauen Sinn geben wie möglich."[65] Das ‚Wir' einer Solidargemeinschaft ist immer ein konkretes ‚Wir'. Geht man wie Rorty oder Nussbaum davon aus, dass Demokratien nur unter den Bedingungen einer emotionalen (nicht nur rechtlichen) Verbundenheit der Bürgerinnen und Bürger gedeihen, so ergeben sich mindestens drei Diskussionsfelder, die kurz skizziert werden sollen.

Die erste Frage betrifft die Zusammensetzung der Gruppe der Staatsbürgerinnen und Staatsbürger. In einem mittlerweile wohl als gleichermaßen berühmt wie berüchtigt zu nennenden Aufsatz versuchte Robert D. Putnam zu zeigen, dass die durch Migration anwachsende kulturelle Diversität zumindest kurzfristig das Sozialkapital sinken lässt: „In the short run [...] immigration and ethnic diversity tend to reduce social solidarity and social capital."[66] Mitleid und Solidarität sind einfacher gegenüber Menschen, die einem ähnlicher, vertrauter, verständlicher sind. Dieser empirische Befund wurde von rechten Kreisen schnell als Beleg dafür umgedeutet, dass Migration für jenen Niedergang des Vertrauens in modernen Gesellschaften verantwortlich sei, den Putnam selbst in seinem Bestseller von 2000 *Bowling Alone* ausführlich beschrieben hatte.[67]

---

[64] Vgl. z.B. Simonits/Kézdi/Kardos, „Seeing the World".
[65] Rorty, *Kontingenz, Ironie und Solidarität*, 317.
[66] Putnam, „E Pluribus Unum".
[67] Putnam, *Bowling Alone*.

Auch wenn der empirische Befund eindeutig scheint, so sind doch die politischen Konsequenzen unklar. Überfordern sich Gesellschaften, wenn sie Mitgefühl auch unter Bedingungen des weltanschaulichen und kulturellen Pluralismus fordern? Oder folgt aus Putnams Einsicht im Gegenteil, dass die Anstrengungen einer Politik des Mitgefühls verstärkt werden müssen? Putnam hat sich stets gegen die Instrumentalisierung seiner Forschungen durch xenophobe Gruppen gewehrt. Aber auch wenn man kulturelle Homogenität nicht anstrebt, steht die Frage im Raum, wie denn die von Rorty, Hunt und Nussbaum beschriebenen literarischen Techniken der Mitleidsgenerierung in politischen Gemeinwesen anwendbar sein sollen, die nicht über geteilte Narrative verfügen.

Eine zweite Variante dieses Problems betrifft die Größe von Demokratien. Es scheint kein Zufall zu sein, dass republikanisch verfasste Gemeinwesen eher klein waren: Florenz, Genf, die freien Niederlande, die Schweiz. Frankreich, der erste republikanisch formierte Flächenstaat, bildet hier bereits eine Ausnahme. Mitgefühl scheint durch Nähe begünstigt zu werden: Fernstenliebe ist schon allein kognitiv anspruchsvoll, umso mehr emotional. Dirk Jörke zieht daraus die Konsequenz, dass Demokratien sich nicht räumlich überspannen sollten. Die EU als kontinental gedachte Demokratie überfordert aus seiner Sicht die Fähigkeit zu Mitgefühl und Solidarität. Jörke plädiert daher mit Verweis auf Argumente der amerikanischen *Founding fathers* für kleinere politische Einheiten und eine bloße Föderation souveräner europäischer Staaten.[68] Auf die damit zusammenhängenden Fragen bietet die Forschungsliteratur keine abschließenden Antworten: Bedürfen Solidarität und Empathie eines Nahraums, einer Überschaubarkeit der Verhältnisse? Zumindest empirisch deutet einiges darauf hin, dass die Globalisierung des Mitgefühls nur schwer möglich ist. Andererseits finden sich zahllose Beispiele für internationale und transkulturelle Solidarität.

Ein konkretes Beispiel mag diese Herausforderung veranschaulichen: Die europäische Integration wurde immer wieder insofern als defizitär beschrieben, als der EU ein „Narrativ" fehle. In der Tat scheint eine europäische Gefühlspolitik, ein europäischer Patriotismus im Sinne Nussbaums nur schwer vorstellbar. Versuche, das „Abendland" als bedroht zu zeichnen und „Europa" gegen „den Islam" verteidigen zu wollen, haben in Osteuropa bereits eine große Wirkung entfaltet. In anderen europäischen Staaten bleiben diese Perspektivierungen Minderheitenpositionen. Aber auch das umgekehrte Narrativ eines postnationalen Universalismus trifft auf Skepsis. Entsprechende Versuche provozieren in stolzen Nationalstaaten eher allergische Gegenreaktionen als Zustimmung. Eine Europäisierung des politischen Mitgefühls scheint folglich derzeit schwer vorstellbar.

Die Prozesse der Diversifizierung und Transnationalisierung von politischen Emotionen finden drittens im Kontext eines Medienwandels statt. Die bisher aufge-

---

[68] Jörke, *Größe der Demokratie*.

rufenen Medien – Musik, Literatur, religiöse Prozessionen, zivilreligiöse Praktiken – sind größtenteils vordigital. Was die Digitalisierung der Steuerung und Lenkung politischer Emotionen für die Rolle politischen Mitgefühls bedeuten wird, ist derzeit schwer abzuschätzen. Die Manipulationsmöglichkeiten scheinen sich auszuweiten. Politisches Mitleid als Waffe hat sich neue Kanäle erschlossen. Nicht jede Form digitaler Solidarisierung ist indes automatisch manipulativ. Ob indessen – analog zur Leserevolution des 18. Jahrhunderts und zum Aufstieg der Empfindsamkeit – so etwas wie eine digital induzierte neue Mitleidskultur entstehen wird, ist höchst fraglich. Der spektakulär wachsende Serienmarkt könnte aber durchaus das Potenzial haben, ein sowohl digitales als auch globales Funktionsäquivalent zur Literatur zu werden. Mit Hunt darf man jedenfalls vermuten, dass auch das Mitgefühl mit den fiktiven Charakteren von Serien die Empathiefähigkeit steigert.

6 Ausblick: Demokratie und Mitgefühl – eine Dosierungsfrage?

Der kursorische Überblick über die politikwissenschaftlichen Reflexionen des Verhältnisses von Mitgefühl und Politik hat die Komplexität des Themas vor Augen geführt. Abschließend sollte noch einmal betont werden, dass diesbezüglich kein Konsens zu erwarten ist: Politisches Mitgefühl stellt aus der Sicht der Kritiker ein toxisches Mittel dar, das selbst in kleinsten Dosierungen gefährlich bleibt, während andere in einer Gefühlspolitik, einer politischen Erziehung zum Mitgefühl, das Antidot gegen eine gefährliche Individualisierung sehen. Erkennbar geht es dabei nicht nur um Dosierungsfragen oder Anwendungskontexte, sondern letztlich um die Frage, ob sich demokratische Verfahren und Institutionen mehr auf rationales Kalkül oder auf emotionale Bindung stützen sollen oder können. Zudem bleibt offen, ob mit „Mitgefühl" eine passivisch induzierte Leidenschaft oder eine aktiv gewählte, kultivierte und reflektierte Emotion gemeint ist.

Womöglich lässt sich trotz dieser grundlegenden Differenzen dennoch so etwas wie eine konsensfähige Beschreibung der eigentlichen Herausforderung formulieren. Von Robert Putnam stammt eine Unterscheidung, die auch zur Sortierung des Verhältnisses von Demokratie und Mitgefühl hilfreich sein könnte. In seiner klassischen Studie zum Sozialkapital *Bowling Alone* unterscheidet er zwischen *Salem with witches*, einer Gesellschaft mit hohem Sozialkapital, großem gegenseitigen Vertrauen und ausgeprägtem Mitgefühl bei gleichzeitiger Projektion negativer Eigenschaften auf eine *out-group*, die Hexen von Salem. Das Mitgefühl nach innen hat hier die ausführlich thematisierte Kehrseite eines Hasses nach außen zum Preis. *Salem without witches* wäre im Kontrast dazu eine Gesellschaft, die Mitgefühl nach innen ohne Hass nach außen praktiziert. Diese Aufgabenstellung ist alles andere als trivial: Leid zu thematisieren und damit an Mitgefühl zu appellieren, ohne dabei zu implizieren, dass es jemanden geben müsse, der für dieses Leid verantwortlich ist und bestraft werden sollte, ist äußerst schwierig. Zwischen den kühlen liberalen Skeptikern und den passionierten republikanischen Enthusiasten besteht womöglich insofern Einigkeit, als man in Demokratien darauf hoffen muss, dass regelgeleitete Institutionen dazu beitragen können, dieser Herausforderung zu begegnen. In diesem Sinne ließen sich die demokratischen Institutionen – Verfassungen, Parlamente, Gerichte, öffentliche Debatten – zum einen als Mechanismen der Abkühlung und Exklusion von Gefühlen wie Mitleid betrachten, zum anderen aber auch als Räume, in denen politische Gefühle artikuliert, sublimiert und gepflegt werden können.

Literaturverzeichnis

Arendt, Hannah, *Über die Revolution*, München [7]2019.

Arenhövel, Mark: „Die Schule der Empfindsamkeit. Für und wider eine Politik des Mitgefühls", in: Besand, Anja/Bernd Overwien/Peter Zorn (Hgg.), *Politische Bildung mit Gefühl*, Bonn 2019, 62–76.

Augustinus, *Vom Gottesstaat (De civitate Dei)*, übers. von Wilhelm Thimme, hg. von Carl Andresen, München 2007.

Bloom, Paul, *Against Empathy: The Case for Rational Compassion*, New York 2016.

Buchmeier, Frank, „Endstation Dornhaldenfriedhof", in: *Stuttgarter Zeitung* vom 30. Oktober 2012.

Butler, Judith, *Antigones Verlangen. Verwandtschaft zwischen Leben und Tod*, Frankfurt am Main 2001.

–, *Raster des Krieges. Warum wir nicht jedes Leid beklagen*, Frankfurt am Main, 2010.

Canetti, Elias, *Masse und Macht*, Frankfurt am Main 1980.

Dryzek, John/Honig, Bonnie/Phillips, Anne, *Oxford Handbook of Political Theory*, Oxford 2006.

Eiardt, Anja/Borhanian, Sarab „Das Begnadigungsrecht des Bundespräsidenten", in: *Aktueller Begriff*, hg. von den Wissenschaftlichen Diensten des Deutschen Bundestages, 10 (2007), https://tinyurl.com/7pb554w9.

Fraisse, Geneviève, *Geschlecht und Moderne: Archäologie der Gleichberechtigung*, Frankfurt am Main 1995.

Frevert, Ute, *Vergängliche Gefühle*, Göttingen 2013.

Fritz, Martin, „Kultivierung politischer Gefühle. Das Programm Martha Nussbaums als Anstoß für die Öffentliche Theologie", in: Thomas Wabel/Torben Stamer/Jonathan Weider (Hgg.), Zwischen Diskurs und Affekt. Politische Urteilsbildung in theologischer Perspektive, Leipzig 2018, 47–67.

Fuchs, Gesine, „Wählen Frauen anders als Männer?", in: *APuZ* 42/2018, 37–44.

Graeber, David, *Schulden. Die ersten 5.000 Jahre*, Stuttgart 2011.

Heidenreich, Felix, „Versuch eines Überblicks: Politische Theorien und Emotionen", in: Heidenreich, Felix/Schaal, Gary S., *Politik und Emotion. Tagungsband der Sektion Politische Theorie und Ideengeschichte der DVPW*, Baden-Baden 2012, 9–26.

–, „Gefühle ins Recht setzen: Wann sind politische Emotionen (noch) demokratisch?", in: *Zeitschrift für Politikwissencahft* Bd. 23 (4/2013), 575–583.

–, „Politische Gefühle – Katalysator des Diskurses oder Ergebnis postdemokratischer Emotionalisierung? Die Perspektive des dynamischen Republikanismus", in: Korte, Karl-Rudolf (Hg.), *Emotionen und Politik: Begründungen, Konzeptionen und Praxisfelder einer politikwissenschaftlichen Emotionsforschung*, Baden-Baden 2015, 49–65.

–, „Die emotionalen Wirkungen politischer Entscheidungen – Von der naiven zur reflektierten Gefühlspolitik", in: Besand, Anja/Bernd Overwien/Peter Zorn (Hgg.), *Politische Bildung mit Gefühl*, Bonn 2019, 26–42.

Hillen, Hans Jürgen, *Römische Geschichte*, Buch VII–X, Düsseldorf [3]2008.

Hirschman, Albert O., *Leidenschaften und Interessen: politische Begründungen des Kapitalismus vor seinem Sieg*, Frankfurt am Main 1987.

Hölzing, Philipp, *Republikanismus und Kosmopolitismus: Eine ideengeschichtliche Studie*, Frankfurt am Main 2011.

Homer, *Illias/Odyssee*, übers. von Johann Heinrich, Frankfurt am Main 1990.

Hunt, Lynn, *Inventing Human Rights – A History*, New York 2007.

Jörke, Dirk, „Aristoteles' *Rhetorik:* Eine Anleitung zur Emotionspolitik", in: *Österreichische Zeitschrift für Politikwissenschaft* 39 (2010), 157–169.

–, *Die Größe der Demokratie*, Berlin 2019.

Kermani, Navid, *Dynamit des Geistes. Martyrium, Islam und Nihilismus*, Göttingen 2002.

Kettner, Matthias, „Rortys Restbegründung der Menschenrechte", in: Schäfer, Thomas/Toetz Udo/Zill Rüdiger (Hgg.), *Hinter den Spiegeln. Beiträge zur Philosophie Richard Rortys*, Frankfurt am Main 2001, 201–228.

Lehner, Peter Ulrich, „Die Entstehung des Versicherungswesens aus gemeinwirtschaftlichen Ursprüngen", in: *Zeitschrift für öffentliche und gemeinwirtschaftliche Unternehmen* 12 (1989), 31–48.

Llanque, Marcus, „Liebe in der Politik und der Liberalismus", in: Heidenreich, Felix/Schaal, Gary S. (Hgg.), *Politische Theorie und Emotionen*, Baden-Baden 2012, 105–134.

MacAskill, William, „Effective Altruism: Introduction", in: *Essays in Philosophy* Vol. 18 Iss. 1 (2017), 1–5.

Menke, Christoph, *Tragödie im Sittlichen: Gerechtigkeit und Freiheit nach Hegel*, Frankfurt am Main 1996.

Müller, Tim B., „'Education sentimentale' nach dem Ersten Weltkrieg. Emotionale Bestandsvoraussetzungen der Demokratie", in: *Mittelweg 36.* 24 (2015), 1/2; 117–135.

Münkler, Herfried, *Machiavelli. Die Begründung des politischen Denkens der Neuzeit aus der Krise der Republik Florenz*, Frankfurt am Main 2004.

Neckel, Sighard, „Refeudalisierung der Ökonomie: Zum Strukturwandel kapitalistischer Wirtschaft", *MPIfG Working Paper* 10/6 (2010), http://www.mpifg.de/pu/workpap/wp10-6.pdf.

Nussbaum, Martha C., „Compassion: The Basic Social Emotion, in: *Social Philosophy and Policy Foundation"*, Bd. 13, Nr. 1/1996, 27–58.

–, *The Fragility of Goodness: Luck and Ethics in Greek Tragedy and Philosophy*, Cambridge u.a. 1986.

–, *Politische Emotionen*, Berlin 2014.

–, *Upheavals of Thought. The Intelligence of Emotions*, Cambridge u.a. 2001.

Orwin, Clifford, „Compassion and the Softening of Mores", in: *Journal of Democracy*, Nr. 1 (2000), 142–148.

Putnam, Robert D., *Bowling Alone: The Collapse and Revival of American Community*, New York 2000.

–, „E Pluribus Unum: Diversity and Community in the Twenty-first Century. The 2006 Johan Skytte Prize Lecture", in: *Scandinavian Political Studies* 30 (2007), 137–174.

Rawls, John, *Politischer Liberalismus*, Frankfurt am Main 1998.

Rorty, Richard, „Menschenrechte, Vernunft und Empfindsamkeit", in: Ders.: *Wahrheit und Fortschritt*, Frankfurt am Main, 241–268.

–, „Heidegger, Kundera und Dickens", in: Ders.: *Eine Kultur ohne Zentrum. Vier philosophische Essays*, Stuttgart 1993, 72–103.

–, *Kontingenz, Ironie und Solidarität,* Frankfurt am Main 1989.

Rosanvallon, Pierre, *Die gute Regierung*, Hamburg 2016.

Rousseau, Jean-Jacques, „Abhandlung über die Politische Ökonomie", in: *Sozialphilosophische und politische Schriften*, München 1981, 226–265.

Ruchniewicz, Krzysztof, „Die historische Erinnerung in Polen", in: *Aus Politik und Zeitgeschichte*, 5 und 6/2005, 18–26.

Seppälä, Emma M./Simon-Thomas, Emiliana/Brown, Stephanie L./Worline, Monica C./Cameron, C. Daryl (Hgg.), *The Oxford Handbook of Compassion Science*, Oxford 2017.

Simas, Elizabeth N./Scott, Clifford/Kirkland, Justin H., „How Empathic Concern Fuels Political Polarization", in: *American Political Science Review* 114 (2020), 258–269.

Simonits, Gábor/Kézdi, Gábor/Kardos, Péter, „Seeing the World Through the Other's Eye: An Online Intervention Reducing Ethnic Prejudice", in: *American Political Science Review* 112 (2018), 186–193.

Stolleis, Michael, *Das Auge des Gesetzes. Geschichte einer Metapher,* München 2014.

Sophokles, *Antigone*, griech./dt., übers. von Norbert Zink, Stuttgart 1981.

Ure, Michael/Frost Mervyn (Hgg.), *The Politics of Compassion*, London 2013.

Västfjäll, Daniel/Slovic, Paul/Mayorga, Marcus/Peters, Ellen, *Compassion Fade: Affect and Charity Are Greatest for a Single Child in Need, PLOS ONE* (2014), https://journals.plos.org/plosone/art icle?id=10.1371/journal.pone.0100115.

Walton, Douglas, „Appeal to Pity: A Case Study of the Argumentum Ad Misericordiam", in: *Argumentation* 9 (1995), 769–784.

Weber, Florian, „Unterkühlter Diskurs. Zum Verhältnis von Emotionen und Deliberation bei Jürgen Habermas", in: Heidenreich Felix/Schaal Gary S. (Hgg.), *Politische Theorie und Emotionen*, Baden-Baden 2012, 199–215.

Whitebrook, Maureen, „Compassion as a Political Virtue", in: *Political Studies* 50 (2002), 529–544.

Gnade und Rechtsgefühl

Beobachtungen aus juristischer Perspektive

Thorsten Keiser

1 Gnade als Fremdkörper im säkularen Rechtsstaat

Der Begriff „Barmherzigkeit" kommt im juristischen Diskurs heute nur sehr selten vor, wenn überhaupt, dann in Bezug auf das Thema Sterbehilfe. Ärztliches Handeln kann als „Akt der Barmherzigkeit" beschrieben werden.[1] Hier handelt es sich jedoch nicht um einen wertenden Rechtsbegriff, vielmehr geht es um die bloße Beschreibung eines individuellen Handlungsmotivs. In diesen Fällen ist Barmherzigkeit lediglich einer von mehreren subjektiven Beweggründen, der bei einer strafrechtlichen Entscheidung eine Rolle spielen könnte, wenn die Vorwerfbarkeit einer Handlung im Rahmen der Schuld geprüft wird. Sieht man „Barmherzigkeit" jedoch als Teil eines vom heutigen Strafrecht und der aktuellen Rechtsterminologie gelösten kulturellen Kontexts, findet man davon auch heute noch deutliche Auswirkungen in der Rechtordnung. Möglicherweise bestehen sogar Anhaltspunkte für ein ‚barmherziges Recht'. Barmherzigkeit kann sich nämlich auch in staatlichen Gnadenakten äußern. Diese sind positiv verankert im Institut des Begnadigungsrechts. Geregelt ist es in allen Verfassungsdokumenten auf Bundes- und Landesebene, teils auf einfach-gesetzlicher Ebene ausgeformt und zusätzlich in Verordnungen konkretisiert.[2] Hierarchisch am höchsten steht das Begnadigungsrecht des Bundespräsidenten in Art. 60 Abs. 2 GG. Es ist ein Relikt aus Zeiten der Monarchie, ebenso wie die den Ministerpräsidenten übertragenen Begnadigungsrechte auf der Ebene der Landesverfassungen. Als Urteile im Namen des Königs verkündet wurden, oblag diesem ganz allgemein die Entscheidung über deren Vollzug.[3] Milde zählte zu den Herrschertugenden par excellence und war unabdingbares Merkmal eines „Richterkönigtums".[4] Die Möglichkeit zur Vorbrin-

---

[1] BGH, Urteil vom 25.06.2010 – 2 StR 454/09 = NJW 2010, 2963.
[2] Vollständiger Überblick über die Rechtsgrundlagen des Begnadigungsrechts bei Birkhoff/Lemke, *Gnadenrecht*, 202ff.
[3] Dürig/Herzog/Scholz, *Grundgesetz-Kommentar*, Art. 60 Rn. 25–39.
[4] Instruktiv zu Frankreich: Schilling, „Gnadengewalt", 349ff., 357ff.

gung von Gnadenbitten war in den Verfassungsordnungen der frühen Neuzeit
so fest verankert wie die heutigen Rechtsweggarantien. In dieser rechtlich ausge-
formten Vorstellung einer *Clementia Caesaris*[5] liegt die zentrale Wurzel unseres
heutigen Gnadenrechts. Privat-individuelle und rein theologische Bezüge spielen
wohl nicht die Hauptrolle. Gnade als private Tugend, im Sinne eines Verzichts auf
persönlich ausgeübte Rache,[6] konnte und durfte seit der Etablierung des staatlichen
Gewaltmonopols im Zuge der Landfriedensbewegung[7] keine Rolle mehr spielen.
Dass sakrale Bezüge der Gnade im Sinne eines göttlichen Opferverzichts auch im
Recht reflektiert werden konnten,[8] liegt zwar auf der Hand. Hierbei handelt es
sich jedoch um ein komplexes, in großem Maße von historischen Wandlungen
geprägtes Beziehungsgeflecht, das näher zu analysieren wäre.

Eindeutig ist indessen, dass Gnade als ursprünglicher Ausdruck monarchischer
Souveränität anscheinend ohne größere Friktionen in den demokratischen Verfassungsstaat übertragen worden ist.[9] Gnade war bei Entstehung des Grundgesetzes
längst Teil einer kulturellen Matrix staatlicher Normativität und als solcher mit
dem Recht paradoxerweise fest verbunden, obwohl Gnade spätestens seit dem 19.
Jahrhundert eindeutig als Gegenpol zu Recht aufgefasst werden konnte.[10] Eine
Rechtsordnung ohne Gnade schien für die Bundesrepublik Deutschland – und
übrigens auch für die DDR – undenkbar.[11] Immer wieder hat dieser Umstand
Legitimations- und Legitimitätsfragen aufgeworfen.[12] Gerade die Weimarer Erfahrung hatte gezeigt, dass die Rolle des Staatsoberhaupts einer Demokratie nicht die
eines Ersatzmonarchen sein konnte. Dennoch ist der Bundespräsident zur Ausübung von Begnadigungen befugt, welche dem Charakter nach alte Königsrechte
sind. Zwar wird nach der Verfassungspraxis unter dem Grundgesetz mit der nach
herrschender Meinung notwendigen Gegenzeichnung der Gnadenentscheidung
durch den zuständigen Minister (der wiederum dem Parlament verantwortlich
ist) meist eine gewisse parlamentarische Kontrolle ermöglicht.[13] Ein Fremdkörper

---

[5] Zur Unterscheidung verschiedener Dimensionen der Gnade in ihren möglichen Bezügen zum
Recht: Reimer, *Bonner Kommentar*, Art. 60 Rn. 85; mit weiteren Nachweisen.

[6] Zu dieser Vorstellungsweise von Gnade: ebd.

[7] Zum Forschungsstand Wadle, *Landfrieden*, 11ff.

[8] Vgl. erneut Reimer, *Bonner Kommentar*, Art. 60 GG Rn. 85.

[9] Zur Auffassung des Begnadigungsrechts als „selbstverständliche Voraussetzung" BVerfG, NJW
1969, 1895. Die Kontinuitätslinie zur demokratischen Verfassung beginnt übrigens bereits in Weimar,
siehe Art. 49 WRV.

[10] Die kulturellen Implikationen von Gnade und Recht sind schon vor der „Law and Literature"-
Bewegung immer wieder analysiert worden. Umfangreiche Nachweise in Bezug auf Kleist etwa bei
Just, *Recht und Gnade*, 122ff.

[11] Zu Begnadigungen in der DDR, welche meist als Massenbegnadigungen politische Funktion
hatten Schätzler, *Handbuch*, 110ff.

[12] Dazu zuletzt mit lesenswerten Beiträgen Waldhoff, *Gnade vor Recht*.

[13] Gut zum Meinungsstand Reimer, *Bonner Kommentar*, Art. 60 GG Rn. 79.

bleibt das Gnadenrecht dennoch.[14] Es steht im Spannungsverhältnis zum Gleich-
heitssatz aus Art. 3 GG, denn begnadigt wird im Einzelfall, ohne Bindungswirkung
für andere Entscheidungen. In der Grammatik zeitgenössischer Gleichheitsvorstel-
lungen könnte man sagen: „Gnade diskriminiert".[15] Sie kann überdies dem Prinzip
der Rechtssicherheit entgegenstehen, da sie unerwartet auftritt und regelmäßig
erwartete Rechtsfolgen annulliert. Auch das zeigt erneut den unmodernen, vielleicht sogar antimodernen Charakter der Gnade, denn es war ein Hauptanliegen
der juristischen Moderne, staatliches Handeln in einer systematischen Normord-
nung einzuhegen und damit berechenbar zu machen. Bei alledem ist die Gnade
der Begründung enthoben und gerichtlich nicht kontrollierbar. Sie ist nach der
Rechtsprechung „justizfreier Hoheitsakt", was im liberalen Rechtsstaat, der Exeku-
tivgewalt grundsätzlich judizieller Kontrolle unterwerfen will, problematisch ist.[16]
Bedingungslose Gottesgeschenke sind im ausdifferenzierten Rechtsstaat fehl am
Platz. Wie konnte „Gnade" als vormoderne Einrichtung dennoch in die moderne
Rechtsordnung gelangen? Zur Beantwortung der Frage ist auf mögliche Funktio-
nen und normative Eigenschaften der Gnade im Rechtssystem einzugehen. Aus
Sicht der Rechtsgeschichte und der Rechtsdogmatik existieren hierzu zahlreiche
Studien.[17] Nicht analysiert wurde bislang jedoch der emotionale Aspekt der Gnade
in seiner Relevanz für die Rechtsordnung. Gerade die bewusste Aussonderung der
Gnade aus dem System des strengen, berechenbaren Rechts verweist sie in die Welt
des Gefühls. Der Gnadenentscheidung liegt kein juristischer Subsumptionsvor-
gang voraus, sondern eine emotionale Regung, die Aktivierung milde stimmender
Gefühle. Ihre offen zutage tretende Emotionsabhängigkeit macht die Gnade ebenso
einzigartig, wie ihr archaisch anmutendes Spannungsverhältnis zum Recht insgesamt. Umso wichtiger sind die emotionalen Motive der Gnade, da sie offenbar als
Legitimitätsbasis der Gnade dienen, oder zumindest einen wichtigen Teil davon
bilden. Hier ist also der Frage nachzugehen, inwiefern Gnade als Gefühl sich zu
emotionalen Elementen in der Rechtsordnung überhaupt verhält, um dann ihre
Funktion und Legitimation erneut zu untersuchen.

---

[14] Die Verortung der Gnade im Normengefüge des Grundgesetzes scheint seit längerem ein
beliebtes Dissertationsthema zu sein. Siehe etwa Klein, *Gnade*.

[15] So die Formulierung bei Mayenburg, „Begnadigung", 62.

[16] Zur Diskussion darüber siehe Pieper, „Gnadenrecht", 117ff.

[17] Bibliographischer Überblick, allerdings nicht mit Schwerpunkt auf Rechtsgeschichte, bei
Waldhoff, *Gnade vor Recht*, 158ff.

2 Gnade als Rechtsgefühl im Allgemeinen

2.1 Die Relevanz von Rechtsgefühlen in der rationalen Rechtsordnung

Um Gnade in den Kontext juristisch-normativer Empfindungen einzuordnen, ist zunächst ein Eindruck der Relevanz von „Rechtsgefühl" für die Rechtsordnung insgesamt zu vermitteln. Die Kategorie „Rechtsgefühl" ist in ihren unterschiedlichen Implikationen bislang von der historischen Rechtswissenschaft noch wenig erforscht. In Franz Wieackers bekannter Meistererzählung einer Privatrechtsgeschichte der Neuzeit stand die Akzentuierung von „Rechtsgefühl" für eine Epochenbeschreibung, nämlich die des „juristischen Naturalismus", der gegen Ende des 19. Jahrhunderts durch naturalistisch-empirisch orientierte Menschenbilder das Rechtssubjekt zum Triebwesen enthumanisiert und damit das Recht – von den Werten isoliert – zur bloßen Wirklichkeitswissenschaft gemacht habe.[18] Natürlich ist Wieackers Meistererzählung kritisch zu lesen und gerade seine Polemik gegen den ‚Naturalismus' kann man als verschleierte Apologie seiner eigenen Rolle im Nationalsozialismus deuten, an dessen Versuchen zur „Rechtserneuerung" er maßgeblich beteiligt war.[19] Plausibel an Wieackers Beobachtung ist aber, dass „Rechtsgefühl" als Begriff und Konzept mit dem Verhältnis von Rechts- und „Wirklichkeitswissenschaften" zu tun hat. Unter diesen spielte nicht zuletzt die Psychologie eine Rolle.[20] Die naturwissenschaftliche Entdeckung des Bewusstseins führte zur Frage, inwiefern sich Empfindungen von Recht individuell als innerer Kompass für bestimmte Verhaltensweisen formieren konnten. Auf der anderen Seite konnte „Rechtsgefühl" im 19. Jahrhundert im Zuge einer fast romantisch wirkenden Aufwertung des Irrationalen gegenüber dem scheinbar wissenschaftlich erfahrbaren und somit vorbestimmbaren Recht akzentuiert werden.[21] Motive einer aus der Natur entspringenden Gerechtigkeit ließen später Parallelen zur ethologischen

---

[18] Wieacker, *Privatrechtsgeschichte*, 563ff.

[19] Zur Einordnung etwa Rückert, „Geschichte des Privatrechts", 531–562. Wieackers eigene Ausführungen über das Recht der Volksgemeinschaft und die Anwendung des konkreten Ordnungsdenkens wurden so als idealistische, an sozialen Wertvorstellungen orientierte Gegenentwürfe zu einer biologisch-rassisch definierten Volksgemeinschaft darstellbar, welche wiederum als entartete Form eines „juristischen Naturalismus" historisierbar wurde.

[20] Vgl. Riezler, *Rechtsgefühl*.

[21] Ein eindringliches Beispiel für diese personalisierte Auffassung von Rechtsgefühl findet sich bei Kirchmann, *Wertlosigkeit*, 18: „Setzt man die Vergleichung fort, so zeigt sich eine neue Eigentümlichkeit des Gegenstandes der Jurisprudenz darin, dass alles Recht nicht bloß im Wissen, sondern auch im Fühlen ist, dass ihr Gegenstand nicht bloß im Kopfe, sondern auch in der Brust des Menschen seinen Sitz hat. Ob das Licht eine Wellenbewegung des Äthers oder die geradlinige Bewegung feiner Körperchen ist; ob die Vernunft und Verstand eins, oder unterschieden sind; ob die algebraischen Gleichungen vierten Grades direkt aufgelöst werden können oder nicht; das alles sind Fragen, aber das Gefühl hat dabei nirgends im voraus entschieden".

Verhaltungsforschung deutlich werden, Rechtsinstinkte schienen nun bei Mensch und Tier gleichermaßen erkennbar.[22]

Lange vor diesen modernen Verbindungen zwischen Naturwissenschaft und Recht, war es die Disziplin des Naturrechts, welche das Rechtsgefühl thematisierte. Bei Johann Anselm Feuerbach (1775–1833) erhielt die emotionale Erkenntnis von Rechten eine teilweise zentrale Bedeutung, wenn es um die naturrechtliche Begründung der Menschenrechte ging. Dieser Frage widmete sich Feuerbach in seinem Frühwerk, etwa in der Schrift *„Über die einzig möglichen Beweisgründe gegen das Dasein und die Gültigkeit der natürlichen Rechte"* von 1795. Zur Begründung der Existenz von Menschenrechten verweist der junge Feuerbach auf menschliche „Gefühle von Recht".[23] Eine Verbindung von Gefühl und Vernunft sei Grundlage moralischer Erkenntnis. Jeder Mensch wisse gefühlsmäßig um seine Rechte, jedoch könnten zwei Subjekte unterschiedliche Gefühle ihrer individuellen Rechte haben. Das Rechtsgefühl könne je nach klimatischen Bedingungen, Staatswesen, Erziehung und Sinnlichkeit variieren. Eben weil es so unterschiedliche Rechtsgefühle gebe, also subjektive Empfindungen über das eigene Recht, sei ein verbindlicher Kodex der Menschenrechte erforderlich, der auf Vernunft gründen müsse, im Gefühl aber ebenfalls eine Wurzel habe.

Andere Implikationen hat das Rechtsgefühl in der juristischen Praxis. Noch heute nehmen Rechtsanwender für sich zuweilen in Anspruch, über ein „Judiz" zu verfügen, also die durch Fachkunde geschulte Fähigkeit zum rechtlichen Urteil ohne vorherige methodisch-systematische Normerkundung. Das „Judiz" verweist auf eine Art informellen Wissensbestand der Praxis. In der Rechtsgeschichte spielte die gefühlsmäßige Rechtfindung ebenfalls eine große Rolle. Den Schöffen des Mittelalters wurde bescheinigt, sie entschieden „wenn auch nicht nach Willkür, so doch nach dem Rechtsgefühl oder Rechtsbewusstsein, welches in ihnen, welche einen besonderen Beruf aus der Anwendung des Rechts machten, lebhafter als in den übrigen Mitgliedern des Volkes existierte".[24] Die Einstufung der Schöffen als Laien stand also keinesfalls für mangelnde Rechtskunde, sondern für Fähigkeit zur Erkenntnis eines außerhalb der römisch-gelehrten Formen emotional erfassbaren oder tradierten Rechts, wobei es sicherlich Überschneidungen zwischen beiden Kategorien gab.

Insgesamt wird angesichts dieser Schlaglichter deutlich, dass es unterschiedliche Funktionen und Implikationen von Rechtsgefühl gab und gibt. Eines haben Sie aber gemeinsam: Rechtsgefühl ist immer ein Element, welches Komplementärfunktion zu juristischer Rationalität entfaltet oder dazu in einen Gegensatz tritt. Seine Erkenntnis als solche vermittelt also bereits eine normative Botschaft. Für das Verständnis von Recht ist das von Bedeutung, denn historisch lässt sich der Weg

---

[22] Vgl. Del Vecchio, *Gerechtigkeit*, 97ff.

[23] Feuerbach, *Beweisgründe*, zitiert nach Haney, *Naturrecht und positives Recht*, 7–55.

[24] Stobbe, *Rechtsquellen*, 277.

zum Recht der Moderne als Rationalisierungsprozess beschreiben. Mit der von
der universitären Verbreitung des römischen Rechts ausgehenden Professionalisierung des Juristenstandes hatte nach einer dominierenden Geschichtserzählung eine
umfassende Veränderung der Rechtsordnung eingesetzt. Unter anderem wurden
Worte, Bilder und Symbole von Begriffen und abstrakten normativen Strukturen
abgelöst.[25] Recht konnte im Zuge dieser Entwicklung als immer unverständli-
cher, kühler und unsinnlicher wahrgenommen werden, gleichzeitig aber auch als
wissenschaftlich-rational. „Rechtsgefühl" muss in einer weiter entwickelten normativen Ordnung auf Seiten der Rechtsanwendung möglichst unterdrückt werden,
da subjektive, auf intransparenten und unkontrollierbaren Emotionen beruhende
Entscheidungen nicht der Anforderung von Rechtssicherheit und Vorhersehbar-
keit entsprechen, die ein Kernelement modernen Rechts sind und das Motiv für
dessen Wandel von der Ordnung zum System. Auf der anderen Seite muss moder-
nes Recht auf die Haltung der rechtsunterworfenen Subjekte zum Rechtssystem
achten. Recht löst seinerseits Emotionen aus auf Seiten derer, welche die Normen
zu befolgen haben. Sähen sich die Rechtsunterworfenen einem ‚gefühllosen' Recht
ausgesetzt, das von ebenso gefühllosen Personen angewendet wird, wäre die Akzeptanz gegenüber den Normen gefährdet. In der legitimitätsstiftenden Wirkung
läge also eine plausible Erklärung für die heutige Relevanz von Gefühl in einer
rationalisierten Rechtswelt.

2.2 Gnade als Gefühl von Milde im strengen Recht

Wenn „Gefühle" oder auch „Rechtsgefühle" in der aktuellen Rechtsordnung unter-
schiedliche Rollen spielen, aber sicherlich auch noch eine aktuelle Relevanz haben,
wo ist dann die Gnade in diesem Bereich zu verorten? Eine These wäre, dass Gnade
Teil einer notwendigen emotionalen Imprägnierung der Rechtsordnung insgesamt
sein könnte, auch wenn sie nach heutigem Verständnis dem Recht nicht angehört.
Dennoch könnten Gnade und Recht, also Emotion und Rationalität, Hand in
Hand gehen. Der berühmte, von Juristen oft und unterschiedlich interpretierte
Dialog zwischen Natalie und dem Kurfürsten in Kleists „Prinzen von Homburg"
scheint diese Deutung nahe zu legen.[26] Bekanntlich ist der Prinz von Homburg
wegen Missachtung von Befehlen in der Schlacht militärstrafrechtlich zum Tode
verurteilt worden. Natalie beschwört den Herrscher, den Prinzen zu verschonen,
mit den bekannten Worten: „Das Kriegsgesetz, das weiß ich wohl, soll herrschen,
jedoch die lieblichen Gefühle auch".[27] Gefühl tritt nicht in einen Gegensatz zum

---

[25] Aus Sicht der Gesetzgebungsgeschichte Ebel, *Über Legaldefinitionen*, 14, mit weiteren Nachweisen.
[26] Vgl. aus literaturwissenschaftlicher Sicht ausführliche Deutung bei Just, *Recht und Gnade*,
101ff.
[27] Kleist, *Prinz Friedrich von Homburg*, 4. Akt, 1. Auftritt, 549.

Recht, sondern erfüllt eine Komplementärfunktion, indem es *auch,* also neben dem Recht, zur Geltung kommen soll. Hierin ist womöglich die Originalität und auch die Überzeugungskraft von Natalies Argument begründet. Sie fordert keine Dispensierung, kein Beiseitetreten des Rechts gegenüber dem Gefühl. Stattdessen dringt sie auf die Aufhebung von Gegensätzen, die Versöhnung zweier Elemente.[28] Deutlich wird das bereits in der Passage, mit der sie dem Verweis des Kurfürsten auf die durch Rechtsdurchbrechung gefährdete Staatsräson argumentativ entgegentritt:

Dies Vaterland! Das wird, um dieser Regung deiner Gnade, Nicht gleich, zerschellt in Trümmern, untergehn. Vielmehr, was du, im Lager auferzogen, Unordnung nennst, die Tat, den Spruch der Richter, In diesem Fall, willkürlich zu zerreißen, Erscheint mir als die schönste Ordnung erst […].[29]

Erst Ratio *und* Gefühl, Strenge *und* Menschlichkeit ergeben also Ordnung. Ohne Ausnahmemöglichkeiten ist das strenge Gesetz seelenlos, der in ihm zum Ausdruck kommende Herrschaftsanspruch wird unerträglich, Sicherheit durch normative Klarheit erscheint ohne flexible Elemente als Willkür. Gnade bewirkt aber keine Belebung und Flexibilisierung des Rechts durch systemimmanente Ausnahmeregelungen. Dafür wären etwa Normen über Billigkeit zuständig. Im von der Gnade freilich weit entfernten Zivilrecht wäre etwa das Prinzip von Treu und Glauben eine solche Norm. Im für die Gnade relevanten Strafrecht ist es das Schuldprinzip, welches vor jeder Verurteilung eine Prüfung der individuellen Vorwerfbarkeit der Tat fordert. Gnade ist von solchen Normen klar zu trennen. Anders als Billigkeit und Schuld ermöglicht sie eine Durchbrechung des Rechts von außen. Hier zeigt sich also ein Paradox: Einerseits ist Gnade dem Recht entgegengesetzt, andererseits scheint sie dessen Legitimitätskraft zu stärken. Plausibel wird dieser Zusammenhang jedoch, wenn man berücksichtigt, dass die Legitimität einer Rechtsordnung auf kommunikativen Akten beruht. Überzeugungskraft erlangen Normen durch die Botschaften, die sie und ihre Anwender aussenden. Obwohl sie außerhalb des Rechts steht, ist Gnade Teil dieser Kommunikation eines normativen Systems. Durch sie wird gegenüber den Rechtsunterworfenen zum Ausdruck gebracht, dass die Sollensbotschaften eben auch beiseitetreten können, wenn die Umstände des Einzelfalls es erfordern und die bereits vorhandenen Normen über Billigkeit und Einzelfallbeurteilung nicht zum Zuge kommen. Somit sendet das bloße Vorhandensein von „Gnade" Signale zur Identitätsstiftung einer Rechtsordnung als Gerechtigkeitsordnung aus. Gerechtigkeit setzt (auch) ein Bewusstsein der Begrenztheit des Rechts gegenüber dem Gefühl voraus. Die von Natalie gemeinte „schöne Ordnung" soll gerade das berücksichtigen, indem sie den auf richtiger

---

[28] Vgl. auch Kaufmann, *Recht*, 32.
[29] Kleist, *Prinz Friedrich von Homburg*, 4. Akt, 1. Auftritt, 548f.

Empfindung beruhenden Temperamentsausbruch gegen das Recht – das Zerreißen des Urteils ist zwar mehr als ein bloßer Affekt, aber doch eine gefühlsgeleitete
Handlung – einfordert.[30]

Dass „Gefühl" hier nur ein gnädig stimmendes Gefühl sein kann, das sich als
Gegenteil von Rache oder Hass äußern muss, liegt auf der Hand. Könnte Rache als
Gefühl das Recht beiseitetreten lassen, würde das einen Rückfall in die vormoderne
Ordnung der Fehde mit ihren mangelhaften Möglichkeiten der Einhegung von
Gewalt bedeuten. Es passt dabei ins Bild, dass die Gnadenbitte im Prinzen von
Homburg von einer Frau vorgebracht wird. Härte und Entschlossenheit zur Rechts-
durchsetzung (auch zur Verfolgung individueller Ansprüche) konnten traditionell
als männliche Tugenden gekennzeichnet und der Sphäre des Verstandes zugewiesen
werden, während die Gefühlsäußerung oft als weibliches Verhaltensmuster darstellbar war. In der Dichtung wurde dieser Gegensatz oftmals aufgegriffen,[31] nicht
selten zum Klischee überhöht. Aus rechtswissenschaftlicher Sicht ist jedenfalls
festzuhalten, dass Gnade nach diesem Verständnis gerade kein Rechtsgefühl nach
den oben gekennzeichneten Kategorien wäre,[32] sondern ein dem Recht entgegen-
gesetztes Gefühl, das gleichwohl eine Funktion für die Erhaltung der normativen
Ordnung erfüllen kann. Das dürfte auch der heute noch verbreiteten Einschätzung
der Gnade entsprechen. Wenn Gnade vor Recht ergehen soll, ist das der Gnade vorausliegende Gefühl von normativen Faktoren im juristischen Sinne unabhängig. Es
stellt sich dann aber die Frage, worauf das „Gnadengefühl" beruht. Möglicherweise
könnte es eine religiöse Legitimationsebene mit der Rechtsordnung verbinden.
Religiös konnotierte Begriffe wie „Nächstenliebe", „Feindesliebe" oder „Barmherzigkeit" könnten über das Institut der Gnade in die Rechtsordnung transportiert
werden. „Gnade" hätte dann eine Art Scharnierfunktion zwischen Recht und Religion. Wie es sich mit solchen der Gnadenentscheidung vorausliegenden Gefühlen
im säkularisierten Rechtsstaat verhält, bedarf der näheren Untersuchung.

3 Gnadengefühl als rationales oder irrationales Element?

Das Bundesverfassungsgericht hat in seiner Leitentscheidung zur Justiziabilität
von Gnadenakten einen kurzen historischen Abriss zum Gnadenrecht geliefert.
Demnach sei das Gnadenrecht „im deutschen Rechtsbereich" mit der „Entstehung des Königtums" in Erscheinung getreten. Dieses sei zwar nicht mehr von
„kultisch-sakralen Vorstellungen" getragen, jedoch mit der Person des Herrschers

---

[30] Diese Haltung Natalies ist in der (nicht juristischen) Literatur als „lutherisches Gnadenver-
ständnis" gedeutet worden, nämlich bei Just, *Recht und Gnade*, 104; 154.

[31] Mit Beispielen Kaufmann, *Recht*, 8f.

[32] Siehe dazu oben 2.1.

von Gottes Gnaden und der „Weihe einer charismatischen Barmherzigkeit und Gnadengesinnung erfüllt".[33] Nach diesem Deutungsmuster wäre Gnade tatsächlich nicht Rechtsgefühl, sondern ein mit dem Recht in Beziehung stehendes außerrechtliches Gefühl, dessen Beschreibungsform religiösen Maßstäben folgt. Milde und Barmherzigkeit könnten auf Seiten der Herrschenden die Gnadenausübung motivieren. Andererseits könnte auf der Adressatenseite der Begnadigte den Gnadenakt als Wunder erleben, ähnlich wie eine unverhoffte Heilung. Hier werden ebenfalls Gefühle ausgelöst, gerade wegen der Unberechenbarkeit und Irrationalität des Gnadenakts.[34] Das Erleben eines Wunders auf der einen Seite lässt sich womöglich genauso als religiöses Gefühl beschreiben, wie das Walten lassen von Milde auf der anderen. Klar betont das BVerfG jedoch, dass die von staatlicher Seite religiös begründete Auffassung von Gnade der Vergangenheit angehöre. Seit der Übertragung des Gnadenrechts auf das Staatsoberhaupt in der Weimarer Verfassung[35] sei die Gnade ihres „irrationalen Elements" entkleidet und nunmehr nur noch als „Korrelat der Strafe" zu verstehen.[36] Diese Betrachtung einer vollständigen Säkularisierung und Rationalisierung bedarf näherer Analyse. Wie gezeigt wurde,[37] können „irrationale Elemente" auch im modernen Rechtsstaat noch eine Funktion entfalten.[38]

Andererseits finden sich schon vor der Weimarer Verfassung in der Literatur höchst unterschiedliche Ansätze zur Herauslösung der Gnade aus ihrem ursprünglichen, teilweise religiösen Bezugsrahmen, die sich als Rationalisierungsversuche deuten lassen.[39] Gustav Radbruch hat in einer kritischen Reflexion über Gerechtigkeit und Gnade mehrere Beispiele dazu hervorgehoben. Bei Rudolf Stammler wurde in einem Werk von 1902 etwa die Gnade als *ultima ratio* zur Durchbrechung der Rechtskraft und damit als Heilmittel gegen Fehlurteile angesehen.[40] Der italienische Strafrechtler des *illuminismo*, Gaetano Filangieri (1722–1788), wollte etwa Delinquenten begnadigen, sofern sie mit ihren Talenten dem Vaterland von Nutzen sein konnten.[41] In beiden Entwürfen sind die Gnadenmotive völlig rational und kommen ohne emotionale Basis oder theologische Bezüge aus. Ideengeschichtlich lässt sich auch feststellen, dass in Europa die politische und juristische Literatur der Aufklärung eine radikale Kritik am Institut der Gnade hervorgebracht hat-

---

[33] BVerfG NJW 1969, 1895.

[34] Darauf hingewiesen hat u.a. Merten, *Rechtsstaatlichkeit*, 67.

[35] Vgl. Art 48 WRV.

[36] Ebd.

[37] Siehe oben 2.1.

[38] Zur Rationalität der Gnade instruktiv Merten, *Rechtsstaatlichkeit*, 67ff., mit dem Hinweis, das Grundgesetz fordere zwar eine demokratische, aber nicht unbedingt eine moderne Gesellschaft.

[39] Zu vormodernen Verwendungen der Begnadigung als Rechtsinstitut siehe unten.

[40] Radbruch, „Gerechtigkeit", 262.

[41] Ebd.

te.[42] Gleichwohl können auch zwischen rationalisierten Gnadenentwürfen und theologisch-emotional konnotierten Gnadenvorstellungen sowohl historische Kontinuitätslinien als auch aktuelle Verbindungen bestehen. Es stellt sich also die Frage, inwiefern Gnade dazu geeignet oder bestimmt sein könnte, religiöse Gefühle in der Rechtsordnung zu verankern.

4 Gnadenrecht als säkularisierte Form der Barmherzigkeit

Bei der Frage der Säkularisierung und einer damit womöglich einhergehenden Rationalisierung der Gnade drängt sich Carl Schmitts bekannte These auf, nach der „alle prägnanten Begriffe der modernen Staatslehre säkularisierte theologische Begriffe" seien.[43] Die Gnade kommt bei diesen Überlegungen ebenfalls vor. Sie ist zwar selbst kein Zentralbegriff der Staatslehre, die Praxis der Gnadenausübung, welche dem Staat zugewiesen ist, charakterisierte diesen aber als omnipotenten *deus ex machina*, welcher durch die Begnadigung „die Überlegenheit über seine eigenen Gesetze" unter Beweis stelle.[44] Gnade ist nach diesem Deutungsmuster also Ausdruck staatlicher Machtvollkommenheit. Dem Staat dient die Begnadigung als Bühne seiner Selbstinszenierung. Dabei könne er sich durchaus als barmherzige Instanz verkleiden, oder einer seiner Institutionen diese Rolle zuweisen.[45] Auf die Kommunikation religiöser Botschaften kommt es aber nicht in erster Linie an, auch nicht auf deren möglicherweise unterschwelliges Fortleben in einer säkularen Rechtsordnung. Zentral ist nach der Sichtweise Carl Schmitts, dass sich der Staat durch die Möglichkeit zur Begnadigung als omnipotenter Gesetzgeber und damit als Gott gleich präsentieren kann.

So einleuchtend diese Beschreibung sein mag und trotz der unbestreitbaren Relevanz der Säkularisierungsthese als analytischer Rahmen für historische Betrachtungen, so wenig taugt sie allerdings zur Beantwortung der hier aufgeworfenen Frage nach Gnade und Barmherzigkeit im säkularen Rechtsstaat. Carl Schmitt kam es nicht darauf an, die normative Funktion von möglicherweise gefühlsgeleiteten Gnadenentscheidungen deskriptiv zu erfassen. Der von ihm beschriebene Staat der verschleierten Omnipotenz ist letztlich ein polemisches Zerrbild dessen, was er als positivistische und normativistische Ordnung des Kaiserreichs und der Weimarer Republik ansah.[46] Seine Kritik an Staatsvergötterung und göttlicher Inszenierung des Staates zielte auf Delegitimierung ‚positivistischer' Normativitäts- und Legitimitätsmuster insgesamt. Schon in der politischen Theologie klingt die

---

[42] Ausführlich Härter, „Grazia", 45ff., v.a. mit Verweisen auf Beccaria und Kant.
[43] Schmitt, *Politische Theologie*, 49.
[44] Schmitt, *Politische Theologie* 51.
[45] Ebd.
[46] So eindeutig Schmitt, *Politische Theologie*, Vorbemerkung zur zweiten Ausgabe von 1933.

Wendung zum institutionellen Rechtsdenken an,[47] welche schließlich in die Akzentuierung der bekannten „konkreten Ordnung" mündete, mit den ebenfalls bekannten verhängnisvollen Folgen einer Hinwendung zum Volk und ‚völkischem Recht'.[48]

Eine völlig andere Deutung des Gnadenrechts und seiner emotionalen Basis findet sich bei dem Juristen und Rechtsphilosophen Eduard Gans (1797–1839). Gans lehrte erfolgreich in Berlin und verarbeitete in seinen Vorlesungen hegelianische Ansätze. In einer Vorlesung über „Naturrecht und Universalrechtsgeschichte" befasste er sich mit der Gnade. Zunächst kennzeichnet Ganz die Gnade als verstandeswidrig, also irrational.[49] Begründet wird das mit dem scheinbaren Gegensatz der Gnade zum Recht. Dieser impliziere aber nicht, dass der Fürst – als ausübendes Organ des Gnadenrechts – berechtigt sei, sich über das Recht zu erheben oder es durch den Gnadenakt aufzuheben.[50] Recht sei „die Ordnung der Wirklichkeit, die gegen die Allmacht Gottes, gegen das Absolute" verschwinde.[51] Wo Recht verschwindet, kann es auch nicht vom Fürsten durchbrochen werden, so die implizite Schlussfolgerung. Hier wird sehr deutlich, was Carl Schmitt meinte, wenn er von der Gnade als Ausweis staatlicher Omnipotenz sprach. Gans ging dagegen noch nicht von einer komplett säkularisierten Ordnung aus, sondern sah die göttliche Allmacht noch hierarchisch über dem Recht. Auch wird Gnade bei Gans an ein Gefühl gekoppelt. Er nennt es nicht Barmherzigkeit, sondern Liebe.[52] Dabei handelt es sich aber um göttliche Liebe. Der Souverän ist nur ein Medium, durch das sich die göttliche Liebe vermittelt. Auf seine höchstpersönlichen, womöglich von Charaktereigenschaften, Prägung, Erfahrung usw. abhängigen Gefühlsregungen kommt es nicht an, denn auf ihn falle bei der Entscheidung der „Schein der göttlichen Gnade".[53] Dazu passt es, dass Gans das Gnadenrecht historisch klar in der christlichen Tradition verortet.[54]

Insgesamt erkennt man, dass bei Gans dem göttlichen Element eine klare Funktion zugewiesen wird, auch in einem präskriptiven Sinne. Carl Schmitt postuliert, dass der Staat diese göttliche Allmacht sozusagen usurpiert hat. Wenn es in seinem Muster religiöse Gefühle gibt, so sind diese nicht authentisch, sondern Teil einer dem Selbsterhalt dienenden Herrschaftsinszenierung. Signifikant ist, dass er in Bezug auf die Gnade die Metaphorik des Schauspiels verwendet, indem er

---

[47] Ebd., mit Verweis auf M. Hauriou.

[48] Zu einem Anwendungsbeispiel in der sog. „Rechtserneuerung" des Nationalsozialismus vgl. Keiser, *Eigentumsrecht*, 120ff.

[49] Gans, *Naturrecht*, 218.

[50] Ebd.

[51] Ebd.

[52] Ebd.

[53] Ebd.

[54] Gans, *Naturrecht*, 219. Anders etwa Grewe, „Rechts- und Geistesgeschichte", 516–528, der in der hellenistischen Philanthropie eine „spezifische Gnadenmotivation" sehen will.

behauptet, der Staat inszeniere mit den Gnadenentscheidungen ein „Mantel und Degenstück".[55]

5 Gnade als Barmherzigkeit in der aktuellen Strafvollzugspraxis?

Die oben genannten Beispiele zur Deutung der emotionalen Grundlagen der Gnade im Recht sind selbst schon historisch. Wie verhält es sich hingegen mit dem Gnadengefühl in der heutigen Rechtsordnung? Verweise auf göttliches Recht spielen in der aktuellen Verfassungsordnung keine Rolle mehr. Nach dem Zweiten Weltkrieg war während der sogenannten „Naturrechtsrenaissance" zeitweise ein Klima entstanden, in dem Bezüge auf überpositive Normkomplexe auch christliche Botschaften in der Rechtsordnung verankern konnten.[56] Diese Entwicklung in der Rechtswissenschaft hing stark mit der Erfahrung des Nationalsozialismus und dem Kampf gegen den „Wertrelativismus" zusammen, den man in der frühen Bundesrepublik auf der Suche nach prinzipieller Neuorientierung nach dem ‚Zusammenbruch' geführt hatte. Heute fragt man eher deskriptiv-zurückhaltend nach „christlichen Imprägnierungen" der Rechtsordnung. Untersucht wurden sie etwa bereits für das BGB, wo sie unterschwellig zu finden sind.[57]

Möglicherweise finden sich zur christlichen Wurzel des Gnadenrechts ebenfalls unausgesprochene Bezüge. Quellen zur Beantwortung dieser Frage sind entweder die gesetzlichen Voraussetzungen der Begnadigung oder die in diesem Sinne ergangenen Entscheidungen. Bei Letzteren ergibt sich das Problem, dass Gnadenentscheidungen keiner Begründung bedürfen. Da sie keine Rechtsakte im engeren Sinne sind und als solche auch nicht angefochten werden können, unterfallen sie nicht den funktionalen Regeln der Begründung juristischer Entscheidungen, wie sie für die klassische Rechtsanwendung gelten. Auf positivrechtlicher Ebene ist leicht festzustellen, dass weder das Grundgesetz, noch die einfachgesetzlichen Gnadenordnungen religiöse Bezüge enthalten. Gott oder die Barmherzigkeit kommen darin nicht vor. Stattdessen geht es um Zuständigkeit und Verfahren. Die Gnadeninstanzen werden als bürokratische Apparate erfasst. Es geht um Kosten, Anhörungspflichten und Rechtsfolgen, aber nicht um die Motive oder normativen Inhalte der Gnadenentscheidungen. Die Behörden werden auch nicht dazu aufgefordert, Milde in einer bestimmten Form walten zu lassen, sondern ihnen wird meist schlicht aufgegeben, dass sie Gnadensachen auf Antrag oder von Amts wegen zu prüfen haben.[58] Gnade ist hier streng säkular und bürokratisch.

---

[55] Schmitt, *Politische Theologie*, 51.
[56] Ausführlich Foljanty, *Recht oder Gesetz*, 97ff.
[57] Rückert, „Christliche Imprägnierung", 263–294.
[58] Vgl. z.B. § 12 Gnadenordnung Baden-Württemberg.

Obwohl eine Inhaltsanalyse von Gnadenentscheidungen aus den genannten Gründen schwierig ist, wurde sie in einer Dissertation aus dem Jahr 1973 unternommen. Die Arbeit stammt aus einer Zeit, in der Rechtssoziologie noch im Fächerkanon der deutschen Universitäten stärker verankert war. Man interessierte sich für die Funktionsweise von Akteuren des Justizapparats und wagte auch ideologiekritisch motivierte Blicke hinter die Kulissen der Machtausübung. So können wir nachlesen, dass in Gnadenentscheidungen von 1965–1968 manche Entscheidungen darauf hinwiesen, dass sie außerhalb des Rechts stünden, da Gnade eben einen „Wert außerhalb des Rechts" darstelle.[59] Es werde darüber hinaus vielfach „der Gnadenakt Stereotyp als ‚Akt der Barmherzigkeit' und des Wohlwollens" bezeichnet.[60] Hier kommt Barmherzigkeit also vor, aber offenbar bleibt der Verweis darauf formelhaft und ohne legitimitätsstiftende Wirkung. Auf Selbstinszenierung als im christlichen Sinne agierende Behörden scheint es den zur Gnadenentscheidung zuständigen Organen also nicht vorrangig angekommen zu sein. Es dürfte darüber hinaus zu bezweifeln sein, dass in heutigen Gnadenentscheidungen noch auf „Barmherzigkeit" verwiesen wird. Wahrscheinlich handelte es sich schon in den sechziger Jahren nur noch um einen mehr oder weniger atavistischen Reflex der ursprünglich religiösen Bedeutung des Instituts.

Jedoch können religiöse Bezüge auch ohne explizite Begrifflichkeiten symbolisch vermittelt werden. Wann Rechtsakte vollzogen werden, kann dabei eine Rolle spielen. In Bezug auf die Begnadigung denkt man hier unweigerlich an die sogenannte „Weihnachtsamnestie". Bei der Weihnachtsamnestie handelt es sich nicht um eine Amnestie im engeren Sinne. Das wäre nur dann der Fall, wenn ohne Einzelfallprüfung eine Reihe von Gefangenen begnadigt würden. Bei den heute durchgeführten Weihnachtsamnestien handelt es sich dagegen tatsächlich um jährlich in den Ländern (mit Ausnahme von Bayern und Sachsen) durchgeführte Kollektivbegnadigungen. Anders als die herkömmlichen, ohne Ansehen der Person durchgeführten Amnestien,[61] haben diese auch keine politische Funktion, etwa zur Konsolidierung einer neu ins Amt berufenen Regierung usw.

Die Weihnachtsamnestie könnte durch den Bezug zu Weihnachten auf eine emotionale Basis der Gnadenentscheidung verweisen. Weihnachten, als Zeit der Einkehr, der Stille und des Nachdenkens, soll möglicherweise auch die Bedingungen für das Zulassen milder Gefühle bei den Strafvollzugsorganen erst ermöglichen. Weiterhin könnte durch den Zeitpunkt der Entscheidung die christliche Wurzel des Instituts ohne Weiteres symbolisch betont werden. Bedeutet also der Bezug zu Weihnachten, dass die Exekutivorgane der Länder sich unterschwellig als barmherzige Herrscher inszenieren, die (unter anderem) aus religiös gefärbter Milde zum Fest der Liebe Gefangene freilassen? Im Einzelfall mag das auf der inneren Motivebene

---

[59] Probst, *Rechtssoziologische Erwägungen*, 358.
[60] Ebd., mit weiteren Nachweisen.
[61] Zur Definition Möllers, *Wörterbuch*.

zutreffen. Unter dem Aspekt „Normzweck" im weitesten Sinne findet man aber keine Hinweise auf eine christliche Prägung der Weihnachtsamnestie. Meist wird die in vielen Bundesländern übliche Kollektivbegnadigung zur Weihnachtszeit auf psychologische Annahmen zum Leidensdruck während der Haft gestützt. Diese sei an Weihnachten emotional besonders schwer zu ertragen.[62] Auch bedeute der „Gnadenerweis zu Weihnachten eine besondere Berücksichtigung ihrer sozialen und familiären Beziehungen" und trage so „zur atmosphärischen Entspannung im Justizvollzug bei".[63] Als weiterer Zweck der Amnestie wird der Abbau von Überbelegungen in Gefängnissen angeführt, also letztlich ein Kostenargument.[64]

Deutlich wird erstens, dass das Grundmotiv der Gnade in der geltenden Rechtsordnung nicht in einer Art von Herrschaftsinszenierung begründet ist. Zweitens fehlt ihm zumindest explizit der Bezug zur Religion. Implizite Anklänge an der Gnade als Motiv vorausliegende Barmherzigkeit kann man durchaus erkennen, denn die Weihnachtsamnestie soll Leiden mindern. Durchaus kann man darin die Fortführung christlicher Rechtstraditionen sehen. Gestützt wird die Weihnachtsamnestie aber nicht zuletzt auf institutionelle Nützlichkeitserwägungen (Wirtschaftlichkeit, Durchführbarkeit des Strafvollzugs) und die bereits benannten Überlegungen zur Zumutbarkeit der Haft, die eher in psychologisch-pathologischer Form beschrieben werden. Eine Emotion wie „Mitleid" ist bei Exekutivorganen faktisch sicherlich vorhanden, jedoch ist sie kein zentraler Teil der nach Außen vermittelten Legitimationselemente der Weihnachtsamnestie. Wie bei der Ausübung anderer Rechtsformen soll die Wahrnehmung des Rechtsakts mehr an Institutionen als an Personen geknüpft sein. Ein mitfühlend-barmherziger Entscheidungsträger wäre der Rationalitätsvorstellung aktuellen Rechts schwer vermittelbar, da er als fühlende Persönlichkeit zu sehr in den Vordergrund rückte. So lässt sich der Verweis auf die Möglichkeit der Pflege familiärer Kontakte durch die Begnadigung als weitere Rechtfertigung der Weihnachtsamnestie trefflich mit dem sozialwissenschaftlich fundierten Motiv der Resozialisierung begründen, welches auf die Reduktion von Gefahrenpotential gerichtet ist. Auch hier zeigt sich: Es geht vorrangig um die Institution Strafvollzug, den Täter oder die Gesellschaft, aber nicht um die christlich gefärbte Milde einer Verwaltungs- oder Regierungsinstanz.

---

[62] Birkhoff/Lemke, *Gnadenrecht*, 177, mit weiteren Nachweisen.
[63] Ebd.
[64] Ebd.

6 Vormoderne Auffassungen von Gnade

6.1 Gnade als Privileg: Supplikationen als Gnadenbitten

Trotz der offensichtlichen Bezüge von Gnade zu Läuterung, Erlösung, Heil, Wunder usw. sind bei den bisherigen Ausführungen kaum konkrete Situationen zutage getreten, in denen eine emotionale Rechtfertigung einer Gnadenentscheidung auf religiöse Gefühle zurückgeführt wird. Wenn überhaupt scheint ein solcher Kommunikationsakt unterschwellig und implizit zu erfolgen. Generell scheint einem die Figur des gnädigen Herrschers besonders einprägsam auf der Theaterbühne zu begegnen. In der Realität stellt sich die Gnadenpraxis (oder, um einen in der Frühneuzeitforschung oft verwendeten Begriff zu bemühen: die Gnadenpraktik) eher als nüchtern und bürokratisch dar. Das gilt auch für die Zeit vor 1800. Dazu ist zu berücksichtigen, dass in der Vormoderne die Gnadenentscheidung nur ein Teil von im politischen Tagesgeschäft ständig geforderten Einzelfallentscheidungen des Herrschers war. Oft wurde dabei kaum deutlich, ob das Motiv des Herrschers bei der Entscheidung sich mit gnädigen Gefühlen verbinden ließ oder nicht. Gnade könnte also schlicht und einfach Herrschaftsalltag gewesen sein, mithin weder außergewöhnlich noch irrational.

Verdeutlichen lässt sich diese These durch einen Blick auf die Privilegienpraxis der frühneuzeitlichen Staaten. Anders als der moderne Verfassungsstaat waren die Rechtssysteme der frühen Neuzeit dadurch gekennzeichnet, dass prinzipielle Freiheiten gerade nicht rechtlich verbürgt waren. Eigentum, Berufswahl, Persönlichkeitsentfaltung und vieles mehr waren nicht per se garantiert und nur von rechtlichen Schranken äußerlich begrenzt wie im liberalen Modell seit dem 19. Jahrhundert. Vielmehr musste alles, was nicht in das normative Korsett der ständisch-obrigkeitlichen Ordnung passte, als eine Art Ausnahmeregelung beim Herrscher beantragt werden. Die rechtliche Form, in der die Ausnahmeregelung erging, war das Privileg.[65] Das Instrument, mit dem Privilegien beantragt wurden, war die Supplikation oder Supplik.[66] Die Herrscher wurden mit solchen „flehentlichen Bitten" förmlich überhäuft. Keineswegs ging es dabei nur um zum Tode verurteilte Verbrecher. Auch aus Sicht des Außenstehenden in der Rückschau banale Dinge konnten der Anlass einer Supplikation im weitesten Sinne sein, etwa die beim Papst vorgebrachte Bitte eines Geistlichen, ohne Tonsur auftreten zu dürfen, oder ein Dispens von Speisevorschriften.[67] Für solche Gnadenbitten existierten verschiedene Zuständigkeiten, etwa bei der Verwaltung der Kurie.[68] Rom sei ein „Gnadenbrunnen"[69] gewesen, da der Papst sowohl als Landesherr als auch als Kirchenoberhaupt

---

[65] Grundlegend Mohnhaupt, „Vom Privileg", 73–93.
[66] Zur Orientierung Schennach, „Supplik".
[67] Dieses und mehr Beispiele bei Emich, „Papsttum", 333f.
[68] Emich, „Papsttum", 328ff.
[69] Ebd.

über zahlreiche Supplikationen zu entscheiden hatte. Detailreich wurde in der Forschung der bürokratische Charakter dieser Supplikationspraxis hervorgehoben. Sie war ein fester Bestandteil von Herrschaft und Politik, sei es bei der Kurie oder im frühneuzeitlichen Territorialstaat. „Akte der Gnade" waren in den päpstlichen Gnadenbriefen wohl oftmals schwer zu entdecken.[70] Wie das Privilegienwesen insgesamt beruhten die Gnadenerweise auch auf Austauschbeziehungen, also einem politisch oder wirtschaftlich motivierten Geben und Nehmen.[71] Dass nicht einmal die Kurie auf explizite Legitimationsmuster der Barmherzigkeit Wert zu legen schien, dürfte bezeichnend sein. Doch auch außerhalb des Bereichs der kirchenrechtlichen Verfahren wurde die Funktion von Gnade als verweltlichtes Herrschaftsinstrument in der Forschung hervorgehoben. „Huld und Gnade" standen auch als Begriffe des hochmittelalterlichen Stadtrechts in einem ähnlichen Legitimationszusammenhang wie auf höheren Herrschaftsebenen.[72] Auch mit ihnen wurden Ausnahmeregelungen gerechtfertigt, die wiederum ebenfalls Teile eines politischen Systems waren und auf Reziprozitätsbeziehungen beruhen konnten footnoteEbd. auch wenn natürlich die bürokratischen Vorgänge in den deutschen Städten des Mittelalters längst nicht so komplex waren, wie an der Kurie.

Die referierten Beispiele aus der Forschung zeigen, dass eine Vorstellung linearer Kontinuität von religiös begründeter, mit emotionaler Basis legitimierter Gnade, hin zu rationalisierten Formen der Gnade und deren Einbettung in moderne bürokratische Verfahrensformen zu kurz greift. Offenbar konnte Gnade in verschiedenen historischen Situationen in unterschiedlichem Maße religiös oder emotional konnotiert sein. Wie die Gnade im Einzelnen ausgestaltet war, hing von dem Herrschaftsumfeld ab, in das sie eingebettet war. Auch die Tatsache, dass Gnade schon in der Vormoderne eine politische Funktion hatte, bedeutet nicht unbedingt Diskontinuität zur Gegenwart. In der Moderne behält die Gnadenentscheidung ihre Funktion zur Stabilisierung von Herrschaft. Sie wird jedoch im liberalen Staat mit seinen verbreiteten Rechtsgarantien zur seltenen Ausnahmeerscheinung, während sie vor der „Sattelzeit" Teil alltäglicher Herrschaftspraxis war und ständig eingefordert wurde.

6.2 *Verrechtlichung der Gnade: die iusta causa aggratiandi*

Für die vormoderne Auffassung der Gnade war noch ein weiterer Aspekt maßgeblich, auf den hier nur kurz eingegangen werden soll. In der frühen Neuzeit hatte die Rechtswissenschaft eine Brücke zwischen Gnadenrecht und Praxis geschlagen. Gnade spielte eine so große Rolle, dass man ihre Grundlage nicht einfach einer Gefühlsregung überlassen wollte. Die Jurisprudenz fragte nach den Gründen, im

---

[70] So explizit Emich, „Papsttum" 342.
[71] Ebd., v.a. Fn. 66.
[72] So das Ergebnis von Frenz, „Huld und Gnade", 157f.

Sinne einer *iusta causa aggratiandi.*[73] Damit wird die Gnadenentscheidung an juristische Kriterien gebunden, sei sie dem Richter, dem Herrscher, oder einer in Personalunion als Exekutiv- und Judikativorgan agierenden Macht übertragen. Wo juristische Kriterien eingreifen, wird das Gefühl des Entscheidungsträgers aus dem Legitimationsbereich der Entscheidung verdrängt. So äußerten schon Naturrechtsautoren wie Grotius und Pufendorf die Ansicht, eine Gnadenentscheidung dürfe nicht auf *mera gratia* oder *clementia* beruhen.[74] Stattdessen wurden Kataloge juristischer Gnadengründe entwickelt, etwa *infantia, furor,* oder *culpa sine dolo.*[75] Entstanden sind diese Kriterien als Elemente einer freiheitssichernden Strafrechtsdogmatik, die im Einzelfall die Formen der Aktivierung rechtsfeindlichen Willens und ihre Vorwerfbarkeit bewertet. Werden solche Elemente mit Gnade verbunden, vermischen sich Gnade und Recht, die Gnade dringt in den Kern der Strafrechtsdogmatik ein. Die Rolle des gnädigen, vielleicht auch im religiösen Sinne barmherzigen Herrschers, verschmilzt mit der des professionellen, nach Regeln seiner Standeskunst objektiv agierenden Richters. Im modernen Rechtsstaat akzeptiert man diese Synthese jedoch nicht mehr. Was zuvor den *iusta causae aggratiandi* angehörte, ist klar dem Strafrecht zuordnet. Kommt ein Gericht heute zu dem Ergebnis, dass ein Angeklagter mit nur geringer Schuld oder gar schuldlos handelte, hat diese Erwägung juristisch nichts mehr mit Gnade zu tun. Dogmatisch ist sie vielmehr im Rahmen der Prüfung des sog. Straftatbestandes angesiedelt, bei dem Tatbestandsmäßigkeit, Rechtswidrigkeit und Schuld differenziert festgestellt werden. Erst wenn alle drei Elemente vorliegen wird, je nach Intensität der Schuld, das Strafmaß bestimmt. Erst wenn dieses feststeht stellt sich überhaupt erst die Frage der Gnade. Diese Entflechtung von Gnade und Dogmatik hat die praktisch wichtige Rolle, dass die Gnadenentscheidung gerade nicht an das Maß der Schuld gebunden ist. Für die Funktionsbestimmung der Gnade ist das wichtig: Insbesondere bei großer Schuld kann sie zu einer sublimen, emotionalen Herrschaftsinszenierung neben und außerhalb des Rechts werden.

Aus Sicht des öffentlichen Rechts ist die Gnade wohl nach Ansicht der meisten ein Fremdkörper im System, der jedoch akzeptiert wird, weil viele ihrer ursprünglichen Inhalte - vor allem die Entscheidung über das Ausmaß von Schuld - in das Recht selbst überführt worden sind.[76] Die Lehre der *iusta causa aggratiandi* bildete den Anfang dieser Entwicklung, die bis heute zu einem quantitativen und qualitativen Bedeutungsverlust der Gnade geführt hat.

---

[73] Grundlegender Überblick bei Brückner, „Gnade", 57–79.
[74] Nachweise Brückner, „Gnade", 65.
[75] Ebd.
[76] So die Ansicht von Waldhoff, „Daseinsberechtigung", 149.

7 Fazit

Die vorstehenden Ausführungen haben gezeigt, dass entgegen dem ersten Anschein emotionale Elemente als Grundlage und Rechtfertigung der Gnadenentscheidungen in vielen historischen Situationen keine zentrale Rolle gespielt hatten. Im Mittelalter und in der frühen Neuzeit war Gnade oft unverschleiert Teil
bürokratisch-politischer Prozesse. Deren Motive wurden teilweise nur oberflächlich
als Ausübungen von Barmherzigkeit charakterisiert. Das gilt auch für die zeitweise zu beobachtende Überlagerung der Gnade mit den dogmatischen Figuren der
Naturrechtslehre. Die als Attribut des modernen Staates immer wieder beschwo-
rene Rationalisierungs- und Verrechtlichungswelle machte auch vor der Gnade
nicht halt. Barmherzigkeit hatte es unter diesen Umständen besonders schwer, in
oder gerade außerhalb der Rechtsordnung ihren Raum zu beanspruchen. Genauso
verhält es sich noch heute. Auch wenn irrationale, religiöse oder emotionale Botschaften durchaus unterschwellig in der Rechtsordnung vorkommen können, ist
der Bereich der Gnade nicht ihr vorrangiges Anwendungsgebiet.

Anders verhält es sich mit den gefühlsmäßigen Bezügen der Gnade auf der
Adressatenebene. Eine Begnadigung oder deren Verweigerung weckt auf Seiten der
Bevölkerung Rechtsgefühle. Wenn Gnadenentscheidungen Teile des öffentlichen
Diskurses werden, sind sie aus Sicht der Bevölkerung wahrscheinlich kaum trennbar
vom Diskurs über Recht. Zuletzt erlangten etwa die Gnadengesuche von „RAF"-
Häftlingen breitere Aufmerksamkeit.[77] Die Entscheidung des Bundespräsidenten
in diesen Fällen dürfte (ablehnend oder befürwortend) Rechtsgefühle aktiviert
haben, denn es kommt für die öffentliche Meinung zentral darauf an, ob Strafen
vollstreckt werden und in welchem Umfang. Generell scheinen Rechtsgefühle auf
Seiten der Rechtssubjekte derzeit eine größere Rolle zu spielen als zur emotionalen Selbstinszenierung der Rechtsanwendung. Affektiv grundierte Aussagen zu
Recht und Unrecht finden sich oft in ‚sozialen Medien', möglicherweise als Folge
einer allgemein zu beobachtenden Emotionalisierung des politischen Diskurses.
Politische Botschaften passen sich dem Format der neuen Medien an, indem sie
zu kurzen Formeln kondensiert werden, die jederzeit auch anonym kommentiert
werden können. Auf dem großen virtuellen Marktplatz der Meinungen werden
nicht selten Emotionen wie Hass und Verachtung zum Ausdruck gebracht. Diese
Polarisierung hat zu Gegenreaktionen geführt. Martha Nussbaum versucht auch
solchen Entwicklungen gerechtigkeitsphilosophisch entgegenzutreten, indem ein
Sensorium für gute und schlechte Gefühle geschaffen wird.[78] Es existierten „sozial schädliche Emotionen", die einzudämmen seien.[79] „Gerechtigkeit" brauche

---

[77] Vgl. Pieper, „Gnadenrecht", 89.
[78] Nussbaum, *Politische Emotionen*, 567ff.
[79] Nussbaum, *Politische Emotionen*, 570.

„Liebe", „Abscheu" und „Ekel", aber auch „Neid", „Scham" und „Angst",[80] seien ihr dagegen gefährlich. Gerechtigkeit setze Mitgefühl voraus. Demzufolge könne Angst nur eine Verbündete des Rechts sein, wenn sie mit „umfassender Fürsorge und Anteilnahme" verbunden sei.[81] Diese Ausführungen wecken unweigerlich Assoziationen zu religiöser Normativität und damit indirekt auch zum Institut der Gnade. „Fürchtet Euch nicht" wird den Rechtsunterworfenen zugerufen. Mit dem Aufruf geht die Hoffnung einher, dass damit weniger gerechtigkeitsfeindliche Entschlüsse durch die als negativ beschriebenen Emotionen motiviert werden.

So überzeugend dieses Anliegen als Zielvorstellung sein mag, so kritisch muss man es aus Sicht des liberalen Rechtsstaats betrachten. Wer bestimmt die Grenze zwischen gerechtigkeitsfeindlicher und akzeptabler Angst? Nach welchen Kriterien werden „Fürsorge und Anteilnahme" bewertet? An welche Personengruppen dürfen und können sie sich richten? Könnten sich auf „fürsorgliche Angst" rechtsradikale Gruppen, die vor „Überfremdung" warnen, nicht ebenso berufen, wie die Antiatomkraftbewegung? Sind „Liebe" und „Fürsorge" nicht eher normative Projektionsflächen, auf denen die Betrachterinnen und Betrachter ihre jeweils eigenen Maßstäbe zur Geltung bringen? Wenn das der Fall sein sollte, es also um nur scheinbare Objektivität geht, wo sind dann die unverzichtbaren allgemeinverbindlichen Maßstäbe der Gerechtigkeit?

Bei näherer Betrachtung zeigt sich, dass man gegen diese Einforderung von „Liebe" Kritikpunkte geltend machen kann, wie sie auch gegen die Gnade aus Sicht der Prinzipien des modernen Verfassungsstaats vorgebracht worden sind. Gefühle wie Barmherzigkeit oder Liebe sind eben nicht mit Rechtssicherheit in Einklang zu bringen, sie passen in kein normatives Korsett. Überdies führt die auf Rechts- oder Gerechtigkeitsgefühle abzielende Emotionalisierung von Fragen, die sich auch als politische Fragen stellen lassen, im Diskurs zu einer Ausweitung von Rechts-/Unrechtskommunikationen, also einer (im systemtheoretischen Vokabular) binären Codierung.[82] Anders als im politischen Diskurs, wo Kompromissformeln möglich sind und es um das Aushandeln verschiedener Positionen geht, kann im Rahmen der Rechtskommunikation Unrecht nicht als zulässig angesehen werden. Diese Tendenz zum ‚Entweder/Oder' birgt wiederum die Gefahr von Polarisierung durch Zuspitzung von Emotionen. Grundsätzlich widerspricht das dem Gedanken der Integration verschiedener Meinungen und Ideen im Rahmen einer pluralistischen Ordnung. Gleichzeitig verkommt die Etikettierung als „Unrecht" zu kleiner Münze, wenn sie – nur auf individuelles Gefühl gegründet – inflationär verwendet wird. Was als moralische Materialisierung der Rechtsordnung insgesamt, mit Verweis auf Gnade (als möglicher Ausweg aus dem strengen Recht), Barmherzigkeit, oder „Rechtsgefühl" im Allgemeinen, auf den ersten Blick nachvollziehbar und wün-

---

[80] Nussbaum, *Politische Emotionen*, 471ff.

[81] Nussbaum, *Politische Emotionen*, 480.

[82] Dazu Luhmann, *Recht der Gesellschaft*, 95ff.

schenswert erscheint, birgt also nicht wenige Gefahren. Postulate zur Beseelung oder emotionalen Aufladung des Rechts sind aus Sicht des freiheits- und gleichheitsorientierten Rechtsstaats ebenso kritisch zu sehen wie das Institut der Gnade. Letztlich hat sich das Recht aus dem Bereich des Gefühls herauszuhalten. Am deutlichsten kommt das in der in Art. 4 GG verankerten Glaubens- und Gewissensfreiheit zum Ausdruck, die generell dem Menschen ein *forum internum* als Schutzraum der Gedankenfreiheit zur Verfügung stellt.[83] Daraus folgt *a fortiori*, dass Gefühle frei sind.[84] Recht ist ein Möglichkeitsraum, auch für emotionale Entfaltung, dessen Grenzen von Verfassungsprinzipien bestimmt werden. Das staatliche Recht darf und muss somit Handlungen einfordern, aber keine Haltungen. Hier liegt ein wesentlicher Unterschied der Jurisprudenz zu Philosophie und Theologie.

Literaturverzeichnis

§12 Gnadenordnung Baden-Württemberg, Anordnung des Justizministeriums Baden-Württemberg über das Verfahren in Gnadensachen (Gnadenordnung – GnO). Vom 20. September 2001, in: Beck-online. Die Datenbank, https://beck-online.beck.de/ Dokument?vpath=bibdata%2Fges%2Fbwgno%2Fcont%2Fbwgno.htm&anchor=Y-100-G-BWGNO (20.09.2021).

BGH, Urteil vom 25.06.2010 – 2 StR 454/09, „Abbruch lebenserhaltender Behandlung auf Grundlage des Patientenwillens", in: *Neue Juristische Wochenschrift* [=NJW] 40 (2010), 2963.

BVerfG, 23.04.1969 – 2 BvR 552/63, „Justitiabilität von Gnadenentscheidungen; dissenting opinion", in: *NJW* 43 (1969), 1895.

Birkhoff, Hansgeorg/Lemke, Michael (Hgg.), *Gnadenrecht – ein Handbuch*, München 2012.

Brückner, Thomas, „Das ‚ius aggratiandi'. Gnade und Recht und ihre Interaktion in der rechtswissenschaftlichen Literatur der frühen Neuzeit", in: *Tijdschrift voor Rechtsgeschiedenis*, 69 (2001), 57–79.

Del Vecchio, Giorgio, *Die Gerechtigkeit*, Basel ²1950.

Ebel, Friedrich, *Über Legaldefinitionen*, Berlin 1974.

Emich, Birgit, „Gnadenmaschine Papsttum. Das römische Supplikenwesen zwischen Barmherzigkeit und Bürokratie", in: Thomas Olechowski (Hg.), *Beiträge zur Rechtsgeschichte Österreichs*, Wien 2015, 325–347.

Feuerbach, Paul Johann Anselm, *Über die einzig möglichen Beweisgründe gegen das Dasein und die Gültigkeit der natürlichen Rechte*, zitiert nach Gerhard Haney (Hg.), *Naturrecht und positives Recht, ausgewählte Texte von Paul Johann Anselm Feuerbach*, Freiburg/Berlin 1993, 7–55.

Foljanty, Lena, *Recht oder Gesetz? Juristische Identität und Autorität in den Naturrechtsdebatten der Nachkriegszeit*, Tübingen 2013.

Frenz, Barbara, „Huld und Gnade als Instrumente der Herrschaft in hochmittelalterlichen Städten

---

[83] So die ganz herrschende Verfassungsdogmatik zu Art. 4 GG, vgl. Mangoldt/Klein/Starck, *Grundgesetz*, Art. 4 Rn. 34f.

[84] Eine Ausnahme bilden etwa die zu Recht umstrittenen sog. subjektiven Mordmerkmale (§ 211 StGB), i.e.: Mordlust, Befriedigung des Geschlechtstriebs, Habgier, sonstige niedrige Beweggründe. Aber auch hier werden nicht bloße Gefühle sanktioniert, sondern die emotionalen Motive von äußerlich beschreibbaren Tathandlungen.

des deutschsprachigen Raumes im Spiegel rechtlicher Quellen", in: Jaqueline Hoareau-Dodinau u. a. (Hgg.), *Le pardon*, Paris 1999, 131–159.

Gans, Eduard, *Naturrecht und Universalgeschichte, Vorlesungen nach G. W. F. Hegel*, hg. und eingeleitet von Johann Braun, Tübingen 2005.

Grewe, Wilhelm, „Rechts- und Geistesgeschichte der Gnade", in: Hans Oppermann (Hg.), *Römische Wertbegriffe*, Darmstadt 1983, 516–528.

Härter, Karl, „Grazia ed equità nelle dialettica tra sovranità, diritto e giustizia dal tardo medioevo all'età moderna", in: Ders./Cecilia Nubola (Hgg.), *Grazie e giustizia. Figure della clemenza fra tardo medioevo ed età contemporanea*, Bologna 2011, 43–70.

Dürig, Günter/Herzog, Roman/Scholz, Rupert, *Grundgesetz-Kommentar*, Werkstand: 95. EL Juli 2021.

Just, Renate, *Recht und Gnade in Heinrich von Kleists Schauspiel „Prinz Friedrich von Homburg"*, Göttingen 1993.

Kaufmann, Arthur, *Recht und Gnade in der Literatur*, Stuttgart u. a. 1991.

Keiser, Thorsten, *Eigentumsrecht in Nationalsozialismus und Fascismo*, Tübingen 2005.

Kirchmann, Julius von, *Die Wertlosigkeit der Jurisprudenz als Wissenschaft. Ein Vortrag gehalten in der Juristischen Gesellschaft zu Berlin*, 1848, Neudruck Darmstadt 1966.

Klein, Alfons, *Gnade – ein Fremdkörper im Rechtsstaat*, Frankfurt am Main 2001.

Kleist, Heinrich von, *Prinz Friedrich von Homburg*, in: Ders. Sämtliche Werke in einem Band. Einf. [u. hg.] v. Erwin Laaths, München/Zürich 1957.

Luhmann, Niklas, *Das Recht der Gesellschaft*, Frankfurt am Main ²1997.

Mangoldt, Hermann von/Klein, Friedrich/Starck, Christian, *Grundgesetz*, München ⁷2018.

Mayenburg, David von, „Begnadigung aus rechtshistorischer Perspektive", in: Christian Waldhoff (Hg.), *Gnade vor Recht – Gnade durch Recht?* (Wissenschaftliche Abhandlungen und Reden zur Philosophie, Politik und Geistesgeschichte, Band 81), Berlin 2014, 33–74.

Merten, Detlef, *Rechtstaatlichkeit und Gnade*, Berlin 1978.

Möllers, Martin, *Wörterbuch der Polizei*, München ³2018.

Mohnhaupt, Heinz, „Vom Privileg zum Verwaltungsakt", in: Ders., *Historische Vergleichung im Bereich von Staat und Recht*, Frankfurt am Main 2000, 73–93.

Nussbaum, Martha, *Politische Emotionen*, Berlin 2014.

Pieper, Stefan Ulrich, „Das Gnadenrecht des Bundespräsidenten", in: Christian Waldhoff, *Gnade vor Recht – Gnade durch Recht*, Wissenschaftliche Abhandlungen und Reden zur Philosophie, Politik und Geistesgeschichte, Band 81, Berlin 2014, 89–130.

Probst, Hubert, *Rechtssoziologische Erwägungen zum Problem Richter und Gnade*, Diss. jur., Regensburg 1973.

Radbruch, Gustav, „Gerechtigkeit und Gnade", in: Ders. *Gesamtausgabe*, hg. v. Arthur Kaufmann, Bd. 3, Heidelberg 1990, 259–265.

Reimer, Franz, *Bonner Kommentar zum Grundgesetz*, Aktualisierung Mai 2015.

Riezler, Erwin, *Das Rechtsgefühl – Rechtspsychologische Betrachtungen*, München ³1969.

Rückert, Joachim, „Geschichte des Privatrechts als Apologie des Juristen", in *Quaderni fiorentini* 24 (1995), 531–562.

–, „Christliche Imprägnierung des BGB?", in: Horst Dreier/Eric Hilgendorf (Hgg.), *Kulturelle Identität als Grund und Grenze des Rechts*, Stuttgart 2006, 263–294.

Schätzler, Johann-Georg, *Handbuch des Gnadenrechts*, München ²1992.

Schennach, Martin, „Supplik", in: Enzyklopädie der Neuzeit Online, Im Auftrag des Kulturwissenschaftlichen Instituts (Essen) und in Verbindung mit den Fachherausgebern herausgegeben von Friedrich Jaeger. Copyright © J.B. Metzlersche Verlagsbuchhandlung und Carl Ernst Poeschel Verlag GmbH 2005–2012. http://dx.doi.org.ezproxy.uni-giessen.de/10.1163/2352-0248_edn_a4227000 (21.08.2019).

Schilling, Lothar, „Gnadengewalt und höchstrichterliche Gewalt im frühneuzeitlichen Frankreich", in: Thomas Olechowski (Hg.), *Beiträge zur Rechtsgeschichte Österreichs*, Wien 2015, 349–369.

Schmitt, Carl, *Politische Theologie. Vier Kapitel zur Lehre von der Souveränität*, Berlin ³1979.

Stobbe, Otto, *Geschichte der deutschen Rechtsquellen*, Bd. 1, Leipzig 1860.

Wadle, Elmar, *Landfrieden, Strafe, Recht. Zwölf Studien zum Mittelalter*, Berlin 2001.

Waldhoff, Christian (Hg.), *Gnade vor Recht – Gnade durch Recht?* (Wissenschaftliche Abhandlungen und Reden zur Philosophie, Politik und Geistesgeschichte, Band 81), Berlin 2014.

–, „Hat Gnade (noch) eine Daseinsberechtigung?"", in: Ders., *Gnade vor Recht*, 131–149.

Wieacker, Franz, *Privatrechtsgeschichte der Neuzeit*, Göttingen ²1968.

Barmherzigkeit und Würde

Micha Brumlik

Die in diesem Band erörterte These, ob und in welcher Hinsicht „Barmherzigkeit" historisch und aktuell eine sinnvolle und damit wünschenswerte menschliche Tugend sein kann, setzt sowohl eine kurze Erinnerung an die theologische Überlieferung als auch eine Klärung dessen, was genau eine Tugend ist, voraus.

1 Barmherzigkeit Gottes in Juden- und Christentum

Die im achten Jahrhundert vor der christlichen Zeitrechnung bei den Propheten artikulierten Grundsätze eines gerechten Zusammenlebens von Völkern und ihren Herrschern in Krieg und Frieden weisen weder die Präzision noch die Positivität der modernen Menschenrechte auf, auch lassen sie jede explizite Erwähnung eines Gedankens wie des der menschlichen Würde vermissen. Freilich deuten sich schon hier Vorstellungen von der grundsätzlichen Heiligkeit und das heißt Unantastbarkeit eines jeden menschlichen Lebens an. Ist es zulässig, aus derlei politischen Prinzipien von Bronze- und Eisenzeit den Rückschluss zu ziehen, dass der Gedanke der Menschenwürde, wie er frühestens in der italienischen Renaissance und spätestens in aller Deutlichkeit von Kant artikuliert wurde, seine Ursprünge und seine Basis in der jüdischen, der christlichen Religion hat? Nimmt man Immanuel Kants Grundlegung ernst, kann davon keine Rede sein, betrachtet man die Angelegenheit philologisch, erst recht nicht. Nirgends in der Bibel, weder im Alten noch im Neuen Testament finden sich ausdrückliche Formulierungen bezüglich der Menschenwürde. Diejenigen, die von der zureichenden Grundlegung der Menschenwürde in der Bibel überzeugt sind, führen dann schnell die im Buch Genesis behauptete Gottesebenbildlichkeit bzw. die Menschenebenbildlichkeit des Gottessohnes in Jesus von Nazareth an. Indes: eine Ausformulierung dieses Arguments wird man in der frühen Kirche nicht finden bzw. lange nach ihr suchen.

Anders das rabbinische Judentum, das sich nach der Niederschlagung des Bar Kochba Aufstandes als Erbe des Pharisäismus von der Mitte des zweiten Jahrhunderts christlicher Zeitrechnung an zu formieren begann. In den Schriften der

Weisen Israels, der Tannaim und Amoraim finden wir Debatten und Erörterungen, die genau jene Fragen berühren, die auch heute noch die vor allem bioethischen und politisch-ethischen Fragen einer ebenso globalisierten wie technisch beherrschbar gemachten Welt betreffen, als da sind: die Frage danach, wann überhaupt ein Mensch ein Mensch ist, welches der Wert des einzelnen menschlichen Lebens ist und wie sich dieser Wert aus den biblischen Schriften begründet.

So erklärte Rabbi Akiba im frühen zweiten Jahrhundert, dass der Respekt des Menschen vor dem Menschen in dem Ausmaß wuchs, indem er erkannte, dass er und seinesgleichen von Gott geschaffen wurden. Das damit implizierte Prinzip einer universalistisch gefassten Gleichheit aller Menschen findet sich – wenn auch in narrativer Form – bereits in der Mischna, nach jüdischer Überlieferung der mündlich überlieferten Tora vom Sinai – die verschriftet seit dem zweiten Jahrhundert der Zeitrechnung bekannt ist:

> Deshalb wurde ein einzelner Mensch in der Welt erschaffen [...]. Wegen des Friedens der Geschöpfe, dass nicht ein Mensch zu seinem Freund sagt: Mein Vater war größer als dein Vater. [...] Und um die Größe des Königs der Könige der Könige, gebenedeit sei er, zu verkünden: Wenn ein Mann hundert Münzen mit einem Stempel prägt, sind sie einander alle gleich, und der König der Könige der Könige, gebenedeit sei er, prägte jeden Menschen mit dem Stempel des ersten Menschen, und nicht einer von ihnen gleicht dem Nächsten. Deshalb ist jeder einzelne verpflichtet zu sagen: Meinetwegen ist die Welt erschaffen worden.[1]

Das damit vergleichsweise früh, wenn auch nur narrativ gefasste Prinzip der Heiligkeit der Individualität und damit eines jeden Individuums, hat sich zugleich in einer Reihe moralischer Imperative niedergeschlagen – wiederum war es zu Beginn des zweiten Jahrhunderts Rabbi Akiba, der die wesentlichen Stichworte lieferte: „Geliebt ist der Mensch, denn er ist im Ebenbild geschaffen".[2]

Die Weisen Israels setzten demnach auf ein strikt individualisiertes, moralisches Handeln, dass dem einzelnen, menschliches Leben rettenden Individuum zugleich das Verdienst anrechnet, die Schöpfung im Ganzen gerettet zu haben, so jedenfalls die Mischna: „[...] jeder, der eine Person erhält, es ihm angerechnet wird, als hätte er eine ganze Welt erhalten."[3] Folgt daraus umgekehrt, dass – wer ein einzelnes menschliches Leben zerstört – auch im Grundsatz die Schöpfung zerstört? Zu solcher Radikalität waren die stets realistisch und pragmatisch denkenden Rabbanim nicht bereit: anders als der rigorose Bergprediger befürworteten sie genau aus dem Prinzip der Heiligkeit eines einzelnen Lebens ein Recht auf Notwehr und Selbstverteidigung, ohne indes jenen, die Selbstverteidigung übten, ein übermäßig gutes Gewissen zu verschaffen: dass, wer – aus welchem Grunde auch immer – Blut

---

[1] Mischna Sanhedrin IV, 5.
[2] Mischna Avot III, 14.
[3] Mischna Sanhedrin IV, 5.

vergießt, damit zugleich Gottes Ebenbild zerstört, wird durch den verteidigbaren Zweck einer solchen Handlung nicht aufgehoben.

Es war der rabbinische Patriarch Hillel, er lebte im ersten vorchristlichen Jahrhundert, der auch dieser Einsicht in einer ausgerechnet auf die hellenistisch-römische Staatsreligion bezugnehmenden Geschichte Rechnung trug:

> Dieses Prinzip mag der Geschichte eines Königs gleich gesetzt werden, der ein Land eroberte, Abbilder seiner selbst aufstellen, Statuen seiner selbst errichten und Münzen mit seinem Bild prägen ließ. Als dann seine Abbilder umgestürzt, seine Statuen zerbrochen und der Wert seiner Münzen außer Kraft gesetzt wurden, wurde auch die Ähnlichkeit mit dem König zerstört. Und genau so schreibt es die Schrift einem jeden zu, der (menschliches) Blut vergießt: er zerstört das Ansehen des Königs (Gottes).[4]

Somit kann kein Zweifel bestehen: Die Rabbanim hatten die grundsätzliche, absolute Schutzwürdigkeit jedes einzelnen Menschen schon in einer Zeit artikuliert, als das den Vätern der Kirche in dieser Explizitheit noch nicht gelungen ist: dem Umstand zum Trotz, dass ihrem Glauben nach der göttliche Logos zum leidenden Menschen geworden war.

Gleichwohl ist nicht zu übersehen – und das wird an der zuletzt wiedergegebenen Parabel Hillels unübersehbar deutlich –, dass die Würde des Menschen als Ebenbild Gottes auch bei den Weisen Israels ganz und gar von der Würde und Erhabenheit Gottes abgeleitet ist. Die im rabbinischen Judentum entwickelten Vorstellungen von der Einzigartigkeit und Unantastbarkeit des Menschen widerlegen somit nicht die Vorstellung eines erhabenen, fernen Gottes, wohl aber das Vorurteil, dass dieser ebenso erhabene wie barmherzige Gott den Menschen in größter Distanz gegenübersteht.

Das Gegenteil ist der Fall: gerade weil Gott erhaben ist und weil er in seiner Erhabenheit und Barmherzigkeit den Menschen, die Menschen geschaffen hat, geht diese Erhabenheit und das heißt Heiligkeit und – moralisch politisch gesehen – Unantastbarkeit auf sie, seine Geschöpfe über. Während sich im christlichen Glauben die Barmherzigkeit Gottes im Tod des inkarnierten, göttlichen Logos, im Tod des Messias Jesus offenbart, erweist sich im Judentum Gottes ganze Gnade bereits im Akt der Schöpfung – einer Gnade, die auch durch die Sünde einzelner und ganzer Völker nicht verwirkt werden kann.

Während sich im christlichen Glauben die Barmherzigkeit Gottes in Tod und Auferstehung des inkarnierten göttlichen Logos, im Tod des Messias Jesus offenbart, erweist sich im Judentum Gottes ganze Gnade bereits im Akt der Schöpfung, – einer Gnade, die auch durch die Sünde Einzelner und ganzer Völker nicht verwirkt werden kann.

Fraglich bleibt auf jeden Fall, ob die Schöpfung selbst ein Akt der Barmherzigkeit war – womit sich die Frage stellt: wem gegenüber? Setzt Barmherzigkeit nicht

---

[4] Mekhilta de Rabbi Ishmael, *Bahodesh* VIII, 233; zitiert nach Urbach, *Sages*, 227.

das vorherige Leiden von Menschen oder Tieren voraus und: lässt sich sinnvoll sagen, dass es in irgendeiner Hinsicht ein Leiden ist, nicht zu existieren? Wenngleich es unter bestimmten Umständen besser ist, zu existieren als nicht zu existieren. Andererseits: wie sinnvoll ist der Ausruf: Ach wäre ich doch niemals geboren worden. Dass Philosophie und Religion der Gnosis auf genau dieser Vermutung beruhen, habe ich, an Hans Jonas anschließend, anderenorts zu plausibilisieren versucht.[5] War es also eine barmherzige Tat Gottes, den Menschen in seinem Ebenbild zu schaffen – oder anders: hat Gott hier tugendhaft gehandelt?

2 Zu einer Theorie der Tugend

Tugenden aber lassen sich grundsätzlich und allgemein als jene positiven Charaktereigenschaften von Personen bestimmen, die in einer gegebenen Gesellschaft nicht nur hochgeschätzt, sondern auch ausdrücklich geachtet werden und daher zum Ziel von Erziehungs- und Bildungsanstrengungen erklärt worden sind. Damit sind Tugenden zunächst jene Charaktereigenschaften, die dem individuellen Erreichen gesellschaftlich und kulturell vorgegebener Werte in besonderem Maße dienlich sind. Der gegenwärtig wieder an Prominenz gewinnende, über Jahrzehnte aus verschiedenen Gründen als überholt geltende Begriff hat in der abendländischen Begriffsgeschichte eine bedeutende Tradition.[6] Freilich haben sich Bedeutung und Gewicht des Begriffs vielfach gewandelt, weshalb eine historische Perspektive sachangemessen ist. Während sich in der Antike vor allem das Problem der Lehrbarkeit der Tugend stellt, war die mittelalterliche Philosophie vor allem mit der Frage nach der Rangordnung der Tugenden befasst. Das frühneuzeitliche Denken scheint mit seiner Entdeckung vitaler Handlungs- und Verhaltensmotivationen den Begriff systematisch zu verdrängen, während die frühe Moderne den Begriff und die Sache in genau angebbaren Grenzen zulässt, ihm freilich jede begründende Kraft abspricht. Erst die nachmoderne Theorie der Moral, die der Dichotomie von rigoroser Pflichtenethik hier und auf Nutzen und Konsequenzen blickender teleologischer Ansätze dort entgehen will, hat in den letzten zwei Jahrzehnten den Versuch unternommen, eine auf einer Tugendlehre aufbauende Ethik neu zu begründen. Auf jeden Fall: seit etwa zwanzig Jahren haben die ausgedünnten Morallehren der analytischen Philosophie ein neues Interesse – zumal auch im angelsächsischen Bereich – an Theorien der Tugend erweckt.[7]

In der griechischen und römischen Antike bezeichnet *arete* (lateinisch *virtus*) zunächst nichts anderes als die für ein Lebewesen tauglichen, funktionalen Ei-

---

[5] Brumlik, *Die Gnostiker*, 250–284.
[6] Höffe/Rapp, „Tugend", 1532–1572.
[7] Statman, *Virtue Ethics*.

genschaften. Im Zentrum der erst mit Sokrates und Platon einsetzenden antiken Debatte steht die Frage nach der Lehrbarkeit der Tugend, also danach, ob die „Tugend" eines Lebewesens ihm von Natur anhaftet oder eben nicht und ob sie dann durch bewusste Anstrengungen hervorgebracht oder gefördert werden kann. Ungeklärt blieb bei Platon und Aristoteles, ob sich die Tugenden zum Erwerb des Glücks in einem vor allem instrumentellen Verhältnis befinden oder ob ein tugendhaftes Leben bereits in sich selbst glückhaft ist. Die auf Platon und Aristoteles folgenden philosophischen Schulen der Epikureer, Skeptiker und Stoiker neigten immer stärker der Überzeugung zu, dass ein von Tugenden geleitetes Leben bereits glückhaft sei und es dementsprechend nicht mehr auf den Erwerb weiterer Güter wie Gesundheit, Reichtum, Familie und Freundschaft ankäme.

Zumal die römische Philosophie hat diese Frage aufgegriffen und im Werk Ciceros und Senecas unterschiedliche Antworten gefunden. Anders als der damalige Mainstream der stoischen Philosophen beharrt Cicero darauf, dass *virtus* alleine zwar glücklich machen könne, nicht aber, dass ausschließlich „Tugend" ein beglückendes Gut sei. Umgekehrt werden jene, die sich ein höchstes Gut ohne Tugend vorstellen können, nicht einräumen wollen, dass Tugenden edler seien als schlichte Lusterfüllung.[8] Dieser Thematik hat sich intensiv der am Hofe Kaiser Neros wirkende und von diesem schließlich in den Selbstmord getriebene Philosoph Seneca gewidmet. Tugenden sind der Weg zu einem Glück, das durch die Abwesenheit von Begierden ebenso gekennzeichnet ist wie durch die Abstinenz von Alltäglichem und Zufälligem. Tugend und Sinnenlust sind nicht miteinander vereinbar: während die Sinnenlust in dem Augenblick erstirbt, indem sie ihren Gipfel erreicht hat, stellen die Tugenden und ein ihnen gemäß geführtes Leben etwas Beständiges vor, das endlich jenes höchste Gut ermöglicht, das sich schließlich in Geisteskraft und Umsicht, in Feinheit, Gesundheit, Freiheit, Harmonie und Schönheit der Seele offenbart, wie sie im Ersten Brief an die Korinther, Kapitel 13, Vers 13 beschworen werden. Die griechisch gebildeten Kirchenväter des dritten und vierten Jahrhunderts haben den antiken Tugendkanon übernommen und ihm die dem Neuen Testament, speziell den Briefen des Apostel Paulus, entnommenen Tugenden des Glaubens, der Liebe und der Hoffnung sowie der Tugend der Frömmigkeit hinzugefügt. Wie die paganen Denker auch vorrangig mit der Frage nach der Glückseligkeit befasst, fanden die christlichen Philosophen der späten Antike seit Augustin vor allem in der gläubigen Ergebenheit an den am Kreuz gestorbenen und wiederauferstandenen Sohn Gottes, des von ihnen bekannten Christus Jesus, die Antwort auf die Frage nach dem Glück.[9]

Die Philosophie des christlichen Mittelalters kam in dieser – sehr vielfältigen und in sich differenzierten Tradition – zu einem System von sieben Kardinaltu-

---

[8] Cicero, *Gut und Übel*, 365.
[9] Höffe/Rapp, „Tugend", 1548.

genden, nämlich der Gerechtigkeit, dem Mut, der Klugheit und der Besonnenheit sowie den Tugenden des Glaubens, der Liebe und der Hoffnung.[10] Für Thomas von Aquin, der hier Aristoteles folgt, ist die menschliche Natur grundsätzlich dazu geeignet, den Tugenden Vorschub zu leisten. In dieser Perspektive werden die etwa noch von Seneca verurteilten begehrenden Kräfte dann rehabilitiert, sofern sie von der Vernunft geleitet sind.[11]

Auf der Basis dieser Grundhaltung findet das frühneuzeitliche Denken aus zwei entgegengesetzten Richtungen wieder zu einer ethischen Neutralisierung des Tugendbegriffes zurück –wie in der Antike gelten Tugenden nun wieder als vor allem funktionale Eigenschaften ohne besonderen, internen moralischen Wert. Der ebenso auf moderne Selbstbehauptungssätze wie auf Basis der klassischen Antike argumentierende Staatsdenker Niccolo Machiavelli versteht unter *virtú* jene Eigenschaften eines Herrschers, die ihn in die Lage versetzen, sein staatsmännisches Regiment aufzubauen, zu festigen und zu erhalten, unabhängig davon, ob diese Fähigkeiten und die ihnen entsprechenden Handlungen herkömmlichen Moral-kategorien genügen oder nicht. Das herkömmliche Vertrauen in den klassischen Tugendkanon führt unter Bedingungen einer nur noch auf Selbstbehauptung setzenden Neuzeit nur zur Niederlage. Angesichts von Verhältnissen, die notwen-digerweise keinem vernünftigen Plan mehr entsprechen und wesentlich vom Zufall bestimmt sind, bzw. angesichts der grundsätzlichen Wankelmütigkeit sowohl der Beherrschten als auch der Herrschaftskonkurrenten bestehen die wesentlichen Tu-genden in der individuellen Freiheit von Angst, in situationsgebundener Klugheit sowie dem Gespür, den Zufall angemessen zu nutzen.[12]

3 Moderne Barmherzigkeitskritik

3.1 Spinoza

Ist also Barmherzigkeit eine Tugend? Für die moderne Kritik am Begriff der Barm-herzigkeit ist aber vor allem an Spinoza zu erinnern, der dem Begriff zunächst durchaus – wenn auch indirekt – etwas abgewinnen konnte, zumal in seiner eige-nen, spiritualistischen Christologie. Ja, Spinoza war in gewisser Weise Christ.

Im 14. Kapitel seines *Theologisch-Politischen Traktats* jedenfalls behauptete er, dass der universale Glaube, wie ihn die Bibel postulierte, nur die Liebe zum Nächs-ten fordere und schlug zudem ein spiritualistisches Verständnis der Person Jesu vor:

---

[10] Pieper, *Über die Tugenden*.
[11] Höffe/Rapp, „Tugend", 1551f.
[12] Machiavelli, *Der Fürst*, 41f.; Münkler, *Machiavelli*, 313f.

Wer dagegen fest glaubt, dass Gott in seiner Barmherzigkeit und Gnade, mit der er alles leitet, den Menschen ihre Sünden vergibt, wird dadurch in seiner Liebe zu Gott mehr gehoben; er kennt in Wahrheit Christus im Geiste, und in ihm ist Christus.[13]

Hat Spinoza mit diesen Worten seine Ansicht geändert? In der erstmals 1662, also acht Jahre vorher erschienenen Ethik klang das noch anders, dort war zu lesen: „Mitleid in einem Menschen, der nach der Leitung der Vernunft lebt, ist an sich schlecht und nutzlos."[14] Die Begründung dafür lautet, dass gemäß Definition 18 Mitleid eine Form der Trauer sei. Unbestreitbar gut sei es, Menschen aus vernünftiger Überzeugung zu helfen, von ihrem Unglück befreit zu werden – nicht aber, sich selbst dabei in einen Zustand der Trauer zu versetzen; die eigene Trauer, so ist dies zu verstehen, hilft dem hilfsbedürftig Unglücklichen in keiner Weise.

Hinzu kommt, daß wer leicht mitleidig wird und sich von des anderen Unglück oder Tränen bewegen läßt, oft etwas tut, das er später bereut, zum einen, weil wir aus einem Affekt heraus nichts tun, von dem wir wissen, daß es unbestreitbar gut ist, zum anderen, weil wir uns leicht von falschen Tränen täuschen lassen.[15]

Helfende Taten, die aus Mit-Leid geschehen, das scheint Spinozas Argument zu sein, helfen am Ende weniger den Hilfsbedürftigen selbst noch den Helfern; in beinahe utilitaristischer Weise kalkuliert Spinoza hier die Gesamtsumme positiver bzw. negativer Empfindungen und kommt zu einem ablehnenden Ergebnis. Infrage steht ein im engsten Sinne psychologisches Wahrnehmungsproblem: lässt sich das Leid anderer rein kognitiv registrieren, ohne sich in sie einzufühlen? Sowie: sind Handlungsmotivationen aus reiner Vernunft, ohne Mitgefühl denkbar, was die weitere Frage nach sich zieht, ob eine derart rigide Trennung von Erkenntnis und Gefühl überhaupt sinnvoll und möglich ist.

3.2 *Kants Tugendlehre*

Bei Immanuel Kant stellt sich das Problem auch noch in der Linie Spinozas, aber doch auch ganz anders:

Erst Immanuel Kants Programm, an die Stelle von blinden Selbstbehauptungsimperativen moralisch aufgeklärte Selbstbestimmungsnormen zu setzen, führt in der frühen Moderne zu einem Neuansatz in der Theorie der Tugenden. Kant konzipiert seine Tugendlehre als Theorie nicht rechtlich, sondern moralisch gebotener Pflichten, die die Menschen als vernünftige und freie Naturwesen gegenüber sich selbst und vor allem anderen schulden. Als Naturwesen sind die Menschen indes gleichermaßen von natürlichen Antrieben daran gehindert, die ihnen obliegenden moralischen Pflichten zu erfüllen, durch Kräfte, denen der einzelne Mensch zu

---

[13] Spinoza, *Theologisch-Politischer Traktat*, 214.
[14] Spinoza, *Ethik*, 463 f. (Lehrsatz 50).
[15] Ebd.

widerstehen sich in der Lage sehen muss: „nämlich das zu können, was das Gesetz unbedingt befiehlt, daß er tun soll".[16]

Die basale Fähigkeit indes, es mit einem übermächtigen Gegner, hier den natürlichen Antrieben, aufnehmen zu können, ist traditionellerweise die Tapferkeit als Zentraltugend, weshalb Kant seine Lehre von der inneren menschlichen Freiheit zur „Tugendlehre" deklariert. In diesem Kontext ist auch Kants berühmte Äußerung zu verstehen, gemäß derer die Aufforderung „Habe Mut, dich deines eigenen Verstandes zu bedienen" das zentrale Prinzip der Aufklärung sei.[17] Indem Kant, wohl wissend, dass es einer Ethik nicht nur um Pflichten, sondern auch um Zwecke, um anzustrebende Güter geht, in der „Metaphysik der Sitten" den Begriff eines Zwecks konstruiert, der zugleich Pflicht ist, gelangt er zu zwei Zwecken, die zugleich Pflicht seien: die eigene Vollkommenheit und die fremde Glückseligkeit. Beides unterliegt der Aufgabe, die Zwecke der Menschheit in der eigenen Person und der Entwicklung der Kultur zu entwickeln. Bei der Verfolgung dieser Ziele erweist sich dann „Tugend" als die „Stärke der Maxime des Menschen in Befolgung seiner Pflicht",[18] was endlich in die enge Verbindung von Pflicht und eigenem Willen in Form der Gesinnung mündet. Auf dieser Basis kann Kant dann postulieren:

Das oberste Prinzip der Tugendlehre ist: handle nach einer Maxime der Zwecke, die zu haben für jedermann ein allgemeines Gesetz sein kann. – Nach diesem Prinzip ist der Mensch sowohl sich selbst als auch anderen Zweck und es ist nicht genug, dass er weder sich selbst noch andere bloß als Mittel zu brauchen befugt ist [...] sondern den Menschen überhaupt sich zum Zwecke zu machen, ist des Menschen Pflicht.[19]

In der Tugendlehre nun heißt es in diesem Zusammenhang:

Die oberste Einteilung kann die sein: in Pflichten gegen andere, so fern du sie durch Leistung derselben zugleich verbindest, und in solche, deren Beobachtung die Verbindlichkeit anderer nicht zur Folge hat. – Die erstere Leistung ist (respektiv gegen andere) *verdienstlich*; die der zweiten ist *schuldige* Pflicht. - *Liebe* und *Achtung* sind die Gefühle, welche die Ausübung dieser Pflichten begleiten. Sie können abgesondert (jede für sich allein) erwogen werden und auch so bestehen, (*Liebe* sdes Nächsten, ob dieser gleich wenig *Achtung* verdienen möchte; imgleichen notwendige Achtung für jeden Menschen, unerachtet er kaum der Liebe wert zu sein beurteilt würde.) Sie sind aber im Grunde dem Gesetze nach jederzeit mit einander in einer Pflicht zusammen verbunden; nur so, daß bald die eine Pflicht, bald die andere das Prinzip im Subjekt ausmacht, an welche die andere akzessorisch geknüpft ist. – So werden wir gegen einen Armen wohltätig zu sein uns für verpflichtet erkennen; aber, weil diese Gunst doch auch Abhängigkeit seines Wohls von meiner Großmut enthält, die doch den anderen erniedrigt, so ist es Pflicht, dem Empfänger durch ein Betragen, welches

---

[16] Kant, *Metaphysik der Sitten*, 509.
[17] Kant, „Aufklärung", 53.
[18] Kant, *Metaphysik der Sitten*, 525.
[19] Kant, *Metaphysik der Sitten*, 526.

diese Wohltätigkeit entweder als bloße Schuldigkeit oder geringen Liebesdienst vorstellt, die Demütigung zu ersparen und ihm seine Achtung für sich selbst zu erhalten.[20]

An anderer Stelle stellt Kant fest, dass Barmherzigkeit „eine beleidigende Art des Wohltuns" sei, eine „Herabwürdigung" im Sinne eines unangemessenen Wohltuns gegenüber einem „Unwürdigen". In der Sache geht es bei der Barmherzigkeit darum, „vom Gegenstande afficirt und dadurch bewogen" zu werden, „das Uebel zu verringern."[21] Tatsächlich, das räumt auch Kant ein, ist in Gott „ein Grund der Verringerung des Uebels der Geschöpfe." – wenngleich nach Kant die Rede von Gottes Barmherzigkeit nur eine Analogie sei.

Hier fällt auf, dass Barmherzigkeit und Entwürdigung in einen engen Zusammenhang gestellt sind, derart dass – sowohl bei Spinoza als auch bei Kant – der Begriff der durch Barmherzigkeit verletzten Würde des anderen eine zentrale Rolle zukommt – was nun eine Klärung des Begriffs menschlicher Würde erheischt.

4 Barmherzigkeit und Würde

Im Rückblick auf die oben entfaltete, rabbinische und auch neuzeitliche Lehre von der Würde des Menschen ist daher zu fragen, ob jene Handlungen, die aus Barmherzigkeit vollzogen werden, nicht letzten Endes die Würde des jeweiligen Individuums verletzen. Kann es also sein, dass die jeweilige Handlung, etwa einen Hungernden zu speisen, im Grundsatz richtig, ja sogar moralisch und ethisch geboten ist, sie aber dann falsch wird, wenn sie aus Mitleid geschieht.

Die Beantwortung dieser Frage setzt eine Klärung des Verhältnisses von Mitleid, Gnade und Barmherzigkeit voraus.

Mitleid und Gnade sind Handlungsdispositionen und Handlungen, die insofern asymmetrisch sind, als sie mit begrifflicher Notwendigkeit mindestens zwei Akteure oder auch Akteursgruppen implizieren, deren Ressourcen hier und Machtchancen dort radikal ungleich verteilt sind. So sind die einen in der Lage, durch Unterlassen – im Fall der Gnade – oder durch Tun – im Falle helfenden Handelns – eine nicht bestehende Reziprozität wieder herzustellen oder – so eine lange Debatte im Bereich der Professionen des Helfens – andere in Abhängigkeit zu halten.

Was genau heißt aber Würde im Fall der generationell und pädagogisch Abhängigen? Hier zeigt sich eine Problematik, die insbesondere im Bereich der ‚Nichtmehr-Mündigen', im Bereich gerontologisch oder gerontopsychiatrisch informierter Alten- und Sozialarbeit angelangt ist.[22] Indes – und dies wird im Weiteren zu erläutern sein, geht es keineswegs nur um die Würde von Älteren, etwa Dementen,

---

[20] Kant, *Metaphysik der Sitten*, 584 (§ 23).
[21] Kant, *Vorlesung über Metaphysik*, 336.
[22] Stoecker, „Würde"; Gröning/Heimerl, *Menschen*.

sondern auch um die Würde der ‚Noch-nicht-Mündigen‘. Aber noch einmal: was ist genau ‚Würde‘? Es scheint, als sei das Prinzip der Menschenwürde zunächst in der italienischen Renaissance entfaltet worden, etwa bei Pico della Mirandola (1463–1494) mit seinem gleichnamigen Traktat *De dignitate hominis/Über die Würde des Menschen*[23] oder bei Giannozzo Manetti[24] (1396–1459).

Es war nach einer längeren Rezeptionsphase dieses Begriffs[25] schließlich die kosmopolitische Philosophie der deutschen Aufklärung, zumal Immanuel Kants,[26] die die nach dem Nationalsozialismus geschaffene deutsche Verfassung, das Grundgesetz wesentlich geprägt hat. Als oberstes Prinzip der Tugendlehre weist Kant in der Metaphysik der Sitten folgendes aus:

> Nach diesem Prinzip ist der Mensch sowohl sich selbst als andern Zweck und es ist nicht genug, dass er weder sich selbst noch andere bloß als Mittel zu brauchen befugt ist, sondern den Menschen überhaupt sich zum Zwecke zu machen, ist des Menschen Pflicht.[27]

Einen Menschen als Zweck seiner selbst zu betrachten, bedeutet, ihn in mindestens drei wesentlichen Dimensionen nicht nur zur Kenntnis zu nehmen, zu tolerieren, sondern auch anzuerkennen, d.h. nicht nur hinzunehmen, sondern zu bejahen in der Dimension körperlicher Integrität, personaler Identität und soziokultureller Zugehörigkeit. Dieser Anerkennung korrespondiert ein Demütigungsverbot. Das Demütigungsverbot aber bezieht sich auf die Würde eines Menschen. Diese Würde eines Menschen ist der äußere Ausdruck seiner Selbstachtung, also jener Haltung, „die Menschen ihrem eigenen Menschsein gegenüber einnehmen, und die Würde ist die Summe aller Verhaltensweisen, die bezeugen, dass ein Mensch sich selbst tatsächlich achtet.“[28] Diese Selbstachtung wird verletzt, wenn Menschen die Kontrolle über ihren Körper genommen wird, sie als die Person, die sie sprechend und handelnd sind, nicht beachtet oder ernst genommen bzw. wenn die Gruppen oder sozialen Kontexte, denen sie entstammen, herabgesetzt oder verächtlich gemacht werden. Die Verletzung dieser Grenzen drückt sich bei den Opfern von Demütigungshandlungen als Scham aus.[29] Entsprechend gibt es eine absolute Scham. In Primo Levis kristallklarem und nüchternem Bericht über seine Haft in Auschwitz wird den Erfahrungen absoluter Entwürdigung Rechnung getragen; der Ausdruck von der ‚Würde des Menschen‘ gewinnt vor dieser Kulisse von Auschwitz eine gebieterische und einleuchtende Kraft. So notiert Levi für den 26. Januar 1944, einen Tag vor der Befreiung des Lagers:

---

[23] Pico, *Würde*.

[24] Manetti, *Würde*; vgl. auch Leinkauf, *Grundriss*, 128–158.

[25] Brandhorst, „Geschichtlichkeit“.

[26] Sensen, „Würde“.

[27] Kant, *Metaphysik der Sitten*, 526.

[28] Margalith, *Politik*, 61.

[29] Dazu ausführlich: Brumlik, *Bildung*, 65f.

Mensch ist, wer tötet, wer Unrecht zufügt oder erleidet; kein Mensch ist, wer jede Zurückhaltung verloren hat und sein Bett mit einem Leichnam teilt. Und wer darauf gewartet hat, bis sein Nachbar mit Sterben zu Ende ist, damit er ihm ein Viertel Brot abnehmen kann, der ist, wenngleich ohne Schuld, vom Vorbild des denkenden Menschen weiter entfernt als der roheste Pygmäe und, der grausamste Sadist.

Unter diesen Bedingungen schwindet dann auch die natürliche Neigung zur Nächstenliebe. Levi fährt fort:

Ein Teil unseres Seins wohnt in den Seelen der uns Nahestehenden: darum ist das Erleben dessen ein nicht-menschliches, der Tage gekannt hat, da der Mensch in den Augen des Menschen ein Ding gewesen ist.[30]

Mit dem Begriff der ‚Würde des Menschen‘ wird lediglich ein Minimum angesprochen, der kleinste gemeinsame Nenner nicht von Gesellschaften, sondern von jenen politischen Gemeinwesen, von Staaten, die wir als ‚zivilisiert‘ bezeichnen.

Bei alledem ist die Einsicht in die Würde des Menschen nicht auf kognitive, intellektuelle Operationen beschränkt, sie ist mehr oder gar anderes: Das Verständnis für die Würde des Menschen wurzelt in einem moralischen Gefühl. Dieses Gefühl ist *moralisch*, weil es Beurteilungsmaßstäbe für Handlungen und Unterlassungen bereitstellt, es ist indes ein *Gefühl*, weil es sich bei ihm nicht um einen kalkulatorischen Maßstab, sondern um eine umfassende, spontan wirkende, welterschließende Einstellung handelt. Wer erst lange darüber nachdenken muss, ob einem oder mehreren Menschen die proklamierte Würde auch tatsächlich zukommt, hat noch nicht verstanden, was Menschenwürde ist. Es handelt sich beim Verständnis der Menschenwürde also um ein moralisches Gefühl mit universalistischem Anspruch, das unter höchst voraussetzungsreichen Bedingungen steht.

Kurzum: Barmherzigkeit ist nur dann eine Tugend, die moralischen Prinzipien genügt, wenn sie die Würde jener, denen Erbarmen entgegengebracht wird, achtet.

Literaturverzeichnis

Avot. Väter, bearbeitet v. Frank Ueberschaer und Michael Krupp, in: Die Mischna. Textkritische Ausgabe mit deutscher Übersetzung und Kommentar, hg. v. Michael Krupp, Jerusalem 2003.

Brandhorst, Mario, „Zur Geschichtlichkeit menschlicher Würde“, in: Mario Brandhorst/Eva Weber-Guskar (Hgg.), *Menschenwürde. Eine philosophische Debatte über Dimensionen ihrer Kontingenz*, Berlin 2017, 113–153.

Brumlik, Micha, *Bildung und Glück. Versuch einer Theorie der Tugenden*, Berlin 2002.

–, *Die Gnostiker. Der Traum von der Selbsterlösung des Menschen*, Berlin/Wien 2000.

Cicero, Marcus Tullius, *De finibus bonorum et malorum/Über das höchste Gut und das höchste Übel*, lat./dt., hg. u. übers. v. Harald Merklin, Stuttgart 1989.

---

[30] Levi, *Mensch*, 164.

Gröning, Katharina/Heimerl, Katharina, *Menschen mit Demenz in der Familie. Ethische Prinzipien im täglichen Umgang*, Wien 2012.

Höffe, Otfried/Rapp, Christian, „Tugend", in: Historisches Wörterbuch der Philosophie, Bd. 10 (1998), 1532–1572.

Kant, Immanuel, *Die Metaphysik der Sitten*, in: Weischedel, Wilhelm (Hg.), *Immanuel Kant. Kritik der praktischen Vernunft. Grundlegung zur Metaphysik der Sitten.* Werke in 10 Bänden. Werkausgabe Bd. 7, Darmstadt 1968, 309–614.

–, *Vorlesungen über Metaphysik und Rationaltheologie,* in: Ders., *Gesammelte Schriften,* Bd. 28, 1, hg. v. d. Akademie der Wissenschaften zu Göttingen, Berlin 1968, 1–524.

–, „Was ist Aufklärung? (1786)", in: Weischedel, Wilhelm (Hg.), *Immanuel Kant. Schriften zur Anthropologie, Geschichtsphilosophie, Politik und Pädagogik I.* Werke in 10 Bänden. Werkausgabe Bd. 9, Wiesbaden 1964, 51–61.

Leinkauf, Thomas, *Grundriss Philosophie des Humanismus und der Renaissance (1350-1600)*, Hamburg 2017.

Levi, Primo, *Ist das ein Mensch. Die Atempause*, München 1986.

Machiavelli, Niccolò, *Der Fürst*, Stuttgart 1972.

Manetti, Giannozzo, *Über die Würde und Erhabenheit des Menschen*, Hamburg 1990.

Margalith, Avishai, *Politik der Würde. Über Achtung und Verachtung*, Frankfurt am Main 1997.

Münkler, Herfried, *Machiavelli. Die Begründung des politischen Denkens der Neuzeit aus der Krise der Republik Florenz*, Frankfurt am Main 1999.

Pico della Mirandola, Giovanni, *Über die Würde des Menschen*, Zürich 2001.

Pieper, Josef, *Über die Tugenden: Klugheit, Gerechtigkeit, Tapferkeit, Maß,* München 2004.

Sanhedrin. Oberstes Gericht, bearbeitet v. Michael Krupp, in: Die Mischna. Textkritische Ausgabe mit deutscher Übersetzung und Kommentar, hg. v. Michael Krupp, Jerusalem 2006.

Sensen, Oliver, „Kants erhabene Würde", in: Mario Brandhorst/Eva Weber-Guskar (Hgg.), *Menschenwürde. Eine philosophische Debatte über Dimensionen ihrer Kontingenz*, Berlin 2017, 154–177.

Spinoza, Baruch, *Ethik, in geometrischer Ordnung dargestellt*, Hamburg 1999.

–, *Politisch-Theologischer Traktat*, Hamburg 1984.

Statman, Daniel, *Virtue Ethics. A Critical Reader*, Georgetown 1997.

Stoecker, Ralf, „In Würde altern", in: M. Brandhorst/E. Weber-Guskar (Hgg.), *Menschenwürde. Eine philosophische Debatte über Dimensionen ihrer Kontingenz*, Berlin 2017, 338–360.

Urbach, Ephraim, E.,*The Sages. Their Concepts and Beliefs. Transl. from the Hebrew by Israel Abrahams*, Jerusalem ²1979.

Die Barmherzigkeit als Schlüsselkategorie im Dialog der Religionen

Mouhanad Khorchide

Die Barmherzigkeit ist im Islam keine aufgesetzte Kategorie und die Rede von Barmherzigkeit ist auch nicht der Situation der Migration der Muslime und somit deren Status als religiöse Minderheit geschuldet. Sie ist auch keineswegs eine konstruierte Kategorie, um den Islam nach dem 11. September in einem apologetischen Diskurs in ein positives Licht zu rücken. Barmherzigkeit ist eine dem Islam innewohnende Kategorie. Kein anderes Attribut im Qur'an ist so eng mit Gott verbunden, wie das der Barmherzigkeit. Dieser Beitrag verfolgt drei Ziele, die ihn in drei Teile gliedern: ein deskriptives, ein interreligiöses und ein systematisch-theologisches Ziel. Im deskriptiven Teil soll der Stellenwert der Barmherzigkeit als zentrale koranische Kategorie herausgearbeitet werden, im interreligiösen Teil wird die Kategorie der Barmherzigkeit als gemeinsame Grundlage für den Dialog der drei monotheistischen Religionen erörtert und im systematisch-theologischen Teil werden Ansätze einer Islamischen Theologie der Barmherzigkeit am Beispiel des Offenbarungsbegriffs entworfen.

1 Barmherzigkeit als zentrale koranische Kategorie

Barmherzigkeit ist die zentrale Kategorie des Qur'ans; laut dem Qur'an hat Gott sich selbst zu nichts anderem verpflichtet als zur Barmherzigkeit:[1] „Gott hat sich selbst die Barmherzigkeit vorgeschrieben" (Q 6:12).[2] Diese Aussage wiederholt sich in dieser spätmekkanischen Sure in Vers 54 erneut. Gott schreibt sich also selbst die Barmherzigkeit rückhaltlos zu. Daher verwundert es nicht, dass die Kategorie der Barmherzigkeit auch quantitativ die am stärksten im Qur'an vertretene Eigenschaft Gottes ist: 169 Mal ist von der liebenden Barmherzigkeit Gottes (*ar-raḥmān*) die

---

[1] Wie sehr das auch für die jüdische und christliche Bibel gilt, zeigen die Beiträge von Peetz, „Gott", für die Hebräische Bibel und Eisen, „Mitleid(shandeln)", für die Septuaginta und die synoptischen Evangelien im vorliegenden Sammelband.

[2] Alle Qur'anzitate dieses Beitrags stammen aus der Übersetzung von M. Khorchide.

Rede, 226 Mal von seiner vergebenden Barmherzigkeit (*ar-raḥīm*).[3] Der Qurʾan führt aber auch weitere Namen und Eigenschaften Gottes an, die ebenfalls die Barmherzigkeit Gottes zum Ausdruck bringen wollen, wie *al-wadūd* (der Liebende), *ar-raʾūf* (der Sanfte), *al-laṭīf* (der Bekümmerte) usw., sodass insgesamt 598 Mal eine derartige Bezeichnung im Qurʾan vorkommt.

113 der 114 Suren beginnen zudem mit der Invokationsformel „bi-smi llāhi r-raḥmāni r-raḥīm" (Im Namen Gottes, des Allbarmherzigen, des Erbarmers), die mit dem Akronym „basmala" benannt wird.

Indem der Qurʾan die Barmherzigkeit Gottes als absolut setzt, während seine Strafe relativ bleibt, erhebt er die Barmherzigkeit Gottes zu einer die ganze Schöpfung umfassende Größe: „Meine Strafe trifft, wen ich möchte, und meine Barmherzigkeit umfasst alles" (Q 7:156). Der Islamwissenschaftler Abdoldjavad Falaturi meint dazu, dass

die Anzahl derjenigen göttlichen Namen, die infolge seiner Gerechtigkeit auf seinen Zorn und seine Strafe hindeuten, einen Bruchteil dessen ausmacht, was seine Barmherzigkeit betont. Selbst die Erwähnung seiner Gerechtigkeit (fadl und qist) steht in der Häufigkeit weit hinter dem zurück, was seine Gnade, Vergebung, Gütigkeit und Barmherzigkeit verkündet [...]. Dass seine Barmherzigkeit auch die zu Strafenden umfasst, wird durch diese Gegenüberstellung besonders betont.[4]

Falaturi resümiert: „Die Grundeinstellung des Islam basiert auf dem obersten Handlungsprinzip rahma."[5] Daher bezeichnet der Qurʾan die Verkündung Muḥammads als Barmherzigkeit: „Wir haben dich lediglich als Barmherzigkeit für alle Welten entsandt" (Q 21:107) und erklärt sie somit zum Zentrum seiner Botschaft und liefert uns damit einen wichtigen hermeneutischen Schlüssel für die Begegnung mit dem Qurʾan.[6]

Was bedeutet aber Barmherzigkeit im Qurʾan genau? Etymologisch bezeichnet der arabische Begriff für Barmherzigkeit *rahma* Sanftheit im Herzen (arab. *riqqa*), Zuneigung/Mitgefühl (arab. *taʿāṭuf*) und Güte (arab. *iḥsān*).[7] Daraus abgeleitet ist das Wort *raḥim* (Mutterleib).[8] Dadurch gewinnt *ar-raḥmān* eine physische und emotionale Konnotation mütterlicher Liebe. Sie stellt ein umsorgendes Mitgefühl in Form einer ununterbrochenen Aktion dar, die über den Mutterleib mitgegeben ist.

Aus der Fülle der von der Wurzel r-ḥ-m abgeleiteten Verbal- und Nominalformen haben zwei Nomina, *ar-raḥmān* und *ar-raḥīm*, durch den Islam eine zentrale

---

[3] Shomali, *God*, 19.
[4] Falaturi, „Islam", 66f.
[5] Falaturi, „Islam", 80.
[6] Khorchide, *Gottes Offenbarung*.
[7] Vgl. Ibn Manẓūr, *Lisān al-ʿarab*, 1611–1612.
[8] Vgl. Ibn Manẓūr, *Lisān al-ʿarab*, 1613.

Bedeutung gewonnen. Spricht der Qurʾan von der Barmherzigkeit Gottes, dann verwendet er diese zwei Bezeichnungen, die beide vom Begriff *raḥma* (Barmherzigkeit) abgeleitet werden.[9]

Die muslimischen Gelehrten sind sich darüber einig, dass Menschen mit dem Attribut *ar-raḥīm* beschrieben werden dürfen,[10] jedoch nicht mit dem Attribut *ar-raḥmān*, denn mit diesem Attribut dürfe nur Gott beschrieben werden.[11] In diesem Zusammenhang macht der klassische Exeget Muḥammad Ibn Ǧarīr aṭ-Ṭabarī (gest. 923) darauf aufmerksam, dass der koranische Vers: „Ruft Allāh, oder ruft *ar-raḥmān*, wie immer ihr ihn ruft, sein sind die Schönen Namen […]"[12] einen Hinweis darauf gibt, dass

auch wenn es berechtigt wäre, manche seiner Geschöpfe mit einigen Inhalten der Bedeutung von *ar-raḥmān* zu charakterisieren, da es legitim ist, einigen Geschöpfen Aspekte von Gottes Barmherzigkeit zuzuschreiben, darf niemandem etwas von der (absoluten) Heiligkeit Gottes zugeschrieben werden. Daher kam *ar-raḥmān* gleich an zweiter Stelle nach dem Namen Allāh.[13]

Durch das Verbot, einen Menschen mit *ar-raḥmān* zu beschreiben, bekommt dieses Attribut eine spezifisch göttliche Konnotation, sie wird zum Bestandteil seiner immanenten Heiligkeit.

---

[9] Vgl. z. B. aṭ-Ṭabarī, *Ǧāmiʿ*, 125, sowie al-Qurṭubī, *Ǧāmiʿ*, 160. Folgenden Hadith haben at-Tirmiḏī und Aḥmad überliefert: „Der Prophet Muḥammad sagte: ,Gott der Erhabene sagte: *Ich bin ar-Raḥmān, habe den Mutterleib (arab.: raḥim) erschaffen und habe ihm einen Namen aus meinem Namen gemacht*'." Dazu schreibt Falaturi, „Islam", 76: „Das Gott-Mensch-Verhältnis bekommt somit im Islam mütterliche, also weibliche Züge und nicht wie im Christentum väterliche, also männliche Züge. Sein Verhältnis zu den Menschen ist somit nicht in seiner Allmacht, also seiner Stärke begründet, sondern mehr von der Raḥma (Barmherzigkeit) bestimmt, die als oberstes Handlungsprinzip sogar dieser, seiner Allmacht eine bestimmte Richtung weist."

[10] Der Koran bezeichnet zum Beispiel Muḥammad als *raḥīm* vgl. Q 9:128.

[11] Vgl. aṭ-Ṭabarī, *Ǧāmiʿ*, 132–133. Aṭ-Ṭabarī verweist auch auf al-Ḥasan al-Baṣrī, der diese Meinung vertreten habe und betont dann, dass es darüber einen Konsens unter den Gelehrten gebe, vgl. aṭ-Ṭabarī, *Ǧāmiʿ*, 134, vgl. auch al-Qurṭubī, *Ǧāmiʿ*, 163, Ibn Ǧuzzī al-Kalbī, *at-Tashīl*, 43, sowie Ibn Kaṯīr, *Tafsīr*, 126. In seinem Kommentar zu Sure *al-Fātiḥa* geht Abū Manṣūr al-Māturīdī ausführlich auf die Unterscheidung zwischen *ar-raḥmān* und *ar-raḥīm* ein; *ar-raḥmān* ist ein Eigenname für Gott (*ism ḏātī*), während *ar-raḥīm* eine Handlung Gottes beschreibt (*ism fiʿlī*), daher darf niemand außer Gott selbst *ar-raḥmān* heißen. Als koranischen Hinweis darauf führt er den Vers „Ruft Allāh oder ruft *ar-raḥmān* […]" (Q 17: 110) an (vgl. al-Māturīdī, *Taʾwīlāt*, 5). Vgl. auch al-Qurṭubī, *Ǧāmiʿ*, 163, der sich ebenfalls auf denselben Vers beruft: „Er [Gott] setzt *ar-raḥmān* mit seinem Namen, den niemand mit ihm teilen darf, gleich", und al-Qurṭubī, *Ǧāmiʿ*, 163, verweist auf Sure *az-Zuḥruf* Vers 45, dass es *ar-raḥmān* ist, dem die Anbetung gebührt.

[12] Q 17:110 nach eigener Übersetzung. Paret führt folgende Übersetzung an: „Sag: Ihr mögt zu Allah beten oder zum Barmherzigen (*ar-raḥmān*)." Das arabische Wort udʿū kann sowohl mit „rufen" als auch mit „beten" übersetzt werden. Häufiger erfolgt die Übersetzung allerdings mit „rufen".

[13] at-Tabarī, *Ǧāmiʿ*, 133.

Das Attribut *ar-raḥīm* kommt im Qurʾan häufig im Zusammenhang mit der Vergebung von Sünden vor und wird daher sehr oft an den Namen Gottes *al-ġafūr* (der Vergebende) gekoppelt.[14] Es handelt sich also bei *ar-raḥīm* um ein Tatattribut. Wenn hier in diesem Beitrag allerdings die Rede von Barmherzigkeit ist, dann nicht von der Barmherzigkeit als Vorgang der Vergebung durch Gott *ar-raḥīm*, sondern als Ausdruck seiner absoluten Barmherzigkeit als *ar-raḥmān*, von der alle Menschen gleichermaßen betroffen sind. Denn als *ar-raḥīm* vergibt Gott „wem er will, und er bestraft, wen er will".[15] Gott wird manchmal zornig[16] und manchmal bestraft er.[17] Die Barmherzigkeit Gottes als *ar-raḥmān* will andere Aspekte als den Vorgang der Vergebung zum Ausdruck bringen. *Ar-raḥmān* ist nämlich Ausdruck der bedingungslosen Zuwendung Gottes dem Menschen gegenüber. Und genau diese koranische Bedeutung von *ar-raḥmān* entspricht der syro-aramäischen Übersetzung des Wortes, nämlich der Liebende.[18] Demnach ist *ar-raḥmān* der liebende Gott. Daher spreche ich hier von der liebenden Barmherzigkeit, um Missverständnisse zu vermeiden, denn mit Barmherzigkeit ist hier die immer schon das Wesen Gottes prägende und seine Freiheit lenkende Liebe gemeint. Diese in Gottes Wesen eingeschriebene Barmherzigkeit hat nichts zu tun mit der Begnadigungssouveränität, an die wir neuzeitlich denken, wenn wir diesen Begriff verwenden.

Diese Unterscheidung würde es erlauben, doch eine unbedingte und bleibende Barmherzigkeit Gottes für alle Menschen zu behaupten [...]. Gott wäre dann immer und allen Menschen gegenüber voller Erbarmen geöffnet und wartet auf ihre Hinwendung zu ihm.[19]

Diese liebende Barmherzigkeit beschreibt, wenn man den Wortsinn in den semitischen Sprachen ernst nimmt, das *Betroffensein* Gottes bis in seine „Eingeweide" hinein. Gott ist in diesem Bild zutiefst berührt durch die Not der Menschen. Er muss dieses Berührtsein nicht erst wählen und kann es auch nicht von sich distanzieren, ohne sich zu verraten.

Nimmt man diesen Gedanken auf, würde Freiheit nicht primär als absolute Selbstbestimmung verstanden, sondern eher als Gottes Selbstentsprechung in seiner Menschenfreundlichkeit und in seiner bedingungslosen Zugewandtheit dem Menschen gegenüber.

Die Offenbarung Gottes bedeutet daher, dass die liebende Barmherzigkeit Gottes gegenwärtig wird, die ja nichts anderes darstellt, als das Wesen Gottes. Es ist

---

[14] Vgl. z.B. Q 2:37, 2:54, 2:128, 2:160, 9:104, 9:118, 10:107, 12:98.

[15] Q 3:129, vgl. auch 48:14.

[16] Vgl. z.B. Q 2:61, 2:90, 4:93.

[17] Vgl. z.B. Q 3:128, 4:173, 5:40.

[18] Muslimische Exegeten wie ar-Rāzī erwähnen die Möglichkeit eines syro-aramäischen Ursprungs des Namens Gottes *ar-raḥmān*, vgl. ar-Rāzī, Tafsīr, 169, zur Sure *al-Fātiḥa*.

[19] Von Stosch, *Herausforderung Islam*, 67.

Gott, der sich in seiner unbedingten Barmherzigkeit den Menschen im Qurʾan offenbart und sie zur Gemeinschaft mit Gott einlädt.

Schaut man sich die vorislamische arabische Dichtung an, dann stellt man fest, dass der Name Gottes *ar-raḥmān* kein unbekannter war. Darauf verweisen auch einige muslimische Exegeten, wie Ibn Kaṯīr in seinen Ausführungen zu der ersten Sure.[20] Dort verweist er auf aṭ-Ṭabarī, einen früheren Exegeten, der wiederum den vorislamischen Dichter Salāma b. Ǧundal (gest. 600) zitiert: „*wa-mā yašaʾi r-raḥmānu yaʿqidu wa-yuṭliqu*"[21] (Was der Barmherzige will, wird beschlossen und freigesetzt). Die Araber kannten also den Gottesnamen *ar-raḥmān* schon in vorislamischer Zeit, allerdings wurde dieser überwiegend in christlichen und jüdischen Kreisen verwendet,[22] und zwar als Bezeichnung für den einen Gott im Himmel. Somit wurde der Gottesname *ar-raḥmān* von den alten Arabern anders als der Name Allāh verwendet, der umfassender auch als Bezeichnung für andere Götter benutzt wurde:

In the case of Allāh and *al-Raḥmān*, it seems that one may advance the following assertions. The name Allah designated the creator God known by the Meccans, but His cult, before Islam, allowed for the worship of other secondary divinities- *al-Raḥmān*, on the other hand, was the name of the unique God in certain portions of Arabia (at least in al-Yamama and Yemen), but the Meccans felt an aversion to its use. The name was a stranger to them.[23]

Daher kann mit Angelika Neuwirth festgehalten werden, dass die Barmherzigkeit zwar tiefe Wurzeln in der Gedankenwelt des mediterranen Raums hat, sie ist jedoch „vor dem Hintergrund des herkömmlichen arabischen Denkens ein im Koran neu entwickelter Gedanke".[24]

---

[20] Vgl. Ibn Kaṯīr, *al-Bidāya wa-n-nihāya*, 127.

[21] Ebd.

[22] Vgl. Jomier, „Divine Name", 345–358, hier 347f.

[23] Jomier, „Divine Name", 347, führt dazu weiter an: „The fact that Islam prefers Allāh as the principle name of the unique God agrees with what we know from elsewhere about the spirit of the Qurʾān. As the pre-Islamic cult of the Kaʿba was preserved with completely changed spirit, so the cult of Allāh persisted with a rejuvenated doctrine. This solution had the advantage of not provoking the aversion of the Meccans to the name *of al-Raḥmān*, while not totally giving up on doctrine. The attempt at preaching the name of *of al-Raḥmān* had so outraged the Meccans that its continuation would have been quite disadvantage. It should be noted that the ḥadīth reflecting Ḥijāzī Muslim attitude only uses this divine name on a few occasions."

[24] Neuwirth, *Verzauberung*, 134.

2 Barmherzigkeit als gemeinsame Grundlage für den Dialog der drei monotheistischen Religionen

Die Formel, mit der 113 der 114 der koranischen Suren beginnen: „Im Namen Gottes, des Allbarmherzigen, des Erbarmers", die mit dem Akronym *„basmala"* benannt wird, stammt, wie die Koranwissenschaftlerin und Arabistin Angelika Neuwirth vermutet, höchstwahrscheinlich aus der mittelmekkanischen Zeit.

Ihr Gebrauch entspricht dem der Trinitätsformel ‚Im Namen des Vaters und des Sohnes und des Heiligen Geistes' in christlichen Texten, die relevanten öffentlichen und offiziellen Mitteilungen vorangestellt ist. Diese wird hier zu einer Aussage über den einen Gott umformuliert.[25]

Der katholische Theologe Klaus von Stosch bezieht sich auf den gegenwärtigen Metropoliten der syrisch-orthodoxen Kirche von Deutschland, Mor Philoxenos Mattais Nayis, wenn er schreibt:

Schaut man sich die Literatur vorislamischer syrischer Kirchenväter an, stellt man allerdings fest, dass die Basmala eine gängige Einleitung der eigenen Rede auch schon bei Christen war. Erst als Reaktion auf die Usurpation dieser Rede durch Muslime scheint sich die christliche Invokation der Trinität als Antwort auf die muslimische Formel durchgesetzt zu haben.[26]

Die Suren werden derart durch eine Invokationsformel markiert, die distinkte Einheiten im kanonisierten Text figuriert und sie zugleich durch ein von der Barmherzigkeit Gottes geprägtes sprachliches Gefüge umspannt. Die *basmala* vermag daher im Modus einer transzendentalen Signatur die Lebensgrundbestimmung des Glaubenden zu gestalten und durch die prägende Symbolik der Barmherzigkeit sein Denken und Handeln mit der barmherzigen Allgegenwart Gottes zu umrahmen. Dadurch kann die *basmala* als litanei-artige Textur wahrgenommen werden, als ein Meta-Diskurs, der wie ein „Zuvor der Sprache" fungiert und auf die symbolische Kraft des Namens verweist: „Im Namen Gottes, des Erbarmers, des Barmherzigen" stellt eine Art der Prämisse und Rekapitulation bzw. einen Interpretationsschlüssel dar, welche die gesamte Auslegung der Sendung Gottes einführt und ermöglicht. Demzufolge finden das Ausgerichtetsein auf Gott hin und die gesamte existentielle Erfahrung in *rahma* ihren wesentlichen Vollzug. Während der Textlektüre werden daher die Glaubenden immer wieder an die Barmherzigkeit Gottes erinnert, die den Text durchdringt und wie ein performativer *cantus firmus* im Qur'an zu verstehen ist. Dadurch zeigt der Qur'an, dass die Verkündigung Muhammads darauf abzielt, den Menschen die Barmherzigkeit Gottes mitzuteilen und selbige durch

---

[25] Neuwirth, *Frühmittelmekkanische Suren*, 88.
[26] Von Stosch, *Herausforderung Islam*, 65.

diese Verkündung durchzusetzen: „Wir haben dich lediglich als Barmherzigkeit für alle Welten entsandt" (Q 21:107).

Der Gottesname *ar-raḥmān* taucht prominent im Qur'an in der mittelmekkanischen Phase auf, und zwar in der Gruppe der sog. *raḥmān*-Suren[27] (Q 17, 19, 20, 21, 25, 36, 43, 67, 68), daher auch die Bezeichnung *raḥmān*-Phase. Der Gottesname *ar-raḥmān* tritt hier an die Stelle des vorher üblichen *ar-rabb/rabbuka* (Herr/dein Herr).[28] In Mittelmekka wird daher etwas in den Vordergrund gestellt, was bislang zwar angesprochen und vom Propheten sowie von der Gemeinde erfahren wurde, jedoch ohne, dass es mit einem eigenen Gottesnamen genannt wurde: die Personalität und damit die Emotionalität Gottes. Gott ist keineswegs lediglich ein unbeteiligter Erstverursacher der Welt, sondern er lässt sich auf die Menschen ein und offenbart sich in der Geschichte, er lässt sich auch emotional bewegen. Er tritt also in die Geschichte ein, jedoch nicht in Form eines Menschen, wie im Falle des Christentums, sondern als der barmherzige Gott, der auch als solcher, vor allem in der Rezitation des Qur'ans erfahrbar wird. Wie Angelika Neuwirth feststellt, taucht gerade in der besonders an der paradiesischen Dimension des jenseitigen Raumes interessierten Sure 55 der letzten frühmekkanischen Periode der Gottesname *ar-raḥmān* erstmals im Qur'an auf:[29]

Göttliche Barmherzigkeit wird hier durch die Preisung der Schöpfung und zugleich durch ihre kongeniale Abbildung in der Offenbarungs-Sprache gefeiert. Die antiphonische Struktur des Textes, die ihn als eine Litanei erkennen lässt, deutet auf eine Gebetsmeditation als Sitz im Leben dieser ersten Rahman-Sure.[30]

Sure 55 spricht zwar nicht explizit von *raḥma*, sie leitet allerdings in die *raḥmān*-Suren der mittelmekkanischen Periode ein. Bemerkenswert ist, dass das erstmalige Auftauchen des Gottesnamens *ar-raḥmān* im Qur'an in Sure 55 in unmittelbarem

---

[27] Vgl. von Stosch, *Herausforderung Islam*, 33ff.

[28] Aus diesem Grund verortet Neuwirth die Herkunft der *basmala* in der mittelmekkanischen Phase (vgl. Neuwirth, *Frühmittelmekkanische Suren*, 88; dies., *Koran als Text*, 472ff.).

[29] Der Name Gottes *ar-Raḥmān* kommt schon in Q 78:37–38 vor. Dabei ist Q 78 früher offenbart worden als Q 55:1. Dies könnte den Eindruck erwecken, der Name *ar-raḥmān* sei schon vor Q 55 angewandt worden. Allerdings verweist Angelika Neuwirth in den literarkritischen Anmerkungen zu Q 78 darauf, dass die mehrgliedrigen Verse 37–40 als späterer Zusatz zu betrachten sind. Der Zusatz mit dem Gottesnamen *ar-raḥmān*, der wohl aus mittelmekkanischer Zeit stammen dürfte – vgl. die Benutzung von *ar-raḥmān* in den mittelmekkanischen Suren – ist besonders auffällig in Q 19. Das literarkritische Argument Neuwirths scheint zu tragen, da es sich ausnahmslos um mehrgliedrige Verse handelt, die in Q 78, die hymnisch bestimmt ist, herausfallen. Zwar wird der Endreim gehalten, aber eine kolometrische Aufstellung lässt die Überlängen und Reimprobleme offenkundig werden (vgl. Neuwirth, *Frühmittelmekkanische Suren*, 455; dies., *Koran als Text*, 459–463.). Zu einer ähnlichen Beurteilung kommt auch Richard Bell, der die Verse 37–40 als späteren Nachtrag betrachtet (vgl. Bell, *Qur'an*, 629). Damit wäre die erste Nennung des Wortes *ar-Raḥmān*, ob nun adjektivisch oder als Gottesname, in Q 55:1 zu finden.

[30] Neuwirth, *Verzauberung*, 135.

Zusammenhang und an erster Stelle mit den Lehren des Qur'ans steht, danach an zweiter Stelle mit der Erschaffung des Menschen und seinem ihm von Gott geschenkten Erkenntnisvermögen und dann an dritter Stelle mit der gesamten Schöpfung, um dann die Gerechtigkeit ins Zentrum zu rücken:

> Der Allbarmherzige, er hat den Koran gelehrt, den Menschen erschaffen, ihn die klare Rede gelehrt. Sonne und Mond gehen nach Berechnung, die Sterne und die Bäume werfen sich nieder. Den Himmel hat er emporgehoben und die Waage aufgestellt, dass ihr beim Wägen nicht gesetzlos handelt. Setzt das Gewicht gerecht und gebt bei der Waage nicht weniger! Die Erde hat er für die Geschöpfe angelegt. Auf ihr gibt es Früchte und die Palmen mit Fruchthüllen, das Korn auf Halmen und die duftenden Kräuter. Welche der Wohltaten eures Herrn wollt ihr denn leugnen? (Q 55:1–13).

An anderer Stelle wird der Qur'an selbst als Barmherzigkeit beschrieben, z.B. Q 31:3; Q 45:20.

Der Name Gottes *ar-raḥmān* verbindet sich in Q 1:1

> mit dem ab Spätmekka üblichen Gottesnamen Allah, der vorher nur gelegentlich gebraucht worden war. Der auch in zentralen jüdischen liturgischen und in epigraphischen Texten geläufige Gottesname (hebr. *ha-raḥaman*) ist mit hoher Wahrscheinlichkeit über Südarabien in die nordarabische Liturgiesprache gelangt (siehe dazu bereits Horovitz 1925: 201–203 und jetzt Robin 2004). Die etymologisch und semantisch eng verwandte Prädikation *raḥīm* ,übersetzt' den vorgefundenen Namen noch einmal in das gebräuchliche Arabisch.[31]

Neuwirth vermutet in der Prädominanz des Gottesnamens *ar-raḥmān* in der mittelmekkanischen Surengruppe, den sogenannten „raḥmān-Suren", über diese Genealogie hinaus einen Anstoß aus liturgischer Richtung.[32] Sie verweist hier auf die am Ende der frühmekkanischen Periode stehende *Sūrat ar-Raḥmān*,

> eine[n] Text, der einen liturgisch prominenten Psalm (Ps 136) schöpfungstheologisch ,umschreibt' [und] ganz offenbar Liturgieerfahrung für die Fokussierung des Leitgedankens (speziell: Schöpfungsharmonie als Zeichen göttlicher Huld) ausschlaggebend war [...]. Man denke etwa an die in der christlichen Liturgie ubiquitäre Formal *kyrie eleēson* (,Herr, erbarme dich').[33]

Es ist bemerkenswert, dass die Mitte des Qur'ans, die Barmherzigkeit, nach der Ersterwähnung des Gottesnamen *ar-raḥmān* in Q 55 zum ersten Mal im Qur'an in so prominenter Weise ausgerechnet im Zusammenhang mit Sure 19 (mit dem Namen „Maria") vorkommt, also einer Sure, die sich ausführlich mit Maria und Jesus auseinandersetzt.[34] Die Barmherzigkeit Gottes stellt das theologische Hauptthema

---

[31] Neuwirth, *Frühmittelmekkanische Suren*, 88f. Zur Geschichte des Namens Allāh siehe Kiltz, „Relationship", 33–50.

[32] Neuwirth, *Frühmittelmekkanische Suren*, 89.

[33] Ebd.

[34] Vgl. Neuwirth, *Koran als Text*, 487f.; dies., *Frühmittelmekkanische Suren*, 605, 641.

dieser ganzen Sure dar. Angelika Neuwirth weist zu Recht darauf hin, dass die Entdeckung der Barmherzigkeit als Gottesname ein besonderes Erbe Marias im Qur'an darstellt und dass diese Verknüpfung des Gottesnamens mit einer Frauengestalt angesichts der Verwandtschaft des Begriffs der Barmherzigkeit (*raḥma*) mit dem der Gebärmutter (*raḥīm*) kein Zufall ist.[35]

Der Qur'an ist hier offensichtlich bemüht, die Kontinuität der eigentlichen Botschaft beider Religionen (Islam und Christentum) zu betonen, nämlich die Barmherzigkeit Gottes.[36] Diese begegnet mir im Qur'an, aber auch in Jesus; denn beide werden auch als *Barmherzigkeit* bezeichnet:[37]

Die Rede von dem Erweis der Barmherzigkeit durch Jesus (Q 19:21) bindet ihn an den in der mittelmekkanischen Zeit üblichen Gottesnamen. Diese Barmherzigkeit wird wenig später [in Q 19] in überraschender Weise schon an Maria deutlich.[38]

Ausgerechnet in der dritten und in der fünften Sure, die sich ausführlich mit Jesus von Nazareth auseinandersetzen, wird das Verhältnis von Gott und Mensch in Worten der Liebe beschrieben. Dementsprechend kann man auch im Qur'an Belege dafür finden, dass die Gott-Mensch-Beziehung als Liebesbeziehung bestimmt wird, und zwar als Bestätigung und Kontinuität des christlichen Glaubens. Die Offenbarung Gottes bedeutet daher, dass die liebende Barmherzigkeit Gottes gegenwärtig wird, die ja nichts anderes darstellt als das Wesen Gottes. Es ist Gott, der sich in seiner unbedingten Barmherzigkeit den Menschen im Qur'an offenbart und sie zur Gemeinschaft mit Gott einlädt.

Vor diesem Hintergrund könnte man in der Bibel und im Qur'an einen ähnlichen Prozess erkennen, in welchem die Hervorhebung der Barmherzigkeit eng mit einem Wendepunkt in der Offenbarungsgeschichte des Gottesnamens verbunden ist. Ebenso wie in der Bibel der Name Gottes zunehmend mit dem Signifikanten der Barmherzigkeit verbunden wird, wird in den *raḥmān*-Suren dem Signifikanten Gottes *al-raḥmān*, der eine besondere Nähe Gottes zum Menschen ausdrückt, eine verstärkte Stellung zugeschrieben, der wie die *basmala* auf die Rezitation einwirkt und eine neue, von der Barmherzigkeit Gottes geprägte, ästhetische Gottesbegegnung eröffnet.

Dadurch ließe sich eine Parallele ziehen zwischen der Einführung der koranischen Benennung Gottes als *al-raḥmān* und der Namensoffenbarung in Ex 3,14 und

---

[35] Vgl. dies., *Frühmittelmekkanische Suren*, 636ff.

[36] Von Stosch, *Herausforderung Islam*, 65.

[37] Interessant ist auch die Tatsache, dass die Barmherzigkeit Gottes in so prominenter Weise ausgerechnet in der Sure 19 dargestellt wird, die zugleich die Eltern-Kind-Beziehungen thematisiert und zugleich auch Jesu Geburt so ausführlich schildert. Damit wird implizit das Verhältnis der Eltern zu ihren Kindern unter der Leitkategorie der Barmherzigkeit bewertet und von ihr her erschlossen. Zudem wird auch Jesu Leben unter diese Leitkategorie gestellt und von ihr her gedeutet.

[38] Von Stosch, *Herausforderung Islam*, 154.

Ex 34,6–7, wo das Tetragramm JHWH die Nähe Gottes zu seinem Volk proklamiert („ich werde sein, der ich sein werde") und Gott sich zugleich als Geheimnis offenbart. Beide Namen sind mit einer programmatischen und versprechenden Selbstoffenbarung Gottes verknüpft, die im Zeichen einer fürsorglichen und barmherzigen göttlichen Präsenz in der Geschichte immer wieder geschehen ist und auch wieder geschehen wird.

3 Anstöße für eine Theologie der Barmherzigkeit am Beispiel der Offenbarung verstanden als dialogisch-kommunikativer Prozess

Mit Barmherzigkeit, verstanden als die bedingungslose Zuwendung und Zusage Gottes an die Menschen, ist die immer schon das Wesen Gottes prägende und seine Freiheit lenkende Liebe gemeint. Freiheit ist das Gesetz der Liebe, und darum geht es auch in einem hier explizierten Verständnis der Offenbarung im Islam: Es geht um die liebende Barmherzigkeit Gottes.

Das neuzeitliche Freiheitsdenken ist für das Verstehen der Offenbarung als Gegenwart Gottes von großer Hilfe, denn die Offenbarung als Freiheitsgeschehen zu denken, löst das Problem einer konstruierten Konkurrenzstellung von göttlicher und menschlicher Freiheit, von göttlichem und menschlichem Willen. Im Geschehen der Liebe als freiem Entgegenkommen bleibt und wird die andere Freiheit anerkannt, der Mensch wird darüber hinaus ermutigt, sich aus dieser zuvorkommenden Liebe heraus selbst neu zu bestimmen.[39] Weil sich also Freiheit durch die Bejahung anderer Freiheiten verwirklicht, herrscht kein Konkurrenzverhältnis zwischen göttlicher und menschlicher Freiheit und somit keine gegenseitige Begrenzung oder gar Negation, sondern ein komplementäres Verhältnis. Freiheit als zum Wesen Gottes gehörend bedeutet, dass Gott von seinem Wesen her sich selbst dazu bestimmt hat, Freiheit zu schenken. Ausgestattet mit dieser Freiheit ist es dem Menschen in seinem Wesen gegeben, sich als diese Freiheit selbst zu realisieren.

Je mehr sich der Mensch für die Freisetzung von Freiheit einsetzt, desto mehr wird die Intention Gottes nach Liebe und Barmherzigkeit realisiert. Der Einsatz des Menschen für die Freisetzung von Freiheit verwirklicht sich in seinem Handeln im Sinne der Liebe und der Barmherzigkeit. Beide müssen deshalb zum Selbstzweck menschlichen Handelns werden. Dadurch wird der Geltungsgrund moralischen Sollens im Subjekt selbst verortet „und bedarf keiner weiteren heteronomen Gehorsamspflicht gegenüber Gott".[40] Die liebende Barmherzigkeit, die nichts anderes ist

---

[39] Vgl. Jansen, *Freiheit*, 92; vgl. auch Pröpper, *Erlösungsglaube*, 176.
[40] Jansen, *Freiheit*, 93.

als die Realisierung von Freiheit, wird primär zur autonom-ethischen Begründung und zum unbedingten Kriterium menschlichen Sein-Sollens.[41]

Als Schuld muss infolge dessen die bloße *Nichtanerkennung* von Freiheit gelten, der Versuch absoluter, unvermittelter Ich-Setzung. Als ‚gut‘ ist folglich ein Handeln zu bewerten, in dem sich Menschen für andere Freiheit öffnen und dieser Sein-Sollen in dieser Selbstbestimmung – Subjektwerdung und Personsein – wünschen und ermöglichen.[42]

Wahrhaftige Selbstbestimmung des Menschen wächst so nicht in umgekehrtem, sondern in gleichem Maße mit der radikalen Abhängigkeit vom Schöpfer, um hier mit Karl Rahner zu sprechen.[43] `

Wenn der Qur’an das Ziel göttlichen Schöpfungshandelns als Suche nach Mitliebenden bestimmt hat, „er liebt sie und sie lieben ihn" (Q 5:54), dann ist damit Freiheit bereits mitgedacht. Und so ist die Geschichte Gottes mit uns Menschen – und damit eng verbunden sein Selbstoffenbarungsgeschehen – notwendigerweise eine Freiheitsgeschichte und ein Freiheitsgeschehen, denn Liebe setzt wirkliche Freiheit voraus, Freiheit ist das Gesetz der Liebe.

Siegel der Freiheit ist nach koranischem Zeugnis die Bestimmung des Menschen zum Kalifen (Stellvertreter Gottes, Statthalter) im Sinne eines Mediums der Verwirklichung von Gottes Intention nach Liebe und Barmherzigkeit. Um die Freiheit des Menschen zu schützen, greift Gott nämlich in die Welt nur auf eine Weise ein, die diese Freiheit des Menschen nicht beeinträchtigt und daher hauptsächlich durch den Menschen selbst, der sich in Freiheit für die Freisetzung von Freiheit, also für die Liebe, einsetzt. Es ist nicht Gott, der unmittelbar in die Welt eingreift, um Hungersnot zu beseitigen bzw. Kriege oder das Böse zu verhindern, sondern wir Menschen sind die „Hände" Gottes, um dies zu verwirklichen, wenn wir uns in Freiheit zur Verfügung stellen. Der Mensch hat somit eine verantwortliche Teilhabe an Gottes schöpferischem Wirken. Seine Freiheit entspricht sich selbst nur dann, wenn sie sich von Gott beanspruchen lässt bzw. dass sie in der Ablehnung Gottes dem widerspricht, „was sie selbst will, wenn sie tut, was sie – sich selber und anderer Freiheit verpflichtet – tun soll".[44] Indem sich der Mensch Gott öffnet und sich als Medium der Verwirklichung von Gottes Liebe und Barmherzigkeit zur Verfügung stellt, verwirklicht er dadurch seine eigene Freiheit.

Der Mensch hat nach islamischer Vorstellung wesenhaft ein relationales Wesen, das in Freiheit gründet, um seine eigene Freiheit zu verwirklichen.

---

[41] Vgl. Pröpper, „Freiheit als philosophisches Prinzip", 20; ders., *Evangelium*, 19.

[42] Jansen, *Freiheit*, 93.

[43] Vgl. Platzbecker, *Religiöse Bildung*, 110ff.; Pröpper, *Erlösungsglaube*, 178f.

[44] Pröpper, „Freiheit als philosophisches Prinzip", 35. Sieht das Subjekt ein, dass es in der geschuldeten Anerken¬nung Gottes sich selbst entspricht, so ist auch seine autonome Würde bestätigt; vgl. Platzbecker, *Religiöse Bildung*, 107–108.

Wir dürfen also in unserem Glauben davon ausgehen, dass Gott eine wesenhaft kontingente Welt erschaffen wollte, in der Menschen sich in ihrer endlichen Freiheit unbedingt zu sich selbst, zu anderer Freiheit und schließlich zu ihm als vollkommener, erfüllender und aller Wirklichkeit mächtiger Freiheit entschließen können – aber nicht müssen. So ist die Geschichte Gottes mit den Menschen von Anfang eine des Heils wie des Unheils: Sie erlaubt Irrwege und Abwege, Sackgassen, aber auch immer wieder Umkehr und Metanoia.[45]

Und das ist genau die Geschichte der Offenbarung des Qurʾans. Sie ist eine Geschichte, deren Hauptakteure Gott und Mensch sind. In ihr vergegenwärtigt sich Gott in menschlichen Kategorien (in der erschaffenen arabischen Sprache des Qurʾans, die dem Wesenswort Gottes entspricht, mit ihr jedoch nicht identisch ist) und somit ist der Qurʾan die Offenbarung Gottes in Menschenwort. Denn die Offenbarung Gottes als Freiheitsgeschehen will die Adressierten des Qurʾans zur Freiheit ermutigen und keinesfalls aus ihnen unbeteiligte Empfänger und somit lediglich Objekte von Gottes Barmherzigkeit machen. Zugleich bezeugt der Qurʾan das Risiko, das Gott eingeht, seine Beziehung zu den Menschen als Freiheitsbeziehung zu bestimmen und daher dem Menschen Freiheit zu schenken. Sehr oft hat der Mensch die ihm geschenkte Freiheit missbraucht und so auch für andere nachhaltig verstellt. Er tut dies auch heute noch.

Der Qurʾan als Selbstoffenbarung Gottes in menschlichen Kategorien bezeugt diese Relationalität zwischen Gott und Mensch. Daher zeichnet der Qurʾan keine heile Welt ohne Leid, Krieg und Egoismus, sondern beschreibt diese Defizite, die meist aus dem Missbrauch menschlicher Freiheit und somit der Zurückweisung von Freiheit resultieren. Er will, vor allem durch seinen ergreifenden und bewegenden Klang, die Erstadressierten wie auch in der heutigen Rezeption des Qurʾans dazu ermutigen, durch ihr eigenes Handeln und durch ihren Einsatz in der Welt ein Medium der Verwirklichung göttlicher liebender Barmherzigkeit zu sein, um dadurch sich selbst und seiner eigenen Freiheit zu entsprechen. Durch den Klang des Qurʾans geschieht Gottes Selbstoffenbarung in jedem Akt der Rezitation und des Hörens des Qurʾans.

Die Erstadressierten des Qurʾans haben diesen als Zusage der liebenden Barmherzigkeit Gottes vernommen und als Begegnung mit der Unbedingtheit göttlicher Freiheit, welche die Adressierten des Qurʾans zur Freiheit ruft. Zugleich sahen sich Muḥammad und seine Gemeinde mit der Bedingtheit menschlicher Freiheit konfrontiert. Menschen geraten eben an Grenzen und zerbrechen nicht selten an einer Haltung der Unfreiheit, einer Haltung des Sich-Verschließens. Die Verwirklichung des Menschen als freiheitliches Wesen ist immer wieder vom Scheitern bedroht. Und gerade hier soll die Begegnung mit der im Qurʾan offenbarten liebenden Barmherzigkeit Gottes Hoffnung machen. Sie will befreien und Liebe entzünden.

---

[45] Pröpper, „Freiheit vor Gott", 103–127.

Eine theologische Koranhermeneutik will an erster Stelle einen theologischen Zugang zum Qurʾan verschaffen. Dieser kann primär für gläubige Muslime von Interesse sein, da es dieser Hermeneutik um die Spurensuche nach der Barmherzigkeit Gottes im Qurʾan und in der von ihm bezeugten Geschichte geht, um im zweiten Schritt den Gläubigen einen Weg zu eröffnen, die ihnen im Qurʾan begegnete Barmherzigkeit in das jeweils eigene Leben zu integrieren und als gelebte Realität zur Entfaltung zu bringen. Denn die Verwirklichung von Gottes offenbarter liebender Barmherzigkeit in der Geschichte findet erst in der menschlichen Antwort statt: „Gott erschafft Menschen, die er liebt und die ihn lieben" (Q 5:54).

Es handelt sich somit um eine Hermeneutik der Gotteserfahrung im gelebten Leben. Eine Erfahrung, die jedoch nicht von der Geschichte des Menschen zu trennen ist, und zwar weder von der des Menschen im Verkündigungskontext (Erstadressierten des Qurʾans) noch von der der Rezeption des Qurʾans heute und in jedem weiteren Kontext. Die Selbstoffenbarung Gottes im Qurʾan findet in der konkreten Geschichte Muḥammads und seiner Gemeinde statt und findet ihre Fortsetzung in der konkreten Geschichte der Rezipienten des Qurʾans. Im Qurʾan hat sich Gott auf eine dialogisch-kommunikative Weise geoffenbart, in der die Geschichte der Erstadressierten, deren Sehnsüchte, Ängste, Hoffnungen, Wünsche usw. konstitutiv für diesen dialogischen Akt war. Dieser Akt gestaltete zugleich die Geschichte mit, indem er die Menschen zur Liebe entzündete, sie zur Freiheit einlud und so seine intervenierende Kraft entfaltete. Zwischen dem Qurʾan und der Lebenswirklichkeit des Menschen besteht somit eine dialektische Beziehung. Die konkrete Geschichte beider ist für die jeweils andere Seite konstitutiv. Gott spricht durch den Menschen, durch seine linguistische wie kulturelle Sprache, durch seine Narrative und geistigen Bilder, durch seine Sehnsüchte und Ängste, durch sein Leiden und seine Freude, durch seine Hoffnungen und seine Zweifel usw., um ihn zur Liebe zu entzünden und um eine neue Geschichte der Liebe zu schreiben. Aus diesem Grund ist die konkrete Geschichte des Qurʾans als Erweis eines sich unbedingt für den Menschen entschiedenen barmherzigen Gottes zu verstehen. Und gerade weil dieser Gott die linguistische wie kulturelle Sprache der Erstadressierten des Qurʾans, aber auch deren Narrative und geistigen Bilder für den Dialog mit dem Menschen verwendet, macht dies die Anwendung von Methoden, wie die historisch-kritischen für eine theologische Koranhermeneutik fruchtbar, ja auch notwendig, um die Geschichte der Offenbarung als Geschichte Gottes mit dem Menschen rekonstruieren zu können.

Insofern ist der Ausgangspunkt einer theologischen Hermeneutik des Qurʾans die Überlegung, wonach Gottes Selbstoffenbarung eine dialogische ist, die sich in der Geschichte Gottes mit dem Menschen realisiert. Beide, Gott und Mensch, sind Subjekte dieses Offenbarungsgeschehens, in dem sich nicht nur die Freiheit Gottes realisiert, sondern auch die des Menschen. Der Qurʾan ist somit die Selbstoffenbarung von Gottes liebender Barmherzigkeit und zugleich deren Zeugnis in der

Geschichte. Deshalb begegnet uns im Qurʾan nicht nur Gottes Barmherzigkeit, sondern auch deren Zeugnis durch die Geschichte der Menschen, die sie angenommen, aber auch derer, die sie zurückgewiesen haben.

Dieses Verständnis einer dialogisch-kommunikativen Offenbarung hat aber entscheidende Konsequenzen für die Frage nach einem theologisch-hermeneutischen Zugang zum Qurʾan heute. Denn auch diese Hermeneutik kann nur dialogisch geschehen, und sie selbst bedeutet eine Aktualisierung des Offenbarungsgeschehens. Sie deckt nicht nur die Barmherzigkeit Gottes in der Geschichte des Qurʾans und ihrem Zeugnis bzw. dem Zeugnis ihrer Zurückweisung auf, sondern zeigt Wege der Erfahrbarmachung von Gottes liebender Barmherzigkeit im Qurʾan sowie durch ihn – damals und heute.

Es geht nicht darum, den endgültigen Deutungssinn jedes koranischen Verses bzw. jeder koranischen Sure auszuarbeiten, um dann zu meinen, den Qurʾan endgültig richtig verstanden zu haben. Es geht auch nicht um *die eine* richtige Auslegung des Qurʾans, denn diese gibt es nicht. Der Qurʾan in seiner arabischen Sprache als Form der Selbstoffenbarung Gottes entspricht dem Inhalt der Offenbarung. Er ist die Vergegenwärtigung Gottes liebender Barmherzigkeit, und darum geht es mir: diese liebende Barmherzigkeit, die im Qurʾan und durch ihn erfahrbar wird, in der Geschichte der koranischen Verkündigung (610 bis 632) mittels historischer und historisch-kritischer Methoden aufzudecken und Möglichkeiten ihrer Einbindung im Leben der Gläubigen heute aufzuzeigen. Es handelt sich also um zwei aufeinander aufbauende Schritte: Im ersten Schritt wird die Geschichte rund um die Offenbarung einer Abhandlung im Qurʾan – es kann sich hierbei um einen Vers, um ein Verskorpus zu einem bestimmten Thema oder um eine ganze Sure handeln – entweder aus dem zur Verfügung stehenden historischen Material, wozu auch andere spätantike Texte gehören, oder intratextuell aus dem koranischen Textkontext selbst bzw. aus beidem (dem historischen Material und dem koranischen Text) erläutert, um die Realisierung der Offenbarung Gottes liebender Barmherzigkeit in der jeweiligen historischen Situationen aufzudecken. Denn diese Offenbarung Gottes geschieht in der Geschichte Gottes mit dem Menschen. Das heißt aber, dass sich Gottes liebende Barmherzigkeit nur durch ihre Annahme durch den Menschen in der Geschichte realisiert. Daher geht es auch darum, dem koranischen Zeugnis der Annahme bzw. der Ablehnung der Liebe Gottes durch den Menschen nachzugehen.

In einem zweiten Schritt werden Möglichkeiten für die Begegnung heutiger Rezipienten mit dem Qurʾan, vor allem mit seiner in der liebenden Barmherzigkeit erfahrbaren Ästhetik analysiert.

Der Qurʾan will letztlich nicht nur gelesen, rezitiert oder gehört werden, er stellt die Selbstoffenbarung Gottes dar. Er will durch die Begegnung mit Gott zur Freiheit und somit Liebe entzünden und die Geschichte Gottes mit dem Menschen als Geschichte der Verwirklichung von Liebe und Barmherzigkeit fortführen, aber nur, wenn der Mensch diese annimmt und im gelebten Leben verwirklicht. Deshalb bleibt der Qur'an stets offen und lädt immer wieder zu neuen Erfahrungen mit der liebenden Barmherzigkeit Gottes ein.

Die Barmherzigkeit als hermeneutisches Kriterium einer solchen theologischen Auseinandersetzung mit dem Qur'an bedeutet erstens die Rekonstruktion der Realisierung dieses „Ja" zur Freiheit anderer, also von der liebenden Barmherzigkeit in der Geschichte des Qur'ans zur Zeit seiner Offenbarung im 7. Jahrhundert, und zweitens die Ermöglichung dieses „Ja" in der Fortschreibung der Offenbarung von Gottes liebender Barmherzigkeit im Qur'an, und zwar in der Geschichte des Qur'ans und somit in der Geschichte Gottes mit dem Menschen heute.

Eine theologische Hermeneutik des Qur'ans geht nicht von der Abgeschlossenheit der Offenbarung Gottes im Qur'an aus, denn Offenbarung ist ein Geschehen, das sich immer wieder in jeder Begegnung des Menschen mit dem Qur'an, vor allem mit seinem Klang, ereignet. Wenn der Mensch diese Einladung zur Liebe und Barmherzigkeit annimmt und sie in sein Leben durch sein Handeln verwirklicht, dann schreibt er Gottes Offenbarung fort. Denn wie die Geschichte des Qur'ans eine Geschichte der Wirklichkeit göttlicher liebender Barmherzigkeit darstellt, soll das Leben des Gläubigen ein Zeugnis von dieser liebenden Barmherzigkeit sein. Diese Überlegungen, die in den nächsten Jahren sicherlich noch zu präzisieren sein werden, sollen gerade uns Muslimen Mut machen, uns dem Qur'an stärker zu öffnen und ihm zuzutrauen, dass er uns Freiheit schenken will, dass er uns bis in die Tiefen unserer Herzen berühren und uns zu Händen der Liebe machen will.

Die Reduktion des Qur'ans auf ein Gesetzbuch, eine Art Bedienungsanleitung für das Leben, macht aus den Gläubigen lediglich Objekte der Offenbarung, die nur passiv diese Instruktionen empfangen und auszuführen haben. Ein Objekt kann aber nicht in Freiheit eine Liebesbeziehung mit Gott eingehen, denn das Gesetz der Liebe ist Freiheit. Nur eine Offenbarung, die Freiheit zulassen will, ist eine zur Liebe einladende Begegnung mit Gott. Jede Auslegung des Qur'ans, die mir diese Freiheit rauben will, verhindert die Möglichkeit der Gottesbegegnung. Jeder Versuch, den Qur'an auf eine Gesetzesschrift zu reduzieren, ist eine bewusste oder unbewusste Verdrängung Gottes aus dem Qur'an. Gesetze, Instruktionen, Gebote, Verbote und ethische Prinzipien stünden dann im Mittelpunkt des Qur'ans und würden zum Selbstzweck und nicht mehr die Begegnung mit der liebenden Barmherzigkeit Gottes, die zu einem „Ja" mit Gott einladen will.[46] Eine aufrichtige Beziehung zu Gott ist nur die, welche nach der Verwirklichung dieses „Ja" trachtet. Die Geschichte der Realisierung dieses „Ja" müssen dann Gläubige immer wieder neu schreiben, indem sie das „Ja" zu einer erfahrbaren Wirklichkeit in ihrem jeweiligen

---

[46] Ich möchte hier nicht missverstanden werden, dass dies ein Aufruf zur Abschaffung von religiösen Ritualen sowie Geboten und ethischen Grundsätzen ist. Die Frage ist aber, ob wir diese als Selbstzweck betrachten oder im Dienst der Vervollkommnung des Menschen würdigen. Ich mache mich für Letzteres stark.

Lebenskontext machen. Das heißt: Der Qurʾan will nicht nur gelesen, rezitiert und ausgelegt werden, er will auch und vor allem erfahren und gelebt werden, indem seine Rezipienten die in ihm offenbarte liebende Barmherzigkeit, vor allem in der Schönheit seines Klanges, annehmen und durch ihr Handeln und durch ihren Lebensentwurf erwidern und so zu Medien der Verwirklichung von Liebe und Barmherzigkeit im realen Leben werden. Denn Glaube vollzieht sich wesentlich als verstehende Aneignung der gegebenen Wahrheit. Dies soll uns Muslime stärker dazu ermutigen, die Schönheit des koranischen Klangs neu zu entdecken und das Erlernen der Rezitation des Qurʾans als Kernbestandteil jedes Religionsunterrichts und jeder Auseinandersetzung mit dem Qurʾan zu erheben, und zwar mit dem Bewusstsein, dass Gottes Schönheit, die Liebe entzünden will, vor allem in der Schönheit des koranischen Klangs erfahrbar wird. Deshalb vollzieht sich eine theologische Koranhermeneutik in einem performativen Akt, indem Gottes einladende Liebe und Barmherzigkeit durch den Menschen erwidert und in der Geschichte fortgeschrieben wird – und darum geht es.

Die koranischen Befunde decken sich auch mit dem Bild, das der Prophet Muḥammad in seiner Verkündigung vermittelte – eben das Bild eines personalen Gottes, der sich vom Menschen emotional bewegen lässt. Auch wenn der Mensch sündigt, bleibt Gott ihm zugewandt; denn seine Barmherzigkeit ist bedingungslos und absolut. Nur der Mensch kann durch sein Sich-Verschließen gegenüber dieser Barmherzigkeit deren Realisierung verhindern. Deshalb sagt der Prophet Muḥammad: „Gott streckt Arme der Liebe und Vergebung in der Nacht für diejenigen aus, die am Tag gesündigt haben, und er streckt Arme der Liebe und Vergebung am Tag für diejenigen aus, die in der Nacht gesündigt haben."[47] Dieses Bild eines barmherzigen Gott, der dem Menschen Hoffnung machen will, korrespondiert mit dem Bild Gottes, das auch im Qurʾan begegnet, wenn es dort heißt: „Sprich: ‚Meine Diener, die ihr euch zu eurem Schaden übernommen habt: Verzweifelt nicht an Gottes Barmherzigkeit! Siehe, Gott vergibt die Missetaten allesamt, siehe, er ist es, der bereit ist zu vergeben, der Barmherzige‘"(Q 39:53).

Ebenso gilt für viele Hadithe: Der Mensch ist es, der sich Gott verschließt, der Mensch ist es, der Gott den Rücken zudreht, nicht aber verschließt sich Gott dem Menschen. Von daher soll die Rede von Gottes Emotionalität nicht seine Treue und Beständigkeit in Frage stellen. Gott ruft den Menschen, rüttelt ihn auf und wartet auf ihn. Er will ihm einen Neuanfang ermöglichen und stattet ihn mit der dafür nötigen Energie aus. In einer anderen Aussage des Propheten Muḥammad wird die Freude Gottes über jeden, der sich ihm wieder zuwendet, bildhaft beschrieben:

Stellt euch vor, jemand ist alleine in der Wüste mit seinem Kamel unterwegs und plötzlich läuft das Kamel mit all seinem Essen und Trinken davon. Als der Mann es aufgibt, sein Kamel wieder zu finden und sich resignierend, auf den Tod wartend, auf den Boden legt,

---

[47] Überliefert nach Muslim, Hadith-Nr. 2759.

steht plötzlich sein Kamel mit Essen und Wasser neben ihm. Stellt euch die Freude dieses Menschen vor! So freut Gott sich über jeden, der sich von ihm ab- und wieder zugewandt hat, mehr als dieser Mensch in der Wüste über das Kamel.[48]

Es ist interessant, wie in dieser prophetischen Überlieferung das biblische Bild von der Zuwendung Gottes zum Menschen radikalisiert wird. Geht im Lukasevangelium Gott als guter Hirte dem einen verlorenen Schaf nach, um es zur Herde zurückzubringen (Lk 15,3–7), obwohl ihm noch 99 andere Schafe zur Verfügung stehen, und freut sich der barmherzige Vater des Evangeliums über die Rückkehr des verlorenen Sohnes, obwohl sein anderer Sohn ja immer bei ihm ist (Lk 15,11–32), radikalisiert Muḥammad die verwendete Bildsprache. Gott hat hier nur den einen Menschen, auf den er sich verlässt und dessen Rückkehr ihm neue Hoffnung bringt. Es gibt eben nur das eine Kamel, und dieses Kamel ist für seinen Besitzer lebensnotwendig. So braucht Gott jeden von uns, um seinen guten Willen Wirklichkeit werden zu lassen, und er verlässt sich auf uns – in letzter Radikalität.

Dieses Sich-Verlassen Gottes auf die Menschen bedeutet aber nicht, dass er die Menschen alleine lässt. Vielmehr beantwortet er auch den kleinsten Schritt des Menschen auf ihn zu mit seiner übergroßen Barmherzigkeit und Liebe. So heißt es in einem weiteren Hadith:

Gott, der Erhabene, sagt: „Ich bin, wie mein Diener es von mir annimmt. Und ich bin mit ihm, wenn er meiner gedenkt. Gedenkt er meiner in seinem Inneren, gedenke ich seiner in meinem Inneren. Gedenkt er meiner in einer Gruppe, gedenke ich seiner in einer besseren Gruppe. Nähert er sich mir um eine Handbreit, nähere ich mich ihm um eine Elle. Nähert er sich mir um eine Elle, nähere ich mich ihm um einen Klafter. Kommt er mir gehend entgegen, komme ich ihm laufend entgegen."[49]

Dieser Hadith macht deutlich, wie sehr Gott ein reziprokes Verhältnis zum Menschen eingeht, zugleich aber eine grundlegende Asymmetrie in diesem Verhältnis liegt. Gott bleibt immer der Barmherzigere, weil er als der absolut Liebende aus seinen unendlichen Möglichkeiten immer neue Chancen für den Menschen kreiert und seine Möglichkeiten stets erweitert.

Wendet man diese Verhältnisbestimmung soteriologisch, so wird klar, dass es aus muslimischer Sicht keine Rettung des Menschen an seiner Freiheit vorbei gibt. Gott entlässt den Menschen an keiner Stelle aus seiner Verantwortung. Aber zugleich macht Gott das Leiden des Menschen betroffen. Er wirbt um den Menschen, indem er sich in seiner Verletzlichkeit und Schwäche zeigt. Diese „Schwäche für den Menschen"[50] wird sicherlich erst deutlich, wenn wir den Qur'an in seiner performativen Gestalt als Selbstoffenbarung Gottes ernst nehmen. Aber wenn wir

---

[48] Überliefert nach Muslim, Hadith-Nr. 2744.

[49] Bei Muslim nach Abū Huraira überliefert (Buch über das Gedenken, die Bittgebete, die Reue und die Bitte um Vergebung; Unterkapitel: Die Veranlassung zum Gottgedenken).

[50] Schelling, *Philosophie*, 26, spricht hier in Anknüpfung an 1 Kor 1,25 davon, dass Gott eben

dies tun, wird immer wieder deutlich, wie sehr sich Gott dem Menschen aussetzt und sich von ihm bewegen lässt. Diese Verletzbarkeit Gottes wird in Hosea 11,1–11[51] bezeugt:

1 Als Israel jung war, gewann ich ihn lieb, / ich rief meinen Sohn aus Ägypten. 2 Je mehr man sie rief, / desto mehr liefen sie vor den Rufen weg: Den Baalen brachten sie Schlachtopfer dar, / den Götterbildern Räucheropfer. 3 Ich war es, der Efraim gehen lehrte, / der sie nahm auf seine Arme. Sie aber haben nicht erkannt, / dass ich sie heilen wollte. 4 Mit menschlichen Fesseln zog ich sie, / mit Banden der Liebe. Ich war da für sie wie die, / die den Säugling an ihre Wangen heben. / Ich neigte mich ihm zu und gab ihm zu essen.[1] 5 Er muss nicht nach Ägypten zurückkehren, / doch Assur wird sein König sein; / denn sie haben sich geweigert umzukehren. 6 Das Schwert wird in seinen Städten reihum gehen, / seinen Schwätzern ein Ende bereiten / und sie wegen ihrer Pläne vernichten. 7 Mein Volk verharrt in der Abkehr; / sie rufen zu Baal, dem Hohen, / doch der kann sie nicht hochbringen. 8 Wie könnte ich dich preisgeben, Efraim, / wie dich ausliefern, Israel? Wie könnte ich dich preisgeben wie Adma, / dich behandeln wie Zebojim? Gegen mich selbst wendet sich mein Herz, / heftig entbrannt ist mein Mitleid. 9 Ich will meinen glühenden Zorn nicht vollstrecken / und Efraim nicht noch einmal vernichten. Denn ich bin Gott, nicht ein Mensch, / der Heilige in deiner Mitte. / Darum komme ich nicht in der Hitze des Zorns. 10 Hinter dem HERRN werden sie hergehen. / Er brüllt wie ein Löwe, ja, er brüllt und es kommen die Söhne / vom Meer zitternd herbei. 11 Wie ein Vogel kommen sie zitternd herbei aus Ägypten, / wie Tauben aus dem Land Assur. Ich lasse sie wieder in ihren Häusern wohnen– / Spruch des HERRN.

Das Verhältnis JHWHs zu Israel wird hier als ein von JHWH ausgehendes Liebesverhältnis zu seinem Volk offenbar, das selbst durch die Abkehr Israels nicht aufgelöst werden kann. Gott, weil er Gott ist, ist nicht auf Vernichtung aus: „Gegen mich selbst wendet sich mein Herz, / heftig entbrannt ist mein Mitleid. Ich will meinen glühenden Zorn nicht vollstrecken" (Hos 11,8-9). Es ist also die Barmherzigkeit Gottes, die den Menschen die Gewissheit gibt, dass Gottes Gnade über seinem Zorn steht. Nicht Rache und Zorn walten, sondern Gnade und Barmherzigkeit.

Auch das Gleichnis vom verlorenen Sohn (Lk 15,11–32) betont diesen Willen Gottes, den Menschen bedingungslos aufzunehmen. Der Mensch ist Selbstzweck, Gott will den Menschen, um des Menschen willen. Allerdings wirbt Gott um die Menschen mit Mitteln der Liebe und somit der Freiheit. Er überwältigt die Menschen nicht. Er macht ihnen Angebote, lädt sie zu sich ein, aber wartet auf die Erwiderung seiner Liebe. Im Gleichnis vom verlorenen Sohn heißt es über den verlorenen Sohn, der nun zu seinem Vater zurückgekehrt ist: „[…] dein Bruder, war tot und lebt wieder; er war verloren und ist wiedergefunden worden" (Lk 15,32). Er war tot und verloren als er sich von seinem Vater getrennt hat, nun lebt er wieder

---

wegen dieser Schwäche „stärker als der Mensch" ist, sodass sein Herz den Menschen zugute alles vermag. Diesen Hinweis verdanke ich Jürgen Werbick.

[51] Alle folgenden Bibelzitate stammen aus der Einheitsübersetzung (2016).

als er sich entschieden hat, zu seinem Vater zurückzukehren. Der Vater hätte von vornhinein verhindern können, dass sein Sohn ihn verlässt, er hätte ihn festbinden können, so dass dieser nicht anders gekonnt hätte, als bei seinem Vater zu bleiben. Aber nein! Liebe will, damit sie Liebe ist, ein Geschehen der Freiheit sein. Der Vater beugte sich dem Wunsch seines Sohnes nach Trennung, aber dies lässt ihn nicht ruhen. Es ist ihm nicht egal, ob sich der Sohn von ihm trennt oder zu ihm zurückkehrt. Und so können wir solche Aussagen im Qur'an verstehen, die Zorn und Drohungen Gottes zum Ausdruck bringen, wenn sich Menschen von Gott abwenden. Die Zurückweisung des Wortes Gottes lässt Gott nicht unberührt, der Qur'an beschreibt dies als einen Akt der Kränkung Gottes und seines Propheten: „Siehe, die Gott und seinen Gesandten schmähen, die wird Gott im Diesseits und im Jenseits verfluchen. Erniedrigende Strafe hält er für sie bereit" (Q 33:57). Diese drohende Strafe ist als Ausdruck der Verletztheit Gottes zu verstehen. Gott lässt sich treffen von der Ablehnung des Menschen. Sie tut ihm weh.

Oft achten wir in unserer Qur'an-Lektüre nur auf die Drohungen, die der Qur'an in diesen Zusammenhängen ausspricht. Aber diese immer wiederkehrenden Drohungen sind als Ausdruck dafür zu verstehen, dass es Gott nicht gleichgültig ist, ob die Menschen seine Zusage annehmen oder nicht. Gott weiß, was wir tun (Q 63:11), und ruft die Menschen zur Umkehr (Q 63:5). Den Menschen, die sich ihm nicht anvertrauen wollen, droht er mit Vergeltung und erinnert sie daran, dass alle Macht bei ihm liegt (Q 63:8). Sie werden daher dazu aufgefordert, Gott zu gedenken und Almosen zu geben (Q 63:9f). Betrachtet man die literarische Funktion solcher Verse, dann wird deutlich, dass sie den Menschen zur Umkehr bewegen wollen. Diese Umkehr sucht der Verkünder des Qur'ans auch der Analyse Karen Bauers zufolge durch die Schilderung von Emotionen zu bewirken. Die hier verwendeten emotional plots „stellen eine spezifische Serie von Emotionen dar, die die Hörer von einem emotionalen Status in einen anderen emotionalen Status versetzen und so eine emotionale Transformation erzielen".[52] Zwei dieser Plots, welche von Bauer anhand mehrerer Beispiele definiert werden, sind zum einen der Plot, „der von Angst zur Barmherzigkeit [...] übergeht", und zum anderen der Plot, „der mit arrogantem Verhalten [...] oder anderen Emotionen beginnt und in Zerstörung oder Verdammnis endet". Dabei beschreibt „der emotionale Plot [...] den Bogen der Gefühle, den der Gläubige durchläuft, der mit Verdammung bedroht und dem eine große Belohnung versprochen wird, während er ermahnt wird, die richtigen Dinge zu tun."[53]

Die drastischen Strafen, mit denen Gott droht, dürfen also nicht als Ausdruck von Gottes Brutalität und Gewaltbereitschaft gelesen werden, sondern zeigen die Radikalität und Ernsthaftigkeit seiner Bemühungen um den Menschen. Sie sollen

---

[52] Bauer, „Emotion", 1–30, hier 17. Die Übersetzungen der Zitate von Bauer stammen von M. Khorchide.

[53] Bauer, „Emotion", 17f.

den von Gott abgewandten Menschen nicht verdammen, sondern ihn eindringlich zu einem anderen Lebenswandel aufrufen – einem Lebenswandel, der Gott ins Zentrum rückt und auf dieser Basis solidarisch mit den Menschen ist, die unsere Hilfe brauchen. In diesem Sinne interpretiert al-Ġazālī (gest. IIII) das im Qurʾan beschriebene Paradies bzw. die Hölle. Die endgültige Glückseligkeit (den wahren paradiesischen Zustand) sieht er in der Nähe zu Gott, also in dem Gelangen in seine Gegenwart: „Die jenseitige Seligkeit besteht nämlich in der Nähe zu Gott und im Schauen auf sein Antlitz."[54] Hingegen sei der wahre Zustand der Hölle die Trennung von Gott. Al-Ġazālī spricht vom „Feuer der Trennung".[55] Die koranischen Bilder von Paradies und Höllenstrafen stellen für al-Ġazālī Gleichnisse dar, die diese beiden Zustände der Nähe bzw. Ferne von Gott beschreiben wollen: „Doch ist es undenkbar, dass man die Wesenswelt [das Jenseits] in der Erdenwelt anders erklären könnte als durch Gleichnisse. Darum sprach Gott: ‚Gleichnisse wie diese prägen wir für die Menschen, doch nur die Wissenden begreifen sie.' (Q 29:43)."[56] Nach diesem Verständnis al-Ġazālīs beginnt die Hölle als Zustand schon hier auf der Erde, wenn sich der Mensch für Hass und Hochmut und gegen Liebe und Barmherzigkeit entscheidet.

4 Schlussreflexion

In seinem Buch *Der Mensch im Widerspruch* schrieb der reformierte Schweizer Theologe Emil Brunner (1889–1966): „[F]ür jede Kultur, für jede Geschichtsepoche gilt der Satz: ‚Sage mir, was für einen Gott du hast, und ich will dir sagen, wie es um deine Menschlichkeit steht."[57] So kann der Mensch etwa an einem Gott festhalten, der nur an sich selbst glaubt, dem es also lediglich um sich selbst, um seine eigene Verherrlichung geht. Religiösen und politischen Institutionen, die allein am Erhalt und Ausbau ihrer Macht interessiert sind, ist ein derartiges Gottesbild willkommen, weil sich damit eine Mentalität des Sich-Bevormunden-Lassens durch Autoritäten und somit der Unterwerfung unter ihre Macht etablieren lässt. Solche Institutionen, die meinen, das Volk zähmen zu müssen, werden jeden Versuch unterbinden, den Menschen in den Mittelpunkt des Interesses von Religionen zu stellen. Man kann aber auch an einen Gott glauben, dem es nicht um sich selbst geht, sondern um den Menschen. Ein solches Gottesverständnis gibt dem Menschen seine Mündigkeit zurück; der Mensch muss nicht seine Autonomie von Gott erkämpfen, er kann sich vielmehr gemeinsam mit diesem Gott, der an ihn glaubt, von jeglicher Form der religiösen oder nichtreligiösen Bevormundung befreien.

---

[54] Gramlich, *Al-Gazzalis Lehre*, 67.
[55] Ebd.
[56] Gramlich, *Al-Gazzalis Lehre*, 62f.
[57] Brunner, *Mensch im Widerspruch*, 38f.

Ich mache mich aus einer islamischen theologischen Perspektive für das Konzept eines barmherzigen Gottes stark, der an den Menschen glaubt, der ihn und seine Kooperation will, der ihm vertraut und ihn daher mit Freiheit ausstattet. Denn mit dem Glauben an solch einen humanistischen Gott kann den Anhängerinnen und Anhängern dieses Gottes aus ihrem Glauben heraus eine Grundlage erwachsen, den Menschen als solchen zu würdigen und eine Beziehung der Liebe, des Vertrauens statt des Gehorsams zwischen Mensch und Gott zu ermöglichen. Das Hauptproblem einiger religiöser Menschen besteht jedoch darin, dass sie – wenn auch unbewusst – von einem Gottesbild ausgehen, das Gott als menschenfern darstellt. Sie stellen sich einen Gott vor, dem es um die eigene Verherrlichung durch die Menschen geht und der sie zu seinen Marionetten machen will, deren Rolle lediglich darin besteht, Instruktionen zu empfangen, die sie unhinterfragt ausführen müssen; ansonsten droht ihnen der Zorn Gottes, schlimmstenfalls das Höllenfeuer. Dadurch konstruieren gerade gläubige Menschen eine künstliche Spannung zwischen sich selbst, der Entfaltung ihrer Persönlichkeit, ihrer Freiheit und ihrer Mündigkeit auf der einen Seite und Gott auf der anderen – eine Spannung, die von Religionskritikern als Argument gegen Religion verwendet wird.

Der Islam, wie ich ihn verstehe und für den ich mich stark mache, beschreibt die Gott-Mensch-Beziehung völlig anders, nämlich als eine Freiheitsbeziehung. Weder will Gott den Menschen bevormunden noch soll sich der Mensch für göttlich halten. Gott will den Menschen, er glaubt an ihn, er will seine Glückseligkeit, er hat sich auf ihn eingelassen und sich für ihn entschieden, deshalb ist Gott ein liebender und barmherziger Gott.

Literaturverzeichnis

Bauer, Karen, „Emotion in the Qurʾan: An Overview", *Journal of Qurʾanic Studies* 19 (2017), 1–30.

Bell, Richard, *The Qurʾan. Translated, with a Critical Re-Arrangement of the Surahs*, Bd. 2, Edinburgh 1939.

Brunner, Emil, *Der Mensch im Widerspruch*, Zürich-Stuttgart [4]1965.

Falaturi, Abdoldjavad, „Der Islam – Religion der raḥma, der Barmherzigkeit", in: Ders. (Hg.), *Der Islam im Dialog – Aufsätze von Professor Abdoljavad Falaturi*, Hamburg 1996, 61–88.

Gramlich, Richard, *Muḥammad Al-Gazzalis Lehre von den Stufen zur Gottesliebe*. Die Bücher 31–36 seines Hauptwerkes eingeleitet, übersetzt und kommentiert, Wiesbaden 1984.

Ibn al-Ḥaǧǧāǧ, Muslim, *Ṣaḥīḥ Muslim*, 5 Bde., Beirut 2000.

Ibn Ǧuzzī al-Kalbī, Abū l-Qāsim, *at-Tashīl li ʿulūm at-tanzīl*, hg.v. Muḥammad Ḥāšim, Bd. 1, Beirut 1995.

Ibn Kaṯīr, Abū l-Fidāʾ, *al-Bidāya wa-n-nihāya*, Bd. 1, Beirut 1992.

–, *Tafsīr al-Qurʾān al-ʿaẓīm*, hg.v. Sāmī as-Salāma, Bd. 1, Riad 1999.

Ibn Manẓūr, *Lisān al-ʿarab*, hg.v. Abdullāh al-Kabīr u. a., Kairo o.J.

Jansen, Helmut, *Wenn Freiheit wirklich wird. Erlebnispädagogische Jugendpastoral in kritischer Sichtung*, Münster 2007.

Jomier, Jacques, „The Divine Name 'al-Raḥmān' in the Qurʾān", in: Turner, Colin (Hg.), *The Koran. Critical Concepts in Islamic Studies*, Bd. 1, London2004, 345–358.

Khorchide, Mouhanad, *Gottes Offenbarung in Menschenwort. Der Koran im Licht der Barmherzigkeit*, Freiburg i. Br. 2018.

Kiltz, David, „The Relationship between Arabic Allāh and Syriac Allāhā", *Der Islam* 88 (2011), 33–50.

al-Māturīdī, Abū Manṣūr, *Taʾwīlāt ahl as-sunna*, hg.v. Fāṭima al-Ḥaymī, Bd. 1, Beirut 2004.

an-Nasafī, Abū l-Barakāt, *Madārik at-tanzīl*, hg.v. Marwān aš-Šaʿār, Beirut 2005.

Neuwirth, Angelika, *Der Koran als Text der Spätantike. Ein europäischer Zugang*, Berlin 2010.

–, *Der Koran. Frühmekkanische Suren*, Bd. 1, Berlin 2012.

–, *Der Koran. Frühmittelmekkanische Suren*, Bd. 2,1, Berlin 2017.

–, *Die koranische Verzauberung der Welt und ihre Entzauberung in der Geschichte*, Freiburg 2017.

Paret, Rudi: *Der Koran*. Stuttgart 2016.

Platzbecker, Paul, *Religiöse Bildung als Freiheitsgeschehen. Konturen einer religionspädagogischen Grundlagentheorie*, (Praktische Theologie heute 124), Freiburg i. Br. 2013.

Pröpper, Thomas, *Erlösungsglaube und Freiheitsgeschichte. Eine Skizze zur Soteriologie*, München 1991.

–, „Freiheit als philosophisches Prinzip theologischer Hermeneutik", *BIJDR* 59 (1998), 20–40.

–, *Evangelium und freie Vernunft: Konturen einer theologischen Hermeneutik*, Freiburg/Basel/Wien 2001.

–, „Freiheit vor Gott denken – eine Leitkategorie systematischer und praktischer Theologie", in: Milad Karimi, Milad/Amir Dziri (Hgg.), *Freiheit im Angesicht Gottes*, Freiburg 2014, 103–127.

al-Qurṭubī, Abū ʿAbdullāh, *al-Ǧamiʿ li-aḥkām al-Qurʾān*, hg.v. Abdullāh at-Turkī, Bd. 1, Beirut 2006.

ar-Rāzī, Faḫr ad-Dīn, *Tafsīr al-Faḫr ar-Rāzī al-mušahhar bi-t-tafsīr al-kabīr wa-mafātīḥ al-ġaib*, Bd. 1, Beirut 1981.

Schelling, Friedrich Wilhelm Joseph, *Philosophie der Offenbarung. Ausgewählte Werke*, Bd. 2, Darmstadt 1974.

Shomali, Mohammed Ali (Hg.), *God: Existence and Attributes*, (Islamic Reference Series 1), London 2008.

Stosch, Klaus von, *Herausforderung Islam. Christliche Annäherung*, Paderborn 2016.

aṭ-Ṭabarī, Muḥammad Ibn Ǧarīr, *Ǧamiʿ al-bayān ʿan taʾwīl āy al-Qurʾān*, hg.v. Abdullāh at-Turkī, Bd. 1, Kairo 2001.

Verzeichnis der Autorinnen und Autoren

Barth, Roderich, Dr., Professor für Systematische Theologie unter besonderer Berücksichtigung der Dogmatik an der Theologischen Fakultät der Universität Leipzig.

Bloch, Gregor, Dr., 2013–2018 wissenschaftlicher Mitarbeiter im Fachgebiet Sozialethik des Fachbereichs Evangelische Theologie der Phillipps-Universität Marburg, Pfarrer der Lippischen Landeskirche (Bad Meinberg).

Brumlik, Micha, Dr., Professor emeritus, Senior Advisor am Selma Stern Zentrum für Jüdische Studien Berlin/ Brandenburg.

Cairns, Douglas, Dr., ordentlicher Professor der klassischen Altertumswissenschaft an der University of Edinburgh.

Cates, Diana Fritz, Dr., Professorin für Religiöse Ethik am Department of Religious Studies an der University of Iowa.

Demmerling, Christoph, Dr., Professor im Arbeitsbereich Philosophie mit Schwerpunkt Theoretische Philosophie an der Friedrich-Schiller-Universität Jena.

Eisen, Ute E., Dr., Professorin für Altes und Neues Testament am Institut für Evangelische Theologie der Justus-Liebig-Universität Gießen.

El Omari, Dina, Dr., Professorin für Interkulturelle Religionspädagogik am Zentrum für Islamische Theologie der Westfälischen Wilhelms-Universität Münster.

Fritz, Martin, Dr., Privatdozent für Systematische Theologie an der Augustana-Hochschule Neuendettelsau, Wissenschaftlicher Referent bei der Evangelischen Zentralstelle für Weltanschauungsfragen, Berlin.

Gesundheit, Shimon, Dr., Professor emeritus am Bible Department an der Hebrew University of Jerusalem.

Heidenreich, Felix, Dr., Privatdozent für Politikwissenschaft an der Universität Stuttgart, Wissenschaftlicher Koordinator am Internationalen Zentrum für Kultur- und Technikforschung der Universität Stuttgart.

Hofmann, Matthias, dipl. theol., Doktorand am Institut für Systematische Theologie an der Theologischen Fakultät der Universität Leipzig, Vikar der Ev.-Luth. Landeskirche Sachsens.

Keiser, Thorsten, Dr., Professor für Bürgerliches Recht und Rechtsgeschichte an der Justus-Liebig-Universität-Gießen.

Khorchide, Mouhanad, Dr., Professor für Islamische Religionspädagogik und Leiter des Zentrums für Islamische Theologie der Westfälischen Wilhelms-Universität Münster.

Kraemer, Felix, Dr., bis 2005 Dozent an der Universität Kassel, Philosoph.

Peetz, Melanie, Dr., Professorin für Einleitung in die Heilige Schrift und Exegese des Alten Testaments an der Philosophisch-Theologischen Hochschule Sankt Georgen in Frankfurt am Main.

Roebling-Grau, Iris, Dr., Privatdozentin für Romanische Philologie und Allgemeine und Vergleichende Literaturwissenschaft an der Freien Universität Berlin.

Roloff, Carola, Dr., Gastprofessorin für Buddhismus an der Akademie der Weltreligionen im Fachbereich Religionen der Universität Hamburg.

Schloßberger, Matthias, Dr., Professor für Sozialphilosophie an der Europa Universität Viadrina in Frankfurt an der Oder.

Personenregister

Religiöse Dynamiken in Geschichte und Gegenwart

Religious Dynamics – Historical and Contemporary Perspectives

Herausgegeben von
Orit Bashkin, Yossef Schwartz und Christian Wiese

Hauptherausgeber
Christian Wiese

RDGG ist eine internationale Schriftenreihe, die dem Verständnis der komplexen religiösen, kulturellen und sozialen Dynamiken innerhalb der – in sich pluralen – Weltreligionen (insbesondere Judentum, Christentum und Islam), zwischen den Religionen sowie zwischen religiösen Überlieferungen und säkularen Sphären von Gesellschaften gewidmet ist. Der Schwerpunkt liegt auf dem Zeitraum zwischen dem Mittelalter und der Gegenwart.

Die Reihe versammelt interdisziplinäre – theologisch, religionsphilosophisch, historisch, kulturwissenschaftlich, kulturanthropologisch und soziologisch fundierte – Studien zu dem vielgestaltigen, dynamischen Wechselspiel von Verflechtungen, kulturellen Übersetzungen, Prozessen des Kulturaustauschs und -transfers, polemisch-apologetischen Abgrenzungen und dialogischen Grenzüberschreitungen, die sich im Kontext der unmittelbaren sozialen und kulturellen Nachbarschaft zwischen religiösen Traditionen und Gemeinschaften, aber auch über Zeiten und Räume hinweg vollzogen haben und die bis in die Gegenwart hinein fortlaufend weiterem Wandel unterliegen. Theoretische Arbeiten zu Konzepten religiöser Vielfalt, Differenz und Dialogizität sind sehr willkommen.

ISSN: 2941-6175
Zitiervorschlag: RDGG

Alle lieferbaren Bände finden Sie unter *www.mohrsiebeck.com/rdgg*

Mohr Siebeck
www.mohrsiebeck.com